칠정사단 어떻게 왜곡됐나

이황과 기대승의 대토론

해설서

칠정사단 어떻게 왜곡됐나

이황과 기대승의 대토론

해설서

김동원 지음

한국학술정보

일러두기

이 책에서 인용한 번호는 필자의 주석서인 『최초의 주석 칠정사단론』에 의거한 것이다. 가령 (상25), (하25)라 함은 위 주석서 '상 330'개와 '하 215'개 중의 번호이다.

이 책에서 인용한 주석의 쪽수는 아래 도서이다.

1. 『증보퇴계전서』(全5冊), 성균관대학교 대동문화연구원 편, 1997.
2. 『국역고봉집』(영인본, 全4冊), 민족문화추진회 편, 1988.
3. 鄭之雲 原作, 「天命圖」·「天命圖解」, 萬曆六年六月 日, 綾城縣開刊, 고려대도서관 소장.
4. 朱熹 撰, 『朱子全書』(共27冊), 上海古籍出版社, 安徽教育出版社, 2002. 그 중 『朱文公文集』(전6책), 『朱子語類』(전5책), 『大學·中庸或問』, 「太極圖說解」, 『通書注』, 『近思錄』, 『延平答問』 등을 인용했다.
5. 程顥, 程頤 著, 『二程集』(上·下), 中華書局, 北京, 2004.
6. 張載 撰, 『張載集』, 漢京文化事業有限公司, 臺北, 西元2004.
7. 張栻 撰, 『南軒集』(上·下), 廣學社印書館, 臺北, 中華民國64년.
8. 『周易, 附諺解』(全4冊), 학민문화사영인본, 大田, 1990.
9. 『大學·中庸, 附諺解』(全), 학민문화사영인본, 大田, 1990.
10. 『性理大全』(全5冊), 山東友誼書社, 학민문화사영인본, 大田, 1989.
11. 『經書』(대학·논어·맹자·중용), 성균관대학교 대동문화연구원, 1968.
12. 周敦頤 著, 『周敦頤集』, 岳麓書社, 長沙, 2002.
13. 陸九淵 著, 『陸九淵集』, 中華書局, 北京, 2010.
14. 羅欽順 原著, 『困知記全譯』, 閻韜 譯注, 巴蜀書社, 成都, 2000.

서문

관료, 지식권력의 주자학 농단

무려 600여년의 주자학 연구사를 가진 우리나라, 그렇다면 과연 지금 우리는 주희의 『대학』, 『중용』 등 사서장구를 제대로 읽고 있는가? 갑자기 이상한 궤변을 한다고 나무라겠지만, 그러나 우리는 『대학』 등 사서를 초입부터 전혀 엉뚱하게, 오히려 반대의 의미로 잘못 왜곡해서 읽는다. 간단한 예로, 퇴계는 『중용』 제설인 칠정과 『맹자』 사단을 "리기에 나아간, 치우친(偏) 각자의 리·기가 호발해서 그 다르게 부르는 명칭도 있다"(상16·35·246·268)고 한다. 과연 자신이 직접 '치우쳤다'고 인정한 그 주리·주기가 스스로 발해서 "사·칠이라는 다른 명칭"이 되는 것인가? 『중용』은 진실로 치우침 없는 천명, 중, 화, 희노애락을 말한다. 퇴계의 위 논설은 자사와 맹자의 명칭과 관련이 없고, 심·성·정의 실제까지도 어긴 것이다. 지금 학자들 역시 사람 본연의 성정의 '마음', 공맹의 성정 '본설', 그리고 주희의 '주석', 『주자어류』의 '해설(기록)'까지도 서로 구분하지 못한다. 필자는 아래에서 우리나라 지성사의 두 축인 퇴계·율곡과 그리고 그 이전 이른바 "명공 거인"(상162)들로부터 내려온 이러한 극심한 오독의 예를 간략히 요약 증명하겠다.

퇴·율은 『대학, 경1장』 "성의"의 미발 존양공부를 오히려 '감정의 발현 이후'라 하고, 퇴계는 "격물치지"의 '앎'은 사람 인식에 한정될 수 없다는 지식설을 "리가 외부에서 스스로 나에게 나가옴(리 자도설)"으로 해독한다.(하206) 또 『중용』 천명의 중화를 공부로 밝힐 희노애락을 오히려 『대학, 정심장』 "없애야 할 정"으로 오독 인용한다.(상27) 또 『맹자』 사단장 "나에게 있는 단서를 확충하라"를 오히려 성선장 "성선의 논증"으로 해독한다.(상26) 또 『논어』 공자의 "호학"(공부설) 및 "음양동정 태극(공자의 태극 본설. 기질지성)"을 맹자 사단과 상대되는 '기' 혹은 혼잡의 '2급 본질'로 날조한다. 이상은 몇 가지 예에 불과하며 퇴계의 논변은 '모두' 이와 같다. 이러한 인식에서 퇴계는 이천과 명도가 성인의 마음을 논한 「안자호학론」과 「정성서」까지도 "기발"(상289)이고 "의리의 학문"이 아니며(상31) 그래서 이들 자사·정자·주희 등의 "혼륜설(정주의 온전을 퇴계는 잡리로 이해함)"(상229)은 퇴계 자신의 "치우친 기발 소종래의 설을 쓰지 않은(不用) 것"(상274)이라 매도한다.

이와 같이 『사서장구』의 기본 골격인 "격물치지, 성의정심", "천명의 희노애락" 등 인류의 지식과 교류·소통을 논한 장조차 독해되지 못한다면 그 이후는 말할 것조차 없을 것이다. 때문에 고봉은 "잘못된 사설이 심술을 무너뜨린다"(「후설, 총론」 서문)고 우려한다. 즉 "사칠 두 설을 '동인과 서인'(즉 주리·주기)처럼 좌·우 양 편으로 배치해서 서로 싸우는 형국으로 몰면 안 된다"는 것이다.(하13·110) 퇴계는 '치우친'(퇴계 자신의 말임) 리의 사단이 기의 칠정을 "제어"(상289)해야 하는, 즉 리발과 기발 간의 싸움으로 여겼고, 율곡은 여기에서 오히려 "기발리승"에 손을 들어줌으로써 결국 동인인 리의 반발을 불러일으킨 것이다. 고봉의 동인·서인 우려는 이후 실제로 지식권력 및 붕당 투쟁의 극심한 폐단으로 드러나며, 그런데 사실은 퇴계의 논설 내용이 바로 이것이라는 점이다. 일찍이 정명도의 "동쪽을 막으면 오히려 서쪽에서 일어난다"(「정성서」)고 함이 바로 이러한 폐단을 우려한 것이었다.

고봉의 비판은 "치우침"에 있다.(하11) 고봉을 처음 만날 당시 퇴계는 성균관 대사성을 3회 역임하여 주자학의 권위를 자임했고, 특히 추만이 "리 일자"(상173)로서의 소통의 공부를 그린 중용 「천명도」를 오히려 '사단 위주'로 바꾸어 그래서 결국 정 반대의 '기발'로 왜곡시키고 말았기 때문이다.

고봉은 정주의 성정설을 후학들이 잘못 오독하는 이유에 대해 "스승의 이루어진 설"을 글자 그대로 믿고 "자득"의 공부로 터득하지 못했기 때문이라고 한다.(상50~51) 주희는 자신을 돌아보아 선유의 설을 고찰한 반면, 후학들은 스스로의 사유가 없이 정주의 학설을 조합하거나 혹은 그 설을 이치로 여긴다. 또 어긋난 이유는 주희 사후 그 사유로서의 학문은 곧바로 국가의 관학으로 승격되고, 이러한 관학으로서의 주자학이 통치이념으로 변질되면서 결국 관료적 지식권력의 학술로 작용하게 된다는 점이다. 퇴계는 오히려 자득으로 사유한 유학철학자인 화담, 일재, 추만, 고봉 등을 매우 심하게 비판한다. "리귀기천" 혹은 '사단은 귀하고 칠정은 미천함'을 모른다는 것이다. 이러한 리귀기천 등이 바로 관료 및 지식권력으로서의 '농단'인 것이다. "농단"은 맹자의 말인데, 사방 트인 권력의 공간을 먼저 점유하고 그래서 자신들의 '치우친(偏)' 질서로 재편하여 상대를 억압함을 이르는 말이다.

조선시대 주자학이 변질된 직접적 원인을 들면 원나라 주자학자인 호병문의 설을 긍정하면서부터이다. 원나라는 주희의 『사서장구』를 관학으로 공식화했다. 호병문은 『대학, 경1장』 두 곳 "발"자에 대해 각각 "성발로 情이 되어 무불선이고, 심발로 意가 되어 유선악이다"(상164)고 한다. 이 설은 원나라에 유학한 이색에 의해 성균관 학관으로 발탁된 정몽주의 호병문 긍정, 이후 권근, 유숭조, 퇴계, 율곡 등 관료 학자들로 이어진다. 권근과 이언적은 호병문의 설을 인용하면서 "리가 발해서 사단이 되니 무불선이고, 기가 발해서 칠정이 되니 유선악이다", "성이 先動하고, 심이 先動한다" 등으로 이해한다. 이러한 논변은 『대학, 경1장』 본의와 아무런 관련도 없고 또 『중용』 칠정 및 『맹자』 사단과도 전혀 관계가 없다. 이러한 '조합'은 『대학』, 『중용』, 『맹자』 등 장구 본설을 심하게 왜곡한 것으로 이것이 바로 관료 및 지식권력의 사람 사유에 대한 농단이다.

그런데 퇴계는 이러한 "명공 거인"(고봉이 퇴계를 포함해서 한 말임)들의 설을 전혀 "보지 못했다"고 하면서 오히려 성균관 "제생"들의 논변을 나무란다.(상321) 학자 자신들의 잘못이 아닌 오히려 '학생 탓'으로 돌린 것이다. 과연 "호발 중의 치우친 리발" 혹은 "치우친 기발"이 인류의 소통과 인식에서 온전하다 하겠으며, 또 가능한 말인가?

한·중·미·일 현대 유학자들의 기초적 오류

위에서 우리나라 주자학의 오독을 잠시 지적했지만 이는 중·미·일 학자들 역시 마찬가지이다. 정주철학은 현재까지 거의 독해되지 못하며, 그것은 아래 몇 가지 예로 증명된다.

1. 도학과 리학을 구분하지 못함
2. 공자의 태극 및 주돈이의 태극도를 어이없게도 우주론이라 함
3. 중용서문 '인심도심'과 중용본문 소통의 '도통'을 구분하지 못함
4. 인문학의 도통과 통치의 정통을 분간하지 못함
5. 대학 성의장을 중용1장의 미발공부로 이해하지 못함
6. 정명도의 천리와 정이천의 혼륜을 정 반대로 오독해서 후대의 '양명의 심학'과 '주희의 리학'의 종주로 분류함
7. 태극(리)동정과 음양(기)동정을 구분하지 못함
8. 정이천의 이발공부와 주희의 미발공부를 구분하지 못함.
9. 주희의 가장 중요한 학설인 '기질지성'을 잡성으로 오독함
10. 맹자의 성선설과 사단설 두 설을 분별하지 못하고 혼합함

위 몇 가지는 정주학의 핵심 대요임에도 학자들은 이를 해결하지 못한다. 공자의 "태극", 주돈이의 「태극도」는 결코 『주역』 "역"인 음양동정의 우주론에 귀속되어서는 안 된다. 만약 「태극도」가 풍우란 등의 해석과 같이 '우주론'이라면 태극은 "무대의 일자"(추만 「천명도해」)가 되지 못하며, "공자의 태극은 쓸모없음이 되고 만다."(주희) 더욱이 "역" 이후 나온 "태극"이 오히려 역인 음양동정을 "낳는다(生)"고 할 수도 없는 일이다. "도학"은 중용의 칠정 제설로서의 미발·이발의 '공부'를 위주한 학문이고, "리학(태극학)"은 인류의 '옳음은 스스로 자존함'의 학문이다. 따라서 도학의 공부론을 곧바로 옳음의 리학이라 해서는 안 된다. 또 학자들은 "인심도심"(『중용』 본문은 이 설이 없음)을 중용의 "도통"과 혼합 이해하나 그러나 인심·도심이라는 이미 드러난 "지각"의 '이분법적 마음'을 주희가 도통으로 여겼을 리는 없다.

주희 평생의 가장 중요한 학설은 단연 「이발미발설」이다. 이 설은 공부론이며, 공부가 주자학의 핵심이다. 왜냐하면 공맹, 자사 등 선유는 사람 본유의 성정에서 각자

의 공부방법을 밝힌 것에 불과하기 때문이다. 학자들은 이곳 이천의 "심 이발"과 주희가 새롭게 중화신설로 발명해 낸 『중용』의 "미발"을 구분하지 못한다.(상151) '성설'에 있어서도 주희는 맹자 "성선설"을 매우 비판하여 오히려 공자 이래의 "기질지성"의 설이야말로 '성의 온전을 다했다'고 하며, 이 설로써 그간의 성선·성악 등의 논란을 모두 일소해버렸음을 자부한다.

요컨대 "태극은 스스로 동정한다"(하197)는 것, "기질지성"(상89)이 성설의 온전이라는 것, 중용 "미발설"(주희의 '성의·정심'도 이곳임) 등이 도통의 핵심이다. 하지만 지금 현대유학은 이러한 문제를 해결하지 못했고, 그래서 다음과 같은 주장도 나온다. 중·미의 위잉스는 "통치적 정통이 도통이며, 도학과 분리해야 한다"(『주희의 역사세계』)고 하지만, 공자 이래의 인문학적 도통은 진실로 통치(정통) 아래에 귀속되어서는 안 되며, 이는 유학철학사에 있어 모욕에 가까운, 심히 우려되는 언사이다. 동아시아의 주요 '사유전통'이 한갓 정치적 통치행위에 귀속될 수는 없는 일이다. 일본의 가라타니 고진 역시 "치세자의 덕의 설파"(『일본정신의 기원』)라 하여 유학을 제왕학으로 이해한다. 하지만 이정 형제의 극심한 비판이 바로 왕안석의 '왕도의 일방적 제도정치'(신법)였다. "태극" "중화" 등의 도학(도학 속에 태극학이 있음)은 '소통과 사유의 철학'일 뿐 결코 '치통'의 학이 되어서는 안 된다. 지금 학자들의 "성선, 본성, 리학" 등 언설 역시 심에서 치우친 것으로, 공부와 소통의 도학이 결국 제국주의의 '본성은 리 하나'라는 이념에 오염된 것이라 하겠다. 더욱이 제국주의 쟁탈의 피해 당사자인 우리가 이와 같이 논해서는 안 되는 이유이다.

고봉의 태극설 발명

고봉이 처음 퇴계를 만나기 직전, 이항(일제)과 토론한 내용은 공자 "태극"은 과연 기에 '섞인' 것인가에 있었다. 여기서 고봉은 두 가지 문제를 해결한다. 첫째, 「태극도」두 번째 동그라미 속의 작은 동그라미(공자 태극임)는 음양(동정)에 섞이지 않는다. 둘째, 태극은 음양을 작용으로 삼지 않으며, 태극의 체용 전체는 태극의 작용인 음양을 통해 드러난다. 요컨대 「태극도」의 "음정·양동 태극" 속의 태극은 음양을 겸하지 않으며, 그 동정도 '태극의 동정'일 뿐이다. 이것이 주희 이후 밝혀지지 못한 것으로 이로써 「태극도」는 우주론이 아닌 태극 체용론임을 고찰해 밝힌 것이다.

주돈이와 주희의 「태극도설해」는 『주역』 "역"의 우주론이 아닌 공자 "태극"에 대한 해설일 뿐이다. 추만 「천명도」 역시 '태극의 작용'을 드러낸 것이며, 이 의미는 매우 중요하다. 그럼에도 지금껏 주자학 연구자들은 복희의 "역"과 공자의 "태극"본설, 주돈이의 '태극도'와 주희의 '주석' 본의를 전혀 파악하지 못한다. 고봉이 고찰해서 밝힌 의의는, 공자의 "역유태극"은 주희의 기질지성인 기질(역) 속의 '리(태극)'가 곧 상하·시공을 관통하는 "무성무취"(하91)로서의 태극이며, 자신 스스로 동정한다 함이다.

문제는 태극의 동정만을 논하면 '칠정의 실제공부'가 빠진다는 점인데, 이를 주희는 「태극도설해」 '후기'에서 주돈이가 "부득이(不得已) 지었다"고 한다. 이렇게 부득이 형이상만의 태극동정을 논했지만, 그러나 일방적 '리발' '본성'의 주장은 "이치에 크게 해롭다"는 것이 주희의 말이다. 주돈이에게 수학한 두 정자가 이 「태극도」를 언급하지 않은 이유도 "받을 자가 능하지 못할까봐"(위 후기)라고 한다. 다시 말해 나 자신의 일방적 '리의 발' '본성'을 주장할까봐 「태극도」를 언급하지 않았다는 것이다. 다만, 고봉의 의미는 태극 자체는 '스스로' 우뚝 서지 않아서는 안 된다는 점인데, 이 두 가지 모순(딜레마)을 추만이 「천명도」로 제시한 것이었다.

요컨대 기질 속에서 논해야만 태극은 상하를 포괄해서 온전할 수 있으며, 태극의 리는 반드시 이렇게 논해야 한다. 정주의 기질로서의 칠정이라는 '공부의 도학전통' 발명과, 정주의 '태극과 천명의 유행'을 칠정으로 드러낸 추만의 「천명도」, 그리고 이를 엄밀히 고찰한 고봉의 '태극의 체용설 고찰' 의의가 중요한 이유이다.

주희의 리 철학

주희의 이른바 "리"를 어떻게 해석할 것인가. 필자는 그간 '옳음'의 의미로 이해했는데, 그렇다면 이 옳음이라는 말을 한문으로 옮기면 어떤 글자가 알맞을까? '리' '태극' 이외 적당한 용어가 없어 보인다. 만약 '선'이라 하면 사람에 국한되며 악의 상대도 가능하고, "성선"이라 해도 과연 '성만 선한가?' 정도 본래 선이다. 또 '기 속의 리' '심리' '법칙' '조리' 등도 기 및 심에 국한되며 이로써 곧바로 불교의 "심"(일체유심조. 심외무물) 및 "작용의 성"에 빠지고 만다. '법칙, 조리'라 하면 이는 『중용』 "化育"이라는 창조성이 불가능하며, 또 가령 불선의 애정 행위도 본래 법칙의 조리가 있음이 되고 만다. '근원, 원리'라 하면 칠사로의 리의 드러남이 빠지게 된다. 리는 시공

속에서 스스로 자존하며 그 자존자는 오히려 시공을 초월하여 세계 만물을 포용하는 "무대의 일자"(추만)(상173)로서의 '옳음'이라 하겠다. 인류 지고의 성이 곧 리이며, 이 성은 태극으로서 오히려 "역"을 포용한다. 때문에 고봉은 "태극은 스스로 동정한다"(하197)고 한 것이다.

주희 철학의 장점은 리를 체용의 전체, 체, 용, 실체, 형용, 찬탄, 동·정, 공부, 미발의 선, 이발의 선, 해설 등으로 각자 다르게 분석해서 논설한다는 점이다. 가령 천명지성은 체용전체, 무성무취는 형용, 무왕불선은 이발의 정선, 무극이태극은 해설이다. 따라서 형용인 "무성무취"를 실체 혹은 체·용이라 하거나 또 성의 상황인 "미발의 중"을 리라 하면 크게 어긋난다. 공부가 리가 되기 때문이다. 학자들의 주자학 오판은 이러한 언설을 구분하지 않음에서 발생한다. 퇴계는 사람 느낌인 감정의 단서를 리라 하지만 그러나 사단은 "심의 작용"(주희 본주)일 뿐이다.

그렇다면 이러한 리를 우리 인간은 어떻게 알고 또 어떻게 구현할 것인가. 『중용, 수장』이 바로 이 내용이다. 자사는 먼저 천명지성을 말하고 이어 희노애락 미발의 중과 이발의 화를 논한다. 특히 미발 즈음의 "신독" 공부를 논하여 치우침 없는 중의 덕을 완수하기를 요청한다. 공부를 통한 중화의 덕이 바로 천지만물의 세계를 '창조적'으로 화육할 수 있다. 『대학장구』 "新民"이 이를 말한 것이다.

문제는 공부이다. 미발·이발 즈음 공부로써 중·화의 덕(명덕)을 스스로 밝혀서(明之) 이루어야 한다.(『대학』의 "명명덕") 이 문제를 주희는 「이발미발설」로 고찰한다. 즉 그간 중화구설에서 발견하지 못한 것은 "희노애락 미발" 공부이며, 이발은 이미 늦은 공부라는 것이다. 『맹자』 사단의 "확충"도 기왕의 단서에 불과하니, "공부가 늦다." 때문에 주희는 수차 말하기를 "맹자는 배움에 의거하기에 부족하며, 안자의 호학 방법을 배워야 한다"고 한다. 이 공부론이 주희의 최종 대지이며, 공자와 자사의 "도통" 종지는 이러한 미발·이발에서 특히 미발(이천의 '심 이발')의 "신독"인 '소학공부'에 달려있다. 공부인 "중"(덕)은 리가 아니며, 다만 "리"는 이러한 공부로 논함이 가능할 뿐이다.

퇴계의 리·기에 사·칠 두 이름이 있다는 논변의 황당함

중용 제설은 사람 본연의 마음에서 공부(칠정)로써 중화를 이루기를 요청한다. 단, 사람의 성정은 "자연의 이치"(리발)(상107)이며 때문에 『대역』에서는 "적연부동, 감이수통"이라 하고 이를 장횡거는 "사람 느낌은 억지로 질주하지 않아도 본래 빠르다"(『근사록』권1,「도체」49)고 한다. 고봉도 말하기를 "자사와 맹자는 사람의 느낌에 나아가 그 설명한 것의 부동으로 사·칠이라는 다른 명칭도 있다"(상3)고 한다. 요점은 이 즈음에서 공부해야 한다고 함이 중요하다. 즉, 사·맹은 사람 본연의 느낌에서 칠정공부로 "중화를 이루고"(상95) 사단이라는 "단서를 확충할 것"(하133) 등을 논했을 뿐이다.

이에 대한 퇴계의 답변은 고봉의 상상을 초월한다. 퇴계는 말한다. "리·기에 나아가면 여기서 사단과 칠정이라는 다르게 부르는 이름도 나왔다."(상17·268) 리기 호발설이다. 즉 본래 겸리기는 이치인데,(상237) 이러한 '합리기 중의 리'가 발하면 사단이고, '치우친 기'가 발하면 칠정이다. 그 이유는 다음과 같다. "사단이 리발이니 그렇다면 칠정은 기발이 아니면 무엇인가?"(상274) 리발·기발 때문에 치우친 "주리·주기"의 사단과 칠정이라는 다른 이름도 나왔다는 것이다. 이러한 논변은 참으로 황당하다. 진실로 치우친 것을 철학(혹은 사상)이라 불러서도 안 되거니와, 사맹은 사람에게 본래 있는 감정 안에서 그 윤리, 공부, 존재 등의 목적을 논설함에 불과하기 때문이다.

고봉으로서는 공부도 없는 이 논변을 전혀 상상하지 못하며, 상상할 수도 없다. 더욱이 퇴계는 기발의 혈맥(피가 기인 칠정)은 결단코 "리발로 변환될 수 없다"(상25)고 강력히 주장하며, 심지어 "순임금과 공자의 희·노도 기발일 뿐 리발의 순선일 수 없다"고 한다.(상282) 즉 "기발의 칠정은 리발의 사단과 그 혈맥(피)이 반드시 다르다."(상254. 하177) 이와 같다면 문왕의 "무성무취"의 덕으로 이룬 『중용, 종장』 '천명의 유행'은 리발이 아님이 되고 만다. 때문에 고봉은 심각하게 묻는다. 희노애락을 통해 이룬 공자의 덕이 "과연 [나쁜] 기에서 나왔다는 말인가?"(하137) "무슨 의도를 가지고 사맹의 칠사 본설을 [리·기] 대설로 삼고 이처럼 상·하 고정된 위치가 있는 듯 각자 분열시키려 하는가?"(하110)

대학, 중용, 맹자 및 주자학 용어의 심각한 인용오류

사람 감정에 대해 『대학』, 『중용』, 『맹자』 등은 각자 다른 방법으로 그 목적을 논설했다. 따라서 후학이 이러한 『사서장구』를 인용하고 논변하기 위해서는 그 각자의 본의에 나아가서 의미를 고찰해야 하며, 그렇지 않으면 자신의 새로운 용어를 사용해야 한다.

퇴계는 이와 다르다. 퇴계는 『중용』에서 희노애락으로 중화를 논한 것에 대해, 칠정은 반드시 "없애야 한다"고 하면서 오히려 『대학, 정심장』을 인용한다. 즉 『대학, 정심장』에서 주희가 "정을 하나라도 두어서는 안 된다"고 했으니 이것이 『중용, 수장』의 일이라는 것이다.(상27) 이는 두 경서 본의를 서로 정 반대로 인용해서 급히 왜곡한 것이다. 왜냐하면 『중용』은 반드시 있어야 할 일이고, 『대학』은 반드시 없애야 할 일이기 때문이다. 또 퇴계는 중용설인 정주의 "在中"이라는 용어를 맹자 사단의 일로 인용해서 "재중의 인의예지"(상23)라고 한다. 하지만 정주의 "혼연 재중"은 미발의 덕이 혼연의 온전인 "성의 덕으로서의 상황으로 있다(在中)"는 의미이다.(상95) 따라서 이러한 '상황(狀)'과 '4덕(성)'의 특수한 두 설의 용어를 혼합 사용해서는 안 된다. 퇴계와 같다면 미발에 나는 '성의 상황을 온몸에 휘두르고 있음'이 된다. 때문에 이천과 주희는 "중을 성이라 함은 극히 미안이다"(「이발미발설」)고 한 것이다.

또 퇴계는 "사단은 무불선"(상1)이라 하지만, 그러나 맹자 본의는 사단은 단서의 "심의 확충"(심)이고, 무불선은 형이상의 "성선의 논증"(성)이다. 두 설은 구분하지 않아서는 안 된다. 사람 마음의 단서를 형이상의 성선(무불선)의 반드시 옳음으로 여기면 이는 '대 혼란'이 아닐 수 없는 것이다.

이러한 『사서장구』 및 정주 학술용어의 오용은 퇴계 논변 '모든' 문장에서 보인다. 몇 가지 예를 더 들어보자. 정주의 "혼연"은 성인 태극의 '온전'(상79)의 의미로서 성은 어디에 있던 변질이 없는 "자약"(하119)이라 함인데, 반면 퇴계는 혼탁의 잡인 '겸리기'의 의미로 인용한다. "소종래" 역시 주희는 선유의 본설 '유래'의 의미인 반면, 퇴계는 '근원의 리·기'이다.(상274) "一物" "異物(二物)" "二者" "二義" 등도 칠·사 2설인지, 리·기, 성·정, 리, 성, 도, 사·맹, 정·주인지의 구분을 전혀 하지 않는다. "일물, 이물"을 '리·기'라 했다가 '사·칠'이라 하고 "리·기 分이 사·칠 分이다"(상247·264·268)고 한다. 또 주희의 "묘맥·혈맥"은 하나의 '리(선)'가 성정에 관통함인데(상160) 퇴계는 사단의 순리와 상대한 "기의 묘맥·혈맥(기의 피)"이다.(상254) 또 주희의 "곤륜탄조"는 칠·사 2설을 일률적 리기로 해석해서는 안 됨의 의미인데, 퇴계는 오히려 리·기로 해석해서 고봉을 골륜(사칠의 잡리기)으로 몰아간다.

퇴계의 수많은 용어 사용은 모두 정주의 용법과 처음부터 끝까지 단 '하나'도 맞지 않는다. "言"과 "言之" 용법을 혼용하고,(언은 성·정·리·기를 '직접 가리키'고, 언지는 성 및 정을 리기 등으로 '설명함'임) 『혹문』이라는 '책명'을 '혹자의 질문'이라 하기도 한다.(하204) 또 유학 학술용어를 모두 '리와 기로 강제로 분리'해서 "기발"은 잡스런 것이고 오직 "리발"만이 지고의 도덕이라 주장한다. 때문에 고봉은 퇴계 제자인 허엽(이후 동인의 영

^{수가 됨)}의 예를 들어 "심지어 그는 중용 '비은(^道)'을 형이상과 하에 분속시키니 장탄식이 납니다. 이 일은 숙맥처럼 분별이 쉬운데도 오히려 분간하지 못하니 이것이 무슨 기상이며 도리입니까? 가증스럽고 두렵습니다"고 한다. 이 비판은 「사단칠정, 후설」과 「총론」 서문의 말인데, 퇴계에게 간언한 것이다. 과연 퇴계는 『사서장구』 및 『주자대전』 등을 글자 그대로 읽은 것인가?

근본적 문제는 퇴계는 사람 본연의 성정의 '실제', 사맹의 칠정·사단 '본설', 주희의 '해설' 등을 서로 분간하지 못한다는 점이다. 『주자어류』 "사단은 리의 발이다(四端, 是理之發)"고 함은 사단을 리로 '해석(是)'했을 뿐, 리가 발함의 '실제'가 아니다. 맹자는 사람 본연의 "자연지리"(『주역』)^(상107)를 "심의 체용"^(사단장 주희주) 중 작용으로 논했고, 『어류』는 단지 "사단"이라는 설을 리발로 '해석'한 것뿐이다. 반면 퇴계는 사단은 리·기 호발 중의 '리의 발'이기 때문에 따라서 칠정도 "기의 발이 아니면 무엇인가"^(상274)로 오독한다. 율곡, 송시열 등의 '기록의 잘못', '리발의 확신', '리발의 잘못' 등도 이러한 오류를 벗어나지 못하며 이 문제로 서로 한없이 죽음을 무릅쓰고 싸움을 벌인다. 지금 학자들의 리가 '발·동한다', 리가 '드러난다(顯)' 등의 난투도 이와 다르지 않다. 우리나라 대부분의 학자^(특히 퇴계학)들은 "본연지성^(리)·기질지성^(기)이 사·칠로 발한다"는 곧 '설이 설로 발한다'는 참으로 어이없는 발언도 한다. 과연 사맹 본설은 어디 갔는가? 학자 자신의 공부^(정·주는 자신의 공부로 고찰해 논변함)는 어디로 갔는가?

공자, 자사, 정자, 주자는 퇴계의 소종래 설을 쓰지 않았다는 주장

『중용, 수장』설은 공자의 뜻을 자사가 이은 것으로, 이곳 천명, 중, 화, 희노애락, 대본, 달도 등은 반드시 "치우침 없음"으로 논했다고 함이 주희의 장구주석이다. 이를 "도통"이라 한 이유도 공부로서의 중·화가 치우치면 천하의 소통이 불가하기 때문이다. 명도는 「정성서」에서 "성인의 희노는 외물이 오면 그대로 순응하며, 이것이 성인의 마음이다" 하고, 이천은 「호학론」에서 "중에서 성이 나오니, 희노애락애오욕이다. 이 칠정이 천지를 창조적으로 변화(化之)시킨다"고 한다. 모두 치우침 없이 논했다. 천명지성도 치우침이 없고, 미발의 중도 치우침이 없으며, 희노애락도 치우침이 없고, 중절의 화도 치우침이 없다는 것, 이것이 공자로부터 내려오는 중용 대지이며, 이로써 천지는 교류의 소통이 가능하다.

이러한 치우침 없는 성의 "혼연", 정의 "혼륜"에 대해 퇴계는 매우 극렬하게 비판한다. 그 이유는 공자와 자사는 혼연·혼륜(겸리기의 잡됨)으로 논했지만,(상37) 퇴계 자신은 "치우치게 기만 단독으로 말했기"(상35) 때문이다. 즉 기질지성은 "독기"의 "가짜성"(하168)이고, 칠정 역시 "독기"의 반드시 "없애야 할 정"이다.(상27) "자사, 정자는 나의 독기 소종래 설을 쓰지 않았다."(상274) 다시 말해 위 "자사와 정자 두 성현은 모두 사단을 말하지 않았기"(상37) 때문에 "칠정이 오로지 기만 가리킨 것이 분명하다."(상242) 결국 공자의 호학, 순임금의 노함, 자사의 천명의 희노애락, 명도의 성인의 희노, 이천의 성인의 도를 논한 희노애락애오욕 등 모두는 퇴계 자신의 "치우친(偏)" "오로지 독기설"(상243·35)을 "따르지 않은" 것으로 "의리의 학문"이 아니다.(상293·295) 그렇다면 과연 중용 천명설에 입각한 추만의 「천명도」는 쓸데없는 나쁜 설인가?

이상은 기초적 상식을 벗어난 극심한 오류이다. 과연 성현들은 중용 종지인 치우침 없는 "교류(交)"(주희 대지인 「이발미발설」)의 소통을 거부했는가? 퇴계의 답변은 '그렇다'이다. 왜인가? 성현들은 "칠정은 없애야 할 것",(상27) "기질지성은 달이 아닌 가짜의 물"(하168)이라 했기 때문이다. 그러나 주희는 『중용』 칠정의 "교류"설이야말로 "도통"이고, 『맹자』 성선설은 '형이상에 치우쳤으며' 오히려 "횡거와 정자의 기질지성 설이 완전·온전하다"고 직접 주석을 붙였다. 공자의 기질지성, 자사·정자의 칠정 및 중화설이 치우침 없이 온전하며, 이로써 천하 인류의 교류·소통은 가능하다.

퇴계의 위 주장은 어디서 나왔는가. 바로 성균관의 관료 유학자인 정몽주, 권근, 유승조, 이언적 등으로부터 퇴계에게 내려온 이른바 사칠에 대한 리·기, 성·심의 '대설'이다. 퇴계는 이들의 설을 "못 봤다"고 하지만, 과연 대사성을 3회 역임한 "국학을 담당"(상321)한 책임자가 못 봤다고 발언할 수 있는가? 기발의 칠정이 도학이 될 수 없다는 퇴계의 '굳건한 신념'은 1568년 『성학십도』에서도 그대로 이어진다. 고봉의 우려는 칠사라는 선유의 본설을 오히려 리·기 "양 편"(하110)으로 강제 분리시켜 서로 싸우도록 하는 이른바 "동인·서인 간의 세력다툼"(하13)이다. 퇴계는 '도통의 칠정공부'를 끝까지 강력하게 기의 발로 몰아붙인다. 화담의 '기'를 비판하고, 추만 「천명도」를 '사단 위주'로 바꾼 이유는 리발이 사단이므로 반대로 칠정을 반드시 기발로 삼기 위함이다. 과연 퇴계는 "무슨 의도로" 인류의 칠정으로서의 교류·소통 기능을 "기필코" 불선으로 몰아서 반드시 제거해야만 했는가?(하110~1) 소통을 거부함이 철학적 "신념(信)"(상45)일 수 있는가?

추만 천명도 본도를 망침

추만 정지운(1509~1561)은 기묘명현으로 이름난 김안국,(1543년 졸) 김정국(1541년 졸) 형제에게 1519년부터 24년간 꾸준히 수학하고 스스로 정치권력을 멀리한, 그래서 매우 가난한 학자였다. 추만은 1538년 무렵부터 「천명도」를 대략 그려서 두 스승에게 보여줬고, 1543년 드디어 최종 완성하고 여기에 「천명도해」 및 그 '서문과 날짜'까지 붙여 세상에 공식 발표한다. 이 도·해는 서경덕의 「리기설」·「귀신사생론」 등 보다 3년이 빠르고, 이언적의 여러 본격적 저술보다 6~10년 전이며, 퇴계의 사칠 본설도 1559년 고봉과의 토론이 처음이다.

그 후 10년 뒤 1553년 퇴계는 「천명도」의 상하, 좌우 방위를 정 반대로 바꾸었음을 「천명도설, 후서」에서 스스로 밝혔다. 이 「후서」에 추만에는 없는 "사단"이 비로소 등장한다. 이러한 퇴계의 행위는 학문적 월권이며 큰 잘못이다. 왜냐하면 동료의 설을 고치기 위해서는 주희의 말 그대로 "선배의 설을 지우지 말고 그 옆에 자신의 이견을 주석으로 남겨야 할뿐"(『지언의의』)이기 때문이다. 그래야만 본설을 어떻게 고쳤는지 알 수 있다. 그럼에도 불구하고 퇴계는 득의양양해서 추만에게 고친 이 '사단 위주의 천명도'로 대신하기를 강력히 권했던 것이다.(상47) 반면 김인후는 추만 원도를 그대로 보존하고, 사단이 없는 자신의 「천명도」를 따로 그렸을 뿐이다. 다행히 근래 유정동 교수(「천명도해고」)에 의해 고치기 이전 추만 「천명도」 및 「천명도해」 원본이 발굴된 것은 한국유학사의 거의 기적과 같은 일이라 하겠다.(전남 화순 1578년 목판본) 이 원본이 아니면 "도통"의 치우침 없는 추만의 '중용도'는 결국 편협의 "치우친 주리"(퇴계의 말)의 '사단' 위주가 되어 결국 사단이 천명을 "쫓아낸"(고봉의 말. 하30·131) 도형이어야 한다. 우리나라는 아직 이 「천명도」를 복원 해석하지 못한 것이다.

추만의 본도가 탁월한 이유는 다음과 같다. 이 도형은 주돈이 「태극도」에 의거한 것이다. 「태극도」는 주희 주석에 의하면 둘째 동그라미인 "음정양동 태극(공자태극)은 본체"이고, 여덟 번째 "묘합태극은 작용"이다. 추만은 이 "묘합태극" 동그라미를 「천명도」로 드러냈다. 주희는 「태극도설」 "태극의 동정" 아래에 "태극은 동정이 있으니 천명의 유행이 이것이다"(하195)고 주석했다. 그런데 주희의 문제는, 만약 태극동정이 천명의 유행이라면 그 유행을 실제로 실행하는 것은 희노애락으로 가능하다는 점이다. 그럼에도 불구하고 주희는 이 문제를 해결하지 못했다. 단지 태극의 체용으로 논했기 때문이다. 요컨대 「태극도설」의 문제는, 첫째는 그 "주정"(하93)은 "미발의 고요함에 치우친 점", 둘째는 희노애락이라는 "근사가 빠진 점", 셋째는 따라서 "도리가 외롭게 단절된 점" 등이다. 모두 주희 자신의 말이다. 중용설에 의하면 천명이 작용으로 유행하기 위해서는 반드시 희노애락이라는 공부를 필요로 한다. 그렇지 않으면 공자의 "태극" 및 "천명"은 유행할 수 없는, 결국『노자』의 "무극"이 되고 만다.

이 문제를 추만은「천명도」로 해결하고자 한 것이다.『중용장구, 수장』에 의하면 "도의 본원은 그 실체가 나에게 갖추었으니, 이 요령은 심의 존양과 성찰 공부이다"고 한다. 즉 희노애락 미발에는 존양, 이발에는 성찰 공부이며 이로써 "천명지성"(태극)은 그 체용을 갖추고 비로소 만물을 창조적으로 "화육"할 수 있다는 것이다.『대학, 경1장』"명덕을 밝힘"과 "新民"이 바로 이것이다. 추만은「천명도」에서 무려 3회 미발과 이발의 "희노애락애오욕"과 "심의 존양과 성찰"을 표기한다. 이것이 바로 주희도 해결하지 못한 태극의 작용과 천명의 유행인 것이다.

주희는 중화신설인「이발미발설」에서 사단의 "확충은 이발일 뿐"이라 한다. 여기서 주희가 새롭게 발명한 것은 '희노애락 미발공부'이다. 미발공부가 이룩되어야만 그 이발도 중절이 가능하다. 이발의 확충은 예를 들어 수험생이 수험장(리발처)에서 비로소 공부함과 같이, 공부가 늦다. 더욱이 "사단"은 이발도 아닌, 기왕 발현한 단서일 뿐이다. 때문에 맹자도 스스로 말하여 "확충하지 못하는 사람(양혜왕)도 있다"고 한 것이다. 퇴계는 이 사단을「천명도」에 무단으로 끌어들여와 추만의 칠정을 "기발"로 밀어내고 만 것이다. 때문에 고봉은 "사단 때문에 천명이 기발이 되었고, 칠정의 리를 사단이 탈취해 버렸다"(하30·131)고 강력히 비판한 것이다. 결국 퇴계에 의해 추만「천명도」는 편협의 "치우친 주리"의 '사단도'가 되었고, 이로써 천명의 체용인 치우침 없는 중·화(대본·달도)는 오히려 반드시 "없애야"(상27) 할 나쁜 "주기(혹은 독기)"가 되고 만 것이다.

추만 천명도설을 극심한 혼란에 빠뜨림

고봉은「천명도」에 관한 토론 도중에 퇴계가 고친「천명도설」의 부당함도 간략히 지적했다. 퇴계는 그 이유를 묻는다. 이에 고봉은 첫째, "제5절, 허령의 리·기 분속"(심 조항)에 대해 "허령은 심 본체인 명덕이므로 리·기 둘로 나눌 수는 없다"(상177)고 한다. 둘째, "제6절, 리 본체는 허이며, 허이므로 무대함"(리 조항)에 대해 "리는 실체이며, 따라서 허·무대 때문이라면 리는 황홀이 된다"(상175~176)고 한다. 이 2조는 '심'과 '리'로서 그 주제가 전혀 다르다.

이에 퇴계는 강력히 반발한다. 퇴계의 답변을 보자. 즉 "그 허령에서 '허는 리'라는 설은 잘못이 아니다."(상300) 이 답변은 추만 본설인 제5절 "심", 제6절 "리"도 아니다. 추만 본설은 "심의 명덕은 허령하다"와 또 "리는 일자이며 무대이다"의 2조이다.

퇴계는 이 두 조항을 합친 것이다. 더욱이 "나의 허는 허이실이고, 나의 무는 무이유"(상314)라 하여 노불의 '허, 무'로 답변하면서, 이러한 나의 "허이리"(상302)는 "이치에 통달한 호학군자가 아니면 능할 수 없다"(상329)고 단언한다. 이 논변은 '주어'도 없다. "저것은 사슴인가 노루인가?" 과연 무엇이 허이실, 리이허인가? 퇴계는 '허'도 단지 허가 아닌 실도 있고, '리'도 독리가 아닌 허도 있다고 한다. "이는 이치를 깨달은 곳에 도달한 자, 지극한 도리에 도달한 자만이 알 수 있으므로"(상326) 따라서 "그대는 즉시 복종해야 한다"(상296·319)는 『소학』「제자의 직분편」을 들어 훈계한다. 이러한 논변은 더 이상 추만의 "심 본체" 및 "리 일자"가 아니다. 퇴계는 과연 '무엇'을 논한 것인가? 추만 「천명도설」의 "리"는 과연 독리가 아니며, 명덕의 "심" 공부를 논함이 아니란 말인가?

고봉의 리발설, 리동설, 리도설을 후학들은 곡해해서 퇴계에게 바침

퇴계는 리발을 주장한듯하나 그 의미는 '리 단독'의 발·동이 아닌 리기 선후 "호발설"(상246)이다. 퇴계 본설은 "리발에 기가 따름"으로서의 "천하는 본래 겸리기이고, 성도 본래 겸리기·유선악"(상247)이며 따라서 사단도 독리가 아닌 호발 중의 "주리"(상281·239)이다.

이에 고봉은 원나라 유학자 오징의 "태극(리)은 동정이 없다"(하195)는 설을 예로 들어 강력 비판한다. 리 체용의 온전은 "작용이 있고" 또 리는 "스스로 동정한다"는 것이다.(하197) 만약 리 스스로의 발·동이 없으면 그것은 기에 붙은 혹이 되고, 죽은 死物이 되고 만다. 이로써 리는 불교의 '심 속의 리' 혹은 '작용을 성으로 삼음'이 되고 만다는 것이다. 주희는 반드시 '자연'(상107)으로서의 "리의 발"과 '실체'로서의 "리 스스로의 동"을 논했음을 고봉은 증명한 것이다. 리발, 리동은 고봉이 먼저 제시한 설이다.

또 고봉이 새롭게 "리도설"을 제시한 이유는 '리 자신의 리'를 논증하기 위함이다. 리 자신이 스스로 서지 못하면 안 되기 때문이다. 그래서 고봉은 주희가 「무신봉사」에서 말한 "리도의 말이 폐하게 들리지 못함이 있는 듯합니다"를 인용해서 '리도라는 용어'도 있다고 한다.(하192) 이어 주희가 『대학장구』 격물치지 장에서도 각각 "리"자와 "도"자를 써서 '완전한 리'를 논했다고 한다.(하192) 이 역시 주희의 용어를 인용한 고봉의 설이다.

그런데 퇴계는 「무신봉사」가 아닌 오히려 『대학장구』, 『대학혹문』을 인용해서 답변하기를 "외부에서 리가 나에게 다가온다(도착한다)"(하207)로 읽고 이를 "리 自到(스스로 다가옴)"(하206)의 의미라고 주장한다. 이어 "리의 본체는 죽은 死物, 작용은 나에게 스스로 도달함"(하208)이라 하지만 이는 체용에도 들어맞지 않는다. 무와 유가 체용일 수는 없다. 이 논변은 고봉의 리도와 다르고, 또 인용한 『장구』, 『혹문』 등도 주희의 용법과 전혀 다른데, 이곳의 본래 의미는 '지식설'(인식의 완전함)이기 때문이다. 퇴계는 주희 "격물·치지"의 해설 문장을 '모두' 선후를 바꾸거나 왜곡해서 인용한 것이다.

이와 같음에도 불구하고 퇴계의 후학 및 지금 대부분의 학자들은 '리발설, 리동설, 리도설' 등을 퇴계의 설이라고 한다. 이는 고봉 본설을 퇴계의 의미로 해독·번역해서 억지로 퇴계에게 헌납한 것이다. 특히 일제 강점기 이후 현대에서 각별히 '퇴계의 리'로 오독까지 하면서 숭상하는 이유는 과연 무엇 때문일까? 필자는 일제 어용학자(예로 다카하시 도루)들의 영향이라고 생각한다. 만약 그렇다면 이는 보통 문제가 아닌 것이다. 필자가 위에서 "본성"을 제국주의 학문이라고 한 이유가 바로 이점이다.

율곡 기발설과 남명 상성성의 폐단

퇴계의 "리기 호발"은 근본적으로 '기발설'인데 왜냐하면 "겸리기"가 곧 기이며, 여기서의 "주리·주기"이기 때문이다. 정주는 "횡거의 겸리기는 기이다"고 한다. 그런데 율곡은 리발은 불가하고, "기발에 리가 타는 것"만 가능하다고 하면서 "이 말은 성인이 나와도 못 바꾼다"고 한다. 하지만 필자는 동의할 수 없는 이유에 대해 잠시 논하고자 한다.

율곡은 성정의 자연지리(주역)와 주돈이와 주희의 태극 동정설(공자의 의리역인 태극설)을 구분하지 못한다. 사람 성정은 자연히 "通"(『대역』 '感而遂通')하는 것으로, 공자는 이 사이에서 "태극"의 리를 '새롭게' 천명한 것이다. 태극이야말로 역(우주)의 상하를 포괄해서 동정한다. 왜냐하면 역의 동정은 "태극이 있기(역유태극)"에 가능하기 때문이다. 태극의 동정이 없으면 역은 스스로 소멸된다. 형이상의 태극도 태극의 동정이 있음으로써 그 형이상을 유지한다. 태극의 동정이 아니면 리도 형이상에 고립되고 만다.

더욱이 자연지리로 보아도 사람 느낌은 "月光"(하47)으로서의 '리발'이다. 만약 달(리)이 기 속의 水光이라면 이는 물속의 달에 치우쳐서 불교의 "심 속의 리" 혹은 정주가 비판한 "작용을 성으로 삼음"이 되고 만다. 과연 칠사의 월광은 水에서 생성된 光인가? 고봉의 '리기 선후 호발설' 비판이 이것이다. 즉 "발동의 즈음에서 리가 갑자기 생성되지는 않는다"(상108)는 것이다. 율곡의 '기발 속의 주리'가 문제인 이유이다. 고봉은 선후 호발을 "주인과 종의 관계"(하122)로 여길 수 없다고 하는데 만약 율곡과 같다면 '땅의 경작은 종, 그 수입은 주인'이 되고 만다. 퇴·율은 『중용』 종지인 "신독"공부의 "미발의 중"을 논하지 못했고, 그래서 "천명의 유행"이 기에서 出함이 되고 만 것이다. 또 "사단의 확충"(하149)도 논하지 못했다. 퇴율의 '발 즈음의 다툼'은 사·맹이 공부로 '칠·사라는 이름'의 정을 논한 의미와 아무 관련이 없다.

퇴계와 율곡은 발 즈음의 선후 마음공부도 없이 곧바로 '리·기의 발'을 독단해서 말하는데, 남명의 "상성성"(常惺惺; 미발에 깨어있는 마음)의 경우도 이와 다르지 않다. 주희는 정자 제자인 사상채를 비판해서 "그의 폐단이 호상학을 낳았다"고 하며, 사상채의 공부방법이 곧 "상성성"이다. 주희는 미발에서 "허정"을 요구해서는 안 된다고 하면서 이를 "경" 공부로 대체한다.(하93) 허정은 불교 깨달음의 수양법이며 또 미발의 허는 동정 중의 정에 치우치기 때문이다. 불교 "관심"이 이것으로 곧 '마음으로 마음을 보는' 폐단이다.

주희가 「이발미발설」에서 논한 공부방법은 미발 즈음은 마음으로선 알 수가 없다 함이다. 생각 혹은 느낌은 이미 이발이며, 미발은 단지 이발에서 묵식할 수밖에 없다는 것이다. 따라서 미발 즈음의 마음을 비거나(허정) 깨어있게(성성) 하는 행위야말로 이미 생각이 깃든 것인 이발이다. 때문에 주희는 생각 및 사물에 대한 느낌이 없을 즈음 평상시 집안을 깨끗이 청소하고 공손히 손님 대하는 "쇄소응대"의 소학공부의 중요성을 강조한다. 이로써 구체적 생각이나 사물을 만나면 곧바로 중절이 가능하다는 것이다. 이른바 '미발의 경' 공부가 곧 『대학, 성의장』의 "무자기(자신을 속이지 않음)"와 "신기독(자신 홀로일 때에 삼감)"이며, 이는 『중용, 수장』 "신기독"과 그 주석인 "자기만 홀로 아는 지점"과 글자까지도 정확히 일치한다. 홀로일 때 자신을 속이지 않는,

즉 소학공부는 남명의 "상성성"과 다르다. 상성성은 마음이 이미 들어간 것이며 더욱이 또 누구에게 그것을 강요하겠는가? 남명은 퇴·고의 칠사 토론에 대해 "쇄소응대도 모른다"고 비판하지만, 그러나 미발 즈음 깨어있게 하는 행위가 곧 불교의 '관심설'이다.

이상과 같이 지금 정주 유학철학사 이해는 우리나라는 물론이거니와 중·미·일 학자들 역시 그 기초적 개념부터 오류가 매우 심하다. 따라서 시급히 복원해야 할 것은 정주의 본설과 그리고 그 설을 그간 누가 제대로 이해했는가에 관한 것, 그리고 그들은 어떻게 이를 자신의 문제로 사유하고 그 해결책을 모색했는가에 있다고 하겠다.

정주학(주희 1200년 줄)은 오랫동안 밝혀지지 못했다. 1543년 추만은 「천명도」를 그려 주돈이와 주희의 "천명의 유행"을 논했고, 1559년 이후 고봉은 "태극의 동정", "리도설" 등을 발표함으로써 그간 밝혀지지 못한 정주학의 본질을 고찰해서 논했던 것이다. 그런데 이 문제는 퇴계의 "리발·기발"과 율곡의 "기발의 주리" 등의 동인·서인의 학술적 분파로 양분되면서 결국 그 본의가 잊히고 말았다는 점이다. 진실로 "치우친 리, 치우친 기(주리·주기)"를 철학사로 이해할 수는 없다. 퇴율의 "주리"는 스스로 치우쳤다 함이며, 또 '리·기 싸움'을 학문으로 여길 수도 없거니와, "리로써 기를 제어하라"(상289) 함도 철학(사유)일 수는 없다. 이는 주희의 『사서장구』 등을 매우 오독한 것이고, 또 공자와 자사 및 맹자설의 의미와도 깊게 어긋난다.

이러한 잘못된 학술사의 폐단에서 결국 "한국은 중용 전통이 없고, 그들의 몇 백 년 논쟁은 우리 중국과 거리가 멀다"(중미의 진영첩, 『주자학신탐색』 「四端與七情」)는 모욕적 언사까지 나오게 된다는 점이다. 우리나라 학자들이 여기에 반박을 못하는 이유는, 「천명도」를 퇴계가 고친 '주리의 사단도'로 이해하기 때문이다. 그러나 당초 추만의 도형은 '중용도'이며 여기에는 천명, 중화, 희노애락애오욕 등이 있을 뿐 사단이 없다. "희노애락애오욕"(상159)은 이천의 「안자호학론」에서 나온 중용 제설이다. 그리고 "안자 호학"은 공자의 말이며, 이를 주희는 공자와 자사, 정자의 도통으로 삼는다. 퇴계의 경우 "희노애구애오욕"(상22)이라 하는데, '애구'는 『예기, 예운』의 칠정이다. 결국 「천명도」를 퇴계의 '사단 위주'로 이해하는 학자들이 진영첩의 말에 반론을 하지 못하는 이유이다. 사단 위주의 「천명도」는 천명 본의에도 맞지 않고, 더욱이 퇴계의 사단 위주의 도형에는 공부 언급이 한마디도 없거니와 또 이발의 사단이 미발의 천명의 리를 오히려 기로 "내쫓은" 것으로서, 심각한 중용 「천명도」의 왜곡이 아닐 수 없는 것이다.

본서 총 3부 중, 제1부는 정주학의 가장 핵심 된 설을 17개 조항으로 요약하고 풍우란, 노사광, 진영첩, 여영시, 진래 등 현재의 중·미·일 학자들의 오류를 바로잡고자 함이다. 제2부는 고봉의 칠정사단론 등을 100개 조항으로 고찰했고, 제3부는 퇴계 논설의 극심한 용어사용의 문제점과 모순을 106개 조항으로 논변했다.

이 책은 필자의 『최초의 주석 칠정사단론』에 관한 '해설서'이다. 필자가 당초 석사논문으로 '퇴계 사단칠정론의 미학적 해석'을 제출한 것은 한국사상사에서의 퇴계의 성정론은 당연히 그 미학적 연구도 충분한 가치가 있다고 여겼기 때문이다. 그런데 그 과정에서 이 문제는 칠정과 사단, 성과 정에 관한 유학사적 고찰이 우선인 것 같았다. 때문에 본서 본문에서는 미학에 관해서는 한마디도 하지 않았음을 밝힌다. 앞 주석서에서도 잠시 언급했듯이 본서는 특정 학파의 우열을 가리고자 함은 아니다. 다만 미력한 이 연구가 우리나라 사상사의 본질과 그 현대철학으로의 해명에 있어 하나의 작은 계기가 되기를 바라며, 그간 필자의 20여년의 고뇌를 마무리하고자 한다. 끝으로 일면식도 없음에도 적지 않은 분량의 두 책 출간에 발심을 내준 한국학술정보(주)와 그리고 이강임 팀장께 깊은 감사의 인사를 드린다.

2019년 11월 11일
우면산 아래 작은 연구실에서
김동원

차례

고봉의 칠정사단론(100꼭지)

퇴계의 끝없는 오류와 모순(106가지 예)

주자학에 대한 세계 학자들의 오독(17가지 예)

1

주희 이후 중국은 "도통" 논의가 끊겼다

이른바 "도학" 혹은 "도통"이라는 말이 성립되기 위해서는 사람 마음의 교류·소통 기능인 '일상의 감정'이 배제되어서는 안 된다. 왜냐하면 이러한 느낌의 감정이 천하 인류를 창조적으로 소통 화육시키는 역할을 하며 이로써 '도'의 성립은 가능하기 때문이다. 단, 사람 감정은 외물과의 관계에 놓여 있으므로 선악이 있게 마련이고(상3) 따라서 자신의 공부를 통해서 그 소통의 화육은 가능한 것이다. '공부'가 유학의 도통 핵심이다.

이러한 "도" 논의가 바로 우리나라의 '칠정 사단 토론'이다. 도 논의는 반드시 『중용』 "솔성의 도", 공자의 "일음일양 양상의 도" 및 "역 속의 태극",(『주역대전』) 정명도 「정성서」의 "성인의 희노" "도가 커야만",[1] 정이천 「안자호학론」의 "성인의 도인 칠정의 호학", 『맹자』 "사단의 확충"(「확충장」) "도를 아는 자"(「성선장」) 등이 함께 거론되어야 한다. 도는 사람 감정에 있다 해도 스스로 형이상의 리가 되어야 한다. 도는 '옳음'으로서 소통되기 때문이다. '도'는 이와 같이 논의되어야 하며, 만일 이러한 해설 전통이 없다면 도학(도통)이라는 말은 성립되지 못한다. 더욱이 '도학'과 '리학'조차 구분되지 못한다면 이는 심각한 문제라 하지 않을 수 없다.[2]

그런데 정작 중국의 유학사상은 스스로 "도학"(풍우란)을 주장하면서도 그 '도의 유통'인 감정 문제에 관한 칠정 및 사단의 학술토론과 공부 전통이 끊겼다는 점이다. 결국 중화를 이루어 천지를 창조적으로 화육하고 또 사단을 확충함으로써 인류의 옳음에 동참할 수 있는 근거에 관한 논의가 없다면 이는 유학의 도통에 있어 치명적 결여라 아니할 수 없는 것이다. 컬럼비아대학의 진영첩은 "한국유학은 중용 전통이 없다"[3]고 하지만, 그러나 이는 그 반대다. 우리나라의 「천명도」가 바로 '중용도'이며,

---

1) 정호는 "도가 커야지만 세상과 섞일 수 있으니, 가난에도 안씨는 일생을 즐겼다네"(道大方能混世塵, 陋巷一生顔氏樂)(『정씨문집』권3, 「和邵堯夫打乖吟二首」, 『이정집』, 481쪽)라고 하여 '도'와 '안자의 락'을 함께 말한다. 이천과 같이 도를 칠정의 '락'과 함께 거론한 것이다.

2) 도학은 사람 마음의 기능인 외물과의 교류에서 공부를 논한 것이다. 한편 우리나라의 '성리학'과 중국의 '리학' 명칭은 리에 관한 논의이다. 유학의 본령은 "리일분수"중 '분수'에 있다. 정주학은 분수 중의 『중용』 "솔성" 공부를 그 대지로 삼으며, 즉 사람은 사람의 성을 따를 뿐 개(犬)의 성을 따를 수 없다는 것이 정주 사상의 핵심이다. 따라서 만약 도의 마음공부를 곧바로 리로 여기면 이는 도학이라고 할 수 없는 것이다. 정주는 "성과 도를 합으로 말해서는 안 되며, 중은 성과 동덕일 수는 없다(性·道不可合一而言, 中…不可與性同德)",(『주문공집』권67, 「이발미발설」, 3266쪽) "도와 리는 어떻게 분별되는가? 답변; 도는 통명이고, 리는 그 세목이다(間, 道與理何別? 日, 道是統名, 理是細目)",(『주자어류』권6, 可學2, 236쪽) "'도'자는 크게 포괄하고, 리는 도 안의 수많은 리맥이다(道字包括大, 理是道字裏面許多理脈)",(같은 곳, 胡泳5, 237쪽) "합으로 설명하면 도이다. 인은 진실로 도이지만, 도야말로 총명이다(合而言之道也, 仁固是道, 道却是總名)"(『정씨유서』권15, 102조, 『이정집』, 156쪽)고 한다.

3) 陳榮捷(1901~1994. 미국에서 신유학 및 주희연구를 정초했다고 평가받으며, 중국 학술계에도 많은 영향을 미침)은 말하기를 "한국은 주자의 중용장구, 중용혹문 등의 전통이 없다. …한국의 사단칠정 논박의 몇 백 년은 우리 중국의 전통과는 거리가 멀다"고

퇴계와 고봉의 논쟁은 『중용』 언급부터 시작된다. 「고봉1서」 '첫 글자'를 보자.

　　자사는 말하기를 "희노애락의 미발을 중이라 이르고, 발해서 모두 중절한 것은 화라 이른다"
　　고 한다.(상2)

　　주희는 『중용』을 공자로부터의 도통으로 삼는데 이곳은 일상의 감정 전후와 그것
을 이룰 수 있는 공부를 함께 논하기 때문이다.[4] 도의 이룸은 "희노애락"이라는 외
물과의 "교류(交)"(주희의 「이발미발설」 대지임)[5]를 통해 가능하며, 나의 "성정(중화)의 덕"(상
94)으로 이루어야 한다. 그런데 그 덕은 칠정이 아니면 불가능하다는 점이다. 천명 및
중화는 칠정이라는 미발·이발 즈음의 공부로써 완수되기 때문이다. 공부를 통해 "중
화를 이룩하면 천지가 제자리에 서고(位) 만물이 육성된다(育)." 다시 말해 내가 칠정
으로 중화를 이룸으로써 나와 더불어 인류를 소통시키고 천지 만물까지도 창조적으
로 변화시킬 수 있다는 것이다. 『대학』 "명덕을 밝힘"과 "新民"의 '새롭게 창조함'의
논의가 이것이다.
　　정이천은 「안자호학론」에서 "성인의 도는 배움으로 이를 수 있다"고 하면서 다음
과 같이 말한다.

　　외물이 형기에 접촉하면 중에서 동한다. 그 중이 동해서 칠정이 나오니 '희노애락애오욕'이
　　다.(상103) …이른바 '변화한다(化之)'고 함은 神으로서의 자연으로, 생각하지 않아도 얻고 힘들
　　이지 않아도 들어맞음을 이른다. 공자의 "마음의 하고자 하는 바가 규율을 넘어서지 않음"이
　　이것이다.[6]

　　이곳 "중에서 동함" "칠정" "화지"는 『중용』 "중" "희노애락" "위육, 화육"[7]과 일

　　주장한다.(『朱子新探索』, 「四端與七情」, 화동사범대학출판사, 상해, 2007, 196쪽) 하지만 고봉은 칠사 논변에서 『중용』, 『중용장구』,
　　『중용혹문』 등을 매우 많은 곳에서 인용하고 있으며,(필자의 「최초의 주석 칠정사단론」, 색인참조) 중용 도통을 이은 정호·정이의
　　설을 수차 인용해서 논변한다. 진영첩이 이렇게 말하기 위해서는 이른바 '도 논의'의 대의가 무엇인지를 스스로 분명히 밝혀야 한
　　다. 진영첩은 위 책에서 주희철학의 핵심인 「이발미발설」(중화신설)의 "중용 미발·이발"과 정이의 "심 이발"을 분별하지 못하
　　며,(195쪽) 이는 정주 중용철학의 대지를 이해하지 못한의 반증이다.
4) 『중용, 수장』은 "천명의 성, 솔성의 도"를 말하고 이어 "도는 잠시도 [일용에서] 떨어질 수 없으니, 떨어지면 도가 아니다. 그러므
　　로 군자는 항상 삼가고 두려워한다"고 한다. 즉 도는 일용생활의 미발과 현실의 이발의 칠정 속에 있으니, 이 즈음 전후 '공부'로
　　도가 유행된다고 한 것이다.
5) 주희가 「이발미발설」 말미에서 "정자가 '모든 심은 이발이다'(상151)고 한 이 말은 오히려 심체의 유행을 가리킨 것으로 이는 사물·
　　사려의 교류(事物思慮之交)가 아니었으며, 결국 중용 본문과 합치하지 않기 때문에 마땅하지 않다고 하여 바로잡았다"고 한 것
　　은 중용 대지는 외물과의 '칠정의 교류'에 있었음으로 논한 것이다. (『주문공문집』, 권67, 「이발미발설」, 3268쪽)
6) 學以至聖人之道也. …外物觸其形而動於中矣. 其中動而七情出焉, 曰喜怒哀樂愛惡欲. …所謂化之者, 入於神而自然, 不思而得, 不勉而
　　中之謂也, 孔子曰, 七十而從心所欲不踰矩, 是也.(『정씨문집』권8, 「안자소호하학론」, 577~578쪽)
7) "致中和, 天地位焉, 萬物育焉."(1장) "可以贊天地之化育, 則可以與天地參矣."(22장) "聖人之道, 洋洋乎發育萬物."(27장) "立天下之大

치한다. 이는 자신의 감정을 억지로 외물에 맞춘 것이 아닌 스스로 그러함으로 외물에 그대로 순응할 뿐이다. 이것이 바로 정명도 「정성서」 논의이다.

> 성인의 항상된 마음은 '그 정(其情)'이 만사에 순응해서 무정하니, 그러므로 군자의 학문도 마음을 크게 열어 대공해서 외물이 오면 그대로 순응한다. …이것이 성인의 '희노'이며, 이는 자기 마음에 얽매이지 않고 오히려 외물에 얽매인 것이다. 성인이 어찌 외물에 응하지 않겠는가.[8]

성인의 마음은 "외물을 그르다 하고 자기의 감정만을 옳음으로 여기지 않는다." 군자의 학문도 외물과의 교류를 통해서 천지의 마음에 동참하니, 이것이 바로 공자와 안자의 "호학"으로서 즉 외물에 순응하는 마음이다. 성인은 외물의 사태를 결코 거부하지 않는다. 그럼에도 "지금 자기의 사사로운 희노로써 성인의 희노의 바름을 보려 한다면 어찌하겠는가."(이상 「정성서」)

맹자 사단도 이와 다르지 않다. 맹자는 "사단은 누구라도 있으니, 이를 확충하면 족히 사해를 보호할 수 있다"(상133)고 한다. 누구나 있지만 단 "확충하고 확충하지 못하는 것은 자기에게 달려 있을 뿐"(주희주)이다. 확충하면 천하의 옳음에 나도 동참할 수 있다는 것이다.

이러한 사상은 『주역대전』 "적연부동과 감이수통"의 '動'과 '感'에서 연유한 것이다. 주희는 「호남제공서」에서 다음과 같이 말한다.

> 희노애락 미발은 이 마음의 적연부동의 체이고, 감이수통은 희노애락의 성이 발한 것으로 여기서 심의 용을 볼 수 있다.[9]

결국 "느껴서 천하 모든 일에 通할 수 있다(感而遂通天下之故)"고 함이 바로 공자의 "태극"으로서의 리의 유행이다. 주희는 "태극은 동정이 있는데 천명의 유행이 이것이다"(하195)고 하는데 그 유행을 드러내 주는 것이 곧 칠정이다. 이러한 중화로서의 칠정이 『주역』의 이른바 "일음일양 양상을 도라 함"으로서의 도의 유행인 것이다.[10]

本, 知天地之化育."(32장) 요컨대 중화의 덕을 이루면 천지만물의 '화육에 동참·참여'할 수 있고 또 천지만물을 '발육·화육'한다 함으로, 이것이 곧 '도'이다.

8) 聖人之常, 以其情順萬事而無情, 故君子之學, 莫若廓然而大公, 物來而順應. …是聖人之喜怒, 不繫於心, 而繫於物也, 是則聖人豈不應於物哉(『정씨문집』 권2, 「답횡거장자후선생서」, 460~461쪽)

9) 喜怒哀樂之未發, 當此之時, 卽是此心寂然不動之體. …及其感而遂通天下之故, 則喜怒哀樂之性發焉, 而心之用可見(『주문공문집』 권64, 「여호남제공론중화제1서」, 3130쪽)

10) 太極之有動靜, 是天命之流行也, 所謂一陰一陽之謂道.(「태극도설해」, 72쪽)

추만(정지운) 「천명도」가 바로 '태극의 동정'을 그린 것이다. 추만은 「태극도」의 8번째 동그라미인 "묘합태극"을 「천명도」로 드러냈다. 추만은 말한다.

『중용』이라는 책은 "천명" 두 자를 시작으로 삼았는데, 나도 마땅히 이곳을 취해서 궁구하고자 한다.11)

퇴계도 「천명도설, 후서」에서 "천명도는 주자의 설을 쓰고, 태극의 본도에 의거했으며, 중용의 큰 종지를 기술했다"고 하며 특히 「태극도」의 "묘합이응(무극·이오가 묘합해서 엉킨 곳)"을 도출한 것이라고 한다.12) 주희는 "묘합이응은 신묘만물의 용이다",13) "神妙는 만물에 통한다"(하198)고 한다.14) 이곳 '神'은 위 「호학론」의 "신"과 같다.

문제는, 주희와 같이 "천명의 유행"을 태극의 동정으로 삼기 위해서는 먼저 그 유행을 실행할 수 있는 실제의 희노애락이 있어야 한다는 점이다. 자사는 "희노애락"을 말함으로써 비로소 천명지성의 유행·작용을 논할 수 있었기 때문이다. 추만은 「천명도」 본도에서 "희노애락애오욕"을 3회 삽입한다. 이는 『중용』 "희노애락"과 이천의 「안자호학론」 "희노애락애오욕"을 인용한 것으로서, 공부 논의이다. 주희는 『중용, 수장』에서 "자신의 일로서의" 미발·이발의 "존양과 성찰"이라는 공부를 논하며, 「천명도」의 "존양·성찰"이 바로 이것이다.15)

퇴계가 개입하여 고치기 이전의 추만의 「천명도」 원도는 태극 및 중용 철학사에 있어 사상사적 의의가 매우 크다. 주희는 『근사록』 첫 장 "도체"를 '리의 체용'이라 하면서도 오히려 "도리가 외롭게 단절된 것"이라 하고 일상의 "근사(가까이서 생각함)"가 빠졌음을 스스로 고백한다.16) 추만은 이 도체를 공자의 "근사"인 일상생활 가까이의 미발·이발의 중용철학인 일용철학으로 논설한 것이다. 추만의 「천명도」는 정주의 기질지성 발명이 유학사의 성설을 온전히 한 것과 같이 태극 및 천명의 상·하 공부를

---

11) 中庸之書, 以天命二字爲一篇之始, 余當取以究之.(「천명도해, 序文」)

12) "用朱子說, 據太極之本圖, 述中庸之大旨." "妙凝之圈, 卽斯圖所揭, 天命之圈, 是也, 朱子云, 太極之有動靜, 是天命之流行也." "天命之圖, 卽周子所謂無極二五, 妙合而凝者也."(『퇴계전서』2책, 322~324쪽)

13) 妙合而凝者, 以神妙萬物之用而言也.(『통서주』, 「動靜」제16, 113쪽)

14) 『주역대전』은 "오직 神이기 때문에 질주하지 않아도 빠르다"(「계사」제10장)고 하며, 이에 장재도 "하나이기 때문에 신이다. 이것이 이른바 '감이수통이며, 질주하지 않아도 빠르다' 함이다"(『근사록』, 「도체」49)고 한다. 즉 '감정의 느껴서 통하는 것'은 자연의 일이며, 신이다.

15) 주희는 『중용, 수장』끝 주석에서 "道의 본원은 하늘에서 나왔고" "그 실체는 자신에게 갖추었으며" "존양·성찰의 요령을 말씀했다(言存養省察之要)"고 한다. 「천명도」는 이곳 "도의 본원"인 "천명지성"과 "희노애락" 미발·이발 공부인 "존양·성찰"을 드러낸 것이다.

16) 주희는 "근사록 수권은 …道理가 孤單하다"고 한다.(『어류』권105, 道夫29, 3450쪽) 황간도 "선생은 근사록 수권에 대해 '…近思여야 하는데도 도리어 遠思가 되었다'고 하셨다"(『勉齋集』권8, 「復李公晦書」)고 한다.

모두 포괄했다고 할 수 있다.[17] 주희 이후 중국이 이러한 '감정 토론'의 전통이 끊긴 이유는 육구연 및 왕양명의 영향으로 인해 급속히 '칠정을 부정'한 선불교와 혼합되고 말았기 때문이다.

2

태극은 동정을 할 수 있는가, 없는가?

『주역대전』에서 "역에는 태극이 있다(易有太極)"고 한 것은 역의 우주에는 태극자가 스스로 자존한다 함이다. 이에 주돈이는 「태극도설」에서 "태극의 동·정(太極動而生陽, 動)"을 논했고, 여기에 주희는 다음과 같이 주석을 붙인다.

> 태극은 동정이 있으니 이는 천명의 유행이다.(하195) 이것이 『대역』의 이른바 "일음일양 양상을 도라 이른다"고 함이다.[18]

주희는 태극의 동정을 '천명의 유행'과 '음양 유행의 양상'이라 한 것이다. 그렇다면 이곳의 음양·동정은 기인가, 리인가? 만약 '기'인 것이라면 "천명의 유행"과 "도"는 곧바로 '기의 유행'이 되고 만다. 과연 태극은 스스로 동정하지 못하는 기에 붙은 존재인가? 주희 이후 이 문제에 대한 진실 논란은 지금까지도 끝을 보이지 않는다.[19]

풍우란은 "주희는 태극 자체는 동정을 하지 않고 단지 타는 기틀에 동정이 있다고 한다"고 하면서 "무극이태극은 노자에 가깝다"고 한다.[20] 진래 또한 "사람이 말을 타고 감과 같이, 사람(태극)에게는 절대 운동이 없다"고 극언한다.[21] 퇴계도 리는 기를

---

17) 반면 퇴계는 이러한 미발·이발 공부를 그린 「천명도」에 사단이라는 '기왕 발현된 단서'(이발처의 공부도 아님)를 끌어들여 결국 사단이라는 '발현자 위주'의 치우친 도형으로 고쳤고, 그래서 "칠정의 천명·중화의 리를 사단이 빼앗아 점령"(하30·131)해 버린 결과를 낳고 만 것이다. 더욱이 리발을 사단으로 독단한 것은 공부도 빠졌다. 고봉의 비판이 바로 이점이다.

18) 太極之有動靜, 是天命之流行也, 所謂一陰一陽之謂道.(「태극도설해」, 72쪽)

19) 학자들의 의견은 대체로 태극은 스스로 동정이 불가하고, 단지 기의 동정으로 인해서 리는 '드러나는(顯) 것뿐'이라 한다. 그 이유는 동정은 기이고, 태극은 리이기 때문이다. 근래 한, 중, 미, 일 학자들의 견해도 여기를 벗어나지 않는다. 퇴계의 "리는 작용이 있다"(하206)고 함은 본래 고봉의 말이고,(하197 및 아래 「답일재서」) "리도"(하192)도 본래 고봉의 설인데, 퇴계의 답변은 고봉의 본의 및 문자와 전혀 다르다.(하200)

20) 풍우란은 "렴계의 무극이태극은 노자의 '有生於無'에 가깝다"고 하면서 "주희의 렴계에 대한 해설은 꼭 렴계의 뜻이었다고 할 수 없다"고 주장한다. 또 "태극은 동정도 없다", "형이상, 동정의 리의 경우는 운동도 없고 고요도 없으므로 즉 '동정을 논할 수 없다'"고 한다.(『중국철학사』하, 박성규 역, 까치, 544, 538~9쪽) 그러나 주희는 "이 一圖(태극도)는 大易의 遺意이다. 노자는 '物生於有, 有生於無'로 여기고 조화는 始終이 있음으로 여겼으니, 이는 공자와 정 남북이다"(『문집』권45, 「答楊子直」1, 2072쪽)고 한다.

- 39 -

탄 "호발"이고,(상246) "리는 기가 아니면 출입하지 못하며",(상259) "리체는 무위이고 리용은 드러난다(顯)"(하208)고 한다. 하지만 이 모두는 역의 '우주'와, 리의 '실체', 리의 체용으로서 '설' 등을 구분하지 못한 것이다.

태극 동정의 가부를 묻기 전에 과연 태극은 '실체인가'가 먼저 밝혀져야 한다. 이것이 밝혀져야만 그 동정 문제도 실마리가 풀릴 수 있다. 만약 태극이 '실존의 실체'가 아니라면 결국 기의 동정에 의해 그 존재가치가 좌우되고 만다. 그렇다면 태극은 결국 "진실무망"(하94)인 "실리"(정자. 상175)의 존재자가 아닌 그 동정에 기생하는 "무용의 혹"(하183·196)이 되고 만다. 때문에 "태극"을 주돈이는 "무극이태극"이라 한 것이고, 주희는 여기에 다음과 같이 주석을 붙인다.

> 이(무극이태극)는 상천지재의 무성무취를 말한 것으로, 실로 모든 조화의 지도리이며 만물 구성에 있어서의 근저이다.22)

공자의 "역유태극"의 태극은, "역"이라는 우주에 예속되지 않으며, 설사 역 속에 있다 해도 이러한 역을 초월해서 스스로 자존한다 함이다. 주돈이가 "무극이태극"이라는 '술어·詩語'(주어는 태극임)로 해설한 이유가 바로 이것이다. 태극은 모든 만물 및 조화의 근원으로서의 '실체'이며, 『중용』 종장(33장)은 이를 "무성무취"로 "형용"한다. 무성무취는 문왕의 덕으로서 어느 무엇과도 '비교' 대상이 될 수 없는 그야말로 "지극하다(至矣)."(33장 끝 자)23)

추만도 「천명도해」에서 리는 '독리'의 "무대"이고 "一"자이며, "음양에서 비로소 상호(互) 대립이 있다"고 한다.24) 즉 리는 리기의 상대적 관계가 아닌 오히려 '서로(相·互) 비교할 수 없는' 지순·지덕일 뿐이다. 역 속에 있다 해도 태극 자체는 지극의 자존자이며 조화의 '지도리로서의 뿌리'이다. 이 문제가 고봉이 이항(일재)과 토론한 내용이며, 이 논변을 퇴계에게 보낸다.

---

21) 진래는 "태극도설에서 쓰인 모호한 용어들은 주희와 주돈이 사상이 달라지게 조장하였다"(『주희의 철학』, 이종란 외역, 예문서원, 68쪽)고 하면서 "'태극에 동정이 있다'는 것 역시 태극 자체의 운동을 가리켜 말한 것이 아니라 태극이 [음양]리기가 동정·교차하는 운동 과정에서 체현된 것임을 의미한다"(67쪽) 하고, 주희의 '사람이 말을 타고 간다'는 것으로 볼 때 "사람(태극)에게는 절대 운동은 없"(69쪽)다고 한다.

22) 上天之載, 無聲無臭, 而實造化之樞紐, 品彙之根柢也.(「태극도설해」, 72쪽)

23) 『중용』 33장은 다음과 같이 끝난다. "시경에서 말하기를 '덕의 가벼기가 터럭과 같다'고 했는데 터럭도 비교할 만한 것이 있으니, 문왕시 '상천지재, 무성무취'야말로 지극하다(詩云, 德輶如毛, 毛猶有倫, 上天之載, 無聲無臭, 至矣)."

24) 天地之間, 理一, 而氣萬不齊. …理之爲理, 其體本虛, 虛故無對, 無對故在人在物, 固無加損而爲一焉.(상176) 至於氣也, 則始有陰陽對立之象, 而互爲其根.(「천명도해」)

「태극도」 둘째 원이 이른바 "양동음정"의 것이다. 그 속의 작은 원이 바로 태극 본체인데, 이는 음양에 섞어 말한 것은 아니다. 음의 靜이 태극의 체이며 태극이 立하는 바이고, 양의 動이 태극의 용이며 태극이 行하는 바이다. 태극은 음양으로 체용을 삼은 것이 아닌, 단지 태극의 체용이 음양에 인한 이후 드러날(見) 뿐이다.[25]

「태극도」 둘째 동그라미인 "음정양동 태극"이 곧 공자 본설인 "역유태극"이다. 고봉은 태극은 음양에 섞인 것이 아니라고 한 것이다. 태극은 음양 속에 있지만, 그 자체는 자존의 리이다. 만약 태극이 자신 스스로 서지(立·行) 못하면 음양 동정 속에서 자신의 존재가치를 잃게 되고 만다. 무극이태극이라 한 것은 태극은 음·양, 동·정, 남·녀, 만물 등 우주(易) 어디에 처해 있어도 스스로 실체의 자존자라 함이다. 고봉의 "태극은 음양으로 체용을 삼은 것이 아니다"고 함도 「태극도」는 우주만물도의 '기도'가 아니라는 것이다. 「태극도」는 '태극본체론'일 뿐 우주론이 아니다. 이는 "태극의 체용이 음양에 인한 이후 드러난 것"이다. 주희는 '기의 동정'을 곧바로 태극의 체용으로 삼을 수 없다고 한다.

> 희(주희)의 지난번 '태극을 체로 삼고 동정을 용으로 삼은' 이 말은 진실로 병통이 있다. …나는 이렇게 말하겠다. 태극은 동정을 함유한다 하겠다. [자주; 체로 말했다] 태극은 동정이 있다 하겠다. [자주; 유행으로 말했다] 만약 태극을 곧바로 동정이라 하면 이는 형이상과 하자를 나눌 수 없음이 되어 공자의 "역유태극"도 쓸모없는 말이 되고 만다.[26]

태극의 리는 반드시 실체로서 실존한다.[27] 단 기와는 다른 세계로 실존하는 것이다. 그것은 바로 '옳음', 즉 올바름으로 실존한다.[28] 리의 옳음은 기와의 관계를 통해 수립되지만, 단 그 옳음이라는 기준은 자신 스스로 독립하며 이것이 바로 "태극"이다.

문제는 형이하인 동정을 형이상인 태극의 작용으로 삼을 수 있는가? 그러나 주희가 여기서 말하는 동정은 태극 자체의 동정이다.[29] 이때는 형이하의 동정이 아닌 태

---

25) 次下一圈, 所謂陽動陰靜者也, 其中小圈, 乃太極之本體也. 此所謂配陰陽而指其本體不雜乎陰陽而爲言者也. 陰之靜, 則是太極之體, 所立也, 陽之動, 則是太極之用, 所以行也. 然太極, 非以陰陽爲體用也, 特太極之體用, 因陰陽而後見爾.(『국역고봉집』 3책, 「答一齋書」, 13쪽) 이 논변을 '고봉2서'에 끼워 퇴계에게 보냈다.

26) 熹向以太極爲體, 動靜爲用, 其言固有病. …蓋謂太極含動靜則可, 以本體而言也, 謂太極有動靜則可, 以流行而言也, 若謂太極便是動靜, 則是形而上下者不可分, 而易有太極之言亦贅矣.(『주문공문집』 권45, 「答楊子直」 1, 2072쪽)

27) 주희는 주돈이의 『통서』 「誠上제1」~「聖제4」 주석에서 "至實而無妄", "實理流出", "實理", "實理流行", "實理自然", "實理之體, 實理之用" 등이라 하고 "이는 「태극도」와 표리이며, 誠이 곧 이른바 태극이다"고 하여 태극을 '實理'로서의 실체라 한다.

28) '리'는 무엇이고, 어떻게 표현해야 하는가. 호굉은 맹자 성선을 "贊嘆" "形容"이라 한데, 주희는 매우 격하게 비난한다.(『어류』 권95, 可學39. 권101, 卓169) 근래의 "必然, 當然"(진영첩) 등도 '리의 형용'이고, "道德法則" "事物規律" "推理原理"(진래)라 해도 이미 '사물이나 도덕 속의 원리'에 국한될 뿐, 형이상·하를 아우른 것일 수 없다.

극이라는 형이상에서의 '動中靜, 靜中動'이다. 주돈이는 『통서』에서 '동정'에 대해 아래와 같이 말한다.

동어다 無動하고, 정이나 無靜함은 神이다. 동이나 無動하고 정이나 無靜이라 함은 不動・不靜이 아니다.(하198)[30]

주희가 이를 "動中有靜, 靜中有動"이라 한 것도 "이는 형이상의 리를 말한 것"[31]으로 "神은 리이다"[32]고 한다. 주돈이는 『통서』 첫머리에서 "誠"을 말했는데(주희는 통서를 '태극도와 표리'라고 주석함) 주희는 "誠은 곧 이른바 태극이다"라고 한다. 이러한 태극을 주돈이는 "크도다, 건원이여!" "건도는 변화한다" 하고, 주희는 "이는 태극도의 이른바 양동과 음정이며, 實理의 流出이다"라고 주석을 붙인다. 주돈이의 "태극동정"은 기로서의 동정이 아니라는 것이다.

그런데 원나라 오징은 "태극은 동정이 없다. 동정이라 함은 기의 기능이다. 기의 기능이 한 번 동하면 태극 역시 동하고, 기의 기능이 한 번 靜하면 태극 역시 靜한다"(하195)고 하는데, 이에 고봉은 "이 설은 주자(주돈이)와 주자(주희)의 설로 살펴보면 너무나 큰 차이가 난다"고 하면서 다음과 같이 비판한다.

'태극이 동정이 없다'면 그 동정의 리를 과연 어디에 소속시키겠는가? "천명의 유행"이 태극의 동정이 아니란 말인가? 오씨(오징)는 또 "태운 바의 氣機는 동정이 있지만 태극 본연의 묘는 동정이 없다"고 운운하는데, 그렇다면 태극은 군더더기의 필요 없는 혹이 되고 만다. 氣機의 동정할 수 있음이 어찌 태극의 동정이 아닌가? 만약 '태극이 동정이 없다'면 그렇다면 "천명의 유행하는 것"은 氣機의 행위에서 나온다는 것인가?(하196)

주희가 "동정의 것은 타는 바의 기틀(所乘之機)"이라 한 이 말은 기기의 동정을 가리킴이 아닌 태극의 체용 중 그 '용'을 가리킨 것으로, 『대역』 "일음일양 양상을 도라 함"의 뜻이다. 「태극도」의 음양・동정은 기의 음양・동정이 아닌 태극의 음양・동정이다. 주희가 「태극도설」 "태극 동정" 조항 주석 끝에서 "이러한 말들은 道를 아는

---

29) 言理之動靜, 則靜中有動, 動中有靜, 其體也, 靜而能動, 動而能靜, 其用也.(『주자어류』권94, 端蒙181, 3160쪽)

30) 動而無動, 靜而無靜, 神也.[주희주; 神, 則不離於形, 而不囿於形矣] 動而無動, 靜而無靜, 非不動不靜也.[주희주; 動中有靜, 靜中有動](『통서주』「動靜제16」, 112쪽)

31) 動而無動, 靜而無靜, 非不動不靜, 此言形而上之理也.(『어류』권94, 端蒙181, 3160쪽)

32) 神, 即此理也.(같은 곳, 寓185, 3161쪽)

자가 아니라면 누가 능히 알겠는가"라고 한 이유이다.[33]

이른바 "천명 유행"의 천명은 기가 아닌 '태극의 리'이며 곧 "천명지성"의 작용이다. 주희는 「태극설」에서 "천명지성"을 '태극의 동정'으로 논한다.[34] 그 천명의 유행이 바로 "일음일양지위도"이다. 따라서 주희가 태극의 유동정을 "천명의 유행이다"라고 한 것은 학자들의 해석과 같이 '기 동정의 유행'을 가리킴이 아닌 것이다.

3

"무극이태극"에 관한 학자들의 오류

『주역대전』의 "역에는 태극이 있다(易有太極)"고 함이 바로 공자 '태극설' 전부이다. "역"은 복희·문왕으로부터 내려왔고 여기에 공자는 "태극"을 추가했다. 주돈이의 「태극도」도 역시 易의 '역도'가 아닌, 역 속의 '理圖'이다. 그런데 주돈이는 「태극도」에서 태극 9개를 그리고 또 맨 상위 동그라미를 추가해서 여기에 "무극이태극"이라는 '詩語'를 붙였다. 주희의 「도해」에 의하면 둘째 동그라미인 '음양태극'이 공자의 "역유태극"이다. 주돈이는 무슨 이유로 여기에 상원을 추가하여 이러한 '해설'을 붙였는가?

"무극이태극"에 대한 의혹은 주희가 「태극도설해」를 발표할 당시도 그랬지만, 이후 논란도 끊임이 없으며 현재까지 합의된 정설도 없다. 주희는 먼저 「도설해」를 쓰고 이에 관한 학자들의 논란이 일자 그 의혹을 7개 조로 요약해 "총론"을 붙여서 이를 극명하게 반박했다.[35] 필자도 몇 가지만 요약하겠다. 과연 태극 자신은 동정을 하는가? 무극이태극은 실인가, 설인가, 찬탄인가? 태극은 자존의 존재자가 아닌가? 태극은 음양을 낳는가? 「태극도」는 우주도식인가?

근래의 평가를 보자. 풍우란은 "태극은 음양오행을 낳"는 곧 "우주 발생론"이라 하고, 진래도 "태극이 동해서 양을 낳고 정해서 음을 낳음은 우주 발전 도식"이라 하면서 "태극도설 첫 구절에 대해서는 정론이 없다"고 한다. 노사광도 "주렴계는 도교 우

---

33) 주희는 「태극도설」 "太極動而生陽" 아래에 다음과 같이 주석한다. "故程子曰, '動靜無端, 陰陽無始', 非知道者, 孰能識之!" 동정과 음양은 '도의 유행을 알 수 있는 곳'이라 함이다.

34) 주희는 「태극설」에서 "靜者는 性이 立할 수 있음이고, 動者는 命이 行할 수 있음이다. …故로 천명지위성이라 한 것이다"고 하여 천명지성의 동정으로 논한다.(「문집」권67, 3274쪽)

35) 주희는 먼저 「태극도설해」라는 주석서를 썼고, 이후 학자들의 의혹을 받는다. 때문에 「도설해」 후미에 "總而論之"라는 총론을 붙인 것이다. 여기서 당시 학자들의 "繼善·成性을 음·양으로 나눔의 부당함", "一物마다 各一太極의 갖춤의 부당함", "체가 서고 이후 용이 行한다 할 수 없음" 등 7개 조로 요약하고 이어 이를 조목조목 반박한 논변을 붙였다.(「태극도설해」, 77~78쪽)

주론의 영향을 받았"으며 "공맹과의 충돌"이라 하고, 구스모토 마사쓰구도 "태극도에 의하면 우주의 본체는 그 절대성 때문에 무극이라는 이름으로 불린다"고 한다. 위잉스(여영시)도 "감정·의지, 계탁, 조작이 없는 리 및 무극·태극"은 "정치적 함의"이며 "도통이 아닌 도학"으로 파악한다.36) 그렇다면 "태극"은 과연 우주론이며 또 태극이 음양을 낳는가? 하지만 위 논의는 모두 "태극"이라는 실리의 본설, "무극이태극"이라는 해석설, 그리고 리에 대한 실체, 설, 동정, 형용, 찬탄, 덕 등을 각각 분석하지 못함에서 비롯된 오류이다. 퇴계는 무극이태극이라는 '해석설'에 대해 "無而有"(상301·314)라 하는데 그렇다면 태극은 '독리'가 아니고 무도 유도 아닌 "롱동황홀"(상176) 혹은 "사슴 옆의 노루"가 되고 만다.

공자의 "태극"을 주돈이는 "무극이태극"이라 했는데 여기에 주희는 아래와 같이 주석을 붙인다.

> 이 말은 『중용』 "상천의 실음은 무성무취"라 함과 같고 모든 조화의 지도리이며 만물의 뿌리라 함이다. 때문에 "무극이태극"이라 한 것으로 이는 태극의 밖에 다시 무극이 있다 함은 아니다.37)

주희는 태극에 대해 "무극을 말하지 않으면 태극이 사물 속에 동화되어 萬化(조화인 "역"과 같은 뜻으로, 학자들은 반대로 '리는 조화가 없다'고 주장함)의 근본이 되기에 부족하다"(상304)고 하는데, 이는 공자가 언명한 '역 속의 태극'을 "무극이태극"으로 해설한 것이다. 요컨대 무극이라는 말을 쓰지 않으면 태극이 음양 속에만 있음이 되고, 때문에 태극은 음양을 떠나서도 스스로 형이상으로서의 자존자임을 논하기 위해 무극이라 한 것이다. 주희는 말한다.

> 주돈이가 "무극"이라 한 이유는, 그 [태극은] 방소도 없고 형상도 없어서 無物의 전에도 있지만 有物의 뒤에도 서지 않음이 없고, 음양 밖에도 있지만 음양 중에도 행하지 않음이 없으며, 전체를 관통해서 있지 않음이 없으니, 따라서 소리와 냄새, 그림자와 메아리도 없음으로 말한 것이다.38)

---

36) 풍우란, 『중국철학사』하, 까치, 448·446쪽. 진래, 『주희의 철학』, 예문서원, 30~31쪽. 노사광, 『중국철학사』송명편, 탐구당, 439·180쪽. 노사광은 "역전, 중용, 대학"을 "공맹의 학문이 아니"라 하고, "주육논쟁은 …공맹을 계승한 것과 역전·중용을 계승한 두 방향의 충돌"이라고 한다.(439쪽) 구스모토 마사쓰구, 『송명유학사상사』, 예문서원, 74쪽. 위잉스, 『주희의 역사세계』, 글항아리, 265~267, 50~54쪽.

37) 上天之載, 無聲無臭, 而實造化之樞紐, 品彙之根柢也, 故曰, 無極而太極, 非太極之外, 復有無極也.(『주자전서』제13책, 「태극도설해」, 72쪽)

태극을 방소나 형상으로 논할 수 있지만 이는 방소나 형상에 치우친 것이다. 방소·형상에 구속되어서는 안 되기 때문이다. 태극은 사물의 전·후, 음양의 내·외에도 항상 자존하며, 그림자나 메아리 없이도 존재한다. 그렇다면 태극이라는 존재자는 과연 스스로 작위함, 즉 스스로 동정하지 못하는 존재인가? 스스로의 존재로만 있다면 그것은 작위 없음이 되기 때문이다. 이 문제에 대해 고봉은 아래와 같이 말한다.

> 주자(주희)는 「답육자정」서에서 "무극이태극은, 그것은 마치 '함이 없으면서도 함'과 '궁구함이 없어도 다다름'과 같고 또 마치 '변함이 없는 함'과 같으니, 이 모두는 어세의 당연이다"고 한다.(하193)

『역전』은 "적연히 부동하고 느껴서 통하니 이는 억지로 질주하지 않아도 빠른 것"[39]이라 하는데 이를 주희는 "어세의 당연함"이라 한 것이다. 장재는 여기에 아래와 같이 주석을 붙인다.

> 사람 몸에 비유하면 四體는 모두 一物이니 그러므로 감촉하면 깨닫지 않음이 없다. 이는 心을 여기에 이르도록 기다린 뒤에 깨닫는 것이 아니다. 이것이 『역전』 "感而遂通(느끼면 즉시 통함)"으로 "일부러 행하지 않아도 이르고(不行而至) 억지로 질주하지 않아도 빠르다(不疾而速)"고 함이다.[40]

주돈이는 『통서』에서 "誠은 無爲"라 하며 이에 주희는 "실리의 자연스러움이니 어찌 작위가 있겠는가. 즉 태극이다", "誠이 곧 이른바 태극이다"고 한다.[41] 태극은 실리의 무위(변함없음)이며, 이러한 무위의 태극은 "억지로 질주하지 않아도 스스로 빠른" 것이다. 주돈이는 이를 『통서』 「동정편」에서 '신묘'라고 한다.

> 動인데 無動하고 靜인데 無靜함은 神이다. 神妙는 만물에 통한다.(하198)

이러한 태극 동정의 "신묘"는 형이상·하에 모두 통하며 때문에 태극을 무극이태

---

38) 周子所以謂之無極, 正以其無方所·無形狀, 以爲在無物之前, 而未嘗不立於有物之後, 以爲在陰陽之外, 而未嘗不行乎陰陽之中, 以爲通貫全體, 無乎不在, 則又初無聲臭影響之可言也.(『문집』권36, 「답육자정」6, 1568쪽)

39) 易, 无思也, 无爲也, 寂然不動, 感而遂通. …唯神也, 故不疾而速, 不行而至.(『주역』「계사상」제10장)

40) 譬之人身, 四體皆一物, 故觸之而無不覺, 不待心使至此而後覺也, 此所謂感而遂通, 不行而至, 不疾而速也.(『근사록』권1, 「도체」49. 『장재집』「횡거역설, 계사상」)

41) "誠, 無爲." 주희주; 實理自然, 何爲之有. 卽太極也. "誠者." 주희주; 誠卽所謂太極也.(『통서주』, 「誠幾德」제3, 100쪽. 「誠上」제1, 97쪽)

극이라 한 것이다.

문제는 이러한 동정을 태극이 직접 '낳는(生)'가? 직접 낳는다면 음양 동정 이전 먼저 태극이 있어야 한다. 먼저 이전이 있다면 공자의 "역 속의 태극(易有太極)"은 완전한 설이 되지 못한다. 태극 위에 우주의 태극이 있어야 하기 때문이다. 퇴계는 "음양은 태극의 소생"[42]이라 하지만, 그렇다면 복희·문왕의 "역"을 나중에 나온 공자의 "태극"이 '복희의 음양을 낳음'이 되고, 또 노자의 '탄생이 있음'이 되고 만다.

주희는 "노자의 이른바 '物은 有에서 생하고 有는 無에서 생한다'고 함은 조화를 시종이 있음으로 여긴 것으로, 大易의 뜻과는 정 남북이다"[43]고 비판한다. 고봉이 "中의 사이에 실로 이러한 리가 있다"(상108)고 함도 동정 속에는 본래 스스로 리가 있어서 그것이 밖으로 드러나는 것이지, 본래 없는데 갑자기 생성되는 것은 아니라고 한다. 정자도 "노씨의 '허인데 기를 낳는다'고 함은 그르다. 음양과 개합은 본래 선후가 없다. 금일 음이 있고 내일 양이 있다고 할 수는 없다"[44]고 한다. 이러한 논의로 볼 때 '태극은 음양을 낳을 수 없으며' 노자의 '낳음(生)'을 잘못으로 여겼음을 알 수 있다.

주희는 주돈이의 "태극이 동해서 양은 생한다"의 生을 '음양 속에 태극이 그대로 있음'의 뜻으로 해설한다.

> 주자(주돈이)가 말한 "태극이 동하면 양이 생하고 정하면 음이 생한다"고 함은 …동했을 때는 양의 태극이고, 정했을 때는 음의 태극이라는 말과 같다. … "역유태극이니 여기에 양의는 생한다"고 함도 먼저 實理處를 좇아 설한 것이다. 그 生을 논한다면 '함께 삶(俱生)'의 뜻으로, 태극은 음·양 속에 그대로 의구해 존재한다 함이다.[45]

즉 "양·음이 生한다", "兩儀(음양)는 生한다"고 함은 곧 태극에 음양이 '생함', 혹은 음양에 태극이 '존재함'이다. 이는 태극이 음양을 '낳음'이 아닌 "동했을 때는 양의 태극, 정했을 때는 음의 태극"이다. 마찬가지로 「태극도설」의 "오행, 묘합, 남·녀, 만물" 등의 "生"도 '낳음'이 아닌 '실리가 그대로 생으로 존재함'의 뜻이다. 결국 "화생만물,

---

42) 今按, 孔子周子明言, 陰陽是太極所生.(『퇴계전서』2책, 「非理氣爲一物辯證」, 331쪽) 여기서 퇴계는 "화담의 설은 성현으로 보면 하나도 부합하는 곳이 없다"고 하지만, 그러나 이곳 "一物" "能生" "明道曰" "妙合" 등 모든 논변은 정주에 부합하지 않는다.

43) 此一圖之綱領, 大易之遺意, 與老子所謂物生於有, 有生於無, 而以造化爲眞有始終者, 正南北矣.(『문집』권45, 「答楊子直」1, 2072쪽)

44) 老氏言虛而生氣, 非也. 陰陽開闔, 本無先後, 不可道今日有陰, 明日有陽.(『정씨유서』권15, 124조, 160쪽)

45) 周子言太極動而生陽, 靜而生陰, 如言 …動時便是陽之太極, 靜時便是陰之太極. …如易有太極, 是生兩儀, 則先從實理處說, 若論其生, 則俱生, 太極依舊在陰陽裏.(『어류』권75, 學履83, 2564쪽)

만물생생”도 “인·물이 생생하여 변화가 무궁하다”의 의미일 뿐이다.[46) 태극의 변화무 궁이 바로 ‘易道’이며, 역도가 바로 “일음일양 양상의 도”로 곧 태극 자신의 유행·작 용이다. 이를 고봉은 “태극의 체용이 음양에 인한 이후 드러난 것”이라 한다.

주돈이의 「태극도」는 공자의 “태극”을 그린 것으로, 모두 형이상의 ‘理圖’이다. “무 극이태극”, “음정·양동태극”, “수·화·목·금·토태극”, “묘합태극”, “건남·곤녀태 극”, “만물화생태극” 등 10개 동그라미 모두는 하나의 온전한 태극의 체용을 드러낸 것이다. 주희가 「도해」 끝에서 “모두 하나의 ‘무극이태극’의 태극이다. 때문에 공자는 ‘역에는 태극이 있다’고 했으니 이는 ◎(음양태극)을 이른 것이다”고 한다. 이러한 태극 설은 우주의 발전 모델을 그린 것이 아닌 모두 리인 하나의 “태극”이며, 특히 주돈이 의 “무극이태극”은 공자 태극은 스스로 자존으로 동정하는 독리의 존재자임을 도출 한 것이다. 만약 우주론이라면 위 논의의 설은 모두 “역”의 ‘氣圖’가 되고 만다.

4
「태극도」의 불완함과 추만의 「천명도」

주돈이의 「태극도」는 공자 “역유태극”의 ‘태극’을 드러낸 도형으로 총 10개 동그라 미인 “무극이태극, 음양동정태극, 오행태극, 묘합태극, 남녀태극, 만물태극” 등 모두는 하나의 태극이다. 공자의 “동정 태극(역유태극)” 위에 상원을 하나 더 올려 이를 “무극 이태극”이라 한 이유는 태극은 음양, 동정, 남녀 등 “역”의 시공을 초월(포괄)한 스스 로의 자존자임을 밝히기 위함이다.

문제는 “태극”이 시공을 초월한 자존자라 해도 공자와 같이 “역”인 희노애락의 ‘실 생활 속의 도’로써 드러내야 한다는 점이다. 하지만 주돈이는 태극 자신의 체용을 논 했을 뿐이다. 이 문제에 대해 주희는 「태극도설해」 “후기”에서 다음과 같이 언급한다.

> 주자(주돈이)는 ‘부득이’해서 지은 것이며, …정자가 이 「태극도」를 언급하지 않은 이유도 받을 자가 ‘능하지 못함이 있을까’ 염려했을 뿐이기 때문이다.[47)

---

46) 二氣交感, 化生萬物. 萬物生生而變化無窮焉.(「태극도설」) 주희주; 氣聚成形, 則形交氣感, 遂以形化, 而人物生生變化無窮矣.(「태극도 설해」, 74쪽)

47) 周子蓋不得已而作也. …至程子而不言, 則疑其未有能受之者爾.(「태극도설해」 “後記”)

"받지 못할까 염려했다"는 말은 태극의 자존자를 믿고 학자 자신의 '리의 발동을 선언'(퇴계와 같이)할까 염려했다는 뜻이다. 주희는 「태극도」를 수록한 『근사록』권1 「도체」 조항에 대해 "도리가 외롭게 단절됐다"[48]고 한다. 「태극도설」은 크게 두 가지 문제가 있다. 첫째, 그 "태극 동정"은 태극 자신의 동정일 뿐 희노애락의 실제가 없다는 점이고, 둘째 그 "주정"은 공부에서 '미발'에 치우치며 또 직접 공부를 가리킴도 아니라는 점이다.

주희는 "태극 동정" 아래에 다음과 같이 주석을 붙인다.

> "태극의 동정"이 있음은 곧 천명의 유행이다.(하195)[49]

주희는 태극의 동정을 "천명의 유행"으로 논증한 것이다. 그러나 이는 태극 자체의 동정을 논함일 뿐 중용의 희노애락을 통한 천명의 유행이 아니라는 점이 문제다. 『주역대전』도 반드시 "느낌으로 통함"의 정을 논했다. 주희 중화신설인 「호남제공서」를 보자.

> 희노애락 미발은 심의 "적연부동"의 체이고, "감이수통"은 희노애락의 성이 발한 것으로 여기서 심의 용을 볼 수 있다.[50]

『역전』 적연부동(느낌이 없는 미발)과 감이수통(느껴서 마침내 천하의 일에 '感通'함)이 바로 중용 미발·이발이고, 따라서 주희가 "태극 동정"에 주석한 "천명의 유행"도 사실은 칠정이라는 '심'(공부)의 감정으로써 가능한 것이다.

추만 「천명도」는 「태극도」 8번째 동그라미인 "묘합이응"을 도출한 것이다.[51] 주돈이와 주희는 "음양태극"과 "묘합태극"을 체·용으로 논했고,[52] 추만은 그중 묘합태극의 작용을 「천명도」로 밝힌 것이다. 「천명도」에서 "희노애락애오욕"을 3회 적용한 이

---

48) 近思錄首卷難看, …道理孤單.(『어류』권105, 道夫29, 3450쪽) 황간도 "선생은 근사록 수권에 대해 '…近思여야 함에도 도리어 遠思가 되었다'고 하셨다"(『勉齋集』권8, 「復李公晦書」)고 한다.

49) 太極之有動靜, 是天命之流行也.(「태극도설해」)

50) 喜怒哀樂之未發, 當此之時, 卽是此心寂然不動之體. …及其感而遂通天下之故, 則喜怒哀樂之性發焉, 而心之用可見也.(『주문공문집』권64, 「여호남제공론중화제1서」, 3130쪽)

51) "用朱子說, 據太極之本圖, 述中庸之大旨." "倣太極圖而然也." "妙凝之圈, 卽斯圈所揭, 天命之圈, 是也, 朱子云, 太極之有動靜, 是天命之流行也." "天命之圖, 卽周子所謂無極二五·妙合而凝者也."(『퇴계전서』2책, 「천명도설후서」, 322~324쪽) "中庸之書, 以天命二字爲一篇之始, 余當取以究之."(추만의 「천명도해, 序文)

52) 五行陰陽, 陰陽太極 [주희주; …以神妙萬物之體而言也] 四時運行, 萬物終始. [주희주; …妙合而凝者, 以神妙萬物之用而言也](『통서주』, 動靜제16, 113쪽) "음양태극"과 "묘합이응"은 주돈이의 「태극도설」 4·5조이다.

유도 바로 천명의 유행을 드러내기 위함이다. 『중용, 수장』 주희 주석을 보자.

제1장은, 처음 도의 본원이 하늘에서 나와 바뀔 수 없음과 그 실체는 자기에게 갖추어서 떠나지 않음을 밝혔고, 그 다음은 존양·성찰의 요령을 말씀했다.[53]

도의 본원은 "천명지성", 존양·성찰은 '희노애락의 미발·이발 즈음'을 가리킨다. 이 즈음을 주희는 공부로 논했는데, 공부로 "중·화"의 덕을 이룰 수 있기 때문이다. 문제는, 공부는 '심'으로 논해야 한다는 점이다. 중화의 덕은 심이고, 그 심으로 이룬 덕이 곧 천지의 화육을 이루어 인류는 옳음으로 소통될 수 있다. 때문에 추만은 「천명도해」에서 이를 분명히 한다.

군자의 학문은 이 심의 미발에 존양 공부로서 敬을 주로 하고, 이 심의 이발에 성찰 공부로서 역시 敬을 주로 한다.[54]

이는 주희 중화신설인 「이발미발설」과 정확히 일치한다.[55] 미발·이발을 아우르는 공부가 이천의 이른바 심의 "경"이다.[56]

추만 「천명도」는 "심"자가 중심이다. 그 동그라미는 미발의 "칠정"과 "존양"이고, 그 위 좌우에는 차례로 "선의 칠정, 경의 성찰, 악의 칠정" 등을 배치했다. 추만은 "심"을 먼저 말하고 이어 "미발의 경"과 "이발 칠정의 경" 공부를 상·하에 빠짐없이 드러낸 것이다.

문제는 아래 「태극도설」 "주정"은 미발공부에 치우친다는 점이다.

성인은 中正과 仁義로 안정을 삼고 主靜[자주; 無欲인 故로 靜이다]으로 인극을 세운다.[57]

'주정'은 둘의 의미로 볼 수 있다. 하나는 "무욕"으로서의 '공부'이고, 하나는 "동"과 상대되는 '감정 미발'이다. 주희는 주정설에 대해 "정을 주로 하면 그 동으로 드

---

53) 右第一章, …首明道之本原出於天而不可易, 其實體備於己而不可離. 次言存養省察之要.(「수장」)

54) 君子之學, 當此心未發之時, 必加以存養工夫, 而常主於敬, 當此心已發之時, 必加以省察工夫, 而亦主於敬.(「天命圖解」) 「천명도」 "심"자 상하의 "존양, 경" "성찰, 경"이 이것이다.

55) 未發之中, 本體自然不須窮索, 但當此之時, 敬以持之.(「문집」권67, 「已發未發說」, 3268쪽) 至於隨事省察, 卽物推明, 亦必以是爲本.(권64, 「與湖南諸公論中和第一書」, 3131쪽)

56) 程子於此, 每以 "敬而無失", "入道莫如敬", "涵養須是敬."(「이발미발설」, 3268쪽)

57) 聖人定之以中正仁義(本注云, 聖人之道, 仁義中正而已矣), 而主靜(本注云, 無欲故靜)立人極焉. 故聖人與天地合其德(「태극도설」)

러남도 중절하지 않음이 없을 것"58)이라 하여 미발공부로 여긴다. 따라서 주정은 동의 '이발공부'가 없다는 점이다.

> 렴계(주돈이)는 "主靜"을 말했지만, 그러나 정자는 단지 敬자의 뜻으로 보아야 그 의미가 좋다고 했다. 만약 虛靜으로 여긴다면 석·노에 빠질 것이다.(하93)59)

문제는 첫째, 주정은 動이 없는 미발의 靜에 치우친다는 점, 둘째는 주정은 공부를 직접 가리킴이 아니라는 점, 셋째는 주정은 마음을 고요함으로 복귀하려는 뜻으로 오해할 수 있다는 점이다. 미감의 주정을 강조하면 외감인 사물과 교섭하는 마음을 부정하게 되며, 또 마음공부가 아닌 그 '경지'만 주장되고 만다. 때문에 정자는 "靜으로 설하면 곧바로 석씨에 빠진다. 靜자가 아닌 敬자를 써야 한다"60)고 한다.

> 심은 두루 유행하고 관철되므로 공부에도 끊어짐이 없어야 한다. 단 靜을 근본으로 삼아야 하니 렴계의 "주정"이 이것이다. 그러나 靜만 말하면 치우치니, 때문에 정자는 "敬"으로 설한 것이다.61)

마음은 미발·이발에 두루 유행 관철된다. 허정은 공부 상태와 결과일 뿐 공부 자체라 할 수 없다. 때문에 정주는 정·허정을 경으로 고쳤고, 공부 주체를 심의 경으로 삼은 것이다.

추만 「천명도설」은 고봉의 지적과 같이 약간의 문제가 있기는 하지만,(상173) 그러나 그 "심, 경, 존양·성찰, 칠정" 등은 공부를 논한 것으로서 의미가 크다. 주돈이와 주희의 "태극 동정"은 희노애락의 화를 포괄한 것이 아닌 단지 형이상인 리 체용으로서의 동정일 뿐이다. 때문에 그 태극 논증도 형이상에 치우쳤고 공부도 주정의 미발에 치우친 것이다. 그런데 추만은 천명의 유행을 칠정으로 드러냄으로써 일용철학으로 복원했고, 또『중용, 수장』종지인 "존양·성찰의 경 공부"를 논하여 공부에서 치우침이 없게 했다. 주희로서도 "부득이" 「태극도설」을 형이상의 리로만 주석했지만, 주희의 중용 제설로 보면 천명지성 및 중화를 반드시 희노애락을 통해 밝힌 것이다.

---

58) 惟主乎靜, 則其著乎動也無不中節.(『문집』권67, 「태극설」, 3274쪽)

59) 濂溪言主靜, 靜字只好作敬字看, 故又言無欲故靜. 若以爲虛靜, 則恐入釋老去.(『어류』권94, 季通·端蒙100, 3139쪽)

60) 纔說靜, 便入於釋氏之說也. 不用靜字, 只用敬字.(『정씨유서』권18, 35조, 189쪽)

61) 以心言之, 則周流貫徹. 其工夫初無間斷也. 但以靜爲本爾. 周子所謂主靜者亦是此意. 但言靜則偏, 故程子只說敬.(『문집』권67, 「이발 미발설」, 3268쪽)

따라서 추만이 주희의 "천명의 유행"을 적극적으로 칠정 및 미발·이발의 경으로 밝힌 것은 오히려 주희 본지를 빠짐없이 드러냈다 하겠다. 이는 결국 「태극도」의 "묘합 태극"을 "심"으로 밝힘으로써 가능한 것이었다.

추만 「천명도」는 공자의 태극, 자사의 천명, 주돈이의 태극도, 주희의 천명유행과 중용수장 주석을 통합한 것이다. 반면 퇴계가 이 도형을 미발공부가 없는 이발의 사단인 "치우친 리발"로 고친 것은 주희의 위 "받을 자가 이해하지 못할까"의 우려가 실제의 폐단으로 드러난 것이며, 더욱이 퇴계의 "사단이 리이므로 칠정이 기"(하30·274)라는 논변은 결국 "칠정의 리를 쫓아낸"(하131) 것으로서 매우 불합리하다 아니할 수 없다. 또 퇴계 스스로 말한 이른바 "치우친 주리(독리), 치우친 주기(독기)의 싸움"(상34·36·274·281·289. 하15)을 과연 철학사상이라 부를 수 있는가?

5
「중용장구서」 윤집궐중의 "도통"을 주희는 스스로 상세히 부정했다

주희는 「중용장구서」에서 요순의 이른바 "允執厥中(진실로 그 중을 잡아야 한다)"의 '中'을 "도통"으로 제시했지만, 그러나 스스로 "윤집궐중"을 도통으로 여기지 않았음을 『중용혹문』 등에서 상세히 말했다. 만약 윤집궐중의 '중'이 도통이 될 수 없다면 주희는 스스로 요순과 다른 '새로운' 도통설을 제시한 것이 되고 만다. 주희는 분명 『서경』 "인심도심"이 아닌, 『중용』 및 「안자호학론」 등의 '도의 교류(交) 공부'를 도통으로 삼는다.

주희는 「중용서」에서 "도통"이라는 말을 4회 거론하면서[62] 그 유래를 다음과 같이 밝힌다.

> 상고의 성신이 하늘을 잇고(繼) 극을 세움으로부터 도통의 전함(傳)이 스스로 유래가 되었다. 그 경(『서경』)에 나타난 바인 "윤집궐중(진실로 그중을 잡아야 한다)"은 요가 순에게 전수한 것이다.[63]

---

62) 「중용장구서」에서 "도통의 傳은 自來가 있다", "모두 이 [말씀으로] 도통의 傳을 이었다", "맹씨는 이 書(『중용』)를 推明하여 先聖의 統을 이었다", "비록 도통의 傳에 있어 감히 妄議할 수는 없으나"라고 하여 도통을 4회 언급한다.

주희가 도통의 유래로 제시한 말이 요순의 "윤집궐중"의 '중'이며, "중"을 제시해서 요순, 공자, 자사의 도통 전수(傳)의 계보(繼)로 삼은 것이다.

그런데 문제는, 요순의 "중"과 『중용, 수장』의 "중"은 같은 동일한 중이 아니라는 점이다. 『중용』은 "희노애락 미발을 중이라 이른다(喜怒哀樂之未發, 謂之中)"의 '미발의 중'이다. 다시 말해 요순의 "윤집궐중"의 '중'과 공자·자사의 "미발의 중"은 정주 신유학 체계로 볼 때 결코 같은 중이 아니다. 주희는 「중용서」에서 "자사의 중용이 그 종통을 얻었다"고 하여 그 전수가 요순에서 공자·자사로 이어졌음을 천명했다. 그런데도 오히려 「중용서」조차도 「수장」 "미발의 중"을 한 마디도 거론하지 않고 곧바로 「제2장」 "군자의 時中"[64]인 '이발처'의 중을 인용한다. 중용 서문을 보자.

> 그 "군자의 시중"은 곧 "집중"을 이른 것이니 세대의 서로 뒤 됨이 천여 년이로되 그 말씀의 같음이 마치 부절처럼 합치한다.[65]

이렇게 스스로 "시중"을 곧바로 "윤집궐중"이라 하여 자사의 "말씀이 부절처럼 합치한다"고 하면서도 "미발의 중"을 인용하지 않는다. 만약 자사가 공자의 도통을 이은 것이라면 "부자(공자)의 말씀을 인용(引夫子之言)"한 「수장」을 직접 거론해야 한다. 그럼에도 왜 이발처인 "시중"만 인용하고 오히려 공자의 말씀인 "미발의 중"을 배제한 것일까?

"미발의 중"이 도통되어야 하는 이유는 「수장」 끝 주석 "위는 제1장이다. 처음 도의 本原이 하늘에서 나왔음을 밝혔고, 다음은 존양·성찰의 요령을 말씀했다"[66]와 같다. "존양·성찰의 요령"에서 존양은 "미발의 중"이고, 성찰은 이발의 "시중"이다. 주희는 "『중용』은 철두철미 근독 공부이다"[67]고 함으로써 미발의 존양공부를 '중용 종지'로 삼는다.

정자와 주희는 미발의 중과 이발의 중을 각각 나누어 분석한다. 주희가 강조한 곳은

---

63) 蓋自上古聖神繼天立極, 而道統之傳, 有自來矣. 其見於經則允執厥中者, 堯之所以授舜也.

64) 「제2장」은 時中을 말한 장이다. "君子之中庸也, 君子而時中, 小人之反中庸也, 小人而無忌憚也." 주희는 주석에서도 "능히 時에 따라 中에 처한다(能隨時以處中)", "시에 따라 들어맞지 않음이 없다(無時不中)"고 하여 시중을 未發이 아닌 已發處인 無時不中으로 해설한다.

65) 其曰君子時中, 則執中之謂也, 世之相後, 千有餘年, 而其言之不異, 如合符節.(「중용장구서」)

66) 右第一章. …首明道之本原出於天而不可易, 此言存養省察之要.

67) 주희는 "중용은 철두철미 謹獨工夫를 설했으니 이른바 敬而無失과 平日涵養이다"(『문집』권43, 「答林擇之」20, 1979쪽)고 한다. "근독"은 「수장」의 "희노애락지미발" 앞줄 "그 홀로 있음을 삼간다(君子愼其獨也)"이다. 정주의 성정설은 대부분 이곳이며, 이로써 주희는 호상학의 이발·찰식설을 비판한다.

미발의 중이다.[68] 스승(이동)으로부터 전수받은 곳도 바로 "희노애락 미발시의 기상이 어떠한가"[69]라는 것이었다. 이곳이 바로 "구산(양시) 문하에서 상전으로 가리킨 곳"[70]이며, 주희가 호상(호남)학과의 토론을 통해 밝힌 '중화신설'도 바로 이곳 위주이다. 「호남 제공에게 보내는 글」에서 "정자의 『문집』 및 『유서』를 살펴보면 모두 사려의 미맹과 사물이 이르지 않았을 때를 희노애락 미발로 여겼으니, 이것이 바로 일용의 본령 공부이다"[71] 하고, 「이발미발설」에서도 다음과 같이 말한다.

> 미발의 중은 본체가 스스로 그러해서 궁색할 수 없다. 마땅히 이때 敬을 유지하고 이 미발의 기상을 항상됨으로 보존해서 잃음이 없으면 이로부터 발한 것은 반드시 중절한다. 이것이 일용 즈음의 본령 공부이다.[72]

미발의 "대본"을 중시한 이유는 외물에 마음이 느끼지 않았을 때인 희노애락 미발의 즈음을 '공부의 요체'로 삼았기 때문이다. "희노애락 미발" 앞 글자는 "군자는 봄이 없을 때 경계하고 삼가며, 들림이 없을 때 두려워해야 한다. 때문에 군자는 홀로 있음을 삼가는 것이다"이다. 이곳은 외물에 감하기 전, 교류 이전이므로 나 홀로 아는 곳이다. 이때 "경계하고 두려워함으로써 至靜의 中이 치우치고 기댐이 없게(無所偏倚) 되어야만 그 中이 지극해져서 천지가 제자리에 서게 된다"[73] 함이다. 「이발미발설」에서도 "공부는 사이의 끊어짐이 없어야 하니, 단 '미발의 靜을 근본'으로 삼아야 할 뿐이다. 주자(렴계)의 이른바 '主靜'이 이것이다"고 한다.

미발의 중은 "無所偏倚(치우침이 없음)"이고, 이발의 화는 "無所乖戾(어긋남이 없음)"이며, 이발의 시중은 "無過不及(과나 불급이 없음)"이다. 미발의 중을 이발인 時中과 和로 표현할 수는 없다. 이천은 미발인 "在中之義(혼연히 미발의 중으로 있음)"와 이발인 "中之道(이발·시중인 중의 도)"라는 두 中자를 엄밀히 분석한다. "하나로 여겨서는 안 된다. 희노애락의

---

68) 주희는 여대임과 양시 등 "제공들은 靜中의 미발공부를 說하지 않았으며 호씨 형제도 이발의 일을 설화에 지나치게 용맹했다(只 爲諸公不曾說得靜中未發工夫, 如胡氏兄弟說得已發事太猛)"고 비판한다.(『어류』 권62, 銖133, 2044쪽)

69) 先生令靜中看喜怒哀樂未發之謂中, 未發時作何氣象.(「연평답문」, 322쪽)

70) 李先生敎人, 大抵令於靜中體認大本, 未發時氣象分明, 卽處事應物, 自然中節. 此乃龜山門下相傳指訣.(「문집」 권40, 「答何叔京」2, 1802쪽)

71) 주희는 「與湖南諸公論中和第1書」에서 "심을 모두 이발로 여김으로써 일용 공부에 있어 온전히 본령이 없었다"고 하면서 "按文集·遺書諸說, 似皆以思慮未萌, 事物未至之時, 爲喜怒哀樂之未發"이라 하고 "이것이 바로 일용 본령의 공부"라고 한다.(「문집」 권64, 3130~1쪽)

72) 未發之中, 本體自然不須窮索, 但當此之時, 敬以持之, 使此氣象常存而不失, 則自此而發者, 其必中節矣. 此日用之際本領工夫.(「문집」 권67, 「이발미발설」. 3268쪽)

73) 自戒懼而約之, 以至於至靜之中, 無所偏倚, 而其守不失, 則極其中而天地位矣.(「중용장구, 수장」) 이곳은 "致中和, 天地位焉"에 대한 주희 주석이다.

미발은 在中之義로 말해야 한다. 하나의 中자인데 쓰임은 부동하다"[74]고 함에 대해 주희는 다음과 같이 말한다.

> "중"은 一名이나 二義가 있음에 대해 정자가 진실로 설명했다. 그 설로 미루면 不偏不倚 운운은 정자의 이른바 "在中之義"로서, 즉 미발인 '無所偏倚'라는 名이다. 無過不及이라 함은 정자의 이른바 "中之道"로서, 즉 行事에서 드러나 '각기 그 中을 얻은' 名이다. …때문에 미발의 大本은 '불편불의'를 취한 名이고, 이발과 時中이라 함은 '무과불급'의 義를 취한 것으로, 용어에 진실로 각기 마땅함이 있는 것이다.[75]

'미발의 중(在中)'과 이발인 '중의 도(中之道)'를 각각 나누어 이해해야 하며 이로써 미발인 생각 이전 홀로 삼감(신독)의 敬을 유지하면 이발은 자연스레 중절해서 時中(和)이 된다는 것, 이것이 자사의 종지이다. 때문에 주희는 주돈이의 『통서』"중이라 함은 화며, 중절하지 않음이 없음이다"에 대해 아래와 같이 비판한다.

> [주돈이가] 화를 중으로 여긴 것은 『중용』과 더불어 합치하지 못한다. 이는 이발에서의 '무과불급'을 설명한 것으로, 마치 『서경』의 이른바 "윤집궐중"이라는 것과 같다.[76]

주돈이의 "중"은 시중의 중이며 따라서 『중용, 수장』"미발의 중"과 합치하지 않는다는 것이다. 주희는 "윤집궐중"을 '시중의 중'인 이발의 "무과불급"이라 한다. 이는 『논어, 요왈』"允執其中"의 중을 "무과불급의 명칭이다"고 주석한 것과 일치한다. 그럼에도 주돈이는 미발의 중을 들어서 이발의 화에 합했는데 이렇게 "그 둘의 중을 합하면 무엇을 천하의 대본으로 삼겠는가?"[77] 먼저 천하의 대본이 섬으로써 이발의 화도 그 근거를 갖기 때문이다. 결국 "자사의 이른바 중은 미발로 말씀한 것이고, 주자(주돈이)의 이른바 중은 시중으로 말한 것"[78]이라 한다. 즉 주돈이의 중은 시중이며

---

74) 蘇季明問, 中之道與喜怒哀樂未發謂之中, 同否? 曰, 非也. 喜怒哀樂未發是言在中之義. 只一箇中字, 但用不同.(『정씨유서』권18, 82조, 200쪽)

75) 中, 一名而有二義. 程子固言之矣. 今以其說推之, 不偏不倚云者, 程子所謂在中之義. 未發之前, 無所偏倚之名也. 無過不及者, 程子所謂中之道也. 見諸行事, 各得其中之名也. …故於未發之大本, 則取不偏不倚之名, 於已發而時中, 則取無過不及之義, 語固各有當也.(『중용혹문』상1, 548쪽)

76) 『통서』본문은 다음과 같다. "惟中也者, 和也, 莫不中節也, 天下之達道也, 聖人之事也." 그 아래 붙인 주희의 주석은 다음과 같다. "此以得性之正而言也, 然其以和爲中, 與中庸不合. 蓋就已發無過不及者而言之, 如書所謂允執厥中者也"(『通書注』師第7. 104쪽)

77) "주돈이가 말한 '중은 화이고 중절이며 천하의 달도이다'고 함은 결국 중을 들어서 화에 합한 것이다. 그렇다면 무엇을 천하의 대본으로 삼겠는가?(周子之言則曰, '中者, 和也, 中節也, 天下之達道也', 乃擧中而合之於和, 然則又將何以爲天下之大本也耶)."(『중용혹문』상17, 560쪽)

78) 子思之所謂中, 以未發而言也, 周子之所謂中, 以時中而言也.(『중용혹문』상17. 560쪽)

요순의 "윤집궐중" 역시 무과불급으로서의 시중이다.

"윤집궐중"이 미발인 "천하의 대본"이 아니라면 이는 중대한 착오가 아닐 수 없다. 여기서 합치되지 않는다면 중용의 종지와 요순의 "집중"은 심각한 차질이 생기고 만다. 주희는 요순으로부터 도통의 전수를 미루어 밝힌 것인데, 이로써 스스로 윤집궐중을 비판하지 않을 수 없는 자상모순에 봉착하게 되고 만 것이다.

그렇다면 왜 요순의 윤집궐중을 결국 이발의 시중으로 여길 수밖에 없었는가? 그 것은 "윤집궐중"의 이른바 '執中'은 미발에서 잡을 수가 없기 때문이다. 주희는 "미발 이전은 뜻으로 구하지 않아도 심목의 사이에서 본래 밝다"고 하면서 다음과 같이 말한다.

> 하나라도 구하려는 마음이 있으면 이는 곧 이발이며, 진실로 얻어서 볼 수 없다. 하물며 좇아서 '잡고자(執之)' 한다면 이는 그 '치우치고 기댐이(偏倚)' 더욱 심할 것이니, 어떻게 중을 얻을 수 있겠는가? …그 미발은 본래 스스로 "적연"해서 진실로 잡음(執)에 일삼을 수가 없다. 급기야 발하면 또 마땅히 일과 사물에 나아간 것으로서 "느낌에 따라 응"한 것이 되니, 또 어떻게 괴연한 부동에 나아가 그 미발의 중을 잡겠는가? 이는 의리의 근본이며 여기서 잘못되면 잘못되지 않은 곳이 없을 것이다.[79]

미발은 "적연부동"(『역전』)인 '재중'이며 이는 이발의 "中之道"인 '시중'이 아니다. 주희는 "미발에 있어 이 마음은 지극히 虛하니 이는 마치 거울의 본래 밝음과 같다. 따라서 단지 敬으로 보존해서 조금의 치우침과 기댐(偏倚)도 있게 해서는 안 된다"[80] 고 한다. 이러한 상태를 표현해서 "心目의 사이에 본래 밝다", "본래 스스로 寂然하다", "塊然히 부동하다"고 한 것이다.[81] 미발의 중은 본래 스스로 그러할 뿐이므로 잡을 수도 없고 억지로 구하려 해서도 안 된다.

반면 여대임, 양시 등은 이와 다른데, 이들의 병통은 미발의 중을 잡고자(執之) 함에 있다는 것이다.

---

79) 一有求之之心, 則是便爲已發, 固已不得而見之, 況欲從而執之, 則其爲偏倚亦甚矣, 又何中之可得乎? …方其未發, 本自寂然, 固無所事於執, 及其當發, 則又當卽事卽物, 隨感而應, 亦安得塊然不動, 而執此未發之中耶? 此爲義理之根本, 於此有差, 則無所不差矣.(『중용혹문』상18, 563쪽)

80) 當其未發, 此心至虛, 如鏡之明, 如水之止, 則但當敬以存之, 而不使其小有偏倚.(『중용혹문』상18, 563쪽)

81) "마땅히 著意로 推求하지 않아도 心目之間에 瞭然하다." "方其 미발에 本自로 寂然하니 진실로 執에 일삼을 바가 없다." "塊然히 不動하거늘 어찌 이러한 미발의 中을 執할 수 있겠는가."(『중용혹문』상18, 563쪽) 료연, 적연, 괴연 등은 심이 외물에 접하지 않았거나 思가 일어나지 않았을 즈음의 미발 본연의 상태를 가리킨 것이다.

그 병근은 미발의 전에 이른바 중이라는 것을 구해서 잡으려(執之) 함에 있었으며, 이 점을 누차 설명했으니 그럴수록 병통은 더욱 깊어졌다.[82]

여씨(여대임)가 또 "윤집궐중"을 인용해서 미발의 종지를 밝히려 한 내용은 사실은 정자가 『서경』을 설한 내용이다. 여씨는 진실로 윤집궐중으로 행할 수 있음을 말했으니 이곳의 중은 결국 "시중"의 중을 가리킨 것일 뿐 "미발의 중"이 아니다. 여씨는 또 "희노애락 미발의 때를 구해야 한다(求之)"고 했으니 이는 정자가 소계명에게 답했던 이유이며, 여기서 정자는 또 "기왕 생각이 있는 것이라면 곧 이발이다"라는 설이 있게 된 이유이다.[83]

희노애락 미발은 "혼연한 중"인 사람 마음 본연의 자연스러운 것이다. 그것은 마치 거울이 본래 밝게 빛나는 것과 같다.[84] 본래 빛남이 없다면 거울이라 할 수 없으니 곧 『대학, 경1장』 "허령불매의 명덕"이다. 따라서 내 마음 본연의 명덕을 또다시 구하거나 혹은 잡으려 해서는 안 된다. 여대임의 실수가 바로 이것으로 "허심으로 구할 수 있다는 설을 했으니, 부도(불교)에 빠져 들어가지 않음이 드물 것"[85]이다. 이러한 실수는 정자의 고제인 양시(구산)에게서도 발견된다.

양씨(양시)는 "미발의 때에 심으로 징험하면 중의 뜻은 스스로 보이고, 잡아서 잃지 않고 인욕의 사사로움이 없으면 그 발은 반드시 중절한다"고 하면서, 또 말하기를 "미발의 즈음 능히 체험함을 중이라 이른다"고 했다. 이러한 '징험한다(驗之)', '체험한다(體之)', '잡는다(執之)' 등은 모두 여씨의 실수와 같다.[86]

여대임, 양시 등이 인용한 윤집궐중은 미발의 중이 될 수 없다. 이들은 "결국 시중의 중을 논했을 뿐 혼연재중의 중이 아니었다."[87] 미발의 중은 잡을 수도 없거니와 구해서 보려 해서도 안 된다. 보거나 혹은 잡고자 할 때는 이미 생각의 있음이 되며, 이는 이천이 소계명을 비판한 "기왕 생각한 것이라면 이미 이발"[88]이 되고 만다. 주

---

82) 蓋其病根, 正在欲於未發之前, 求見夫所謂中者而執之, 是以屢言之而病愈甚.(『중용혹문』상18, 563쪽)

83) 呂氏又引允執厥中, 以明未發之旨, 則程子之說『書』也. 固謂允執厥中所以行之, 蓋其所謂中者, 乃指時中之中, 而非未發之中也, 呂氏又謂求之喜怒哀樂未發之時, 則程子所以答蘇季明之間, 又已有旣思即是已發之說矣.(『중용혹문』상18, 561쪽)

84) 주희는 "사람의 一心은 湛然으로 '虛明'해서 마치 거울의 空 저울의 平과 같다. 그 未感時의 至虛 至靜은 거울의 공 저울의 평의 體이며 비록 귀신이라 하더라도 그 즈음은 엿볼 수 없으니, 진실로 得失로 의논할 수는 없다",(『대학혹문』하7, 534쪽) "그 物의 未感에 此心의 澄然함은 惺惺해서 마치 거울의 虛 저울의 平과 같다"(『문집』권57, 「答陳安卿」3, 2739쪽)고 한다.

85) 又前章虛心以求之說也, 其不陷而入於浮屠者幾希矣.(『중용혹문』상18, 563쪽)

86) 楊氏所謂未發之時, 以心驗之, 則中之義自見, 執而勿失, 無人欲之私焉, 則發必中節矣. 又曰, 須於未發之際, 能體所謂中. 其曰驗之, 體之, 執之, 則亦呂氏之失也.(『중용혹문』상18, 563쪽)

87) "정자의 뜻은 바로 희노애락 이발의 처에서 未發之理를 見得하고자 한 것일뿐이다. 따라서 發見해서 이러한 一事 一物의 가운데에 있고 각기 偏倚 혹은 過不及의 差가 없는 것이라면 이는 결국 時中의 중일 뿐 渾然在中의 중이 아니다."(『중용혹문』상18, 563쪽)

희가 불교의 "관심설"을 비판한 이유가 바로 이것이다. 심으로 심을 볼 수 있는가?

> 심으로 사물을 보면 사물의 리를 얻지만, 그런데 어떤 사물이 또 있어서 도리어 심을 본다면 이는 심 밖에 다시 一心이 있어서 이 심을 관섭함이 되고 만다. …석씨의 학문은 심으로 심을 구하고 심으로 심을 부리니, 이는 마치 입으로 입을 깨물고 눈으로 눈을 보는 것과 같다.[89]

마음은 하나일 뿐이다. 따라서 미발의 중을 잡거나 혹은 구해서 보고자 한다면 이는 이발의 희노애락 혹은 기왕의 생각으로 가능할 수밖에 없다. 만약 여대임, 양시 등과 같이 마음을 비워서 미발의 중을 잡거나 혹은 구하고자 한다면 이는 곧바로 불교의 관심에 빠지고 만다. 이렇게 찾고자 하면 그럴수록 병통은 더욱 심하게 되고 말 것이다. 잡고자 하는 순간 이미 생각이 개입되어 이발이 되기 때문이다.

「중용장구서」의 "윤집궐중"은 미발의 중이 아닌 이발의 "시중"이다. 주희는 도통의 전수 계보를 논하기 위해 이 말을 인용했지만, 그러나 이는 『중용, 수장』 "미발의 중"의 철두철미 근독공부가 아닌 오히려 「제2장」 이발의 "시중"인 성찰공부일 뿐이다. 이는 주희가 '중화신설'에서 호상학을 이발의 성찰공부라 비판하고, 반대로 중용의 종지를 희노애락 미발의 "평상시의 일용공부"로 고찰한 논변과 스스로 어긋난다.

6
『중용』 "희노애락"(칠정)이 도통이 된 이유

『중용』은 "희노애락"(상2)을 말했고, 정이천도 「안자호학론」에서 "희노애락애오욕"(상159)으로 논했다. 이 둘을 '칠정'이라 부르는데, 같이 칠정이라 한 이유는 『중용』 "중화"와 「호학론」 "중에서 동함(動於中)"을 모두 '중의 발'로 여기기 때문이다. 정명도의 「정성서」 "희노"도 칠정설이다. 그 소지는 각자 다르나 모두 『중용』에 근거한 것이다. 중용 제설은 주희의 신유학 체계에 의해 도통으로 인정받았다. 무엇 때문인가. 공자·안자의 호학의 '마음'(느낌)과 공자·자사의 '공부'를 두 정자가 이었다고 여기기 때문이

---

88) "소계명이 물었다. …혹자가 말하기를 희노애락 미발의 전에 中을 구한다(求中) 하면 可한가? 답변; 불가하다. 기왕 희노애락 미발의 전에 구할 것을 생각했다면 이는 도리어 생각이 있는 것이다. 기왕 생각했다면 곧 이발이다. 자주; 생각과 희노애락은 一般이다."(『정씨유서』권18, 82조, 200쪽)

89) 以心觀物, 則物之理得. 今復有物以反觀乎心, 則是此心之外復有一心而能管乎此心也. …釋氏之學, 以心求心, 以心使心, 如口齕口, 如目視目.(『문집』권67, 「觀心說」, 2767~8쪽)

다. 두 정자에 의해 중용 '교류(소통)설'이 "通"(『역전』 '感而遂通')90)으로서의 도통(道統)으로 보장받은 것이다. 주희로서도 '무엇을 이었는가'를 입증하지 못하면 도통론은 그 근거를 잃는다.

일찍이 주돈이는 이정 형제에게 "안자와 중니가 즐거워한 곳과 그 즐거워한 일이 어떤 것인지 찾아야 한다"91)고 가르쳤다. 공자와 안자의 마음을 찾는 일, 공자는 다음과 같이 말한 적이 있다.

> 안회는 호학했는데, 자신의 노를 남에게 옮기지 않았고(不遷怒) 잘못을 두 번 저지르지 않았다(不貳過).(『논어, 옹야』)92)

공자의 이른바 "호학"과 "불천노"이다. 주희는 이곳에 정자의 "희노"에 관한 3개 설과 이어 이천의 「안자호학론」 등을 요약해서 주석을 달았다. 호학은 '공부의 일'이고 불천노는 '감정의 일'이다. 명도와 이천은 이 두 가지 일을 인용해서 각자 다른 논문을 작성한다. '호학'을 통해 이천은 「안자호학론」을 지었고, '불천노'를 통해 명도는 「정성서」를 지었다. 먼저 「정성서」를 보자.

> "외물이 오면 그대로 순응한다." "성인의 희·노는 외물에 따라 마땅히 희·노하며, 따라서 성인의 희노는 자신의 마음에 얽매이지 않고 외물에 얽매인다." "자신의 노를 잊어야 한다."93)

안자의 "불천노"는 사물에 따라 노할 뿐 자신의 '사사로움을 옮겨서(불천)' 노한 것이 아니다. 마치 "거울이 외물을 있는 그대로 비출 뿐" 자신의 감정을 섞지 않음과 같다. 이러한 안자의 마음을 공자는 호학과 불천노로 칭찬한 것이다. 안자는 자신의 가난에 대해 마음 쓰지 않았으며 다만 "단표를 즐거워(樂) 한 것이 아닌 잊어버린(忘) 것이다."94) 자신의 처지와 위치에 얽매이지 않은 것이다. 이를 명도는 "내외 兩忘"과 "나의 노를 잊음(忘其怒)"이라 한다. 이로써 외물과의 교류·소통이 가능하다 함이다.

정이천도 「안자호학론」 서두에서 아래와 같이 말한다.

---

90) 寂然不動, 感而遂通天下之故.(「계사」 제10장) 적연부동은 "미발의 중"이고, 느껴서 천하 모든 일에 통함은 이발의 화로서의 "달도"이다.

91) 昔受學於周茂叔, 每令尋顔子·仲尼樂處, 所樂何事.(『정씨유서』 권2상, 23조, 16쪽)

92) 有顔回者好學, 不遷怒, 不貳過.(「옹야」2)

93) "物來而順應." "聖人之喜, 以物之當喜, 聖人之怒, 以物之當怒, 是聖人之喜怒, 不繫於心而繫於物也." "遽忘其怒."(『정씨문집』 권2, 「答橫渠張子厚先生書」, 460~461쪽)

94) 顔子簞瓢, 非樂也, 忘也.(『정씨유서』 권6, 121조, 88쪽) 簞瓢陋巷非可樂.(『정씨유서』 권12, 5조, 135쪽)

안자가 홀로 좋아한(好) 바는 무슨 학문인가. 배워서(學) 성인의 도에 이를 수 있다는 것이다.[95]

이러한 '호(좋아함)'와 '학(공부)'은 공자가 자신의 뜻을 스스로 말한 "배움에 틈이 없이 익히니 기쁘지 아니한가(學而時習之, 不亦說乎)"의 '학' 및 '기쁨'과 같다. 주희는 여기에 "[장식의] '그 단서에 따라 함영한다' 함은 순서가 바뀌(倒置)었다. 공부는 '잠시의 끊어짐도 없어야 한다'"고 해설한다.[96] 공부는 '이발의 단서'만이 아닌 미발·이발에 끊임이 없어야 하나, 단 '미발'이 먼저라는 것이다. 또 자기 자신의 노를 외물에 옮기지 않았으니, 이것이 바로 공자와 안자의 호학이다. 정주는 매번 안자를 배울 것을 강조한다. "안자의 호학은 학자에게 用力處가 있다."[97] "학자는 모름지기 안자를 배워야 한다. 안자의 말씀이라면 공부할 곳이 있다."[98] "안자는 자기에 나아가서 공부했다. 안자를 배우면 어긋나지 않을 것이다."[99] 그렇다면 안자를 배우는 구체적 방법은 무엇인가? 「안자호학론」은 다음과 같이 말한다.

그 "미발"에 오성을 갖추고 있으니 인의예지신이다. 형기로 기왕 태어났으되 외물이 그 형기에 감촉하면 "중에서 동하고" 그 중이 동해서 칠정이 나오니 '희노애락애오욕'이다.(상159)[100]

"미발", "중에서 동한다", "희노애락" 등은 『중용』의 설과 같다. 모두 "마음의 느낌(心之感)"[101] 전후를 말한 것으로,(상103) 마음이 외부 사물에 느끼면 정으로 발하며[102] 이것이 곧 칠정이다. 이러한 칠정 전후의 미발·이발 공부로 안자의 마음을 배울 수 있다는 것이다. 주희는 '중이 동한다'고 함을 성의 욕구라 하여 「악기동절설」에서 다음과 같이 말한다.

---

95) 顔子所獨好者, 何學也? 學以至聖人之道也.(『정씨문집』 권8, 「顔子所好何學論」, 577쪽)

96) 語解云, 學者工夫固無間斷, 又當時時紬繹其端緒而涵泳之. 此語恐倒置, 若工夫已無間斷, 則不必更言時習. 時習者, 乃所以爲無間斷之漸也.(『문집』 권31, 「答張敬夫語解」12, 1343쪽)

97) 顔子才雖未甞不高, 然其學却細膩切實, 所以學者有用力處(『어류』 권95, 端蒙120, 3215쪽)

98) 伊川曰, 學者須是學顔子. 若顔子說話, 便可下手做(賀孫121. 위와 같은 쪽)

99) 顔子曾就己做工夫, 所以學顔子則不錯.(淳122, 3216쪽)

100) 其未發也, 五性具焉, 曰仁義禮智信. 形旣生矣, 外物觸其形而動於中矣, 其中動而七情出焉, 曰喜怒哀樂愛惡欲.(『정씨문집』 권8, 「顔子所好何學論」, 577쪽)

101) 주희는 "感於物의 것은 心이며, 그 動의 것은 情이다. 정은 性에서 根하며 心에서 主宰한다. 孺子入井을 乍見함은 '心之感'이다.(『문집』 권32, 「問張敬夫」6, 1395쪽) "中和는 情·性으로 말한 것이고, 寂感은 心으로 말한 것"(『문집』 권67, 「易寂感說」, 3258쪽)이라 한다. 고봉도 주희를 인용하여 "측은의 정은 心上을 따라 發出한다",(상55) "심의 所發은 정이다"(상56)고 한다. 즉 "動於中" "其中動"은 곧 "心之感"으로 인한 성발을 말한 것으로, 성발의 정으로 "중화" 및 "도의 체용"을 이룰 수 있다. 중, 화, 성, 정, 感 등은 모두 심이다.

102) "出"은 주희의 "측은·수오는 정의 所發의 名이다. 此情은 성에서 出하여 善한 것이다. 모두 此心을 從하여 出하니, 故로 心統性情이라 한다"(『어류』 권5, 謙68, 228쪽)(상56)와 같다. 즉 성은 심을 從하여 出한다.

외물에 느껴(感於物) 동하면 곧 성의 욕구라는 것이 나오며, 선악은 여기서 나뉜다. 성의 욕구가 이른바 정이다.(하143)[103]

심이 외물에 느끼면 성의 욕구가 나오며 이것이 곧 정이다. 주희는 「안자호학론」은 "「악기」의 설과 그 가리킨 뜻이 다르지 않다"[104]고 하는데 왜냐하면 그 미발의 즈음은 참되고 고요해서(靜) 인욕의 작위가 없으므로 하늘의 성이라 할 수 있고, 급기야 외물에 느껴서 마음이 움직이면 "성이 발해서" 정이 된다고 하기 때문이다.[105] 정이 스스로 발할 수는 없다. 스스로 발한 것은 외물에 느낀 정과 관계없는 사욕일 뿐이다. 정은 어떤 경우든 외물에 대한 반응이다. 성인은 외물과의 "교류(交)"(「이발미발설」)에 자신의 마음을 두며 사사로운 감정·생각을 쓰지 않는다. 「정성서」를 보자.

성인의 마음은 그 정이 만사(외물)에 순응해서 無情하다. 때문에 군자의 배움(學)도 이러한 마음을 배워서 외물이 오면 곧바로 순응한다.[106]

성인은 외물의 일을 외면하지 않으니 이것이 "성인의 희노"이다. 단 이러한 마음은 저절로 되는 것이 아니므로 명도는 "군자의 배움"이라 했고 이천도 "배워서 성인의 도에 이를 수 있다"고 한 것이다.

『중용』 "희노애락"은 외물과의 '교류'의 정이다. 그렇다면 희노애락은 어떻게 해서 외물과 합치해 중절이 가능하다고 하는가. 자사는 "희노애락" 앞 글자에서 아래와 같이 말한다.

군자는 홀로일 즈음을 삼간다(愼其獨).

주희는 이곳 '獨(홀로)'에 대해 "남은 알지 못하나 자기만 홀로 아는 지점(人所不知, 而己所獨知之地也)"이라 주석을 단다. 이곳은 "미발"로서의 '자기 자신의 공부(爲己之學)'이다. 남은 모르고 자신만 아는 지점이며 스스로 속일 수 없는 곳이다. 속일수록 자신은 더 잘 안다. 이 즈음이 바로 주희가 말하는 '미발공부'이며 중화신설 핵심이다.

---

103) 感於物而動, 則性之欲者出焉, 而善惡於是乎分矣. 性之欲, 卽所謂諸青也.(『문집』권67, 「악기동정설」, 3263쪽)
104) 熹詳味此數語, 與樂記之說, 指意不殊.(『문집』권42, 「答胡廣仲」4, 1899쪽)
105) "'感物而動, 性之欲'이라 함은 그 感이 있음을 言及한 것으로, 이것은 곧 '理之發'이다. 호학론 중에 이러한 論이 極詳하다"(『문집』권42, 「答胡廣仲」5, 1901쪽)고 한다. 이는 정자의 "情者, 性之動也"(『정씨수언』권2, 53조, 1257쪽)와 같다.
106) 聖人之常, 以其情順萬事而無情. 故君子之學, 莫若廓然而大公, 物來而順應.(『정씨문집』권2, 「답횡거장자후선생서」, 460쪽)

사려의 싹트지 않음과 사물이 이르지 않았을 때인 …미발의 중은 본체가 스스로 그러하며, 이때의 기상을 잃지 않아야 한다.107)

사려가 없고 사물에 감촉하지 않았을 때가 희노애락 미발의 곳이다. 이때는 "일용의 즈음 본령의 공부"를 해야 할 곳으로, 즉 "중용의 철두철미 근독 공부"할 곳이다. 그런데 공부는 미발에만 있지 않으며, 이발의 즈음에도 그 외물의 의리를 잘 살펴야 한다. 이른바 경과 의의 공부이다.

敬으로 안을 곧게 해서 [미발의] 희노애락이 치우침과 기댐이 없게 하고, 義로 밖을 방정히 해서 [이발의] 희노애락이 각기 그 바름을 얻게 해야 한다.108)

경·의를 쌓아 함양·성찰을 이룩하면 "미발에는 품절이 갖추어지고 그 발용에 따라 본체도 탁연해져서 寂然(체)과 感通(용)은 조금의 끊어짐도 없게 된다."109) 이로써 칠정은 천리와 더불어 유행되어 만물이 화육된다. 천지 만물의 화육을 이천은 「안자호학론」에서 '화지'라고 한다.

이른바 '변화한다(化之)'고 함은 神으로서의 자연으로, 생각하지 않아도 얻고 힘들이지 않아도 들어맞음을 이른다. 공자의 "마음의 하고자 하는 바가 규율을 넘어서지 않음"이 이것이다.110)

이곳 화지가 곧 『중용』의 "천지의 화육을 돕고, 천지와 더불어 참여할 수 있으며" 이로써 "만물을 발육시킨다" 함이다.111) 공자는 자신의 감정을 억지로 외물에 맞춘 것이 아닌 스스로 그러함으로 외물에 그대로 순응할 뿐이다. 위 명도의 이른바 "성인의 희·노는 외물에 따라 마땅히 희·노하며, 따라서 성인의 희노는 자신의 마음에 얽매이지 않고 외물에 얽매인다"가 이것으로 때문에 "군자의 배움(學)도 이러한 마음을 배워서 외물이 오면 곧바로 순응한다"는 것이다.

---

107) "위 제설들은 모두 '思慮未萌과 事物未至之時'를 희노애락 미발로 삼았다." "未發之中, 本體自然不須窮索, 但當此之時, 敬以持之, 使此氣象常存而不失, 則自此而發者, 其必中節矣. 此日用之際本領工夫."(「이발미발설」, 3267~8쪽)

108) 蓋敬以直內, 而喜怒哀樂無所偏倚, 所以致夫中也, 義以方外, 而喜怒哀樂各得其正, 所以致夫和也(『문집』권67, 「중용수장설」, 3265쪽)

109) 敬義夾持, 涵養省察, 無所不用其戒謹恐懼, 是以當其未發而品節已具, 隨所發用而本體卓然, 以至寂然·感通, 無少間斷.(위에서 이어진 말임)

110) 所謂化之者, 入於神而自然, 不思而得, 不勉而中之謂也, 孔子曰, 七十而從心所欲不踰矩, 是也.(『정씨문집』권8, 「안자소호하학론」, 578쪽)

111) "可以贊天地之化育, 則可以與天地參矣."(22장) "聖人之道, 洋洋乎發育萬物."(27장) "立天下之大本, 知天地之化育."(32장) 요컨대 중화의 덕을 이루면 천지만물의 '화육에 동참·참여'할 수 있고 또 천지만물을 '발육·화육'하니, 이것이 곧 중용의 "功化의 極"이며 "極功"(수장)이다.

자사가 희노애락 미발의 중과 희노애락 중절의 화를 나란히 든 것은 "도의 온전(全, 체용)"(상95)을 논하기 위함이다. 특히 희노애락을 말한 이유는 이러한 감정의 실제가 아니면 도의 밝힘이 불가능하기 때문이다. 도는 희노애락의 미발·이발에 떨어질 수 없으며, 떨어지면 도의 체용 및 유행은 불가하다. 자사는 희노애락을 인해서 도의 체용과 성정의 덕을 논한 것이다.

공자와 안자의 호학과 불천노는 중용의 미발·이발이라는 중화의 도에 나아가는 길이다. 칠정으로 천지만물과 교류·소통함으로써 더불어 인류는 하나로 화합할 수 있다. 감정은 피아를 엮어주는 소통의 도구이다. 이러한 칠정으로 중화의 덕을 이루어 마침내 천지를 창조적으로 화육하는 것, 이것이 중용의 도이고 공자가 칭찬한 안자의 마음이다. 명도와 이천은 이러한 외물과의 소통을 논한 것이며, 중용 희노애락의 '공부'를 주희가 도통으로 삼은 이유이다.

7

주희의 「이발·미발설」은 사단설 비판이다

주희의 평생 사상 역정 중 가장 중요한 학설은 단연 「이발미발설」이다. 이 설은 호상 학자들과의 격렬한 토론과 논쟁을 통해 얻은 주희의 대지이다. 여기에는 주희 철학의 요체가 압축되어 있으며 그럼에도 분량은 매우 짧아서 이해하기가 쉽지 않다. 인용된 정자(주로 이천)의 설 18개 조항을 빼면 자신의 말은 '1쪽 8줄'(『주자전서』)에 불과하다.

「이발미발설」의 의의는 아직까지 밝혀지지 않았다. 근래 풍우란, 노사광, 진래 등 학자들 역시 주희의 종지와 반대로 해독하며, 심지어 이천의 "이발"과 중용의 "미발"까지도 혼용한다.[112] 이러한 혼란은 지금껏 주희의 사상체계가 전혀 밝혀지지 않았음의 반증이라 하겠다.

「이발미발설」은 간단한 논문임에도 내용은 복잡하다. 요약해보자. 1)중용 미발·이

---

112) 풍우란은 『중국철학사』에서 「이발미발설」을 거론하지 않는데 이는 그 중요성을 간과한 것이다. 노사광은 "미발처의 공부문제는 순수한 이론적 입장에서 말한 것", "장남헌(장식)은 마음에 관하여 '이발과 미발'을 말하지 않았다"(『중국철학사』송명편, 탐구당, 392·396쪽)고 한다. 진래는 "희노애락의 미발이 성이고 이발이 정이며, 심의 체는 성이 되고 심의 작용은 정이 된다", "중용의 이발미발", "정이의 미발이발 사상",(『주희의 철학』, 예문서원, 180∼182쪽) "미발과 이발의 양시와 호광", "미발은 성, 이발은 정"(『송명성리학』, 예문서원, 251∼252쪽)이라 하여 중과 성을 분석하지 않고 또 이천의 "이발"과 중용의 "미발"을 구분하지 않고 혼동한다. 이 문제에서 혼동되면 정주철학은 거의 잃은 것이나 다름없다.

발의 의미는 무엇인가. 2)사려미맹과 사물미지의 즈음은 희노애락 미발이며 동시에 일상의 이발인 심체 유행의 처임. 3)심체 유행처인 희노 미발 즈음은 결코 성이 아님. 4)미발의 중을 구하려 해서는 안 됨. 5)호상학의 단예는 맹자 확충공부와 같음. 6)공부는 이발의 심체 및 미발·이발에 끊어져서는 안 됨. 7)중용 미발·이발은 사물·사려의 '교류(交)'의 일임.

주희는 당초 "사람 마음은 모두 이발"(상151)로 여겼고, 호상의 학자들도 이와 같았는데, 이는 정이천의 구설이다. 문제는, '마음을 모두 이발'로 여기면 『중용』 "미발"은 무엇인가? 주희의 관심은 중용 '도의 교류(도학)'에 있었기 때문이다. 「중화구설서」에서 이러한 잘못을 스스로 반성한다.

> 하루는 크게 탄성하며 생각했다. "사람이 영아로부터 늙어 죽음에 이르기까지 비록 어묵과 동정은 같지 않지만 그러나 그 대체는 이발이 아님이 없으니, 단 그 미발은 발하지 않은 것 뿐이다." 이렇게 여기고 다시 의심을 두지 않았으며, 중용의 종지도 이와 같음에 불과함으로 여겼다.113)

이는 이전 '중화구설'일 뿐이다. 주희가 당초 『중용』 "미발·이발"의 뜻을 '마음 유행의 전체'로 여긴 근거는 이천의 "심은 모두 이발이다"(상152)에 있었다. 그래서 '심은 이발, 성은 미발'로 여겨 스스로 안정으로 삼았다는 것이다.114) 그 잘못은 다음과 같다.

> 전일의 설은 '미발과 이발의 命名'이 부당하고 일용의 즈음에서도 그 '본령의 일단 공부'가 빠진 것이다.115)

심은 이발, 성은 미발도 가능하다. 그렇지만 "심을 이발"로만 여기거나 또는 "미발의 중을 성이라 하면 극히 미안"116)이다. 더욱이 심·성을 '이발과 미발'로 나누면 정작 '發인 소통의 도학'의 감정이 쏙 빠지며, 또 이발을 심이라 하면 『중용』 종지인 '미발의 존양공부'가 없게 되고 만다. 다시 말해 중용은 외물과의 감정교류인 '소통의 도학'인데, 심의 이발은 '마음 유행의 사실'을 논함에 불과하다.

---

113) 一日喟然歎曰, 人自嬰兒以至老死, 雖語默動靜之不同, 然其大體莫非已發, 特其未發者爲未嘗發爾. 自此不復有疑, 以爲中庸之旨果不外乎此矣.(『문집』권75, 「중화구설서」, 3634쪽)

114) 中庸未發·已發之義, 前此認得此心流行之體, 又因程子凡言心者, 皆指已發之云, 遂目心爲已發, 而以性爲未發之中, 自以爲安矣.(『문집』권67, 「이발미발설」, 3266쪽)

115) 前日之說. …而未發·已發命名未當, 且於日用之際, 欠却本領一段工夫.(「이발미발설」, 3266쪽)

116) 文集云, 中卽性也, 此語極未安.(「이발미발설」, 3266쪽)

이렇게 어긋난 원인은 이천의 "심은 모두 이발"에 근거한 논의이면서도 정작 이 말의 원본인 이천이 여대임, 소계명 두 사람과 토론한 대화내용117)을 정밀히 고찰하지 않음에서 비롯된 것이다. 이천은 여대임과 "중"을 토론하면서 다음과 같이 말하기 때문이다.

> 심은 하나인데, 체로 말한 것이 있으니 "적연부동"이 이것이고, 용으로 말한 것이 있으니 "감이수통"이 이것이다.118)

이천은 이렇게 『역전』 "적연부동, 감이수통"을 인용해서 '감정의 미발, 이발'을 모두 말했다는 것이다. 따라서 이천의 "심 이발"은 감정론이 아님이 분명하다. 때문에 주희는 "이천은 일찍이 '모든 심은 이발이다'고 했는데 후에 다시 말하기를 '이 설은 마땅하지 않다'(상152)고 했다. 그런데 오봉(호상학의 호굉)은 오히려 그 전설을 지켰고, 결국 심을 이발, 성을 미발로 여김으로써 심·성 두 자를 대설로 삼았다"119)고 한다. 주희는 기축년 봄 "홀연히 이 설을 의심"(「중화구설서」)하고 결국 이천의 '심 이발'은 그의 여러 설과 합치하지 않는다고 한 것이다.

주희는 스승 이동에게 들은 말을 회고한 적이 있다. "이 선생(이동)은 사람들을 가르칠 때 靜中에서 대본을 체인케 했는데, 미발시의 기상이 분명하면 일에 처하고 외물에 응함에 자연스럽게 중절할 것이라고 했다. 이것이 구산(양시) 문하의 상전된 요지이다."120) 따라서 주희가 당초 인식한 "심 이발"은 결국 『중용』 미발인 "靜中의 대본"으로서의 "사물이 이르지 않고 사려가 싹트지 않은 곳의 靜"121) 공부가 빠진 것이다.

주희가 찾고자 한 곳은 『중용』 "희노애락 미발"이다.

> 정자의 이른바 "심은 모두 이발이다"고 함은 심체의 유행을 말한 것이며, 이는 중용의 '사려와 사물의 교류(交)'를 이름이 아니다. 이는 중용의 본문과 합치하지 않았기 때문에 마땅하지 않다고 하면서 바로잡은 것이다.122)

---

117) 정이천이 蘇季明과 "中" "已發" 등을 토론한 내용은 『정씨유서』권18, 蘇季明問82, 季明問83, 2조이고,(200~202쪽) 呂大臨과 토론한 내용은 『정씨문집』권9, 「與呂大臨論中書」(605~609쪽)이다. 「이발미발설」에서 "文集云" 이하 9개 인용문이 여대임과의 문답이고, "遺書云" 이하 9개 인용문이 소계명과의 문답이다.

118) 心一也, 有指體而言者, 寂然不動是也, 有指用而言者, 感而遂通天下之故是也(『정씨문집』권9, 「與呂大臨論中書」, 19조, 609쪽)

119) 伊川初嘗曰, '凡言心者, 皆指已發而言', 後復曰, '此說未當.' 五峰却守其前說, 以心爲已發, 性爲未發, 將心·性二字對說(『어류』권 101, 泑166, 3392쪽)

120) 李先生教人, 大抵令於靜中體認大本, 未發時氣象分明, 卽處事應物自然中節, 此乃龜山門下相傳指訣(『문집』권40, 「答何叔京」2. 1802쪽)

121) 方其靜也, 事物未至, 思慮未萌.(『문집』권32, 「答張欽夫」15, 1419쪽)

이천의 이발은 "심체의 유행"인 '자연의 일'일 뿐이다. 그런데 중용의 "미발·이발"은 "사려와 사물의 교류(交)"인 '道'의 일이며, 단 "미발"은 사려와 사물이 이르지 않았을 즈음이다.123) 문제는 중용 미발이라 해도 이미 심이 유행하는 곳이므로 곧바로 성으로 여길 수 없다는 점이다.

> 이때는 심체의 유행이며 "적연부동"의 처이다. 그렇지만 이미 심체 유행의 처가 드러난 곳이기 때문에 곧바로 성이라 이르면 불가하다.124)

희노애락 미발의 "적연부동"이라 해도 이곳은 심체가 유행하고 있으므로 '성'이라 해서는 안 된다. 그렇다면 이곳 '미발'을 마음으로 추적해서 알 수 있는가? 자사의 '미발을 중'은 "성의 상황으로서 덕"(상95)이다. 이렇게 덕이므로 따라서 '공부'로 논할 수밖에 없다. 『대학』 "명덕을 밝힌다(명명덕)"와 같이 덕은 사람이 밝혀야 할 문제이다. 때문에 이천은 "靜中에도 마땅히 物이 있다고 해야만 비로소 터득할 수 있다. 이 속이 가장 어려운 곳이다. 敬하면 스스로 이곳을 알 수 있을 뿐이다"125)고 한다. 단 "희노애락 미발의 전에 中을 求한다고 해서는 안 된다."126) "미발의 중"은 직접 볼 수가 없으며 때문에 이천은 이곳을 다음과 같이 논한다.

> 기왕 희노애락 미발의 전에 求할 것을 생각했다면, 이는 도리어 생각의 있음이다. 생각했다면 곧 이발이다.[자주; 생각과 희노애락은 같다.]127)

요컨대 희노애락 미발의 즈음은 존양해야 하며, 다만 '中을 구하려' 하면 불가하다. "희노애락 미발의 전을 어떻게 구할 것인가? 단지 평일 함양해야 한다. 함양이 오래되면 그 희노애락은 발하여 저절로 중절한다."128) 생각이 있음 역시 이미 희노와 같은 이발이다. 미발을 구하려 함 자체가 이미 이발인데, 이발에서 미발의 즈음을 구하

---

122) 程子所謂凡言心者, 皆指已發而言, 此却指心體流行而言, 非謂事物思慮之交也, 然與中庸本文不合, 故以爲未當而復正之.(「이발미발설」, 3268쪽)

123) 以思慮未萌, 事物未至之時, 爲喜怒哀樂之未發.(「이발미발설」, 3267쪽)

124) 當此之時, 卽是心體流行, 寂然不動之處。然已是就心體流行處見, 故直謂之性則不可.(「이발미발설」, 3267쪽)

125) 然靜中須有物始得, 這裏便是難處, 學者莫若且先理會得敬, 能敬則自知此矣.(『정씨유서』권18, 83조, 201~202쪽) 학자가 먼저 '경을 이해하면(理會得)' 靜도 알게 된다 함이다.

126) 若言求中於喜怒哀樂未發之前, 則不可.(82조, 200쪽) 바로 앞은 "희노애락 未發之時에 存養이라 하면 可하다"이다.

127) 혹자가 묻기를 "희노애락 未發之前에 중을 求한다면 可하겠는가?"이다. 이에 대한 답변이다. "曰, 不可. 旣思於喜怒哀樂未發之前求之, 又却是思也. 旣思卽是已發. [自註思與喜怒哀樂一般 纔發便謂之和, 不可謂之中也"(『정씨유서』권18, "蘇季明問" 82조, 200쪽)

128) 於喜怒哀樂未發之前, 更怎生求? 只平日涵養便是. 涵養久, 則喜怒哀樂發自中節.(82조, 201쪽)

려 한다는 것은 곧 '있음에서 없음을 구하는 것'과 같음이 되고 만다. "기왕 知覺이 있다면 도리어 動인데, 어찌 그대는 靜을 말하는가?"[129] 이천은 이것을 불가라 함이 아닌 "가장 어렵다"고 한다. 그렇다면 미발은 어떻게 알 수 있는가?

　　　도리어 희노애락 이발의 즈음에서 볼 수 있을 뿐이다.[130]

　미발 즈음은 평일 함양의 敬이어야 하며, 그것을 봄은 이발 즈음에서 "默識"(『맹자』, 공손추상』6)일 수밖에 없다. 맹자 "성선"도 "그 정(其情)"(「고자상」6)의 이발을 통한 논증일 뿐이다.

　이렇게 주희가 "심은 모두 이발"을 고찰해서 그것은 결코 심의 이발만 논함이 아니라고 한 이유는 호상학의 이른바 "학자는 단예의 움직임을 먼저 살펴야 한다"를 비판하기 위함이다. 이천은 결코 단예(단서)를 처음의 공부처로 삼지 않았다는 것이다. 호상학은 "먼저 端倪의 發을 察識해야 하며, 그 연후에 존양의 공부를 可해야 한다"고 했는데, 이에 대해 "희(주희)는 이점에 있어 의혹이 없을 수 없다"고 하면서 다음과 같이 논한다.

　　　발처는 진실로 마땅히 찰식해야 하지만, 단 사람은 스스로 미발시도 있으니 이곳에서 존양해
　　　야 한다. 어찌 반드시 발을 기다린 이후 찰식하고 찰식 이후 존양해야 한다고 하겠는가? 처
　　　음부터 존양하지 않고 곧바로 일에 따라 찰식하고자 한다면 아마 호호망망해서 공부할 處가
　　　없을 것이다.[131]

　희노애락 미발처는 일을 만남도, 사려도 생기지 않은 곳이다. 반면 '단예의 찰식'은 이미 일이 일어난 곳이다. 따라서 "단예의 찰식을 최초의 공부처로 삼는다면 평일 함양의 일단 공부가 빠지게 되고 만다"는 것이다. 공부는 미발존양과 이발성찰 중 하나를 빼서는 안 되니 "일로 설명하면 動도 있고 靜도 있다. 심으로 설명하면 두루 관철해야 하며 그 공부는 사이를 끊어서는 안 된다."[132] 단 근본은 靜 工夫이다.

---

129) 묻기를 "無物이라 하면 不可라 하셨다. 그렇다면 知覺處가 있는 것이다." 이에 대한 답변이다. "旣有知覺, 却是動也, 怎生言靜?"(『정씨유서』권18, 83조, 201쪽)

130) 묻기를 "靜時에도 스스로 一般氣象이 있고, 급기야 接物時에도 또 스스로 분별이 있다 함은 무엇인가?" 이에 대한 답변이다. "曰, 善觀者不如此, 却於喜怒哀樂已發之際觀之."(『정씨유서』권18, "蘇季明問" 83조, 201쪽) 주희는 이 문장을 "善觀者却於已發之際觀之"로 인용하는데 이천의 원문은 이 사이 "不如此" "喜怒哀樂"이 있음을 알 수 있다. 도리어 희노애락 이발 즈음에서 볼 수 있다고 해야 한다 함이다.

131) 蓋發處固當察識, 但人自有未發時, 此處便合存養, 豈可必待發而後察, 察而後存耶? 且從初不曾存養, 便欲逐事察識, 竊恐浩浩茫茫, 無下手處.(『문집』권32, 「答張欽夫」15, 1420쪽)

미발의 중은 본체가 스스로 그러해서 찾을 수가 없다. 마땅히 이때는 경 공부를 유지해야 하며, 이러한 기상을 보존해서 잃음이 없으면 이로부터 발하는 것은 반드시 중절한다. 이곳이 바로 일용 즈음의 본령 工夫이다. 한편 이천의 "이발의 처에서 본다"고 함은 그 단예의 움직임을 살피라는 것으로 이것이 곧 확충 功夫이다.133)

그럼에도 불구하고 지난번은 곧바로 심을 이발로 여겼고 논한 바의 치지격물 또한 단예의 찰식을 최초의 공부처로 삼았기 때문에 평일 함양의 일단 공부가 빠진 것이고, 그 공부가 항상 이발의 동에 치우쳤으며 그래서 다시는 깊은 맛이 없었다는 것이다.134) 따라서 맹자의 "사단을 확충해야 함"(「공손추상」)을 결국 "단예의 찰식은 확충공부이다"고 한 것은 '단'이므로 이발이며, 공부도 단지 '이발의 성찰'일 뿐이라 함인 것이다.

주희가 「이발이발설」을 쓴 동기는 이천의 이른바 "이발"을 고찰해서 그 본의를 밝히기 위함이다. "이발"의 본의가 밝혀지면 이로써 이천의 "미발" 의미도 드러날 수 있기 때문이다. 제목을 "이발·미발설"이라 한 이유이다. 일찍이 호상학은 정자의 종통을 얻었음을 선언했는데 주희 또한 정자의 설로 『중용』을 해설한다. 만약 정자가 단예인 이발을 중시했다면 이는 『중용』의 종지와 합치할 수 없다. 공부도 마찬가지이다. 자사는 "미발"의 "신독"을 중시한다. 때문에 주희는 이천의 이른바 "이발" 본의를 밝히고자 했고 아울러 『중용』 "미발"의 종지를 '중화신설'로 상고해 낸 것이다.

8

주희의 "리의 무정의, 무조작"의 無는 '변함없음'의 뜻이다

『주자어류』권1에서 주희는 '리'에 대해 다음과 같이 논한다.

리는 감정과 의식에서도 [변함]없고, 계산과 헤아림에서도 [변함]없으며, 조화의 일에서도 [변함]없다(理却無情意, 無計度, 無造作).(하121)

---

132) 以事言之, 則有動有靜. 以心言之, 則周流貫徹, 其工夫初無間斷也.(「이발미발설」, 3268쪽)

133) 未發之中, 本體自然不須窮索, 但當此之時, 敬以持之, 使此氣象常存而不失, 則自此而發者, 其必中節矣. 此日用之際本領工夫. 其日却於已發之處觀之者, 所以察其端倪之動, 而致擴充之功也.(「이발미발설」, 3268쪽)

134) 向來講論思索, 直以心爲已發, 而所論致知格物, 亦以察識端倪爲初下手處. 以故缺却平日涵養一段功夫. 其日用意趣, 常偏於動, 無復深潛純一之味.(「이발미발설」, 3268쪽)

만약 글자 그대로 리가 '정의나 조작이 없는 것'이라면 리는 감정(情) 혹은 의식(意), 조화(和)가 없게 되고 만다. 하지만 『중용』은 "희노"로써 이룬 "중절"한 "천명지성"의 감정이 "천지·만물"을 창조적으로 "화육시킨다"고 한다. 또 『대학, 경1장』은 "그 뜻을 정성스럽게(誠其意)" 하면 "마음의 발한 바"(주희주)는 "천하 국가를 태평하게 한다" 하고, 『맹자』도 "사단"의 정을 논한다. 만약 '情 혹은 意가 없다면' 그것은 결국 '리 없는 종·류가 있게 되어' 리가 철학적 최고의 一者임이 결여되고 만다. 예로 실체로서의 우리의 국가 안에 리 없는 '무'의 빈 공간이 생기고 만다. 정호가 "악 조차도 성"[135]이라 하고, 주희도 "악 역시 심"[136]이라 한 이유는 리는 시공을 막론하고 어디든, 심지어 악에도 존재하지 않음이 없다 함이다.

학자들은 주희의 이른바 "무"를 '없음'으로 해독한다.[137] 이점은 주희 사상을 이해함에 있어 심각한 착오이다.

『어류』 본문을 보자. 이 조항은 정주학의 '리' 이해에 있어 자주 인용되고 회자된다. 혹자는 "리가 먼저 있고 뒤에 기가 있다는 설"에 대해 질문을 했고, 주희의 답변이다.

> 기는 능히 응결하고 조작함이 있지만, '리는 오히려 무정의하고 무계탁하며 무조작이다.' 다만 이 기가 응취한 곳에 리는 곧 그 가운데 존재해 있을 뿐이다. 천지간의 인물, 초목, 금수 등 모두는 그 生에 있어서 種이 없을 수 없으며, 즉 무종이라 할 수는 없다. 순수한 백지로 生出한 하나의 사물이라 할지라도 모두 다 기이다. 리는 다만 정결 공활한 세계일뿐, 형적이 없으니 그것은 오히려 조작할 줄 모른다.[138]

---

135) 정호는 "선은 진실로 성이지만 그러나 악 역시 성이라 하지 않을 수 없다(善固性也, 然惡亦不可不謂之性也)"고 한다.(『정씨유서』권1, 10쪽) 이에 주희는 "기의 惡者라도 그 성은 무불선이니 때문에 악 역시 성이라 하지 않을 수 없다 함이다",(『문집』권67, 「명도론성설」, 3275쪽) "비록 妄이라 해도 또한 천리가 아닐 수 없다"(『어류』권95, 端蒙150, 3223쪽)고 해설한다.

136) 주희는 "심은 선악이 있다(心有善惡)",(『어류』권5, 寓51, 223쪽) "질문; 사람의 본심은 원래 무불선이라 할 수 있다. 답변; 진실로 本心은 원래 무불선이라 하더라도, 그런데 누가 너로 하여금 지금 불선을 하게 했겠는가. 수人들은 外面으로는 許多한 불선을 하면서도 도리어 나의 本心之善은 自在할 뿐이라 說한다",(위와 같은 쪽, 蓋卿52) 五峰(호굉)의 '本心은 不仁이 없다'는 설은 옳지 않다. 만약 너의 今日 가난이 원래 부귀할 수 없었노라 說하겠는가?"(『어류』권101, 震165, 3392쪽)라고 하며 또 "凡事는 심의 所爲가 아님이 없으니, 비록 放僻 邪侈라도 또한 심이다"(『어류』권95, 伯羽89, 3206쪽)고 한다.

137) 퇴계는 "무정의 운운은 本然之體이고 能發能生은 至妙之用이다"(『퇴계전서』2책, 「답이공호, 문목」, 299면)고 한다. 질문은 리는 능히 기를 生할 수 '있는가 없는가'의 有·無에 관한 것이고, 답변은 무정의의 무는 리체이고 능생은 리의 묘용이라 함이다. 또 "무정의의 본체는 無爲, 死物"이라(하208)이라 한다. 그러나 無·生이 체용일 수 없고, 無의 死物이 能生이라 할 수도 없다. 주희의 "묘용"은 리 전체의 묘용인데, 퇴계는 체·용 중의 용이다. 풍우란, 노사광, 진래 등도 리는 정·의가 '있는가, 없는가'로 해석한다.(풍우란, 『중국철학사』하, 539쪽. 노사광, 『중국철학사』송명편, 335쪽. 진래, 『주희의 철학』, 253쪽) 유·무, 생은 노자의 설이다.

138) 或問先有理後有氣之說, 曰, …蓋氣, 則能凝結造作, 理却無情意, 無計度, 無造作. 只此氣凝聚處, 理便在其中. 且如天地間, 人物草木禽獸, 其生也莫不有種, 定不會無種了. 白地生出一個物事, 這個都是氣, 若理, 則只是個爭潔空闊底世界, 無形迹, 他却不會造作.(『어류』권1, 僩13, 116쪽)

천지 만물의 시공에 있는 생물 혹은 미지의 무생물이라 해도 다 기이다. 그런데 리는 이러한 기의 세계와 다르다. 리는 형적인 정의, 계탁, 조작 속에 있다 해도 그 것은 오히려 정결 공활적 존재자이다. 그렇다면 이러한 형적 속의 리를 어떻게 알 수 있는가. 주희는 '리가 발현하는 곳'에 대해 "음양오행이 착종함에 있어 그 조서를 잃 지 않음이 곧 리이다"[139]고 한다. 이곳이 리의 발현처이며, 리의 발현자이다.

그런데 리가 만약 기의 발현을 도와주는 '원인' 혹은 '법칙'의 역할에 국한된 것이라면, 다시 말해 그 발현자가 스스로 "정의, 조작"의 기로만 남는다면 리는 정의·조작 뒤에 숨어 존재할 뿐 칠정 중화의 "달도"와 사단의 "단서"는 드러나지 않아야 한다. 그렇다면 결국 "리기 선후"는 '떨어짐'이 되고 또 "도"는 현실에서의 유행이 불가함이 되고 만다. 더욱이 도리는 "사물과 마주치는 곳"(상108)에서 비로소 생성될 수는 없다. 때문에 주희는 리는 스스로 동정이 있다고 한다.

> 리는 동정이 있으니(理有動靜) 때문에 기에도 동정이 있는 것이다. 리가 동정이 없다면 기가 어떻게 스스로 동정이 있겠는가.[140]

기의 동정은 리의 동정이 있기 때문이다. 따라서 기의 정의·조작 역시 리의 동정으로 인한 것이라 하겠다. 이곳 "리유동정"이라는 말은 그 해석에서 학자들 사이의 논란이 깊다. 학자들은 리유동정의 '理有'에 대해 "리 자체가 동정한다는 뜻은 결코 아니다"고 하면서 이 말은 "~할 수 있는 이치 또는 이유"의 뜻이라고 한다. 즉 이때 의 理자는 "성낼 만한 이치 또는 까닭"으로서 "부사어"일 뿐 "실체의 리가 아니"라 는 것이다.[141] 하지만 만약 "동정의 이치가 있기 때문에"라고 한다면 이미 동정의 이 치가 '있는(有)' 것이다. 다시 말해 동정의 이치가 '있으므로' 동징도 있다. 그래야만 동정도 가능할 것이기 때문이다. '부사어로서의 이치' 혹은 '이유'가 직접 동정할 수 는 없는 일이다. 리가 아닌 그 리의 설, 형용, 찬탄 등이 직접 동정을 할 수는 없다. 고봉은 이 문제에 대해 다음과 같이 말한다.

> 기의 동정할 수 있음이 곧 태극이다. 만약 "태극이 동정이 없다"고 한다면 천명의 유행자는 기에서 나온다는 것인가?(하196)

---

139) 問, 理在氣中發見處如何? 曰, 如陰陽五行錯綜, 不失條緖, 便是理.(『어류』권1, 祖道12, 116쪽)

140) 理有動靜, 故氣有動靜. 若理無動靜, 則氣何自而有動靜乎?(『문집』권56, 「答鄭子上」14, 2687쪽)

141) 이승환, 『횡설과 수설』, 휴머니스트, 2012, 224~227쪽.

물론 정자와 주희도 "理有善惡"으로 말할 때는 理를 '마땅히, 당연히'의 뜻으로 말한다. 정명도는 말한다.

"인생의 삶을 성(生之謂性)"이라 하니 성이 곧 기이고 기가 곧 성이다. 이는 삶(生之)을 이른 것이다. 인생의 기품에는 '이치상 선악이 있다(理有善惡).'[142]

이곳 "리유선악"의 理有는 '당연히 선악이 있다'는 뜻이다. 리가 선악이 있다고 할수는 없다. 주희도 "'인생의 기품에 이치상 선악이 있다'고 한 이때의 理자는 실리가아닌 '이치상 마땅히 이와 같다'는 말과 같다"고 하면서 "이때의 리자는 合자로 보아야 한다"고 한다.[143] 이곳 "리유"는 리로서의 "실리가 아닌" 오히려 "生之謂性"에서 '生之'로서의 "氣卽性"의 '합리기'라 함이 주희의 해설이다.

반면 "리유동정"의 리자는 '태극인 리의 실체'를 논했을 뿐, 부사어라고 할 수 없다. 주희는 "리는 하나이며 그것은 實有이다. 그 체로 말하면 인·의의 實이고, 용으로 말하면 측은·수오의 實이다. 만약 실이 없다면 또 어떻게 이러한 이름이 있겠는가?",[144] "형이상과 형이하는 모두 實理이다"[145]라고 한다.

만약 선악이 동정 때문이라 한다면 그 선악 '이유'는 기가 된다. 기 '때문'에 선악이 있다면, 선도 기 때문이 된다. 그렇다면 선도 기 소멸에 따라 같이 소멸이 되고말 것이다. 이와 같다면 맹자의 "성선"도 기에 따라 소멸될 것이며, 따라서 성리도 소멸되고 만다.

단, 주희는 "理有動靜이나, 단 리는 볼 수 없고 음양에 인한 이후 알 수 있다"[146]고 한다. 리의 존재는 기를 인해서 '볼 수 있고 알 수 있을' 뿐이다. 고봉은 "음양동정으로 인해서 태극은 동정이 있음을 알 수 있다"(하197)고 한다. 기로 인해서 알

---

142) 生之謂性, 性卽氣, 氣卽性, 生之謂也, 人生氣稟, 理有善惡.(『정씨유서』권1, 56조, 10쪽)

143) 人生氣稟, 理有善惡. 此理字, 不是說實理, 猶云理當如此.(『어류』권95, 儞36, 3191쪽) 人生氣稟, 理有善惡. 理, 只作合字看.(端蒙 37, 같은 쪽) 주희는 "이때의 리자는 실리가 아닌 이치상 마땅히(理當)", 또 "이때의 리는 '合'자의 의미로 보아야 함"이라 한다. 즉 이곳의 리자는 인생기품으로서의 '이치상 마땅히', '合(합리기인 전체)'의 뜻일 뿐, 實理가 아니다. 명도의 이 조항에 대해 주희는 특별히 「명도론성설」을 썼다. 여기서 "정자는 고자의 生之謂性의 설을 발명해서 성즉기, 기즉성으로 설명했다", "반드시 선악의 다름이 있다", "기의 유행이나 성이 위주이다", "악 또한 불가불 성이라 이른다", "선악은 모두 천리이다", "과불급으로 이와 같이 있다"고 하여 '合'으로서의 리로 말했다고 한다.

144) 理一也, 以其實有, 故謂之誠, 以其體言, 則有仁義禮智之實, 以其用言, 則有惻隱羞惡恭敬是非之實. 故曰五常百行非誠, 非也, 蓋無其實矣, 又安得有是名乎.(『문집』권56, 「答鄭子上」15, 2691쪽)

145) 形而上者謂之道, 形而下者謂之器, 皆是實理.(『어류』권95, 道夫22, 3184쪽)

146) 只是理有動靜, 理不可見, 因陰陽而後知.(『어류』권94, 謨41, 3126) '見할 수 없음'은 리를 보고자 하면 이미 已發이 되기 때문이고, '知할 수 있음'은 리를 黙識할 수 있는 곳은 이발의 발처이기 때문이다. 만약 리를 직접 보고 알 수 있다고 하면 이는 불교의 '觀心'이 되고 만다.

수 있다는 설이 『역전』 "일음일양 양상을 도라 함"이며, 명도는 "음양은 형이하자인데도 공자는 '曰道'라 했다"[147]고 한다. 요컨대, 도리는 음양의 기에 있다고 해서 변질되지 않기 때문에 공자는 '음양 양상을 도'라 한 것이다. 때문에 주희는 도를 체용으로 말한다.

> 도체의 지극으로 말하면 태극이고, 태극의 유행으로 말하면 도이다. 주자(주돈이)가 말한 "무극"은 무방소, 무형상의 뜻으로 無物의 전에도 있고 有物의 뒤에도 서지 않음이 없다. 음양밖에도 있고 음양 가운데서도 행하지 않음이 없다는 뜻이다.[148]

"무방소, 무형상"은 방소 및 형상이 '없다'는 뜻이 아닌, 방소와 형상 어디에 있어도 태극의 존재는 '자약'이라 함이다. 고봉은 무극·태극의 극자를 "無爲(변함이 없음)"으로 풀이하여 태극은 "無爲而爲(변함이 없으면서도 변함)"의 의미라 한다.(하193)[149]

"리의 무정의·무조작"은 리는 감정과 조작이라는 리의 용이 없다 함이 아니다. 감정과 조작도 모두 리의 일이며, 만사는 리가 아닌 일이 없다. 리는 만사 이전에도 있고 만사 이후에도 변함없이 자약하다. 때문에 고봉은 "해의 존재는 만고에 항상 새로우며, 비록 운무가 가린다 해도 그 광경에 더함도 뺌도 없이 자약하다. 리가 기에 있음 역시 이와 같다"(하119)고 한다. 마음에서 악이 혹 성을 가린다 해도 성은 오히려 조작이 없다. 악에도 성은 자존하니 그 선을 돌이키면 역시 성이다. 따라서 악을 성이 아니라 하거나 혹은 정의·조작의 일을 성이 아니라 해서는 안 된다.

9

정호 「정성서」는 수양론이 아니다

「정성서」는 정호가 '性'에 관해 장재에게 답변한 편지형식의 글이다. 정호의 어록은 많지 않고 성정에 관한 철학적 저술도 「정성서」가 유일하다. 따라서 그의 성리설

---

147) 一陰一陽之謂道, 陰陽亦形而下者, 而曰道者.(『정씨유서』권11, 13조, 118쪽) 명도는 공자가 "一陰一陽을 도라 이른다"와 같이 음양의 현상을 도라 했다고 한 것이다.

148) 語道體之至極, 則謂之太極, 語太極之流行, 則謂之道. 雖有二名, 初無兩體. 周子所以謂之無極, 正以其無方所, 無形狀, 以爲在無物之前, 而未嘗不立於有物之後, 以爲在陰陽之外, 而未嘗不行乎陰陽之中.(『문집』권36, 「答陸子靜」4, 1568쪽)

149) 고봉은 "무극이태극은 마치 함이 없으면서도 함(莫之爲而爲), 궁구함이 없으면서도 이름(莫之致而至), 변함이 없는 함과 같다(無爲之爲)"고 하면서 무극·태극의 극자를 "無爲(변함없음)"의 뜻이라 한다.(하193) 태극이 그렇다는 것이다.

을 이해하기 위한 이 글의 해독은 매우 중요하다.

그동안 학자들의「정성서」이해는 정호의 종지를 파악했다고 할 수 없으며, 오히려 정 반대로 해석한 경우가 대부분이다. 퇴계는「정성서」의 이른바 "忘怒(노를 잊어야 함)"를『중용』칠정이라 하지만(상288) 그렇다면 "천명지성" 및 "중·화"로서의 도의 체용은 즉시 부정되고 만다. 근래 학자들도 정호의 "性"을 '心'자의 뜻으로 해독한다. 풍우란은 "정성서의 논의는 '심은 내외가 없다'는 것"150)이라 하고, 진래도 "정성서의 정성은 정심을 가리키며 그것은 '수양 방법을 통해 마음의 안녕과 평정을 실현할 수 있는가'라는 주제를 논한 것"151)이라 하며, 노사광도 "성자는 모두 심자로 보아야 한다"152)고 한다. 모두「정성서」본문의 "性"자를 '心'의 의미로 해독하고 '심의 수양'을 논한 것으로 이해한 것이다.

하지만 정호는 결코 '심'으로 논하지 않았다는 것, 그 본의도 수양(미발·이발 공부)이 아닌 성 및 도의 '체용'에 관한 일이라는 것, 이것이 주희의 해설이다. 성, 도의 체용을 심 및 수양으로 여기면 내가 도·성의 체용을 자부함이 되고 만다.「정성서」는 그리 복잡하지 않고 글의 분량도 길지 않다. 학자들은 보통 본문을 총 6개 절로 나누지만, 본고는 7개로 분류하고 마지막 절은 생략하기로 하겠다.153) 그간 해석이 분분한 곳은 서두 "定性" 2자이다. "定性"은 본래 장재의 말이며 정호가 인용해서 반박한다.

> 1) 가르쳐 주신 말씀에 "성을 안정시킴(定性)에 있어 능히 不動하지 못하면 오히려 외물에 연루되고 만다"고 하셨다.154)

장재의 본문은 주희 당시에도 볼 수 없었다. 본문은 없지만 인용문 "연루되고 만다"의 뒤 "何如(나의 이 말은 어떠한가)"가 붙은『근사록』으로 보면 장재의 질문임을 알 수 있다.155) 문제는, 장재의 "定性"에 정호는 과연 '定心'으로 답변한 것인가?『주자어류』

---

150) 풍우란,『중국철학사』하, 박성규 역, 까치. 2005, 524쪽.

151) 진래,『송명성리학』, 안재호 역, 예문서원, 132쪽. 진래는 "이렇게 하여 개인의 이해관계에서 비롯되는 실망·불안·번뇌·답답함·원한 등의 모든 불안한 심정이 제거될 수 있다. 이러한 경지가 바로 '정성'의 경지이다"(133쪽) "심리 수양의 경험" "자아 초월의 수양방법"(134쪽) "외부사물에 대한 반응을 조정하라는 것"(164쪽) "정성의 성, 즉 사람의 심경을 가리키는 것"(230쪽)이라 하여 풍우란과 같이 정성을 '심의 수양'으로 해설한다.

152) 노사광,『중국철학사』송명편, 정인재 역, 탐구당, 1993. 노사광은 "마음을 말했을 뿐 형이상학적 의미의 성을 말할 수 없었다", "마음의 경계를 설명"(모두 253쪽)했다고 한다.

153)『이정집』중화서국 표점본은 총 6개 조항으로 나누었다.(『이정집』, 460쪽) 다만 필자가 5조를 둘로 나눈 이유는 5조의 "當怒"와 "忘怒"는 그 가리킴이 다르기 때문이다. 마지막 7조는『정씨수언』에서도 생략했다.(「심성편」, 104조, 1262쪽)

154) 承教諭以定性未能不動, 猶累於外物.(『정씨문집』권2,「答橫渠張子厚先生書」, 460쪽)

155) 주희의『근사록』은 "橫渠先生問於明道先生曰, 定性未能不動, 猶累於外物, 何如. 明道先生曰"(론학4)이다. 이는『정씨수어』"張子厚問伯淳曰, 定性未能不動, 猶累於外物, 何也"(권2, 104조, 1262쪽)에서 나왔다.『수어』는 정자 문인인 楊時가 訂定하고, 이후

- 72 -

에서 「정성서」 강의록은 총 16개이며[156] 그중 첫 번째 기록을 보자.

> 순필이 묻기를, 「정성서」는 이해하기 어렵다. 답변; 어렵지 않다. 단 "定性"자는 그 설이 좀 의아하다. 이 "性"자는 '心'자의 뜻이다.[157]

학자들이 정호의 본문을 '심'자로 이해한 것은 이 기록에 의거한 듯하다. 그러나 주희는 오히려 장재의 '질문의 성'을 "心"자의 뜻으로 강의한 것이다. 위 기록은 장재의 질문인 "定性에 있어 능히 부동하지 못하면"에서의 '정성'이다. 즉 주희가 말한 "定性字"는 정호 본문이 아니다. 정호 본문은 '정성' 2자가 없다. 따라서 학자들의 해석과 같이 정호는 '심'으로 답변한 것이 아니다. 주희의 心자로 보면, 장재는 "不動心"(『맹자, 공손추상』2)하지 못하면 오히려 심은 외물에 끌려 能動하게 된다고 질문했다. "외물을 끊어서 심의 안을 定하게 할 뜻이 있었다"[158]는 것이다. 부동심의 '심'을 정호는 "성"으로 답변한다. 왜냐하면 심의 動이라 해도 "성"으로 보면 동정에 "無內外"하기 때문이다.

「정성서」는 과연 '심의 수양 방법'을 논한 것인가? 정호는 과연 定心인 '마음을 안정시키는 공부'를 논했는가? 주희는 부정한다. 『어류』몇 곳을 보자.

> 본문 가운데는 도무지 한 개의 下手處(공부로 손댈 곳)도 보이지 않는다. 비경이 묻기를 "마음을 넓혀 대공하라, 외물이 오면 순응하라" 이것이 하수할 공부처가 아니란 말씀인가? 답변; 이것은 모두 '이미 이루어진(已成) 곳'을 설한 것이다.[159]

> "大公하라"의 공은 '忠'의 뜻으로 곧 "하늘의 명이 깊어 그침이 없다" 함이고, "순응하라"고 함은 "건도가 변화하니 각기 성명을 바르게 한다"의 뜻이다.[160]

> 질문; 정성서는 정심·성의 공부가 아닌가? 답변; 정심·성의 '이후의 일'이다.[161]

張栻이 編次했다.

156) 「정성서」에 대한 강의록은 『어류』권95 淳101～寓116까지 총 16개이다.(3209～3214쪽)

157) 舜弼問, 定性書也難理會. 曰, 也不難. 定性字說得也詫異. 此性字, 是個心字意.(『어류』권95, 淳101, 3209쪽)

158) 蓋橫渠有意於絶外物而定其內, 明道意以爲須是內外合一.(『어류』권95, 端蒙104, 3210쪽)

159) 只是一篇之中, 都不見一個下手處, 藍卿曰, 擴然而大公, 物來而順應, 這莫是下工處否? 曰, 這是說已成處.(『어류』권95, 道夫102, 3209～3210쪽)

160) 公是忠, 便是維天之命, 於穆不已, 順應, 便是乾道變化, 各正性命.(道夫107, 3212쪽)

161) 問, 定性書是正心·誠意功夫否? 曰, 正心誠意以後事.(寓116, 3214쪽)

"이미 이루어진 곳(已成處)"은 '공부 이후'의 일이라 함으로 때문에 "정심·성의 이후의 일"이라 한 것이다. 또 "그침이 없음"(『중용』26장)은 '천도'의 그침이 없음을 말함이고, "성명을 바르게 함"(『주역, 단전」, 건위천)은 건도가 성명으로 바르게 된 '결과로서의 완성(成)'을 나타낸 것으로 따라서 이는 공부를 말함이 아니다.

장재의 본의는 '性(심자의 뜻)의 定을 위해서는 부동해야 하고, 그렇지 않으면 외물에 얽매이고 만다'고 했다. 즉 자신의 부동심을 위해 외물의 얽매임을 근심한 것이다. 마음이 외물에 얽매이면 부동심할 수 없고, 또 부동심 못하면 심은 안정으로 삼을 수 없다. 이는 장재의 수양공부이다.

이에 정호는 오히려 "性"으로 답변한다. 성은 심의 동정에도 오히려 "定(안정)"으로서의 自存·自若일 뿐이기 때문이다.

> 2) 이른바 定은 동할 때도 定이고 정할 때도 定이며, 맞이함도 없고 내외도 없다. 만약 외물을 外로 삼고 자기를 이끌어서 따르게 한다면 이는 자기의 성을 內外가 있음으로 여김이 되고 만다. 이는 외물의 유혹을 끊고자 하는 뜻이 있어서인 것이며, 결국 성은 內外가 없음을 알지 못한 것이다.162)

'성'이야말로 "내외 간격이 없다"163)는 것이다. 성은 내 혹은 외에 있다 해도 오히려 항상 변함없는 자약일 뿐이다. 성의 근본이 둘이라면 어떻게 성을 定이라 할 수 있겠는가? 더구나 마음은 외물과의 교류를 끊어서도 안 되거니와 또 끊을 수도 없다. 주희는 "涉"(교류)이 없으면 곧바로 불교에 빠지고 만다고 한다.164) 心은 외물과 감응·소통하며 情이 바로 그 "교류(交)"(「이발미발설」)를 담당한다. 장재는 부동심으로 외물의 유혹인 情을 끊고자 했지만 그러나 정호는 그렇게 해서는 오히려 성의 定을 유지할 수 없다고 한다. 그렇다면 어떻게 하면 定이 되는가?

> 3) 천지의 항상됨은 그 마음이 만물에 보편해서 無心하고, 성인의 항상됨은 그 정이 만사에 순응해서 無情하다. 때문에 군자의 학문도 廓然·大公만 같음이 없으며 외물이 오면 곧바로 순응한다. 만일 외물의 유혹을 제거하기에 급급해서 동쪽을 막는다면 오히려 서쪽에서 일어나는 현상이 발생한다.165)

---

162) 所謂定者, 動亦定, 靜亦定, 無將迎, 無內外. 苟以外物爲外, 牽己而從之, 是以己性爲有內外也, …是有意於絕外誘, 而不知性之無內外也.

163) 性定, 則動靜如一, 而內外無間矣.(『문집』권67, 「定性說」, 3277쪽)

164) "釋氏의 識神설은 涉의 관여가 없다. 석씨는 虛空寂滅을 宗으로 삼았고, 때문에 識神을 生死의 根本으로 여긴 것이다. 吾儒의 식신은 心의 妙用이다. 다만 이(식신)를 성으로 삼으면 涉의 교류가 없을 뿐이다."(『문집』권58, 「答徐子融」3, 2768쪽)

무심과 무정으로 만물과 교통하고, 나와 만물의 내외 없음에서 성은 비로소 定이 된다. 군자는 자신의 情으로 성을 막지 않는다. 결국 "확연·대공(넓고 공평함)"으로 만물의 다가옴에 순응"함으로써 성의 定을 이룰 수 있을 뿐이다. 주희는 "확연·대공은 적연부동이고, 만물에 순응함은 느껴서 통함"[166]이라 하여 "性의 체용"[167]으로 논한다. 이는 『역전』 "역은 无事하고 无爲하니, 적연히 부동하고 感하여 천하 모든 일에 通함"[168]을 인용해 풀이한 것이다. 道의 체용도 이와 같으며, 즉 도는 "질주하지 않아도 빠르고 행하지 않아도 이른다."[169] 정이천도 "중은 적연 부동을 말함이고, 화는 느껴서 通한 천하의 달도"[170]라 하며 이는 "중화의 도의 체용"[171]이다.

도의 체용은 어떻게 이루는가. 그것은 "사람의 정"이 있기 때문이다.

> 4) 사람의 情은 가림이 있고 이 때문에 道에 들지 못한다. 근심은 단지 自私와 用智에 있을 뿐이다. 그런데도 지금 외물을 미워하는 마음으로 성인의 無物의 지점을 비추고자 하니 이는 거울을 반대로 돌려놓고 사물 본연의 모습을 찾고자 함과 같다. 外를 그르고 內를 옳다 하기 보다는 차라리 내외를 兩忘함만 같지 못하다. 兩忘하면 깨끗해져서 일삼음이 없게 된다.[172]

정은 사람에게 반드시 있는 심의 작용이다. 다만 도에 들지 못하는 이유는 나의 정이 나 스스로를 가려서 외물을 비추지 못하기 때문이다. 즉 '나 스스로의 사사로움(自私)'과 '나 자신의 지혜를 사용(用智)'해서 외물을 보려하기 때문에 도가 소통될 수 없다는 것이다. 따라서 정호는 "외물을 미워하는 마음을 갖지 말라"고 한다. 결론은 "내외를 모두 양망하라"이다. 內을 잊음은 "자사와 용지가 없음"이고, 外를 잊음은 "외물이 오면 순응함"이다.

이곳 "情"은 마음의 수양이 아닌, 도는 본래 체용 본연임을 알아야 한다는 뜻이다.

---

165) 夫天地之常, 以其心普萬物而無心, 聖人之常, 以其情順萬事而無情. 故君子之學, 莫若廓然而大公, 物來而順應. …苟規規於外誘之除, 將見滅於東而生於西也.

166) 擴然而大公, 是寂然不動, 物來而順應, 是感而遂通.(『어류』 권95, 僴108, 3212쪽)

167) 주희는 「定性說」에서 "확연·대공은 仁의 體로 삼을 수 있고, 물래·순응은 義의 用으로 삼을 수 있으니, 仁이 서고 義가 행해지면 性은 定될 수 있다"(『문집』 권67, 3277쪽)고 한다.

168) 易无思也, 无爲也, 寂然不動, 感而遂通天下之故.(「계사상」 제10장)

169) 唯神也, 故不疾而速, 不行而至.(「계사상」 제10장)

170) 伊川先生曰, 喜怒哀樂之未發, 謂之中. 中也者, 言寂然不動者也, 故曰天下之大本. 發而皆中節, 謂之和. 中也者, 言感而遂通者也, 故曰天下之達道.(「근사록」 권1, 「도체」3)

171) 中者, 所以狀性之德, 道之體也, 和者, 所以著情之正, 道之用也.(『중용혹문』)(상94·95)

172) 人之情各有所蔽, 故不能適道. 大率患在於自私而用智. …今以惡外物之心, 而求照無物之地, 是反鑑而索照也. …與其非外而是內, 不若內外之兩忘也, 兩忘則澄然無事矣.

"성인의 정이 無情"한 이유는 그 정이 도의 용과 일치하기 때문이다. 성인은 무정으로 도의 용을 삼을 뿐 수양을 도로 삼은 것은 아니다. 수양은 마음가짐이기 때문이다. 따라서 "일삼음이 없으면(無事) 定해진다"고 함은 외물을 잊거나 거부함이 아닌 외물을 無事로 대할 뿐 막아서는 안 된다 함이다. 이것이 정의 바름(正)이다.

> 5) 성인의 희는 외물에 따라 마땅히 희하고, 성인의 노도 외물에 따라 마땅히 노한다. 이것이 성인의 희·노이며, 이는 자신의 마음에 얽매이지 않고 오히려 외물에 얽매인 것이다. 지금 자사·용지의 희노로 성인 희노의 바름(正)을 보려 한다면 어떻게 하겠는가.[173]

외물을 거울처럼 비추기 위해서는 無事와 無情으로 가능하다. 성인은 외물을 자신의 사사로운 정으로 막지 않으며, 오히려 적극적으로 하나로 일치시킨다. 이로써 情은 성의 定이 된다. 정은 심의 용이므로, 스스로는 아무런 죄가 없다.[174] 희노는 "만물을 발육시킬 수 있다."[175] 『중용』 "만물을 육성시킴(萬物育焉)"이 이것이다. 성의 定(性定)으로 만물은 발육된다. 결국 성을 定의 체용으로 이루기 위해서는 "노를 잊음"으로써 가능하다.

> 6) 사람의 情은 용이하게 발하지만 제어가 어려운 것은 노함이 가장 심하다. 단지 노했을 때 급거 그 노를 잊을 수 있어야만 리의 시비도 볼 수 있다.(상288) 이렇게 이해하면 도에 있어 과반은 사려했다고 하겠다.[176]

정을 제어하지 못하면 "악으로 흐른다."[177] 정은 심의 용이지만, 악으로 흐는 것도 정이다. "제어가 어렵다(難制)"고 함은 이미 발현한 정이다. 기왕 발한 정은 일이 지나가면 즉시 잊어야 하며 쌓아 놓으면 "自私"이다. 이렇게 쌓아 남겨 놓은 상태에서 외물을 접하면 그 쌓은 정은 외물에 영향을 끼치게 된다. 때문에 "잊어야"만 미발의 "中·靜인 常體를 회복할 수 있다."[178] 이로써 "도에 대해 과반은 사려할 수 있다"는 것이다.

---

173) 聖人之喜, 以物之當喜, 聖人之怒, 以物之當怒, 是聖人之喜怒, 不繫於心而繫於物也, …今以自私用智之喜怒, 而視聖人喜怒之正爲如何哉

174) 特在乎心之宰與不宰, 而非情能病之.(『문집』권32, 「問張敬夫」6, 1395쪽)

175) 至發育萬物者, 卽其情也.(『어류』권95, 人傑28, 3188쪽) 發育萬物,(『중용』27장)

176) 夫人之情易發, 而難制者, 惟怒爲甚. 第能於怒時, 遽忘其怒, 而觀理之是非, …而於道亦思過半矣.

177) 本皆善而流於惡耳.(『문집』권67, 「明道論性說」, 3275쪽)

178) "이천이 논한 中·靜자는 常體를 形容한 것이다. …외물에 감함으로써 動이 있지만, 그러나 感함이 기왕 息하면 그 常을 회복한다."(『문집』권43, 「答林擇之」21, 1981쪽)

정호는 도의 체용을 논함으로써 성은 반드시 이와 같아야만 定이 될 수 있다고 한 것이다. 定은 動에서도 정이고 靜에서도 정이다. 외물을 끊고 內로만 定을 이룰 수는 없다. 성인의 느낌은 사물이 오면 그대로 순응한다. 마치 거울이 사물을 그대로 비춤과 같이 나의 情도 외물의 본 모습을 그대로 비출 수 있다. 정호는 심의 본래 기능인 "자연지리"(상107)의 정으로 성의 체용을 논했을 뿐 공부를 논한 것은 아니다. 공부로 논한 것이라면 자신의 공부를 곧바로 성의 체용으로 삼음이 되고 만다. 성리는 스스로의 자존이다. 공부로 인해 새로 생기는 것도 아니고, 공부가 없다고 해서 없어지지도 않는다. 정호의 이른바 "천리"는 심·정에 자존하며 그 자체는 생·멸되지 않는다 함이다.

10
『대학, 정심장』은 미발·존양의 일이다

『대학』 전7장 「정심장」은 "분치, 공구, 호요, 우환" 등 4정을 논한 장이다. 앞 전6장이 「성의장」이다. 이른바 "正心"은 '마음을 바르게 해야 함'의 뜻이다. 외물과의 관계에 있는 마음을 바르게 함으로써 "보고(視), 듣고(聽), 먹는(食)" 것 등을 그 본연에서 어긋남이 없게 하고자 함이다.

퇴계는 주희의 「정심장」 주석인 "하나라도 두거나 능히 살피지 못하면(一有之而不能察)"이라는 말을 『중용』 "칠정"으로 인용 해석한다.(상27) 즉 '칠정은 기발(선악미정)이므로 하나라도 두면 마음은 바름을 얻지 못한다'로 해독했고, 이에 고봉은 이 장은 "정심의 일인데도 칠정의 일로 논증하셨으니, 서로 비슷하지도 않다"(상125)고 강력 비판한다. 한편 남명(조식)의 "상성성"(주희는 이 말을 '觀心說'이라 비판함. 잡으려 해서는 안 되기 때문임)과 율곡(이이) 역시 "성의·정심"을 '발한 이후의 일'(율곡은 '發而計較·商量則意也'라 함)로 여기는데, 이러한 심각한 오류는 따로 논하지 않아도 아래에서 스스로 밝혀질 것이다.

먼저 「정심장」 본문을 보자.

> 이른바 수신이 그 마음을 바르게 함에 있다 함은, 마음에 분치한 바가 있으면 그 바름을 얻지 못하고, 공구한 바가 있으면 그 바름을 얻지 못하며, 호요한 바가 있으면 그 바름을 얻지 못하고, 우환한 바가 있으면 그 바름을 얻지 못한다 함이다.[179]

179) 所謂修身, 在正其心者, 身[心]有所忿懥, 則不得其正, 有所恐懼, 則不得其正, 有所好樂, 則不得其正, 有所憂患, 則不得其正.(『대학장

마음속에 이러한 분치,(노함) 공구,(두려움) 호요,(즐거움) 우환(근심) 등이 있으면 그 바름을 얻지 못하므로 따라서 이러한 4정(주희는 희·노·우·구로 요약함)을 마음속에 먼저 두어서는 안 된다 함이다. 마음에 이 정이 있음은 당연하다. 그런데도 『대학』 저자는 왜 마음에 이러한 4정이 '있어서는 안 된다'고 했는가. 여기에 붙인 '문제'(상123)의 주희 주석을 보자.

> 이 넷의 것은 모두 심의 용이며, 사람이 없을 수는 없다. 그렇지만(然) '하나라도 두거나 능히 살피지 못하면(一有之而不能察)' 욕구가 動하고 情이 [마음을] 이겨서 그 用의 소행이 혹 그 바름을 잃지 않을 수 없을 것이다.[180]

느낌은 사람에게 반드시 있고, 없을 수는 없는 '심의 용'이다. "그렇지만(然)" 이 장의 종지는 이런 뜻이 아니라는 것이 주희 주석이다. "심에 분치가 있으면 그 바름을 얻지 못함", 이 말은 심 속에 분치(忿)를 두어서는 '안 된다' 함이다. 만약 이러한 분치를 '하나라도 두면(一有之)' 그 바름을 얻지 못하는데, 왜냐하면 심 속은 "거울처럼 혹은 무게를 달기 전의 저울처럼" 텅 비어있어야 하기 때문이다. 이로써 거울은 외물의 모습을 그대로 비추고 저울은 사물의 무게를 본래 그대로 잰다. 반대로 만약 "하나라도 두면" 心體는 그 바름을 잃게 되고, 또 心用도 사심인 "욕구가 動하고 情이 심을 이겨서" 사물을 그대로 비추지 못하게 된다는 것이다.

퇴계 등 학자들의 위 장구의 오독은 "심지용", "일유지이불능찰", "욕동정승" 등 세 곳 모두이다. 먼저 '心之用'은 무엇을 말함인가. 주희는 用을 '心之體'와 함께 논한다. 『대학혹문』「정심장」 조항을 보자.

> 사람의 一心은 담연하고 허명하며 그것은 마치 거울의 空, 저울의 平과 같아서 一身의 주인으로 삼으니 진실로 진체의 본연이다. 희·노·우·구는 마음의 느낌에 따라 응하고 연·치·부·앙도 物에 따라 형상을 부여해준 것으로, 그 용은 없을 수 없는 것이다. 미감의 때에는 지극히 虛하고 지극히 靜하니 이른바 '거울의 空, 저울의 平의 체'이다. 급기야 외물에 감할 즈음 응한 바는 또 모두 "중절"하니, 그 '거울의 空, 저울의 平의 용'은 유행에 막힘이 없어서 正大 光明하며 이것을 "천하의 달도"로 삼는다. 이것을 어떻게 '그 바름을 얻지 못한다' 함이 있겠는가.[181]

구」「정심장」)

180) 蓋是四者, 皆心之用而人所不能無者. 然一有之而不能察, 則欲動情勝, 而其用之所行, 或不能不失其正矣.(『대학장구』「정심장」)

181) 人之一心, 湛然虛明, 如鑑之空, 如衡之平, 以爲一身之主者, 固其眞體之本然, 而喜怒憂懼, 隨感而應, 姸蚩俯仰, 因物賦形者, 亦其用之所不能無者也. 故其未感之時, 至虛至靜, 所謂鑑空衡平之體, …及其感物之際, 而所應者, 又皆中節, 則其鑑空衡平之用, 流行不滯, 正大光明, 是乃所以爲天下之達道, 亦何不得其正之有哉(『대학혹문』하7, 534쪽)

일심을 체용으로 나누면, 그 체는 "허령하고 허명"하며 마치 저울에 물건을 올려놓지 않을 때와 같으니 곧 "心之體"이다.(상177~178) 이러한 체의 상태에서 외물이 다가오면 심은 느낌에 따라 응하여, 외물 본모습을 그대로 비추고 무게를 가감 없이 잰다. 이는 "저 스스로 그러함으로 인할 뿐 내가 간여한 바가 없다."[182] 이것이 분치·공구 등 4정이며 곧 心之用이다. 심의 체용은 이와 같으며 여기서는 '그 바름을 얻지 못할 것이 없다.' 마음의 바름(正心)은 이와 같고, 체·용 중 하나라도 치우치면 바름(正)이라 할 수 없다. "이로써 외물을 보거나 듣거나 혹은 맛을 보면 반드시 그 모양, 들림, 맛 본연을 가손 없이 그대로 안다."[183]

"그렇지만(然)" 이 장의 종지는 이러한 체용을 말함이 아니다. 『대학』 저자는 "분치·공구가 있으면 그 바름을 얻지 못한다"고 한다. 그것은 마음 미발의 체에 사사로운 자신의 감정을 품고 있거나 또는 그 발현 즈음을 살피지 못하면 심은 그 바름을 얻지 못한다는 것, 이것이 이 장의 종지이다. 『장구』 "하나라도 두거나 혹은 살피지 못하면"이 이것이다. 하나라도 두면 체가 서지 못하고, 살피지 못하면 그 체는 용으로 유행되지 못한다.

심의 체인 "허령"(상177)은 외물에 느끼기 전이며, 이 즈음 어떠한 情도 있어서는 안 된다.(반면 퇴계는 측은을 먼저 두라고 함. 상287) 만약 이곳에 먼저 정(측은도 정임)을 두게 되면 심의 감물 즈음 "욕구가 먼저 동하고 정이 미감의 심을 이기게(欲動情勝)" 되고 만다는 것이다.

> 이러한 호요, 공구, 분치, 우환 등은 단지 외물과 관계없이 나의 사사로운 감정으로 발출하려 하니 따라서 먼저 마음에 둠이 있어서는 안 된다.[184]
> 이른바 "有所(~이 있다)"고 함은 저것(호요·공구)이 안에서 주가 되면 심은 도리어 他動이 되고 만다 함이다.[185]

「정심장」의 호요·공구는 心用이 아니다. 즉 호요·공구가 '있어야(有)' 한다는 의미가 아니다.[186] 전문 "심에 분치한 바가 있으면(有)"의 有자는 반대로 "하나라도 소유

---

182) 此心之體, 寂然不動, 如鑑之空, 如衡之平. 物之旣感, 則其妍媸高下, 隨物以應, 皆因彼之自爾, 而我無所與.(「문집」권51, 「答黃子耕」7, 2379쪽)

183) 以此而視, 其視必明, 以此而聽, 其聽必聰, 以此而食, 食必知味.(「答黃子耕」7, 2379쪽)

184) 只是這許多好樂·恐懼·忿懥·憂患, 只要從無處發出, 不可先有在心下.(「어류」권16, 賀孫146, 538쪽)

185) 如所謂有所, 則是被他爲主於內, 心反爲他動也.(「어류」권16, 道夫137, 535쪽)

186) 주희는 이 장에 대해 "심에 이 四者가 있음을 논함이 아니다(非謂心有是四者也)"(「문집」권43, 「答林擇之」23, 1982쪽)고 한다.

하고 있으면(一有之)" 外感 이전 심체는 '害'가 되고 만다는 뜻이다.(하73) 마음의 미감 즈음은 어떠한 감정도 먼저 두어서는 안 되며 사단 혹은 칠정도 예외가 될 수 없다. "심에 희노애락이 먼저 있으면 그 바름을 얻지 못한다."[187] 「정심장」 전문을 보자.

심이 이러하지 않으면 보아도 보이지 않고, 들어도 들리지 않으며, 먹어도 그 맛을 모른다.[188]

주희의 장구 주석을 보자.

때문에 군자는 반드시 이 지점을 살펴서 敬으로 곧게 해야 하니(敬以直之), 그러한 연후에 이 마음은 그대로 보존된다(心常存).[189]

敬以直之는 마음을 본연 그대로 보존하기 위함이다. 주희는 '直'을 미발의 中 및 靜과 함께 말한다. "이천이 논한 中, 直, 靜자는 常體를 형용함이다."[190] 상체는 위 "心常存"의 常과 같은 미발의 중을 말함이며, 따라서 경으로 곧게 한다고 함은 곧 '미발 공부'이다. "敬以直之"는 정자의 말이다.

* 경으로 안을 곧게 함은 함양의 뜻이다.[191]
* 경으로 안을 곧게 해야 하니, 함양이 이 뜻이며 안을 곧게 함이 근본이다.[192]
* 中에서 성실히 함이 있으면 반드시 밖으로 드러나는 것이니, …안이 곧으면 밖도 반드시 방정해진다.[193]

'內'와 '中'은 희노애락 미발이다. 內에서 경 공부를 이룸으로써 미발 즈음은 상체로 보존된다. 즉 "中에서 성실하면 밖에서 나타나니 그러므로 군자는 반드시 그 홀로 있음을 삼간다."[194] '홀로 있음을 삼간다(愼獨)'고 함은 "남은 알지 못하고 나만 홀로 아는 지점"[195]이다. 중요한 지점은 바로 미발의 중인 것이다. '中'은 「안자호학론」

187) 心有喜怒哀樂, 則不得其正.(『어류』권16, 端蒙133, 534쪽)
188) 心不在焉, 視而不見, 聽而不聞, 食而不知其味.(『대학장구, 정심장』)
189) 是以君子必察乎此, 以敬以直之, 然後此心常存.(『대학장구, 정심장』)
190) 伊川論中・直・靜之字, 謂之就常體形容是也.(『문집』권43, 「答林擇之」21, 1981쪽)
191) 敬以直內, 是涵養意.(『정씨유서』권1, 33조, 7쪽)
192) 敬以直內, 涵養此意, 直內是本.(『정씨유서』권15, 45조, 149쪽)
193) 有諸中者, 必形諸外. …內直則外必方.(『정씨유서』권18, 11조, 185쪽)
194) 誠於中, 形於外. 故君子, 必愼其獨也.(『대학, 성의장』)
195) 獨者, 人所不知, 而己所獨知之地也. …他人所不及知, 而己獨知之者.(『대학장구, 성의장』)

"動於中"196)과 같고, '신독'은 곧 『중용, 수장』 "愼其獨"197)을 말함이다. 모두 심이 외물과 만나기 이전의 일이다. 「악기」에서는 이 즈음을 "靜"이라 하고,198) 주돈이도 "靜을 공부의 근본으로 삼는다"고 한다.199) 때문에 주희는 「정심장」 장구에서 다음과 같이 말한다.

> 뜻이 성실해지면(성의) 진실로 악은 없고 선만 있을 것이니, 이로써 이 마음은 보존될 수 있고 그 몸도 검속할 수 있는 것이다. 그러나 단지 성의만 알고 이 마음의 보존과 보존되지 않음을 정밀히 살피지 않으면 안을 곧게(直內) 하여 몸을 닦을 수 없다.200)

이곳은 앞 「성의장」과 연계해서 한 말이다. 마음을 정심으로 보존하기 위해서는 "성의"의 경 공부로 內를 곧게(直) 해야 한다. 다만 단지 뜻을 정성스럽게 해야 함만 알고(남명의 '상성성'과 같이) 스스로 뜻(意)을 남겨두면 이것이 오히려 생각과 감정을 둠이 되어 內의 直이 되지 못한다.(율곡은 성의·정심을 '정 발현 이후'라고 함) 그 보존되거나 보존되지 않음은 나만의 일이며, 때문에 정주는 "敬"이며 "誠"이라 한 것이다.

> 만일 흉중에 하나라도(一) 不誠이 있으면(有) 외물의 미감에서 4정(희·노·우·구, 분치·공구·호요·우환)의 사사로움이 內에서 主가 되고, 또 일이 이미 다다를 때에도 이 4정이 動해서 그 절도를 잃게 된다.201)

한편 "능히 살펴야 함"에 대해 『대학혹문』에서는 다음과 같이 논한다.

> 그 사물이 다가옴에 '살피지 못한 바가 있으면' 응함에 있어서도 혹 실수가 없을 수 없을 것이다.(상125)202)

---

196) 외물이 그 형기에 감촉하면 중에서 동한다. 중이 동해서 칠정이 출한다(外物觸其形而動於中矣. 其中動而七情出焉).(「안자호학론」, 577쪽)

197) 『중용, 수장』 "희노애락지미발" 앞에 "莫見乎隱, 莫顯乎微, 故君子愼其獨也"가 있다. 이 신기독(홀로 아는 곳을 삼감)은 희노애락 미발 즈음이다.

198) 樂記曰, 人生而靜, 天之性也(상107) 이때는 "感物" 이전이다.

199) 주희는 "心으로 설명하면 周流·貫徹하고, 工夫는 처음부터 間斷이 없으니, 단 靜을 근본으로 삼을 뿐이다. [자주; 周子의 소위 主靜이 이 뜻이다]"고 한다.(「이발미발설」, 3268쪽)

200) 蓋意誠, 則眞無惡而實有善矣, 所以能存是心以檢其身. 然或但知誠意, 而不能密察此心之存否, 則又無以直內而修身也.(『대학장구, 정심장』)

201) 苟其胸中一有不誠, 則物之未感而四者之私, 已主於內, 事之已至而四者之動, 常失其節.(『문집』권51, 「答黃子耕」7, 2379쪽)

202) 惟其事物之來, 有所不察, 應之旣或不能無失.(『대학혹문』하7, 534쪽)

이곳 "不能察"은 미발이 아닌, 마음이 외물과 마주치는 즈음이다. 미감·미발 뿐만이 아닌 이발·감물의 때에도 잘 살펴야 한다는 것이다.

주희는 "存心과 養性을 성의·정심의 일"203)이라 하고 또 "정심은 반드시 먼저 성의가 있어야 한다"204)고 한다. 「정심장」은 존양으로서 마음이 사물과 접촉하지 않았거나 혹은 그 즈음 공부의 일이다. 주희가 「성의장」에 주석한 "심의 所發"(상164) 역시 『중용』의 "발"자가 아닌 「이발미발설」에서 말한 "심체유행"인 미발로서의 '심체의 이발'을 가리킨 것이다.205)

마찬가지로 주희가 「정심장」에 주석을 붙인 "하나라도 두거나 능히 살피지 못하면 욕구가 動하고 情이 [마음을] 이긴다" 역시 심이 사물을 만나기 이전의 일로서 즉 '미발의 마음을 바르게 하는 일'이다. 이때의 "기상"과 공부를 "잃지 않으면 이로부터 발한 것은 반드시 중절한다"206)고 함이 바로 「정심장」 주희의 요지이다.

11

사단의 "확충"과 "성선" 2설은 종지가 전혀 다르다

맹자가 "측은지심"을 말한 곳은 '두 곳'이다. 하나는 「공손추상」 "단서를 확충해야 한다"(하133)이고, 하나는 「고자상」 "성은 선이다"(상96)이다. 이렇게 같은 측은지심으로 확충과 성선을 논했지만 그 종지는 전혀 다르다. 이른바 "확충"은 정으로 발한 '기왕의 발처'에서 "사단은 누구나 있다" 함이고, 이른바 "성선"은 형이상인 '성은 선하다'이다. 형이상의 "성선"의 가리킴은 '성의 존재자'이지만, "사단"의 단은 '기왕의 발현자'이며, 따라서 누구나 있는 정의 단서를 성의 성선으로 삼을 수는 없는 일이다.

맹자는 "확충"을 말하면서 '선'에 대해 한 마디도 하지 않았다. 이 둘의 가리킴에

---

203) 存心·養性者, 誠意·正心之事.(『문집』권73, 「胡子知言疑義」, 3555쪽) 問, 誠意·正心二段, 只是存養否? 曰, 然.(『어류』권16, 寓160, 541쪽)

204) 주희는 "성인은 반드시 그 심을 바르게 하고, 正心은 반드시 誠意를 먼저 한다(故聖人必曰正其心, 而正心必先誠意)"고 한다.(『문집』권30, 「答張欽夫」2, 1314쪽)

205) 주희는 「이발미발설」에서 『중용』 희노애락 미발에 대해 "이때는 심체 유행으로서, 사려·미맹과 사물·미지의 때(皆以思慮未萌, 事物未至之時, 爲喜怒哀樂之未發. 當此之時, 卽是心體流行)"라 하고 "정자의 '심 이발'은 심체의 유행을 가리킨 것으로, 사물·사려의 교가 아니다(程子所謂凡言心者, 皆指已發而言, 此却指心體流行而言, 非謂事物思慮之交也)"고 한다.(『문집』권67, 「이발미발설」, 3267쪽)

206) "이때(미발)에는 경을 유지해야 하고, 이 기상을 상존케 해서 잃음이 없으면 이로부터 발한 것은 반드시 중절한다(當此之時, 敬以持之, 使此氣象常存而不失, 則自此而發者, 其必中節矣)"(「이발미발설」, 3268쪽)고 함이 「이발미발설」의 요지이며, 「정심장」의 대요이다.

- 82 -

대해 주희는 다음과 구분한다. "성선"장 주석을 보자.

> 전편(「공손추상」)은 이 넷의 것을 인의예지의 端이라고 했다. 그런데 여기(「고자상」)서 端을 말하지 않은 것은, 저기는 '확충'하고자 함이고 여기는 곧바로 [인]의 用에 인해서 그 '본체'를 드러냈다. 때문에 말에 不同이 있을 뿐이다.207)

"성선"은 리의 선을 '체용'(리의 체용)으로 논한 것이고, "확충"은 사단이라는 정의 단서인 '심을 확충하라'(심의 공부) 함이다. '리'의 체용과 '심'의 공부는 반드시 구별해야 한다. 하지만 근래 학자들은 확충의 "단서"를 인용해 오히려 "성선"을 논하고, 또 "성선"을 인용해 "단서"로 논한다. 풍우란은 "성선"장을 인용해서 "善端을 확충해야 한다" 하고,208) 장대년도 "선은 성 속에 이미 그 단서로 갖추어져 있다"고 하며,209) 노사광도 "공손추 편의 유명한 사단설은 성선설의 중요한 진술이 된다"고 한다.210) 그러나 "端"을 성선설이라 할 수는 없다. 위 학자들은 확충으로서의 '심 공부'와 성선으로서의 '성의 존재자'를 구분하지 않고 혼용해서 혼란을 초래한 것이다.

「고자상」 "성선"의 설을 살펴보자. 공도자는 성의 '선' 문제에 대해 말하기를 "성은 선도 불선도 없다. 성은 선 혹은 불선으로 삼을 수도 있다. 성선도 있고 성 불선도 있다"211)고 한다. 주희는 이 3설에 대해 각각 '생지위성, 단수지설, 성3품설'이라 주석한다.212) 공도자는 이어 묻기를 "지금 선생은 '성선'을 주장하시니 그렇다면 저들은 모두 그르다는 말씀인가?"라고 한다. 이에 맹자는 자신의 '성선설'을 아래와 같이 밝힌다.

---

207) 前篇言是四者爲仁義禮智之端, 而此不言端者, 彼欲其擴而充之, 此直因用以著其本體, 故言有不同耳.(「고자상」6)

208) 풍우란은 "'사람은 누구나 차마 못하는 사람의 마음이 있다'고 함은 이른바 인성은 모두 선하다는 말이다",(198쪽) "善端의 확충"(200쪽)이라 하여 성선과 확충을 구별하지 않는다.(『중국철학사』상, 까치) 그러나 「공손추상」 "확충"장은 '선' 혹은 '성선'을 말하지 않았다.

209) 장대년은 "인의예라는 네 개의 근본적인 선은 성 속에 이미 그 단서로 갖추어져 있다",(388쪽) "성에는 선의 단서가 있는 것",(389쪽) "성선은 선하게 될 수 있는 가능성"(394쪽) "맹자가 말하는 성은 사람이 지니는 본능으로, 모두 선하다 함은 결코 아니다"(395쪽)고 한다.(『중국철학대강』상, 김백희 역, 까치) 그러나 '성 속에 그 단서가 갖추어져 있다', '성선은 선하게 될 가능성'이라 할 수는 없다.

210) 노사광은 "공손추편의 유명한 사단설은 성선설의 중요한 진술",(123쪽) "사단으로 성을 말한 까닭",(125쪽) "엄격히 말해 선악 문제는 모두 자각적 주체를 근원으로 삼아야 하지 성선이라 말할 필요가 없다"(126쪽)고 한다.(『중국철학사』고대편, 이인재 역, 탐구당) 그러나 "단"은 성선설이 아니며, '성선이라 말할 필요 없다'고 함은 맹자의 설에 위배된다.

211) 公都子曰, 告子曰, 性無善無不善也, 或曰, 性可以爲善, 可以爲不善, 是故文武興, 則民好善, 幽厲興, 則民好暴. 或曰, 有性善, 有性不善, 是故以堯爲君而有象, 以瞽瞍爲父而有舜.(『맹자, 고자상」6)

212) 주희는 고자설에 대해 "이는 고자의 生之謂性으로 食色의 성이라는 뜻이다. 근세 소씨(蘇軾)와 호씨(胡宏)의 설이 이와 같다"고 하고, 두 번째 설을 "고자의 湍水설이다"라 하고, 셋째 설을 "한자(韓愈)의 성 三品설이 이와 같다"고 주석한다. 또 "한유의 三品說은 기를 논하고 성은 논하지 않은 것이다"(『어류』권95, 端蒙47, 1889쪽)고 한다.

그 情으로 선을 삼을 수 있으니(其情則可以爲善) 나의 이른바 [성]선을 주장하는 근거이다.(「고자상」) (상26)[213]

맹자가 '성선'을 논하는 방식은 위 3설과 전혀 다른데, 오히려 "그 정으로 성의 선을 삼을 수 있다" 함이다. 고자는 성에 대해 '직접' 논했고, 맹자는 오히려 "그 정(其情)"으로 성선을 논증한 것이다. 주희 주석을 보자.

情은 성의 動이다. 사람의 정은 본래 단지 '선으로 삼을 수 있을' 뿐 악으로 삼을 수는 없으니, 이로써 성 본선의 앎도 가능하다.[214]

맹자는 성을 직접 성으로 설하지 않고 단지 "그 정"인 정선을 통해 성선도 알 수 있다고 한 것이다.[215] 성·정의 선은 "혈맥관통"(상160)이기 때문이다. 정은 성의 발처이다.[216] 그런데 성은 형기의 정이 아니면 부여하고 안착될 곳이 없으니 따라서 성을 말할 때는 언제나 "기질에 인해서" 논할 수밖에 없다는 것이다.[217] 주희는 정명도의 성을 논하는 방식에 대해 "성은 성일 뿐이니 어떻게 언어로 형용할 수 있겠는가? 그러므로 선으로 성을 말한 것은 그 발현의 단서에 나아가 묵식으로 설명한 것에 불과하다"[218]고 한다. 성은 알 수가 없으므로[219] 그것을 "직접 설할 수는 없다. 정은 도리어 설할 수 있는데, 고자 등의 성설에 맹자가 오히려 정으로 답변"[220]한 이유이다. 고자 등은 성을 직접 말했지만 그러나 그들의 주장은 추측일 뿐이다.

그런데 맹자의 목적은 정선이 아닌 성선에 있다. 문제는, 정으로 성선을 논증할 수 있는가? 왜냐하면 사람의 정은 "진실로 선악이 있어서"(상3) 모두 선이라 할 수는 없기 때문이다. 그런데도 맹자는 무리하게 '정을 무불선'으로 여겨 성선을 논증하고자

---

213) 孟子曰, 乃若其情則可以爲善矣, 乃所謂善也.

214) 情者, 性之動也. 人之情, 本但可以爲善, 而不可以爲惡, 則性之本善, 可知矣.(『맹자, 고자상』6)

215) 주희는 "맹자는 성을 직접 성으로 설하지 않았다. 단지 '乃若其情, 則可以爲善'이라 했을 뿐이니, 情善을 통해 성선을 알 수 있다고 했다(孟子說性, 不曾說着性. 只說 '乃若其情, 則可以爲善', 看得情善, 則性之善可知)"(『어류』권53, 賀孫47, 1765쪽)고 한다.

216) 주희는 "정은 성의 반대라 할 수 없다. 성의 發處일 뿐이다(情不是反於性, 乃性之發處)"(『어류』권59, 可學29, 1881쪽)라고 한다.

217) "形이 없으면 성선도 부여할 바가 없다. 때문에 성을 말함은 모두 氣質에 因해서 말한다(無形則性善無所賦, 故凡言性者, 皆因氣質而言)."(『문집』권61, 「答林德久」6, 2945쪽)

218) 性則性而已矣, 何言語之可形容哉? 故善言性者, 不過卽其發見之端而言之, 而性之韞因可默識矣.(『문집』권67, 「명도론성설」, 3275쪽)

219) "'내약기정, 즉가이위선'이라 했으니, 성은 定形이 없어서 말로 할 수 없다. 때문에 맹자는 또 설하기를 '천하에 성을 말할 수 있는 것은 故(사태)일 뿐이다'고 한 것이다. 정은 성의 소발이다.('乃若其情, 則可以爲善', 性無定形不可言. 孟子亦說, 天下之言性者, 則故而已矣, 情者, 性之所發)"(『어류』권59, 節26, 1880쪽) "故而已矣"는 「이루하」26의 말이며 주희는 "성은 人物이 生으로서의 얻은 바의 理이며, '故'라 함은 이미 그러한 흔적일 뿐이다(其已然之跡)"고 주석한다.

220) 問乃若其情. 曰, 性不可說, 情却可說. 所以告子問性, 孟子却答他情.(『어류』권59, 璘27, 1881쪽)

한다는 점이다. 때문에 주희는 성선장에 직접 주석해서 이 문제를 지적한다.

> 맹자는 그 성에서 발한 것만 오로지 가리켜 설명했으니 때문에 "才"를 '무불선'으로 여겼고, 정자는 기의 품부를 겸해서 설명했다. 이 두 설이 비록 다르고 각기 마땅한 바는 있으나 사리로 고찰하면 정자가 정밀하다. 기질의 품부함이 비록 불선이 있으나 성의 본선을 해치지 않고, 성이 비록 본선이나 성찰과 바로잡는 공부(功)가 없어서는 안 되니 학자들은 마땅히 깊게 생각해 보아야 한다.221)

이른바 "才"는 기품인 情이다. 그런데도 맹자는 이러한 '재'의 기품을 오히려 성의 "무불선"으로 여겨 성선으로 삼았다는 것이다. 하지만 재질을 무불선으로 삼아서는 안 된다. 물론 기품에는 성이 반드시 존재하나 그렇지만 기품을 성으로 여길 수는 없다. 결국 주희는 "정자의 겸기질이 정밀하다"고 하면서 "기질의 불선이라 해도 성의 본선을 해치지 않기" 때문이라 한 것이다.

맹자는 다만 정을 통한 '성선의 논증'일 뿐이다. 즉 "맹자의 이른바 '性善'은 선의 本體로 설명했으니 인의예지 '미발의 선'이 이것이다. 이른바 '선으로 삼을 수 있다(可以爲善)'고 함은 선의 用處로 설명했다."(상160)222) 이는 정을 논함이 아닌, 그 목적은 형이상의 "성선"에 있었다. 맹자는 성선을 위해 오히려 정을 무불선으로 여기고 만 것이다. 고봉도 "사단의 정을 무불선으로 여긴 것은 맹자의 가리킨 바의 설명일 뿐"(상170)이라 하면서도, "어떻게 정을 어떤 불선도 없다 하겠으며, 또 어떻게 사단을 무불선이라 할 수 있겠는가? 이는 학자들이 정밀하게 살펴야 할 지점이다"(상171)고 한다. 사람 감정이 비록 불선이 있다 해도 성이 본선임은 분명하나 성이 본선이라 해서 정도 모두 성이라 해서는 안 된다. 이러한 착오가 일어난 이유는 맹자는 알 수 없는 성선을 정인 기품으로 논증하면서도 오히려 그 '목적'은 정이 아닌 리인 성에 두었기 때문이다. 맹자를 비판한 정주의 언급은 곳곳에 보인다.

* 맹자는 재주가 높지만 배움에 있어서는 의거할 곳이 없다. 맹자는 거칠다.223)
* 맹자는 곧바로 성선을 말했으니 어찌 등급(공부)을 뛰어넘음이 아니겠는가.224)

---

221) 蓋孟子專指其發於性者言之, 故以爲才無不善, 程子兼指其稟於氣者言之. …二說雖殊, 各有所當, 然以事理考之, 程子爲密. 蓋氣質所稟, 雖有不善, 而不害性之本善, 性雖本善, 而不可以無省察矯揉之功, 學者所當深玩也.(「고자상」6)

222) 蓋孟子所謂性善者, 以其本體言之, 仁義禮智之未發者, 是也. 所謂可以爲善者, 以其用處言之.(『문집』권46, 「答胡伯逢」4, 2150쪽) (상160)

223) 孟子才高, 學之無可依據. 孟子終是粗(『어류』권95, 端蒙120, 3215쪽) "맹자재고"는 명도의 말이다.(『유서』권2상, 46조, 19쪽)

224) 孟子便道性善, 自今觀之, 豈不躐等(『어류』권118, 무명19, 3716쪽) 정주의 맹자 비판은 다음과 같다. 孟子說得粗, 不甚子細. 若

맹자가 공부처를 논하지 못한 이유는 그 목적을 성선 논증에 두었기 때문이며, 성선 논증을 위해 "인의 용"으로 들었을 뿐이다.

한편, 「공손추상」의 이른바 "사단을 확충하라"고 함은 "사람은 모두 이러한 사단이 있다"는 곧 '있다(有)' 함이다. 이는 「고자상」 성선의 "법칙(則)" 및 '존재(存)'를 말함과 다르다.225) "단서가 있다"고 함은 나의 정은 모두 '무불선의 법칙'이라 함이 결코 아니다. 맹자는 "사람은 누구나 차마 못하는 사람의 마음이 있다"고 하며 그 예로 "만약 지금 어린 아이의 우물에 빠지려는 일을 목도한다면 사람이라면 누구나 놀라 울컥 측은지심이 들게 마련이다"고 한다.(「공손추상」) 이러한 사람의 마음은 眞心이며, 생각해서 얻은 것도 아니고 노력해서 들어맞은 것도 아닌 곧 천리의 자연이다.226) 따라서 맹자는 발현자인 "仁之端"의 '단서'로 말한다.

> 측은지심은 인의 단서이고, 수오지심은 의의 단서이고, 사양지심은 예의 단서이고, 시비지심은 지의 단서이다.(「공손추상」)

인은 성이고 측은지심은 정이다. 주희는 "맹자는 情上에서 심을 본 것이다"227)고 하여 측은지심은 정인데 맹자는 '심'으로 말했다고 한다. 사람은 누구나 이러한 감정이 있는 이유에 대해 주희는 『역전』 "寂然不動과 感而遂通"(「계사」)의 예를 들어 "적·감은 心으로 말한 것"228)으로 곧 "적·감은 심의 체용이다"229)고 한다. 즉 "심의 적연과 감통은 두루 유행해서 관철되니 그 체용은 처음부터 떨어지지 않는다."230) 주희가 측은지심에 대해 "심은 성정을 통섭(주제)하는 것"231)이라고 주석한 이유이다.

측은지심은 누구나 있다. 단, 누구나 있다고 해서 누구나 심의 체용을 유지하지는 못한다. 심의 주제 공부로 가능하기 때문이다.232) 정에 선악이 있음은 고연의 이치이

學者學他, 或會錯認了他意思.(위와 같은 곳, 何孫121) 孟子無可依據. 顏子曾乞做工夫, 所以學顏子則不錯.(위와 같은 곳, 淳122, 3216쪽) 안자는 聲氣에 動하지 않았고, 맹자는 聲氣에 動했다.(『주씨유서』권11, 108조, 126쪽) 如孟子·韓子之言, 便是不論氣. 所以不全.(『어류』권53, 賀孫77, 1775쪽) 孟子之言仁義. 偏言之也.(『문집』권39, 「答范伯崇」5, 1775쪽)

225) 「공손추상」의 "사람은 모두 不忍의 人之心이 있다", "모두 측은지심이 있으니", "사람에게 이 사단이 있음" 등은 '누구나 있으니(有) 확충해야 함'의 뜻이다. 반면 「고자상」 "성선"은 존재로서의 법칙(有物有則)의 뜻인데, 문제는 '법칙'으로 논함에 있다.

226) 謝氏曰, 人須是識其眞心, 方乍見孺子入井之時, 其心怵惕, 乃眞心也. 非思而得, 非勉而中, 天理之自然也.(「공손추상」6)

227) 惻隱之心, 仁之端也. 仁, 性也. 惻隱, 情也. 此是情上見得心.(『어류』권5, 僩65, 226쪽)

228) 寂感以心言者也.(『문집』권67, 「易寂感說」, 3258쪽) 앞줄에서 주희는 "人心의 지극히 바름은 체용의 一源이며, 流行으로 쉼이 없는 것이다. 그 미발에서 감통의 체가 나타나고, 이발에서 적연의 용이 나타난다"고 하여 적·감을 심의 체용으로 논한다.

229) 寂感者, 此心之體用也.(『문집』권51, 「答董叔重」7, 2366쪽)

230) 心之所以寂然·感通, 周流貫徹, 而體用未始相離者也.(『문집』권32, 「答張欽夫」15, 1419쪽)

231) 측은·수오·사양·시비는 情이고, 인·의·예·지는 性이다. 심은 統性情者이다.(「공손추상」6)

232) 주희는 "感於物은 심이고, 그 動은 정이다. 情은 성에 根하며 심이 宰한다. 심이 주재하면 그 動도 중절하지 않음이 없다"고 한

다.(상3) 더구나 "사단은 누구나 있지만 스스로 불능이라고 하는 자도 있으니"233) 이는 "스스로를 버리는 자이다."234) 때문에 이러한 사단이 나에게 있음을 알고 '확충'해야만 나의 마음을 다할 수 있는 것이다.

> 나에게는 사단이 있으니 알고 모두 확충(擴而充之)해야 한다. 그렇다면 마치 불이 처음 타오르고 샘이 처음 나옴과 같을 것이니, 능히 확충하면 족히 사해를 보호할 수 있겠지만 만일 확충하지 못하면 자신의 부모조차도 섬길 수 없을 것이다.(「공손추상」)235)

나에게 사단의 있음만 알아서는 안 되며 요점은 확충해야 한다는 것이다. 만일 있음만 알고 능히 확충하지 못한다면 이는 "스스로를 해치는 자"이다. 따라서 "미루어 넓힐 것을 알고 그 본연의 국량을 충만하면 날로 새롭고 또 새로워져서 스스로 그만둠이 없게 될 것"236)이다. 이로써 "사람의 성정과 심의 체용은 그 본연이 모두 온전해 질 수 있고" 또 "하늘이 나에게 부여한 바의 것도 다하지 않음이 없게 될 것"이다.237) 이러한 일은 단지 "나에게 달려 있을 뿐이다."(주희주) 그렇지만 측은지심의 있음을 곧바로 나의 성으로 삼아서는 안 된다.

문제는 측은이라는 "단서"는 기왕 발현한 정이라는 점이다. 이미 발현한 곳의 "확충"이므로 그 공부는 기왕의 이발처에 있는 것이다. 이 문제는 호상학과의 심한 논쟁이 된 곳이다. 주희는 「이발미발설」에서 미발시의 靜을 공부의 근본으로 삼아야 한다238)고 하면서 호상학 "단예"는 오히려 맹자의 "단"인 이발이라 한다.

> 찰식 단예를 최초의 하수처로 삼으면 평일 함양의 공부가 빠진 것이 되고 만다.239)

평일의 희노애락 미발에 함양해야 하며, 오히려 이발의 때에 공부하고자 하면 이미 늦은 일이 되고 만다. 미발 공부가 중요하며 "이곳의 기상을 보존하면 이로부터 발한

다.(『문집』 권32, 「問張敬夫」6, 1395쪽)

233) 有是四端而自謂不能者, 自賊者也.(「공손추상」6)

234) 不能然者, 皆自棄也.(「공손추상」6)

235) 凡有四端於我者, 知皆擴而充之矣. 若火之始然, 泉之始達, 苟能充之, 足以保四海, 苟不充之, 不足以事父母.(「공손추상」6)

236) 知皆卽此推廣而充滿其本然之量, 則其日新又新, 將有不能自已者矣.(「공손추상」6)

237) 주희는 주석에서 "이 장의 所論은 사람의 性情과 심의 體用이 본연으로 온전히 갖추어져서 각기 條理가 있음이 이와 같다. 학자는 여기에 反求로 黙識해서 확충하면 하늘이 나에게 부여한 바의 것을 다하지 않을 수 없게 될 것이다"(「공손추상」6)고 한다.

238) 주희는 「이발미발설」에서 "그 공부는 처음부터 간단이 없지만 단 靜을 근본으로 삼아야 한다(其工夫初無間斷也, 但以靜爲本爾)" 하고 이어 "周子의 이른바 '主靜' 역시 이 뜻이다. 단 靜만 말하면 치우치므로 정자는 敬으로 설했다"고 한다.(3268쪽)

239) 亦以察識端倪爲初下手處. 以故缺却平日涵養一段功夫.(『문집』 권67, 「이발미발설」, 3268쪽)

것은 반드시 중절한다."[240] 호상학의 공부는 "動에 치우친 것"[241]이다. 주희는 이천의 "이발에 살펴야 한다"고 함에 대해 "이는 단예의 動을 살펴야 한다는 뜻으로, 확충의 공부이다"[242]고 한다. 결국 "확충"도 희노애락 이발일 뿐이며 따라서 공부로 보면 미발공부가 빠진 것이다. 『중용』에서 희노애락 미발을 강조하고 "철두철미 근독공부"[243]라 한 이유이다. "측은"은 적연부동과 감이수통의 체용 중 단지 '작용'을 논했을 뿐이다.[244] 맹자의 "누구나 요순이 될 수 있으니, 실천하면 될 뿐이다"(「고자하」)고 함도 미발공부가 빠진 것이다.

"성선"설은 성의 존재는 선하다 함이다. 그런데 맹자는 성선의 존재만 논증하기 위해 정·기질의 "才"를 "무불선"으로 여김으로써 오히려 형이상의 리에 치우치고 만 것이다. 또 "확충"설도 사람은 누구나 사단이 있다 함인데 이 설 역시 이발의 단서만 논함으로써 미발 공부가 빠진 것이다. 결국 사단설은 이발공부에 치우쳤고, 성선설도 형이상에 치우쳐 기질의 공부가 빠지고 말았다. 때문에 정주는 "맹자는 조잡하고 거칠다", "안자를 배워야 한다"고 한 것이다. 추만이 「천명도」에 안자의 "칠정"을 3회 그려 넣어 상하공부를 강조한 이유가 바로 이점이다.

이 두 설은 그 종지가 각자 다르다. 이발의 확충을 성선의 리인 무불선으로 여겨서는 안 된다. 더구나 근래 학자들과 같이 확충을 논하면서 이를 성선으로 인용하거나, 혹은 성선을 논하면서 이를 확충으로 인용한다면 이는 심각한 오류라 하지 않을 수 없는 것이다.

12

정주 "기질지성"이 완전하고 맹자 "성선"은 치우쳤다

"기질지성"은 송대 신유학에서 발명된 매우 중요한 성설이다. 주희는 이 설로써 그동안 무수한 선유의 성설 논란에 종지부를 찍은 것으로 자부했다. 그런데 이 설에 대

---

240) 使此氣象常存而不失, 則自此而發者, 其必中節矣.(「이발미발설」, 3268쪽)

241) 常偏於動, 無復深潛純一之味.(위와 같은 쪽)

242) 其日却於已發之處觀之者, 所以察其端倪之動, 而致擴充之功也.(위와 같은 쪽)

243) 中庸徹頭徹尾說個謹獨工夫, 卽所謂致而無失·平日涵養之意.(『문집』권43, 「答林擇之」20, 1979쪽)

244) 맹자는 모두 用을 중시했다(孟子皆是要用).(『어류』권95, 淳122, 3216쪽)

한 한, 중, 미, 일 학계의 의견은 아직도 분분하며 잘못된 해석이 대부분이다. 퇴계는 "독기"(상35) "기"(상242) "주기"(상212)라 하며, 진래 역시 "2급 본질", "본연지성은 기질지성에 비해 한 단계 높은 개념"으로 이해한다.[245] 우리나라 학자들도 마찬가지로 '성'을 "본성"이라 표현하면서 기질지성을 '기에 섞인 성'으로 여기지만, 고봉은 단호하게 "기에 섞인 게 아니다"[246]라고 말한다. 정주는 공자의 성을 "기질지성"이라 하고 맹자 "성선설"과 비교해 "기질지성이 더 정밀하다"고 하면서 "경전을 고찰해 보면 오히려 이러한 뜻이 있다"[247]고 한다. 성설은 공자, 자사, 맹자, 주돈이, 정자 등의 설이 있으며[248] 모두 각자 소지는 다르다. 먼저 공자의 설을 보자. 고봉은 말한다.

> 공자는 "성은 서로 가까우나 습관(공부)에 의해 멀어진다"고 했는데 주자는 "이곳의 성은 기질을 겸해서 설명했다"고 한다.(상133)[249]

공자의 성은 기질지성이다. 그런데 맹자는 형이상으로서의 "성선"을 논함에 그치고 만다. 성선장인 「고자상」을 보자.

> 지금 선생(맹자)께서는 "성선"이라 하시니 그렇다면 저들은 모두 그르다는 말씀인가? 맹자는 말하기를, 나는 '그 정으로 선을 삼을 수 있다'는 뜻이니 나의 이른바 '선'이 이것이다. 불선은 재질의 죄가 아니다.(상96·160)[250]

정주는 성선을 "극본 궁원의 성", "성의 근본만 척출했다"고 한다.(상86) 왜냐하면 맹자는 정으로 성을 논증하기는 했지만 그 목적은 정이 아닌 형이상의 '리'에 있었기 때문이다. 주희도 성선을 체용으로 논한다.

---

245) 진래는 기질지성에 대해 "현실적 인성은 성의 참모습이 될 수가 없음", "인성은 성의 본체가 아니라는 것", "구체적·현실적 인간에게 있어서는 단순히 성이 곧 리라고만 말할 수 없고", "기질지성과 본연지성의 의미는 일급 본질과 이급 본질에 가깝다", "주희 당시에는 기질지성이 반드시 있어야 할 필요는 없었고", "본연지성은 기질지성에 비해 한 단계 높은 개념"이라 한다.(『주희의 철학』, 陳來, 이종란 외역, 예문서원, 227~231쪽) 다른 학자들도 이 인식과 크게 다르지 않다.

246) 고봉은 공자 "역유태극"의 태극은 "음양에 있어도 음양에 섞인 것이 아니다(此所謂卽陰陽而指其本體不雜乎陰陽)"고 한다.(『국역고봉집』3책, 「答一齋書」, 27쪽) 이 말은 물속의 달이 물에 섞인 게 아닌 "달을 가리킨 것"(하69)과 같다.

247) 氣質之性, 古人雖不曾說着, 考之經典却有此意.(『어류』권59, 謙43, 1887쪽)

248) 성설은 매우 많다. 공자의 "계선·성성"(상34) "역유태극" "상근지성",(상35) 자사의 "천명지성",(상18) 맹자의 "성선지성"(상18) "이목구비의 성",(상35) 周子의 "무극태극",(상34) 이천의 "기질지성"(상86) 등은 모두 一性에 대한 여러 설인데, 그 소지는 각자 다르다.

249) 子曰, 性相近也, 習相遠也.(『논어, 양화』2) 주희는 주석해서 "여기의 성은 兼氣質이다" 하고 정자를 인용해 "이는 '氣質之性'을 말한 것이고 '性之本'을 말함이 아니다"라고 한다. 공자는 기질지성을 설했을 뿐 본연지성으로 논하지 않았다. 정자는 "공자의 性相近也는 生質之性이다"(『정씨유서』권8, 23조, 102쪽)고 한다.

250) 今日性善, 然則彼皆非與. 孟子曰, 乃若其情則可以爲善矣, 乃所謂善也, 若夫爲不善, 非才之罪也.(『맹자, 고자상』6)

맹자의 이른바 "성선"은 본체로 설명했고, 이른바 "선으로 삼을 수 있다"고 함은 그 용처로 설명했다.(상160)

맹자는 성선을 본체의 '성선'과 그 작용의 '선'으로 논했다는 것이다. "인의 용으로 그 본체를 드러낸"[251] 이유는 바로 "불선은 재질의 죄가 아니다"고 한 맹자의 말에 있다. 맹자는 재질인 "그 정(其情)"을 "무불선"(주희주)으로 여겨 성의 작용으로 삼은 것이다. 이는 기질(정)을 들어서 형이상인 리의 체용으로 밀어붙인 것이며, 때문에 주희는 성선장인 「고자상」 주석에서 다음과 같이 직접 비판한다.

> 정자는 "성즉리"라 했으니 리는 요순부터 길가의 천한 사람에 이르기까지 모두 같다. …배워서 알면(學而知之) 기의 청탁에 관계없이 모두 선에 이를 수 있고 성의 본체를 회복할 수 있다. …정자는 말하기를 "성을 논함에 기를 논하지 않으면 不備이고, 기를 논함에 성을 논하지 않으면 不明이며, 둘로 여기면 옳지 않다"고 한다. 장자(장재)도 "형 이후 기질지성이 있으니 선을 돌이키면 천지지성이 존재한다. 그러므로 기질지성을 군자는 성이라 하지 않은 것이다"고 한다. 내(주희)가 고찰해 볼 때 정자의 '才'자 해석은 맹자 본문과 다르니, 맹자는 성발만 專指해 설명했고, 정자는 기의 품부된 것을 兼指해서 설명한 것이다. …이 두 설은 비록 다르나 각기 마땅함이 있는데 사리로 고찰해 보면 정자가 정밀하다. 기질의 품부됨에 비록 불선이 있지만 성의 본선을 해칠 수 없고, 성이 비록 본선이나 성찰과 교유의 공부가 없어서는 안 된다. 학자들은 이점을 깊이 살펴야 한다.[252]

성은 성즉리로 원래 나에게 자존한다 할 것이 아닌 배워야 한다는 것으로, 즉 성의 존재만 믿고 나의 성대로 행동해서는 안 된다는 것이다. 장재가 말한 "군자는 성이라 하지 않음"은 곧 맹자의 "이·목·구·비라는 사람의 안일을 성이라 이르지 않음"(상134)의 '안일을 성이라 하지 않음'과 같다. 여기에 주희는 "내 성의 소유라 해서 반드시 구해 얻으려 해서는 안 된다"[253]고 주석한다. "배워서 안다"고 함은 공자가 안회를 칭찬한 "호학"과 "불천노(나의 노를 남에게 옮기지 않음)"와 같다. 안자의 배움으로 성인에 이를 수 있으니 곧 「안자호학론」의 "學으로 성인의 도에 이를 수 있다"[254] 함이다.

---

251) 此直因用以著其本體.(「고자상」6)

252) 程子曰, 性卽理也, 理則堯舜至於塗人一也. …學而知之, 則氣無淸濁, 皆可至於善而復性之本 …又曰, 論性不論氣, 不備, 論氣不論性, 不明, 二之則不是. 張子曰, 形而後, 有氣質之性, 善反之, 則天地之性存焉, 故氣質之性, 君子有弗性者焉. 愚按, 程子此說才字, 與孟子本文小異, 蓋孟子, 專指其發於性者言也 …程子, 兼指其禀於氣者言之 …二說雖殊, 各有所當, 然以事理考之, 程子爲密. 蓋氣質所禀, 雖有不善, 而不害性之本善, 性雖本善, 而不可以無省察矯揉之功. 學者所當深玩也.(『맹자, 고자상』6)

253) 不可謂我性之所有, 而求必得之也(「진심하」24)

254) "안자의 좋아하는 바는 과연 어떤 학인가? 程子曰, 學以至乎聖人之道也."(『논어, 옹야』2) 「호학론」 원문은 "然則顔子所獨好者, 何學也? 學以至聖人之道也"이다.(『정씨문집』권8, 「顔子所好何學論」, 577쪽)

주희가 성선장에 위와 같이 길고 자세한 주석을 붙인 이유는 기질지성의 의미를 분명히 밝히기 위함이다. "성선"은 직접 '성에 나아가' 논증할 수 없다. 기질이 아니면 의착하지 못하고, 또 이발의 정이 아니면 알 수도 없다. 성은 반드시 기질 속에서 논해야 한다는 것이다. 따라서 맹자가 "才를 무불선"으로 여겨 "성만 오로지 가리킨" 것 보다는 정자와 같이 "겸해서 가리켜 설명"해야 비로소 "갖춤(備)"의 온전이 된다. 결국 "事理로 고찰하면 정자가 정밀하다"는 것인데, 설사 기질에 불선이 있다 해도 성의 본선은 그대로 변함이 없으며, 또 성이 비록 본선이라 해도 성찰의 공부를 하지 않아서는 안 된다. 이점을 학자는 깊이 살펴야 한다.

때문에 정주는 맹자 성선은 치우쳤다고 한다.

1) 맹자의 인의는 치우침으로 설명한 것이다.[255]
2) 맹자의 재질은 높아서 배움으로 의거할 길이 없다. 학자는 마땅히 안자를 배워야 한다.[256]
3) 맹자의 말은 기를 논하지 않은 것으로 온전하지 않다.[257]
4) 맹자의 설은 거칠며 매우 자세하지 않다. 만약 학자가 그를 배운다면 혹 그 의사에서 착각 인식할 것이다.[258]
5) 맹자는 곧바로 성선을 말했으나 지금 본다면 어찌 등급(공부)을 뛰어 넘은 것이 아니겠는가.[259]
6) 본성은 오히려 이 기질 속에 의구해 있으니 온전히 학자의 힘씀에 달려있다. 지금 사람들은 오히려 본성이 있고 또 기질지성이 있다고 하지만 이는 이치에 크게 해롭다(大害理).[260]
7) 맹자는 오로지 성으로 말했기 때문에 성선이라 하고 그 재질을 무불선이라 했다. 주자(렴계), 정자, 장자에 이르러 비로소 氣上에서 설했다. 요점은 둘을 겸해야 方備라는 점이다. 맹자는 氣上으로 설하지 않았다.[261]

성은 사람 마음에 의구해 있지만 그러나 이 성을 내가 소유하려 해서는 안 된다. 성은 만유의 공리이기 때문이다. 성은 내가 배우려고 노력해야 하며 이것이 기질지성 논의이다. 맹자 성선설이 치우친 이유이다. 주희 당시에도 지금 일부 학자들과 같이 성을 "본성" 하나로 논하는 자들이 있었는데 이는 "大害理"이다. 공부가 없는 성은

---

255) 孟子之言仁義, 偏言之也.(『문집』권39, 答范伯崇5, 1775쪽)

256) 孟子才高, 學之無可依據, 學者當學顔子.(『정씨유서』권2상, 46조, 19쪽)

257) 孟子・韓子之言, 便是不論氣, 所以不全.(『어류』권53, 賀孫77, 1775쪽)

258) 孟子說得粗, 不甚子細. …若學者學他, 或會錯認了他意思.(『어류』권95, 賀孫121, 3215쪽)

259) 孟子便道性善, 自今觀之, 豈不躐等.(『어류』권118, 무명19, 3716쪽)

260) 本性却依舊在此, 全在學者着力. 今人却言有本性, 又有氣質之性, 此大害理.(『어류』권95, 去僞55, 3199쪽)

261) 大抵孟子多是專以性言, 故以爲性善, 才亦無不善. 到周子・程子・張子, 方始說到氣上, 要之須兼是二者言之, 方備. 只緣孟子不曾說到氣上.(『어류』권95, 廣41, 1884쪽)

자신의 성을 소유하고자 함과 같다. 이러한 논의는 공부도 빠졌거니와 타인·외물과의 교류·소통을 스스로 끊음이 되며 자신을 이치로 여김과 같다는 것이다.

기질지성의 발명 의의에 대해 주희는 "정자의 성론이 우리 名教에 공이 있음은 기질지성의 의미를 발명했기 때문이다. 기질로 논하면 성에 있어서의 부동의 것들이 모두 얼음처럼 풀린다"262)고 하면서 다음과 같이 말한다.

> 기질지성의 설은 장자(장재)와 정자에서 일어났다. 나(주희)는 이 설이 우리 성문에 공이 있고 또 후학에게 크게 도움이 된다고 여겼다. …이전에는 이렇게 설한 사람이 없었다. …맹자 "성선"은 단지 본원처만 설했을 뿐 下面의 기질지성은 설하지 못했고 그래서 나누어 해명하느라 힘을 낭비한 것이다. 諸子들은 '성악'과 '선악 혼재'를 설했는데, 만약 장·정의 설이 일찍 출현했더라면 저러한 많은 설화들은 스스로 분쟁이 없었을 것이다. 때문에 장·정의 설이 일어나자 제자의 설은 모두 없어져 버렸다.263)

"성선"은 형이상에 치우쳤으니 이는 고자의 "생지위성"이 "生 이후"264)인 형이하에 치우친 것과 같은 잘못이다. 공자의 기질지성은 상하를 함께 말한 것으로 즉 "양단을 모두 다해야 완전함이 된다. 만일 상만 말하고 하를 빠뜨리거나, 리만 말하고 사물을 빠뜨리면 어찌 성인의 말씀이겠는가."265) 성인은 결코 성을 형이상만으로 논하지 않는다. 오히려 기질에서 성선을 밝혀야 하며, 기질지성이 맹자 성선설 보다 정밀한 이유이다.

기질지성 역시 천명의 성이다.266) 하늘의 명은 모든 사물에 남김없이 다하지 않음이 없다. 따라서 기질지성의 설이 기질에 "타재"(상89)해 있다고 해서 잡리이거나 "주기"인 것은 아니다. 고봉은 천지 및 기질지성 두 설을 다음과 같이 논한다.

> 천지지성을 비유하면 천상의 '달'이고, 기질지성을 비유하면 수중에 있는 '달'(리)이다. 달이 비록 하늘에 있고 물에 있음은 다름이 있는 것 같으나, 그러나 '달'(리)인 점에 있어서는 하나

---

262) 程子論性所以有功於名教者, 以其發明氣質之性也. 以氣質論, 則凡言性不同者, 皆冰釋矣.(『어류』권4, 人傑63, 199쪽)

263) 亞夫問, 氣質之說, 起於何人? 曰, 此起於張程, 某以爲極有功於聖門, 有補於後學, …前此未曾有人說到此. …孟子說性善, 但說得本原處, 下面却不曾說得氣質之性, 所以亦費分疏, 諸子說性惡與善惡混, 使張程之說早出, 則這許多說話自不用紛爭. 故張程之說立, 則諸子之說泯矣.(『어류』권4, 時擧64, 199쪽)

264) 不以告子生之謂性, 爲不然者, 此亦性也, 彼命受生之後謂之性爾.(『정씨유서』권3, 56조, 63쪽) 정자는 생지위성을 '생의 후'라 하여 상·하에서 하를 성으로 여겼을 뿐이라 한 것이다.

265) 공자는 스스로 말하기를 "어떤 비부가 나에게 묻되, 그가 아무것도 모르는 무식이라 하더라도 나는 그 양단을 두드려서 모두 다해준다"(『논어, 자한』7)고 한다. 이에 주희는 "양단을 모두 다해서 나머지가 없게 해야 하는데, 만약 上만 말하고 下를 빠뜨리거나, 理만 말하고 物을 빠뜨리면, 이것을 어떻게 성인의 말이라 하겠는가?(兩端竭盡, 無餘蘊矣. 若夫語上而遺下, 語理而遺物, 則豈聖人之言哉)라고 주석한다.

266) 주희는 "하늘의 명은 단지 일반일 뿐인데, 기질의 부동으로 인해서 마침내 차별이 있을 뿐이다(天之所以命, 只是一般, 緣氣質不同, 遂有差殊)"(『어류』권4, 浩58, 198쪽)고 한다.

일 뿐이다.(하44)

퇴계는 물속의 달을 "물"(하168)이라 하지만 그러나 하늘과 물속은 '비유'일 뿐이다. 비유를 사실로 착각해서는 안 된다. 비유의 설은 실체의 성이 아니며, 실체의 성은 수많은 다른 설이 있다. 설이 많은 이유는 유일의 달(리)을 그 각각의 처지에 알맞은 용도로 쓰기 위해서이다. 벽돌의 성은 나무의 성이 될 수 없고, 개의 성은 사람의 성이 될 수 없다. 정자는 "성을 따른다 함은, 말은 말의 성일 뿐 소의 성이 아니며 소는 소의 성일 뿐 말의 성이 될 수 없으니 이것이 자사의 이른바 '솔성'이다"[267]고 한다. 사람이 개의 성을 따를 수 없다. 유학의 성설은 리일보다는 오히려 분수인 사람의 공부에 있다는 것이 정주학의 본령이다.

성은 반드시 사람 마음에서 논해야 한다. 장재의 "심통성정"이 이것으로 마음이 아니면 공부 혹은 성이 안착될 수 없기 때문이다. 기질지성의 의의를 고찰해 밝힌 이유가 여기에 있다. 공자 본설인 기질지성이 2급 본질일 수는 없는 일이다. 사람의 인성이 성의 참모습이 될 수 없다면(진래) "사단의 확충"은 빈말이 되며 "성선"도 부정되고 만다. 성선은 단지 형이상의 리만 설한 것으로, 정주는 이를 기질에서 논해야 한다고 비판한 것이다. 따라서 학자들이 기질지성을 '잡리'라 하거나 혹은 성을 '본성' 하나로 이해한 것은 정주가 기질지성의 본의를 밝힌 중요성을 이해하지 못한데서 발생한 "심각한 차질(大害理)"이 아닐 수 없다.

13
연못의 달이 진짜 하늘의 달이어야 한다

진짜 달은 하늘에 있는가, 나에게 있는가?

월인천강, 월인만천,(화엄) 월영만천,(주희) 월락만천,(퇴계) 월영공담(고봉) 등은 비유는 서로 비슷하지만 그 뜻과 가리킴은 유·불이 각자 전혀 다르다. '하늘의 달이 연못에서 밝다.' 이 말은 '손가락으로 하늘의 달을 가리키다'와 흡사하다. 만천(江)은 손가락(手)과 같고, 밝음(印)은 가리킴(指)과 같으며, 달(月)은 하나이다. 그런데 이 비유를 사람

---

267) 循性者, 馬則爲馬之性, 又不做牛底性, 牛則爲牛之性, 又不爲馬底性, 此所謂率性也.(『정씨유서』권2상, 110조, 29쪽)

들은 보통 이렇게 이해한다. '하늘의 달을 가리키니 달은 안 보고 손가락만 본다.' 즉 달이 연못에 있다 해도 진짜 달은 하늘에 있다. 이와 같다면 손가락(學, 공부)은 "쓸데 없음"(잘라버려야 할 것)이 되고 만다.(상122) 퇴계의 설이 이와 같다.

> 천상은 진짜 형상이고 수중은 단지 빛의 그림자일 뿐이다. 때문에 천상의 달을 가리키면 실체를 얻지만, 수중에서 달을 떠 건지려 하면 얻을 수 없다.(하168)[268]

이러한 인식은 하나의 달(실체)과 비유의 두 설(공부)을 분간하지 않음으로써 발생한 문제이다. 달은 하나지만 그 설은 무수하다. 천상과 수중은 하나의 달을 둘로 비유한 '설'일 뿐이다. 달과 손가락의 경우도 달을 '실체', 손가락을 '설'로 각자 나눔으로써 발생한 오류이다.

달, 손가락, 가리킴 등 3者는 비유이며 이는 '하나의 리(달)'를 인식하기 위한 방법에 불과한 것이다. 사실로는 서로 남남이지만 그러나 철학적 설로서는 각자일 수 없다. 왜냐하면 '달'을 알기 위한 방법으로 '손가락'을 끌어 왔고 그 손가락으로 달을 '가리킨' 것은 이미 이 3자가 하나임을 스스로 인정한 것이기 때문이다. 더구나 내가 '남'에게 하늘의 '달'을 보라고 '손가락'으로 '가리킨' 것이라면, 그 남은 또다시 제4자가 되고 만다. 즉 타인은 달의 체용과 인식으로 논함이 아님이 되고 만다. 내가 나의 손가락, 가리킴, 달의 3자도 해결 못했는데, 타인에게 달 보기를 요구할 수 있는가. 상대는 나와 다르고 또 다른 생각을 가지고 있다면 타인은 꼭 나의 달을 보아야만 하는가. 달이 하나(성즉리)라고 해서 타인의 성도 하나로 통일되거나 또 하나의 행위로 추종할 수는 없다. 개(犬)의 성과 사람의 인의는 다르니, 사람의 인의로 개의 성을 따를 수는 없다.

손가락의 가리킴(물속의 달)은 달을 인식하기 위한 설이다. 설을 실체의 달인가 아닌가로 이해해서는 안 된다. 달을 알기 위한 방법(공부)이 물속의 달이다. 달은 사람 마음인 물속(손가락의 가리킴)이 아니면 인식할 방법이 없기 때문이다. 이를 주희는 다음과 같이 말한다.

> 기가 있으면 도리는 곧 그 속에 따라 존재한다. 이 기가 없다면 도리는 안돈처가 없게 되고

---

268) 퇴계는 "一月"을 하나는 진짜, 하나는 가짜라 하지만 그렇기 위해서는 먼저 '일월'이라 해서는 안 된다. 더욱이 하나의 달이 '진짜이면서 가짜'일 수도 없다. 실제로 퇴계는 "實而虛, 虛而理"(상301)라 한다. 두 개의 달은 '설'일 뿐(하44) 사실의 달이 아니다. 비유(설)를 사실로 착각해서는 안 된다. 설의 목적은 공부를 위함이다.

만다. 그것은 마치 수중의 달과 같으며, 마땅히 이 물이 있어야만 바야흐로 하늘의 달을 비출 수 있는 것이다. 만약 이 물이 없다면 끝내 이 달도 없다.[269]

물이 없으면 달도 없다. 달을 직접 하늘로 올라가서 찾는다면 이는 나의 마음을 부정함이 되고 만다. 나 자신을 여기에 놔두고 하늘에 올라가서 진리를 찾을 수는 없다. 장재(횡거)는 공자의 말을 인용해서 "사람이 도를 넓히며,[자주; 심이 성을 알 수 있다 함이다.] 도가 사람을 넓힐 수 없다.[자주; 성은 마음을 검속할 수 없다 함이다.]"[270]고 한다. 내가 달을 인식할 수 있을 뿐이며, 먼저 달 하나가 있어서 천강에 비춘다고 예단해서는 안 된다. 달의 인식은 나의 공부인 손가락을 통해야 한다. 주희는 "月映萬川(달이 만천에 뚜렷함)"[271]이라 하면서 여기에 '온전한 달'이 있다고 한다.

본래 하나의 태극일 뿐인데, 만물에 품수되면 또 스스로 각기 하나의 태극을 온전히 갖춘다. 마치 달은 在天 하나일 뿐이지만 강호에 산재하면 곳곳에서 드러남과 같으며, 이는 달이 나뉘었다고 할 수 없다.[272]

자연물로 본다면 하늘, 달, 손가락, 물 등은 각기 전혀 달라서 아무 관련도 없다. 손가락과 물은 달이 아니다. 더구나 손가락 속에 그 큰 달이 들어가겠는가. 손가락의 '비유'는 이와 다른데 비유를 든 이유는 공부를 위해서이다. 달(성)과 가리킴(기질, 정)은 서로 관통한다는 것, 두 달은 두 개의 비유(셜)일 뿐이라는 것, 나의 기질(정)로 하늘의 달을 알아야 한다는 것, 그래서 나는 "공부로 성인이 될 수 있다"(「안자호학론」)고 함은 달을 알고자 하는 방법일 뿐이다. 정주가 '기질지성'의 설을 발명한 본의가 바로 이 것이다.

천지지성은 태극 본연의 묘함으로 만수의 일본이고, 기질지성은 두 기(음양)가 교차 운행하면서 생긴 일본이지만 만수이다. 기질지성은 이 리가 기질 가운데 타재함으로 논했을 뿐 별도의 다른 一性이 아니다.(하43)[273]

---

269) 有這氣, 道理便墮在裏面, 無此氣, 則此道理無安頓處, 如水中月, 須是有此水, 方映得那天上月. 若無此水, 終無此月也(『어류』권60, 僩45, 1942쪽)

270) 橫渠說, 人能弘道, 是心能盡性, 非道弘人, 是性不知檢心.(『어류』권60, 僩45, 위와 같은 쪽)

271) 鄭問, 理性命章, 何以下分字? 曰, 不是割成片去, 只如月映萬川相似.(『어류』권94, 淳200, 3169쪽)

272) 本只是一太極, 而萬物各有稟受, 又自各全具一太極爾. 如月在天, 只一而已, 及散在江湖, 則隨處而見. 不可謂月已分也.(『어류』권94, 謨203, 3167쪽)

273) 天地之性, 則太極本然之妙, 萬殊之一本也. 氣質之性, 則二氣交運而生, 一本而萬殊也.(『성리대전』권30, 「성리2, 기질지성」) 氣質之性, 卽此理墮在氣質之中耳, 非別有一性也.(『문집』권61, 「答嚴時亨1·2」, 2960·3쪽. 권58, 「答徐子融3」, 2768쪽)

천지지성은 一性이 천·지·인·물 등 어디라도 자존한 성의 묘로서의 '설'이고, 기질지성은 천·지·인·물 등의 기질에 타재한 성의 '설'이다. 이렇게 두 설로 논했지만 모두 성즉리의 일성일 뿐이다. 이 두 설을 사실의 달로 착각해서는 안 된다.

문제는 성즉리가 기질에 타재해 있다 해도, 그 기질속의 달의 용도(특수성)까지 같다고 할 수는 없다는 점이다. 기질의 형체가 다르다면 그 달의 용도(공부)도 다르다. 리는 하나지만, 사람은 사람의 특성, 개는 개의 특성, 나무는 나무의 특성으로 각자 다르다. 주돈이의 이른바 "하나의 實인데 만으로 나뉜다. 만과 하나는 각자의 바름(正)이 있고, 대소도 안정(定)으로서의 특수가 있다"274)가 이것이다. 정주는 이를 "리일분수의 처"275)라고 한다.

> 만물 가운데는 각자 하나씩의 온전한 태극이 있고, 그 대소의 만물에도 각기 하나씩의 안정된 특수의 구분이 있다.276)

하나의 '리일·태극'이 천개의 연못 곳곳에 타재해 있다 할지라도, 그 곳곳에 타재한 특수의 '분수·태극'은 천개 모두가 각자 다르다. 천개에는 천개의 각자 안정으로서의 특수한 분별이 있다. 때문에 주희는 "일통이나 만수니 천하가 一家라도 묵자 兼愛의 폐단에 흐르지 않고, 친함과 소원함에는 감정의 다름이 있으니 양주 爲我의 사사로움에 빠지지 않는다"277)고 한다. 위아·겸애에 빠지지 않는 이유는 기질지성의 설이 있기 때문이다. 묵자의 겸애에 흐르지 않는 이유는 인성·견성의 구별 때문이고, 양주의 위아에 빠지지 않는 이유는 인성·견성도 하나의 태극이기 때문이다. 중요한 점은 기질지성이다.

> 성인은 일찍이 리일은 말하지 않고 분수는 많은 말을 했다. 분수 중의 사사물물 및 각각의 조항에 대해 그 당연을 먼저 이해한 연후라야 리일은 하나로 일관된다는 것을 알 수 있다. 만약 만수 중에 그 각각의 一理가 있음을 알지 못하고 한갓 리일만을 말하면 리일이 어느 곳에 있는지 알지 못하게 되고 만다.278)

---

274) 一實萬分, 萬一各正, 大小有定.(주희가 주석한 『通書注』「理性命」제22, 117쪽)

275) 一實萬分, 萬一各正, 便是理一分殊處.(『어류』권94, 植202, 3167쪽)

276) 萬物之中, 各有一太極, 而小大之物, 莫不各有一定之分也.(『通書注』「理性命」제22, 117쪽)

277) 一統而萬殊, 則雖天下一家, 中國一人, 而不流於兼愛之蔽. 萬殊而一貫, 則雖親疎異情, 貴賤異等, 而不梏於爲我之私.(「서명해, 후론」, 145쪽)

278) 聖人未嘗言理一, 多只言分殊. 蓋能於分殊中事事物物, 頭頭項項, 理會得其當然, 然後方知理本一貫. 不知萬殊各有一理, 而徒言理一, 不知理一在何處.(『어류』권27, 銖41, 975쪽)

성인은 물속, 손가락의 달을 말했을 뿐이다. 공부 이후 비로소 태극의 리를 말할 수 있으며 하늘의 달은 공부로서의 기질의 감정과 인식의 방법을 통해야 한다. 달(천명)은 개개의 손가락(칠정) 속에 있고, 따라서 개개의 달을 통해서 달이 모두 하나임을 알아야 한다는 점이 중요하다. 그 개개가 곧 『중용』의 이른바 "따라야 할 성(솔성)"이다. 정자는 말한다.

> "성을 따른다" 함은, 말은 말의 성일 뿐 소의 성이 아니며, 소는 소의 성일 뿐 말의 성이 될 수 없으니, 이것이 자사의 이른바 "솔성"이다.[279]

주희는 "대황은 부자가 될 수 없고 부자도 대황이 될 수는 없다"[280]고 하여 이 둘의 약성분을 하나로 합쳐서는 안 된다고 한다. 대황과 부자의 약성분은 다르며 대황으로 처방할 것을 부자로 처방하거나, 부자로 처방할 것을 대황으로 처방할 수는 없다. 대황은 대황의 성을 따라야 하고 부자는 부자의 성을 따라야 한다. 마찬가지로 연못 속에 하늘의 달이 그대로 존재한다 하더라도, 연못의 위치에 따라 달 개개의 특성은 다르다.

> 장소의 위치가 부동하니 따라서 그 리의 작용도 동일하지 않다. 마치 [한 사람인데] 신하로서는 敬, 자식으로서는 孝, 부모로서는 慈에 있어야 한다. …그렇지만 一理의 유행이 아님이 없는 것이다.[281]

나는 하나의 몸이지만, 집에서는 아버지이고 밖에서는 과장이다. 아버지와 과장은 그에 알맞은 특성의 도리가 있다.

문제는 과연 나의 공부, 나의 손가락은 그 달을 온전히 가리킬 수 있는가? 나의 연못은 나의 달을 온전히 반영할 수 있는가? 연못은 나의 기질이며, 기질에는 본래 달이 온전하지만 그것을 반영하는 것은 바로 나이다. 결국 '나'의 기질 공부에 달려 있을 뿐이다. 때문에 고봉은 월인천강의 '천개'의 강이 아닌 "월영공담"인 '하나'의 연못에 비유한다.

---

279) 循性者, 馬則爲馬之性, 又不做牛底性, 牛則爲牛之性, 又不爲馬底性, 此所謂率性也.(『정씨유서』권2상, 110조, 29쪽)

280) 大黃不可爲附子, 附子不可爲大黃.(『어류』권4, 節26, 188쪽)

281) 但居所之位不同, 則其理之用不一. 如爲君須仁, 爲臣須敬, 爲子須孝, 爲父須慈. …然莫非一理之流行也.(『어류』권18, 僩28, 606쪽)

달이 고요한 연못에 그대로 반영 돼 있다. 물이 기왕 맑고 투명하니 달은 더욱 명백하다. 안과 밖이 서로 관통하니 마치 물이 없는 듯하다.(하55)[282]

달은 나의 공담, 나의 손가락에 있다. 주희의 "萬川"을 "空潭"으로 바꾼 것은 만천(千江)은 달이 드러나는 장소가 만, 천개가 되기 때문이다. 달은 나(심)에게 스스로 자존하며 따라서 나의 달(기질의 공부)을 만, 천개로 비유할 필요까지는 없다. 나의 달은 천개의 달과 완전히 같기 때문이다. 달이 공담에서 맑게 빛나기 위해서는 그 담(공부)이 空(虛)으로 맑아야 한다. 空으로 달을 드러내며, 이로써 달이 나에게 스스로 존재함의 논증도 가능하다. 때문에 주희는 연못을 거울(鑑)과 저울(衡)에 유비한다.

> 외물에 느끼지 않았을 때의 심의 체는 "적연부동"(『역전』)으로 마치 거울의 空, 저울의 平과 같다. 외물에 기왕 느끼면 그 예쁘거나 미운 형상은 외물 본모습에 따라 응하며,(감이수통, 『역전』) 이는 저 외물의 스스로 그러함에 인해서일 뿐 나는 간여한 바가 없다.[283]

장재도 "사람 몸에 비유하면 四體는 모두 一物이니 그러므로 감촉하면 깨닫지 않음이 없다. 이는 心을 여기에 이르도록 기다린 뒤에 깨닫는 것이 아니며 이것이 '감이수통(느끼면 즉시 통함)으로 억지로 질주하지 않아도 빠르다(不疾而速,『역전』)"[284]고 하며, 고봉은 이를 "어세의 당연"(하193)이라 한다. 다만 주희는 "만일 그 흉중에 하나라도 不誠함이 있으면 그 불성이 안에서 주인이 되어 일에 이름에 그 절도를 잃게 되고 만다"[285] 하고 반대로 '誠'을 유지하면 "그 거울과 저울의 用은 유행으로 막히지 않고 正大·光明해서 천하의 달도가 된다"[286]고 한다. 달이 흐리게 드러나는 것은 달 혹은 물 때문이 아닌 '물의 흐림'인 공부 때문이다. 즉 나의 不誠으로 인해 달의 본모습이 흐리게 나타나는 것이지, 달 혹은 물 때문이 아니다. 성인이 물아에 막힘이 없는 것도 심의 공부(덕)로 인한 것이다. 결국 "중·화"의 덕을 이룸으로써 천지만물은 "제자리를 잡고 창조적으로 화육된다."(『중용』)

달은 나의 공담이 아니면 찾을 길이 없다. 달이 하늘에 있다면 내가 그것을 어떻

---

282) 譬如月映空潭. 水旣淸澈, 月益明朗, 表裏通透, 疑若無水.(「고봉3서」)

283) 物之未感, 則此心之體, 寂然不動, 如鑑之空, 如衡之平. 物之旣感, 則其姸媸高下, 隨物以應, 皆因彼之自爾, 而我無所與.(『문집』권51, 「答黃子耕」7, 2379쪽)

284) 譬之人身, 四體皆一物, 故觸之而無不覺, 不待心使至此而後覺也. 此所謂感而遂通, 不行而至, 不疾而速也.(『근사록』권1, 「도체」49. 『장재집』「횡거역설, 계사상」)

285) 苟其胸中一有不誠, 則物之未感而四者之私, 已主於內, 事之已至而四者之動, 常失其節.(「답황자경」7, 위와 같은 쪽)

286) 其鑑空衡平之用, 流行不滯, 正大光明, 是乃所以爲天下之達道.(「대학혹문」하7, 534쪽)

게 찾겠는가. 손가락과 달의 비유 속에는 이미 손가락과 달이 하나임을 긍정한 것이다. 손가락이 가리킨 목적은 정확히 달을 표시하니 곧 체용으로서의 달이다. 손가락의 설과 사실의 달이 둘이라면 비유로 논할 필요가 없다. 더구나 손가락으로 가리킨 달은 이미 나의 인식 문제인데, 이를 타인의 인식으로 강요할 수도 없는 일이다.

14
고자의 성설을 맹자는 부정하고 정자는 긍정함
(한국의 인물성 동·이 논쟁과 관련하여)

고자가 말한 "生之謂性(삶을 성이라 이른다)"(「고자상」)을 맹자는 반대한 반면 이정은 적극 찬성하며, 주희도 정명도(정호)를 옹호해서 「명도론성설」을 쓴다. 이 문제는 우리나라에서도 '인물성 동·이 논쟁'으로 크게 일어난 적이 있다. 하지만 인물성의 동이는 '일반론'에 불과할 뿐, 『중용』 "솔성"(공부)으로 이해해야 한다는 것이 정자의 해석이다.[287]

근래에도 논란이 많다. 명도가 고자의 "生之의 성"를 긍정해서 "악 역시 성"이라한 것에 대해 구스모토 마사쓰구는 "정호는 인간성이 선악을 초월"한 것, "정호는 인심 속의 선과 악의 투쟁이 결여"된 것이라 한다.[288] 호이트 틸만도 "정호의 이 구절은 계속해서 주희를 괴롭혔"다고 하면서 "정호의 견해는 불완전하며" "주희는 간접적으로 정호를 비판"했다고 한다.[289] 이러한 등의 인식은 정자 및 주희의 본의와 정 반대다. 정자는 결코 악 혹은 선악의 초월 등을 성으로 삼지 않았다.

주희가 「명도론성설」에서 정명도의 설을 긍정한 것은 둘로 요약된다. 첫째 "생지위성"의 긍정이다.

---

287) 인성과 물성은 같은가, 다른가? 표면적으로 보면 이 문제는 깊게 거론할 것까지는 없다. 인성과 견성은 당연히 다르지만, 한편 성즉리로 보면 완전히 같다. 그런데 같다면 사람이 개의 성을 따라야 하고, 다르다면 제2의 성리가 존재해서 천하의 소통이 불가하게 되고 만다. 정자는 이 문제를 '일반론적 도'와, '개별적 솔성' 둘로 나눈다. 인성과 견성의 '같음과 다름(同異)'은 누구나 상정할 수 있는 일반론이나, 이미 이루어진 동이의 성을 각자 자신의 성으로 따름은 『중용』 "솔성"이다. 성의 동이는 사실 쉽게 단정할 수 없는 문제이다. 단 생으로 이미 이루어진 "생지위성"에 대해 각자의 "성으로 따르는(솔성)" 행위는 사람이 실천할 수 있다는 점이다. 문제는 "솔성"인 '공부'인데, 이에 관한 조선시대 '인물성 동이 논쟁'은 어떠했는지 검토해 볼 수 있다.

288) 구스모토 마사쓰구, 『송명유학사상사』, 김병화 외역, 예문서원, 2009, 110~111쪽.

289) 호이트 틸만, 『주희의 사유세계』, 김병환 역, 교육과학사, 2010, 85쪽.

정자는 고자의 "생지위성"의 설을 발명해서 "성이 곧 기이고, 기가 곧 성(性卽氣, 氣卽性)"이라는 것으로 설명했다.[290]

고자의 "성"은 명도의 "성즉기, 기즉성"의 의미라는 것이다. 왜냐하면 "인물이 기왕 生했다면 이러한 기품인 탄생의 기에는 반드시 천명의 성이 존재해 있기"[291] 때문이다. 천명의 성은 기품의 기가 아니면 안착될 수 없고, 반드시 기에 있다. 이는 『중용장구』 "하늘은 음양오행으로 만물을 화생함에 기로써 형상을 이루니 리 역시 여기에 부여되며, 따라서 인물의 生에 인해서 각기 그 품부의 리를 얻는다"[292]와 같다. 다시 말해 고자의 "生之"(기. 생으로서의 삶)를 통해서 천명의 리는 그 존재 양상을 얻으니, 결국 기가 있음으로써 리도 있으므로 "기즉성"이라 한 것이다.

둘째, 정명도는 왜 "악 역시 성이다"고 했는가? 이를 주희는 다음과 같이 해설한다.

선생(명도)은 또 말하기를 "선악은 모두 천리이니 악이라 함은 본래 악이 아니다. 단지 과·불급으로 인해서 이와 같음이 있다"고 한다. 천하는 성 외의 사물이 없으니 본래 선이나 악으로 흘렀을 뿐이라 함인 것이다.[293]

악이라 해도 이는 천하의 성에 포괄된다. 성은 모든 천하의 사물을 포괄하지 않음이 없으므로 따라서 악도 성이 아닐 수 없다는 것이다. 만약 악이 성이 아니라면 악에는 성이 없음이 되고 만다. 성이 없는 천하 사물은 없다는 것이다. 성은 진실로 무불선이지만, 단 그 성은 인생 위에서 설해야 한다. 공자는 "역에는 태극이 있다", "일음일양 양상을 도"라 했고 이에 명도는 "일음일양 양상(之)에 대해 '曰道'라 한 것"[294]이니 이로써 볼 때 공자는 반드시 음양의 '기'를 통해서 도의 태극을 논한 것이다.

그런데 맹자는 일찍이 고자 "생지위성"을 반대했는데, 정주는 맹자의 설에 문제가 있다고 한다. 먼저 고자와 맹자의 토론을 보자.

---

290) 此程子所以發明告子生之謂性之說, 而以性卽氣, 氣卽性者言之.(『문집』권76, 「明道論性說」, 3275쪽) 정호(명도)의 '성설'은 『정씨유서』권1, 56조, 10쪽, "生之謂性, 性卽氣" 이하를 말한다.

291) 人物旣生, 則卽此所稟以生之氣, 而天命之性存焉.(「명도론성설」, 3275쪽)

292) 天以陰陽五行, 化生萬物, 氣以成形而理亦賦焉, 猶命令也, 於是人物之生, 因各得其所賦之理.(『중용장구, 수장』)

293) 先生又曰, 善惡皆天理, 謂之惡者, 本非惡, 但或過或不及, 便如此, 蓋天下無性外之物, 本皆善而流於惡耳.(「명도론성설」, 3275쪽)

294) 一陰一陽之謂道, 陰陽亦形而下者也, 而曰道者.(『정씨유서』권11, 13조, 118쪽) "一陰一陽之"의 '之'자가 도의 양상이며, 이는 고자의 "生之"의 '之'자 용법과 같다.

고자는 "생지위성"이라 했다. 맹자는 묻기를 "생을 성이라 함은 마치 白色을 白이라 함과 같다" 함인가? "그렇다." 그렇다면 "白羽의 白이 마치 白雪의 白이며, 白雪의 白이 白玉의 白과 같다" 함인가? "그렇다." 그렇다면 "개의 성은 소의 성과 같고, 소의 성은 사람의 성과 같은가?"(「고자상」)295)

맹자의 뜻은 결국 인성과 견성은 다르다 함이다. 맹자의 근거는 스스로의 물음과 같이 "백설과 백옥은 다르다"이다. 그렇다면 고자는 백설과 백옥을 '같다'고 했는가? 고자는 다만 백설과 백옥의 '흰색'이 같다고 한 것뿐이다. 다시 말해 고자는 백설과 백옥이 아닌, 그 '백색의 같음을 성'이라 한 것뿐이다. '백'을 성이라 한 이유는 성은 공유이기 때문이다. 반면 맹자는 오히려 백설과 백옥을 '눈(水)'과 '돌(石)'의 부동으로 여겨 인성과 견성도 부동이라 한 것이다. 때문에 주희는 맹자의 논의를 다음과 같이 비판한다.

맹자는 개의 성, 소의 성, 사람의 '성'을 분별해서 부동이 있다고 했지만, 일찍이 개의 氣(기품), 소의 氣, 사람의 '氣'의 부동은 말하지 않았다.296)

맹자는 '기품의 부동'으로 인해서 '성의 부동'을 말한 것이다. 그런데 문제는 맹자는 직접 개의 기품, 사람 기품의 부동을 논하지 않고 단지 "백설과 백옥의 백"을 물었을 뿐이다. 만약 백설과 백옥의 백이 '물'과 '돌' 같이 전혀 다른 성질이라면, 인성·견성의 성도 전혀 다름으로 판명될 수 있다. 하지만 맹자는 이 문제를 직접 거론하지 않고 곧바로 인성, 견성을 논한 것이다. 때문에 주희는 맹자의 논점은 부당하다고 한다.

만약 맹자의 논과 같다면 맹자의 말은 부당하며, 오히려 고자의 백설, 백우, 백옥의 백이 차별이 없어서 반대로 지극한 론이 되고 만다.297)

차별 없음은 '백'일 뿐, 백설·백옥이 아니다. 차별 있음은 백설은 물(水)이고 백옥은 돌(石)이라는 점이며, 따라서 차별 없는 '백색'으로 성을 논한 고자가 지극한 논이라고 할 수 있다.

---

295) 告子曰, 生之謂性. 孟子曰, 生之謂性也, 猶白之謂白與? 曰然. 白羽之白也, 猶白雪之白, 白雪之白, 猶白玉之白與? 曰然. 然則犬之性, 猶牛之性, 牛之性, 猶人之性與?(『맹자』「고자상」3)

296) 所以孟子分別犬之性, 牛之性, 人之性有不同者, 而未嘗言犬之氣, 牛之氣, 人之氣不同也.(『문집』권61, 「答嚴時亨」3, 2968쪽)

297) 若如所論, 則孟子之言爲不當, 而告子白雪·白羽·白玉之白, 更無差別, 反爲至論矣.(「답엄시형」3, 위에서 이어진 글임)

문제는 만물 공통의 "성즉리"로서의 성과, 사람 "인의"의 성은 같음으로 논할 수 없다는 점이다. 천지 만물의 '리의 같음'과 사람 '가치의 다름'을 구별한 것이 맹자이다. 맹자는 사람과 만물의 '소통·교류'의 리가 아닌, 사람의 도덕 '가치'로서의 다름의 성이다. 따라서 인의만 단독으로 논하면 결국 천지 만물과의 소통은 불가함이 되고 만다. 주희도 『중용』 "성즉리"의 성과 『맹자』 "인의"의 성을 전혀 다르게 주석한 적이 있다. 혹자는 이점에 대해 질문한다.

> 『중용장구』에서 "인·물의 생은 모두 부여된 리를 얻었다" 했고 또 『혹문』에서도 "인·물은 비록 기품의 다름이 있지만 리는 부동이 없다"고 했다. 그런데 『맹자집주』(생지위성장 주석)에서는 반대로 "기로 설명하면 지각운동은 사람과 사물이 같지만, 리로 설명하면 인의예지의 품부가 어찌 物의 것과 같이 온전하다 하겠는가"라고 했다. 이 두 말씀은 서로 같지 않다.[298]

『중용장구』와 『혹문』에서는 사람과 개의 '리는 같다'고 했다. 반면 『맹자집주』 "생지위성" 장에서는 기는 같지만 '리는 다르다'고 한 것이다. 주희의 답변을 보자.

> 만물의 一原으로 논하면 리는 같지만 기는 다르다. 그런데 만물의 異體로 본다면 기는 오히려 서로 가깝지만 리는 절대 부동하다.[299]

리의 같음은 '리에서 논'함이고, 리의 다름은 '기의 몸에서 본' 것이다. 사람의 몸과 개의 몸은 다르므로 그 리·성도 절대 다르다. 때문에 이천은 "생지위성을 고자는 하나라 하고, 맹자는 그르다 했다"[300]고 한다.

생명은 모두 같으며 따라서 "생지위성"은 잘못이 아니다. 문제는 이체의 '형기'인 몸에 있는 것이다. 고자의 성은 "생"으로서의 전체의 '동'이고, 맹자는 형기의 "이체"로서의 인·물성(특성)의 '부동'이다. 따라서 고자로 보면 인물성이 같아서 천하가 하나로 '소통'이 되지만, 맹자로 보면 사람의 인의와 개의 성은 '불통'이다. 그런데 정자는 인성·견성의 부동을 오히려 『중용』 "솔성"으로 논한다.

> 고자의 "생지위상"은 가하다. 무릇 천지만물의 생은 성이며 고자와 같이 "성이라 이른다" 해

---

298) 中庸章句謂, 人物之生, 各得其所賦之理, 以爲健順五常之德, 或問亦言, 人物雖有氣稟之異, 而理則未嘗不同. 孟子集注謂, 以氣言之, 則知覺運動人與物若不異, 以理言之, 則仁義禮智之稟, 豈物之所得而全哉? 二說似不同.(『문집』 권46, 「答黃商伯」3, 2129쪽)

299) 論萬物之一原, 則理同而氣異, 觀萬物之異體, 則氣猶相近而理絕不同也.(「答黃商伯」3, 2130쪽)

300) 惟所稟各異, 故生之謂性, 告子以爲一, 孟子以爲非也.(『정씨유서』 권24, 13조, 312쪽)

도 가하다. 자사의 "천명지위성, 솔성지위도"라 함도 하늘이 아래로 내려와 만물을 형성함에 그 각각의 성·명을 바르게 한 것, 이것을 이른바 "성"이라 한 것이다. 그 성을 따르고 잃지 않음이 이른바 "도"이며, 이 또한 인·물을 통틀어(通) 말한 것이다. 단, "성을 따른다" 함은 말은 말의 성일 뿐 소의 성이 아니며, 소는 소의 성일 뿐 말의 성이 될 수 없으니, 이것이 자사의 이른바 "솔성"이다.[301]

인성, 견성의 구별은 당연하나 단 그것은 '일반론(通)'일 뿐이다. 『중용』 "도"도 "성을 따르면서 잃지 않음"이다. 하지만 이렇게 말해도 일반론을 벗어나지 못한다. 개나 소도 도가 있다. 개는 개의 길(道)이 있고 소도 소의 길(道)인 "路"[302]가 있다. 천명 및 도는 이렇게 "인·물을 통틀어 말"할 수 있다. 모두 지금 이루어진 '기왕의 성'을 논함이다. 문제는 인성과 견성은 기왕 분명히 다른데, 다만 사람과 개는 무엇을 따라야 하는가. '공부로서의 실천'이 문제이다. 『중용』 "솔성"이 이것이다. "솔성"은 개나 소의 천명과 성 및 도리를 말함이 아닌, 개나 소 각각의 고유함(특성)으로 기왕 이루어진 '성을 따름'을 말함이다. 생명이 있는 것은 모두 천명의 성이며 도리이지만, 그 실천 공부는 사람은 '사람의 성'을 따라야 할 뿐이다.

근본 문제는 이상의 성설은 모두 고자의 "생지위성"과 같은 '생 이후'의 논의라는 점이다.

> 고자의 생지위성은 그렇지 않다 할 수 없고, 이 또한 성이다. 다만 저들(고자와 맹자)은 생 이후 命으로 받은 것을 성이라 이를 뿐이다.(이천)[303]

명도의 "악도 성"이라 함도 생 이후로서 곧 "하늘이 만물에 부여해준 것은 命이고, 만물에 있어 하늘에게 품수받은 것은 性이다"[304]의 성이라는 것이다. 정자가 고자의 생지위성을 긍정해서 자신의 성설로 삼은 이유가 바로 여기에 있다.

단, 정주의 긍정은 고자의 의미와 다르다. 명도가 말한 "성즉기, 기즉성" 본의는 『역전』 "生生之謂易(낳고 낳음 양상을 역이라 이름)"의 '역'을 말한 것이라는 점이다.

---

301) 告子云生之謂性則可. 凡天地所生之物, 須是謂之性, 皆謂之性則可. …天命之謂性, 率性之謂道者, 天降是於下, 萬物流形, 各正性命者, 是所謂性也, 循其性而不失, 是所謂道也. 此亦通人物而言. 循性者, 馬則爲馬之性, 又不做牛底性, 牛則爲牛之性, 又不爲馬底性, 此所謂率性也.(『정씨유서』권2상, 110조, 29쪽)

302) 주희는 『중용, 수장』 "솔성지위도" 주석에서 "率, 循也, 道, 猶路也, 人物…莫不各有當行之路, 是則所謂道也"라 한다.

303) 不以告子生之謂性, 爲不然者, 此亦性也. 彼命受生之後謂之性爾.(『정씨유서』권3, 56조, 63쪽)

304) 天之付與萬物者謂之命, 物之稟受於天者謂之性(「明道論性說」, 3275쪽)

"생생 양상을 역이라 이른다" 했으니 이를 하늘의 도로 삼을 수 있다 함이다. 하늘은 단지 생으로 도를 삼으니, 이러한 生理를 이은 것이 곧 선이다.305)

이러한 생생 양상(之)의 "역"은 반드시 "태극이 있다(易有太極)." 즉 "역"에는 리인 형이상의 태극이 반드시 있다. 리인 "태극"이야말로 상하를 모두 포괄하며, 상하를 포괄한 태극이야말로 '스스로 완전'하다. 이러한 의미의 성이 곧 『중용』 "천명지성"이다. 자사가 "미발·이발"로 천명지성을 논한 이유이다. 다만 고자의 "生之"와 명도의 "성즉기, 기즉성"은 생 이후이고, 따라서 명도가 이해한 "생지위성"은 명도의 의미일 뿐이다.

이로써 명도가 성을 논할 때 "악 또한 성이라 이르지 않을 수 없다"고 한 뜻도 스스로 자명해진다. 악이 성이 아니라면 '성 없는 곳'이 발생하고 만다. 일국에 있는 "고연의 불선"(상3)은 국민이 아닌가? 왜 기의 피인 "혈맥"(상254)이라 하고 순리와 다르다 하여 "동인·서인"(하13)으로 가르는가? 이는 모두 '생 이후의 형이하'에서의 다툼일 뿐이며 때문에 명도는 「정성서」에서 "동쪽을 막는다면 오히려 서쪽에서 일어난다"306)고 한 것이다.

정자의 "악도 성"이라 함은 악에도 성이 자존한다는 뜻이다. 성은 어디에 있든 무불선일 뿐 악이 아니다. 근래 학자들은 "정호의 이 구절은 계속해서 주희를 괴롭혔"고 "주희는 간접적으로 정호를 비판한 것"이라 하지만,(빌만) 이는 주희가 적극적으로 명도의 설을 대변한 사실과 다르다. 정자는 고자의 "생지위성"을 『대역』 "역유태극", "일음일양지위도"로 해설해서 그 의미를 넓게 이해했으며, 또 맹자의 "인성·견성의 다름"을 단지 '기품'에서 한 말로 여기고 그 의미를 『중용』 "솔성"이라 한 것이다. 더구나 명도는 "인간성이 선악을 초월"(구스모토)한 사상을 가진 것도 아니다. 명도의 악도 성이라 함은 오히려 인간성의 본선에 대한 극도의 신뢰에서 나온 말이다.

---

305) 生生之謂易, 是天之所以爲道也, 天只是以生爲道, 繼此生理者, 卽是善也.(『정씨유서』 권2상, 109조, 29쪽)

306) 苟規規於外誘之除, 將見滅於東而生於西也.(『정씨문집』 권2, 「答橫渠張子厚先生書」, 460쪽)

15

반대로 정이가 혼륜, 정호가 분석이다

학자들은 보통 명도(정호)를 '심학의 혼륜', 이천(정이)을 '리학의 분석'으로 이해한다. 풍우란은 "리학과 심학의 양대 학파"라 하면서 "이천은 리학 일파의 선구자, 명도는 육왕 즉 심학 일파의 선구자"라고 한다.307) 그러나 만약 명도의 「정성서」가 심이 아닌 '성'이라면 이 주장은 곧바로 부정되고 만다. 반대로 이천이 도·기의 혼륜이고 명도가 천리의 분석이라 하겠다. 명도는 "성"의 체용과 "천리"를 강조하고, 이천이 '기질지성'과 "기역도"를 강조한다. 이점을 명확히 하지 않는다면 정주 신유학 이해는 큰 혼란에 빠지게 되고 만다.

학자들이 정명도의 학설을 '심학의 혼륜'으로 여기는 이유는 명도가 "기역도, 도역기"라 했다는 것,308) "정성서는 심을 논했다"는 것, "악도 성이라 했다"는 것 등이다. 이 3조 등은 모두 원문의 오독이다.

"기역도"는 과연 명도의 설인가? 먼저 『주역대전』 본문을 보자.

> 형이상자를 道라 이르고, 형이하자를 器라 이른다(形而上者, 謂之道, 形而下者, 謂之器).(하89)309)

공자는 도·기를 엄밀히 구별해 道를 상, 器를 하라 한다. 나누지 않으면 道와 器 즉 理와 氣가 구분되지 못하기 때문이다. 도·기는 설이 아닌 '실체'이고, 형이상·하로 논한 것은 '설'이다. 그런데 주희는 "공자가 만약 有形과 無形으로 설명한 것이라면 物과 理는 서로 사이가 끊겨버리고 만다"310)고 하여 도·기를 유형과 무형으로 나누어서는 안 된다고 한다. 그럼에도 공자는 왜 도·기를 形의 상·하로 반드시 나누었는가? 이점에 있어 두 정자의 해석은 확실하고 분명하며, 주희도 공자와 두 정자의 설을 비교적 자세히 해설했다. 학자들은 "기역도"를 명도의 '혼륜'으로 오해하나, 이 말은 이천이다.

---

307) 풍우란, 『중국철학사』하, 박성규 역, 까치, 2005, 498·506쪽.

308) 학자들은 『정씨수언』(권1, 83조)의 "死生人鬼, 一而二, 二而一"을 명도의 말로 여기나, 어류 기록은 '이천'이다. "問, 伊川謂死生人鬼, 一而二, 二而一."(『어류』권39, 賀孫21, 1408쪽) 또 학자들은 명도의 「식인편」 "仁者, 渾然與物同體, 義禮知信皆仁也, 識得此理"(『유서』권2상, 28조, 16쪽)의 혼연을 '一而二'로서의 혼륜으로 이해하나, 본문 인·의·예·지·신의 "此理"와 같이 '리'이다.

309) 『주역대전』22권, 「계사상」 제12장.

310) 設若以有形·無形言之, 便是物與理相間斷了.(위 『주역대전』22권, 「계사상」12장, "주자왈" 2번째에 붙은 소주. 원문은 『어류』권75, 謨106, 2572쪽)

공자는 "형이상자를 道, 형이하자를 器"라 했으니 마땅히 이와 같이 설해야 한다(須著如此說). 그렇지만 기 역시 도이고, 도 역시 기이다.(하89)311)

'기역도'는 『역전』 소주에 의하면 주희가 "이천의 해석", "이천은 말하기를"이라 한다. 반면 퇴계, 풍우란, 장대년, 노사광, 미·일 학자들도 모두 명도의 설로 여긴다.312) 『주자어류』를 보자.

질문; 이천은 말하기를 "수착여차설(마땅히 공자와 같이 설해야 한다)"이라 했다. 답변; 이천의 해석이 분명하다. 때문에 이천은 말하기를 "수착여차설"이라 한 것이다. 이와 같지만 또 "道는 器에서 떨어지지 않고 器도 道에서 어긋나지 않는다"고 설한 것이다.313)

이와 같이 질문자도 "이천"이라 했고 주희 역시 "이천의 해석"이라 한다. 학자들의 오해는 아래 주희의 말을 오독했기 때문이다.

'도를 밝힘(明道)'에 [공자는] 마땅히 이와 같이 설했지만(수착여차설) 그렇지만 기역도·도역기이다.314)

이곳의 이른바 "도를 밝힘에(明道)"를 인명인 '정명도'로 오해한 것이다. 만약 '명도는 마땅히 이와 같은 설로 여겼다'로 읽으면 이는 공자가 아닌 정명도가 오히려 도·기를 나눈 것이 되고 만다. 하지만 이천의 수착여차설은 먼저 공자의 "도·기"를 인용하고 이어 자신의 '수착'을 말한 것이다. "수착"은 공자 도·기에 대한 '논평'이며, 이어 이천은 "그렇지만(然) 기역도"라 함으로써 이렇게 말해야 "치우치지 않는다"315)고 한 것이다.

한편, 정명도는 "음양인데도 도라 말함", "상·하로 분명히 나눔"이라 하여 '형이상의 도'를 강조한다.

---

311) 形而上爲道, 形而下爲器, 須著如此說, 器亦道, 道亦器也.("정자왈" 2번째 소주. 원문은 『정씨유서』권1, 15조, 4쪽)

312) "伊川云", "伊川見得"은 『역전』 "주자왈" 3번째 소주임. 반면 퇴계, 풍우란, 장대년, 진래 등은 정호의 말이라 한다.(『퇴계전서』2책, 『非理氣爲一物辯證』, 331쪽. 풍우란, 『중국철학사』, 508쪽. 장대년, 『中國哲學大綱』上, 161쪽. 노사광, 『중국철학사』송명편, 257쪽. 진래, 『송명성리학』, 128쪽) 미·일 학자들도 모두 정호의 말로 본다.(구스모토 마사쓰구, 『송명유학사상사』, 107쪽. A. C. 그레이엄, 『정명도와 정이천의 철학』, 237쪽)

313) 伊川云, 形而上者謂之道, 形而下者謂之器, 須着如此說, 曰, 這是伊川見得分明, 故云須著如此說, 形而上者是理, 形而下者是物, 如此開說, 方見分明. 如此了, 方說得道不離乎器, 器不違乎道處.(『어류』권75, 賀孫110, 2572쪽)

314) 明道以爲須著如此說, 然, 器亦道, 道亦器也, 道未嘗離乎器, 道只是器之理(『어류』권77, 淳29, 2614쪽)

315) 故程子曰, 形而上爲道, 形而下爲器, 須著如此說, 然, 器亦道也, 道亦器也, 得此意而推之, 則庶乎其不偏矣.(『태극도설해, 총론』 77쪽) "그렇지만(然)" 기역도라 해야 '치우치지 않는다(庶乎其不偏矣)'는 것이다.

공자는 "일음일양 양상을 도라 이른다"고 했는데, 음양은 형이하의 것인데도 '도라고 말씀(曰道)'한 것이다. 단지 위 [도・기의] 말씀이 상・하를 가장 분명하게 마름한 것이다(唯此語截得上下最分明). 원래 단지 도일 뿐이며, 요점은 사람이 묵식해야 한다는 점이다.(하89)[316]

이곳이 정명도의 설이다. 명도는 공자의 "일음일양지위도"에 대해 "음양은 형이하인데도 '曰道'라 했다"고 하여 형이하의 "기"가 아닌 형이상의 "도"를 강조한다. 형이하인데도 '왈도'라 한 이유는 음양에는 반드시 도의 형이상이 자존한다 함이다. 때문에 "이렇게 상・하를 분명히 마름했다"고 함으로써 "도"는 반드시 형이하에 '섞이지 않는다'고 한 것이다. 다시 말해 일음일양의 양상 속에서도 그 형이상의 "도"는 자약이라 함이다. 이러한 명도의 뜻은 다음의 말에서도 분명히 나타난다.

나의 학문이 비록 선유에게 받은 바는 있지만 '천리' 두 자는 오히려 내가 스스로 체득해 낸 것이다.[317]

정명도는 "천리"를 스스로 밝혀낸 것으로 자부한다. 즉 "상・하로 분명히 마름한 것", "음양인데도 공자는 '왈도'라 한 것"의 의미는 형이상의 천리를 형이하의 기와 '분명히 마름했다' 함으로 천명한 것이다.

또, 학자들이 명도를 '심학'으로 본 이유는 「정성서」를 '심'의 뜻으로 해독하기 때문이다. 학자들은 보통 모두 "정성서는 定心의 문제였으며, 性자는 모두 心자로 보아야 한다"고 해석한다.[318] 하지만 명도는 장재의 질문인 "定性"(이곳 性자를 주희는 心자로 봄)에 대해 "성은 내외가 없음"으로 답변했을 뿐, 결코 '심'으로 논하지 않았다. 학자들의 오해는 아래 주희의 말에서 기인한다.

[장재의] "定性"자는 그 설이 좀 의아하다. 이 '性'자는 '心'자의 뜻이다.[319]

장재의 질문인 "定性"의 '성'자가 곧 '심'자의 뜻이라는 것이다. 주희가 말한 "定性

---

316) 又曰, 一陰一陽之謂道, 陰陽亦形而下者也, 而曰道者, 唯此語截得上下最分明. 元來只此是道, 要在人黙而識之也.("정자왈" 3번째 소주. 원문은 『정씨유서』권11, 13조, 118쪽) "明道先生語"이다.

317) 明道嘗曰, 吾學雖有所受, 天理二字却是自家體貼出來.(『정씨외서』권12, 25조, 424쪽)

318) 노사광은 「정성서」 본문에 대해 "심을 말했을 뿐", "심을 말하면 비로소 통할 수 있다. 심이 성과 정을 통괄한다는 것", "정성서는 定心 문제였으며, 성자는 모두 心자로 보아야 한다"고 한다.(『중국철학사』송명편, 253쪽) 풍우란도 "정성서의 논의는 '심은 내외가 없다'는 것",(『중국철학사』하, 까치, 524쪽) 진래는 "정성서의 정성은 정심을 가리키며 그것은 '수양 방법을 통해 마음의 안녕과 평정을 실현할 수 있는가'라는 주제를 논한 것"(『송명성리학』, 예문서원, 132쪽)이라 한다.

319) 定性字說得也詫異, 此性字, 是個心字意.(『어류』권95, 淳101. 3209쪽)

字"는 명도의 본문이 아니다. 「정성서」 본문은 '정성' 2자가 없으며 따라서 학자들의 해독과 같이 명도가 '심'으로 답변한 것이 아니다. 주희의 心자로 보면 장재는 "不動心"(『맹자, 공손추상』)하지 못하면 심이 외물에 끌려 能動하게 된다고 질문했다. 즉 "외물을 끊어서 심의 안을 定하게 할 뜻이 있었다"[320]는 것이다. 부동심을 명도가 "성"으로 답변한 이유는 심의 動이라 해도 "성"으로 보면 동정에 "無內外"하기 때문이다. 명도는 장재의 "심통성정"이 아닌 오히려 "성은 내외가 없음"으로 답변한 것이다.

또 문제는, 명도의 "악도 성이다"를 학자들은 '리기 혼륜'으로 여긴다는 점이다. 하지만 이 역시 '성'을 논했을 뿐이다. 명도의 "성설" 본문을 보자.

> 선은 진실로 성이나, 그렇지만 악 역시 성이라 하지 않을 수 없다. 고자는 "생지위성"이라 했으니 그것은 "인생의 靜 이상"의 것은 설할 수 없으며 성을 설한 때라면 곧바로 이미 성이 아니기 때문이다.[321]

주희는 이를 "천하는 성 외의 사물이 없으니 본래 선이나 악으로 흘렀을 뿐이라 함이다"[322]고 해설한다. 즉 명도는 선악을 모두 천리라 함으로써 '천하는 성 이외의 사물이 없다'고 한 것이다. 악이라 해도 이는 천하의 성에 포괄된다. "천리"는 천하 모두를 포괄하지 않음이 없으므로 따라서 악 역시 성이 아닐 수 없다.

그런데 학자들은 이천을 '분석'의 '리학'으로 이해하면서 아래의 설을 그 근거로 든다.

> "일음일양 양상을 도라 이른다"(『역전』)고 한다. 도는 음양이 아니며 일음일양의 소이가 도이다. 마치 "한번 닫히고 한번 열림을 변역이라 이른다"(『역전』)와 같다.[323]

> 음양을 떠나면 도가 없으니, 음양의 소이가 도이다.[324]

문제는 '소이'라는 말에 있다. 학자들은 "소이"라는 말을 "까닭" "내재적 근거" "규율"[325]로 해석해서 형이상의 '도·리'가 음양의 '이유'라고 하지만, 만약 그렇다면 "도"는 음양 양상에서 분리되고 만다. 공자는 분명 "양상을 도라 함(之謂道)"이라 했다.

---

320) 蓋橫渠有意於絕外物而定其內, 明道意以爲須是內外合一.(『어류』권95, 端蒙104, 3210쪽)

321) 善固性也, 然惡亦不可不謂之性也, 蓋生之謂性, 人生而靜以上不容說, 才說性時, 便已不是性也.(『정씨유서』권1, 56조, 10쪽)

322) 先生又曰, 善惡皆天理, 謂之惡者, 本非惡, 但或過或不及, 便如此, 蓋天下無性外之物, 本皆善而流於惡耳.(「명도론성설」, 3275쪽)

323) 一陰一陽之謂道, 道非陰陽也, 所以一陰一陽道也, 如一闔一闢謂之變.(『정씨유서』권3, 105조, 67쪽) "이천선생어"이다.

324) 離了陰陽更無道, 所以陰陽者是道也.(『정씨유서』권15, 137조, 162쪽) "이천선생어"인데, "或云, 명도선생어"라 기록했다.

325) 진래, 『송명성리학』, 안재호 역, 예문서원, 145쪽.

'원인·이유'만 도라 하면 결국 음양의 일상에서 '떨어진' 도가 되고 만다. 이천도 위 문장에서 "음양을 떠나면 도가 없다"고 한다. 이미 공자는 "일음일양 양상(之)을 도"라 했고 이를 해설한 것이 이천의 '소이'라는 말이며, 따라서 이천은 공자를 거역한 것이 아니다.

주희는 공자의 "가는 것이 이 물과 같구나. 밤낮을 그치지 않는구나"에 주석해서 "천지의 조화는 가는 것이 지나면 오는 것은 이어져서 잠시의 정지도 없으니 도체의 본연이다. 정자는 '이는 道體이며, 天運은 그침이 없다'고 한다"326)고 한다. 결국 도 는 기 자신이 아닌, 기의 '순환을 잃지 않음'(상12)이라 하겠다. 주희는 "음양은 도가 아니며, 일음하고 또 일양하니 이렇게 순환으로 그침 없음이 도이다"327)고 하면서 다음과 같이 말한다.

> 일음하고 일양할 수 있는(所以) 것, 이는 결국 도체의 하는 바이다. 때문에 도체의 지극으로 말한다면 태극이라 이르고, 태극의 유행으로 말한다면 도라 이른다.328)

도체의 '지극'은 태극이지만, 태극의 '유행'은 도이다. 이것이 공자의 "일음일양지 위도"이다. 즉 지극과 유행이 '떨어질 수 없음'이 도체라는 것, 이것이 바로 이천 "소이"의 의미이다. 따라서 이천은 결코 '까닭, 원인'을 도라 한 것이 아니다. 이천은 "성을 논함에 기를 논하지 않으면 갖추지 못하고, 기를 논함에 성을 논하지 않으면 밝지 못하다"329)고 하며 때문에 "기질지성의 설"이 맹자 성선설보다 "정밀하다(爲密)"고 한다.(「고자상」)

이천은 「易說」에서 동정 순환을 도라고 한다.

> 道는 일음일양이다. 동정은 端이 없고 음양도 始가 없다. 도를 아는 자가 아니라면 누가 능히 알겠는가.330)

「역설」은 정이천 작이 분명하다. 이천은 결코 설로 나타냄에 상·하 중 한쪽을 빼지 않았다.

---

326) 天地之化, 往者過, 來者續, 無一息之停, 乃道體之本然也, 程子曰, 此道體也, 天運而不已.(「논어, 자한」16)

327) 陰陽非道也, 一陰又一陽, 循環不已, 乃道也.(「어류」권74, 錄110, 2522쪽)

328) 其所以一陰而一陽者, 是乃道體之所爲也. 故語道體之至極, 則謂之太極, 語太極之流行, 則謂之道.(「문집」권36, 「答陸子靜」4, 1568쪽)

329) 論性不論氣, 不備, 論氣不論性, 不明.(「정씨유서」권6, 20조, 81쪽) 주희는 이 설을 "伊川謂"라고 한다.(「어류」권59, 무명42, 1885쪽)

330) 道者, 一陰一陽也, 動靜無端, 陰陽無始, 非知道者, 孰能識之.(「程氏經說」권1, 「易說, 繫辭」, 7조, 1029쪽) 「역설」은 정이천 작이다.

정이천의 "기역도, 도역기"는 『중용』 "떨어지면 도가 아니다"고 함을 나타낸 것으로 이는 이천의 「역전서」 "체용일원, 현미무간"331)과 같다. 이천은 확실히 도를 음양과 함께 논한 것이다. 반면 정명도는 일음일양의 양상에서도 "曰道"의 형이상을 강조했고 이는 "천리" 및 "악도 성이다" 등의 '독리'의 척출이다. 따라서 명도의 설을 "기역도"라 하고 또 「정성서」의 "성"을 '심'으로 여긴 것은 주희 고찰에 의하면 후학의 명백한 오독이다.

16

『소학』 "쇄소응대"는 희노애락 미발의 경 공부처이다

『논어』에서 자유는 "쇄소응대"(물 뿌리며 쓸고 응대함)를 말엽의 일로 여기나, 자하는 오히려 성인은 근본과 말엽의 일을 구별하지 않는다고 타이른다.332) 물 뿌리며 청소하는 일이 말단이라 할 수는 없다. 이때는 일이 일어나기 전의 일상이며, 주희는 이곳을 억지로 고원으로 숭상하면 스스로의 공부에서 나 자신을 속임이 된다고 주석한다.333)

쇄소응대의 일을 새롭게 주목한 사람은 이정 형제이다.334) 주희도 『소학』 "쇄소응대"를 『대학』 "격물치지, 성의정심"의 학문탐구에 들기 이전이라 하고335) 또 이 일을 형이상이 아니라 할 수 없다고 함이 정·주의 공통된 견해이다. 쇄소응대는 우리 삶의 일상 행동거지에서 가장 기본적 상식이 녹아있기 때문이다. 주희가 소학을 중시한 이유는 『대학』·『중용』 속의 일상생활인 '감정 미발' 및 '생각 이전'의 일을 발굴 정

---

331) 至微者理也, 至著者象也, 體用一源, 顯微無間.(「易傳序」, 582쪽) 이 글의 끝은 "程頤正叔謹序"이다. 주희는 "체용일원은 至微의 理로 설명한 것이고, 현미무간은 至著의 象으로 설명한 것이다. 理로 말하면 先體이고 後用인데 이는 體를 들었지만 用의 理는 이미 갖추었다는 뜻이고, 事로 말하면 先顯이나 後微인데 이는 事에 나아가서도 理의 體를 볼 수 있다는 뜻이다"(「태극도설해」, 78쪽)고 해설한다. 이천은 理와 象, 체용과 현미를 모두 갖추어서 논한다.

332) 子游曰, 子夏之門人小子當灑掃應對進退則可矣, 抑末也, 本之則無, 如之何. 子夏聞之, 曰噫, 言游過矣. 君子之道孰先傳焉, 孰後倦焉. 譬諸草木, 區以別矣, 君子之道焉可誣也, 有始有卒者, 其惟聖人乎?(『논어, 자장』12)

333) 주희는 주석에서 高·遠만으로 억지로 말한다면 이것이 곧 속이는 일일 뿐이다. 군자가 어찌 이와 같이 하겠는가?라 하여 군자의 도는 쇄소응대의 일을 말엽으로 여기지 않으며, 오히려 고원만 추구해서 자신을 속이지 않는다고 한다.

334) 주희는 위 "쇄소응대" 주석에서 정자의 언급 4개조를 인용한다. 1)쇄소응대는 형이상자이며, 謹獨임. 2)쇄소응대와 精義入神은 一理로 관통됨. 3)쇄소응대는 반드시 소이연이 있음. 4)쇄소응대로부터 聖人事로 이를 수 있음. 이외 언급한 쇄소응대는 다음과 같다. "物의 본말을 나누어서 兩端의 일로 삼을 수는 없다. 쇄소응대가 이것이다."(『정씨유서』권15, 148쪽, 伊川語) "쇄소응대는 佛家의 黙然處와 合한다."(98쪽, 二程語) 불가와 합한다 함은 곡절이 있는데, "공자는 中間處에서 得宜한다"(98쪽)가 다르다고 한다.

335) 주희는 "고인은 소학으로 말미암아 대학에 들어갔으며 그 쇄소응대 사이에서 함양을 익혔다. 때문에 대학의 순서는 소학으로 이미 이룬 공부로 인해서 격물치지를 시작으로 삼은 것이다"고 한다.(『문집』권42, 「답호광중」1, 1894쪽) 주희 본주도 "자하의 제자들은 대학 정심·성의와 같은 일이 있지 않음을 기롱한 것"(「자장」12)이라고 한다.

초하기 위한 목적에 있었다. 요컨대 "격물치지" 이전과 "희노애락 미발"의 구체적 일용공부가 대학과 중용에는 부족하며 때문에 주희는 이점을 옛 책을 발췌해서 들어내 밝힌 것이다. 주희의 핵심은 '일용' 및 '미발'의 존양 공부이다.

주희가 『소학』 '서문'에서 밝힌 공부 방법을 살펴보자.

> 소학의 방법은 물 뿌리며 쓸고 응하고 대하며(쇄소응대) 들어가서는 효도하고 나와서는 공손해서 행동이 혹시라도 어긋남이 없게 해야 하며, 이것을 실행하고서 남은 힘이 있거든 시를 음송하고 책을 읽어야 한다.336)

이 언급은 『논어, 학이』2와 6에서 나온 말로서 공자의 이른바 "자기 자신의 배움"이다.337) 쇄소응대는 일용의 가장 기본적인, 누구라도 벗어날 수 없는 생활윤리로서 이러한 일상의 행동은 독서의 학문탐구 이전의 일이다. 청소하고, 밥 먹고, 말하고, 걸음걸이 등의 일상은 실제 어떤 상황의 일에 마주치기 이전이며, 상황의 일을 처리함에 있어서도 이러한 일용을 벗어날 수 없다. 밥 먹지 않고 독서할 수는 없는 것이다.

때문에 정명도는 이 일의 중요성에 대해 다음과 같이 말한다.

> 쇄소응대는 곧 형이상이라 할 수 있으니, 理는 대소가 없기 때문이다. 그러므로 군자는 단지 愼獨(자기만 홀로 아는 지점을 삼감)할 뿐이다.338)

"신독"은 『중용』 "희노애락 미발" 앞 자로서, 미발의 일이다. 청소하는 일이 형이상인 것은 여기에 리가 깃들어 있기 때문이다.339) 여기에 리가 없다면 '리 없는 곳'이 생기게 되고 만다. 음양은 반드시 기이지만 그런데도 공자는 "曰道"340)라 한 것도 도는 음양 속에 있기 때문이다.

주희의 학문 역정 중 가장 큰 사상적 사건은 단연코 호상학의 장식 등과 토론을 거쳐 완성한 「이발미발설」이라 하겠다.341) 내용은 정이천의 "심 이발"과 『중용』 "미

---

336) 小學之方, 灑掃應對, 入孝出悌, 動罔或悖, 行有餘力, 誦詩讀書.(「小學題辭」)

337) "君子務本, 本立而道生, 孝弟也者, 其爲仁之本與." "子曰, 弟子入則孝, 出則弟, 謹而信, 汎愛衆, 而親仁, 行有餘力, 則以學文."(『논어』「학이」2·6) 여기에 정주는 "文을 先함은 爲己의 學이 아니다"고 주석한다. "古之學者, 爲己."(『논어』「헌문」25)

338) 灑掃應對, 便是形而上者, 理無大小故也, 故君子只在愼獨(『정씨유서』권13, 9조, 138쪽. 『정씨수어』권1, 「論道篇」60, 1175쪽)

339) 君子之道, 本末一致, 灑掃應對之中, 性與天道存焉.(『문집』권41, 「答程允夫」8, 1883쪽)

340) 一陰一陽之謂道, 陰陽亦形而下者也, 而曰道者.(『정씨유서』권11, 13조, 118쪽)

341) 주희 학문 요지는 심 공부론에 있다. 주희는 "희노애락 미발의 종지"를 찾기 위해 고심하던 중, 호상학을 만나면서 "모든 심은 다 이발임"을 홀연히 스스로 깨닫고 "중용 종지도 여기서 벗어나지 않음"으로 여겼지만, 이후 "자신 스스로의 잘못"으로 여긴다.(모두 「中和舊說序」) 결국 다시 정자의 글을 허심평기로 읽고서 '중화신설'을 이루는데 그 결과물이 「이발미발설」·「與湖南

발의 중"의 고찰이다. 핵심은 공부인 "신독"이다.342) 주희가 죽기 직전까지 고쳤다는
『대학, 성의장』역시 "남은 모르고 자기 홀로 아는 지점"인 "신독"에 대한 상고이며,
이는 『중용, 수장』주석과 정확히 일치한다.343) 외부의 일을 만나기 이전(격물, 학문탐구,
혹은 경세의 일 이전), 자기만 홀로 아는 지점이 곧 '신독'이다.

일찍이 장식은 "먼저 살피고 이후 함양해야 한다(先察識, 後涵養)"고 주장했는데, 주희
는 반대해서 "쇄소응대가 먼저 할 존양의 일"이라 한다.

> 그대의 이른바 "먼저 단예의 발을 찰식하고 이후 존양의 공부를 더한다"고 함은 희(주희)는
> 의혹이 없을 수 없다. 발처는 진실로 찰식해야 한다. 단, 사람은 미발시도 있으니, 이곳에서
> 존양에 합치해야 하거늘 어찌 반드시 발함을 기다린 이후 찰식하고 찰식 이후 존양해야 한다
> 고 하겠는가. 처음부터 존양하지 않고 곧바로 일에 따라 찰식하고자 한다면 그것은 호호망망
> 해서 손쓸 곳이 없을 것이다. 털끝만큼의 차이가 천리를 얽히게 하고 마니 그 폐단은 이루
> 말로 표현할 수 없겠다. 정자도 매번 "맹자(사단)는 배움에 있어 의거할 수 없으니, 마땅히 안
> 자의 배움(호학)을 배우면 성인에 다가감이 가까울 것이고 힘쓸 곳도 있을 것"이라 한다. 쇄소,
> 응대, 진퇴 등이 곧 존양의 일이다. 학자들은 이것을 먼저 한 이후 찰식할 것인가, 아니면 먼
> 저 찰식하고 이후 존양할 것인가. 이로써 본다면 힘씀의 선후도 쉽게 볼 수 있을 것이다.344)

주희의 요체는 어떤 일에 마주치기 이전의 일용생활이며 이곳이 곧 "쇄소응대의
존양처"이다. 때문에 호상학과 같이 '먼저 일의 단서를 살피고 이후 존양한다'고 한
다면 이미 늦은 공부라는 것이다.

주희가 줄곧 밝히고자 한 곳이 바로 "희노애락 미발"이며, 아울러 이천이 말한 "심
이발" 본의이다. 당시 학자들은 이곳을 고차원의 심리 체험으로 논하고자 하지만 주
희가 볼 때 이는 심리의 체험적이고 신비적인 고차원의 일이 아닌, 오히려 "평정하고
명백"345)한 일이었다. 이곳을 심리 체험(특히 불교의 깨달음)으로 숭상할 필요까지는 없

諸公論中和第一書」등이다. '이발'을 먼저 언급한 이유는 정자의 "이발"설을 고찰한 것이기 때문이다.

342) 『중용, 수장』은 "隱보다 잘 드러남은 없으며, 微보다 잘 나타남은 없으니, 故로 군자는 나만 홀로 아는 곳을 삼간다(愼其獨也)"
고 한다. 이곳은 나만의 일이며, '나 홀로 알아서 삼갈 수 있는 지점'이다.

343) 주희는 "신독" 주석에서 "獨은 남은 알지 못하나 자기만 홀로 아는 바의 지점이다(獨者, 人所不知, 而己所獨知之地也)"고 하는
데, 이는 위 『중용, 수장』"신독" 주석과 완전히 같다.

344) 又如所謂 '學者先須察識端倪之發, 然後可加存養之功', 則熹於此不能無疑. 蓋發處固當察識, 但人自有未發處, 此處便合存養, 豈可必
待發而後察, 察而後存耶? 且從初不曾存養, 便欲隨事察識, 窺測浩浩茫茫, 無下手處, 而毫釐之差, 千里之繆, 將有不可勝言者. 此程
子所以每言孟子才高, 學之無可依據, 人須是學顏子之學, 則入聖人爲近, 有用力處, 其微意亦可見矣. 且如灑掃應對進退, 此存養之事也,
不知學者將先於此而後察之耶, 抑將先察識而後存養也? 以此觀之, 則用力之先後判然可觀矣. (『문집』권32, 「答張欽夫」15, 1420쪽)

345) 주희는 「중화구설서」에서 "다시 程氏의 글을 취해서 虛心平氣로 천천히 읽으니 數行에 미치지 않아 얼음이 물에 풀리듯 그 情
性의 本然과 聖賢 微旨의 平正 明白함도 결국 이와 같음을 알 수 있었다. 지난날 나의 독서도 스스로를 그르치기에 족할 뿐이었
다. 다만 학자들의 '폐단은 가까운 것을 홀대하고 먼 것만 구하고, 일상을 싫어하여 새로운 것만 좋아함(忽近求遠, 厭常喜新, 其
弊)'에 있었다"(『문집』권75, 3635쪽)고 하여 희노애락 미발의 종지는 일용의 일이라고 한다.

다. 숭상으로 여기면 이미 우리의 일상에서 유리된 것이 될 수밖에 없을 것이다. 만약 이곳을 어렵게 이해한다면 스스로 나의 마음에 대해 고차적인 대단한 무엇이 있는 양 여김이 되고 말 것이다. 스스로 숭상하지 않아도 자신을 돌아보면 남은 몰라도 나는 안다. 『중용, 수장』 "은미함 보다 잘 드러나는 것은 없다"고 함은 바로 나의 일이다. 내가 숨기려 하면 그럴수록 나 자신은 더 잘 안다. 주희는 『대학, 성의장』 "毋自欺(스스로 속이지 않음)의 愼獨"에 대해 다음과 같이 주석한다.

> 홀로 있을 때라 함은, 남들은 알지 못하고 자기만 홀로 아는 지점이다. 나 자신을 닦고자 하는 자는 선을 하고 악을 제거할 것을 알았으면 마땅히 실제로 그 힘을 써서 스스로 속이는 것을 금지해야 한다. …타인은 알 수 없고 자기만 홀로 알기 때문에 반드시 이곳을 삼가서 그 기미를 살펴야 하는 것이다.[346]

소인은 이와 반대다. "소인은 홀로 거처할 때 온갖 불선의 생각을 하면서 이르지 못할 일이 없다. 이와 같다면 어찌 나에게 유익함이 있겠는가. 나의 마음 가운데서 성실하면 밖으로 드러나니, 때문에 군자는 반드시 신독하는 것이다."[347] 『중용, 수장』의 뜻도 이곳을 벗어나지 않는다.

> 『중용』은 철두철미 근독 공부이니, 이는 敬을 유지해서 잃음이 없어야 한다는 것으로 곧 평상시 함양해야 함의 뜻이다.[348]

『중용』에서 강조한 곳이 바로 '희노애락 미발' 지점이며 이곳이 곧 홀로 있을 때 삼가는 "근독공부"이다.

장식과 주희의 토론은 공부처이다. 장식은 "이발에서 찰식해야 한다"고 주장하지만, 주희는 "그대의 이발의 곳을 살펴야 한다고 함은 그 단서의 動을 살펴야 한다는 것인 곧 맹자의 확충(사단)의 노력[349]일 뿐이라고 한다. 장식이 논한 곳은 미발이 아니다. 때문에 "그대가 논한 곳은 일상의 즈음에 있어 평일 함양할 본령공부가 빠진 것"[350]

---

346) 獨者, 人所不知, 而己所獨知之地也, 言欲自修者, 知爲善以去其惡, 則當實用其力, 而禁止其自欺. …蓋有他人所不及知, 而己獨知之者, 故必謹之於此, 以審其幾焉.(『대학장구』 「제6성의장」)

347) 小人閒居, 爲不善, 無所不至, 則何益矣. 此謂誠於中, 形於外, 故君子, 必愼其獨也.(『대학장구』, 위와 같은 곳) 주희는 閒居를 "獨處"로 주석한다.

348) 中庸徹頭徹尾說個謹獨工夫, 卽所謂敬而無失, 平日涵養之意.(『문집』권43, 「答林擇之」20, 1979쪽)

349) 주희가 호상학을 요약해서 "정자의 '도리어 已發의 處에서 觀한다'고 함은 그대의 '그 端倪의 動을 察한다'고 함이며, 이는 맹자의 '擴充의 功을 다해야 한다'는 뜻이다"라고 한다.(「이발미발설」, 3268쪽)

350) 주희는 「이발미발설」에서 "그대는 察識端倪를 최초의 下手處로 삼았기 때문에 결국 平日 涵養할 一段의 功夫가 缺却된 것이며,

이다. 「이발미발설」은 이천의 "이발"과 『중용』 "미발"에 대해 '심체의 유행'(3회)을 예로 들어 고찰한다.

1) '사려가 아직 일어나지 않음과 사물이 나에게 이르지 않았을 때'는 희노애락 미발이다. 이 때는 심체의 유행으로서의 "적연부동"의 처이다.
2) 심체의 유행은 이미 處가 나타난 곳이므로 곧바로 성이라 할 수 없다.
3) 정자의 이른바 "심은 모두 이발"이라 함은 심체의 유행을 말한 것으로, 사려와 사물의 '교류(交)'가 아니다. 이는 중용과 합치하지 않았기 때문에 다시 바로잡은 것이다.[351]

첫째, '생각의 싹틈이 없고 외물이 이르지 않은 곳'은 희노애락 미발임과 동시에 심체 유행의 이발의 곳이다. 둘째, 심체의 유행은 성이 아니다. 셋째, 심체의 유행은 이천의 "이발"일 뿐 중용의 사물과의 "교류(交)"가 아니다. 요컨대 이천의 이발과 중용의 미발은 심체의 유행이지만, 단 중용 종지는 이곳 교류의 즈음에서 스스로 "중"의 덕(공부)을 이루어야 한다는 점이다. 다만 "미발의 중은 본체가 스스로 그러하니 구하려고 모색해서는 안 되며, 단지 이때는 경을 유지해야 한다. 이러한 기상을 잃지 않으면 이로부터 발한 것은 반드시 중절하며, 이곳이 일용 즈음의 본령공부이다."[352] 결국 이천과 자사는 생각과 사물이 이르지 않은 '곳'을 논한 것이다.

따라서 이곳 "자기만 홀로 아는 삼감(신독, 근독)"의 공부할 곳을 곧바로 성으로 여기면 스스로 거짓과 속임이 될 것이다. 그런데 장식의 스승인 호굉은 "성을 미발, 선을 이발"로 여긴다. 주희의 비판은 매우 거칠다.

그는 고원을 극히 해서 성을 말한다. 결국 성을 흐리고 방자한 잡박·불순의 지경에 빠뜨리고 만 것이다. …그는 이발자가 미발자에 섞이는 것을 우려했다. …그래서 미발의 전에서 善자를 빼버렸으니 이는 성을 사실로서의 도리가 없는 단지 하나의 空虛의 物이 되어 선도 따르고 악도 따르는 하지 못할 바가 없게 하고 말았다.[353]

그 日用의 意趣는 항상 動에 치우쳤다" 하고, 또 「호남제공서」에서도 "日用功夫는 온전히 本領이 없었고, …그 日用工夫 또한 단지 察識端倪를 최초의 下手處로 삼음으로써 결국 平日涵養의 一段工夫가 闕却되었다"고 비판한다.(『문집』권67, 3168쪽, 권64, 3131쪽)

351) 1)以思慮未萌, 事物未至之時, 爲喜怒哀樂之未發. 當此之時, 卽是心體流行, 寂然不動之處. 2)然已是就心體流行處見, 故直謂之性則不可. 3)程子所謂凡言心者, 皆指已發而言, 此却指心體流行而言, 非謂事物·思慮之交也, 然與中庸本文不合, 故以爲未當而復正之.(『문집』권67, 「이발미발설」, 3267~8쪽)

352) 未發之中, 本體自然不須窮索, 但當此之時, 敬以持之, 使此氣象常存而不失, 則自此而發者, 其必中節矣, 此日用之際本領工夫.(위와 같은 곳)

353) 竊原其意, 蓋欲極其高遠以言性, 而不知名言之失, 反陷性於搖蕩恣睢, 駁雜不純之地也, …而惟恐夫已發者之混夫未發者也. …旣於未發之前除却善字, 卽此性字便無著實道理, 只成一個空虛底物, 隨善隨惡, 無所不爲.(『문집』권46, 「答胡伯逢」4, 2151쪽)

호굉은 미발을 지나치게 고원으로 높이려 하다가 오히려 잡박 불순의 지경에 빠뜨리고 말았다는 것이다. 그는 미발의 성을 높이려고 이발이 섞이는 것을 우려했고, 결국 성선을 "찬탄"[354]으로 여기고 말았다.

쇄소응대의 경우도 마찬가지이다. 이 일은 "사람의 일용생활 사이에서 천명지성 혹은 무극의 참됨을 구현하여 고수하라 함이 아니다."[355] 물 뿌리며 청소하는 일이라 해서 성이 없을 수 없고, 오히려 이 속에 천명지성이 있으며 이러한 천명과 청소하는 일은 하나로 관통된다. 정이천은 다음과 같이 말한다.

> 孝弟 가운데에 나아가면 性을 다하고 命에 이를 수 있다(盡性至命). 쇄소응대와 진성지명은 모두 하나의 일이며 본말도 없고 精粗도 없다. 그런데도 후세의 사람들은 성과 명을 별도의 고원의 설로 말한다.[356]

이는 위 정명도가 말한 "쇄소응대는 형이상이며, 理는 대소가 없다"고 함과 같다. 청소하는 일은 대소, 본말, 정조도 없으며 성과 천명에 관통한다는 것이다. 다만 요지는 이러한 일이 서로 관통해 있다 해도 공부가 아니면 도저히 이룰 방법이 없다는 점이다. 이른바 신독·근독의 경 공부이다. 주희는 경 공부를 체용으로 논한다.

> '경'자는 동정에 관통한다. 미발시는 혼연으로서 경의 체이지만, 단 그 미발을 알 수 있음이 아닌 경 공부일 뿐이다. 기왕 발하면 일에 따라 성찰해야 하니 경의 용이 행함이다.[357]

경 공부는 이와 같이 "상하에 모두 행해야 할 일이다. 비록 성인의 자질을 갖추고 있다 해도 경은 얻지 못할 수도 있는 것이다. 요순도 처음과 끝 모두 경뿐인 것"[358]이다.

주희의 "심체의 유행처"는 구체적 생각과 외물을 만나지 않은 '곳'이다. 이는 쇄소응대라는 일용의 곳이며 독서하기 이전이다. 때문에 주희가 편찬한 『소학』 제1장 첫머리는 다음과 같이 시작된다.

---

354) 孟子道性善, 非是說性之善, 只是贊嘆之辭 …及至文定, 遂以性善爲贊嘆之辭 …若非性善, 何贊嘆之有?(『어류』권101, 卓169, 3393~4쪽)

355) 未嘗使人日用之間, 必求見此天命之性·無極之眞而固守之也(『문집』권45, 「答廖子晦」18, 2111쪽)

356) 就孝弟中便可盡性至命. 至如洒埽應對與盡性至命, 亦是一統底事, 無有本末, 無有精粗, 却被後來人言性命者別作一般高遠說(『정씨유서』권18, 171조, 225쪽)

357) 敬字通貫動靜. 但未發時則渾然是敬之體, 非是知其未發, 方下敬底工夫也, 旣發則隨事省察, 而敬之用行焉.(『문집』권43, 「答林擇之」21, 1980쪽)

358) 敬是徹上徹下工夫. 雖做得聖人田地, 也只放下這敬不得. 如堯舜也終始是一個敬.(『어류』권7, 賀孫11, 270쪽)

「열녀전」에서 말하였다. 옛날 부인이 임신했음에 잠잘 때 옆으로 기울지 않았고, 앉을 때는 기울여 앉지 않았으며, 설 때는 한 쪽 발로 서지 않았다. 부정한 맛을 먹지 않았고, 썬 고기가 바르지 않으면 먹지 않았으며, 자리가 바르지 않으면 앉지 않았다. 눈으로는 부정한 색을 보지 않았고, 귀로는 음탕한 소리를 듣지 않았으며, 밤이면 소경인 악사로 하여금 시를 외우게 하고 바른 일을 말하게 하였다. 이와 같이 하면 자식을 낳음에 용모가 단정하고 재주가 보통사람보다 뛰어날 것이다.[359]

이곳 역시 『논어, 향당』 공자의 일상생활 기록과 일치한다. 즉 공자는 "썬 것이 바르지 않으면 먹지 낳았고, 자리가 바르지 않으면 앉지 않았으며, 비록 거친 밥과 나물국이라도 반드시 삼가하며 공경했다"는 것이다.[360] 주희가 고찰해서 상고한 이천의 "심 이발"과 중용의 "희노애락 미발" 즈음이 바로 이곳이다. 이곳은 실제의 일을 처리하거나 책을 읽기 이전으로, 일이 있기 전 미발 존양의 경 공부처이다. "쇄소응대"는 일 이전 일용의 윤리처이며, 이곳 공부를 밝히기 위해 주희는 『소학』이라는 책을 편찬했고, 공부의 가장 중요한 곳으로 여긴 것이다.

17
『주역』 자연의 이치를 극복한 주희의 『중용』 공부론

『주역대전』에서 "낳고 낳음 양상(之)을 역이라 한다(生生之謂易)"고 한 것은 누가 무엇을 낳는다 함이 아닌 '생생으로 살아있음을 역이라 한다'의 의미이다. "천지 만물은 모두 하나"(『중용장구, 수장』)로서 살아있는 유기체이며 각자 고립되지 않은 상호 서로 연결된 것이다. 여기에는 당연히 "태극(易有太極)"이 스스로 일자로 자존한다. 생생의 유기체에는 그 유기체를 이어주는 연결고리가 있다 함이다. 이를 정자는 다음과 같이 말한다.

"생생 양상을 역이라 이른다" 하니 이는 곧 하늘의 도로 삼을 수 있다 함이다. 하늘은 단지 생으로 도를 삼으니, 이러한 生理를 이은 것이 곧 선이다.[361]

---

359) 列女傳曰, 古者, 婦人妊子, 寢不側, 坐不邊, 立不蹕. 不食邪味, 割不正, 不食, 席不正, 不坐, 目不視邪色, 耳不廳淫聲, 夜則令瞽誦詩, 道正事, 如此則生子, 形容端正, 才過人矣.(『소학, 入敎第一』)

360) 『논어』「향당」은 공자의 일상 행동거지의 여러 기록이다. 특히 "割不正, 不食",(8) "席不正, 不坐"(9) 등은 위 내용과 일치한다. "雖疏食菜羹, 瓜祭, 必齊如也."(8)

361) 生生之謂易, 是天之所以爲道也, 天只是以生爲道, 繼此生理者, 卽是善也.(『정씨유서』권2상, 109조, 29쪽)

이러한 생리로서의 선을 『역전』에서는 "일음일양 양상이 도이며, 이렇게 잇는 것이 선"이라 한 것이다. 때문에 정자는 "만물은 모두 단지 하나의 천리일 뿐이니 나 자신이 무엇을 간여하겠는가. 이는 모두 단지 천리의 자연으로서 마땅히 이와 같을 뿐이다"[362] 고 한다. 이것이 곧 '천도'이다. 정자는 "이는 道體이며, 天運은 그침이 없다"[363]고 한다.

이러한 생생의 역과 천도를 장재(횡거)는 사람 감정에 비유해서 다음과 같이 논한다.

> 사람 몸에 비유하면 四體는 모두 一物이니 그러므로 감촉하면 깨닫지 않음이 없다. 이는 心을 여기에 이르도록 기다린 뒤에 깨닫는 것이 아니며 이것을 이른바 "감이수통(느끼면 즉시 통함)"이라 한 것으로 곧 "행하지 않아도 이르고, 억지로 질주하지 않아도 빠르다" 함이다.[364]

장재의 인용문은 『역전』 "적연히 부동하며 외물에 느껴서 천하의 모든 일에 통한다"[365]에서 나온 말이다. 고봉도 이를 "어세의 당연"(하193)이며 '자연의 이치'라고 한다.

> 「악기」에서 말하기를 "사람의 生에 있어서의 靜함은 하늘의 성이며, 외물에 느껴 動함은 성의 욕구(性之欲)이다"고 하는데, 이를 주자는 「악기동정설」에서 "성의 욕구를 이른바 情이라 한다"고 풀이한다. 따라서 情은 '외물에 느껴서 動한 것'으로, 이는 자연의 이치(自然之理)이다.(상107)

사람이 태어나 마음이 있는 동안에는 이러한 외물에 대한 느낌은 누구나 있으며 없을 수는 없는 일이다. 그런데 그 느낌인 성의 욕구는 느끼는 순간에 생성되는가? 고봉은 "중의 사이(미발·이발)에 실로 이 리가 있기 때문에 그 느낌에서 서로 합치하는 것이지, 본래 이 리가 없다가 그 마주치는 자리에서 리가 끼어들어 감동하는 것은 아니다"(상108)고 한다. 사람은 "천명의 성"인 천지의 "중"덕을 받고 태어나며 따라서 당연히 미발 즈음은 성일 뿐이다. 이 성이 발하면 곧 정이며 때문에 정의 발을 주희 는 "리의 발이다"[366]고 한다. 결국 "그 동·정자는 리이며, 이러한 동정할 수 있음 역시 천리의 자연"[367]이다. 마찬가지로 맹자가 말한 "아이의 우물에 빠지려는 일에 나의 마음이 울꺽 놀라는 것은 사람의 진심이며 천리의 자연이다."[368]

---

362) 萬物皆只是一箇天理, 己何與焉. …此都只是天理自然當如此(『정씨유서』권2상, 111조, 30쪽)

363) 天地之化, 往者過, 來者續, 無一息之停, 乃道體之本然也, 程子曰, 此道體也, 天運而不已.(『논어』「자한」16)

364) 譬之人身, 四體皆一物, 故觸之而無不覺, 不待心使至此而後覺也, 此所謂感而遂通, 不行而至, 不疾而速也.(『근사록』권1, 「도체」49. 『장재집』「횡거역설, 계사상」)

365) 寂然不動, 感而遂通天下之故. …故不疾而速, 不行而至.(『주역』「계사상」제10장)

366) 感物而動, 性之欲者, 言及其有感, 便是此理之發也.(『문집』권42,「答胡廣仲」5, 1901쪽)

367) 其必動必靜者, 亦理也. …而其所以一動一靜, 又莫非天理之自然矣.(『문집』권57,「答陳安卿」3, 2736쪽)

사람 마음에 "칠정이 있는 것도 이러한 성의 자연이며, 억지로 끊어버릴 수는 없으며 만약 끊으려고 하다면 이는 하늘의 참됨을 없애는 일"이다.[369] 주희는 「태극설」에서 "성이 이미 발한 것은 情이며, 그 중절의 화, 천하의 달도 역시 모두 천리의 자연이다"[370]고 한다. 이것이 바로 심의 체용이며 곧 마음이 거울과 같이 외물을 그대로 비춘 것으로, 저 스스로 그러함일 뿐 나의 간여가 없다. 이를 명도는 「정성서」에서 다음과 같이 말한다.

> 성인의 희는 외물에 따라 마땅히 희하고, 성인의 노도 외물에 따라 마땅히 노한다. 이것이 성인의 희·노이며, 이는 자신의 마음에 얽매이지 않고 오히려 외물에 얽매인 것이다. 지금 나의 사사로움과 지혜를 쓴 희노로 성인 희노의 바름(正)을 보려 한다면 어떻게 하겠는가.[371]

문제는, 이러한 희노는 내가 개입하지 않아도 자연 스스로 외물과 합치하여 중절하지는 않는다는 점이다. 즉 내가 중·화의 덕을 이루어서 도체의 천운을 그침이 없게 해야 한다는 점이 중요하다. 이점에 있어 명도의 「정성서」는 공부가 빠진 것이다. 때문에 주희는 말한다.

> 본문 가운데는 도무지 한 개의 下手處(공부로 손댈 곳)도 보이지 않는다. 비경이 묻기를 "마음을 넓혀 대공하라, 외물이 오면 순응하라" 이것이 하수할 공부처가 아니란 말씀인가? 답변; 이것은 모두 '이미 이루어진(已成) 곳'을 설한 것이다.[372]

> 질문; 정성서는 정심·성의 공부가 아닌가? 답변; 정심·성의 '이후의 일'이다.[373]

명도의 설은 '공부 이후'의 일이라는 것이다. 결과로서의 완성은 공부를 말함이 아니다. 명도의 "도가 커야만 능히 세속과 섞일 수 있다네"[374]와 "나의 천리 두 자" 역시 공부가 아니며 이러한 언급은 성·도의 체용일 뿐이다.

---

368) 方乍見孺子入井之時, 其心怵惕, 乃眞心也, 非思而得, 非勉而中, 天理之自然也.(『맹자』 「공손추상」, 주희주)

369) 人之有喜怒哀樂者, 亦其性之自然, 今强曰必盡絕, 爲得天眞, 是所謂喪天眞也.(『정씨유서』 권2상, 84조, 24쪽)

370) 性之已發者, 情也, 其皆中節, 則所謂和也, 天下之達道也, 皆天理之自然也.(『문집』 권67, 「太極說」, 3274쪽)

371) 聖人之喜, 以物之當喜, 聖人之怒, 以物之當怒, 是聖人之喜怒, 不繫於心而繫於物也. …今以自私用智之喜怒, 而視聖人喜怒之正爲如何哉?

372) 只是一篇之中, 都不見一個下手處, 輩卿曰, 擴然而大公, 物來而順應, 這莫是下工處否? 曰, 這是說已成處(『어류』 권95, 道夫102, 3209~3210쪽)

373) 問, 定性書是正心·誠意功夫否? 曰, 正心誠意以後事.(寓116, 3214쪽)

374) 道大方能混世塵.(『정씨문집』 권3, 「和邵堯夫打乖吟二首」, 481쪽)

요체는 도리를 이루기 위한 공부가 있어야 한다는 점이다. 공부가 없이 도리가 자연 그대로 이루어지지는 않는다. 따라서 주희는 말한다.

> 본성은 오히려 이 기질 속에 의구해 있으니 온전히 학자의 힘씀에 달려있다. 지금 사람들은 오히려 본성이 있고 또 기질지성이 있다고 하지만 이는 이치에 크게 해롭다(大害理).375)

성은 내가 공부로 이루어야 한다. 그런데 주희 당시는 물론이거니와 지금 학자들과 같이 성을 "본성"일 뿐이라 하면 이는 '대해리'이다. 맹자가 말한 "성선"설 역시 공부가 없음은 마찬가지이다. 성은 하늘이 내려준 자연의 것인데 단 주희는 "내 성의 소유라 해서 반드시 구해 얻으려 해서는 안 된다"376)고 한다.

성은 나의 소유가 아닌 배워서 이를 수 있다고 해야 한다. 그렇다면 그 방법은 무엇인가? 이천은 「안자호학론」에서 다음과 같이 말한다. "배움(學)으로 성인의 도에 이를 수 있다."377) 이것이 바로 주희가 명도가 아닌 이천의 학문방법을 중요하게 여긴 이유이다. 『역전』 적연부동과 감이수통은 "자연지리"일 뿐 사람 마음으로 이루어야 하는 공부가 빠진 것이다. 천리 및 성선을 강조해서 이를 자기의 성이라고 해서는 안 된다. 하늘로부터 얻는 천명의 성과 "중의 덕"은 스스로 공부로서 이루기 위한 노력을 해야 한다는 점이 중요하다. 때문에 주희는 중용의 공부방법인 미발과 이발을 주목한다.

> 미발의 마음은 지극히 허해서 마치 거울의 밝음, 물의 그침과 같으며 이 즈음은 마땅히 경으로 보존해서 조금의 치우침과 기댐도 있게 해서는 안 된다. 급기야 외물이 이르면 이 마음은 발현하여 희노애락도 각기 당연함이 있으니 또 마땅히 경으로 살펴서 조금의 어그러짐도 없게 해야 할 뿐이다.378)

요지는 『중용』 희노애락과 「안자호학론」 희노애락애오욕의 발 즈음의 '전후' 공부이다. 공자는 안회(안자)의 "호학"에 대해 칭찬하기를 "자신의 노를 옮기지 않았다(불천노)"(『논어, 옹야』) 하고 이천은 "학자는 모름지기 안자를 배워야 한다. 안자의 말씀이라

---

375) 本性却依舊在此, 全在學者着力. 今人却言有本性, 又有氣質之性, 此大害理.(『어류』권95, 去僞55, 3199쪽)

376) 不可謂我性之所有, 而求必得之也.(「진심하」24)

377) 學以至乎聖人之道也, 聖人可學而至歟? 曰然.(『정씨문집』권8, 「顔子所好何學論」, 577쪽)

378) 當其未發, 此心至虛, 如鏡之明, 如水之止, 則但當敬以存之. 而不使其心有偏倚. 至於事物之來, 此心發見, 喜怒哀樂各有攸當, 則又當敬以察之, 而不使其小有差忒而已.(『중용혹문』상18, 563쪽)

면 공부할 곳이 있다"379)고 한다. '노함을 옮기지 않았다' 함은 나의 사사로운 노를 외물에 적용하지 않았다 함이다. 즉 이천의 "순임금의 노는 자신의 사사로움이 아니다."(『논어, 옹야』) 그렇다면 자기의 사사로움을 이기는 방법은 어떻게 가능한가? 이곳이 바로 주희가 죽기 직전까지 고쳤다는 『대학』 「성의・정심장」 논의이다. 이곳은 단순한 허심이 아닌 '실제의 공부'를 실행해야 할 곳이다. 만약 허심만으로 노하면 불교 수양법에 빠지고 말 것이다.

> 만약 '공'으로 말미암은 이후 "중"을 본다 하거나 또는 '허심'으로 구해야 한다고 한다면 그것은 아마 부도(불교)에 빠지지 않는 자가 드물 것이다.380)

그렇다면 과연 『중용』에서 말한 "미발의 중"은 어떠해야 하는가. 주희는 "미발의 중"을 『대학』 "성의・정심의 일"로 여긴다. 「성의장」의 "이른바 그 뜻을 정성스럽게 한다는 것은 스스로 속임이 없다(毋自欺) 함이니, 마치 악취를 미워함과 같다. 이렇게 '중에서 성실하면 외부로 드러나니' 그러므로 군자는 반드시 그 홀로 있음(愼獨)을 삼간다"고 하며 여기에 주희는 "그 힘을 실제에 적용시켜서(實用) 스스로 속이지 말아야 한다"381)고 주석한다. 이 의미가 바로 『중용, 수장』 "희노애락 미발" 바로 앞줄 "그러므로 군자는 그 홀로 있음을 삼감(신독)"과 같다. 이를 주희는 "그 홀로라는 것은 남은 알지 못하나 자기만 홀로 아는 바의 지점"이라 한 것이다. 이곳이 곧 주희가 '중화신설'로 찾은 "미발" 지점으로, 공부의 가장 중요한 곳이다.

> 마땅히 이 때에는 경을 유지해야 하니 이러한 기상을 항상됨으로 보존해서 잃음이 없으면 이로부터 발한 것은 반드시 중절한다. 이곳이 바로 일용의 즈음 본령의 공부할 곳이다.382)

그렇다면 과연 이곳의 마음은 어떠한 상태인가? 여기서 주희 사상의 매우 중요한 하나의 핵심이 등장한다. 그것은 맹자 사단은 기왕 발현된 단서이고, 중용 미발은 어떤 일에 대한 구체적 생각 이전 및 외물이 나의 마음에 이르기 이전이라는 점이다.

---

379) 伊川曰, 學者須是學顏子. …若顏子說話, 便可下手做.(『어류』권95, 賀孫121, 3215쪽)

380) 由空而後見夫中, 是又前章虛心以求之說也, 其不陷而入於浮屠者幾希矣.(『중용혹문』상18, 563쪽)

381) 必有不能實用其力, 而苟焉以自欺者.(『대학장구』 「전6장」)

382) 但當此之時, 敬以持之, 使此氣象常存而不失, 則自此而發者, 其必中節矣. 此日用之際本領工夫.(『문집』권67, 「이발미발설」, 3268쪽)

정자는 매번 "맹자는 배움에 의거할 수 없으니, 마땅히 안자의 배움(호학)을 배우면 성인에 다가 감이 가까울 것이고 힘쓸 곳도 있을 것"이라 한다. 쇄소, 응대, 진퇴 등이 곧 존양의 일이다.[383]

이천은 「안자호학론」에서 "외물이 그 형기에 접촉하면 중에서 동한다"고 하며 따라서 그 '중' 공부가 중요하다. 이 "중"을 주희는 「이발미발설」에서 "사려가 미맹하고 사물이 이르지 않은 희노애락 미발의 때"라고 하면서 단, "이미 심체의 유행처가 드러난 것이니, 결코 성이 아니다"고 한다. 이곳이 바로 주희가 『대학, 성의장』과 『중용, 수장』에 같은 내용으로 주석한 "타인은 알지 못하지만 자기만 홀로 아는 지점"이다. 이곳은 자신 스스로를 돌아보면 남은 몰라도 자기는 잘 안다. 오히려 "숨기는 것보다 더 잘 드러남이 없다" 함으로 숨기려 하면 할수록 자신은 더 잘 안다는 것이다.[384]

결국 주희는 이곳을 소학공부인 "쇄소응대의 존양공부"할 곳이라 한다. 이천은 다음과 같이 말한다.

孝弟 가운데에 나아가면 性을 다하고 命에 이를 수 있다(盡性至命). 쇄소응대와 진성지명은 모두 하나의 일이며 본말도 없고 精粗도 없다.[385]

효제는 일을 만나기 이전으로, 즉 미발 존양의 일이다. 이곳이 희노애락 미발 공부이며 또 대학 성의·정심의 일이다. 주희는 이곳 공부를 가장 근본으로 삼았고, 『소학』이라는 책을 편찬한 이유이다. 『소학』 첫 장 첫 구절은 "「열녀전」에서 말하기를, 옛날 부인이 임신했음에 잠잘 때 옆으로 기울지 않았고, 앉을 때는 기울여 앉지 않았다. 부정한 맛을 먹지 않았고, 썬 고기가 바르지 않으면 먹지 않았다. 이와 같이 하면 자식을 낳음에 용모가 단정하고 재주가 보통사람보다 뛰어날 것이다"[386]이다. 이는 공자의 일상 행동거지를 기록한 『논어, 향당편』과 일치한다. 이러한 공부 방법이 바로 미발의 중덕을 쌓는 일이고, 이러한 중덕을 쌓으면 그 이발도 스스로 중절해서 "천지의 화육"을 이룸이 가능하다 함이다.

---

383) 程子所以每言孟子才高, 學之無可依據, 人須是學顏子之學, 則入聖人爲近, 有用力處, 其微意亦可見矣. 且如灑掃應對進退, 此存養之 事也(『문집』권32, 「答張欽夫」15, 1420쪽)

384) 주희는 『대학, 경1장』 "誠意"에 대해 "성은 實이고, 의는 심의 所發이다. 그 심의 소발을 實되게 해서 반드시 自慊하고 無自欺 하고자 함이다" 하고, 또 「전6장(성의장)」 "愼其獨"에 대해 "獨은, 남은 不知하나 자기만 홀로 아는 지점"이라 한다. 이는 『중 용, 수장』 "莫見乎隱, …愼其獨" 아래 주석한 "獨者, 人所不知而己所獨知之地也"와 완전히 같다.

385) 就孝弟中便可盡性至命. 至如洒埽應對與盡性至命, 亦是一統底事, 無有本末, 無有精粗(『정씨유서』권18, 171조, 225쪽)

386) 列女傳曰, 古者, 婦人妊子, 寢不側, 坐不邊, 立不蹕, 不食邪味, 割不正, 不食, 席不正, 不坐, 目不視邪色, 耳不聽淫聲, 夜則令瞽誦 詩, 道正事. 如此則生子, 形容端正, 才過人矣.(『소학, 入教第一』)

- 121 -

그렇다면 주희의 의도도 분명해진다. 불교는 깨달음의 허심을 말하지만, 성인의 학문은 오히려 미발 공부를 "實"하게 할 것을 강조한다. 그것은 깨달음이 아닌 구체적 실로서의 "일용"공부이며 그 방법은 '공손의 행위, 책을 읽는 행위, 청소하는 행위' 등이다.

정주는 사람 마음의 희노애락 미발·이발 즈음에서 그 실제의 공부 방법을 찾은 것이다. 때문에 주희는 『중용, 수장』에서 "실학"이라 했고, 이는 소통·교류만을 논함은 아니다. 교류의 전후에서 경 공부를 일용함으로써 그 발은 중절의 소통이 가능하다. 결국 정주는 "횡거의 청허일대는 별처에 떨어짐"(하92)이라 하고 이를 『중용』 '미발·이발의 경 공부'와 또 주희가 죽기 직전까지 고친 "뜻을 정성스럽게 하고 마음을 바름으로 유지하는 일"(『대학』, 성의·정심)로 대체한 것이다. 이는 『주역』 "천지 자연의 이치" 및 깨달음, 태허, 허무 등을 극복해서 이로써 『중용』의 실용공부 방법인 이른바 '중화신설'로 제시한 것이었다.

고봉의 칠정사단론_(100꼭지)

1

느낌은 本이고, 희노(칠정)는 자사의 說이다

지금 학자들은 모두 『중용』 "희노애락"(칠정)을 '정의 총칭'이라 하면서 곧바로 "性發爲情"(하187)의 의미로 통합한다.387) 그러나 이는 큰 잘못이다. 외물에 느끼는 사람 감정은 인류가 함께 교류하는 마음 본연의 것이다. 사람 마음에 "감물의 정이 있음은 자연의 이치"(상107. 하191)이며 이러한 사람 본연의 느낌은 '설'이 아닌, '實'이다. 설은 그 감정에 대한 '목적'으로서의 가리킴이 있으며 여기서 비로소 '명칭'이 성립된다. 이미 선유가 명칭을 붙였다면 거기에는 그에 합당한 소지 및 종지가 반드시 있으며 그것은 선유 각자의 '공부'를 찾기 위함이다. 사람 느낌에 "선악이 있음은 고연의 이치"(상3)이기 때문이다. 또 문제는, 학자들은 이러한 공부의 의미를 빼고 "선유의 이미 이루어진 설을 이치로 여겨"(상51) 이해한다는 점이다.

외물과 교류하는 사람 "감정은 하나(一情)"(상63)인데 자사는 "희노애락"을 통해 천명의 중화를 설했고, 맹자 역시 자신의 목적에 알맞게 "측은지심"으로 확충과 성선을 설했다. 사맹은 사람 공유의 느낌(實)을 각자 다르게 '설'하고 또 둘의 다른 '이름'을 붙인 것이다. 결국 이러한 '名'과 '說'도 사람 본연의 느낌이 있기 때문에 가능했던 것이다.

주희는 「악기」 "사람으로 태어나 [심 미감의] 靜은 하늘의 성이고, 외물에 感해서 動함은 성의 욕구이다"(상107)에 대해 다음과 같이 풀이한다.

> 이는 性情의 묘를 말한 것으로 태어난 사람은 모두 있는 것이다. 사람은 천지의 中(미발·이발의 중덕)을 받아 태어났고, 그 미감에서는 순수 지선하며 萬理를 갖추었으니 이른바 性이다. 그런데 사람이 이러한 성이 있으면 곧바로 이러한 형체가 있고, 이러한 형체가 있으면 곧바로 이러한 심이 있으며, 심은 외물에 대한 感이 없을 수 없다. 외물에 감해서 動하면 곧바로 성의 욕구라는 것이 나오니 선악은 여기서 나뉜다. 성의 욕구가 곧 이른바 정이다.(하143)388)

---

387) 퇴계의 "리·기 호발", 율곡의 "기발리승일도"는 리기가 먼저일 뿐, 사람 본연의 느낌에서 논하지 않으며 또 칠사 본설로 고찰하지도 않는다. 중국의 진래는 "정을 사람의 정감 활동을 의미하는 것으로 보고 칠정을 그 구체적 내용으로 삼았다", "정은 일반적 의미의 희노애락의 정감활동"(『주희의 철학』, 이종란 외역, 예문서원, 2002, 234~5쪽)이라 하여 '느낌(一情)'과 '칠정(說)', 그리고 사맹의 칠·사 '두 설의 종지'을 구분하지 않는다.

388) 此言性情之妙, 人之所生而有者也. 蓋人受天地之中以生, 其未感也, 純粹至善, 萬理具焉, 所謂性也. 然人有是性則卽有是形, 有是形則卽有是心, 而不能無感於物. 感於物而動, 則性之欲者出焉, 而善惡於是乎分矣. 性之欲, 卽所謂情也.(『주문공문집』권67, 「악기동정설」, 3263쪽)

이곳은 자사의 희노애락 및 맹자의 측은지심을 논함이 아니다. 느낌이 먼저고 사맹의 설은 이후이다. 느낌을 '靜과 動' 둘로 나누면, 마음이 외물과 접하지 않았을 때는 정, 마음이 외물에 접하면 곧바로 동한다. 외물과 만나지 않았는데 그 외물에 대한 느낌이 먼저일 수는 없다. 이런 마음은 이미 생각 혹은 감정이 생긴 것이다. 주희의 "사려의 미맹과 사물이 이르지 않았을 때"[389]가 이곳이다. 이 즈음은 외물에 대한 아무런 선입견이 없는, 즉 "靜(고요함)"으로서의 "하늘의 성"이다. 누구든 혹은 자기 자신도 이런 靜으로서의 마음 상태는 볼 수가 없다.(불교 '관심설'이 됨)[390] 보고자 한다면 이미 動일 수밖에 없기 때문이다.(미발 즈음을 주희는 '물뿌리고 쓰는' 소학 공부할 곳이라 함) 이를 「악기」의 저자는 未感의 "하늘의 성"이라 하며 이때 외물에 접하면 마음은 즉시 "感"한다. 이것이 마음의 "동"이며 "성의 욕구"이다. 주희는 이러한 동정을 "성정의 묘함으로 사람이 나면서부터 있는" 자연의 일이라 풀이한 것이다. 이를 장재는 다음과 같이 논한다.

> 마치 사람의 몸 전체가 하나로 관통함과 같아서 접촉하면 즉시 느끼니, 마음을 여기에 이르게 한 이후 억지로 느끼는 것은 아니다. 이는 『역전』 "느끼면 통하며 이는 질주하지 않아도 빠르다"와 같다.[391]

사람의 신체는 하나로 연결되므로 가령 몸에 상처를 입으면 억지로 느끼지 않아도 아프다. 때문에 『역전』에서 "질주하지 않아도 빠르다", 「악기」에서도 "감물로 동함은 성의 욕구이다"고 한다. 이러한 자연의 느낌을 자사는 희노애락이라는 이름으로 천명의 중화를 '말'했고, 맹자는 측은지심이라는 이름으로 확충과 성선을 '논'한 것이다.(상3)

느낌은 사람 본연의 일이고, 사맹은 이러한 느낌 전후를 칠정과 사단이라는 이름의 설로 공부에 관해 언·론했다. 다만 고봉이 칠정을 "정의 전체"(상3)라 한 것은 "미발·이발"과 그 효용인 "화육"까지 모두를 포괄하기 때문이다. 따라서 지금 모든 학자들과 같이 자사의 칠정을 곧바로 '정의 총칭'으로 여기면 사람 본연의 '感의 實'(一情)과 『중용』의 천명·중화라는 '名의 說'이 구분이 없게 되고, 또 자사의 설이 맹자의

---

389) 주희는 「이발미발설」에서 "思慮未萌과 事物未至의 時이다. 이때가 곧 心體의 流行과 寂然不動의 處이니, 天命之性의 體段이 갖추어져 있다"(『주문공문집』권77, 3267쪽)고 한다.

390) 주희는 여대임의 실수에 대해 "여씨는 未發의 前에 中을 구하여 잡고자 했으니, 진실로 이러한 이치는 없다. 이는 心으로 心을 觀함을 면치 못한 것이다",(『문집』권46, 「答黃商伯」3, 2131쪽) "여씨의 병근은 未發之前에 이른바 中이라는 것을 見하고 求해서 잡고자 함에 있으니, 浮屠에 빠지지 않은 자가 드물 것이다"(『중용혹문』상18, 563쪽)고 하여 여대임과 불교를 비판한다. 주희는 불교의 "관심"을 비판해서 「관심설」을 썼다.(『문집』권67, 「觀心說」, 3278쪽)

391) 一故神, 譬之人身, 四體皆一物, 故觸之而無不覺, 不待心使至此而後覺也, 此所謂感而遂通, 不行而至, 不疾而速也.(『근사록』「도체」49) 이 말은 『역전』"寂然不動, 感而遂通"을 해설한 것이다.(「계사상」10)

목적이 있는 사단설까지 포함(율곡의 칠포사)하게 되고 만다. 자사는 진실로 확충과 성선을 논한 적이 없다. 이러한 병통은 "두 설을 [성정으로] 합"(하153)해서 구별하지 않음에서 일어난 것으로, 즉 주희가 말한 선유의 종지가 전혀 다른 각자의 설을 리기의 "매사 한 덩어리로 합하고자"[392] 하는 이른바 "골륜탄조"(상43)의 폐단인 것이다.

2
희노애락, 천명, 중·화 등은 치우침 없음이다

사람 감정은 반드시 외물과의 감촉으로 발하며 누구나 있는 일이다. 고봉은 "외물에 느껴서 動하는 사람 감정은 자연의 이치"(상107)라 하면서 단 감정에 "선악이 있음은 고연의 이치"(상3. 하191)라고 한다. 그런데 사람 느낌이 외계 사태를 사실 그대로 반영하는 것은 성인이 아니면 매우 어렵다. 다만 고봉은 자사의 칠정은 '치우침 없음'으로 논했다고 한다.

> 정은 진실로 겸리기·유선악인데, 자사는 이러한 리기 묘합 가운데 나아가서 혼륜으로 설명한 것이다.(상63)

이른바 "혼륜"은 합리기가 아닌 리도 있고 기도 있으며, 선도 악도 있어서 칠정은 이 "모두를 다한 것"(상3)이라 함이다. 칠정이 리만 혹은 기만 있다 할 수는 없다. 이를 고봉은 "칠정이 어찌 겸리기·유선악이 아니며, 자사의 말씀에 어찌 치우침이 있겠는가"(상98)라고 한다.

자사는 칠정을 치우침 없이 말씀한 것이지만, 그렇다고 천명 및 중·화까지도 기나 악을 겸한 것은 아니다. 천명 및 중화는 칠정의 '바름'으로 논한 것이기 때문이다. 『중용』 본문을 보자.

> 희노애락 미발을 중이라 하고, 발하여 모두 중절한 것을 화라 한다.(상2)

---

392) 伯恭(여조겸)은 講論을 심히 좋아하나 단 每事를 鶻圇의 一塊로 說作하고자 한다.(『문집』권39, 「答范伯崇」11, 1786쪽) 퇴계는 사칠도 본래 혼륜(겸리기)이라 하고 이를 골륜탄조라 하지만, 그러나 칠사 본설 소지·종지를 합쳐서 리기로 논하는 것이야말로 오히려 주희가 말한 골륜이다.

자사는 희노애락의 공부로 얻은 '중·화의 덕'을 논했을 뿐이다. 주희는 "중화는 성정의 덕이며 도의 체용"(상94)이라고 한다. 요컨대 중화의 덕과 도는 반드시 희노애락 전후 미발·이발의 공부로 이룩된 것이어야 한다. 공부가 아닌, 덕 스스로 도의 체용을 이룰 수는 없기 때문이다.

자사는 또 "천명지성"과 "미발의 중", "중절의 화"의 각각까지도 치우침 없이 말했다. '치우친 없음' 만이 천지의 "위육(化育·發育)"을 창조할 수 있다는 것이다.(수장, 22·27·32장) 천명지성에 대해 주희는 아래와 같이 논한다.

> 천명지성은 혼연일 뿐이다. 그 체로 설명하면 중이고, 용으로 설명하면 화이다. 이것이 천명 전체이며, 사람이 받은 것도 이 리 전체이다.[393]

천명지성은 혼연 하나인데 체용으로 논하면 중·화이고, 중화는 사람이 받은 바의 천명지성인 "혼연 전체"(상79)이다. 따라서 천명에 대해 미발의 중 혹은 이발의 화만 논하면 치우침이 되고 만다. 천명지성은 중화를 함께 논해야만 그 전체이며 때문에 고봉은 "그 발하여 중절한 것은 결국 천명의 성이다"(상64)고 하여 그 혼연을 발현자까지 포괄한다.

주희는 "미발의 중"도 치우침 없음으로 논한다.

> 희노애락의 "미발"은 [천명지]성이며, '치우침과 기댐(偏·倚)이 없기' 때문이 "중"이라 이른다.(상94)

주희는 미발의 중을 "혼연의 在中(혼연한 성이 중의 덕으로 있음)"이라 하여 다음과 같이 논한다. "그 미발에 [천명지성은] 혼연한 중으로 존재(在中)하니 '치우침과 기댐(偏·倚)이 없기' 때문에 '중'이라 이른 것이다."(상95) 즉 미발의 중은 치우침과 기댐이 없는 '在中'으로서의 중덕의 표상이다.

또 중절한 이발의 "화" 역시 '어그러짐이 없음(乖·戾)'이라 한다.

> "발해서 모두 중절한 것"은 정의 바름이며, '어그러짐과 괴벽함(乖·戾)이 없기' 때문에 "화"라 이른다.(상94)

---

393) 天命之性, 渾然而已. 以其體而言之, 則曰中, 以其用而言之, 則曰和. 此天命之全也, 人之所受, 蓋亦莫非此理之全.(『문집』권67,「중용수장설」, 3265쪽)

이를 주희는 "급기야 발해서 모두 그 마땅함을 얻으니, 이때 '어그러짐과 괴벽함(乖·戾)이 없기' 때문에 '화'라 이른 것이다"(상95)고 한다.

미발의 "중"은 '치우치거나 기댐이 없음의 재중'이고, 이발의 "화"도 '어그러짐과 괴벽함이 없음'의 中(시중)이다. 주희는 이를 도의 체용으로 논한다. "미발의 중은 성의 상황(狀性)으로서의 德이며 도의 체다. 이발의 화는 정의 바름을 드러낸(著情) 도의 용이다. 천명지성은 사람 마음에 갖춘 체용 전체이며, 성인과 일반인에 가손이 없다."(상95) 모두 천명의 체용으로서의 중화이며, 도의 체용이다. 이러한 체용은 희노애락의 공부로써 그 존재를 표현하고 드러낼 수 있는 것이다.

반면 퇴계는 "기에서 발한 것은 칠정"이며 "칠정은 형기의 묘맥"이므로 반드시 "리 본체가 될 수 없다"(상24~25)고 주장한다. 하지만 이러한 "기발" 등은 자사 종지인 천명·중화와도 다르지만 설사 "주기"라 해도 자사 소지에서 치우친다. 천명과 중·화를 '치우친 기'라 해서는 안 되기 때문이다.

고봉이 퇴계 문인인 허엽의 "도를 형이상·하에 분속하니 장탄식이 난다"(「사단칠정후설」 서문)고 한 것은 퇴계에게 한 말이다. 퇴계는 이보다 더 심해서 아예 천명의 성을 "기가 발한 것"이라 하고 "공자의 희노도 기발의 혼전(순수가 아니라는 뜻)"(상282)이라 하기 때문이다. 이에 고봉은 "화의 달도를 어찌 주희가 기발이라 했겠는가"(하137)라고 하는데, 달도의 화는 천명지성의 용인 도이며, 도는 결코 '기가 발한 것'이라 할 수 없기 때문이다.

3

고봉이 제시한 칠정설은 총 5설이며 모두 도통론이다

감정은 사람 마음의 자연의 것이다. 느낌이 없는 사람은 없으며 성인과 어리석은 사람이라고 해서 서로 다르게 느끼지는 않는다. 만약 발동의 근원이 다르다면 인류의 느낌은 서로 어긋나서 교류·소통이 불가함이 되고 만다. 모두 함께 느낌으로써(맹자 '여민락') 소통은 가능하다. 반면 퇴계는 사칠은 본래부터 근원(소종래)의 피(혈맥)가 각자 다르다고 한다. 때문에 고봉은 심의 감정 유출 경로를 아래와 같이 고찰한다. 주희 「악기동정설」이다.

1) 사람은 천지의 中을 받아 태어났고, 그 외물에 感하지 않았을 때는 순수 지선이니 이른바 性이다. 그런데 사람이 성이 있으면 곧 형체가 있고, 형체가 있으면 곧 心이 있어서 感物이 없을 수 없다. 감물로 動하면 성의 욕구가 나오는데, 선악은 여기서 나뉜다. 성의 욕구가 곧 이른바 情이다.(하143. 상107)

사람은 누구나 "중"인 "명덕"(『대학』)을 받았고, 이러한 덕은 외물 미감의 즈음에는 "순수지선"이다. 비로소 외물에 느끼면 "성의 욕구"가 나오니 이것이 "이른바 정"이다. 이러한 "성의 동"은 감물 즈음에서 "외물과 마주칠 때 이때 리가 끼어들어 動(發)하지는 않는다."(상108) 마음이 외물에 느끼지 않았을 때는 "靜인 하늘의 성"이다.(상107) 이곳은 인욕의 작위가 없으며, 외물에 접하지 않았는데 먼저 느낌이 있다 할 수는 없다. 이때의 심을 보려 하면 즉시 불교 '觀心'이 되고 만다.

이러한 「악기」 동정설을 이어받은 것이 이천의 「안자호학론」이다.

2) 천지의 저장된 정기에 오행의 빼어남을 얻은 것이 사람이니 그 근본은 참되고 고요(靜)하다. 그 미발에는 오성을 갖추었으니 이를 인의예지신이라 한다. 형기로 기왕 생겼음에, 외물이 그 형기에 접촉하면 중에서 動하고, 그 중이 동해서 칠정이 나오니 이를 희노애락애오욕이라 한다.(상159)

주희는 이 설에 대해 "이곳의 이른바 '靜'은 외물에 감하지 않았음을 가리킨 것으로, 이 未感의 때 심에 보존된 바는 혼연의 천리이니 아직 인욕의 작위가 없기 때문에 「악기」에서도 '하늘의 성'이라 했다"고 하면서, "다만 이러한 미감의 때 평상시 함양의 공부가 있어야만 일에 임함에 그 진망을 식득할 수 있지, 망연히 주재함도 없다가 일이 이른 뒤에야 안배하고자 하면 이미 느슨해져서 일에 미칠 수 없게 된다"고 한다.(상159) "평상시"는 마음이 외물과 만나지 않았을 즈음이다. 이 즈음이 곧 『중용』의 이른바 "미발의 중"이다. 『중용』은 미발에 더해 이발까지 말한다.

3) 희노애락 미발을 중이라 하고, 발하여 모두 중절한 것을 화라 한다.(상2)

주희는 "악기 및 호학론의 '動'자는 중용의 '發'자와 다름이 없다"(상159)고 한다. 「악기」 "중이 動해서 성이 나옴", 「호학론」 "중이 動해서 칠정이 나옴", 『중용』 "미발의 중이 發함" 등은 모두 천명지성의 動과 發이다. 때문에 주희는 "'인생의 고요함(靜)은 하늘의 성'이라 함은 마음의 느낌이 있지 않을 때이며 혼연 천리이다. '사물에 느껴서 동함은 성의 욕구'라 함은 그 느낌이 있음을 언급한 것으로 '리의 발(理之發)'을 말함이다"394)고 하여 칠정은 '리의 발'임을 분명히 한다.

고봉은 여기에 주희의 스승 '이동의 설'을 인용한다.

> 4) 연평이씨(이동)는 말하기를 "그 미발은 이른바 中이며 性이다. 급기야 발하여 중절하면 和라 이른다. 화와 불화의 다름은 기왕 발하고 난 이후 보이니, 이는 情이며 性은 아니다. 그러므로 맹자는 '성선'이라 하면서 '情으로 선을 삼을 수 있다'고 하니 이 설은 자사에서 나왔다"고 한다.(상96)

맹자 성선설은 『중용』 칠정설에서 나온 것이다. 왜냐하면 그 "성선" 논증은 다름 아닌 "그 정"을 통해서이고, 『중용』 '미발·미발, 중·화의 천명지성'은 하나로 관통된 체용의 一性이며, 이외 다른 성은 없기 때문이다. 주희의 이른바 '도통론'이다.

또 하나 '정명도 칠정설'이다. 퇴계는 명도 「정성서」의 이른바 "怒"를 "기발이다"(상289)고 하지만, 고봉은 "이곳의 '노'는 불중절을 가리킨 것"(하77)이라 한다. 명도 종지는 반대로 '자신의 노를 잊음으로서 외물의 노에 그대로 순응함'에 있다는 것이다. 본문을 보자.

> 5) 성인의 희는 物로서의 마땅히 喜함이며, 성인의 노는 物로서의 마땅히 怒함이다. 따라서 성인의 희·노는 心에 얽매이지 않고 오히려 物에 얽매인다. 성인이 어찌 物에 應하지 않겠는가! 지금 자기의 사사로움과 얕은 지혜를 쓴 희·노로 성인 희·노의 바름을 본다면 어찌 하리오!395)

퇴계가 인용한 "忘怒"의 '노'는 "사사로이 자기 지혜를 쓴 노"이며 이는 외물에 순응하지 못한 불중절의 노이다. 때문에 명도는 "適道(도에 들어맞음)"를 위해 "급거 노를 잊어야 한다"고 한다. 이로써 "외물이 오면 순응"할 수 있으며 성의 "當怒"가 된다는 것이다. 이는 『중용』 희·노와 같다. 『중용』의 "노"는 중화인 "도의 작용"(상94)이다.

고봉은 "이천 「안자호학론」과 주자 「악기동정설」은 『중용』의 종지와 합치되지 않음이 없다"(상97)고 하면서 "이천, 연평(이동), 회암(주희) 등 제 선생들의 논의가 모두

---

394) 人生而靜, 天之性者, 言人生之初, 未有感時, 便是渾然天理也, 感物而動, 性之欲者, 言及其有感, 便是此理之發也.(『문집』권42, 「答胡廣仲」5, 1901쪽)

395) 聖人之喜, 以物之當喜, 聖人之怒, 以物之當怒. 是聖人之喜怒, 不繫於心而繫於物也, 是則聖人豈不應於物哉 …今以自私用智之喜怒, 而視聖人喜怒之正爲如何哉(『정씨문집』권2, 「答橫渠張子厚先生書」, 460쪽)

이와 같으니 후학이 어찌 별도의 다른 義를 내겠는가?"(상98)라고 하여 퇴계의 '주기·독기의 칠정'을 비판한다. 중용 제설의 칠정은 모두 공부로서의 도를 논한 주희의 이른바 '도통론'이다. 추만 「천명도」의 "칠정"(3회)이 곧 미발·이발의 "존양·성찰"을 논한 것으로 추만은 이로써 천명의 상하 온전을 빠짐없이 드러냈다고 하겠다.

4
칠정을 '氣之發로 해석'할 수 있는 4가지 이유

학자들은 모두 고봉이 '칠정 氣之發을 용인'해서 결국 퇴계의 뜻에 따른 것이라고 하지만, 그러나 전혀 그렇지 않으며 오히려 정 반대로 '심하게 부정'한 것이다. 이러한 오해는 퇴계의 답변에서 유래하며, 즉 퇴계의 심각한 오독을 학자들은 모두 그대로 믿은 것이다.[396]

사람 감정은 외물에 대한 느낌이다. 이러한 느낌 전후에서 자사는 "희노애락"이라 이름하여 천명·중화 및 인류의 창조적 "화육" 등을 논한다. 공자는 안자의 "불천노"의 노를 말했고, 이천은 「안자호학론」에서 "칠정" 공부로 "성인에 이르는 길"을, 명도도 「정성서」에서 "성인의 희노는 외물에 순응한다"고 한다. 모두 외물과의 관계에서 공부로 중화를 이루고 또 외물과 중절하지 못할까를 우려한 것이다.

반면 퇴계는 "리·기가 호발"(상246)해서 사·칠이 나온다고 하면서 "사단이 리발이므로 칠정이 기발이다"(상274)고 선언한다. 모두 자신의 "심의 느낌"[397]으로 논함이 아니며 또 자신의 공부가 빠진 '사·칠 이름만' 들어서 리발·기발로 각자 분리한 것이다.

느낌은 외물과의 관계에서 발하므로 모두 중절한다고 해서는 안 된다. 오히려 중절하지 못할까를 우려함이 사람의 진정한 마음이다. 만약 "단지 자신을 무불선으로 여긴다면"(하97) 스스로의 공부가 없는 외물과의 교통을 끊음이 되고 만다. 고봉은 이러

---

396) 퇴계는 「후설」과 「총론」에 대해 답변하기를 "그대는 구견의 차오를 분별해 냈고, 이로써 [나 혹은 정주의] 新意에 종사했다"(하154)고 하면서, 또 "처음에는 들쭉날쭉 달랐는데 마침내 같음으로 돌아왔다",(하156) "진실로 그대의 명견·숙론이 지금 양 설의 통투·탈쇄와 같았다면 어찌 우리의 다름이 있었겠는가?"(하158)라고 한다. 이 언급 등 모든 답변은 고봉의 「후설·총론」 본의와 완전히 다르다. 답변의 심각한 오류 한 예를 보면 "희노애락을 인의예지에 배합한다 함은 진실로 상사는 있으나 미진하다"(하157)고 한다. 그러나 고봉은 "칠정설과 사단설은 각자의 一義이므로 혼합해서는 안 되며"(하153) "두 설은 상사가 없다"고 하여 칠·사 두 설은 "짝으로 배열"(하152)해서는 안 된다고 한 것이었다.

397) 주희는 "感於物의 것은 心이며, 그 動의 것은 情이다. 정은 性에서 根하며 心에서 主宰한다. 孺子入井을 乍見함은 '心之感'이다"(「문집」권32, 「問張敬夫」6, 1395쪽)고 하여 감정은 심의 느낌이며, 심으로 공부해야 한다고 한다.

한 의미로 '칠정의 氣之發'을 논한다. 하나는 해석 측면이고, 하나는 공부 측면이다. 『주자어류』 "칠정, 是氣之發"을 고봉은 아래와 같이 '해석'한다.

> 1) 자사의 칠정은 겸리기, 유선악이다. 그런데 그 발한 바는 오로지 기는 아니나 또한 기질의 잡이 없을 수 없다. 때문에 주자는 "是氣之發"이라 한 것이니 이는 '기질지성의 설'과 같다.(하147)

기질지성은 "리가 기질에 타재함"(상89)의 설이다. 칠정도 기왕의 정이므로 기이지만 자사는 반드시 중화를 논했다. 자사는 칠정이라는 실제의 공부를 통해 중화와 화육을 논했고, 현실의 칠정이 아니면 공부로서의 중화의 덕을 이룰 수 없다. 중화는 칠정 공부를 통해 가능하므로 따라서 『어류』 "시기지발"은 당연하다. 이는 칠정에 대한 '해석(뷴)'이다.

한편 고봉은 또 그 해석인 "是"자를 빼고 곧바로 '기의 발(氣之發)'로 말할 수 있다고 한다.

> 2) 칠정이 비록 겸리기지만, 리는 약하고 기는 강하여 심이 관리·관섭하지 못하면 쉽게 악으로 흐른다. 때문에 '氣之發'이라 한다.(하148)

이곳도 '공부'로 논한 것이다. "리가 기를 타고 발현함에 리는 약하고 기는 강해서 그 유행의 즈음을 심이 관섭하지 못하게 되면, 이때 과불급의 차오가 없을 수 없다." (상171·8) 이곳은 미발 工夫처가 아닌, 이발 功夫처이다. 만약 감물 이전 미발 공부를 이루면 자연히 중절할 것이지만, 단 느낌은 이미 발처에 떨어진 것이다. "리약기강" 이라 한 이유이다. 이때는 심이 관리·관섭을 못할까 우려해야 하며 이러한 의미에서 '기지발'이라 한다.

또 고봉은 「안자호학론」의 "칠정"을 '是氣之發'로 해석할 수 있다고 한다.

> 3) 이천은 「호학론」에서 칠정을 논하여 "정은 기왕 불길로 드세면 더욱 탕진되어 그 성이 뚫린다. 때문에 깨달은 자는 그 정을 심이 제약(約)해서 중에 합치하도록 한다"고 한다. 이렇게 기왕 발현한 칠정이 불길로 드세면 더욱 탕진되므로 제약하여(約之) 중에 합치되도록 하고자 한다 했으니 그렇다면 어류 "七情是氣之發" 또한 당연하다 하지 않겠는가.(하134)

이천은 칠정을 "性의 욕구인 中의 出"(상103)이라 한다. 단 칠정으로 발하고 나면 그것은 이미 "기왕의 드센 불(既熾)"이 되고 만다. 고봉은 이러한 기왕 드센 불을 '불길로 드세진 칠정'으로 해석한다. 그리고 "그 정을 제약해야 한다(約其情)"의 約자를 '約之'로 해석하고 그 칠정을 '제약해야 하는 功夫(約之)'로 여긴다. 기로 기왕 발현된 칠정은 금방 탕진될 수 있으므로 이를 '심으로 살피고 제약해서 중에 합치하도록 해야 한다'는 의미라면 이 역시 어류 "是氣之發"의 뜻에 부합할 수 있다.

또 하나, 七情之發에 있어서의 '성찰과 극치' 공부이다.

> 4) 칠정은 겸·유의 리기의 발현자이다. 그런데 리의 발하는 바(所發)에서 심이 혹 기를 주재하지 못하거나, 혹은 기의 흐르는 바(所流)에서 또한 심이 리를 가릴 수도 있다. 그러므로 학자들은 七情之發에 있어 省察하여 克治 공부를 해야 하지 않겠는가.(하150)

이곳은 칠정지정(자사)이 아닌 '칠정지발'의 발처이다. 발처는 심의 감물로서의 발이며 심이 주재한다. 주재가 곧 공부이다. 이곳은 고봉이 말한 "기의 感에 리가 탄다"(하61)와 같다. 칠정지발은 이미 발인 '소발'이므로 존양이 아닌 "성찰" 공부이고, 이미 "흐르는 바"에 있으므로 "극치" 공부이다. 리의 所發과 기의 所流를 마음이 성찰·극치하지 못하면 악에 흐른다. 고봉은 "'인욕이 천리를 가린다'고 하신 말씀은 深察과 克治之의 공부이다"(상149)고 하여 발로서의 인욕은 살핌과 극복해야 할 공부의 일이라 한다.

이상과 같이 고봉은 칠정을 '氣之發로 해석'할 수 있는 이유에 대해 1)기질의 잡이 없을 수 없으므로 是氣之發이라 함, 2)쉽게 악으로 흐르므로 氣之發이라 함, 3)그 칠정을 제약해야 하므로 是氣之發이라 함, 4)칠정의 발은 성찰·극치의 공부를 해야 함 등으로 논변했다. 모두 퇴계의 리기 "호발의 주기" 혹은 "사칠의 대거"에 동조함이 아닌, 매우 강력하게 반대한 것이다.

5

사단설은 '확충, 성선, 불중절, 성선의 체용' 등 4설이 있다

맹자는 "측은지심"을 두 곳에서 논했다. 하나는 「공손추상」 "확충해야 함(사단)"이고, 하나는 「고자상」 "성은 선하다(성선)"이다. 모두 "측은지심"이라 했지만 두 설의 종지는 전혀 다르다. 고봉은 이 2설을 먼저 각자 분별하고, 이어 "사단 불중절의 설"과 "성선의 체용설" 등 2설을 추가로 고찰해서 총 4설을 제시한다. 그것은 퇴계가 "사단지발은 심의 겸리기에서 인의예지의 수연한 在中의 단서이다"(상23)고 했기 때문이다. 이곳 발, 심, 겸리기, 재중, 단서 등은 중용의 발과 在中,(상111) 단서의 확충설, 선의 성선설, 겸리기의 기질지성 등 제설이 마구 혼합·혼란되어 구분이 없다. 퇴계는 "사단 불중절의 설(주희 본설임)은 사도에 해로운 어긋난 설이다"(상308)고 한다.

"사단을 확충해야 함"과 "성은 선하다"는 2설은 종지가 서로 다르며 하나로 혼합 이해해서는 안 된다. 먼저 「공손추상」 확충설을 보자.

1) 측은지심은 仁의 端이다. ···사단은 나에게 있으니(有) 모두 '미루어 넓혀서 확충할 것(擴而充之)'을 알아야 한다.(하133)

고봉은 이에 "이렇게 나에게 있는 사단의 端을 확충하고자 했으니 주자의 '四端是理之發'도 진실로 당연하다",(하133) "맹자는 사람들로 하여금 '넓혀 확충하고자 한' 것이니 학자는 '四端之發'에 있어 체인 확충해야 하지 않겠는가"(하149)라고 한다. 이곳은 '사단지발'인 곧 밖으로 발현된 이발의 사단만 논했다. 이는 성선설인 '四端之情'과 다른데, 왜냐하면 "生知의 성인이 아니라면 그 소발의 사단은 반드시 수연의 천리로 보장할 수 없고, 단지 사단을 무불선으로 여겨 확충하고자 한다면 그 선을 밝히기에 미진하며, 힘써 행함에 혹 착오가 날 것"(하97)이기 때문이다. 다시 말해 확충설은 '단서인 이발'만 논했지만, 그러나 미발도 있다. 주희는 여기에 "심통성정"으로 주석하여 "심의 체용"에서의 '용'이라 한다.398)

한편, 고봉이 성선설에 대해 "성선은 四端之情의 무불선으로 맹자의 소지"(상160·170)라고 한 것은 곧 "정에서 그 무불신의 것만 뽑아내 설명한 것"(하146. 상147)이라 함이다. 위 사단지발이 아닌 '사단지정'이다. 「고자상」 성선설은 다음과 같다.

2) 지금 선생께서는 "성선"이라 하시니 그렇다면 저들의 성설은 모두 그르다는 말씀인가? 맹자는 말하기를, 나는 '그 정으로 선을 삼을 수 있다(其情則可以爲善)'고 함이니, 나의 이른바

---

398) 주희는 이곳 "측은지심"에 주석해서 "맹자는 情上에서 심을 본 것이다", "심은 성정을 통섭한 것이다"고 한다. 측은지심은 정인데 맹자는 '심'으로 논했고, "심의 체용" 중의 '용'이다. 주희는 심의 체용에 대해 『주역』 "寂然不動과 感而遂通"(「계사」)을 들어 "적·감은 心으로 말한 것"(『문집』권67, 「易寂感說」, 3258쪽)으로 즉 "적·감은 심의 체용이다"(『문집』권51, 「答董叔重」7, 2366쪽)고 한다. '感'은 정이다. 寂然의 '미발'과 感動으로서의 '이발'은 심의 체용이다. "심의 적연과 감통은 두루 유행해서 관철되니 그 체용은 처음부터 떨어지지 않는다."(『문집』권32, 「答張欽夫」15, 1419쪽) 호상학의 "단예설"을 비판한 이유이다.

‘[성]善’을 주장하는 근거이다.(상96) …측은지심은 인이고 수오지심은 의이다.

맹자는 성선을 곧바로 말하지 않고 “그 정(其情)”으로 성선을 논증했다. ‘그 정’이 이른바 “측은·수오이며, 이는 그 정의 善者만 뽑아내 설명한 것”(상81)이다. 성선 여부는 사람의 심·정으로는 직접 알 수 없고 단지 묵식할 수밖에 없다. 형이상이기 때문이다. 다만 성선은 정으로 논증할 수 있는데, 방법은 성선의 본체를 현실로 드러난 작용인 측은의 선으로 가능하다. 주희는 확충설과 성선설을 다음과 같이 구별한다.

> 전편(「공손추상」)은 이 넷을 인의예지의 端이라고 했다. 그런데 여기(「고자상」)서 端을 말하지 않은 것은, 저기는 ‘확충’하고자 함이고 여기는 곧바로 [인]의 用에 인해서 그 ‘본체’를 드러냈다. 때문에 말에 不同이 있는 것이다.399)

「공손추상」의 “단”은 “단서를 확충하라” 함이고, 「고자상」의 “측은지심은 仁”이라 함은 用으로 인해서 “그 본체를 드러냈다”는 것이다. 즉 “성선”의 형이상을 ‘작용’으로 드러냈다는 것이다. 주희는 ‘성선의 체용’을 구체적으로 다음과 같이 논한다.

> 3) 맹자의 이른바 “性善”은 선의 本體로 言之했으니 인의예지 ‘미발의 선’이 이것이다. 이른바 “선으로 삼을 수 있다(可以爲善)”고 함은 선의 用處로 言之했으니 ‘四端之情과 발하여 중절한 선’이 이것이다.(상160)

“성선”은 성선의 체용에서 ‘작용으로 그 본체를 논증’한 것이다.

한편 맹자는 말하지 않았지만, 주희가 논한 “사단 불중절”의 설도 있다. 맹자는 다만 ‘심의 체용’(사단)과 ‘성선의 체용’(성선)에 대해서만 논했기 때문이다. 성선은 ‘공부’가 빠졌고, 사단도 ‘누구나 확충하는 것’은 아니다. 『주자어류』 “맹자사단”을 논한 곳을 보자.

> 4) 측은 수오에도 중절·불중절이 있다. 만약 마땅히 측은해서는 안 되는데도 측은해 하거나 마땅히 수오해서는 안 되는데도 수오한다면, 이것이 곧 불중절이다.(하96)

이곳에는 ‘사단 불중절’을 논한 곳이 상당히 많다.(하96 주석참조) 맹자가 “사단을 확충하면 四海도 보호할 수 있다”(「공손추상」)고 한 것은 누구나 반드시 사단을 확충한다

---

399) 前篇言是四者爲仁義禮智之端, 而此不言端者, 彼欲其擴而充之, 此直因用以著其本體, 故言有不同耳.(「고자장구상」6)

고 함은 아니다. 제나라 선왕은 한 마리의 소는 보고 측은해 했지만 백성은 사랑하지 않았다. 때문에 선왕에게 스스로를 돌아보면 사단의 단서가 '있을 것(有)'이니 이를 확충해야 한다고 한 것이다. 이는 아이의 우물에 빠지려는 일을 목격하면 누구나 측은의 마음이 '있다'는 것이지 "아이의 일에 이러한 측은의 마음을 반드시 가져야 한다고 함은 아니다."[400) "측은의 일이 있는데도 측은하지 못한 것은 그 본심을 잃은 것이며, 이는 일용간의 공부할 곳"[401)이다. 주희가 "그 充과 不充은 오직 나에게 달려 있을 뿐이다"(정자)라고 주석을 단 이유이다.

6

『어류』 "리발, 기발"은 사·맹 종지를 밝힘이 하나도 없다

『주자어류』 "사단 확충장"(「공손추상」)에서 "사단, 是理之發. 칠정, 是氣之發"(상44)이라 하고, 퇴계는 "주자는 천하 고금의 종사이니 스승을 믿자"(상45)고 한다. 하지만 이 기록은 중용 "칠정" 제설과 맹자 "사단"에 대한 아무런 '정보'가 없고, 칠·사의 '소지 및 종지'에 관한 한 마디 언급도 없으며, 더구나 『어류』 문답 주제는 리·기가 아닌 "칠사 배합"(하152) 문제이다. 칠정 혹은 사단에 대해 리, 기, 성, 정, 심, 겸리기, 유석악 등등으로 해석하는 것은 학자의 무한한 자유이다. 단, 이렇게 논하기 위해서는 사·맹 본설에서 벗어나지 않아야 한다.

자사의 "천명지성, 희노애락, 미발의 중, 중절의 화, 대본"(상93) 등을 후학은 리·기, 성·정 등으로 논할 수 있다. 주희도 주석에서 "희노애락은 정이고, 그 미발은 성이다. 大本은 천명지성이니 천하의 리가 모두 여기로 말미암아 出한다. …천지의 氣"(상94)라고 한다. 희노를 情이라 했으니 그렇다면 '氣'이다. 천명지성과 리의 出이라 했으니 칠정이 '리의 發'인 것도 당연하다. 만약 칠정이 없다면 천명으로서의 중화의 리는 공부가 빠진, 다시 말해 덕과 대본 등 설명·상황·찬탄만 논함이 되고 만다. 칠정으로 인해서 '중화의 덕, 상황과 대본' 등을 논할 수 있었기 때문이다. 주희는 중화인 "성정의 덕"(상94)을 다음과 같이 고찰한다.

---

400) 要推廣充滿得自家本然之量, 不特是孺子入井便恁地(『주자어류』권53, 時擧60, 1769쪽)

401) 且如人有當惻隱而不惻隱, 皆是失其本心. 只此便是日用間做工夫處(『어류』권53, 廣65, 1771쪽)

천명지성은 만리를 갖추었고 희노애락은 각기 '마땅한 바(收當)'가 있다. …중이라 함은 '성의 德을 상황(狀)'한 것으로 도의 체이다. …화라 함은 '정의 바름을 드러낸(著)' 것으로 도의 용이다.(상95)

덕은 칠정이라는 실제의 느낌에 因해서 중화의 상황으로 드러낼 수 있다. 정주는 "중화를 지극히 하면 천지가 제자리(位)에 서고 만물이 발육(育)된다"(「수장」)에 대해 다음과 같이 말한다.

천명의 유행에 이 리를 주재·관섭할 수 있는 것은 心이다. …만물을 發育함에 이른 것은 곧 그 情이다.402)

천지가 서고 만물의 발육을 가능케 하는 것은 다름 아닌 발 즈음의 공부이다. 때문에 자사는 "愼獨"(미발의 외감이 없을 때 삼감)이라 하고 주희도 "戒懼, 謹獨" "나의 氣가 順하면 천지의 氣 역시 順하다"(「수장」)고 주석한다. 기의 순함이 곧 "희노의 바름"(상94·95)이다. 자사와 주희는 칠정 전후의 미발·이발을 '공부할 곳'으로 삼은 것이다. 따라서 자사는 진실로 리, 기 한쪽만 논한 것이 아니다.

맹자 사단 역시 이미 정으로 '나타난 것'이므로 "기이다."(상112) 측은의 기라 해도 그 소지는 리이다. 맹자는 측은이라는 발현의 기를 통해서 "확충"과 "성선"을 논증했으며, 따라서 맹자의 가리킴은 '리'임이 분명하다.

문제는 『어류』 "사단, 是理之發"은 맹자 종지가 전혀 나타나지 않다는 점이다. 천명의 칠정도 理之發이다. 그렇다면 『어류』는 무슨 의미인가? 고봉의 고찰에 의하면 두 설은 서로 '연관된 설'이 아니다. 본문 보광의 기록은 총 33자이다.

四端是理之發, 七情是氣之發. 물음; 제가 보기에 희노애오욕은 아마 인의의 설과 근사할 듯하다. 답변; 진실로 서로 비슷한 곳도 있겠다(問, 看得來, 如喜怒愛惡欲却似近仁義. 曰, 固有相似處).(하152)

주희가 직접 한 말은 "비슷한 곳도 있긴 하겠다"의 5자 뿐이다. 문제는 이곳 대화는 리발, 기발에 관한 것이 아니라는 점이다. 사칠의 리발, 기발은 지당한데, 단 이곳 문답은 '칠사는 근사한 설인가'이다. 질문자는 칠·사 두 설의 관계에 대해 물었다. "비슷한 곳도 있겠다"고 함은 칠사는 성정 관계로 보면 하나의 성정이기 때문이다.

---

402) 天命流行, 所以主宰管攝是理者, 卽其心也. …至發育萬物者, 卽其情也.(『어류』권95, 人傑28, 3188쪽)

성정으로 논하면 상사의 처도 있겠으나, 그러나 칠·사는 그 종지가 전혀 다른 "각각 둘로 발명한 2설"(하153)일 뿐이다. 성을 "넷으로 쪼개 사단을 논한 것"(상79)과 그리고 그 "발과 중화"를 논한 칠정설은 서로 아무 관련이 없다. 그럼에도 "지금까지의 논자 들(권근, 유숭조, 퇴계 등)은 대부분 칠·사를 짝으로 배열한다"(하152)는 것이다.

반면 퇴계는 이 기록을 "리가 발하고 기가 발해서" 사·칠 두 "이름으로 불린다"(상16·268)로 해독한다. 이러한 이해는 칠사 종지 및 배열에 관한 것이 아니며, 『어류』 대화 내용과도 다르다.

고봉은 칠정설을 총 5설 제시한다. 자사의 『중용』, 이천의 「안자호학론」, 명도의 「정성서」, 「악기」 및 주희의 「악기동정설」, 이동의 설 등은 모두 칠정 제설의 도통인데, 단 그 소지는 각자 다르다. 그 소지에 대해 "쉽게 악으로 흐름,"(하148) "성찰로 극치해야 함",(하150) "그 정을 제약해야 함"(하134) 등의 의미라면 이를 '기지발'로의 해석도 가능하다. 또 맹자의 "확충해야 함", "성선의 논증" 등이라면 '리지발'로 해석할 수 있음도 당연하다. 그러나 『어류』 "리발, 기발"은 이러한 종지를 밝힌 것이 전혀 없다. 고봉이 "곡절이 없을 수 없다"(상58)고 한 이유이다.

7

「옥산강의」에서 밝힌 '혼연'과 '찬연'의 두 성설

"혼연"과 "찬연"은 주희의 두 성설이다. 맹자는 공자의 온전한 "渾然"의 성을 넷으로 쪼개 "인·의·예·지의 粲然"으로 논해서 '성선의 리'를 밝혔다는 것이 「옥산강의」 요지이다.403) 반면 퇴계는 옥산강의의 "성의 혼연" 및 공맹의 희노, 태극, 사단까지도 본래는 '겸리기·유선악'의 혼륜이라 한다.404) 퇴계는 혼연이라는 용어를 '잡'으로 여기나, 주희 본의는 이와 다르다.

---

403) 주희가 옥산에서 강의한 내용은 『문집』권74, 3578쪽, 「옥산강의」라는 기록이다. 이 내용에 대해 진기지에게 보낸 편지글이 곧 「答陳器之, 問玉山講義」이다. 옥산의 강의는 직접 기록하지 않았고, 혹인의 기록이며 때문에 "先生曰"로 시작된다. 직접 주희가 쓴 글이 「답진기지」이다.

404) 퇴계는 "옥산강의의 사·칠도 본래 渾淪이다",(상299) "그대는 渾全만 좋아하고 분석을 싫어해서 사실의 소종래를 궁구하지 않았다",(상39) "공자의 희노도 기발의 渾全이며 리발의 純粹이 아니다"(상282)고 한다. 이곳의 혼륜·혼전은 리기의 '섞인 것'이라 함이고, 순전은 섞인 것 중의 순리의 뜻이다. 퇴계는 "사단"과 "성도 본래는 겸리기"(상247·243)라 하면서 그것은 "천하에 기 없는 리는 없기 때문"(상242)이며 "하늘과 사람의 원류 맥락"(상237)이라 한다.

주희는 성을 둘로 나누어 "성은 리의 총칭이며, 다만 인·의·예·지는 이러한 성중의 一理의 명칭이다"(상56)고 한다. 앞은 "혼연(온전의 뜻)의 무불선"(상55·79·159)이고 뒤는 혼연의 리를 맹자가 넷으로 '쪼갠'(찬연) 설이다.

> 성은 태극 혼연의 전체이니 본래 名이나 글자(字)로 말할 수 없다. 다만 그 중에는 만리를 함구한 강리의 큰 것 넷이 있는데 이를 名(주희 원문은 命)405)하여 "인·의·예·지"라 했을 뿐이다. 맹자는 이단의 설들이 봉기하여 왕왕 '성은 선하지 않다'는 주장이 나오자 그 이치의 不明을 염려하고 깊이 생각하여 밝힘이 있게 된 것이다. 만일 단지 혼연 전체일 뿐이라 하면 그것은 마치 '눈금 없는 저울 단위 없는 자'와 같이 끝내 천하에 [성선을] 깨우치기에 부족할까 염려했다. 때문에 성을 구별로 설명하고 또 경계를 지어 넷으로 쪼갰으니, 사단의 설은 여기서 세워지게 되었다.(상79)

공자와 자사는 "성의 혼연"으로 천명의 성을 논했을 뿐이다. 혼연으로 말해도 성선의 리는 밝다. 그런데 맹자 때는 '성은 선하지 않다'는 이단의 설이 나온 것이다. 「고자상」의 공도자가 인용한 '성 3설' 등이다. 이에 맹자는 공문 '혼연 전체'의 성설을 비로소 '넷으로 쪼갠'(찬연) 것이다. 주희는 위에 이어 다음과 같이 '찬연'의 성설을 논한다.

> 맹자는 분석해서 넷으로 만들어 학자들에게 보여주었는데, 즉 혼연·전체 중에도 '찬연'의 조리가 있음이 이와 같다 하여, 성의 선도 알 수 있게 한 것이다.406)

성의 혼연을 맹자는 쪼개서 찬연의 인·의·예·지로 말했다. 이는 '리 자체에 동정의 체용이 있음'과 같다. 주희는 "리의 동정으로 말하면 靜中에 동이 있고 動中에 정이 있음을 체이고, 정이나 能動하고 동이나 能靜함은 용이다"407)고 한다. 요컨대, 맹자가 성의 혼연을 넷으로 쪼개서 찬연의 4성(4덕)이라 한 것은 성 자체의 분석이다. 찬연의 넷도 혼연과 같은 성이나, 다만 혼연이라 하면 마치 눈금 없는 저울과 같아서, 그 찬연의 성이 4단으로 나옴에 '기에 섞이지 않게' 하기 위함이다. 사단이 기에 섞이면 그 정으로 성선을 논증할 수 없기 때문이다. 4성과 4단은 혈맥관통의 성이며,

---

405) 고봉이 이곳 "命"자를 '名'자로 고친 이유는 "인의예지"라는 이름은 맹자의 설이기 때문이다. 주희의 논에 오히려 약간의 오차가 있다고 할 수 있다. 인의예지라는 이름은 '天命之(하늘의 명함)'라고 할 수는 없다. 맹자 고유의 이름이기 때문이다. 또 이곳은 「공손추상」의 "端"과 「고자상」의 "性善"을 합해서 논한다는 점이다. 주희는 스스로 "공손추상은 인의예지의 端이라 했고, 고자상은 端을 말하지 않았는데, 앞은 '확충하고자 함'이고 이곳은 '仁의 用으로 그 본체'를 드러냈기 때문이다"(「고자상」 집주)고 하여 확충의 단서인 '심의 체용'은 성선의 작용인 '성의 체용' 조항과 다르다고 한다.

406) 孟子析而爲四, 以示學者, 使知渾然全體之中, 而粲然有條若此, 則性之善可知矣.(『문집』권58, 「答陳器之, 問玉山講義」, 2778쪽)

407) 言理之動靜, 則靜中有動, 動中有靜, 其體也. 靜而能動, 動而能靜, 其用也.(『어류』권94, 端蒙181, 3160쪽)

이로써 4단이 4성임을 알게 했다. 고봉은 그 이유를 분명히 한다. 즉 '4덕과 4단'을 나란히 대대로 들어야만 사단이 기가 되지 않는다는 것이다.

> 맹자가 성정의 즈음을 논급할 때 매번 사덕과 사단을 나란히 든 이유는 사람들이 기로 성을 말할까 염려했기 때문이다.(상11)

사단은 정인 기이다. 그런데 이렇게 기로 말하면 사덕과 사단이 관통의 성이 되지 못한다. 때문에 맹자는 찬연의 4성으로 논해서 그 4단이 4성과 관통된 성이라 한 것이다. 이 논의는 성 자체의 체용일 뿐, 그 성이 '기질 속에 있어야 함'의 기질지성의 성설과 다르다. 성 자체의 체용은 주희가 말한 '道體'와 같다. 주희는 도체 또한 혼연과 찬연으로 논한다.

> 도체의 온전은 혼연 일치이나 내외 빈주의 구분은 그 가운데 찬연하다. …그런데도 논자들은 혼연의 큰 것만 알고 찬연의 것이 [혼연과] 떨어지지 않음에 대해서는 알지 못한다. …이는 눈금 없는 저울과 단위 없는 자와 같으니, 어찌 그릇되지 않겠는가.408)

이곳은 「태극도설해」이다. 태극은 온전히 완전한 하나이나, 그렇다고 해서 그것을 각각 쪼갤 수 없는 것은 아니다. 이 말은 주돈이의 「태극도」 '10개' 태극을 위한 변론이다. 혼연은 「태극도」 10개 동그라미 중 2번째 공자 본설인 "음양태극"이다. 공자의 혼연태극이라 해도 「태극도」와 같이 10개의 동그라미로 쪼갤 수 있다. 때문에 주희는 "혼연태극의 전체는 一物 중에도 각기 갖추지 않음이 없으니, 이로써 성은 不在한 바가 없음이 된다"409)고 한다. 이름을 "태극도"라 한 이유이다.

이러한 맹자, 주돈이, 주희 논의는 퇴계와 같이 태극이 본래는 겸리기라 함은 결코 아니며, 사단도 본래 겸리기라 함도 더욱 아니다. 4덕과 4단을 나란히 대대로 든 이유는 '사단이 기에 섞일 것'을 염려한 것뿐이다. 사단만 논하면 '기'가 되기 때문이다.

---

408) 夫道體之全, 渾然一致, 而精粗本末, 內外賓主之分, 粲然於其中, …今徒知所謂渾然者之爲大而樂言之, 而不知夫所謂粲然者之未始相離也, …卒爲無星之稱, 無寸之尺而已, 豈不誤哉.(「태극도설해」, 77쪽)
409) 渾然太極之全體, 無不各具於一物之中, 而性之無所不在(위와 같은 곳, 73쪽)

8

성선설은 치우쳤고, 공부로 논한 기질지성이 완전하다

"성선"은 맹자의 성설이다. 그런데 정주에 이르러서 '기질지성' 논의가 일어나는데, 그 이유는 공자의 성은 기질지성일 뿐이기 때문이다. 정주 신유학의 특징이 바로 이 점이다. 공자 본의로 돌아가되 여기에 맹자의 설까지 포용한 것이다.

퇴계는 이 두 성설에 대해 "둘은 모두 '리기가 부여된 가운데 나아가서' 하나는 독리, 하나는 독기"(상18·34·35)라고 주장한다. 그러나 만약 '리기에 나아가서' 논했다고 한다면 두 성설은 어느 경우든 본래는 '雜'(상247)의 기(物. 상7)가 되고 만다. 퇴계는 공맹 본설을 '해설'한 것이 아니다.

공자의 이른바 "성은 서로 가까운데 공부(習)에서 멀어진다"(「양화」2)를 정주는 '기질지성'이라 주석한다.(상133) 고봉이 "겸리기"(상86)라고 한 이유는 '기의 공부(習)를 겸'해서 논해야 하기 때문이다. 공부의 "기쁨(說)"(「학이」1)은 미발과 이발을 포괄해야 한다.[410] 문제는 맹자 "성선설"은 형이상의 성선 본체만 논했다는 점이다. 주희는 맹자와 정자의 두 설의 차이를 비교하고 다음과 같이 말한다.

> 정자의 '才'자는 맹자 본문과 약간 다르다. 맹자는 오로지 성에서 발한 것만으로 설명했기 때문에 그 "재"를 무불선이라 한 것이고, 정자는 기에 품부된 것을 兼指해서 설명했으니 …장자(장재)의 이른바 기질지성이 이것이다.[411]

맹자의 성선 논증은 "재"의 작용을 통해서이다. 그 '재'는 곧 "그 정(其情)으로 [성]선을 삼을 수 있다"(상160)의 情善이다. 문제는, 그 정이 '형이상의 무불선'으로서의 성의 작용을 논증함에 불과하다는 점이다. 맹자의 목적은 '성선 논증'에 있을 뿐 정의 선을 말하고자 함이 아니다. 때문에 주희도 '성선의 체용'으로 고찰한다.

맹자의 이른바 "性善"은 선의 本體로의 설명이니 인의예지 '미발의 선'이 이것이다. 이른바 "선

---

410) 주희는 "學而時習之"(「논어, 학이」) 주석에서 "習은 學의 그침이 없음이다"고 한다. 또 장식의 설을 인용해서 "工夫는 진실로 間·斷이 없어야 하니, 만약 間·斷이 없어야 한다면 '때에 따라 습한다(時習)'고 해서는 안 된다"(「문집」권31, 「答張敬夫語解」, 1343쪽)고 하여 학은 때에 따른 학이 아닌 '無時無處'여야 한다고 한다. "說(기쁨)"은 一時에 국한될 수 없다는 것이다. 정주 기질지성 설의 뜻도 이와 같다. 천지·본연지성은 '리의 上'에 국한될 뿐이다.

411) 程子此說才字, 與孟子本文小異. 蓋孟子專指其發於性者言之, 故以爲才無不善, 程子兼指其稟於氣者言之, 張子所謂氣質之性是也. (「맹자, 고자상」6)

으로 삼을 수 있다(可以爲善)"고 함은 [성]선의 用處로 설명했으니 '사단지정'이 이것이다.(상160)

이렇게 체·용으로 논한 이유는 체만 말하면 성은 치우치기 때문이다. 그렇지만 이 역시 형이상의 체용일 뿐, 직접 공부를 논함이 아니다. 때문에 주희는 맹자를 다음과 같이 수차 비판한다.

* 맹자는 재주가 높지만 배움에 있어서는 의거할 곳이 없다. 맹자는 거칠다.412)
* 맹자의 설은 거칠며 자세하지 않다. 학자들이 그(맹자)를 배운다면 혹 그의 의사에서 어긋날 것이다.413)
* 맹자는 곧바로 성선을 말했으니 어찌 躐等(공부를 뛰어넘음)이 아니겠는가.414)
* 맹자는 기를 논하지 않았으니 온전하지 못하다.415)
* 맹자가 말한 인의는 치우침(偏)으로 설명한 것이다.416)

맹자는 공부처가 없다. 그 이유는 성선의 리 한쪽만 일방적으로 선언했기 때문이며, 따라서 주희도 성(리)만 체용으로 논한 것이다. 고봉은 이를 "맹자는 리를 척출해서 무불선의 것으로 설명했다"(하146)고 한다. 무불선으로 여긴 것, 즉 그 "才"를 무불선의 성의 작용으로 삼은 것은 형이상의 체용일 뿐 나의 공부처가 없다.

정·주는 "재"를 오히려 장재가 말한 '기질지성'으로 논해야 한다고 한다. 왜냐하면 "성을 논함에 기를 논하지 않으면 [성의 온전을] 갖출 수 없기"417) 때문이다. 성은 반드시 기에 있어야 온전하다. 장재는 기질지성에 대해 "기질지성에서 그 선을 돌이키면 천지지성은 거기에 보존되어 있다"(「고자상」)고 한다. '공부로 돌이켜서' 여기서 천지지성을 논증해야 한다. 때문에 주희는 "성선장" 주석에서 직접 공부 문제에 대해 다음과 같이 비판한다.

사리로 고찰하면 정자의 설이 정밀하다. 기질의 품부된 바가 비록 불선이 있더라도 성의 본선에는 해침이 없고, '성이 비록 본선이라 해도'(하148) 성찰과 교유의 공부가 없어서는 안 되니, 학자들은 마땅히 깊이 살펴야 한다.418)

---

412) 孟子才高, 學之無可依據. 孟子終是粗.(『어류』권95, 端蒙120, 3215쪽)
413) 孟子說得粗, 不甚子細. 若學者學他, 或會錯認了他意思.(위와 같은 곳, 何孫121)
414) 孟子便道性善, 自今觀之, 豈不躐等.(『어류』권118, 무명19, 3716쪽)
415) 如孟子·韓子之言, 便是不論氣, 所以不全.(『어류』권53, 賀孫77, 1775쪽)
416) 孟子之言仁義, 偏言之也.(『문집』권39, 「答范伯崇」5, 1775쪽)
417) 程子曰, 論性不論氣, 不備, 論氣不論性, 不明.(「고자상」6)

기질지성은 '잡리'가 아니며, 성의 本善을 해치지도 않는다. 정자의 설이 정밀한 이유이다. 맹자의 성 본선은 공부로 찾아야 하며, 공부처가 없는 맹자의 설은 형이상에 치우쳤다. 이는 하늘의 달만 가리킨 것으로, 나의 손가락 속의 달을 논하지 않은 것과 같다.

퇴계는 성선지성과 기질지성을 "리기에 나아간 치우친 독리(주리)·독기(주기)"라고 한다. 하지만 "리기에 나아감"은 이미 '기'이고, "독리"라 해도 스스로의 말과 같이 '형이상에 치우치며', 더구나 기질의 성설을 "치우친 독기(주기)"라 함은 진실로 불가하다. "독리·독기(주리·주기)"(상34·35)는 마치 "동인과 서인의 싸움" 같다는 것이 고봉의 비판이다.(하13) 이는 정·주가 고찰한 성선설 및 기질지성의 설 논의와 전혀 다르다.

9
성과 정이 自動하게 해서는 안 된다

퇴계는 사단을 "理之發"(상243)이라 하고, 또 "四端之發은 純理이므로 無不善이다"(상1)고 하여 '순리의 무불선'이라 한다. 하지만 이 논의는 맹자 사단이라는 이름의 유래인 "확충"과 "성선"에 대한 고찰이라 할 수 없다. 맹자 사단의 본의가 빠진 것이다. 순리의 발은 중용 칠정도 마찬가지이다. 만약 느낌인 사단의 발을 무불선이라 하면 "인욕을 천리·성으로 여기는 혼란"(상43·171)이 되고 만다.

칠정과 사단은 리발임이 자명하나, 단 리발만 말하면 심이 없게 되고 또 공부도 빠지고 만다. 리발도 외물에 대한 느낌이므로 그 느낌이 모두 외물과 합치된다고 해서는 안 된다. 때문에 고봉은 사단을 '심'으로 논한다.

> 사단 칠정은 心라는 것에서 出하지 않음이 없다. 바로 이곳(發出)에서 사람이 진망을 분별해야 할 뿐이다.(상105)

정은 어느 경우든 心感의 발이며 이곳이 진망을 분별해야 할 곳이다. 맹자는 이러한 심감의 정을 사단으로 '설명'해서 그 의미를 논설한 것에 불과하다. 때문에 주희는 "인의 단"(「공손추상」)을 '심'으로 주석한다.

---

418) 然以事理考之, 程子爲密. 蓋氣質所裏, 雖有不善, 而不害性之本善, 性雖本善, 而不可以無省察矯揉之功, 學者所當深玩也.(「고자상」6)

측은은 정이고, 인은 성이며, 심은 성정을 통섭한다. 그 정의 발로 인해서 성의 본연을 보일 수 있다.[419]

맹자는 "심"이라 했지만 그 측은은 "정"이다.[420] 따라서 맹자는 정을 "확충해야 한다"고 한 것이다. "심이 성정을 통섭한다"고 함은 측은의 정을 심으로 주재해야 함의 '공부'의 의미이다. 주재함으로써 그 성(인)과 정(측은)의 '덕'(사덕·사단)을 이루고, 이러한 성정의 바름을 위해서는 심이 통섭·주재해야 한다.

* 성정은 모두 심에서 출하며 심이 능히 통제한다.(상55) 인의예지도 심에 뿌리한다.[421]
* 사단은 정이며 이는 심의 발현처이다. 넷의 싹은 모두 심에서 나왔다.[422]

느끼는 즈음 심이 공부(경)로 주재해야 하며 따라서 이 즈음을 단지 리발의 "무불선이라 하면 인욕을 천리로 여김"이 되고 만다.

한편, 심의 감물 이전이 곧 "평일 함양의 공부"(상159)이다. 평상시 함양 공부로 심의 덕을 이루어야 하며, 이 즈음을 주재하지 못하면 정이 스스로 自動하게 되고 만다.

외물에 感한 것은 심이며 그 動한 것은 정이다. 정은 성에 뿌리하고 심이 주재한다. 심이 주재하면 그 動도 중절하지 않음이 없을 것이니, 어찌 인욕이 있겠는가. 오직 심이 주재하지 못하면 정은 自動하여 인욕에 흘러서 매번 그 바름을 얻지 못하게 되고 만다. …아이의 우물에 빠지는 일을 보는 것은 心의 感이다. 반드시 측은지심이 생기는 일은 情의 動이다.[423]

외물에 느끼기 전 심으로 주재해야 한다. 이때는 인욕이 아니다. 아이의 일을 만나지 않았을 때는 느낌이 없는 미발의 천리이다. 비로소 느낌을 통해 측은의 정이 생기는 것이다. 외물의 일이 없는 미발 즈음 '스스로 느끼는 일'이 있어서는 안 된다. 이때가 곧 존양인 "평일 함양의 일"이다.

평상시 함양공부가 있어야만 일에 임할 때 바야흐로 그 진망을 식득할 수 있지, 망연히 도무

---

419) 惻隱羞惡辭讓是非, 情也, 仁義禮智, 性也, 心, 統性情者也, 端, 緒也, 因其情之發, 而性之本然, 可得而見.(「공손추상」6)

420) 惻隱之心, 仁之端也. 仁, 性也, 惻隱, 情也, 此是情上得見心.(『어류』권5, 僩65, 226쪽)

421) 性情皆出於心, 故心能統之. …仁義禮智根於心.(『어류』권98, 卓41, 3304쪽)

422) 四端便是情, 是心之發見處. 四者之萌皆出於心.(권5, 道夫60, 225쪽)

423) 感於物者心也, 其動者情也. 情根乎性而宰乎心. 心爲之宰, 則其動也無不中節矣. 何人欲之有? 惟心不幸而情自動, 是以流於人欲而每不得其正也. …今夫乍見孺子入井, 此心之感也, 必有怵惕惻隱之心, 此情之動也.(『문집』권32,「問張敬夫」6, 1395쪽)

지 주재함도 없다가 일이 이른 뒤에야 안배하고자 한다면 이미 느슨해져서 일에 미칠 수 없게 될 것이다.(상159)

미발에도 심이 없지 않으며 이 때는 단지 외물을 만나지 않았을 즈음일 뿐이다. 주희「이발미발설」의 "생각과 사물이 아직 이르지 않았을 때"가 바로 이곳이다. "외물에 감하지 않았을 때도 마음은 '이미 발현'되어 있으며, 일찍이 동하지 않음이 없다."[424] 이곳은 평상시의 함양공부로서, 즉 "물 뿌리고 쓰는" 소학공부이다. 이때 감정을 먼저 마음속에 두어서는 안 된다. 『대학, 정심장』 주희 주석이 바로 이 지점이다.

> 분치인 노는 없을 수 없는 '심의 용'(상124)이다. 그러나 '하나라도 마음속에 먼저 두거나 살피지 않으면'(상122) 욕구가 동하고 정이 마음을 이겨서 그 심의 용이 바름을 잃지 않음이 없을 것이다.[425]

대학 정심장은 심 미발인 "존양의 일"[426]이다. 이때 마음에 어떤 감정이라도 먼저 두면 그 바름을 잃게 되고 만다. 희노·측은을 먼저 두거나 혹은 외물에 마음이 느낄 때도 살피지 않으면 곧바로 "욕구가 동(欲動)"하고 "정이 마음을 이겨서(情勝)" 결국 외물과 관계없는 '감정이 자동'하게 되고 만다. 마찬가지로 "측은의 감정을 먼저 두면"(하76) 이러한 측은의 욕구가 먼저 동해서 외물의 측은의 일과의 사이에서 "사단 불중절"(하96)이 생기고 만다는 것이다.

10
주희 "리발, 기발"은 치우친 해석이며, 사·맹 본지일 수 없다

칠정이 기발이고 사단이 리발임은 전혀 문제가 없다. 칠사는 리가 발해서 정이 된 것이고, 정은 기왕 발현자로서의 기임이 분명하다. 따라서 사칠을 리발, 기발이라 함

---

424) 외물에 감하지 않았을 때 심은 비록 미발이지만, 그러나 묘예의 싹은 발현되어 있으며 오히려 일찍이 동한 곳에 있지 않음이 없다. 반드시 이곳을 버리고 별도의 마음을 구하려 한다면 오히려 하수할 공부처가 없게 되고 만다(大抵未感物時, 心雖爲未發, 然苗裔發見, 却未甞不在動處, 必舍是而別求, 却恐無下功處也).(『문집』권32, 「問張敬夫」6, 1396쪽)

425) 忿懥, 怒也. 蓋是四者, 皆心之用而人所不能無者, 然一有之而不能察, 則欲動情勝, 而其用之所行, 或不能不失其正矣.(『대학, 정심장』)

426) 存心養性者, 誠意·正心之事.(『문집』권73, 「胡子知言疑義」, 3555쪽) 問, 誠意·正心二段, 只是存養否? 日, 然.(『어류』권16, 寓10, 541쪽)

은 아무 의미가 없다. 『어류』에서 "是理之發, 是氣之發"(상44)로 사칠을 해석(분자가 '해석'의 뜻임)한 것을 고봉이 "곡절이 없을 수 없다"(상58)고 한 이유이다. 문제는 각각 리와 기라 하면 명백히 "치우친(偏)"(상154) 해석일 수밖에 없다는 점이다.

맹자의 "측은"은 첫째 "사단의 단서를 확충하라"(「공손추상」. 하133) 함이고, 둘째 "仁의 用인 그 정으로 성선을 논증할 수 있다"(「고자상」. 상160) 함이다. 기를 확충하고 기를 성으로 삼을 수는 없다. 아이의 우물에 빠지려는 일에 측은지심이 발동하는 것은 누구나 있는 일이다. 이러한 단서가 있는데도 확충하지 못하는 것은 제나라 왕이 '끌려가는 소는 측은히 여기면서도 자국의 백성은 사랑하지 않음'과 같다.(「양혜왕상」7) 또 맹자는 "성선"을 논증하면서 "그 정(其情)"인 측은지심으로 성선의 선을 삼았다. 즉 "인"의 '작용을 통해서' 성선을 논증할 수 있었던 것이다. 문제는 측은은 기왕 발현한 기이고, 성선 논증 역시 형이상에 불과하다는 점이다. 때문에 주희는 이 사단설을 「이발미발설」에서 다음과 같이 비판한다.

> 단서의 살핌을 최초의 공부처로 삼으면 평일 함양의 일단 공부가 빠지게 되고 만다. 그래서 항상 動에 치우쳐서 깊은 순일의 맛이 없는 것이다.427)

또 주희는 성선설 본주에서 직접 다음과 같이 비판한다.

> 맹자는 오로지 성에서 발한 것만 가리켜 그 '才'(측은)를 무불선으로 여겼고, 정자는 기에 품부된 것을 겸해 가리켰으니, 사리로 고찰하면 정자가 정밀하다.428)

측은은 기왕 발현한 이발의 성찰공부이며 때문에 미발의 존양공부가 빠진 것이다. 주희는 미발을 공부의 근본으로 삼는다. 또 성선설은 형이상의 리 논증을 위해 그 측은의 정을 무불선으로 삼은 것이다. 결국 사람 느낌을 성으로 삼았고 이는 "인욕을 천리·성으로 여긴 것"(상43·171)이다. 이로써 측은은 공부에서 발현처에 치우쳤고, 성선설도 형이상의 리에 치우쳤다는 것이다.

기왕 발현한 칠정은 기임이 분명하지만 다만 자사의 종지는 천명의 "중·화"이며 그 소지도 리이다. 단, 칠정의 '기발'은 곡절이 있다. 고봉은 아래와 같이 그 곡절 4론을 제시한다.

---

427) 以察識端兒爲初下手處。以故缺却平日涵養一段功夫。其日用意趣。常偏於動。無復深潛純一之味(『문집』권67, 「이발미발설」, 3268쪽)
428) 蓋孟子專指其發於性者言之, 故以爲才無不善, 程子兼指其稟於氣者言之, …然以事理考之, 程子爲密。(『맹자』「고자장구상」6)

1) 정자는 칠정을 논하면서 정이 불길로 드세면 성이 뚫린다 했으니, 그렇다면 '七情是氣之發'도 당연하다.(하134)
2) 칠정은 기질의 잡이 없을 수 없으므로 주자는 '是氣之發'이라 했으니, 이는 기질지성의 설과 같다.(하147)
3) 발현의 즈음 리를 관섭하지 못하면 쉽게 악으로 흐르므로 '氣之發'이라 함도 가하다.(하148)
4) 기의 흐르는 바(所流)에서 심이 리를 가릴 수 있으므로 七情之發에서 살피고 극복하는 공부를 해야 한다.(하150)

칠정의 기는 흐름의 과정이다. 따라서 이 즈음은 살피고 극복하는 공부를 해야 한다. 이러한 의미에서 '기이다' 혹은 '기발이다' 함도 가하다. 그렇지만 여기에는 "천명지성"과 "중·화"의 종지가 있으므로 결코 기에 치우쳐 논해서는 안 된다.

퇴계는 "사단과 칠정을 상대"(상6)로 들고 "상호 리기가 호발한다"(상246)고 하여 "사단이 리의 발이므로 칠정이 기의 발"(상274)이라 하지만, 칠·사는 기왕 사맹의 본설이다. 학자가 "칠정" 및 "측은"을 논하기 위해서는 사맹의 소지와 종지에 벗어나지 않아야 한다. 더구나 리기 호발을 말하기 위해서는 사맹이 아닌 '퇴계 자신의 정'을 예로 들어야 한다. 그렇지 않으면 "성현의 설을 끌어서 자신의 뜻에 맞추는 것"(하82)이 되고 만다. 때문에 고봉은 사맹의 "곡절"을 고찰하기를 요청했고 그 곡절은 "자사와 맹자의 두 설"(상3)에 국한되어야 한다.

『어류』의 "리발, 기발"은 사맹의 소지 혹은 종지를 하나도 밝힌 것이 없으며, 더구나 그 "발"은 어류 본의와도 다르다. 리발이라 하지만 확충과 성선이 없고, 기발이라 하지만 미발의 중과 이발의 화를 논하지 않는다. 잘못은 없지만 모두 한쪽에 치우친 논의인 것이다. 이러한 종지가 없는 치우친 논의에 대해 "종사로 따르자"(상45)고 해서는 안 된다.

11
주희 구설·신설의 차이는 『중용』"미발"의 발견이다

퇴계는 세계 만물은 본래 겸리기의 혼륜인데(상236) 여기서 리·기가 선후로 호발하면 리발은 사단, 기발은 칠정이라고 주장한다. 이를 『주자어류』를 본 "이후 자신했다"(상45·322)고 하면서 다음과 같이 말한다.

이치(리기 혼륜)는 이와 같으나 여기에 이름 붙이고 설명하는 즈음에서 서로 차이가 난다면 선유의 구설(리발·기발)을 씀만 같지 못하다. 그렇다면 주자 본설로 대신하고 우리의 설(혼륜)은 버림이 온당하다.(상47)

퇴계는 주희의 "구설"을 『어류』 "리발·기발"이라 하고 이를 "주자 본설"이라 한다. 아마 이곳 '구설'은 우리의 신설보다는 '주희의 구설을 쓰자'라는 의미일 것이다. 그러나 퇴계의 위 말은 명백한 오독이다. 첫째, 리기의 발과 사맹 본설은 다른 일이다. 둘째, "칠정, 사단, 발, 단" 등은 사맹이 붙인 본명이다. 셋째, 어류는 사맹 해석일 뿐이다. 넷째, 주희가 직접 "구설"과 "신설"을 구분했다는 점이다. 따라서 퇴계가 "주자 본설로 쓰자"고 하기 위해서는 위 문제를 분명히 해야 한다. 고봉이 이 문제를 심각히 언급한 이유이다.

주희는 이천의 이른바 "심은 모두 이발이다"를 당초 『중용』 "발"의 뜻으로 오해했다. 이로써 "성은 미발, 심은 이발"이라는 잘못된 설로 야기된 것이다. 이에 대해 고봉은 아래와 같이 말한다.

『중용』 미발·이발의 뜻을 주자도 일찍이 "정자의 모든 심을 말한 것은 모두 이발을 가리켜 말했다(凡言心者, 皆指已發而言)"는 [말씀에 따라 이를 중용 '발'의 뜻으로 이해했다.] 그런데 이후 스스로 그 "어의를 잘못 인식했다"고 하면서 남헌(장식) 및 서산(채원정) 등과 힘써 논변한 뒤 大悟하게 된다.(상151)

크게 깨달(대오)은 이후가 바로 '중화신설'이다. 구설·신설에 관한 주희의 논문이 바로 「중화구설서」, 「여호남중화서」, 「이발미발설」 등이다. 호남 학자인 장식, 호광중, 호백봉(상159·160) 등과의 토론이 바로 이 내용이다. '중화구설' '중화서' '미발' 등의 표현과 같이 모두 『중용』과 관련된다. 이는 주희 철학에 있어 근본 핵심임과 동시에 그의 철학 역정 중의 가장 중요한 전환점이다.

주희는 처음 스스로 깨달은 "심체의 유행"을 곧바로 이천의 이른바 "심은 모두 이발이다"로 이해했지만, 이를 '구설'이라 한다. 심을 모두 이발이라 하면 심은 미발이 없게 되고 만다. 주희가 공자 이래 도통으로 삼은 것은 다름 아닌 『중용』이다. 중용은 "미발"을 말했고, 따라서 이발이라 하면 중용 미발은 심이 없음이 되고 만다. 주희는 말한다.

나는 전에는 심체의 유행을 정자의 "모든 심은 이발이다"로 여기고 마침내 심을 이발, 성을 "미발의 중"(『중용』)으로 삼았다. 그러나 이는 정자의 『문집』과 『유서』에도 맞지 않고, "미발·이발"(『중용』)의 命名에도 타당하지 않았으며, 게다가 일용의 즈음 본령의 일단 공부도 빠졌거니와, 사려의 미맹 및 사물과의 교류(중용설 종지)라 할 수도 없었다.[429]

주희의 중대한 착오는 중용 미발에서 심을 논하지 않은 곳에 있다. "심을 이발, 성을 미발의 중으로 삼으면" 그 미발은 '심 공부'가 없게 되고 만다. 미발을 심으로 논하지 않으면 "일용의 일단 공부"가 빠진다. 미발의 일용공부가 이발의 성찰공부보다 더 중요하기 때문이다. 즉 "미발은 영욕이나 지교의 생각이 없을 때이며, 이때의 기상을 상존케 해서 잃지 않아야만 이로부터 발한 것은 반드시 중절하니 이것이 곧 일용 즈음의 본령공부이며, 평일 함양의 일단공부"[430]이다. 이때가 "사물이 이르지 않았을 때"의 미발공부이며 "이러한 미발 기상이 이동과 구산(양시) 문하의 요지"[431]라는 것이다. 주희는 당초 정자의 문자를 그대로 믿음으로써 『중용』 본령인 미발공부를 논하지 못했던 것이다. 이를 고봉은 다음과 같이 고찰한다.

> 주자는 말하기를, 정자의 "심은 모두 已發을 가리켜 말한 것"이라 함은 맹자의 赤子(갓난아이)의 마음을 가리킨 것이었다. 정자 스스로도 '모든 심을 말한 것'이라 함을 [중용 본문과 합치하지 않는] 설의 잘못으로 여겼으며, 때문에 정자와 주자는 스스로 "합당하지 못함(未當)"이라 하고 다시 바로잡았던 것이다.(상152)

『중용』의 본령처는 미발공부이다. 맹자의 적자지심은 이발을 가리킨 것으로 미발공부가 없다.

마찬가지로 퇴계의 "리발·기발의 호발" 역시 이미 감물로서의 '發'인 이발이다. 결국 이 주장은 단지 外感인 발처에서 그 리·기가 "상호(互)"(추만도 '互'를 기라 함) 영역을 다투는 모양이 되고 말았다. 이는 "동인과 서인이 서로 싸우는 모습"(하13)과 같다. 리발·기발은 사맹 종지와 관련이 없는 '리·기에 관한 것'이며 더욱이 사맹은 결코 "리기에 나아간(就理氣)"(상37) 그 리기 즈음의 "리·기 선후 호발"로 칠사를 논설한 것도 아니다.

---

429) 前此認得此心流行之體, 又因程子凡言心者皆指已發之云, 遂目心爲已發, 而以性爲未發之中, 自以爲安矣. 比觀程子文集·遺書, 見其所論多不符合, …而未發·已發命名未當, 且於日用之際, 欠却本領一段工夫. …皆以思慮未萌, 事物未至之時, 爲喜怒哀樂之未發. …非謂事物思慮之交也, 然與中庸本文不合.(『문집』권67, 「已發未發說」, 3266·7쪽. 권64, 「與湖南諸公論中和第一書」, 3130쪽)

430) 無營欲知巧之思, 故爲未遠乎中耳. …但當此之時, 敬以持之, 使此氣象常存而不失, 則自此而發者, 其必中節矣. 此日用之際本領工夫. …平日涵養一段功夫.(「이발미발설」, 3268쪽)

431) 주희는 "이선생은 가르칠 때 靜中에서 대본을 체인토록 했는데, 未發時의 기상이 분명하면 事에 처하고 物에 응함이 자연스럽게 중절한다. 이것이 구산(양시)문하의 상전되는 요지이다(李先生敎人, 大抵令於靜中體認大本, 未發時氣象分明, 卽處事應物, 自然中節. 此乃龜山門下相傳指訣)"고 한다.(『문집』권40, 「答何叔京」2, 1802쪽)

12

주희가 칠·사 종지를 각자 '리·기로 해석'했을 리 없다

고봉의 이른바 "一時의 偶發과 偏指"라는 말을 퇴계는 정 반대의 뜻으로 오해하고 오독한다. 먼저 고봉 본문을 보자.

> 주자의 "시리지발, 시기지발"은 기타 전후의 논한 바와 참조 교감해 보면 그 곡절도 스스로 드러날 수 있다. 후학은 이 해석설을 사·칠의 의미를 모두 갖춘 두루 다한 말씀(言)으로 따를 것인가? 아니면 그 '一時 한쪽만 발언한 치우친 지칭'의 단어(語)로만 지킬 것인가?(상154)

주희는 결코 사단의 단서와 중화의 미발·이발을 하나는 리발, 하나는 기발이라는 한쪽의 상대적 리·기로만 해석했을 리 없다. 리발, 기발 해석도 진실로 가능하다. 맹자 "확충·성선"의 소지는 반드시 '리발'이고, 자사 "칠정의 화"는 반드시 이발인 '기의 발현자'이다. 문제는 사단이라는 단서는 기왕의 발현자이므로 반드시 리로 독단해서는 안 되고, 자사는 미발·이발의 천명·중화를 논했으니 반드시 기 한편일 수는 없다는 점이다. 주희가 이렇게 편협되게 리·기의 "대거 호언"(상6)으로 해석했을 리 없다. 요컨대 사칠은 상대설일 수 없고, 더욱이 사단이 리발이므로 칠정이 기발이라(상274) 할 수도 없거니와, 사맹 종지가 분명한 두 설을 주희가 리 혹은 기 한쪽(偏)으로만 해석했을 리 만무하다.

퇴계는 이러한 고봉의 논평을 "따를 수 없다"(상232)고 하면서 아래와 같이 상세히 답변한다.

1) 그대는 주자의 "리지발, 기지발"이라는 一語를 '우연히 발언한 치우친 가리킴(偶發而偏指)'이라 했다.(상292)
2) 그대는 주자의 이 설을 만족하지 못하나 이곳은 홀로 은밀히 전수받은(單傳密付) 종지가 있고 그 기록자도 주자의 일등 문인인 보한경이다.(상293)
3) 우리 벗님의 도를 자임하는 용기는 감복하지만 자신을 겸손히 하는 병통은 없다고 하겠는가. 과연 안자에게도 이러한 기상이 있었을까?(상295)
4) 주 선생의 강직한 용기는 백세의 일인이며 조금이라도 자기의 견해에 잘못이 있으면 즉각 고치지 않음이 없었다. 참된 강직과 용기는 자기의 기질을 뽐내서 억지 주장을 폄에 있지 않다. 옳음을 들으면 즉시 복종해야 한다.(상296)

이러한 퇴계의 답변은 고봉 문자와 완전히 어긋난다. 고봉은 "리발, 기발" 해석설을 결코 따르지 말자 함이 아닌, 다만 이 설은 사맹 종지가 하나도 드러나지 않다는 것이다. 학자가 주희를 종사하기 위해서는 평생 연찬한 대지의 '말씀(言)'으로 "따라야지(遵)" 리발·기발이라는 "한마디 단어(語)만 지켜서(守)" 이를 고수해서는 안 된다. 때문에 고봉은 주희가 논한 칠정과 사단설을 인용한다.[432]

퇴계의 "우연히 발언한 치우침"의 인용문은 고봉 문자와 다르다. "단전밀부"는 주희가 토론상대의 용어를 재인용해서 강력 비판한 불교용어이고, "보한경"은 결코 주희의 일등 문인이라 할 수 없다. 보한경은 원래 여조겸의 문인으로 주희 말년에 들어왔고, 주희와 나눈 몇 통의 단문 편지도 철학적 언술이 없는 실망의 어투이다. "안자의 기상"은 안자의 말이 아닌, 증자가 안자를 '찬탄'한 말이다. 일찍이 육구연도 '안자의 기상'을 인용했고, 이에 주희는 이러한 기상으로 남을 "下敎"하려 들면 우리의 토론은 더 이상 지속할 수 없다고 강력 항의한(모두 상292~295 주석 참조) 그 말을 오히려 퇴계는 인용한 것이다. 또 "옳음을 들으면 즉시 복종해야 한다"는 『소학, 입교편』 "제자의 직분"의 말을 인용하지만,(상296 주석 참조) 이 역시 '하교'의 뜻으로서 토론의 자세라고 할 수 없다.

이에 고봉은 다음과 같이 말한다.

* 저의 뜻은 학자는 선유의 한마디 언어에서 그 한쪽만 집착해 그것이 전체를 포괄한 양 해석해서는 안 된다 함이었다.(하80)
* 저의 "우발, 편자"라는 말은 다만 '전후를 갖추어 두루 포괄해서 해석해야 함'이라는 단어와 상대해서 발언한 것일 뿐, 감히 주자를 '만족하지 않았거나' 또는 기록자를 '지목하여 배척'했던 것이 아니었다.(하81)

모두 토론이 아닌, 언어 소통에 문제가 있다는 지적이다. 이러한 퇴계의 이해는 토론 내용이 아닌 스승의 지위로서의 "개인적 사간"(하79)인 일방적 하교에 불과하다. 이는 언어의 소통 및 용어의 용법도 문제지만, 주희가 육구연의 태도인 "안자의 기상"을 비판해 결국 토론을 중단한 말까지 인용해서 고봉에게 오히려 '안자의 기상을 배우라' 한 것으로, 때문에 고봉은 "황공하고 놀란 심회 무어라 말할 수 없겠다",(하80) "무안하고 두려운 마음 감당할 수 없다"(하86)고 하여 그 일방적 하교의 부당함을 강력히 지적한다.

---

432) 고봉은 주희가 논한 칠정설인 「호광중에게 답한 글」(상159)과 사단설인 「호백봉에 답한 글」(상160)을 인용한다. 여기서 주희는 칠정에 관한 이천의 「호학론」, 주희의 「악기동정설」, 『중용』의 "발"자를 검토하고, 이어 맹자 "성선설을 본체와 작용"으로 논하면서 "그 '선'은 칠정 중절자인 무왕불선과 혈맥 관통"이라 한다.

13

기준도 없이 동인·서인으로 싸우고 있습니다

사람 마음은 외물에 대한 감응이 없을 수 없으며, 이 감응이 곧 외계와의 교류기능을 담당한다. 선유는 이러한 느낌의 감정을 논해서 인류의 창조적 소통을 나누고자 한 것이다. 자사는 칠정으로 "중·화를 이루면 천지만물이 위육된다" 하고, 맹자는 "사단은 나에게 있으니 이를 확충하면 나도 사해의 옳음에 동참할 수 있다"고 한다. 두 설은 사람은 느낌으로 모두 함께 교류하며 이로써 세계와 나는 소통이 가능함을 논설한 것이다.

문제는, 퇴계는 이러한 사맹의 칠·사 본설을 "대거, 호언"(상6)해서 각자 리발·기발이라 하여 서로 전혀 다른 혈맥의 피로 분열하고 그래서 "기발은 반드시 리 본체가 될 수 없다"(상25)고 한다는 점이다. 이는 사맹의 설을 해석하고자 함이 아니다. 퇴계는 말한다.

> 리·기 둘의 것은 상호 발용이 있고 그 호발은 각기 [리·기] 소주가 있다.(상246)

리·기는 호발한데 다만 리발은 사단, 기발은 칠정으로 그 혈맥이 서로 각자 다르다는 주장이다.

* 사단 소종래가 기왕 리이니 칠정 소종래는 기가 아니면 무엇인가?(상274)
* 사단은 리발이고, 칠정은 기발이다.(상243)
* 칠정을 사단과 상대시키자니 부득불 리·기로 나누지 않을 수 없었다.(상299)
* 칠정의 기와 사단의 리는 그 발에 각기 혈맥이 있다.(상254)

과연 자사와 맹자는 사람 본연의 느낌을 논설함이 아닌, 리·기의 선후 호발이 곧 사·칠이라 한 것인가? 퇴계는 사맹의 설을 고찰함이 아닌 "리기에 나아가서"(상17·34) 이 리·기의 대대로 사칠을 대설로 삼은 것이다. 고봉이 "맹자 성선설은 자사에서 나왔음"(상96)을 고찰한 것은 "맹자는 중용을 추명해서 도통을 이은 것"(「중용서문」)이라 함이다. 따라서 이 두 설은 결코 대설일 수 없거니와 더욱이 "리·기에 나아간 호발의 사·칠"(상247)을 고봉으로서는 도저히 상상할 수 없는 일이다. 때문에 고봉은 말한다.

> 선생께서는 사칠에 대해 반드시 대설을 사용해서 모두 양 편, 두 진영을 이루도록 하셨고, 그래서 그것이 마치 음·양 강·유와 같은 대대가 있고 상하 사방의 고정된 위치가 있는 듯 대립시킴으로써 도무지 사칠을 一善으로 관철시키려는 뜻이 없으시다.(하110)

고봉은 한마디로 묻는다. "감히 묻겠다. 칠정의 중절자(천명의 작용)는 리에서 발한 것인가, 기에서 발한 것인가? 그리고 중절한 無往不善(발해서 불선이 없는 천명의 선)은 사단의 선과 같은가, 다른가?"(하58) 선은 하나일 뿐 둘일 수 없다. 인류는 같은 하나의 선(리)이어서 소통이 가능하다. 반면 퇴계는 사칠은 리·기의 피(혈맥)가 전혀 다른 선이라고 한다. 고봉은 이를 동인과 서인의 싸움 같다고 한다.

> 두 사람이 물건(사·칠)을 실은 한 마리의 말(교류의 정)을 몰고 있다. 그런데 그 실은 물건에 편중(리·기)이 있어서 좌는 내려가고 우는 올라갔다. 이에 東人은 자기의 짐이 떨어질까 우려해 버티어 일으키면 서쪽이 뒤집힌다. 西人도 성내면서 버티며 일으키면 또 반대의 동쪽으로 넘어진다. 이 같은 다툼을 그치지 않는다면 끝내 평형의 형세를 이루지 못한다.(하13)

퇴계는 사칠을 리·기 대설로 삼고 그 "리·기에 나아가면, 사단이 기왕 리이므로 칠정은 기이다"(상274)고 단정한다. 이에 고봉은 사단이 리임은 진실이지만 "그런데 왜 맹자의 말 때문에 급변하여 칠정이 기 한 쪽이어야 하는가?"(하62)라고 반문하고 다음과 같이 말한다.

> 사맹과 정주의 본설을 허심평기로 보되, 저것으로 이것을 폐하지 말고, 내로서 외를 의혹하지 말며, 선입의 말을 주로 삼지 말고, 타인의 설을 객으로 삼지 말며, 넓게 고찰하고 정밀히 살펴야 한다. 그러한 뒤에야 고인에 어긋남도 없고 강습에도 유익함이 될 것이다.(하12)

사단이 리발이라 해서 칠정이 기발일 수 없고, 칠정이 기발이라 해서 사단이 리발일 수는 없다. 고봉의 비판은 사맹의 종지를 잘 살펴야 한다는 것이다. 사단과 성선 때문에 천명·중화의 칠정이 기발일 수는 없다. 그런데도 무슨 이유로 사칠 종지를 '상대적'으로 대립시키는가? 이점을 고봉은 이해할 수 없다는 것이다.

퇴계와 같이 사칠이 본래 리·기 혈맥의 피로 다르다면 사단의 "확충, 성선"은 자사의 "천명지성"의 선과 다르고, 또 "천명지성"의 리도 "성선"의 리에서 제외되고 만다. 그렇다면 사맹은 근원(소종래)의 리·기가 전혀 다르므로 서로 소통 불가를 주장함이 되고 만다. 맹자가 천명의 성을 성선의 리와 전혀 다름으로 여겼을 리 없다. 주희는 정자의 "성즉리"를 『중용, 천명장』과 『맹자, 성선장』에 똑같이 주석으로 붙였다. 과연 칠사 본설을 마치 동인·서인, 리·기 둘이 서로 싸우는 관계로 여겨야 하는가? 과연 자사의 "천지만물의 위·육"과 맹자 사단인 "사해(인류)의 평화"라는 두 종지는 본래 서로 만날 수 없는 대립적 관계라는 말인가?

14
칠·사 소종래는 리·기가 아닌 자사와 맹자다

칠정(희노)은 자사의 설이고 사단은 맹자의 설이다. 퇴고 토론은 칠정과 사단에 관한 것이며 때문에 고봉은 첫 논변 첫줄에서 우리의 토론은 이 범위에 있음을 급히 알린다.

> 자사는 말하기를 "희노애락 미발을 중"이라 하고 …맹자는 말하기를 "측은지심은 인의 단"이라 했으니 이것이 선유가 발명한 [칠·사] 모두이다.(상2)

지금 토론이 이 범위임을 즉시 알린 이유는 사람 감정의 설은 이외에도 많기 때문이다. 감정의 설은 둘만 있지 않다. 자사의 "희노애락", 맹자의 "측은지심", 대학 정심장의 "분치(노)", 정이천의 "칠정", 정명도의 "희노" 등은 모두 정이지만 그 소지는 각자 다르다. 같은 측은지정이라도 하나는 '단서'의 "확충" 하나는 '인의 用'으로 "성선"을 논증했으며 두 설의 종지는 각자 다르니 즉 '확충'해야 할 情을 '性으로 삼을' 수는 없는 일이다.[433]

고봉이 칠사 범위를 사맹으로 확고히 한 이유는 토론이 더 이상 다른 논란으로 번지는 것을 사전에 막고자 함이다. 고봉은 이러한 칠·사 명칭의 이유를 아래와 같이 말한다.

> 자사와 맹자는 '사람 느낌에 나아가 그 설명한 것이 부동(所就以言之者不同)'하기 때문에 사단 칠정의 별칭(別)도 있는 것이다.(상3)

---

433) 가령 「정심장」의 '없어야 할 노'를 '심의 용'인 『중용』 칠정으로 삼을 수는 없다. 명도의 "노"(「정성서」)도 하나는 '성인의 노' 하나는 '불중절의 노'이고, 이천 「호학론」의 칠정도 하나는 '성인의 배움' 하나는 '제약해야 함'이다.

사람은 스스로 느낌이 있고 이후 여기에 사맹의 '설명이 부동해서' 칠정과 사단이라는 두 별칭이 있을 뿐이다. 칠·사는 사람 느낌에 관한 두 說이다. 즉 칠·사설의 소종래434)는 사·맹이다.

그런데 퇴계는 사맹과 전혀 다른 칠·사를 제시한다. 즉 리기에 나아간 '리·기의 소종래' 설이다. 「퇴계1서」에서 '소종래'를 두 번 말했다.

> 1) 사·칠이 리기를 벋어나지는 않지만 그 소종래에 나아가서 각각 그 主와 重으로 설명하면 사는 리이고 칠은 기이다.(상28)
> 2) 그대는 사단과 칠정의 소종래를 궁구하지 않고 대략 [사칠을 모두] 겸리기·유선악이라 하면서 나의 깊이 분별(리·기)함을 불가함으로 여겼다.(상39)

퇴계의 이른바 소종래는 '리·기'이다. 퇴계는 "하늘과 사람의 원류 맥락"(상237)을 합리기로 여기고 사단과 태극도 본래 합리기라 한다. 다만 "각기 그 발에 나아가(就) 리·기 소종래로 사칠을 分할 수 있다."(상247) 즉 "공자의 계선·성성의 성은 리기에 나아간 獨理이고, 공자의 상근·상원의 성은 리기에 나아간 獨氣"(상34·35)이다. 사칠도 본래 겸리기이나 단 독리(주리)는 사단이고 독기(주기)는 칠정이다. 그 이유는 다음과 같다.

> 일찍이 나는 사단·칠정의 分은 마치 본성·기품의 異와 같다고 여겼다. 성에 있어서는 기왕 리·기로 分할 수 있는데 유독 정에 있어서만 리·기로 分할 수는 없겠는가.(상21)

퇴계의 이 주장은 고봉을 인용한 것이다. 고봉이 다음과 같이 논했다고 퇴계는 이해한다.

> 그대는 자사와 맹자는 '[리·기에] 나아간 바의 설명한 것이 부동하다'고 하면서 사단은 겸리기 중의 '리만의 척발'이라 했다. 그런데도 사·칠을 다른 가리킴(리·기)이 없다고 했으니 이는 자상모순이다.(상42)

이 말은 고봉을 인용한 것이지만, 내용은 전혀 다르다. 고봉은 사맹이 '리기에 나

---

434) 퇴계가 말하는 사칠 소종래는 '리와 기'이다. 이는 사맹과 관련이 없는 퇴계 스스로의 "리기에 나아간"(상34·35·37) 리·기의 소종래이다. 반면 고봉의 "사칠의 중절·불중절의 소종래",(상167) "사단 불중절의 소종래"(하95) 등은 그 설의 유래, 배경, 인물 등이다. 고봉이 말하는 사칠 유래의 소종래는 사맹이고, 사단 불중절의 소종래는 주희이다.

아갔다' 하지 않았고, 사단을 '리기에 나아간 척발'이라 하지 않았으며, 사칠을 '리·기의 가리킴'이라 하지도 않았다. 퇴계는 고봉의 말을 '사칠은 리·기에 나아간 것의 부동'의 뜻으로 이해한다. 이는 고봉 문자와도 완전히 다르거니와, 고봉의 논변을 매우 왜곡한 것이다. 사맹이 "리기에 나아가서" 여기서 사칠을 논했다고 할 수는 없다.

칠정과 사단은 사람 느낌을 각자 다른 의미로 논설한 것에 불과하다. 두 설은 서로 관련도 없다. 자사가 칠정으로 중화를 논한 것은 성정의 덕과 도의 체용에 관한 일이고, 맹자는 측은지심으로 확충과 성선을 논했을 뿐이다. 사맹은 "각자 자신의 뜻을 밝힌 것 뿐"(하153) 서로 상사처가 없다.

때문에 고봉은 자신의 '단지 설명이 부동함'이라는 말을 다시 상기하고, 퇴계의 '소종래설'을 비판한다.

> 제가 말한 이른바 "나아간 바의 설명이 부동하다"고 함은 본래 하나의 정인데 다만 '그 설명한 것(칠·사)만 부동하다'는 뜻이다. 그런데 선생께서는 "사칠은 각기 소종래가 있다"고 하시는데 그렇다면 이는 '단지 설명한 것만 부동하다'는 뜻이 아니시다. 결국 선생의 저에 대한 동의는 '한 단어'에 불과할 뿐, 저와 선생의 주된 뜻은 각기 다름이 되고 만 것이다.(상77)

고봉이 말한 "나아간 바의 설명이 부동하다"의 뜻은 퇴계와 같이 "리기에 나아간 리·기의 부동"이라 함이 아니다. 고봉은 단지 사맹 別說의 의미를 설명했을 뿐이다. 반면 퇴계는 사맹 본설에 근거하지 않고 자신의 리·기 "소종래로서의 자득"(상62)의 설을 제시한 것이다.

리기로의 해설은 송대 이후이며 정주는 칠사를 리기로 해석했을 뿐이다. 리기에 나아간 리발·기발이 사·칠이라면 칠사는 리기에 종속되고 만다. 퇴계의 리·기 소종래의 사칠은 있을 수 없으며 논리적 비약이며 모순이다. 사맹은 사람 본연의 서로 느끼며 소통하는 정을 그 목적에 알맞게 논설한 것뿐이다.

퇴계는 사맹 종지를 고찰해서 자신의 공부처로 논하지 않는다. 성현의 성·정 및 칠·사 제설은 공부를 위함이며, 리기 혹은 리발·기발은 아무 의미가 없다. 사단, 칠정을 리, 기, 겸리기 등으로 해석하는 것은 학자의 무한한 자유이다.

15

주희 계통(도남학)의 요체는 『중용』 "미발"의 靜 공부이다

퇴계는 『중용』 희노애락 미발을 "겸리기"라 하고, 심지어 성 및 사단도 본래는 "겸리기, 유선악"이라 하면서, 오히려 겸리기가 선후로 "호발"해서 사맹의 사·칠로 발한다고 주장한다.(상246~247) 퇴계의 이 논변은 매우 불합리하다. 자사는 칠정 미발을 "중"이라 하고, 주희는 이곳 중을 "性德의 상황"(상95)이라 한다.

주희는 '미발의 중'을 중화신설의 요체로 삼는다. 때문에 미발을 논하지 않은 중화구설, 즉 자신이 당초 착각한 "심의 이발"과 호상학의 공부인 "선찰식, 후함양"을 스스로 다음과 같이 깊게 반성한다.

> 나는 지난번 사색에서 심을 이발로 여겼다. 그러면서 또 찰식 단예(단서를 살핌)를 최초의 하수처(공부처)로 삼았으니, 이는 평일 함양의 일단공부가 빠진 것이다. 그래서 항상 動에 치우치고 다시는 깊은 순일의 맛이 없었다.435)

주희는 당초 심을 "심체 유행"의 이발로 여기고 『중용』 "미발"을 살피지 못했다. 즉 중화구설에서 "하루는 깊이 탄성하며 말하기를 사람은 영아로부터 늙어 죽음에 이르기까지 그 대체는 이발이 아님이 없다고 여기고 중용 종지 역시 여기를 벗어나지 않는다"436)고 생각했다. 하지만 이는 잘못된 구설인데 그것은 중용 '미발공부'가 빠졌기 때문이다.

주희는 호상학의 "장식과 토론하면서 크게 대오한다."(상151) 그 대오는 다름 아닌 호상학의 "단예"와 자신의 "이발"은 마음이 '사물과 교류하지 않았을 때'의 『중용』 "미발" 공부가 없다는 자성이다. 이는 "도통"과 관련이 있거니와, 또 심 이발은 불교 '선종의 설'과 다를 게 없기 때문이다. 이 문제에 대해 주희는 스승 이동과의 대화를 유추하여 "희노애락 미발의 기상이 어떠한가?", "미발의 중은 중용 일편의 요체이니 반드시 체득해야 한다"437)는 말을 상기하고 다음과 같이 고찰한다.

---

435) 向來講論思索, 直以心爲已發, 而所論致知知格物, 亦以察識端倪爲初下手處. 以故缺却平日涵養一段功夫. 其日用意趣, 常偏於動, 無復深潛純一之味.(『문집』권67, 「이발미발설」, 3268쪽)

436) 一日喟然歎曰, 人自嬰兒以至老死, 然其大體莫非已發, 以爲中庸之旨果不外乎此矣.(『문집』권75, 「중화구설서」, 3634쪽)

437) 以驗夫喜怒哀樂未發之前氣象爲如何, 而求所謂中者. …所謂喜怒哀樂未發謂之中者, 又一篇之指要也. …必也體之於身, 實見是理.(『문집』권97, 「연평선생이공행장」, 4519쪽)

이 선생은 가르칠 때 靜中에서 대본을 체인토록 했는데, 미발시의 기상이 분명하면 事에 처하고 物에 응함이 자연스럽게 중절한다. 이것이 구산(양시)문하의 상전된 요체이다.[438]

때문에 결국 자신이 당초 깨달은 '심체' 및 호상학(상채 계통)의 '이발 공부'에서 급히 도남학(양시 계통)의 요체인 『중용』 '미발 공부'로 돌아서고, "정자의 이른바 '심은 모두 이발'이라는 말은 단지 적자지심일 뿐이었음"(상152)을 상고한다. 마음에 "사려가 없고 외물이 마음에 이르지 않았을 때",[439] 이때는 마음의 未發·未感의 "靜"이다. 주희는 말한다.

심의 미발에 오성을 갖추었으니 참(眞)되며 고요(靜)하다. 그 이른바 "靜"은 未感時를 말한 것으로, 이때 심의 보존된 바는 혼연의 천리이며, 아직 인욕의 작위가 있지 않으므로 하늘의 성이라 한다.(상159)

마음이 외물과 접하지 않은 미감의 때는 혼연의 천리이며 하늘의 성이다. 이때는 靜일 뿐, 動이 아니다. 호상학의 '단예'도 動이며 이발이다. 그런데 중용은 "미발"을 논했으니 이곳은 靜이며, 공부는 미감인 靜이 근본이어야 한다. 주희는 "중용은 철두철미 근독공부에 있다"[440]고 하며, 따라서 미감의 때인 평상시 함양공부가 가장 중요하다.

마땅히 평상시 함양공부가 있어야만 일에 임할 때 바야흐로 그 진망을 식득할 수 있지, 망연히 주재함도 없다가 일이 이른 뒤 안배하고자 하면 일에 미칠 수 없게 되고 만다.(주희)(상159)

'평상시 함양공부'는 위에서 말한 "靜은 심의 未感時를 말한 것"의 공부이다. 미발은 인욕의 작위가 있지 않으며, 단 이때도 "양심은 일찍이 발해 있지 않음이 없다."[441] 이곳은 "거울 및 저울과 같은 상태"(대학 정심의 일. 하76)이며 맹자의 이른바 "평단지기"가 이것이다.[442] 주희는 平旦之氣를 "사물에 접하지 않았을 때의 淸明之氣"(「고자상」8)라고

---

438) 李先生教人, 大抵令於靜中體認大本, 未發時氣象分明, 則處事應物, 自然中節. 此乃龜山門下相傳指訣.(『문집』권40, 「答何叔京」2, 1802쪽)

439) 皆以思慮未萌, 事物未至之時, 爲喜怒哀樂之未發.(권67, 「이발미발설」, 3267쪽)

440) 中庸徹頭徹尾說個謹獨工夫, 即所謂戒愼而無失, 平日涵養之意.(권43, 「答林擇之」20, 1979쪽)

441) 未感物時, 心雖爲未發, 然苗裔發見却未嘗不在動處.(『문집』권30, 「問張敬夫」6, 1396쪽) 良心之未嘗不發矣.(권30, 「與張欽夫」3, 1316쪽)

442) "外物에 未感일 때 심의 체는 寂然不動으로 마치 거울의 空 저울의 平과 같으니, …맹자의 이른바 '平旦之氣'가 이것이다."(『문집』권51, 「答黃子耕」7, 2379쪽)

주석한다. 이 즈음이 곧 『중용, 수장』의 이른바 "신독" 공부할 곳이다.

은미함 보다 잘 드러남이 없고, 미세함 보다 잘 나타남이 없으니, 그러므로 군자는 그 홀로 있을 즈음을 삼가(愼其獨)는 것이다.

주희는 여기에 주석하여 "홀로(獨)라 함은 남들은 알지 못하나 자기만 홀로 아는 곳이니, 때문에 군자는 항상 경계하고 또 삼가서 인욕이 싹트려 하는 것을 막아야 한다"443)고 한다. 이 즈음 먼저 선입의 감정을 두면 이 선입의 "욕구가 발동"(『대학, 정심장』)해서 사물과의 교류는 방애되고 만다. 주희는 이때의 함양공부를 "쇄소·응대"의 소학공부라고 한다.444) 생각 이전 혹은 외물을 만나지 않았을 즈음이다.

16

「천명도」에 사단이 들어와서 천명이 氣가 되었습니다

사람은 누구나 외물에 대한 느낌이 있다. 마음이 외물에 느끼면 외부로 정이 나오는 일은 "자연스런 이치"(상107)이다. 이러한 사람의 정을 각자 목적에 따라 논설한 것이 바로 사맹의 칠정과 사단이라는 두 설이다. 이 2설은 반드시 그 종지가 있으며, 없으면 설로 인정될 수 없다. 이 2설을 리 혹은 기로 자유롭게 해석하는 것은 학자의 무한한 자유이다.445)

『중용』 "희·노"는 "미발의 중"과 "중절의 화"라는 성·정의 덕을 논하기 위함이다.(상94) 이러한 중화의 근거가 바로 천명의 성이다. 결국 천명인 중화의 덕을 내가 '칠정 공부'로 이룸으로써 만물이 화육된다고 함이 곧 "중용 일편의 요체"(「수장」 주희주)이다. 자사는 말한다.

---

443) 獨者, 人所不知而己所獨知之地也, …是以君子旣常戒懼, 而於此尤加謹焉, 所以遏人欲於將萌.(『중용, 수장』)

444) "灑掃·應對·進退之間이 곧 함양공부이다."(『문집』권43, 「答林擇之」21, 1980쪽) "쇄소·응대·진퇴가 곧 存養之事이다."(권32, 「答張欽夫」15, 1420쪽)

445) 사람 느낌에 관한 설은 칠·사 2설만 있지 않다. 『대학, 정심장』은 두어서는 안 될 "호요·우환"(상123)이라 하면서도 동시에 心用의 "희노우구"(상124)라 하고, 이천 「호학론」도 中動의 "희노애락애오욕"(상159)이라 하면서도 또 "제약해야 한다"고 하며, 명도 「정성서」는 "忘怒"라 하면서도 "외물에 순응한 성인의 희노"(하77)라 하기도 한다. 같은 설임에도 정 반대로 논한 경우이다. 이를 학자는 리, 기 혹은 겸리기로 자유롭게 해석할 수 있다.

천명을 성이라 이른다(天命之謂性).

사람은 천명의 성을 받았지만, 단 칠정으로 중화의 덕을 이루지 못하면 천지만물의 位·育도 불가하다. 즉 만물의 위육은 미발·이발 즈음의 '칠정이라는 實情'을 통해야 하며, 때문에 『대학』은 명덕을 "밝히라(明之)"고 한다. 주희는 『중용, 수장』 끝에서 다음과 같이 말한다.

> 자사는, 도의 본원은 하늘(천명)에서 나와서 바뀔 수 없고, 그 실체는 나에게 갖추어져서 떨어질 수 없다는 것, 그리고 존양·성찰의 요점과 성신·공화의 지극을 말씀하셨으니, 학자들은 자기 몸에서 돌이켜 자득해야 한다.446)

중용은 미발·이발 즈음에서 칠정을 말했고 이 즈음을 존양·성찰의 공부할 곳으로 삼았다. 단 희노애락 앞줄 "도는 나와 잠시도 떨어지지 않으니, 떨어지면 도가 아니다. 때문에 군자는 남들이 보지 않은 곳에서도 계신하고, 남들이 듣지 않은 곳에서도 공구한다"고 하여 미발처 공부를 특히 강조한다.

한편, 맹자는 "확충"과 "성선"을 논했다. 사단은 누구나 있으니 "확충해야 함"이 확충설이고, "그 정으로 성선을 논증할 수 있다"고 함이 성선설이다. 문제는, 사단은 기왕 발현한 정이므로 미발 공부가 없고, 성선설은 측은이라는 정으로 "성의 선"을 논증한 것에 불과하다는 점이다. 요컨대 사단은 미발이 아니고, 성선설 목적은 형이상의 성에 있으니, 때문에 사단은 이발에 치우치고, 성선설은 형이상에 치우친다.

고봉의 처음부터의 의혹은 퇴계가 사·칠만 "둘로 나란히 들고 상호 말하면서(대거 호언)"(상6) 각자 리발·기발로 분리한다는 점이었다. 왜 "사단이 리발이므로 칠정은 기발이다"(상274)고 하는가? 고봉은 이점을 이해하지 못하겠다고 한다.

> 지금 선생께서는 결국 칠정을 사단과 "대거 호언"하면서 사단을 리, 칠정을 기라 하셨다. 이는 칠정의 리 일변을 사단에게 빼앗겨서 단지 기에서의 뿌로 만드신 것이다.(하30)

추만의 「천명도」는 중용 "천명"에 근거한 것이므로 당초 '사단' 및 리기의 '발'이 없는 단지 "천명" "존양·성찰" "희노애락애오욕"(3회) 등만 있다. 이는 위 중용 공부

---

446) 子思述所傳之意以立言, 首明道之本原出於天而不可易, 其實體備於己而不可離, 次言存養省察之要, 終言聖神功化之極, 蓋欲學者於此, 反求諸身而自得之.(『중용, 수장』, 주희주)

설과 일치한다. "사단"이 「천명도」에 들어간 것은 추만이 퇴계를 만난 이후이며 그것이 추만 생각인지 퇴계의 권고인지는 알 수 없다. 퇴계의 고친 기록에 이에 대한 언급이 없기 때문이다.[447]

분명한 사실은 퇴계가 "칠정은 형기에서 외감하니 그 발은 리 본체가 될 수 없다", (상25·62) "사단의 소종래가 리인데 그렇다면 칠정의 소종래가 기가 아니면 무엇인가", (상274) "수중의 달은 가짜"(하168)라고 주장한다는 점이다. 결국 맹자 사단 때문에 칠정이 기발이 되고 만 것이다. 때문에 고봉은 다음과 같이 재차 퇴계를 비판한다.

> 선생은 사단을 리에 칠정을 기에 분속시켰고, 이로써 칠정의 리 일변이 거꾸로 사단에게 빼앗김이 되어, 그 칠정이 결국 기에서 나온 것처럼 바꾸셨다.(하131)

「천명도」는 천명을 그린 것인데도 왜 사단이라는 설 때문에 "칠정이 갑자기 기 한쪽이 되어야 하는가?"(하62) 고봉은 퇴계가 이렇게 칠정을 기 한쪽으로 바꾼 이유를 진단한다. 즉 "사단이 칠정의 리(천명)를 빼앗았다"는 것이다. "저것으로 이것을 객으로 삼아 폐한 것"(하12)이다. 자사의 설에서 맹자설이 나왔는데(연평설, 상96) 나중에 나온 사단이 갑자기 추만의 「천명도」에 끼어들어 천명의 리를 탈취했다. 퇴계는 사단의 독리를 강조하기 위해 근거 없이 칠정과 대거 호언했고, 이로써 급거 칠정의 천명이 氣, 氣出, 氣發로 내쫓기고 만 것이다. 천명, 중화, 대본, 달도 등을 드러낼 수 있는 칠정이 왜 갑자기 기출이고 기발이란 말인가? 고봉의 계속된 의혹이다.

17
정(칠사)은 스스로 병통이 없다

사람에게 외물에 느끼는 감정이 있음은 필연이고, 고연이며, 자연의 이치이다.(상3·107) 이러한 자연의 일을 사맹은 칠정과 사단으로 "언·론"(상3)했을 뿐이다. 자사는 사람

---

447) 주희, 장재, 여조겸 등 3인은 호평의 『知言』을 논평하면서 그 아래 "熹按", "栻曰", "祖謙曰"(『문집』권73, 「호자지언의의」)이라 하여 그 본설을 보존했다. 하지만 퇴계는 이렇게 하지 않음으로써 추만 본설과 퇴계의 고친 설이 혼합되어 누구의 의견인지 불명하게 되고 만 것이다. 그러나 퇴계가 고쳤다 하더라도 그 저자는 추만이어야 한다. 이 문제에 대해 어느 서지학자는 다음과 같이 말한다. "'정지운, 이황 공저'로 표시하는 것도 옳지 못하다고 본다. 이러한 저작에 대한 저작성은 그의 저술자(원저자)에게 돌리는 것이 목록학 또는 서지학의 상식인줄 안다."(李載喆, 『한국문헌정보학의 문제들』, 「천명도설에 대하여」, 구미무역주식회사출판부, 서울, 1994. 597쪽)

느낌으로 "중·화"를 말했고, 맹자 또한 반드시 있는 정으로 "확충과 성선"을 논증한 것이다.

문제는 퇴계의 경우 "리기에 나아가면"_(상36·234) "리발은 사단, 기발은 칠정"인데 "기의 칠정은 리 본체가 될 수 없다"_(상23~25)고 하면서 칠정의 선악 이유를 "겸기 때문"_(상1)으로 여긴다는 점이다. 이는 악을 공부가 아닌 '기 때문'으로 돌린 것으로서 자기 자신을 살폈다고 할 수 없다.

마음의 느낌은 외물을 비추는 거울과 같으며 따라서 정 혹은 악 자신이 잘못인 것은 아니다. 본연한 사람 느낌을 본래의 악으로 여기면 공부 여하에 관계없이 외물과의 교통은 본래 나쁜 것이 되고 만다.

사람에 정이 있음은 자연의 이치이다. 고봉은 말한다.

> 「악기」에서 "미감의 靜은 하늘의 성이고, 외물에 감해서 動함은 성의 욕구이다"고 하며 이에 주자는 "성의 욕구가 곧 이른바 정이다"고 한다. 그렇다면 심이 감물해서 情으로 動하는 것은 자연의 이치이다._(상107)

"인생의 고요함(靜)은 하늘의 성"_(「악기」)인데, 단 이 즈음은 볼 수가 없다. '靜'을 알기 위해서는 이미 이발의 심이어야 하기 때문이다. 「이발미발설」에서 "미발의 중은 본체가 스스로 그러해서 궁색할 수 없다"[448]고 함이 이것이다. 미발을 보고자 하면 이미 이발이어야 하니, 이는 "심으로 심을 봄", "심 밖에 다시 一心이 있어서 이 심을 관섭하고" "눈으로 눈을 보는" 불교의 '觀心'이 되고 만다.[449] 때문에 "미발의 심은 '묵식'할 수밖에 없는 것"[450]이다.

심은 외물을 그대로 비출 수 있고, 그 비추는 마음 기능이 곧 '情'이며 심의 작용이다.

> 심 未感의 때는 至虛·至靜하니 이른바 거울의 空과 저울의 平의 體이다. …급기야 感物의 즈음 그 應하는 바의 것 또한 모두 중절하니, 즉 저울의 空과 저울의 平의 用이다. 流行·不滯하여 正大 光明하니 이것이 천하의 달도이다.[451]

---

448) 未發之中, 本體自然, 不須窮索.(「문집」 권67, 3268쪽)

449) 未免以心觀心.(「문집」 권46, 「答黃商伯」3, 2131쪽) 今復有物以反觀乎心, 則是此心之外復有一心, 而能管乎此心也. …釋氏之學, 以心求心, 以心使心, 如口齕口, 如目視目.(권67, 「觀心說」, 3267쪽)

450) "己發의 즈음에서 본다 함은 곧 그 미발의 前에 갖춘 것을 黙識할 수 있다 함이다."(「문집」 권64, 「여호남제공론중화제1서」, 3131쪽)

451) 其未感之時, 至虛至靜, 所謂鑑空·衡平之體. …及其感物之際, 而所應者, 又皆中節, 則其鑑空·衡平之用, 流行不滯, 正大光明, 是

정은 외물을 거울과 같이 비출 뿐이다. 때문에 고봉은 "성이 기를 타고 순순히 발출하여 나옴은 어지럽고 혼란스런 잘못이 있는 것은 아니다"(상113)고 한다. 정은 성의 발이며, 성이 있어서 심이 외물에 감하면 정으로 흘러나오는 것이다. 성 없이 나오는 정은 없다. 때문에 고봉은 말한다.

> 미발의 중에 실로 이러한 리가 있기 때문에 외부의 느낌과 서로 합치하는 것이지, 그 중의 사이에 본래 이 리가 없다가 외물과 교감할 즈음 이때 리가 갑자기 끼어들어 感·動하는 것은 아니다.(상108)

리 없는 곳은 없다. 마음에도 있으며, 이러한 리는 외물에 접하면 즉시 정으로 발한다. 본래 없다가 외물과 접하면서 여기서 리가 끼어들어 감동하는 것이 아니다. 주희가 정을 "리의 발"452)이라고 한 이유이다. 주희는 "靜은 하늘의 성이고, 動 역시 성의 욕구이다. 감물로 동함은 성의 욕구이니, 그 욕구가 어찌 성에서 떨어지겠는가?"453)라고 한다. 정은 심이 외물에 감응하는 기능을 수행하고, 외물의 모습을 그대로 비춘다. 단, 정은 외물과의 관계에서 발하므로 따라서 악은 심의 주재 여하에서 비로소 생긴다.

> 외물에 감하는 것은 심이고, 그 動의 것은 情이다. 정은 성에 뿌리하며 심이 주제한다. 심이 주제하면 그 동도 중절하지 않음이 없을 것이니, 어찌 정 스스로 인욕이 있겠는가. 오직 심이 주제하지 못해서 정이 스스로 동하게 되고, 이 때문에 인욕에 흐르고 만다. …단지 심의 주제와 주제하지 못함에 달려 있을 뿐, 정 스스로의 병통이 아니다.454)

정 스스로는 병통과 악이 있지 않다. 다만 심 공부에서 인욕과 불중절이 생기며 그것은 심의 주제 여하에 달려있을 뿐이다. 따라서 정이 스스로 악을 만들어 내는 것은 아니다. 미발·이발 즈음의 공부를 강조하는 이유이다. 『대학, 정심장』에서 바로 이러한 공부를 논한다.

> 미발에 정을 '하나라도 두거나 살피지 않으면'(상123) 욕구가 動하고 情이 심을 이기게 되어 (欲動情勝) 결국 그 작용의 행함도 바름을 잃지 않을 수 없게 되고 만다.455)

乃所以爲天下之達道.(『대학혹문』하7, 534쪽)

452) 感物而動, 性之欲者, 言及其有感, 便是此理之發也.(『문집』권42, 「答胡廣仲」5, 1901쪽)

453) 人生而靜, 雖天之性, 感物而動, 亦性之欲. 若發而中節, 欲其可欲, 則豈嘗離夫性哉?(『문집』권42, 「答胡廣仲」2, 1896쪽)

454) 感於物者心也, 其動者情也, 情根乎性而宰乎心. 心爲之宰, 則其動也無不中節矣, 何人欲之有? 惟心不宰而情自動, 是以流於人欲. …特在乎心之宰與不宰, 而非情能病之.(『문집』권32, 「問張敬夫」6, 1395쪽)

정심은 '마음의 바름'에 관한 일이다. 바름을 유지함으로써 그 발의 중절도 가능하다. 만약 미발에 나의 사사로운 감정을 먼저 두면 그 정이 미발의 심을 이기게 되고 이로써 외물을 비추는 일에 방애가 된다. 이때의 정은 외물을 비추는 心用이 아닌, "心病"(하75) "心害"(상122)이다. 정은 반드시 성발의 심용이나, 이러한 심용의 정을 사물이 지나간 뒤에도 그대로 남겨두면 심병이 된다는 것, 「정심장」의 정이 바로 이것이다. 주희는 말한다.

> 노하거나(忿懥), 두려워하거나(恐懼), 즐거워하거나(好樂), 근심하는(憂患) 것 등 넷은 단지 장소와 관계없이 발출한 것이니, 마음에 먼저 소유하고 있어서는 안 된다.(상123)

이 넷의 정을 남긴 것은 공부 잘못이다. 일이 지나가면 곧바로 잊고 평상심이 되어야 하는데 오히려 지난 감정을 남겨놓은 것이다. 이는 마음의 치우침이며, 이로써 외물은 왜곡으로 보일 수밖에 없다. 즉 "이러한 넷의 정이 심의 內에서 주가 됨으로써 마음이 도리어 정에 의한 他動이 된다"[456]는 것이다. 이러한 일이 생기는 이유는 정의 일이 아닌, 공부의 일이다. 고봉이 「정성서」의 "忘怒(노를 잊어야 함)"를 '사물에 순응한 當怒'가 아닌 "스스로 사사로이 지혜를 쓴 불중절의 노"(하77)라고 한 이유이다. 정은 외물을 그대로 비출 뿐 정 스스로의 잘못이라 할 수는 없다.

18
『중용』노와 「정심장」노는 전혀 다른 설이다

퇴계는 『대학, 정심장』 "노"를 『중용』 "노"로 여기고, 이러한 노는 기에서 발하기 때문에 반드시 두어서는 안 된다고 한다.

> 칠정은 선악 미정이므로 "하나라도 두거나 살피지 않으면(一有之而不能察)" 심은 "그 바름을 얻지 못한다." 때문에 중용에서도 반드시 "발해서 중절한 연후를 화"라 한 것이다.(상27)

---

455) 忿懥, 怒也. 蓋是四者, 皆心之用而人所不能無者. 然一有之而不能察, 則欲動情勝, 而其用之所行, 或不能不失其正矣.(대학, 제7장, 정심장)

456) "정심장의 이른바 '有所'는 被他(4정)가 內에서 主가 되면 심은 도리어 他動이 된다 함이다(如所謂有所, 則是被他爲主於內, 心反爲他動也)."(『어류』권16, 道夫137, 535쪽)

이 주장은 「정심장」과 『중용』을 합한 것으로, 두 설의 종지를 전혀 구분하지 않은 것이다. 퇴계는 칠정을 "기의 所發"(상287)로 여기고, 기발이므로 두어서는 안 될 나쁜 정이라고 한다. 하지만 『중용』 "희노"는 나쁜 정이거나 혹은 기에서의 발이라 할 수는 없다. 왜냐하면 주희에 의하면 칠정은 "천명의 중화"와 "도의 작용"을 드러낼 수 있기 때문이다.(상94 · 95) 자사는 미발 · 이발 즈음 희노라는 정으로 천명의 중화를 드러낼 수 있었다. 따라서 미발의 천명을 기 혹은 선악미정이라 해서는 안 된다. 미정이 갑자기 중화로 변환될 수는 없다. 때문에 고봉은 다음과 같이 반박한다.

> 칠정을 선악미정이라 하거나 혹은 하나라도 두면 안 되고 반드시 발해서 중절한 연후 화라 하면, 칠정은 결국 쓸모없이 자란 무용지물이 되고 만다.(상122)

중 · 화의 덕은 칠정의 實情을 통해 논할 수 있는데, 이를 '선악미정' 혹은 '두어서는 안 될 것'이라 하면 쓸모없는 무용지물의 칠정이 결국 중화의 덕을 이룸이 되고 만다는 것이다. 추만 「천명도」의 "희노애락애오욕"(3회)은 미발 · 이발의 "존양 · 성찰" 공부를 위함이다. 칠정이 아니면 공부할 곳이 없다. 반면 퇴계는 여기에 맹자 사단을 끌어와서 칠정을 기발의 쓸데없거나 없애야 할 나쁜 정으로 내몬 것이다.

더욱이 "일유지이불능찰"이라는 말은 주희의 「정심장」 본주이다. 「정심장」은 마음이 외물을 만나지 않았을 즈음 감정을 미리 두거나 혹은 지나간 감정을 쌓아두지 않아야 함을 논한 장이다. 정심장은 미발에 정을 두지 말아야 함이고, 중용 칠정은 외물과의 교류를 논한 것이다. 고봉은 말한다.

> "일유지이불능찰"은 대학, 제7장 정심장의 말이다. 그 뜻은 '호요, 우환' 등은 외물과 관계없이 발출한 정이므로, 따라서 마음속에 남겨 두어서는 안 된다 함이 이 장의 종지이다. …이 장은 '정심의 일'인데도 불구하고 끌어서 '칠정의 일'로 논증하셨으니, 전혀 불상사이다.(상123 · 125)

「정심장」 종지는 느낌 이전 마음에 이러한 감정을 미리 두거나 이미 지나간 정을 남겨 두어서는 안 된다 함이다. 반면 퇴계는 『중용』 칠정은 기에서 발한 것이므로 일체 두어서는 안 된다고 한다. 그렇다면 칠정은 없어야 할 쓸데없는 정인가? 퇴계는 그렇다고 한다.

> 그대는 "정심의 일을 칠정의 일로 끌어서 논증했으니 둘은 전혀 불상사"라고 하지만, 그러나

그렇지 않다. 이 말(일유지이불능찰)이 비록 정심장에 있지만 이 1절은 "희노우구를 마음속에 두 어서는 안 되는" 심의 병통을 설한 것으로, 정심의 일을 설한 것은 아니다.(상285~286)

즉 이 장은 『중용』 심병일 뿐 정심의 일(심병)을 설한 것이 아니라는 것이다. 이는 자상모순이다. 심병이 곧 정심의 일이기 때문이다. 퇴계는 정심의 심병을 중용 심병 으로 여긴 것이다. 더욱이 『중용』의 일을 주희가 「정심장」에서 주석했을 리도 없다. 퇴계의 이 논변은 매우 불합리하다. 때문에 고봉은 「정심장」의 일에 대해 다시 이래 와 같이 고찰한다.

> 선생께서 말씀한 "心病을 설해서 사람들에서 살피게 하자"는 것, 이 말씀이야말로 정심의 일 이거늘 또 무슨 연유로 "정심을 설한 곳이 아니다"고 하시는가? 이 장 종지는 미발의 마음을 거울의 空, 저울의 平과 같이 해서 感物할 즈음 그 응하는 것이 모두 중절할 수 있게 하고자 함이다.(하75~76)

퇴계는 이 장의 뜻을 "희노우구를 마음에 두어서는 안 된다는, 즉 心之病을 설한 것으로 정심처를 설함이 아니다"(상286)고 한다. 고봉은 이러한 선생의 말씀 그대로 '이 장은 심병을 설한 것'이라 한다. 그럼에도 "왜 정심을 설한 곳이 아니라고 스스 로 부정하십니까?" 『대학』의 이 장은 "정심의 일"일 뿐 『중용』 중화의 일이 아님은 퇴계 스스로의 말과 같다. 따라서 주희가 "일유지이불능찰"로 주석한 것도 『중용』 중 화의 일이 아님이 스스로 자명해졌다. 퇴계 스스로 두지 말아야 할 "심병을 설한 것" 을 곧 「정심장」이라 말하기 때문이다.

19

퇴계의 칠정병을 고봉은 공부의 심병이라 함

퇴계는 칠정은 기에서 발한 것이므로 있어서는 안 될, 마음에서 없애야 할 정으로 여긴다.

> 칠정은 선악미정이므로 하나라도 두거나 살피지 않으면 마음은 그 바름을 얻지 못한다. 때문

에 중용에서도 발하여 중절한 것만을 화라 한 것이다.(상27)

칠정은 선악미정이고, 없애야 하고, 두지 말아야 할 정인 이유는 그것이 기에서 발하기 때문이다. "사단의 리발이라면 어찌 이러한 병통이 있겠는가? 그것이 오직 기발이기 때문에 이러한 병통이 있는 것이다."(상287 · 289)

하지만 만약 칠정이 기발이라면 사단 역시 기발이 되어야 한다. 왜냐하면 정은 심이 외물에 느껴서 발하기 때문이다. 사단 역시 아이의 우물에 빠지려는 사태에 대한 마음의 느낌일 뿐이다.(상109) 때문에 고봉은 말한다.

> 만약 선생과 같이 중용 칠정을 선악미정, 두어서는 안 됨, 두면 마음은 그 바름을 잃음, 중절한 이후 화라 하신다면 칠정은 쓸모없이 자라난 무용지물의 됨이 심하다. 그렇다면 중용 칠정은 도리어 마음의 해로움(心害)이 되고 만다.(상122)

『중용』 칠정은 결코 심의 해로움일 수 없다. 심해라면 중화를 논할 수 없기 때문이다. 더욱이 『중용』은 공자와 자사의 도통이다. 맹자도 자사의 중화설에서 확충과 성선설을 도출한 것이다.(연평설, 상96) 천명과 중화를 논할 수 있는 칠정이 어찌 '심해'란 말인가.

퇴계는 이 문제에 대해 다음과 같이 답변한다.

> 희노우구의 칠정은 마음에 둠이 있어서는 안 될 심의 병(心病)을 설한 것뿐이다. 이러한 칠정이 쉽게 心病이 되는 이유는 바로 기에 연유한 소발이기 때문이다. 비록 본선이라도 쉽게 악으로 흐르기 때문인 것이다. 만약 사단의 리발이라면 어찌 이러한 병통이 있겠는가?(상286~7)

칠정이 심병인 이유는 기발 때문이며, 리발인 사단은 심병이 아니다. 결국 기발의 칠정은 나쁜 것이다. 하지만 만약 그렇다면 이는 오히려 '심병'을 말함이 아님이 되고 만다. 칠정이 심병일 뿐, 심 자신의 병은 아니기 때문이다. 요컨대 퇴계는 심병이 아닌, 칠정의 情病, 情害를 논한 것이다.

고봉의 경우 이와 전혀 다르다. 먼저 고봉은 『중용』 칠정은 결코 '심해 · 심병이 될 수 없다'고 한다. 오히려 「정심장」 "일유지이불능찰"을 미발의 '심에 정을 먼저 두어서는 안 됨'의 의미로서의 "심해"라고 한다. 다시 말해 「정심장」 "하나라도 두면 안 됨"은 정의 병통이 아닌, 심에 이러한 정을 두어서는 안 된다는 心病 · 心害를 논한

- 170 -

것이다. 미발의 심에 이러한 정을 두면 심의 해가 된다는, 즉 '심의 공부처'를 논한 것이다. 때문에 고봉은 다음과 같이 말한다.

> 선생께서 말씀한 "심의 병통이므로 살펴서 심을 바르게 하자"는 것, 이것이 바로 정심의 일 인데도 왜 또 "정심의 일이 아니다"라고 하시는가? 이 장의 종지는 미발의 심을 "마치 거울 의 空, 저울의 平과 같이 해서 그 感物 즈음 응함이 모두 중절할 수 있게 하기 위함"(주희)이 다.(하75·76)

즉 마음공부를 논한 장이라는 것이다. 미발에 하나라도 정을 두면 심은 바름을 얻지 못하고, 감물 즈음 이렇게 둔 정이 마음을 이기게 되어 외물과의 감통·교류를 방해해서 중절할 수 없게 하고 만다는 것이다. "심을 거울과 같이 바르게 하자는 것"은 공부이다. 따라서 '심을 바르게 하자'는 이른바 "정심"은 심을 말한 것으로, 이는 '정'을 말하고자 함이 아니다.

그럼에도 퇴계는 「정심장」 주희 본주를 인용해서 칠정은 나쁘다는 '정의 병통'으로 논한다. 이는 인용의 오류이다. 칠정을 병통으로 여긴 것은 情病일 뿐, 심에 두면 병통이라는 心病을 말함이 아니다. 반면 고봉이 '심의 바름'을 위해 정을 두지 말아야 한다고 한 것은 심 공부인 心病이다. 더구나 심이 외물과 '교감'할 수 있는 느낌의 정을 병통으로 여기면, 결국 마음은 외물과 교류를 끊어야 한다는 말이 되고 만다. 정은 마음이 외물을 비추는 거울인 "심의 용"(상124)일 뿐, 정 자신을 병통으로 삼을 수는 없다. 교류·교감을 막는 것은 거울로서의 정이 아닌 나의 심의 병통이기 때문이다.

20
명도의 성인의 희노를 퇴계는 기발의 나쁜 정으로 여김

퇴계는 칠정을 기발로 여기고, 나쁜 기의 정이며, 때문에 없애야 할 것이라 한다. 리에서 발하지 않은 정이기 때문이다. 퇴계는 『중용』 "희노", 정이천 「안자호학론」의 "희노", 『대학, 정심장』의 "노" 등 각 설의 본의를 고찰하지 않고 먼저 나쁜 기발로 독단한다. 또 정명도 「정성서」의 "희노"에 대해서도 아래와 같이 말한다.

「정성서」의 이른바 "쉽게 발하고 제어가 어려운 怒"는 리인가, 기인가? 리라면 어찌 제어가 어렵다고 했겠는가? 오직 기이기 때문에 빠르게 질주해서 제어가 어렵다고 한 것이다. "노" 가 리발이라면 어찌 "노를 잊고 리를 보라"고 했겠는가? 오직 기발이기 때문에 '노를 잊고 리를 보라'고 했을 뿐이다. 이는 리로 기를 어거하라는 의미이다. 그렇다면 내가 이 말을 인용해서 칠정이 기에 속함을 증명한 것이 어찌 불상사라 하겠는가?(상289)

위 「정성서」 등의 칠정은 모두 기발이기 때문에 '제어가 어렵고 빠르게 질주한다' 는 것이다. 그렇다면 사단은 빠르게 질주하지 않는가? 맹자는 "지금 막 아이가 우물 에 빠지려는 일을 목도하면 누구나 울컥 측은지심이 일어나니, …이는 마치 불이 처음 타오름과 같다"(「공손추상」6)고 한다. 따라서 사단도 기이며, 빠르게 반응함은 칠정과 같다고 해야 한다.

또 「정성서」 "망노"를 『중용』 "노"로 여겨, 이 둘의 상반된 설의 종지를 구별하지 않고 함께 기발의 나쁜 노로 여긴다. 하지만 이러한 해석은 매우 불합리하다. 때문에 고봉은 다음과 같이 비판한다.

> 이 조항의 반복으로 가르쳐 주신 바는 억지 주장으로 통하기 어렵다.(하72) 정성서의 이른바 "망노(노를 잊어야 함)"는 불중절을 가리킨 것임에도 불구하고 칠정의 일로 인용하셨으니 감히 이해하지 못하겠다.(하77)

『중용』 및 「정성서」의 희노는 이발의 정이므로 기이지만, 그 소지를 기라고 할 수 는 없다. 『중용』은 칠정을 통해 "도의 체용"과 "성정의 덕"을 논했다.(상94·95) 「정성 서」 "희노"도 '성으로 보면 물아는 내외가 없음'으로 논했을 뿐이다. 「정성서」 몇 조 를 보자.

* 이른바 '定'(정성의 定)은 動일 때도 定이고, 靜일 때도 定이니, 성은 내외가 없다.457)
* 성인은 그 情이 만물에 순응하므로 無情하다. 때문에 군자의 학문도 확연하고 대공해서 외물이 오면 그대로 순응한다.458)
* 성인의 희는 외물의 마땅함에 따라 희하고, 외물의 마땅함에 따라 노한다. 때문에 성인의 희노는 자신 마음에 얽매이지 않고 외물에 얽매인다. 성인이 어찌 외물에 응하지 않겠는 가.459)

---

457) 所謂定者, 動亦定, 靜亦定, 無將迎, 無內外.(『정씨문집』권2, 「答橫渠張子厚先生書」, 460쪽)

458) 聖人之常, 以其情順萬事而無情. 故君子之學, 莫若廓然而大公, 物來而順應.(위와 같은 곳)

459) 聖人之喜, 以物之當喜, 聖人之怒, 以物之當怒. 是聖人之喜怒, 不繫於心而繫於物也. 是則聖人豈不應於物哉.(위와 같은 곳, 461쪽)

이곳 희노는 기의 의미가 아닌 오히려 "성"이다. 성은 희노에도 定이고, 미발에도 定이다. 성은 내외가 없으며, 혹 외에 있다 해도 성은 변질되지 않는다. 성은 희노라 해도 定으로서의 자약 그대로이다.

때문에 희노를 장재와 같이 두려워해서는 안 된다고 한다. 장재는 "심의 부동을 위해 외물에 얽매임(나아감)을 두려워 했다."[460] 이에 명도는 오히려 "성인의 희노는 만물에 순응해서 무정하며, 사물이 오면 그대로 순응한다"고 한다. 즉 "성인은 사물에 희노할 일이 있으면 마땅히 희노하며, 오히려 자신 마음에 얽매이지 않고 외물에 얽매인다"는 것이다.

사람들이 "道에 들지 못하는 이유"는 자신 "스스로의 사사로움과 지혜를 쓰기(自私而用智)"[461] 때문이다. 자신의 지혜를 쓰면 이는 마치 "거울을 반대로 돌려놓고 사물을 비추려는 것과 같다."[462] 따라서 도에 들기 위해서는 성은 내외 없음을 알고 "외를 그르고 내를 옳다 하기 보다는 내외 둘을 모두 '兩忘'해야 한다"[463]는 것이다. 자사와 용지 때문에 도에 들지 못하며, 이런 마음으로 "어찌 성인의 희노의 바름을 보겠는가?"[464] 단, 사람이 가장 제어하기 어려운 것은 노이다. 명도는 말한다.

> 가장 제어하기 어려운 것은 노이다. 노에 있을 때는 급히 그 노를 잊어야만 리의 시비를 볼 수 있다.(상288)

이때의 노는 "불중절의 노"(하77)인데 앞에서 이발의 "제어하기 어려운 노"라고 했기 때문이다. 이는 나만의 노이다. 이러한 노를 품고 있으면 외물의 희노에 순응하지 못한다. 나의 "노를 잊어야만" 외물이 오면 그대로 비출 수 있다. 이로써 "리의 시비도 있는 그대로 보인다"는 것이다.

이러한 명도의 설은 기에서 발했다는 의미가 없다. 퇴계는 기발이므로 잊어야 한다고 하지만, 그러나 희노를 잊는다면 "성의 내외 없음"을 논증할 수 없게 되고 만다.

---

460) 장재는 "定性未能不動, 猶累於外物(定心에 부동하지 못하면 외물에 얽매이고 만다)"이라 했고, 명도는 "이는 外誘를 絕함에 뜻이 있다", "이는 外誘의 除에 規規하고자 함이다"고 비판한다.(위와 같은 곳, 1·2·3조)

461) 명도는 "適道하지 못하는 이유는 自私와 用智에 있으며, 自私하면 有爲로 應迹하지 못하며, 用智하면 明覺을 自然으로 삼지 못한다"(위와 같은 곳, 4조)고 한다. 즉 도에 들기 위해서는 자신의 有爲를 외물과 함께해야할 뿐, 소통을 두려워해서는 안 된다고 한다.

462) 명도는 "外物을 미워하는 마음으로 無物의 경지를 비추고자 한다면, 이는 거울을 반대로 돌려두고 비춤을 찾는 것과 같다"(위와 같은 곳, 4조)고 한다. 이는 오히려 외물을 나에게 다가오지 못하게 문을 닫는 것과 같다는 것이다.

463) 與其非外而是內, 不若內外之兩忘也(위와 같은 곳, 4조)

464) 今以自私用智之喜怒, 而視聖人喜怒之正, 爲如何哉(위와 같은 곳, 5조) 성인의 희노를 나의 이러한 마음으로는 볼 수 없다 함이다.

명도의 종지는 性의 定에 있었고, 이러한 定을 위해서는 장재와 같이 "외물에 얽매임을 미워해서는 안 된다." 성의 定은 외물의 희노에 순응해야 하기 때문이다. 미워하거나 없애면 거울(情)로 외물을 못비추고, 또 內(心)만을 옳다고 하는 오류·독단에 빠지며, 이로써 즉시 內로서의 불교의 '心外無物'에 들어가고 만다.

21
기질지성의 성설은 어떤 경우라도 主理이며 리이다

성이 둘일 수는 없다. "性卽理"는 모든 성설 논의는 곧 '리'라 함이다. 리가 하나임과 같이 성도 리 하나일 뿐인데, 설은 매우 많다. 성은 계선·성성, 무극·태극, 상근·상원, 이목구비, 성선, 기질지성, 천명, 본연지성, 천지지성 등 수많은 설이 있다. 학자는 이외 또 다른 성을 논할 수 있다.

그런데 퇴계는 기질지성의 성설을 "치우친 독기"라고 주장한다.

> 공자의 계선·성성, 렴계의 무극·태극의 설은 리기 相循에 나아간 獨理이고, 공자의 상근·상원, 맹자의 이목구비의 性은 리기 相成에 나아가 치우치게 가리킨 獨氣이다.(상34·35)

퇴계는 성설을 상대적인 독리와 독기 둘로 들었다. 상대로 든 이유는 "리·기에 나아간, 리·기의 分"(상264·268) 때문이다. 즉 "천하의 리·기가 있음"(상17·242)은 "하늘과 사람의 원류 맥락"(상237)이나, 단 리·기는 각자 독리·독기(혹은 치우친 주리·주기)이다. 이는 위 인용된 공맹 등의 성설에 대한 해석이라고 할 수 없다. 퇴계는 위 제설을 인용하면서도 오히려 그 제설을 고찰하지 않고 곧바로 "리기에 나아간" 새로운 리·기로 논한 것이다.

위 여러 성설은 반드시 그 종지가 있다. "상근·상원"의 설은 "성은 같으나 습관(공부)에서 멀어진다" 함이고, "이목구비"의 성설은 "이목의 욕구도 성이나, 나의 성의 소유라 하여 반드시 구하려 해서는 안 되니, 命이 있기 때문"[465]이라는 종지가 있다. 그 가리킨 뜻의 목적은 서로 전혀 다르니, 만약 같거나 유사점이 있다면 그중 하나는 사라졌을 것이다.

---

465) 五者之欲, 性也. …不可謂我性之所有, 而求必得之也. …則是亦有命也.(「진심하」24. 상134)

퇴계는 위 공맹의 성설을 독기라고 하지만 그러나 성은 하나이며 그것을 어떻게 '논설'하든 모두 리이다. '성을 기로 말(言)'(상12)할 수는 없으며, '기설'일 수도 없다. 때문에 고봉은 다음과 같이 논한다.

『논어』 "성상근"의 설에 대해 주자는 "이곳의 성은 기질을 겸해서 설명(言之)한 것이다"고 주석한다. 그렇다면 이 성설은 성이 爲主지만, 기질을 겸한 것이다.(상133)

성설은 기가 아닌, 기에 있는 성설이다. 성과 기를 "불상잡"(상84)이라 함은 성의 설이 아니다. 고봉은 "성의 독기"를 다음과 같이 비판한다.

어떤 성이라도 한쪽의 기만 가리킬 수는 없다. 그런데도 지금 한쪽만 가리켜 獨氣라 하시니, 그렇지 않을 것이다.(상135)

고봉은 공맹의 두 설을 "기질지성"[466]이라 하고 "기질지성은 리와 기를 잡으로 설명(言之)한 것"(상60)이라 하면서 다음과 같이 논한다.

이른바 기질지성이라 함은 이 '리'가 기질 가운데 타재한 것일 뿐 별도의 一性이 아니다. 본성, 기질지성은 一性을 그 소재에 따라 분별해 설명(言之)한 것뿐이다.(상89)

성은 하나인데도 본연지성 혹은 기질지성 등 여러 설이 나온 이유는 그 一性에 대한 설명(言之)이 다르기 때문이다. 이른바 기질지성은 '리가 기질 속에 있음에서 논한 설'이다. 그것은 리의 논일 뿐 기질을 논함이 아니다. 주희는 "정자가 우리 名敎에 공이 있는 것은 기질지성의 의미를 발명했기 때문"[467]이라 하면서 그 논의 배경을 다음과 같이 말한다.

기질지성의 설은 장재와 정자에서 일어났다.(상86) 나(주희)는 이 설이 우리 성문에 공이 있고 또 후학에게 크게 도움이 된다고 여겼다. …이전에는 이렇게 설한 사람이 없었다. …맹자 "성선"은 단지 본원처만 설했을 뿐 下面의 기질지성은 설하지 못했다. 이 때문에 分疏하느라 힘

---

466) 공자의 "性相近"을 정주는 "기질지성"이라 주석한다.(『논어, 양화』2) "맹자 역시 기질지성을 말했으니 '口之於味也'의 類가 이것이다."(『어류』권61, 節17, 1979쪽. 『맹자, 진심하』24) "질문; 四肢之於安佚'은 성이 아닌가? 답변; 어찌 성이 아니겠는가? 단 여기서 성을 구하면 안 된다. 그러므로 '君子不謂性也'라 했다."(같은 곳, 人傑18, 1979쪽) '안일'로 "성을 求해서는 안 된다"(「진심하」24)는 것이다.

467) 程子論性所以有功於名敎者, 以其發明氣質之性也.(『어류』권4, 人傑63, 199쪽)

을 소비한 것이다. 제자들은 "성악"과 "선악 혼재"를 설했는데, 만약 장재와 정자가 일찍 출현했더라면 저러한 많은 설화들은 스스로 분쟁이 없었을 것이다. 때문에 장·정의 설이 일어나자 제자들의 설은 모두 없어져 버렸다.[468]

공자의 성설은 기질지성일 뿐인데, 그동안 이 의미를 안 사람이 없었다. 주희는 기질지성은 '공부'로 논한 것이라 한다. 즉 "배우면 기의 청탁에 관계없이 모두 선에 들 수 있고 성의 본체를 회복할 수 있다. 사리로 고찰하면 정자의 기질지성이 정밀한데, 기질에서 비록 불선이 있지만 성의 본선을 해칠 수 없고, 성이 비록 본선이나 성찰 교유의 공부가 없어서는 안 된다"(「고자상」 성선설 본주)[469]는 것이다.

기질지성의 성 역시 리인 태극이며, 오히려 기질 속에서 성을 논한 기질지성이 그 온전을 다한 설이다.[470] 이는 곧 태극의 리를 '기질에 존재함으로 설명(言之)'한 것으로서 다만 천명지성의 설 등과 그 소지·종지만 다를 뿐이다. 이러한 공부로서의 기질지성이야말로 공자의 본의이며 정주가 새롭게 발명한 성의 온전을 다한 설인 것이다.

22

칠정이 성우가 다르다면 「천명도」는 즉시 부정된다

당초 추만이 그린 「천명도」는 '사단' 및 '발'자가 없다. 추만 본도는 "천명" "희노애락애오욕"(3회)만 있으며 이는 『중용』에 근거한 것이다. '사단'과 리발·기발의 '발'자가 「천명도」에 들어온 것은 퇴계의 개입 이후이다. 중용 도형에 급거 사단을 들여와 오히려 천명의 칠정을 기로 내쫓은 이유는 무언가? 고봉의 계속된 의혹이다.

> 선생께서는 칠정을 사단과 대거 호언해서 사단을 리, 칠정을 기라고 하셨으니, 이는 칠정의 리 일변을 사단에게 빼앗겨서 칠정이 단지 기에서 나옴과 같이 만드신 것이다.(하30·131)

468) 亞夫問, 氣質之說, 起於何人? 曰, 此起於張程, 某以爲極有功於聖門, 有補於後學, …前此未曾有人說到此, …孟子說性善, 但說得本原處, 下面却不曾說得氣質之性, 所以亦費分疏, 諸子說性惡與善惡混, 使張程之說早出, 則這許多說話自不用紛爭. 故張程之說立, 則諸子之說泯矣.(『어류』권4, 時擧64, 199쪽)

469) 學而知之, 則氣無淸濁, 皆可至於善而復性之本. …然以事理考之, 程子爲密. 蓋氣質所稟, 雖有不善, 而不害性之本善, 性雖本善, 而不可以無省察矯揉之功.(『맹자, 고자상』6)

470) 性卽太極之全體, 論氣質之性, 則此全體, 墮在氣質之中耳, 非別有一性也.(『문집』권61, 「答嚴時亨」1·2, 2960·3쪽. 『어류』권94, 銖64, 3132쪽)

「천명도」는 천명과 희노애락의 중화 및 "존양·성찰"의 공부를 논한 것이다. 그런 데도 왜 사단 때문에 천명의 중화가 갑자기 氣出이 되어야 하는가? 또 중화의 발처는 사단과 다른가? 퇴계는 "리기에 나아가면 칠정의 소종래는 기이다"(상247·274)고 주장한다.

> 칠정은 형기의 묘맥이다. 어떻게 外感의 형기가 발해서 리 본체가 되겠는가?(상24·25)

즉 태극을 포함한 천지 모두는 본래 합리기인데, 이 리·기의 선후 호발로 리발은 사단, 기발은 칠정이 되니, 그것은 리·기의 "원두 발단이 다르기"(상167) 때문이라 함이다. 하지만 만약 그렇다면 칠정의 중화는 "성 이외의 사물이 되고, 그 和도 옳지 않음이 되고 만다"(상114)는 점이다.

"중화"는 미발·이발의 성정의 덕이며, 도의 체용이다. 덕과 도는 "천명지성"으로 가능하며, 천명지성이 중화의 근거이다. 그리고 이러한 덕·도는 "희노"(칠정)라는 실제의 정 공부로 드러낼 수 있다. 이 공부가 곧 미발·이발의 "존양·성찰"(『중용, 수장』)이며 따라서 칠정 전후의 공부를 거치지 않은 덕·도는 불가하다. "만물의 化育"도 칠정을 인한 것이다.

외물에 대한 느낌은 인류가 공유한다. 맹자는 측은지심은 사람이라면 누구나 있다고 하여 "측은지심이 없으면 사람이 아니며, 있는데도 스스로 불능이라고 하는 자는 스스로를 해치는 자이다"[471]고 한다. 사단은 누구나 있는 사람 마음이며 특별히 공자와 같은 성인에게만 있는 것이 아니다. 고봉은 일반인의 천리 발현을 다음과 같이 말한다.

> 평범한 사람도 천리 발현의 시중과 중절이 있다. 부모 친척을 보면 흔연히 기뻐(희)하고 죽음과 병고를 만나면 측연히 슬퍼(애)하니 이것이 어찌 리의 본체가 아닌가?(상116)

희·애의 발현은 성인도 같다. "맹자의 희, 순임금의 노, 공자의 애·락"(상115) 등의 칠정이 "기에서의 발(發於氣)"이라 할 수는 없다. 성은 인류가 하나로 공유하며 성인만 측연히 슬퍼하지는 않는다. 이런 마음은 "본래부터 성우에 가손이 있지 않다."(상95) 때문에 고봉은 말한다.

---

471) 無惻隱之心, 非人也, 無羞惡之心, 非人也, …有是四端而自謂不能者, 自賊者也.(『맹자, 공손추상』6)

이러한 등의 일을 모두 형기의 소위라 하시면 그렇다면 형기와 성정은 서로 간여하고 통섭할 수 없게 되고 만다. 어찌 그럴 수 있겠는가?(상117)

『중용』 "미발"도 성인과 일반인이 다르지 않다. 단 일반인은 미발(일용)시의 중의 덕을 지키지 못했을 뿐이다. 주희는 말한다.

중절의 것은 성인의 自爲로 인함이 아닌, 性의 고유한 것이다.472)

리의 성은 성인이 만들어 낸 것이 아닌, 성의 본래 고유한 것이다. 성인이라도 천리와 다른 특별한 것이 아니며 이러한 천리는 일반인과 완전히 같은 성즉리 하나이다. 때문에 정명도가 "성인의 희노는 자기 마음이 아닌 외물에 얽매이며, 외물이 오면 그대로 순응한다"473)고 한 것도 자신의 사사로운 마음으로 외물을 대하지 않으며 이로써 세계와 교류하고 소통할 수 있음을 강조한 것이다. 때문에 주희는 말한다.

미발 이전의 성은 동일하다. 급기야 발하면 일반인의 중절처 또한 성인과 다름이 없다. 일반인도 미발에는 본연의 성이 진실로 있으나, 단 스스로 성찰하지 못하면 그 발은 중절의 시중이 있다 해도 불중절의 것도 많다.474)

일반인의 중절과 시중도 성인의 칠정과 다르지 않다는 것이다.

『중용혹문』은 "천명지성은 성우에 가손이 없다"475) 하고, 『맹자』 성선장은 "성즉리는 요순과 길가의 사람이 동일하다", "고금과 성우는 본래 하나의 일성이다"고 한다.476) 만약 자사가 말한 희노애락이 성우에 부동하고 또 여기에 천리가 없는 것이라면 『중용』 천명에 근거한 「천명도」는 곧바로 부정되고 만다. 추만 「천명도」를 퇴계가 이와 같이 고쳤다. 진실로 칠정의 천명과 사단이 리·기의 혈맥으로 다를 수는 없으며, 더욱이 사단이 리발이라고 해서 갑자기 「천명도」의 칠정이 기발이라 할 근거는 없는 것이다.

---

472) 所中之節, 聖人所自爲耶, 將性有之耶, 謂聖人所自爲, 則必無是理, 謂性所固有, 則性之本善也明矣.(『문집』권73,「胡子知言疑義」, 3560쪽)

473) 君子之學, 莫若廓然而大公, 物來而順應. …聖人之喜怒, 不繫於心而繫於物也.(『정씨유서』권2,「答橫渠張子厚先生書」, 460쪽)

474) 未發之前, 聖與愚同, …及其發也, 衆人之所自然中節處, 亦與聖人底無異. …衆人未發則本然底固在, 而嗼然不省, 其發則雖有中節時節, 而其不中者多矣.(『문집』권57,「答陳安卿」3, 2735쪽)

475) 天命之性, 純粹至善, …不以聖愚而有加損也.(『중용혹문』상14, 558쪽)

476) 程子曰, 性卽理也, 理則堯舜至於塗人, 一也.(『맹자, 고자상』6.『정씨유서』권18, 92조, 204쪽) 古今聖愚, 本同一性.(「등문공상」1)

23

칠·사 종본은 자사와 맹자이며 주희가 아니다

칠·사 '宗本'이 사·맹이라는 사실을 퇴계가 몰랐을 리 없다. 고봉이 급히 「고봉1서」 첫머리에서 "자사왈 희노애락, 맹자왈 측은지심"(상2)을 먼저 언급한 것은 칠·사 2설은 사맹이 종본임을 분명히 하고자 함이다.

고봉이 이 문제를 처음부터 제기한 이유는 퇴계가 사맹의 종본과 전혀 다른 말을 하기 때문이다. 퇴계는 사·칠을 "무불선과 유선악"이라 하고 그 선악을 "순리, 겸기 때문(故)"(상1)이라 하지만, 그러나 선악은 자신의 사고와 공부를 통해 "자득"(상50)으로 찾아야 한다. 주희는 "성선"에 대해서도 '공부가 없다'고 한다.(「고자상」 주희주) 선악이 '리·기' 때문일 수는 없다.

사람 느낌은 외물을 거울처럼 비추는(소통·교류) 역할을 하며,(상124. 하76) 따라서 정 자신은 악이 없다. 『중용, 수장』 "신독"은 사람 본연의 느낌 전후에서 자신의 공부로 중화의 덕을 이루고자 함이다. 고봉은 "사칠의 발"(상1)이 '무엇 때문'에 선악이 생김이 아닌, 정의 "과 혹은 불급"(상8)의 '공부로 인한 것'임을 밝히기 위함이다. 고봉이 "깊게 탄식"하고 실망한 이유는 학자가 "신사·명변"으로 자기에서(爲己之學, 『논어, 헌문』25) 선악을 찾지 않고 곧바로 리기의 "당연"으로 선악을 규정한 곳에 있었다.(상168)

퇴계는 『주자어류』를 보고 곧바로 "리의 발이 사단, 기의 발이 칠정"이라고 주장한다. 즉 심은 본래 겸리기인데, 이 겸리기가 선후 호발해서 리발은 사단, 기발을 칠정이라 함이다.(상246) 이것이 퇴계 정론이며 그 근거는 『어류』이다. 퇴계는 말한다.

> 『주자어류』가 나의 '宗本'인데, 그대는 나의 설을 그릇됨으로 여기기 위해 먼저 주자의 이 단어(語)를 배척했다. 이는 내가 『어류』를 참람히 인용한 죄이다.(상294)

퇴계는 『어류』를 사칠 '종본'이라 하나, 그 宗은 사·맹이다. 퇴계는 "이 설을 얻은 이후 더욱 리발·기발을 자신한 것"(상45·322)이라 하여 리기 호발로 사칠이 나온다고 하나, 이 역시 『어류』의 의미와 크게 다르다.

리기 호발은 퇴계의 추측이다. 왜냐하면 주희의 "성이 발해서 정이 됨"(하187)에 의하면 사칠은 모두 리발이며, 더구나 칠·사는 기왕 사맹의 본설이기 때문이다. 칠사 본설은 사맹 종지가 있고, 후학은 이 설에 해석을 가할 수 있을 뿐이다. 해석이 아니라면 자신의 새로운 학설이 있어야 한다. 고봉이 "선생의 자득이다"(상62)고 비판한 이유이다.

자사는 "천명지성"과 "미발의 중"을 논했고 따라서 희노애락이 기에서 발했다고 할 수는 없다. "사단"의 단서도 이발의 정일 뿐 성이 아니다. "확충해야 한다"고 함은 미발 공부가 아니다. 주희가 「이발미발설」에서 호상학의 찰식·단예라는 이발을 비판한 이유도 중용은 "미발"을 논했기 때문이다. 모두 사람 본연의 느낌 전후에서 공부를 논했을 뿐이다. 퇴계는 사맹의 종지를 밝히고자 함이 아닌 먼저 리기 호발을 말했고, 고봉은 "리기의 즈음은 알기도 어렵거니와 설명하기도 어렵다"(하118)고 한다.

사칠의 리발, 기발 해석은 누구나 가능하다. 주희도 리기 혹은 리기의 발로 해석한 것이다. 단 주희도 기왕 사칠을 언급한 이상 사맹 본의를 벗어날 수 없다. 더구나 리발, 기발은 사맹 "언론"(상3)의 모두가 아님은 진실로 자명하다. 고봉이 곡절이 없을 수 없다고 한 이유이다.

> 주자의 "리발, 기발"은 곡절이 없을 수 없다. 후학은 이 해석설을 사맹 본의를 두루 다한 말씀(言)으로 준수해야 할까? 아니면 이 명제를 각자 리발 한쪽 기발 한쪽의 단어(語)로만 지켜야 할까? 이는 주자를 따를지 어길지에 관한 일이며 결정하기 어려운 문제도 아니다.(상58·154)

주희가 사칠을 단지 한쪽씩 리발과 기발로 대립시켜 해설했을 리 없다. 천명·중화도 리발이기 때문이다. 더욱이 수많은 정의 설 중에서 하필 둘만의 대설이며, 또 리·기 대설이겠는가? 과연 후학은 편협의 한쪽씩의 리발·기발의 "단어"(語 상294)로만 지켜야 할까? 진실로 주희를 따르기 위해서는 사맹 본설을 편협의 치우침으로 해석해서는 안 된다. 때문에 고봉은 「추만서」 서두에서 다음과 같이 말한다.

> 존장(추만)께서 단지 『주자어류』에 의거해 설을 펼치신 것은 필시 퇴옹의 설을 바꿀 수 없는 정론으로 여겼기 때문이라 사료된다.(하178)

이 말은 결코 퇴계를 따라서는 안 된다는 권고이다. 왜냐하면 추만 본도는 『중용』 "천명"에 의거한 것이며, 여기에는 '사단'과 '발'이 없는 천명, 희노애락애오욕, 존양·성찰 등만 있기 때문이다. 『어류』는 사맹 본설이 아니다. 리발, 기발로의 해석도 지당하다. 그러나 자사의 천명·중화, 맹자의 확충·성선의 종지는 기발·리발의 각자 한쪽씩의 뜻만 있지 않으며, 더욱이 그 2설이 리·기 대설일 수도 없다. 주자를 종사로 삼기 위해서는 주희의 본지를 왜곡해서는 안 된다.

24

도통은 칠정에서 사단이며 리발·기발이 아니다

주희가 『중용』 "희노애락"을 유학의 "도통"으로 삼은 이유는 공자의 뜻을 자사가 이었다고 여기기 때문이다. 주희는 『중용, 수장』에서 "자사는 공자로부터 전수된 뜻을 [수장으로] 입언했는데,(상98) 처음 道의 본원이 하늘에서 나와 바뀔 수 없음과 그 실체는 자기에게 갖추어져서 분리될 수 없음을 밝혔고, 다음 존양·성찰의 요령을 말씀했다"[477]고 하여 천명의 '도' 및 학문은 爲己인 '자신'에서 찾아야 하며 그 요체는 바로 '존양·성찰' 공부에 있음으로 여긴 것이다. 추만 「천명도」의 "존양·성찰"이 이것이다.

주희는 호상학과의 토론을 통해 공자, 자사, 정자의 도통은 곧 희노애락 '미발시의 존양'에 있음을 밝힌다. 그동안 자신 및 호상학의 이해는 다만 '이발의 성찰공부'였을 뿐이다.

> 정자는 사물이 이르지 않았을 때를 희노애락 미발로 여겼다. 미발에서 敬을 유지하여 잃음이 없으면 이로부터 발한 것은 반드시 중절한다. 이것이 일용 즈음의 본령공부이다. 한편 정자의 "이발의 즈음에 본다"고 함은 그 端倪의 動을 살펴야 한다는 것으로, 즉 맹자의 확충 공부이다. 찰식 단예를 최초의 하수처로 삼으면 평일 함양의 일단 공부가 빠진 것이 되고 만다.[478]

희노애락 미발은 존양공부, 이발인 호상학의 단예(즉 사단)는 성찰공부이며, 모두 경 공부이다. 그중 하나를 뺄 수는 없지만 그러나 미발의 존양공부가 근본이다. 이발 공부는 이미 외물과 만난 이후이기 때문이다.

이러한 미발과 이발을 이어주는 마음이 곧 희노애락이라는 실제의 정이다. 외물과의 교류·소통를 담당하는 것이 느낌의 감정이다. 외물이 없으면 감정이 일어나지 않으며, 외물에 대한 감응이 곧 자사와 정자의 칠정이다. 이러한 감응 전후의 미발·이발 즈음 존양·성찰을 논한 것이 바로 중용의 칠정 공부이다. 『중용, 수장』의 요체는 다름 아닌 '공부'인 것이다.

---

477) 子思述所傳之意以立言, 首明道之本原出於天而不可易, 其實體備於己而不可離, 次言存養省察之要.(『중용, 수장』 주희주)

478) 右據此諸說. …事物未至之時, 爲喜怒哀樂之未發. …未發之中, …敬以持之, …而不失, 則自此而發者, 其必中節矣. 此日用之際, 本領工夫. 其言却於已發之處觀之者, 所以察其端倪之動, 而致擴充之功也. …以察識端倪爲初下手處. 以故缺却平日涵養一段功夫.(『문집』권67, 「이발미발설」, 3267~8쪽)

요컨대 『중용』 "희노애락 미발"은 존양 공부처이고, 『맹자』 "사단의 확충"(「공손추상」)은 이발의 성찰 공부처이다. 이동은 "맹자는 자사에서 나왔다"(상96)고 하는데 이는 성선장 "그 정(其情)"(「고자상」)이 바로 자사의 성정과 같은 하나의 정이기 때문이다. 주희가 "맹씨는 이 책(중용)을 推明하여 先聖의 [道]統을 이었다"(「중용장구서」)고 한 이유이다.

사단과 칠정을 해석한 것이 『어류』 "리발, 기발"(상44) 기록이다. 단, 이곳은 그렇게 해석한 이유(곡절)가 나타나 있지 않다. 사단이 '리발'이고 칠정이 '기의 발현자'라는 것은 두말할 필요 없이 당연하다. 그렇지만 주희가 자사의 천명·중화와 맹자의 확충·성선을 기발과 리발로서의 "일시의 한편으로만" 해석했을 리는 없다.(상154) 더욱이 칠사는 "대설"일 수 없거니와 또 "리·기에 나아간"(상37) 것일 리도 만무하다. 반면 퇴계는 고봉이 주희의 '리발·기발의 설을 배척했다'고 하면서 다음과 같이 말한다.

> 그대는 주자의 이 설을 만족하지 않고 배척했다. 그대가 道[統]을 자임하여 이를 담당하고자 하는 용기는 탄복하지만, 마음을 비우고 뜻을 겸손히 하는 병통은 없다고 하겠는가? 이는 성현의 말씀을 몰라서 자기의 뜻에 따르게 하는 폐단이다.(상293~295)

만약 위 퇴계와 같다면 『어류』 기록이 사맹 본설보다 상위가 되고 만다. 어류는 사맹을 해석했을 뿐이며, 주희 본설도 아니다. 반면 퇴계는 사맹 본설과 어류의 해석을 구분하지 않고 스스로 "리기에 나아가서" 그 리·기의 선후 "호발"(상246)이라 한다. 호발은 사맹과 주희를 해석함이 아닌 퇴계 자신의 "자득설"(하117·121)이다. 사맹은 사람 본연의 느낌 전후를 자신의 공부처로 삼으면서 여기서 "칠사라는 별칭"(상3)이 생겼을 뿐이다. 결국 퇴계의 논변은 사맹도, 주희도, 어류도 아니고, 또 자신의 공부도 빠진, 사맹과 정주도 상상할 수 없는 리기에 나아간 리·기의 사칠을 논하고 만 것이다.

25

천명, 사단은 주리가 아닌 독리이다

퇴계는 사단을 "純理"(상1)라 했는데 이후 "主理"(상23)로 고친다.

주희는 천명지성과 성선설에 동일하게 "성즉리"로 주석했고, 또 "측은지심은 인의

단이다"의 端을 "천리의 자연"(「공손추상」)이라 하고, "측은지심은 인이다"의 仁에 대해 "용으로 그 본체를 드러낸 것"(「고자상」)이라 한다. 따라서 천명지성과 사단은 모두 독 리임이 분명하다. 고봉도 사단은 리만 "척출해서 뽑아낸 것",(상3·9) 천명지성은 "선" (상9)이며 "극본궁원의 성"(상86)이라 한다. 단 "천명지성과 사단은 하나의 리·선이나 명칭만 다른 것"(상64)인데 천하에 '리가 둘'(하8)이거나 선이 둘일 수는 없기 때문이다.

천명, 사단, 성선을 퇴계는 '주리'로 바꾸지만, 그러나 모두 리 일자인 '독리'로 여 긴 것은 당초 추만에서 나온 것이다. 추만은 일찍이 1543년 「천명도해」에서 '리'를 아래와 같이 말했다.

> 리는 '하나'이니(理一), …허하기 때문에 '無對'하고 무대하기 때문에 가손이 없는 하나가 된다 (爲一).(상325)

추만은 리를 '일자'이며 '무대'라 했다. 고봉도 "추만은 理자를 해설했다", "천하에 리보다 실한 것은 없다"고 하여 추만의 '천하 무대'의 리를 진실로 긍정한다.(상175·176) 리 무대는 당연하며, 리는 둘일 수 없다.

반면 퇴계는 리 무대를 긍정한 듯하지만, 『어류』 "리발, 기발"을 본 후 바뀐다. 퇴 계는 성 및 리를 독리로 인정하지 않는다.

> 공자의 계선·성성, 주렴계의 무극·태극은 '리기가 서로 순환'하는 가운데 나아가서 독리를 척발했다.(상34)

독리의 척발은 고봉의 말인데 그 의미는 전혀 다르다. 고봉의 "척출·척발"(상3·10) 은 칠·사의 리선은 동일한 '하나(一)'라 함이다. 즉 칠정의 리가 곧 사단의 리이며, 둘은 同實인 하나의 리이다. 그것이 사물에 있든 사람에 있든 모두 하나의 독리일 뿐 이며, 리는 어디에 있든 변질이 없다. 반면 퇴계는 이와 '완전히' 다르다. 퇴계의 경 우 "리기에 나아간 곳"에서 리만 "뽑은" 것인 '주리'이다. 주리는 본래 합리기이다. 퇴계는 다음과 같이 말한다.

> 천하는 리 없는 기 없고, 기 없는 리도 없다.(상17·242)

천하 모든 것, 사단 혹은 태극이라 해도 단독의 리가 아니라는 것이다. 천명지성,

성선지성, 천지지성 역시 "단지 리만 있지 않다."(상242) 퇴계는 다음과 같이 말한다.

* 겸리기, 유선악은 비단 정 뿐만이 아닌 성 역시 그러하다"(상247)
* 사단도 기가 없지 않음, 칠정도 리가 없지 않음, 이는 하늘이 부여한 바와 사람이 받은 바의 원류 맥락이 진실로 그러하다.(상237)

성도 본래 겸리기·유선악이며, 사단도 리만 있지 않음, 이는 하늘의 부여한 천명이 그러하며 사람이 받은 바의 원류 맥락이다. 따라서 천명지성, 성선지성 역시 본래는 합리기지만, "그 같음의 합리기에 나아가면 본래 주리·주기의 부동이 있다"(상239)는 것이다. "사단은 리가 발함에 기가 따른 것"(상255)이라 함도 리기 호발 중의 주리이다. 퇴계는 사단과 성선지성을 독리로 인정하지 않은 것이다.

나의 "사단은 순리이기 때문에 무불선이다"는 이 말은 이치에 어긋난 게 아니다. 이치를 아는 자는 같음(겸리기)에 나아가서도 다름(주리·주기)을 알고, 다름에 나아가서도 같음을 안다. 다만 천명도에서는 주자의 설(주리·주기)을 썼으므로 이 말(순리)은 버렸을 뿐이다.(상272)

결국 퇴계는 추만 「천명도해」의 "독리·무대"를 인정하지 않으며, 자신의 당초 "순리"도 버린 것이다. 즉 "허이실, 리이허"(상301·305)이니, 이는 "이치에 통달한 호학군자가 아니면 불능하다."(상329) 퇴계의 최종 설은 리기 호발(합리기) 중의 주리인데, 이는 추만 「천명도」 및 「천명도해」를 정 '반대로' 고쳐서 왜곡한 것이다. 더욱이 퇴계의 위 '겸리기, 호발, 허이실' 등은 주어도 없다. 무엇이 겸리기이고, 무엇이 호발하고, 무엇이 허이실인가? 이는 추만 「천명도」의 '천명의 리'도 아니거니와, 「태극도」의 '태극의 리'와도 전혀 다르다.

26
리의 無對와 獨理는 추만 본설일 뿐 퇴계설이 아니다

추만은 리를 '무대'라 하고, 기를 음·양 상호의 '대립'이라 한다.

천지간의 리는 하나(理一)이나, 기는 만수로 不齊하다. 리를 궁구하면 만물에 합한 동일한

一性이고, 기를 논하면 만물에 나뉘어 각기 一氣가 된다. 왜인가? 리의 리 됨은 그 체가 本虛하니, 허하기 때문에 무대하고 무대하기 때문에 사람이나 만물에 있어도 진실로 가손이 없이 하나가 된다(爲一). 그 기에 이르면 비로소 음양대립의 象이 있어서 '상호'(음양의 互) 그 뿌리가 된다.(상173~176)**479)**

추만은 분명 리를 '理一' '一性' '爲一' '無對'라 한 것이다. 한편 만수를 각각의 기라 하여 "상호의 음·양 對立"이라 한다. 따라서 추만은 리를 理一의 무대라 한 것이 분명하다. 추만의 "互"(퇴계는 "호발")는 '기'이다.

퇴계의 경우 이와 다르다. 퇴계는 "사단지발"과 "칠정지발"(상1)을 상호 호발의 리·기 "대설"(하49)이라 한다. 고봉의 비판이 바로 '대립'의 대설이다. 그렇지만 사단은 칠정과 상대설일 수 없고, 리·기 대립으로 발할 수 없으며, 더구나 "호발"(상246)이라 하면 추만의 "互"와 같이 오히려 '氣'가 되고 만다. 때문에 고봉은 "호발이라 하면 리는 기와 같이 계탁"(하121)으로서의 "가손"(추만은 기임)이 있게 되고 만다고 한다. 추만은 리는 가손이 없지만, 기에서 상호 음·양의 대립과 가손이 있다고 하기 때문이다.

그런데 퇴계는 추만 본설을 인용하면서도 추만과 전혀 다르게 이해한다.

> 추만의 "리하며 허하다. 때문에 무대하고, 무대하기 때문에 가손이 없다"는 말은 그 병통이 '무대 때문(無對故)'이라는 3자에 있다. 그래서 다음과 같이 고치겠다. "리하며 허하다. 때문에 무대하며 가손도 없다."(상325)

퇴계는 추만의 리 '무대설'을 바꿔 '理而虛'로 고친 것이다. 이 변론은 추만의 본문 및 본의와 '전혀' 다르며, 또 그 인용문조차도 다르고 모호하다. 추만 본문은 "리의 리됨은 본허"로서 '리' 논변이다. 반면 퇴계의 "리이며 허하다(理虛)"고 함은 리도 허도 아닌 '理而虛'이다. 추만의 "리는 하나이다(理一)"고 함은 '리' 논변이다. 퇴계는 '무엇'이 리이며 허한지를 논하지 않았고, 더구나 설령 '리' 논변이라 해도 그 리체가 "虛而實"일 수도 없다. 고봉은 이를 "롱동황홀"(상176)이라 한다. 실체가 없기 때문이다. 고봉은 추만 본설을 "리의 설"(상176)이라 한다. 리는 "실체"(상175)의 실존자인데, 단 리를 설하면 '무대하고 무가손'이라 함이다.

반면 퇴계는 리의 독리를 거부한다.

---

479) 天地之間, 理一而氣萬不齊, 故究其理則合萬物而同一性也, 論其氣則分萬物而各一氣也. 何者. 理之爲理, 其體本虛, 虛故無對, 無對故在人在物, 固無加損而爲一焉. 至於氣也, 則始有陰陽對立之象, 而互爲其根.(「天命圖解」)

* 천하는 리 없는 기 없고, 기 없는 리도 없다.(상17·242)
* 천지지성 역시 단지 리만 있지 않다.(상242)
* 겸리기, 유선악은 정 뿐만이 아닌 성 역시 그러하다.(상247)
* 사단도 기가 없지 않으니, 이는 하늘이 부여한 바와 사람이 받은 바의 원류 맥락이 진실로 그러하다.(상237)

퇴계는 리의 '독리'를 부정하고, 성의 "성즉리"도 부정하며, 태극·천명·성선의 리 및 사단에 대해 '겸리기 중의 주리'로 주장한다. 이는 추만의 "理一, 爲一"인 '一者'로서의 "무대"설과 전혀 다르다. 퇴계의 위 논변은 추만 본설에 의하면 "상호 대립"의 '기'이다.

27
「천명도설」 5·6절 퇴계의 인용문은 추만과 완전히 다르다

고봉은 추만의 「천명도설」 제5·6절을 비평했고,(기록은 없음) 이에 퇴계는 「퇴계1서」 본 편지에서 그 이유에 대해 묻는다.

"심의 허령을 리·기에 분속함(心之虛靈, 分屬理氣)"과 "리는 허하므로 상대가 없음(理虛無對)" 등에 대해 그대는 다만 '안정되지 못하다(未安)'고만 했을 뿐 그 미안 이유에 대해서는 언급하지 않았다. 모르겠으나 그 설은 어떤 종지에서 나왔는가?480)

퇴계는 일찍이 추만 「천명도」(1543년 작)를 고치고 여기에 「천명도설, 후서」까지 붙였다.(1553년) 「퇴계1서」는 1559년이므로, 6년 전 일이다. 고봉의 지금 거론은 퇴계가 고친 이후 작에 대한 것이며, 추만과 퇴계의 합작이다. 추만 원본은 「천명도해」이다. "리허"는 제5절이고, "심의 허령"은 제6절이다. 합작 본문은 각각 다음과 같다.

제5절; 리의 리 됨은 그 체가 本虛이며, 허 때문에 무대하고 무대 때문에 사람과 만물에 진실로 가손 없이 하나가 된다.(상174)481)

---

480) 心之虛靈, 分屬理氣, 理虛無對等語, 但論以未安, 而不及其所以未安之故, 不知回槖之說, 當出於何旨.(『고봉집』3책, 「答奇正字明彦書」, 12쪽)

제6절; 하늘이 사람에 강명함에 이 氣가 아니면 리는 깃들 수 없고, 이 心이 아니면 리기는 깃들 수 없다. 때문에 사람의 심은 허[자주; 理]하고 령[자주; 氣]하여 리기의 집이 된다.(상177)[482]

퇴계의 위 질문을 받고 고봉은 다음과 같이 답변한다.

> 저는 외람되게도 「천명도설」 "리는 허하므로 대립이 없음(理虛, 無對)"과 "심의 허령을 리·기로 분속함(心之虛靈, 分屬理氣)" 등 2조에 대해 미안이라고 여쭈었다. 이에 선생의 질문을 받고 그 설의 소이를 찾아보았으니, 감히 무엇을 숨기겠는가? 이 2조는 근세에 나온 논으로 성현의 본지가 아니다.(상173)

고봉은 퇴계의 질문 순서를 원문대로 고쳤다. 고봉의 요지는 첫째, "리"는 '실체'라는 것, 둘째, 심 본체인 "허령"은 리·기로 '쪼갤' 수 없다 함이다. 먼저 "리체"(理一)는 허 혹은 무대 때문이 아닌 이유는 다음과 같다.

1) 리의 체가 본허라면 리의 至實·至有 존재자는 虛가 됨.(상174)
2) 유일(一)의 존재자는 리일 뿐 장재의 태허라 할 수 없음.(상175)
3) 추만의 허, 무대는 '리의 설'에 불과함.(상176)
4) 理一의 가손 없음이 무대 때문이라면 리는 노자의 황홀이 됨.(상176)

'심 본체'인 "허령"(대학 명덕에 대한 주희주)을 리·기로 쪼갤 수 없는 이유는 다음과 같다.

1) 명덕 주석인 허령은 심의 본체만 가리킨 것임.(상177)
2) 허령은 기이며, 허령할 수 있음이 리임.(상178)
3) 허령은 심 본체이고, 허령·지각이 심의 체·용임.(상178)

이상이 추만의 두 조항을 반대한 이유이다. 그럼에도 "선생은 이 두 조항을 취해서 완성된 설로 용인했으니, 결국 후세 학자들에게 허무를 논해서 노불에 빠지도록 인도할 것"(상182)이다. 왜냐하면 추만과 퇴계는 리(옳음)의 실체를 '허로서 없다(無)' 하고,

---

481) 理之爲理, 其體本虛, 虛故無對, 無對故在人在物, 固無加損而爲一焉.(「천명도설」제5절, 論人物之殊, 『퇴계전서』3책, 142쪽)
482) 天之降命于人也, 非此氣無以寓此理也, 非此心無以寓此理氣也, 故吾人之心, 虛[理]而且靈[氣], 爲理氣之舍.(「천명도설」제6절, 論人心之具, 『퇴계전서』3책, 143쪽)

또 "허령"을 '리·기' 둘로 쪼개고 말았기 때문이다. "리"는 '사실로 있음'일 뿐 허혹은 무가 아니고, 본체인 "허령"을 리·기 둘로 쪼개면 '체'가 되지 못한다.

이에 퇴계의 답변은 추만 본문과도 완전히 다르다. 퇴계는 위에서도 순서를 바꿨는데, 아래 답변 또한 "리 본허"(제5절)와 "심의 허령"(제6절) 2조를 전혀 구분하지 않는다.

> 그 "허령"을 논한 곳에서 '허를 리'로 여긴 설은 종본이 있다. 따라서 '리·기 분주'의 잘못 때문에 "虛·理"까지 잘못이라 할 수는 없다.(상300)

요컨대, 허령에서 허만 리이다. 이는 고봉이 말한 허령의 명덕(심 본체)을 리·기로 쪼갤 수 없다 함과 다르다. 더구나 고봉의 리의 실체인 "리허"와 심의 "허령" 2조를 퇴계는 '허령의 허리'라 하여 "합쳐서 논했다."(하87) 결국 추만의 "리는 허"가 반대로 퇴계의 "허는 리"가 되고 만 것이다. 퇴계는 추만의 5·6절 2조를 구분하지 않고 또 인용문도 완전히 바꿈으로써 추만 본설은 물론이거니와 고봉의 질문과도 전혀 어긋난 답변을 하고 만 것이다.

퇴계는 '虛·理'의 뜻을 다음과 같이 논한다.

> 1) 허이면서 실일 뿐(虛而實) 없음의 허가 아니다. 또 무이면서 유일 뿐(無而有) 없음의 무가 아니다.(상301)
> 2) 허에서 실을 인식했으니 허는 없음이 아니다.(상302)

이 답변은 추만의 "리체"(理의 一者), "허령의 명덕"(심 본체) 두 조항과 전혀 관련이 없다. 더구나 "허이면서 실임(虛而實)"은 주어가 없으므로 리도 아니고 허도 아니며, 결국 실체가 없는 "황홀"이 되고 만 것이다.

이상 퇴계의 논변은 추만 본설도 아니고 고봉의 비평 내용도 아니다. 때문에 고봉은 아래와 같이 말한다.

> 저는 "理虛"를 일단으로, "허령"을 일단으로 각각 경계가 있는데, 선생은 지금 합으로 설명하셨다. 그렇지만 이 문제는 논하지 않겠다.(하87)

고봉이 더 이상의 논평을 거부한 이유는 퇴계의 잘못이 명백하고 또 앞에서 이미 상세히 밝혔기 때문이다. 다만 고봉은 '리'에 관한 두 설을 제시한다. 하나는 리의 '형용', 하나는 虛자를 쓴 리의 '설'이다.

1) 리의 실체는 '진실 무망해서 치우침 없이 바르고 극히 순수하다.' 이렇게 리자를 형용할 수 있겠다.
2) 리의 실체는 '지극히 허하지만 實하고 지극히 무하지만 有하다. 때문에 사람과 사물에 가손 없이 무불선하다.'(리의 설임)(모두 하94)

고봉의 당초 비평은 '리의 실체' 문제였고 때문에 유학의 리를 노장의 허로 여길 수 없다고 했다. 또 추만의 "허하기 때문에 무대하다"를 "리의 설에 불과하다"고 했다. 이러한 비평은 '리의 실체'에 관한 것인데 퇴계의 답변은 '虛而實'이다. 허이실은 '무엇'이 없다. 어쨌든 고봉은 리의 형용 및 허자를 쓴 자신의 리설을 제시한 것이다.

28
추만 본설을 그르치게 해석하지 마십시오

퇴고의 토론은 '추만 본설'에 대한 퇴계의 "소견"(상44)에서 비롯된 것이었다. 문제는 둘인데, 첫째 「천명도」의 사·칠 분주인 '리발·기발'에 관한 것, 둘째 「천명도설」 '제5·6절'에 관한 것이다.

먼저 리발·기발에 대한 퇴계의 오해부터 살펴보자. 가장 큰 문제는 추만 「천명도」는 '발'과 '사단' 및 '리기' 등이 없다는 점이다. 따라서 퇴계가 추만의 설이라 한 "발어리·발어기"(상14)의 "분주"(상270)가 본래 누구의 소견인지를 따져봐야 한다. 김인후가 추만 원도를 참조해서 그린 「천명도」[483] 역시 '발'과 '사단' 및 '리기' 등이 없는, 즉 중용설인 "천명" "중화" "칠정" 등 공부가 있을 뿐이다. 따라서 당연히 고봉이 극히 반대한 사·칠의 대거, 리·기 대설, 리·기 호발 등의 논란도 불가하다.

문제의 발단은 중용에 의거한 「천명도」에 갑자기 사단이 들어와서 리기 대설과 리기 호발 등이 생기게 되었다는 점이다. "왜 천명도에 갑자기 사단이 들어와 칠정이 氣出이 되어야 하는가?"(하30·131) 왜 "사단이 리라고 해서 갑자기 칠정이 기가 되는

---

483) 추만 원도는 1543년 작이고, 김인후는 6년 뒤 1549년 작, 퇴계가 고치고 「후서」를 쓴 해는 1553년, 퇴·고 토론 시작은 1559년이다.

가?"(상274) 사칠 논쟁의 가장 큰 문제는 '리발·기발'이다. 고봉은 다음과 같이 말한다.

『어류』 "是理之發, 是氣之發"은 주자의 기타 전후의 논과 상호 교감해야만 그 이동 곡절도 스스로 드러날 수 있을 것이다. 후학들은 이 해석설을 사맹 본설에 따라 앞뒤를 두루 갖추어 다한 말씀한 것으로 준수해야 하겠는가? 아니면 이 명제를 한때 한쪽으로만 발언한 치우친 언어로 지킴이 마땅하겠는가?(상154)

"발어리, 발어기", "리지발, 기지발"을 「천명도」가 아닌 넓은 의미로 이해하면 진실로 옳지 않음이 없다.(상68) 칠정은 정이므로 기임이 분명하고, 사단의 리발도 지당하다. 하지만 「천명도」는 중용설에 근거한 것인데 왜 여기에 사단이 갑자기 들어와서 리·기 대설과 리기 호발이 되어야 하는가? 더구나 『어류』 리발, 기발은 사맹 해석에 불과하다. 사맹 본설을 리기로 해석할 수 있다. 단 주희가 어찌 사단은 단지 리발뿐이고, 칠정은 단지 기발뿐으로 해석했겠는가?

『중용』 종지는 기왕의 已發 혹은 氣發 한쪽만이 아닌 오히려 외물을 만나기 이전 "미발"인 일용생활 즈음의 "신독" 공부에 있다. 사단도 이발의 발처임을 주희는 「이발미발설」에서 논했다. 추만 본설도 칠정의 미발·이발의 "존양·성찰" 공부를 드러낸 것이다. 때문에 고봉은 추만 본설을 왜곡 해석하지 말 것을 주문한다.

천명도는 마땅히 선유의 설에 의거해 교감해서 추만으로 하여금 이를 자세하게 한 연후라야 고인에 어긋나지 않을 것이다. 혹 그렇지 않다면 천명도설 중에서라도 선유의 본의로 논파하셔야 옳지, 단지 선유의 구설을 그대로 쓰자고 하시면 불가하다. 이렇게 리발·기발을 골돌로 얼버무리신다면 스스로도 그릇될 뿐만 아니라 장차 남(추만)까지도 그르치게 할 것이다.(상155·156)

퇴계는 『어류』 리발·기발인 "선유의 구설을 쓰자"(상47)고 하지만, 그러나 이 설이 "리기에 나아간" 리·기 호발일 수는 없다. 더구나 사단이 리발이므로 칠정이 기발이거나, 또 사칠이 리·기 대설일 수도 없다. 이러한 인식은 사맹 종지는 물론이거니와 주희 본의와도 다르며, 또 추만 본설과도 전혀 다르다. 고봉이 「퇴계1서」를 받은 즉시 먼저 추만에게 퇴계의 견해를 따르지 말 것을 강력 권고한 이유가 바로 이것이다.(하178)

또 문제는, 퇴계가 고친 「천명도설」 제5·6절이다. 추만 「천명도해」를 퇴계는 「천명도설」로 바꾸고 그 내용도 대폭 고쳤다. 고봉은 리는 "실체"(상174·175)의 '자존자'일 뿐 허일 수 없고,(제5절) 또 허령(명덕)은 "심 본체"(상177)이므로 리·기 둘로 쪼갤 수는 없다고 한다.(제6절) 다만 추만 본설은 잘못이 크지는 않은데 그 이유는 다음과 같다.

> 제5절에서, 추만의 "리는 허 때문에 무대하다"고 함은 리를 '설'함에 불과하다.(상176)
> 제6절에서, 학자들은 주희의 "허령"을 주희의 "구중리·응만사로 조합한 것"에 불과하다.(상180)

제5절은 리의 '설에 불과'하며 따라서 큰 잘못은 없다. 단 '설'은 리의 '실체'가 아닐 뿐이다. 제6절에서 주희주 두 곳을 조합한 것도 큰 잘못은 없다. 문제는 퇴계의 아래와 같은 인식에 있다.

> * 나의 경우 '虛而實'일 뿐 무와 허가 아니다.(상301)
> * 허는 없고 단지 실만 있는 것은 아니다.(상302)
> * 나의 허는 虛而實이고, 나의 무는 無而有이다.(상314)

이 답변은 추만 본설과 전혀 다르고 또 고봉 논평과도 관계가 없다. 왜냐하면 추만의 제5절은 '리의 설과 실체'에 관한 것이고, 또 제6절은 '심의 명덕(허령)'에 관한 것이기 때문이다. 퇴계의 답변은 추만의 5·6절 '리'와 '심' 두 조항을 구분하지 않았고, 또 두 조항 중 어느 곳도 아니다. 더구나 "나의 虛而實, 나의 無而有" 등은 오히려 퇴계의 '허·무' 논의가 되고 만 것이다. 이 답변은 추만 본설과 전혀 다르며, 주희의 설 혹은 고봉의 질문도 아니다.

29
리의 실체가 허라면 노불의 황홀에 빠진다

리는 허체인가, 실체인가? 추만은 "理一의 리는 그 체가 본허이다(理一, 理之爲理, 其體本虛)"(상173)고 하여 리 존재를 '본래 허'라 한다. 고봉의 비판은 리라는 존재자는 실체이지 허일 수 없다 함이다. 허라 하면 리는 비어있음의 無가 되어야 하기 때문이다. 고봉은 "리 본허"에 대해 다음과 같이 비판한다.

> 천하의 리는 至虛 중에서도 至實의 것으로 실존한다. 리가 비록 허한듯하나 그 체를 본허라 할 수는 없다.(상174)

리는 반드시 '있다.' 추만의 잘못은 理一의 '실체·실존자'와 그리고 '설'과 '형용'을 분별하지 못함에서 비롯한다. 리를 허라 함도 가능하나, 단 이는 형용, 찬탄, 설일 뿐이다. 허라는 형용·찬탄 등은 실존자의 리가 있어야 한다. 만약 없다면 그 형용·설 등도 스스로 형용·설만 남게 되고 만다. 형용만 스스로 남으면 인류의 '가치 기준(옳음)'도 모호함이 된다. 고봉은 리의 실체를 다음과 같이 형용해서 설한다.

> 리는 진실하고 무망하며 중정하고 정수하다. 이렇게 '형용'하면 리는 치우침이 없고 폐단도 없을 것이다.(하94)

진실 무망은 그 리가 그렇다 함이다. 리의 실체에 관한 형용이다. 이러한 형용은 추만의 설과 같이 "허하고 무대하기 때문"(상176)에 그 '리'가 진실무망하다 할 수는 없다는 것이다. 이어 고봉은 반드시 '허'자를 써서 리의 실체를 형용한다면 다음과 같이 설함도 가하다고 한다.

> 반드시 허자를 써야 한다면, '리의 체됨은 至虛지만 實하고, 至無지만 有하다. 때문에 사람과 만물에 가손이 없고 무불선(성선 형용임)하다'고 하겠다.(상94)

리의 실체를 형용함에 허자를 써도 되지만 그렇다고 그 실체를 허라 함은 아니다. 그것은 허자를 써서 리의 실체를 형용한 것에 불과하다. 고봉은 장재의 이른바 태허·허의 의미를 '리'라고 한다.

> 장재의 태허·허에 대해 정자는 말하기를 "모두 리라고 해야 한다. 천하에 리보다 실한 것은 없다"고 한다. 그런데도 추만과 같이 '허'라 하면 가하겠는가?(상175)

주희는 "미발의 중"을 곧바로 성이라 하지 않는다. 중을 성이라 하면 자신의 덕이 곧바로 성이 되고 만다. 때문에 형용·상황이라 한다.

> "中"을 곧 性이라 함은 극히 미안이다. 중은 성의 체단을 상황(狀)한 것이니 이는 마치 '하늘은 둥글고 땅은 네모지다'와 같다.[484]

---

484) 文集云, 中卽性也. 此語極未安. 中也者, 所以狀性之體段, 如天圓地方.(『문집』권67, 「이발미발설」, 3266쪽)

중은 "덕"이며, 사람이 공부로 쌓아야 할 일이다. 중덕을 '둥글다'로 형용할 수 있다. 그러나 만약 곧바로 성이라 하면 "둥글다"(형용)가 발해서 정이 되고 만다. 마찬가지로 리를 허로 형용할 수는 있지만, 그 실체가 허일 수는 없다는 것이다. 때문에 고봉은 추만의 "허하기 때문에 無對하다"에 대해 "이는 리의 '설'에 불과하다. 리의 가손 없음이 어찌 허하고 무대 때문이라 할 수 있겠는가?"(상176)라고 한다. 리를 허 혹은 무라 해도, 그 허·무에는 반드시 리가 유로 실존한다. 가령 리는 기 혹은 사물에 있다 해도 변함없는 스스로의 리인 것과 같다

> 해는 만고에 항상 새로운데, 혹 구름에 가린다 해서 그 광경은 감소나 증가되는 일이 없이 스스로 자약하다. 리가 기에 있음 역시 이와 같다.(하119)

해(理)가 없다면 그 빛(情)도 없을 것이다. 해가 존재하기 때문에 그 가손과 광경(칠·사의 정)도 논할 수 있다. 군자의 덕 역시 실체인데 다만 그 "무성무취는 덕의 묘함을 찬탄·형용함"(하91)이다. 덕은 '있음'이고 또 '중으로 형용'함도 가능하다. 리도 형용·찬탄하고 설할 수 있다. 고봉의 당초 비판은 리를 형용, 찬탄, 설할 수 없다 함이 아닌, 리는 실체라 함이다. 따라서 "리" 자신의 존재자를 '무대 때문'이라 할 수 없다는 것이다.

> 추만과 같이 "무대 때문에 가손이 없다"고 한다면 이른바 리라는 존재자는 롱동 황홀의 사이에 놓이게 되고 만다.(상176)

"무대"는 리는 '유일하다(一)'와 같은 형용이지 리의 실체를 말함이 아니다. 형용 혹은 황홀이라 해도 거기에 리는 반드시 실체로 실존한다. 이러한 실체에 관해 주희는 "선가의 見處인 롱동 황홀이라 할 수 없다",485) "유·석의 구분은 허·실일 뿐이다. 노씨의 '황홀' 역시 허이다. 우리 도는 찬연자로 실존한다"486)고 한다.

이에 대한 퇴계의 답변은 리 및 허, 혹은 형용 등과 관련이 없다.

1) 나의 경우 '虛而實'일 뿐 무만의 허가 아니다.(상301)
2) '허를 리로 여긴 것'은 본래 무의 허가 아니다.(상302)
3) '허는 없고 단지 실'만 있는 것은 아니다.(상302)

---

485) 此理之實, 不比禪家見處. 只在儱侗光惚之間也.(『문집』권59,「答陳衛道」2, 2844쪽)

486) 儒釋之分, 只爭虛實而已. 如老氏亦謂光兮惚兮, …亦是虛. 吾道雖有寂然不動, 然其中粲然者存, 事事有.(『어류』권124, 節35, 3884쪽)

4) '리이면서 허(理而虛)가 아니라면' 정주의 론을 폐지하겠다는 건가?(상305)

5) 나의 허는 虛而實이고, 나의 무는 無而有이다.(상314)

모두 리 실존자를 논함이 아니고, 또 허가 리인지 무가 허인지도 구분이 없다. 허도 단순한 허가 아니고 리도 단순한 실만이 아니다. 이렇게 논해야만 "사방 팔면으로 두루 보편해서 깨지지 않는 완전한 것"(상304)이 된다는 것이다. 이 논변은 추만과 관련이 없고, 고봉의 논평 문자와도 전혀 다르며, 더구나 장재의 태허라는 유일자를 논함도 아니다. 또 공부를 논함도 아닌데 왜냐하면 공부가 '虛而實'이라면 모호함이 되기 때문이다. 주희는 『논어집주』에서 "진실로 道義로 주로함이 없으면 창광·방자함에 가까울 것이니, 노불의 학문이 이것이다"[487]고 한다. 공자의 義는 이러면서 저런 것이라고 할 수 없다.

30
호발설은 퇴계의 자득병이다

칠정과 사단은 사람 본연의 느낌에 관해 각자 다르게 설한 두 설이다. 느낌은 누구나 자연스럽게 있으며, 외물과 교류하는 이러한 감정을 자사와 맹자는 각자 자신의 논지에 알맞게 논설했을 뿐이다. 주희는 감정의 발출을 다음과 같이 말한다.

> 사람은 천지의 中(덕)을 받아 태어났고, 그 외물에 느끼지 않았을 때는 순수 지선하니 이른바 性이다. 그런데 사람이 이러한 性이 있으면 곧바로 形이 있고 形이 있으면 곧 心이 있으니, 심은 외물에 대한 느낌이 없을 수 없다. 외물에 느껴서 動(발)하면 성의 욕구가 나오며 선악은 여기서 나뉜다. 성의 욕구가 이른바 情이다.(하143)

정은 모두 성발이다. 중덕을 받지 않은 사람은 없기 때문이다. 생각과 느낌 이전은 미발이고, 이후는 이발이다. 생각과 느낌 이전은 누구라도 순수 지선하다. 미발에 악이 있을 리 없다. 선악의 나뉨은 발 이후의 일이다. 주희는 "'感物로 動함은 性의 욕구'라 함은 그 感이 있음을 언급한 것으로, 이것은 곧 理之發이다"[488]고 하여 정은

---

487) 苟無道以主之, 不幾於猖狂自恣乎, 此佛老之學.(『논어』, 里仁」10)

488) 感物而動, 性之欲者, 言及其有感, 便是此理之發也.(『문집』권42, 「答胡廣仲」5. 1901쪽)

모두 리발이라 한다.

퇴계는 이와 다르다. 퇴계는 느낌 이전의 미발을 중·성이 아닌 합리기라 하며, 그 발도 '리기 호발'이라 한다.

> 사람의 一身은 리기 합으로 生했다. 때문에 리기는 상호 발용이 있고, 그 發은 또 서로를 필요로(相須) 한다. 互發이므로 각기 리·기의 所主가 있음을 알 수 있고, 相須하니 리·기가 상호 그 가운데 있음(在中)도 알 수 있다. 상호 그 가운데 있으므로(在中) 진실로 '혼륜으로의 설명'도 있지만, 각기 리·기의 所主가 있으므로 '분별해 설명함'도 불가함이 없다.(상246)

고봉은 이에 대해 "이곳이 실로 병통의 근원이며"(하117) "선생의 自得"(상62. 하21)이라고 한다. 퇴계는 자사의 칠정과 맹자 사단의 종지 및 소지에 대해 고찰하려 하지 않는다. 주희가 말한 "在中"은 미발의 중을 논한 것으로 즉 '성이 中德의 상황으로 있음'이다. 반면 퇴계의 재중은 '합리기'이다. 그렇다면 사람은 중덕을 받아 태어난 것이 아닌, 본래 '겸리기를 받아 태어난 것'이 되고 만다. "혼륜"과 "소주" 역시 정주 논의와 다르다. 정주의 혼륜은 '온전함'의 뜻이고, 소주는 사맹이 설한 '칠·사의 가리킴'이다. 반면 퇴계의 경우 합리기가 혼륜이고 주리(독리)와 주기(독기)가 소주이다.

퇴계는 칠사설 이전의 '一情(느낌)'을 논하지 않는다. 사람 감정은 어떻게 발하는가? 감정은 외감이 있어야 하고, 없으면 심의 느낌으로 발할 수 없다. 심의 미감은 누구라도 순수하며 성인과 어리석은 사람도 모두 같다. 때문에 주희는 '리의 발(理之發)'이라 한 것이다. 퇴계는 이와 다른데 미발의 심을 합리기라 한다.

> 1) 리기의 相循에 나아간 독리(본연지성)이다.(상34)
> 2) 리기의 相成에 나아간 독기(기질지성)이다.(상35)
> 3) 리기의 相須에 나아간 혼륜(칠정)이다.(상37)

합리기 중에서 리만 말하면 독리, 기만 말하면 독기, 합을 말하면 혼륜이다. 이는 선유의 칠정과 사단, 천명지성과 기질지성의 정설 및 성설을 고찰하고 해석한 것이 아니다. 퇴계의 사·칠 호발설을 보자.

> 사단은 리발에 기가 따르고, 칠정은 기발에 리가 탄다.(상255)

이는 리기의 선후 호발을 논했을 뿐, 사맹의 종지·소지를 고찰함이 아니다. 칠정은 천명의 중화를, 사단(측은)은 확충과 성선을 논한 것이다. 중화와 확충이 그 종지이며, 본의는 다름 아닌 공부이다. 미발에 근독하라, 이발을 확충하라 함이 공부이다. 리기호발 논의는 사맹의 종지와 소지도 아니며, 공부도 아니다.

성은 성즉리인 독리이다. 성을 합리기라 할 수는 없다. 그리고 천명지성 및 사단설 소지도 독리이다. 이는 결코 리기 互在 중의 독리(주리)가 아니다. 기질지성도 성인 리 설이다. 단 그 소지는 기질 속에서의 성(성즉리)을 가리킨(指) 것으로 때문에 겸리기라 한 것뿐이다. 자사의 칠정을 혼륜이라 한 것도 그 정 전체(온전)를 가리킨(指) 것이기 때문이다.

반면 퇴계는 사람 본연의 성정, 그리고 선유의 제설 등을 해석하려 하지 않고, 곧바로 리기에 나아가서 그 리·기의 호발로 말한다. 모든 천지 만물(마음)을 리·기 둘로 가르고, 그 선유의 제설까지도 리·기 둘로 양분해서 독리(주리)와 독기(주기)라 한다. 이는 천명지성, 성선지성, 기질지성, 칠정과 사단 등 설의 종지를 고찰함이 아니며, 더욱이 그 설 요지인 공부를 논하지도 않는다. 고봉이 퇴계의 논변을 '자득병'이라 한 이유이다.

31
퇴계의 병통은 사단 칠정의 대거, 호언에 있다

자사의 "희노애락"(칠정)과 맹자의 "사단", 이 두 설은 각자 종지가 있는 서로 전혀 다른 설이다. 자사는 미발·이발의 "천명과 중화"를 논했고, 맹자는 이발의 "확충"과 형이상의 "성선"을 논증했다. 따라서 이 2설의 의미는 서로 연관성이 없다. 단 리기로 해석하는 것은 학자의 자유인데 정자와 주희가 리기로 주석하고 해설했다.

칠정과 사단은 반드시 이발의 기이며 기발이고, 칠정의 천명·중화 및 측은의 확충·성선은 반드시 리발이며 리이다. 문제는 『어류』 "시리지발, 시기기발"은 사맹 종지에 대한 어떤 언급도 없다는 점이다. 고봉이 "곡절이 없을 수 없다"(상58)고 한 이유이다. 이곳은 리발, 기발로 논한 이유가 나타나 있지 않다. 가령 기발이라면 "中에 합치하도록 하라", (하134) "기질의 잡이 없을 수 없다",(하147) "쉽게 악으로 흐를 수 있다",(하148) "성찰 克

治해야 한다"(하150)가 가능하고, 또 리발이라 하기 위해서는 "확충하라",(하133·149) "성선의 리를 발명함"(하146) 등을 언급해야 한다.

퇴계는 "사단은 순리의 무불선, 칠정은 겸기의 유선악"(상1)이라 하여 사칠을 대거·호언했다. 문제는 진실로 사칠은 대설일 수 없고, 그 선도 둘일 수 없다는 점이다. 고봉은 "자사는 정 전체, 맹자는 선만 척발한 것"(상3)이라 한다. 칠정의 천명은 사단과 다른 선이 아니다. 천하의 리, 선은 하나이다.(하8) 맹자의 "與民同樂(모두 함께 즐거워함)"(「양혜왕하」1)은 왕만의 즐거움이 아니다. 때문에 고봉은 퇴계를 다음과 같이 비판한다.

사단은 칠정의 중절한 [선과] 같은 묘맥이다. 그런데도 사단 칠정을 대거하고 호언해서 순리, 겸기라 하면 되겠는가? 인심 도심이라면 혹 이렇게 논할 수도 있을 것이다.(상5~6)

칠정의 중절자는 "달도의 화이며 도의 용"(상93~95)이다. 천명의 도의 작용은 사단과 동일한 리이지만, 그 가리킴(指)은 전혀 다르다. 所指는 다르나 리인 점에서는 같은 묘맥이다. 같은 묘맥이므로 하나는 리, 하나는 기로 각자 나누어서는 안 된다는 것이다. 더욱이 퇴계가 사칠을 인용했다면 이는 선유의 설에 관한 해석에 그쳐야 한다. 칠·사는 사맹 본설이기 때문이다. 그렇지 않으면 퇴계 자신의 설을 새롭게 제시해야 한다. 새롭게 제시한다 해도 느낌이 리·기 각발이 되어서는 안 된다. 정은 외물과 통합·소통하는 기능을 담당하는데, 만약 리·기로 각발하면 그 철학사상은 분열론이 되고 만다. 진실로 분열과 싸움을 철학이라 할 수는 없다.

사맹은 결코 상호 대설이 아니다. 대설이라면 천명·중화와 확충·성선 종지는 서로 상반되거나 상호적 설이어야 한다. 단, 『서경』 "인심과 도심"은 상호적이라 할 수 있다. 인심·도심은 둘만의 대설이며, 둘 이외 다른 심을 든 것은 아니다. 주희는 인심·도심을 다음과 같이 논한다.

심의 허령 지각은 하나일 뿐이다. 그런데도 인심·도심의 다름이 있는 이유는, 혹은 形氣의 사사로움에서 生하고 혹은 性命의 바름에서 근원하니, 그것은 지각이 부동하기 때문이다.(『중용장구, 서문』)

허령과 지각은 一心의 체·용이다.(상178) 一心인데, 인심과 도심의 다름이 있는 이유는 작용인 '지각의 부동' 때문이다. 이렇게 『서경』은 인심과 도심을 같은 곳에서 둘로 나란히 호언했다. 그러나 칠정과 사단은 이와 다른데, 『중용』은 사단과 상호 논하지 않았다.

한편, 맹자도 사덕과 사단을 대거 호언했다. "측은지심은 인의 단"이라 하여 '측은'(4단)의 정을 '인'(4덕)의 성과 대거·호언했다. 그 이유를 고봉은 아래와 같이 논한다.

> 맹자와 주희가 매번 4덕과 4단을 짝하여 설명한 것은 사람들이 기로 성을 말할까 우려했기 때문이다.(상11)

4덕의 "인·의"를 4단의 "측은·수오"와 짝으로 대거 호언한 이유는 측은만 홀로 남으면 그것은 기가 되기 때문이다. 맹자는 '리로서의 측은'을 통해 성선과 확충을 논할 수 있었다. 기를 확충하고 기가 성선일 수는 없다는 것이다. 단 측은지심과 희노애락이 대거·호언일 수는 없다.

퇴계는 칠·사로 "언·론"(상3)한 사맹 종지를 상고하려 하지 않는다. 퇴계의 "리기에 나아간"(상34·35·37) 리기 호발의 "칠정은 기의 묘맥",(상24) "사단이 리이므로 칠정은 기"(상274)라고 한 것은 사맹 종지와 상관없는 발언이다. 고봉이 "실로 병통의 근원"(하117)이라 한 이유이다. 맹자 "확충"은 기왕 발현한 이발공부를 논함이고, 『중용』 "미발"은 사려의 미맹과 외계의 일을 만나지 않았을 즈음 "홀로 삼감(신독)"의 공부를 논한 것으로, 이는 리·기 호발로 사칠이 된다는 논변과 전혀 다르다. 칠사는 사람 본연의 느낌 전후의 공부 방법을 제시한 것이며, 공부는 나의 일이지 리발·기발의 일이 아니다.

32
사단만 홀로 논하면 기이다

퇴계의 "사단으로의 발은 순리",(상1) "사단은 리의 발"(상44)이라 함은 매우 당연하다. 정은 리발이며, 맹자 소지도 기일 수는 없기 때문이다. 문제는 "단"은 기왕 발현한 현상이므로 '기'인 것도 분명하다는 점이다. 고봉이 "측은은 정이며, 정은 기를 타고 나타난 유행의 실제이니 사단은 기이다",(상112) "사단의 발은 불중절이 있다"(상170)고 한 것도 발현현상의 유행은 인욕의 기일 수밖에 없다 함이다.

그렇다면 "측은"이라는 단서의 정을 맹자는 왜 '리발의 리'로 여겼고, 이렇게 논한 근거는 무엇인가? 고봉은 4단을 논할 때 반드시 4덕도 항상 함께 거론한 이유에 대해 다음과 같이 말한다.

> 맹자가 4덕과 4단을 항상 나란히 든 이유는 사람들이 [성과 기의 分을] 이해하지 못하고 기로 성을 말할까 우려했기 때문이다.(상11)

단서는 이미 발현된 기일 뿐 성이 아니다. 그렇지만 맹자 본의는 측은으로 "성선"을 논증하고, 또 인의 단서를 "확충해야 한다" 함이다. 측은이 비록 기지만 그 목적과 종지는 '리' 및 '확충'에 있다는 것이다. 때문에 주희는 「옥산강의」에서 맹자의 의도를 아래와 같이 논한다.

> 공자·자사와 같이 성을 혼연 전체라 하면 마치 눈금 없는 저울이나 단위 없는 자와 같음이 되어 천하에 성선을 설득할 수 없어서 결국 성을 분별해서 넷으로 쪼갠 것이고, 사단의 설도 이렇게 나온 것이다.(상79)

공문의 혼연의 성을 맹자가 "찬연"(주희의 말)의 넷으로 쪼갠 것은 성선 논증을 위해서이다. 맹자는 성선 논증을 위해 측은이라는 발현 현상의 기를 오히려 "인의 작용"으로 삼음으로써 결국 형이상의 성선 논증이 가능했다. 즉 인·의의 "본체"를 측은·수오의 "용처"로서 증명했고(상160) 이렇게 해서 인·의·예·지라는 '찬연의 성설'과 측은·수오라는 '성의 작용'이 나온 것이다.

맹자 "측은"설은 두 곳이다. 하나는 '성의 단서'로서의 "확충", 하나는 '성의 작용'으로서의 "성선"이다. 확충은 '인의 단서'라 함이고, 성선은 '인의 작용'이라 함이다. 따라서 이 두 설은 모두 형이상인 인·의와, 여기에 짝해서 측은·수오의 정을 논했고, 즉 4덕과 4단을 나란히 들어 호언한 것이다. 주희는 두 설의 다른 점을 다음과 같이 말한다.

> 전편(「공손추상」)에서 이 넷이 인·의·예·지의 단서가 된다고 말했는데, 이곳(「고자상」)은 단서를 말하지 않았다. 저기는 '확충하고자 함'이고, 여기서는 곧바로 '仁의 用'으로 그 본체를 드러냈기 때문이다. 말의 부동이 있는 이유이다.[489]

---

489) 前篇, 言是四者爲仁義禮智之端, 而此不言端者, 彼欲其擴而充之, 此直因用以著其本體, 故言有不同耳.(『맹자, 고자상』6, 주희주)

"단서"는 인의가 '나타난 것'으로 "그 정의 발로 인해서 성의 본연을 볼 수 있다"[490] 함이다. 또 "인의 용"은 仁이라는 성의 작용인 "용처"라 함이다. 이러한 두 종류의 측은설은 그 목적이 서로 다른데 하나는 "확충하고자 함"이고, 하나는 "성선 본체를 그 작용으로 증명"하기 위함이다.

이렇게 두 곳 측은은 기인 것이 분명하나, 그렇지만 맹자의 목적은 '성단의 확충'과 '성선의 논증'에 있다는 점이다. 단, 측은은 발현자인 기이기 때문에 맹자는 항상 4덕과 함께 거론함으로써 오히려 그 4단이 4덕의 단서와 작용임을 나타냈다는 것이다. 이렇게 대거 호언하지 않으면 4단은 스스로 독립된 '기'로 남고 만다. 고봉이 "4덕과 4단을 나란히 든 것은 기를 성으로 말할까봐"라고 한 이유이다.

반면 퇴계는 "사단으로의 발"만 순리의 "리지발"이라 하면서, 오히려 칠정설을 사단설과 "대거 호언"(상6)해서 "기지발"의 다른 피로 분류한다. '발'이라 하면 이미 정인 기이며, 또 사단만 거론하면 역시 기이다. 때문에 고봉은 "사단 불중절"을 말했고 또 "사단은 기"라고 한다. 모두 인의의 4덕을 측은의 4단과 대거 호언하지 않았다는 것이다.

33

퇴계의 '무불선'과 '유선악'은 모두 情善이 될 수 없다

퇴계가 고봉에게 보낸 첫 논변은 다음과 같다.

> 사단으로의 발은 순리이므로 無不善이고, 칠정으로의 발은 겸기이므로 有善惡이다.(상1)

이보다 앞서는 "사단은 리에서 발해서 무불선, 칠정은 기에서 발해서 유선악이다"(상4)고 하여 모두 사단은 '무불선', 칠정은 '유선악'이라 한 것이다. 퇴계는 자신의 이 설을 "어긋나지 않은 당연한 이치의 말이다"(상272)고 단언한다.

하지만 위 두 선의 표현은 문제가 있다. 왜냐하면 무불선은 성선의 '형용'일 뿐 사단이라는 정선일 수 없고, 또 무불선은 성선의 '존재자'인 반면 유선악은 '선도 있고 악도 있다'는 둘이 "있음(有)"의 '술어'이기 때문이다. 퇴계는 사칠의 선을 나란히 "상호

---

490) 端, 緖也, 因其情之發, 而性之本然, 可得而見.(『맹자, 공손추상』6, 주희주)

대거"(상6)해서 하나는 '선의 존재자'로 하나는 '선·악이 있음'으로 논한 것이다. 다시 말해 무불선은 '성선'의 표상이지만, 유선악은 선의 표상이 아닌 '악도 있음'이다.

또 문제는 퇴계는 "유선악"을 '선도 악도 있음'이 아닌 "혼륜(혼잡)"의 의미로 이해한다. 즉 혼륜을 겸선악의 '잡선'이라 한다. 하지만 선이 악도 섞인 오염된 선도 있는가? 왜냐하면 섞인 선은 불선이어야 하기 때문이다. 퇴계는 칠정의 선을 다음과 같이 논한다.

> 칠정은 선악미정이다.(상27)

겸리기의 유선악이므로 아직은 선악 미정이라 함이다. 이후 고친 "본선이나 쉽게 악으로 흐름"(상205)도 미정의 뜻과 다르지 않다. 그러나 주희의 겸리기의 의미는 '겸함'의 뜻이다. 고봉은 겸리기를 리도 있고 기도 있음이라 한다. 고봉은 겸리기의 혼륜을 아래와 같이 논한다.

> 자사는 중화를 논함에 리기 중에 나아가 혼륜으로 설명했으니 따라서 칠정은 겸리기이다.(상136)

고봉의 칠정 혼륜은 중화도 있는 '설의 온전'이다. 즉 치우침 없이 리기를 겸해서 논했다 함이다. 따라서 리도 기도 있다고 함은 리·기 중 하나를 빼면 설이 치우친다는 뜻이다. "유선악" 역시 선 혹은 악에 대한 형용이 아닌 선·악이 '모두 있음'의 술어이다. 따라서 정의 "유선악"은 성의 선 형용인 "무불선"과 달리 선의 형용이 아니다.

퇴계는 이와 다르다. 퇴계는 유선악을 '혼합의 합리기'로 이해한다.

> 자사의 희노애락은 리기가 서로 필요로 하는 관계의 혼륜으로 설명한 것이다.(상37)

이 말은 혼합의 합리기일 뿐, 리도 있고 또 기도 있음이 아니다. 퇴계의 혼륜은 '온전함'이 아닌 혼합이며, '유선악'도 선악 혼재이다.

고봉이 말한 유선악은 이와 다르다. 칠정은 외물에 마음이 느낀 사람 감정이다. 자사는 이 감정을 "희노"로 이름 붙였고, 여기에는 반드시 선도 있고 악도 있다는 것으로, 이는 선악 혼재의 뜻이 아니다. 왜냐하면 자사와 주희의 "중절의 화" "달도" "도의 용" "대본" 등은 스스로 우뚝 선 자립으로서의 리·선이기 때문이다.

성을 무불선이라 한 것은 성리의 선을 정선과 구분하기 위한 표현이다. 정선을 성선으로 삼아서는 안 된다. 단, 선은 오직 하나이다. 성선과 정선이라 해서 선이 둘인 것은 아니다. "성정의 선은 혈맥이 관통해서 일찍이 부동이 있을 수 없다."(상160) 두 개의 선이 존재한다면 성선과 정선은 선의 체용을 이루지 못한다. 성선이 정으로 발해서 나타난 것이 정선이다. 정선은 체용으로 논하면 성선의 용이므로 따라서 그 정선이 혼잡의 선일 수는 없는 것이다. 주희는 성선과 정선을 다음과 같이 표현한다.

성은 무불선이고, 선과 악이 있는 것은 정이다. 정선은 '無往不善(발현해서 불선이 없는 선)'이다. 단, 악은 선에서 곧바로 내려온 것이 아닌 일편에 치우쳐서 악이 되었을 뿐이다.(상169)

성선은 무불선, 정선은 무왕불선이라 표현한 것이다. 표현은 각자 다르지만 선은 하나일 뿐이다.

퇴계는 사·칠의 정선을 각각 "무불선"과 "유선악"이라 하지만, 그러나 무불선은 정선일 수 없고, 유선악은 선의 형용일 수 없으며, 따라서 둘 모두 정선의 표현이 될 수 없다. 또 둘의 선은 리발·기발과 같이 대립의 선이라 해서는 안 되며, 더구나 유선악은 선악 혼재의 뜻도 아니다. 퇴계의 논변은 사단의 정을 리발의 리로 억지로 강조하려 일어난 잘못으로, 이로써 무불선, 유선악 등의 오류가 생긴 것이다.

34
퇴계는 순리·독리를 버리고 주리로 바꿈

성선과 사단이 순리이고 독리임은 지극히 당연하다. 성이 곧 리이고, 맹자가 측은 지심으로 성선을 논증할 수 있었던 것도 측은을 성선의 작용으로 삼았기 때문이다. 고봉이 "맹자는 선 일변을 척출 지시한 것"(상3·10)이라 한 것도 성선, 천명의 "중화", 사단의 "측은" 등은 동일한 一善이고 一理이기 때문이다. 리가 둘일 수는 없다. 사단은 "獨善"이고 "理發"임이 분명하다.(하189) 맹자와 주희가 "4덕과 4단을 항상 나란히 든 것도 기를 성으로 여길 수 없었기"(상11) 때문이다. 퇴계의 당초 설도 이와 같다.

* 사단은 純理의 무불선이다.(상1)
* 사단은 理에서 발해서 무불선이다.(상4)

無不善(선하지 않음이 없음)은 성선의 표상이다. 결국 퇴계는 사단을 순리로 여긴 것이다. 성도 마찬가지로 獨理이다.

* 성선의 성은 리의 원두 본연으로, 순선무악이다.(상18)
* 공자의 成性과 주렴계의 태극은 獨理이다.(상34)

이상과 같이 퇴계는 당초 사단과 성선을 순리, 독리로 여겼다. 독리인 것은 "기질지성은 본연지성과 혼칭할 수 없고"(상20) "사단은 본성과 같다"(상21)고 한다. 즉 사단과 본연지성을 모두 독리라 했다.

그런데 「퇴계1서」에서는 이 설을 "버리는데(去)"(상47) 그것은 『어류』 "사단, 시리지발, 칠정, 시기지발"(상44)을 본 이후이다. 이 설을 본 이후 독리·독기를 '주리·주기'로 바꾼 것이다. 이유는 다음과 같다.

지금 「천명도」는 주자의 설을 썼으므로 "순리이므로 무불선"이라는 이 말은 버렸을 뿐이다.(상272)

버린 이유는 『어류』 "리지발, 기지발" 의미를 "리기에 나아가면" 주리·주기의 호발이 있음으로 해독했기 때문이다. 퇴계는 "아는 자는 同에 나아가서도 異를 본다"(위와 같은 곳)고 한다. 同은 합리기이고, 異는 합리기 중의 '리'와 '기'이다. 「퇴계1서」에서 '同'을 다음과 같이 말한다.

리기는 相循(相須) 不離하니, 천하에는 리 없는 기 없고 기 없는 리도 없다.(상17·29)

퇴계는 '리기는 떨어질 수 없음'으로 여긴다. 리에는 기가 있고, 기에도 리가 있다는 것이다. 이는 주희의 설인데 퇴계의 해독은 다르다. 이와 같다면 리는 독리가 될 수 없다. 반면 고봉은 '사물에서는 불리'라 한다. 즉 "리와 기는 진실로 分이지만 그러나 '事物'에 있을 때는 진실로 혼륜해서 분개할 수 없다."(상7) '사물'에서의 리기는 불상리로 '서로 떨어질 수 없다'는 것이다. 고봉은 또 "리기가 物에 있을 때는 혼륜이나, 그러나 리·기는 각자 一物이다"(하45)고 하여 사물에서 리기는 불상리라 해도 리와 기는 '서로 섞이지 않는다'고 한다. 즉 "비록 성이 기 중에 있다 해도 기는 기, 성은 성이며 서로 협잡하지 않는다."(상84)

퇴계는 결국 '사물'(氣)에서의 리기 관계를 논했을 뿐이다.

* 리기 相循에 나아가, 공자의 成性과 렴계의 태극을 獨理로 논함.(상34)
* 리기 相成에 나아가, 공자의 상근과 맹자의 이목을 獨氣로 논함.(상35)
* 리기 相須에 나아가, 자사의 중화와 정자의 호학을 渾淪으로 논함.(상37)

퇴계는 이곳 독리, 독기를 이후 주리, 주기로 바꾼다. 즉 본래는 "리기의 합인데, 주리는 사단, 주기는 칠정"(상23·24)이라 함이다. 합리기는 "하늘이 부여하고 사람이 받은 원류 맥락이 그러하다."(상237) 성도 마찬가지이다. "천지지성은 리가 爲主이고 기질지성은 기가 爲主"(상242)인데 이것이 곧 『어류』 "리발, 기발"의 의미라는 것이다.

사단도 기가 없지 않으나 주희는 단지 "기지발"이라 했고, 칠정도 리가 없지 않으나 주희는 단지 "기지발"이라 했으니, 그 뜻은 이와 같다.(상243)

『어류』를 주리·주기의 뜻으로 해독한 것이다. 주리·주기도 본래는 합리기인 혼륜의 同이라 한다. "同 중에서도 다름(異)이 있음을 아는 것이 곧 주리와 주기"(상239)이며, 이는 천지지성과 기질지성의 리 爲主, 기 爲主와 같다는 것이다. 결국 퇴계는 『어류』 "리발, 기발"을 다음과 같은 선후의 "호발"(상246)로 왜곡 오독한다.

"리가 발함에 기가 따른다"고 함은 주리의 사단으로 말했고, "기가 발함에 리가 탄다"고 함은 주기의 칠정으로 말했을 뿐이다.(상281)

이 논변은 "천하는 리 없는 기 없고 기 없는 리 없음"에 근거한 것이다. 천명지성도 본래는 합리기이나 주리임과 같이 사단 역시 합리기지만 주리일 뿐이다. 이는 당초의 독리를 바꾼 것이다. 퇴계는 결국 천명과 성선 및 사단을 독리로 여기지 않는다. 모두 본래 합리기이며, 따라서 천명은 리만 命함이 아니고, 성선도 본래 리가 아니며, 사단의 단서 역시 본래는 독리가 아닌 기도 있음이다. 이는 사·맹 본설과 전혀 다른 퇴계의 "자득"(상62)이다. 추만 본설은 진실로 "순선 무악"(하188) "리 無對"(상176)의 "一者"인데, 퇴계는 이 설을 버리고 추만 본설을 혼란에 빠뜨린 것이다.

35

칠·사는 二善, 二理, 二義가 없다

주희의 "심은 성·정을 통섭한다(心統性情)"(상55)고 함은 둘의 의미로 이해할 수 있다. 하나는 심에 '성·정이 포함된다' 함이고, 하나는 심이 '성과 정을 통솔한다'는 의미이다. 전자는 심의 구조이고, 후자는 심 공부이다. 심을 떠난 성정은 없고, 성정은 심을 공부로 삼는다. 칠정과 사단의 경우도 마찬가지이다. 칠사는 정이고, 정은 심에 소속되며, 공부는 칠사가 아닌 칠사를 일으키는 심에 있다. "성정은 심을 따라 發出"(상55)한다. 정은 스스로 불선이 없는 심의 거울이며 성 역시 심의 리일 뿐이다.

퇴계는 『어류』 "리지발, 기지발"을 인용해서 고봉에게 "억지 주장을 펼치지 말고 의리의 말씀을 들으면 즉시 복종해야 한다"(상296)고 하면서 '氣之發'을 다음과 같이 해석한다.

1) 칠정의 기는 사단의 리와 같으며, 그 발은 각기 혈맥이 있다.(상254)
2) 그 위의 근원에서 실제로 리·기의 分이 있다.(상264)
3) 실제로 리발·기발의 分이 있기 때문에 다른 명칭도 있을 뿐이다.(상268)
4) 사의 소종래가 기왕 리이니 칠의 소종래가 기가 아니면 무엇인가.(상274)
5) 맹자, 순, 공자의 희노애락도 기발이다.(상282)

리·기 分 때문에 사·칠 두 명칭도 있고, 그 리(선)도 전혀 혈맥이 다르다는 것이다. 고봉 또한 "감히 억지 주장을 펴지 않고 단지 가르쳐 주신 위 말씀에 따라 주자의 본지를 밝히겠다"(하57)고 한다. 고봉은 "이른바 사단과 칠정은 둘의 의리(二義)가 있지 않다"(상9)고 하고 다음과 같이 말한다.

> 나의 "사단 칠정은 二義가 있지 않다"고 함은 사단은 기왕의 칠정 중의 중절한 것과는 알맹이(리·선)는 같으나 이름(중화·성선)만 다르다 함이니, 이는 그 근원을 미루면 진실로 '두 개의 의리'가 있는 게 아니라 함이다.(상130)

고봉의 말은 칠사의 '선은 두 개의 理'라 할 수 없다는 뜻이다. 왜냐하면 자사는 "천명" "중" "대본" "화와 달도"를 논했고, 맹자는 "인의 단서"(확충)와 "인의 작용"(성선)을 논했으며, 따라서 사맹은 하나의 성과 선을 각자 다른 방식으로 설한 것에 불과하기 때문이다. 고봉은 "칠정의 善者는 천명의 본연"(상9)이라 하고 주희도 "심이 외물에 느끼지 않았을 때는 혼연의 천리이며 하늘의 성"(상159)이라 하며 또 "맹자의 '정으로 선을 삼음'은 그 성선의 용처이며, 이는 칠정의 화·달도와 동일한 선이다. 따라서 그 善者는 혈맥 관통해서 처음부터 부동이 있지 않다"(상160)고 한다. 사맹은 하나의 선을 둘의 소지로 설함에 불과하다. 이동도 "미발은 성이고 중절의 것은 달도의 화이니, 맹자 성선설은 자사에서 나왔다"(상96)고 하여 자사와 맹자를 도통이라 한다. 자사에서 맹자로 이어지는 "도통"은 주희의 「중용장구, 서」와 「맹자장구, 서설」에서 밝힌 바와 같다.491)

퇴계의 "사·칠의 소종래는 리와 기이다"(상28·39)고 함은 "리기에 나아가면" 리발·기발이 다르다 함이다. 이러한 논의는 사맹 칠·사를 상고한 것이 아니다. 칠·사 본설을 논하기 위해서는 사맹에 의거해야 하지만 퇴계는 리·기에 의거한다. 이는 퇴계 자신의 리·기이며 사맹을 해석함이 아니다. 정주도 칠사를 리기로 해석했을 뿐이다.

자사의 "천명, 중화", 맹자의 "인의 단서" "성선" 등은 모두 하나의 선과 리를 논함에 불과하다. 때문에 고봉은 다음과 같이 말한다.

> 감히 묻겠다. 희노애락의 중절자는 리에서 발한 것인가, 기에서 발한 것인가? 또 그 중절자의 선은 사단의 선과 같은가, 다른가? 만약 중절의 道가 기발이고 그 선도 부동이라면 『중용장구』, 『혹문』 등 제설에서의 칠정의 리와 선은 또 무엇인가? 만약 이점이 판별되지 못한다면 후세 주문공이 나온다 해도 대승으로서는 감히 알 바 아니다.(하58~60)

퇴계는 천명의 중화를 기발로 여기고 순, 공맹, 안자의 희노애락도 리발의 '순리'가 아닌 "기발인 혼전(혼잡)"(상282)이라 한다. 반면 고봉은 미발의 리, 중, 성선은 다만 사람의 정으로 논증할 수밖에 없다고 한다. 주희의 "학자는 돌이켜 묵식해야 한다"(「공손추상」6)고 함이 이것이다. 『중용』의 선은 성선과 동일한 一善이고 또 그 화·달도가 發於理임을 아는 것은 성정의 리 및 선은 하나로 관통하기 때문이다. 둘이라면 정의 단서로 알 방법이 없다. 고봉은 천하의 리는 둘이 아니라고 한다.

> 도리가 천지간에 있음에 본래 '둘로 다다름이 없다(無二致)'는 성현의 의론은 모두 방책에 갖추어져 있다.(하8)

---

491) 주희는 「중용장구서」에서 "孟氏는 이 책을 推明해서 先聖의 도통을 이었고, 급기야 沒해서는 그 傳함을 잃었다" 하고, 또 「맹자장구, 序說」에서 "孟軻는 자사를 스승으로 삼았고, 자사의 학문은 증자에서 나왔으니, 공자가 沒하고 유독 맹가씨의 傳이 그 종통을 얻었다"고 한다.

도리는 천지간 어디에든 있다. 소통·교류는 천지간의 도리는 하나이기 때문에 가능하다. 성현은 도리를 나(爲己之學)의 공부로 구했으며 그것은 천지간의 리와 동일하기 때문이다. 주희는 "본래 둘로 다다름이 없음을 본 연후에 上達의 일도 그 가운데 존재함을 알 수 있다",[492] 또 "만약 참으로 간파한다면 자기와 사물은 둘로 다다름이 없고 내외 본말도 하나로 관통될 수 있다"[493]고 한다. 퇴계는 사칠의 선은 리·기의 피로 전혀 다르다고 하지만, 고봉은 이와 같다면 "형기성정은 서로 간여하지 못함"(상117)이 되고 만다고 한다. 사맹은 인류의 소통을 논했을 뿐, 분열을 논한 것이 아니다.

36

마음에 어찌 '가짜 달'이 있겠는가?

깨진 벽돌조각의 성도 진짜이고 살아있는 사람 마음의 성도 진짜이다. "심통성정"이라 함은 심은 성이 있다 함이며, 이 성이 곧 리이다. 리는 천지 만물과 공통의 것이어서 서로 소통이 가능하다. 단, 리가 우리 마음에만 있다고 하면 독단에 빠지고 만다. 불교의 '심즉성(리)'과 '심 밖에 사물이 없음(心外無物)' 등이 작은 리가 되는 이유이다.

성에 대한 선유의 설은 매우 많다. 두 설만 들면 "천지지성(본연지성)"과 "기질지성"이며 이는 실체인 유일의 一性에 대한 2설이다. 설은 실체의 리가 아니다. 고봉은 두 성설을 아래와 같이 비유한다.

> 천지지성은 천·지에 나아가 리만 총설한 것이고, 기질지성은 인·물 품수상을 좇아 설한 것이다. 천지지성을 비유하면 천상의 달이고, 기질지성을 비유하면 수중의 달이다. 달이 비록 하늘에 있고 물속에 있음은 다른 것 같으나 그러나 달인 점에 있어서는 하나일 뿐이다. 그런데도 선생(퇴계)은 결국 천상의 달만 달이고 수중의 달은 물이라 하시니 어찌 심각한 차질이 아니라 하겠는가.(하44)

---

492) 惟密察於區別之中, 見其本無二致者, 然後上達之事可在其中矣.(『문집』권39, 「答許順之」3, 1736쪽)

493) 若眞看得破, 便成己成物更無二致, 內外本末一以貫之.(위와 같은 곳, 「答許順之」14, 1747쪽)

2설은 총설과 품수설이다. 퇴계는 이전 아래와 같이 논했기 때문이다.

> 황은 말하겠다. 천지지성이라 해도 리만 있지 않다. 천하에 기 없는 리는 없다. 그런데도 專理인데, 그렇다면 기질지성이 비록 잡리기라 해도 기만 가리켜 말할 수는 없겠는가? 하나는 리에 나아가 말함이고, 하나는 기에 나아가 말함이다.(상242)

'실'과 '설'을 구분하지 않은 것이다. 천지지성은 설일 뿐, 실체의 성이 아니다. 모두 유일의 一性을 설로 나타낸 것으로, 천·지와 인·물로 비유한 2성설이다. 천지지성의 설은 천·지를 모두 포괄한 하나의 리만 가리킴이고, 기질지성도 유일의 一性이나 단 기질 속에 존재함을 가리킨 설이다. 기질에 품수해야만 비로소 성은 존재가치를 인정받으며, 심 혹은 기질이 아니면 一性은 의착할 곳을 잃게 된다. 기질지성의 겸리기는 리기 합이 아닌, 유일의 一性이 기에 존재한 경우이다.

이러한 두 성설은 하나의 유일의 달을 '하늘의 달'과 '수중의 달'이라는 두 장소로 비유를 든 것이다. 이를 주희는 "월영만천과 비슷하다"[494]고 하면서 다음과 같이 말한다.

> 달은 하늘의 달 하나일 뿐이지만 강호에 산재하면 곳곳마다 드러나니, 달이 나뉘었다(分)고 할 수 없다.[495]

자연물로 본다면 '하늘의 달'은 진짜이고 '수중의 달'은 그 그림자이며 물이다. 하지만 지금은 비유이다. 달이 있는 장소인 '하늘'과 '수중'은 달이 아닌 기이다. '기'의 하늘과 '기'의 수중 두 곳에 달을 유비한 것이다. "이 사이(間)"(상108)에 진짜 하늘의 달이 실존한다. 따라서 달로 보면 하늘과 수중은 分이 아니다. 주희는 강호의 달이 곧 하늘의 달이라고 한다.

> 물속에 달이 있으니, 이 물이 있어야만 하늘의 달을 비출 수 있다. 만약 이 물이 없으면 끝내 이 달도 없다.[496]

달이 수중에 자존하니, 나의 마음속 달도 가짜가 아니다. 달이라는 존재자는 마음속에 있어야만 그 가치가 증명된다. 단, 달은 천지 인물의 공유이므로 나의 것으로

---

494) 只如月映萬川, 相似.(『어류』권94, 淳200, 3167쪽)

495) 如月在天, 只一而已. 及散在江湖, 則隨處而見, 不可謂月已分也.(권94, 謨203, 3168쪽)

496) 如水中月, 須是有此水, 方映得那天上月, 若無此水, 終無此月也.(권60, 僩45, 1942쪽)

독단해서는 안 된다. 리는 공적인 것이므로 나의 소유로 인식하는 순간 그것은 나만의 독단의 리가 되고 만다.

퇴계는 천지지성을 독리, 기질지성을 독기(주기, 전기)라 하지만, 이렇게 논하면 천지지성은 고립의 성이 되고, 기질지성도 천지의 리가 치우치거나 없게 되고 만다. 더구나 퇴계는 둘을 선유의 설로 해석하지 않는다. 즉 리·기가 분이므로 천지지성과 기질지성도 리·기로 나뉜다는 것이다.(상34·35·242) 결국 퇴계는 다음과 같이 말한다.

> 천상의 달은 진짜 형상이고 수중은 단지 빛의 그림자일 뿐이다. 때문에 천상의 달을 가리키면 실체를 얻지만 수중에서 달을 떠 건지려 하면 얻을 수 없다. 진실로 성을 기 중에 있게 하면 그것은 마치 수중에서 달그림자를 건지는 것과 같아서 얻을 수 없다. 여기서 어떻게 明善과 誠身하여 성의 본초를 회복할 수 있겠는가?(하168)

퇴계는 실체의 리·기일 뿐 비유로서의 두 성설을 논함이 아니다. 두 성설은, 하나는 천지 어디에나 있는 유일의 리만 설함이고, 또 하나도 유일의 성이나 다만 인물에 존재한 측면에서의 리설이다. 반면 퇴계는 기질지성을 "기", 물속의 달을 "물"이라 한 것이다. 더구나 기질지성에서 明善을 회복할 수 없다고 하나, 이는 주희의 기질지성 본의와 정 반대다. 주희는 맹자 성선설보다는 "기품을 겸해 가리킨 정자의 기질지성이 더 정밀하다"(「고자상」)고 한다. "사람이 도를 밝혀야 하며 그것은 마음(공부)으로 성을 다할 수 있기"[497] 때문이다. 퇴계는 사람 마음속에 자존한 성·리를 부정하고 그 성을 물과 기라 했으니, 때문에 고봉은 "심각한 차질"이라 한 것이다.

37

칠정이 기발이라면 천명·중화는 기에 붙은 혹인가?

『중용』 "천명지성"은 도의 체용 전체이다. "희노애락 미발"은 아직 외물의 느낌이 없을 때의 중덕이고, 이발의 "화"는 발해서 중절한 희노애락으로서의 시중의 덕이다. 도의 체용은 "중·화의 덕"으로 가능하다.(상95) 자사는 "도는 일상에서 떨어질 수 없음"과 "홀로 있을 때 삼감(신독)"의 공부를 강조한다. 신독을 강조하므로 주희는 중용

---

497) 人能弘道, 是心能盡性. 非道弘人, 是性不知檢心.(권60, 僴45, 1942쪽)

을 "철두철미 근독공부"라 하고 「이발미발설」에서도 미발의 "평일 함양공부"(상159)라 한 것이다.498)

『중용』은 희노애락 전후의 미발·이발 공부로 논했다. 반면 퇴계는 곧바로 '리기'로 말한다. 퇴계는 "리 없는 기 없고 기 없는 리도 없음"(상17)의 합리기는 "하늘이 부여하고 사람이 받은 바의 원류 맥락이 진실로 그러하다"(상237)고 하면서 리발은 사단, 기발은 칠정이라고 주장한다. 퇴계의 리기 호발설은 다음과 같다.

> 사단은 리가 발함에 기가 따르고, 칠정은 기가 발함에 리가 탄다.(상255)

리·기가 선후 호발하는 것은 "하늘과 사람의 원류 맥락"이 본래 리기의 합이기 때문이다. 결국 사단이 리발인 것이 아닌, 반대로 리가 발한 것이 사단이라는 주장이다. 또 리발도 리만 발함이 아닌 기의 따름이 있다는 것이다. 칠정도 기발 단독이 아니다. 칠정이 기발인 이유는 다음과 같다.

> 수중의 달(칠정을 논함임)에 명암이 있음은 모두 달이 하며 물의 관여는 없겠는가? 황은 말하겠다. 만약 바람과 돌멩이의 격발로 달이 매몰되어 無月이 된 경우, 이때 단지 물만 가리켜 그 물의 動(氣發而)을 말할 수 있는데, 따라서 그 '달의 有無와 명암'(理乘之)은 곧 水動의 대소여하에 달려있을 뿐이다.(하170)

수중의 달을 퇴계는 앞서 기발의 가짜인 "그림자"(하168)라고 했다. 수중의 달은 가짜인 기발인데, 단 이 경우 "氣發而理乘之"이다. 리발도 있다는 것이다. 반면 고봉이 말하는 기발은 "리가 기를 타고 발함"인 "승기"이다.(상4·112) 따라서 고봉의 기발은 리발을 막는 나쁜 악이 아니다. 퇴계는 칠정의 "천명지성과 중·화"를 해석하지 않고 곧바로 리기 호발로 말한다. 수중의 달은 기발이지만 리발도 있고, 기의 흐름에 돌멩이의 격발로 달이 없어진 경우 기발이며, 따라서 그 달의 명암은 기발의 대소 여하에 달려 있다는 것이다. 이는 자사의 칠정을 해석함이 아닌 리기 호발에서 리·기의 세력다툼 중 주기의 발처이다. 때문에 고봉은 이점을 강력 비판한다.

> 두 사람이 한 마리(사람의 느낌)의 말에 각자 물건(사·칠)을 싣고 가는데, 동인은 자기 물건이

---

498) 中庸徹頭徹尾說個謹獨工夫, 卽所謂戒而無失, 平日涵養之意.(『문집』권43, 「答林擇之」20, 1979쪽) 未發之中, 本體自然不須窮索, 但當此之時, 敬以持之, 使此氣象常存而不失, …此日用之際本領工夫.(『문집』권67, 「이발미발설」, 3268쪽)

떨어질까 우려해 버티면 서쪽이 뒤집힌다. 서인도 자기 물건이 뒤집힌 것을 성내서 반대편으로 버티면 동쪽이 넘어진다.(하13)

사맹의 칠·사는 반드시 그 종지가 있다. 그럼에도 퇴계는 이러한 종지를 고찰하지 않고 곧바로 "리기에 나아가서"(상37) 그 리발·기발인 동인·서인의 세력다툼으로 여긴다는 것이다. 이렇게 리·기의 다툼으로 논하면 사맹 종지인 천명·중화와 확충·성선의 종지는 뒤집혀 거꾸러지고 만다.

만약 퇴계와 같이 "달의 유무는 水動(기발)의 대소 여하에 달려 있다"고 한다면 그 리는 어디서 나와서 발하는가? 리가 없는데 리발이 나올 수 있는가? 퇴계는 물속의 달을 가짜인 "그림자"라 했으므로 이미 물속은 달이 아니다. 이 문제에 대해 고봉은 다음과 같이 비판한다.

> 그 중간에 실로 이러한 理가 있기 때문에 외부로 느끼면 서로 합치하는 것이지, 그 중간에 본래 리가 없다가 외물에 感할 때 이때 갑자기 리가 끼어들어 動하는 것은 아니다.(상108)

리는 나의 마음에도 있지만 외물에도 있다. 리는 존재하지 않은 곳이 없기 때문에 서로 합치하며, 또 나와 외물이 마주쳐 느끼는 곳에서 리가 갑자기 생겨서 발하는 것도 아니다. 달은 상하, 시공, 음양, 동정 어디에나 있는 "자약"(하119)의 독리의 자존자이다. 실체의 자존자인 성리는 기인 물속에 떨어져 있다 해도 스스로 변함없는 자약일 뿐이다. 마치 구름에 가려도 해는 반드시 있는 것과 같다. 천명의 성은 희노의 기 발현에 떨어져도 변질되지 않는다. 만약 퇴계와 같이 칠정이 기출의 기발이라면 천명의 중화는 기발의 가짜에 붙은 부속품인 "무용"(상122. 하183)의 혹이 되고 만다.

38
리·기는 반드시 分이다

퇴계는 리·기를 각자의 독립체로 인정하지 않는다.

* 천하에 리 없는 기 없고 기 없는 리도 없다.(상17)

* 사단도 기가 없지 않고 칠정도 리가 없지 않으니 이는 하늘이 부여한 바와 사람이 받은
  바의 원류 맥락이 진실로 그러하다.(상237)

천하 무엇이라도 합리기이며 이는 하늘과 사람의 원류 맥락이다. 이 주장은 공자의
태극, 형이상과 형이하의 구분, 주돈이의 무극이태극, 정호의 천리, 정이의 성즉리, 주
희가 리·기를 반드시 구분한 것과 전혀 다르다. 만약 리가 독립의 자립 존재자가 아
니라면 인류의 정의(옳음)의 기준은 스스로 무너지고 만다. 태극, 천명지성, 성선, 사단
등이 독립의 리가 아니라면 그 정체성은 스스로 부정되고 만다.

선유는 반드시 리를 독립의 존재자이며 자립의 독리로 여긴다. 고봉은 리와 기를
다음과 같이 말한다.

리는 기의 주재이고 기는 재료이니, 이 둘은 진실로 分이 있다. 그렇지만 사물에 있을 때는
진실로 혼륜해서 분개할 수 없다.(상7)

리·기는 반드시 分인 각자의 실체이다. 단 '사물'에 있을 때는 분개할 수 없는데,
리는 사물에 의착해야 하기 때문이다. 리가 없는 사물은 없다. 똥오줌, 깨진 벽돌조각
에도 리는 반드시 존재한다. 오히려 기에 있다 해도 리는 반드시 독립적 실체이다.
심지어 기가 없어도 리는 있다. 주희는 말한다.

기가 있지 않아도 이미 성은 반드시 있다. 기의 不存이라 해도 성은 항상 존재한다. 비록 기
가운데에 존재한다 해도 기는 스스로 기이고 성은 스스로 성이며 둘은 협잡할 수 없다.(상84)

또 주희는 천지와 인물에서의 리·기를 다음과 같이 말한다.

천지에서 만물을 낳을 수 있는 것은 리이고, 생물은 기와 질이다. 인물이 이 기질을 얻어서
형상을 이룸에 그 리가 여기에 있는 것을 성이라 이른다.(상88)

이를 고봉은 "이는 천지, 인물에 나아가 리·기를 分한 것으로 진실로 일물이 스스
로 일물 됨에 해롭지 않다"(상88. 하45)고 한다. 반면 퇴계는 "천지, 인물상에서도 리는
기의 밖에 있지 않다"(상245)고 하면서 "성도 본래 기가 있다"(상247)고 한다. 그렇다면
성은 '독립의 리'가 불가하고 "성즉리"도 부정되고 만다. 성은 즉 리로서의 독립된

실체이기 때문에 공자는 "태극", 자사는 "천명지성", 맹자도 "성선"이라 한 것이다. 주돈이의 "무극이태극"은 공자의 "태극"을 음양과 섞이지 않는 독립된 리로 정립한 것이다. 주희는 말한다.

> "무극이태극"이라 함은 곧 '함이 없으면서도 함', '궁구함이 없으면서도 다다름', '변함이 없는 변함'과 같은 뜻이다.(하193)

"무극이태극"은 공자 "易有太極"(음양태극)의 본의인 '독리'를 도출해서 해설한 것이다. 때문에 주희는 "무극이태극은 황극, 민극, 옥극과 같이 방소 형상으로 있음이 아닌 단지 이러한 리의 지극만 있다는 뜻일 뿐이다"[499]고 하여 우주의 易 속의 태극이라 해도 그것은 리 자체일 뿐 기에 섞이지 않는다고 풀이한 것이다. 또 "무극이태극은 無 중에 나아가 有를 설했다"(하91)고 함도 주돈이가 독립의 "태극"을 '설'로 나타냄에 그것은 '유'의 실체임을 강조했다 함이다.

퇴계의 해석은 이와 전혀 다르다.

> 만약 허무의 폐단을 우려했다면 태극의 진실무망을 렴계는 '무극'이라 하지 않았을 것이고, 또 도와 성과 태극의 實을 정주는 '虛'로 설명하지도 않았을 것이다.(상312)

퇴계의 주장은 태극은 '무극'이고 '허'라 함이며, 또 단순한 무극과 허무가 아닌 "허이면서 실(虛而實)" "리이면서 허(理而虛)"이다.(상301·305) 이 주장은 노자의 "무극"인지 혹은 장재의 "허"를 논함인지의 구분이 없다. 퇴계는 "태허는 곧 무극이태극이다"(상303)고 한다. 만약 태극이 곧 무극이며 허·태허라면 결국 태극은 실체가 없는 "롱동의 황홀"(상176)이 되고 만다.

정주는 "장재의 태허는 리의 뜻이며, 천하에 리보다 실한 것은 없다"(상175) 하고, 주돈이도 공자의 태극을 "무극이태극"이라 하여 독립의 실체로 '해설'했다. 주돈이는 태극 자체가 아닌 '설'이며, 공자는 주석이 아닌 有의 '실체'이다. 그런데 만약 퇴계와 같이 태극을 무극이라 하면 태극이 노자의 "무극"이 되고, 더구나 "허이실, 리이허"(주어가 없음)라 함은 '허'를 논함인지 '리'를 논함인지도 불명하다. 리를 '허'라 하고 또 '허이실'이라 함은 리를 독립된 실체로 인정하지 않음이다. 퇴계는 이상의 자신의

---

499) 若曰非如皇極·民極·屋極之有方所形象, 而但有此理之至極耳.(『문집』권36, 「答陸子靜」5, 1574쪽)

본설을 "이치의 극지처를 볼 줄 아는 호학군자가 아니면 불능"(상326·329)한 일이라고
한다.

39

칠·사는 리·기 分이 아닌 사맹의 별설이다

칠정은 중용 제설이고, 사단은 맹자의 설이다. 감정은 마음의 외물에 대한 느낌으
로 사람은 없을 수 없는 것이다. 사람 느낌은 어떤 일을 하고 또 어떤 결과를 가져
올 수 있는가? 자사와 맹자의 논설 내용이 바로 이것이다. 자사는 칠정 전후 공부의
중화가 "천지를 位育할 수 있다"(『중용, 수장』) 하고, 맹자도 "사단을 확충하면 나도 사
해의 옳음에 동참할 수 있다",(「공손추상」) "그 정으로 성선을 논증할 수 있다"(「고자상」)
고 한다.

"모두 정"(상16·76)임은 퇴·고가 동의했다. 그렇다면 '느낌이 같아서 인류는 소통이
가능한데, 단지 두 개의 설이 있을 뿐임'도 동의해야 한다. 하지만 퇴계는 이 말에
동의하지 않는다. 그 이유는 사단과 칠정의 "리발·기발의 分"(상268)을 강력 주장하기
위함이다. 그러나 고봉은 말한다.

> 자사와 맹자는 '사람 느낌에 나아가 그 설명(所就以言之)한 것이 달라서' 사단 칠정의 別(별칭)이
> 있을 뿐이다.(상3)

정은 이외 수많은 논설이 가능하나 단 "칠정"과 "측은"이라는 두 별칭이 생긴 이
유는 그 정에 대한 소지·목적이 다르기 때문이다. 퇴계는 이와 전혀 다르다.

> 사·칠이라는 異名이 있는 이유는 그대가 말한바 "나아가 그 설명함이 다르다"고 함과 같다.
> 리는 기와 더불어 상수를 체로 삼고, 상대를 용으로 삼으니, 진실로 리 없는 기 없고 기 없는 리
> 도 없다. 그렇지만 이렇게 '나아가 그 설명함이 다르다'면 또한 別이 없을 수 없다.(상16~17)

즉 "리발·기발의 分이 있어서 사·칠 異名이 있다"(상268)는 것이다. 그런데 문제의
심각함은 고봉의 "느낌에 나아가 그 설명함이 다르다"를 퇴계는 오히려 "리·기 分

에 나아가면"으로 이해한다는 점이다. 퇴계는 "리·기의 상대에 나아가면"(상34·35·37)이라 하면서 "사·칠을 대거해서 그 근원을 미루면 실로 리·기의 分이 있다"(상264)고 한다. 고봉은 '사람 느낌에 나아가면'이고 퇴계는 '리·기의 분에 나아가면'이다. 문답이 서로 완전히 어긋난 것이다. 고봉은 이 문제에 대해 강력 항변한다. 먼저 자신의 이른바 "소취이언지"의 뜻에 대해 다시 해명한다.

> 나의 뜻은 사람의 정은 하나인데, 맹자는 그 '發於理이며 무불선의 것으로 言之'했으니 사단이 이것이고, 자사는 '혼륜으로 言之'했으니 칠정이 이것이다. 이것이 바로 나의 "所就以言之의 不同"이라 함이다.(상63)

이것이 바로 고봉이 말한 '나아간 바의 설명(所就以言之)이 다름'의 의미이다. 사맹은 一情을 각자 다르게 설명(언지)했고 이로써 칠·사라는 두 별칭이 생긴 것이다. 이어 다시 말한다.

> 사칠은 진실로 모두 정이다. 따라서 그 異名이 있는 이유가 어찌 所就以言之의 부동이 아니겠는가? 선생께서도 그렇다고 하셨다. 그런데 그 所就以言之라는 말은 서로 같은데, 선생께서는 "사·칠은 각기 소종래가 있다"고 하셨으니, 이렇게 용법이 서로 다르므로 나는 살피지 않을 수 없다.(상76~77)

퇴계도 '그 나아간 바의 설명이 다름'을 인정했다. 그런데 퇴계가 인용한 이 말의 뜻은 고봉과 전혀 다르다. 퇴계의 경우 "리·기 소종래가 다르다"(상28·274)의 의미이다. 이는 '리·기'에 나아간 것뿐, '사·맹'의 소지에 나아갔다 함이 아니다. 때문에 고봉은 다시 사·맹의 소지를 "자사는 중화로 言之"(상80)했고, 맹자는 "인의예지로 言之하고, 정의 善者로 言之했다"(상81)고 하여 그 '言之(설명)'의 뜻을 밝히면서, 이어 또 말한다.

> 성현들이 리기와 성정의 즈음을 논급할 때, 合의 언지도 있고 別의 언지도 있으며, 그 뜻 또한 각기 소주가 있으니 在學자들은 정밀히 살펴야 할 뿐이다.(상82)

퇴계와 고봉은 재학자이다. 왜냐하면 퇴고는 이미 사맹의 칠·사 두 설을 언급했고 또 정주의 리기설을 논급하기 때문이다. 그렇지 않다면 퇴고는 새로운 감정의 설을 제시해야 한다. 사맹은 사람의 정을 자신의 의미로 논설했고 정주 역시 이를 리기로 해석했을 뿐이다. 기왕 칠사 논의라면 이 범위를 재학자는 넘어서는 안 되고 정주도 마찬가지이다. 그러나 퇴계는 이렇게 논하지 않는다. "리기에 나아가서의 소종래"라 함은 리기가 먼저고, 사칠이 그 뒤이다.

리·기는 진실로 실체의 '分'이고, 칠·사는 그 一情에 대한 별칭의 '두 설'일 뿐이다. 따라서 리·기 分 때문에 칠·사의 分이 있다고 해서는 안 된다. 칠사는 수많은 설 중의 둘이고, 리·기는 단지 둘일 뿐이다. 고봉이 "사칠은 대설이 아니다"(하49)고 한 이유이다. 고봉의 "사·칠이라는 별칭"은 사람 느낌에 대한 사맹의 別說이다. 반면 퇴계의 "사·칠의 分은 리·기의 分과 같다"(상21) 함은 "리기에 나아가서" 그 리·기의 실체로 사·칠의 두 설을 分한 것이며 이는 사맹 본설을 고찰하고자 함이 아니다. 고봉이 "선생의 자득이다"(상62)고 엄중히 비판한 이유이다.

40
사단의 '선 척발(발라냄)'은 고봉의 신조어이다

사람 감정에 선악이 있음은 당연하다. 고봉은 "성은 무불선, 정의 유선악은 固然의 이치이다"(상3)고 한다. 사람 느낌은 진실로 선악이 있는데, 그런데도 맹자는 왜 "측은지심은 인이다"(「고자상」)고 하는가? 이를 맹자는 "그 정으로 성의 선을 삼을 수 있었다"(상96)고 한다. 즉 사람 감정은 유선악인데 다만 맹자는 "성선" 논증을 위해 "그 정(其情)"의 선으로 '성선'을 삼았다 함이다. 맹자의 목적은 성이다. 문제는, "측은"은 정임에도 불구하고 왜 그 정이 성이 되어야 하는가? 때문에 고봉은 측은이라는 '정'을 논하면서 다음과 같이 말한다.

맹자의 논은 악을 빼고 선만 剔撥해(발라낸) 낸 것이다.(상3)

"척발"은 고봉 용어이다. 정은 선과 악이 있지만, 다만 맹자는 '선만 추려서' 논했다는 것이다. 이는 결코 사람 느낌은 선만 있다 함이 아니다. 선악이 있는데 맹자는 다만 그 선만 발라냈고 그 이유는 성선 논증을 위함이다. 맹자가 말한 "그 정으로 성의 선을 삼았다"고 한 것은 정을 통한 성선 논증이 가능하며, 정선은 성선과 "혈맥

관통"(상160)의 동일한 선이기 때문이다.

문제는 지금 토론은 성이 아닌 '정'이며, 때문에 고봉은 주희의 '성'의 "척출"을 "척발"로 고친 것이다. 고봉은 주희의 성선인 "척출"을 인용해서 다음과 같이 말한다.

> 맹자는 선 한 쪽만 剔出(발라내서)해서 지시했다.(상10)

"척출"은 주희 용어이며, 정이 아닌 '성'이다. 주희는 아래와 같이 성을 논한 적이 있다.

> 맹자는 척출해서 성의 본원으로 말했다.(상86)[500]

주희가 말한 척출은 '성의 본원'이며 이는 자사의 "천명지성"과 동일한 "극본 궁원의 성"이다.(상86) 이렇게 주희의 척출은 '성'이므로 고봉은 "척출"(하146)을 그대로 적용하지 않고 '정'의 "척발"로 바꾼 것이다. 성과 정의 표현은 다르며, 퇴고의 토론은 성이 아닌 정이기 때문이다. 이는 성선을 "무불선", 정선을 "무왕불선"이라 함과 같다.(상169)

반면 퇴계는 고봉 용어인 척발을 인용하면서도 이러한 성·정을 구분을 하지 않고, 또 이를 "후현의 말"이라 한다.

> * 공자의 계선·성성과 렴계의 무극·태극의 설은 리기가 서로 순환하는 가운데 나아가 척발해서 리만 독언했다.(상34)
> * 맹자는 인의 단, 의의 단이라 했고, 後賢 또한 척발해서 선 한쪽으로 말했을 뿐이다.(상258)

이 인용문은 고봉의 말과 다르다. 첫째, 고봉은 척발이라는 용어를 성이 아닌 '정'에 적용했고, 둘째, 척발은 후현의 말이 아닌 '고봉의 신조어'이며, 셋째, "인의 단"의 단서는 성의 성선설이 아닌 이미 발현한 정 "확충"(하133)설일 뿐이다. 퇴계 본의는 천지만물이 본래 합리기라 해도 리·기는 分인데, 여기서 리를 척발했다 함이다. 이와 같다면 사람은 본래 천명의 리를 받았다 할 수 없고, 또 합의 선악(기임)에서 선의 척발이라면 사람은 본래 성선이 아님이 되고 만다. 퇴계의 "척발"은 고봉의 뜻과 전혀 다르며, 결국 고봉의 신조어를 인용해서 자신의 의미로 바꿔치기 한 것으로, 이는 고

---

500) 孟子是剔出而言性之本(『어류』권4, 道夫48, 196쪽)

봉의 "所就以言之"라는 조어를 "所就而言之"(상17)로 탈취한 경우와 같다.

41
불상잡은 리·기, 불상리는 사물, 불가리는 성론이다

不相雜(서로 섞이지 않음)과 不相離(서로 떨어지지 않음)는 '서로(枡)의 관계'에 관한 일이고, 不可離(분리될 수 없음)는 관계가 아닌 '성(성즉리)은 둘일 수 없음'의 일이다. 요컨대 불상잡은 리·기는 각자 '二物'이라는 것, 불상리는 사물·심성정 등은 합리기로 함께 함의 '구성요소'를 논한 것, 불가리는 성(리)은 '하나'라 함이다.

주희는 불상잡을 다음과 같이 논한다.

> 기가 있지 않아도 이미 성은 있다. 기의 不存이라도 성은 오히려 항상 존재한다. 비록 기 속에 존재한다 해도 기는 스스로 기이고 성은 스스로 성이며, 서로 섞이지 않는다(不相雜).(상84)

고봉이 이 설을 인용한 이유는 성은 결코 合, 雜, 兼이 아니라는 것이다. 퇴계는 성도 본래 합리기라 하기 때문이다.(상18·247) 주희는 "어찌 리에 스스로 기도 있다고 하거나 또 기와 합한 리가 있다 하겠는가?"[501]라고 하는데 퇴계는 오히려 "기 없는 리는 없고, 리는 기도 있다"(상242·245)고 한다. 이천의 "성즉리"는 성은 스스로의 리로서 자존의 실체자임을 천명한 것이다. 성리는 스스로 자존자로 우뚝 서야 한다. 주돈이가 태극을 "무극이태극"이라 한 이유도 태극은 어디에 있든 자존의 독리임을 도출하기 위해서이다.

한편 "불상리"는 불상잡의 리 혹은 기가 아닌, 리기 '관계'를 논함이다. 고봉은 말한다.

> 리는 기의 주재이고 기는 리의 재료이니, 이 둘은 진실로 나뉨이 있다. 그렇지만 '사물에 있을 때'는 진실로 혼륜해서 분개할 수 없다.(상7)

---

501) 不當以氣之精者爲性, 性之粗者爲氣也. …豈有理自有氣, 又與氣合之理乎?(『문집』권46, 「答劉叔文」2, 2147쪽)

리기가 '사물에 있을 때'는 리 혹은 기의 실체가 아닌 그 '관계' 측면에서 논한 것이다. 리는 반드시 기 속에 있고, 기에는 반드시 리가 자존한다. 퇴계가 주희를 인용한 "리 없는 기 없고 기 없는 리도 없다"(상17)고 함이 이것이다. 이 논의는 리 혹은 기 자체가 아닌 그 '관계' 논의이다. 주희는 리를 동정과 함께 논하면서 이 관계를 불상리라 한다.

> 태극은 리이고 동정은 기이다. 기가 행하면 리도 행하니, 태극과 동정은 항상 의존하면서 서로 떨어지지 않는다(未相離).502)

태극은 동정이 있고, 동정 역시 태극이 있다. 이 둘은 "상호 의존적 관계(相依)"를 논함으로, 즉 동정은 태극의 일이고 또 태극은 반드시 동정이 있다. 이천의 "기역도, 도역기"(하89)가 이것이다.

한편 주희가 말한 "불가리"는 리·기의 '불잡', 리기 '관계의 불리'와 다른, 선유의 여러 성설은 모두 一性의 성즉리이므로 둘로 나뉘는 두 개의 성일 수 없다 함이다. 주희는 말한다.

> 천명지성은 극본 궁원의 성이고, 맹자는 척출해서 성의 근원을 말했으며, 이천은 기질을 겸해서 말했다. 그렇지만 요점은 모두 불가리라는 점이다.(상86)

천명, 척출(성선), 기질 등 3설은 각자 종지가 있고 소지도 다르다. 천명지성은 천명의 극본을, 성선지성은 형이상의 성선을, 기질지성은 성은 기질과 함께해야 함을 논한 것이다. 이렇게 그 종지·소지는 각자 다르지만, 그러나 요점은 모두 하나의 성즉리의 성일뿐이리는 점이다.

이상과 같이 고봉이 논한 불상잡, 불상리, 불가리의 셋은 뜻이 같지 않다. 반면 퇴계는 이와 다르며, 다음과 같이 말한다.

> 렴계의 무극·태극은 리기 相循 중에 나아가 독리만 척발했고, 공자의 상근·상원의 성은 리기 相成 중에 나아가 독기만 偏指했으며, 자사는 리기 相須 중에 나아가 혼륜으로 설명했다. (상34·35·37)

---

502) 太極理也, 動靜氣也, 氣行則理亦行, 二者常相依而未嘗相離也.(『어류』권94, 銖50, 3128쪽)

퇴계는 독리와 독기를 겸리기에서의 불상잡이라 하고, 겸리기의 혼륜을 불상리와 불가리라 한 것이다. 즉 "리기의 同中에도 그 다름을 알아야 하고, 리기의 異中에도 그 같음을 보아야 한다. 나누어 둘이라 해도 본래는 불상리이며, 합해서 하나라 해도 불상잡이니, 이렇게 인식해야 치우침이 없다"(상32)는 주장이다.

결국 퇴계가 말하는 "불상리"는 리기 혼륜이고, "불상잡"은 혼륜에서의 독리·독기이며, 또 불상잡이라 해도 본래는 리기의 "불가리"이다. 만약 이와 같다면 순리·독리의 "성즉리"는 불가하고, 칠·사 및 본연·기질지성이라는 선유의 제설은 "불상리"이면서 "불상잡"과 "불가리"가 되고 만다. 실제로 퇴계는 추만 「천명도해」의 "독리의 일자"(상173)를 "虛而實, 理而虛"(상301·305)로 인식한다. "이치를 보거나 이치의 극처를 설함"(상326)에 "이치에 통달한 호학군자가 아니면 능할 수 없다"(상302)는 것이다.

이상 모두는 리를 논함인지 기를 논함인지, 혹은 칠정과 사단의 설, 아니면 본연지성과 기질지성의 설을 논함인지도 불명하다. 더욱이 추만 본설의 "독리"를 변론함인데도 불구하고 추만과도 전혀 다르게 왜곡시키고 말았다는 점이다. 퇴계는 스스로 "이치에 통달한 호학군자"로 자처하지만, 자신을 이렇게 선언해 말할 수 있는가?

42

주희의 "渾淪(온전)"을 고봉은 '混淪(섞임)'으로 바꿨다

고봉은 주희의 "渾淪"을 의도적으로 "混淪"으로 고쳐서 인용한다.

> 리는 기의 주재이고 기는 리의 재료이다. 이 둘은 진실로 分이 있다. 그러나 "사물에 있을 때의 二物은 진실로 '混淪'하므로 분개할 수 없다."(주희. 상7)[503]

주희의 "渾淪"을 "混淪"으로 바꾼 것이다. 이렇게 바꾼 것은 단순한 착각이거나 인용의 오류라고 할 수 없는 것이 뒤에서도 고봉은 "混淪"으로 인용하기 때문이다.

---

503) 주희 원문은 다음과 같다. "所謂理與氣, 此決是二物. 但在物上看, 則二物渾淪, 不可分開各在一處, 然不害二物之各爲一物也(리와 기는 결단코 二物이다. 단 物上에 있음에서 보면 二物이 혼륜하니 각자 一處로 分開해서는 안 된다. 그러나 이때에도 二物이 각자 一物 됨에 해롭지 않다)."(「문집」권46, 「答劉叔文」1, 2146쪽)

"리·기가 사물 속에 있을 때는 비록 '混淪해서 분개할 수 없다' 하더라도, 그러나 二物이 각자 一物됨에 해롭지 않다."(주희. 하45)

여기서도 '混淪'으로 고친 것이다. 리와 기는 결단코 二物이다. 단 '사물' 속에 있을 때는 분개할 수 없는데 왜냐하면 사물은 반드시 리가 있고, 또 리는 반드시 기에서 그 존재가치를 인정받기 때문이다. "리 없는 기 없고 기 없는 리도 없다"(상17) 함이 이것이다. 문제는 주희와 고봉의 논제는 "사물"이라는 점이다. 다시 말해 물사는 태극, 성, 리가 아니며, 공부 및 가치를 논함도 아니다. 물사에는 반드시 리가 있지만, 물사 자체는 자연 그대로의 사물에 불과한 것이다.

그런데 주희가 말하는 "혼륜"의 '渾'은 합리기의 뜻도 있지만 그것은 오히려 '온전'의 의미로 쓴다. 먼저 고봉의 "혼륜"을 보자.

자사는 성정의 덕을 논하여 중화로 설명했다. 그런데 희노애락이라 함은 곧 리기를 겸하고 선악이 있다 함이니, 이는 진실로 渾淪으로의 설명이며 정 전체로 말한 것이다.(상80)

자사는 성정의 덕을 "중·화"로 말했다. 그런데 중화의 덕을 논하기 위해서는 정이 있어야 하며 그 정을 자사는 "희노애락"으로 이름붙인 것이다. 희노라는 정을 통해서 미발과 이발을 구분할 수 있었고, 이러한 이발에서의 중절의 희노를 "화"라 한 것이다. 결국 중화를 논하기 위해서는 정이 없어서는 안 되며 또 희노의 정은 외물과의 교감을 논한 것이므로 "유선악"일 수밖에 없다. 이와 같이 희노애락은 미발과 이발, 리기와 선악을 모두 포괄한 것으로 이는 정 전체인 '온전'이다. 이러한 전체의 온전을 고봉은 "渾淪으로 설명함"이라 한다. 이러한 혼륜은 '섞임(混)'의 뜻과 다르다.

주희의 "渾"자는 확실히 '온전'의 뜻이다.

희노애락 미발에 성은 渾然히 中으로 있으니(渾然在中), 치우치거나 기댐이 없기 때문에 中이라 이른다.(상95)

미발의 성을 주희는 "혼연재중"이라 하는데 이때의 혼연은 미발의 성을 말한 것이지만 이발에도 똑같은 혼연의 성이다. 성은 미발·이발에도 변함없는 하나의 성즉리일 뿐이다. 주희의 "혼연 전체",(상79) "혼[연]한 도리",(상303) "혼[연]의 천리",(상159) "본연지성은 渾然至善",504) 혹은 "仁字는 渾淪의 도리"505) 등의 혼연·혼륜은 성의 온전을 말함이다. 한편 온전이 아닌 각각에 대해서는 "인·의·예·지·의 粲然"(「태극도설해」)이라 한다. 그 "혼연의 전체(온전)를 넷으로 쪼개 [찬연이라 한] 것은 성선의 리를 발명하기 위함"(상79)이라는 것이 맹자 "측은"에 대한 주희의 해석이다.

　이상과 같이 '渾'은 온전의 뜻이다. 그렇다면 고봉이 주희의 "渾淪"을 "混淪"으로 바꾼 이유가 자명해진다. 주희가 논한 "사물"은 단지 자연물인 사실에 불과하다. 이러한 자연물의 물사는 겸리기지만 그러나 그 겸리기의 물사에 대해 완벽의 의미인 혼륜으로 여길 수는 없는 일이다. 주희는 '渾'자와 '混'자를 다음과 같이 구별한다.

　　　리는 단지 하나의 渾然이고, 사람과 천지는 混合으로 사이가 없다.506)

　리는 "渾然"이고, 사람과 천지의 물사는 "混合"이다. 주희는 성즉리를 결코 겸리기로 여기지 않으며 때문에 고봉은 주희의 온전의 "渾淪"을 사물에 관한 "混淪"으로 바꾼 것이다. 다시 말해 사물은 천지자연의 물사일 뿐, 사람의 공부 혹은 가치라 할 수는 없으며, 때문에 온전의 뜻인 "渾淪"을 리기 합으로서의 "混淪"으로 고친 것이다.

　반면 퇴계는 사단도 渾淪, 칠정도 혼륜, 사·칠도 혼륜, 리도 혼륜, 기도 혼륜, 심도 혼륜, 성도 혼륜, 리기도 혼륜, 사맹도 혼륜, 정주도 혼륜이라 하면서 이는 "하늘이 부여한 바의 원류 맥락"(상237)이라 한다. 이러한 논의는 성의 渾然, 칠정의 온전의 渾淪, 사물에서의 합리기의 混淪과 다르고, 정주의 설과도 전혀 다르다.

43
칠·사는 결단코 대설이 아닌 인설이다

　마음은 외물과의 교감인 '정'(느낌)이 있고, 그 느낌에 대한 선유의 '설'은 매우 많으며, 그 선유의 설에 대한 '해석' 또한 다양하다. 이러한 사람의 정에 '因'(나아감의 '就'와 같은 뜻)한 설과 해석은 학자의 시각에 따라 자유롭게 논의될 수 있다.

　퇴계와 고봉의 토론은 '자사와 맹자의 설'이다. 사람 느낌에 대한 설은 매우 다양

504) 本然之性, 固渾然至善, 不與惡對.(『어류』권101, 卓169, 3393쪽)
505) 問求仁, 曰, 看來仁字只是個渾淪底道里.(『어류』권6, 燾83, 255쪽)
506) 理只是一個渾然底, 人與天地混合無間.(『어류』권95, 端蒙97, 3208쪽)

한데 다만 칠·사는 그중 2설일 뿐이며, 이 2설의 종지는 각자 전혀 다르다. 먼저 문제의 고봉의 인설, 대설 발언을 보자.

> 주자의 이른바 "사단은 是理之發, 칠정은 是氣之發"은 사맹 본설을 對說이 아닌 因說로 해석한 것이다. 대설은 좌우로 설함과 같은 곧 '상대를 기다리는 관계(對待底)'와 같고, 인설은 상하로 설함과 같은 곧 '앞과 연결되는 관계(因仍底)'의 뜻이다. 성현의 언어는 대설과 인설의 부동이 있다.(하49)

『어류』는 사맹의 2설 '해석(是)'에 불과하다. 자사가 "희노애락"으로 이름 붙인 이유는 "신독"과 "중화"를 논하기 위함이다. 실제의 정이 없으면 그 신독·중화는 허구가 되기 때문이다. 맹자의 "측은지심"도 "확충"과 "성선"을 논하기 위함이며, 측은이라는 '정으로 因'해서 "사단은 누구나 있음",(「공손추상」) "그 정으로 성선을 논증할 수 있다"(「고자상」)고 한 것이다. 측은이 없으면 이 논의도 허구가 되고 만다. "희노"와 "측은"은 사맹의 목적이 있는 별칭이다. 고봉은 "사맹은 一情에 나아간(就는 因과 같음) 바의 설명이 부동해서 사·칠의 별칭이 있을 뿐이다"(상3)고 한다.

측은의 목적인 확충·성선은 "是理之發"임은 지극히 당연하다. 仁之端은 리발이므로 "반드시 있으니 확충하라" 하고 "성선" 논증도 獨理로서 가능하다. 단, 사단은 이미 발현한 정이므로 氣이다. 단서이므로 기이고, 맹자는 정인 기로 성선을 논증했다. "희노" 역시 이발의 기이며, 자사가 "중·화"와 "미발, 발"를 논할 수 있었던 것도 희노라는 실제의 정이 있었기 때문이다.

고봉이 "사단과 칠정은 대설이 아니다"라고 한 이유는 사맹의 언론은 상대적 설이 아니기 때문이다. 천명(중화)은 확충(성선)과 상대설이 아니다. 또 맹자가 자사에 상대해서 측은을 논한 것도 아니다. 더구나 칠정과 사단은 주희가 말한 선후의 "도통"(「중용서문」, 「맹자서설」)이다. 퇴계는 "사단이 리발인데, 칠정이 기발이 아니면 무언가?"(상274)라고 하지만 사단을 리발로 해석할 수 있다고 해서 중화의 칠정을 기발이라고 할 근거는 없다.

고봉은 대설을 '대대적 관계'라고 한다.

> 대설은 양쪽 두 편을 이룬 것으로, 마치 음·양, 강·유의 對待가 있음과 같다.(하110)

주희도 다음과 같이 말한다.

* 선악, 진망, 동정, 一先一後, 一彼一此는 모두 대대로 이름을 얻은 것이다.[507]
* 혹 선악을 陰陽之事로 여기니 이 두 일은 상대설이다.[508]
* 음양은 순환으로 말한 것도 있고 대대로 말한 것도 있다.[509]
* 己와 物을 對說로 여긴 것은 합치되지 않는다.[510]

선·악, 음·양, 동·정, 선·후 등은 대대적 관계이다.
한편 주희의 '인설'은 다음과 같다.

* 측은은 情이고, 측은지심은 心이며, 인은 性이니, 三者는 相因한다. 횡거 "심통성정"의 설이 극히 좋다.[511]
* 맹자는 측은·수오의 단서를 因說해서 인·의의 의미를 알 수 있다고 했다.[512]

측은지심은 '심'이나, 측은은 '정'이며, 그 측은의 가리킴은 '성'이다. 장재의 "심통성정"이 이를 잘 말해주고 있다. 이 셋의 관계가 곧 '인설'이다. 심·성·정은 서로 연관된 떨어질 수 없는 관계이며, 심이 있으면 성이 있고 성이 있음으로써 정이 있는, 즉 고봉이 말한 "인잉의 상하 관계"와 같다. 「주자성도」의 "성선과 정선의 상하"(상169)가 이것으로 선은 상하에 관통하는 一善이다. 호상학을 비판한 말인 "심과 성은 대설로 여길 수 없음"[513]이 주희 사상의 핵심이다.

인설과 대설을 비교해 보자. 심·성, 성·정, 성선·정선은 대설이 아닌 인설이나, 선·악은 인설·대설이다. 性에 선·악이 상대함은 아니므로 선악은 인설이나, 선·악은 대설이다. 一情에 因해(就해) 둘로 설한 칠사는 인설이다. 인설은 일정에 因한 칠사, 父子, 性情 등과 같고, 대설은 선·악, 음·양, 부·부 등과 같다. 「태극도」 "陰靜·陽動" "坤道成女·乾道成男"은 대설이나, "음정" "양동"은 인설이다. 「태극도설」 "太極動而生陽"과 주희의 "太極之有動靜"은 인설이나, "一動一靜, 互爲其根"은 대설이다. 고봉이 "성현의 언어는 인설, 대설의 부동이 있다"고 한 이유이다.

고봉의 당초 비판은 "칠정지정, 사단지정"은 "대설"이 아니며(하51) "칠정과 사단은

---

507) 善惡也, 眞妄也, 動靜也, 一先一後, 一彼一此, 皆以對待而得名者也.(『문집』권75, 「記論性答藳後」, 3636쪽)
508) 或以善惡爲男女之分, 或以爲陰陽之事, 凡此兩件相пох 說者.(『어류』94, 謨148, 3152쪽)
509) 大抵陰陽, 有以循環言者, 有以對持言者.(『문집』권52, 「答吳伯豊」10, 2437쪽)
510) 不合以己與物搭說.(『어류』권41, 謨92, 1477쪽)
511) 惻隱是情, 惻隱之心是心, 仁是性, 三者相因, 橫渠云 '心統性情', 此說極好.(『어류』권53, 閎祖40, 1762쪽)
512) 因孟子所說惻隱之端, 可以識得仁意思, 因說羞惡之端, 可以識得義意思.(『어류』권53, 賀孫47, 1765쪽)
513) 五峰却守其前說, 以心爲已發, 性爲未發, 將心性二字對說.(『어류』권101, 焗166, 3392쪽)

대거 호언할 수 없다"(상6) 함이다. 반면 퇴계는 "리·기에 나아가면 사·칠의 分이 있고"(상36·268) "주희는 氣之發을 理之發의 것과 대거·병첩했다"(상243)고 한다. 이러한 논의는 칠사 이전의 리기이며, 칠·사를 리·기 둘로 대거하고 대설한 것이다. 퇴계는 "하늘이 부여하고 사람이 받은 바의 원류 맥락"(상237)은 본래 '합리기'라 하면서 다음과 같이 말한다.

> 그렇지만 만약 칠정을 사단에 상대시켜 나누어 설명하면 칠정의 기 됨은 사단의 리 됨과 같다. 따라서 그 발도 각기 혈맥이 있고, 그 명칭(사·칠) 또한 모두 所指가 있으니, 때문에 그 所主(리·기)에 따라 분속시킬 수 있을 뿐이다.(상254)

즉 리기에 나아가면 "리·기는 호발"(상246)하며 그래서 "리발에 기의 따름은 사단이고, 기발에 리의 탐은 칠정"(상255)이므로 이렇게 사칠을 "주리·주기로 분속시킬 수 있다"(상239)는 것이다. 결국 리·기가 대대로 선후 호발하니 사단과 칠정도 대설일 수밖에 없다. 이는 사맹의 설을 해석하고자 함이 아닌, 퇴계 자신의 리·기 分으로서의 사·칠 分이다. 반면 고봉이 "대설이 아닌 인설"이라 한 것은 곧 사람 자연의 느낌에 '因'(就해서)해서 언론한 것이 곧 사맹의 칠·사라 함이다.

44
안자의 '有若無(있지만 없는 듯함)' 주장은 위선이다

퇴계는 고봉이 『어류』 "사단, 시리지발, 칠정, 시기지발"을 따르지 않고 비판했다고 여긴다. 하지만 고봉은 주희가 사맹 사칠 본설을 리발 혹은 기발 한쪽으로만 분리해 해석했을 수는 없다고 한다. 즉 "어찌 사맹의 종지를 각각 한쪽의 [리 혹은 기의] 치우쳐 해석한 것으로 주자를 지킬 수 있겠는가?"(상154) 이에 퇴계는 "마음을 비우고 뜻을 겸손히 하지 못하는 병통"(상295)이라 비판하면서 다음과 같이 충고한다.

> 안자는 "有하되 無한 듯했고, 實하되 虛한 듯하여"(증자의 말임) '오직 의리의 무궁만 알고 물아의 사이가 있음을 보지 않았다.'(주희주) 모르겠으나 과연 안자에게도 그대와 같은 기상이 있겠는가?(상295)

퇴계는 고봉에게 안자의 경지를 배우라고 한다. 안자는 "有若無"했을 뿐 고봉과 같은 "기상이 없었기 때문"이라는 것이다. 그런데 문제는 퇴계는 리의 존재를 "無而有, 虛而實"(상301·305·314)로 여겨 리의 "실체"(고봉)를 지워버리고 또 이를 유약무로 여긴다는 점이다. 만약 안자가 스스로 이러한 경지를 자처했다면 이는 '위선'이 되고 만다. 유약무는 증자가 친구인 안회를 '찬탄'한 말일 뿐, 안회 자신의 말이 아니다. 더구나 증자의 찬탄은 "기상"이 아니며, 또 안자의 '기상을 찬탄'한 것도 아니다. 증자의 본문을 보자.

> 증자는 말하기를, 能으로 不能에게 물었고, 多로 寡에게 물었다. 有하되 無한 듯했고, 實하되 虛한 듯했으며, 자신에게 犯해도 計校하지 않았으니, 吾友(안회)가 일찍이 여기에 종사했다. (『논어, 태백』)[514]

증자의 이 언급은 공자가 말한 "나와 안회는 종일 말했는데 그 어김의 없음이 마치 어리석음 같았다",(「위정」9) "예가 아니면 보지 말고, 예가 아니면 듣지 말고, 예가 아니면 말하지 말고, 예가 아니면 움직이지 말아야 한다. 안연이 말하기를, 회가 비록 불민하오나 이 말씀에 종사하겠습니다"(「안연」1)와 같다. 이러한 안회의 마음이 바로 주희가 말한 "의리의 무궁만을 알고 물아의 사이가 없었다" 함이다. 즉 공자가 안회를 칭찬한 "불천노의 호학"(「옹야」2)인 '노함을 남에게 옳기지 않음의 배움'이다. 여기에 주희는 정자의 말을 인용해서 다음과 같이 주석을 붙인다.

> 희노의 일이 있으면 이치상 마땅히 희노한다. 이는 순임금이 사흉을 처벌함과 같으니,(상115) 자신이 무엇을 관여하겠는가. 마치 거울이 외물을 비춤에 예쁘고 추함이 저기에 있음에 곧바로 외물에 따라 응할 뿐이니, 어찌 나의 옮김이 있겠는가.(불천노의 뜻)[515]

정명도는 이를 "성인의 희노는 내 마음이 아닌 외물에 연계되어 無情하며, 내외를 兩忘한다"[516]고 한다. 즉 안회는 외물의 희노에 그대로 순응해서 나의 사사로운 怒를 옮기지 않으니 곧 '불천노'이다. 반면 퇴계는 순임금의 마음인 '순응의 노'를 리발이 아닌 "기발"이라 하며,(상282) 결국 안회의 노는 순리의 '리발'이 아니라 함이다. 더구

---

514) 曾子日, 以能問於不能, 以多問於寡, 有若無, 實若虛, 犯而不校, 昔者, 吾友嘗從事於斯矣.(『논어, 태백』5)
515) 喜怒在事, 則理之當喜怒者也. …舜之誅四凶也, …己何與焉. 如鑑之照物, 妍媸在彼, 隨物應之而已, 何遷之有.(「옹야」2)
516) 『정씨문집』권2, 「答橫渠張子厚先生書」(정성서), 460쪽.

나 안회가 이러한 경지를 스스로의 "기상"으로 여기고 또 '스스로를 찬탄'한 것이라면 이는 오히려 거짓 기만이 되고 만다. "안자의 *有若無*"는 안회의 말이 아닌 증자가 요절한 친구 안회를 찬탄한 말이며 "吾友가 일찍이 從事했다" 함이다. 주희는 말한다.

> 안자가 어찌 터럭만큼이라도 자만·자족으로 억지 논변과 이길 것을 취하려는 마음이 있었겠는가.[517]

반면 퇴계는 고봉에게 "吾友는 주자를 배척했고"(상294) "吾友의 허심 겸손이 없는 병통"(상295)이라 하면서 "의를 들으면 즉시 복종하라"(상296)고 한다. "안자는 이런 기상이 없었다"는 것이다. 그렇다면 오히려 그 '따르라'고 함은 퇴계의 말이 되고, 이는 퇴계 스스로 안자의 기상을 자처함이 되고 만다. 더욱이 "유약무"는 주희가 육구연을 강력히 비판했던 말이다. 육구연은 자처했다는 것이다.(이 문제는 아래에서 논하겠다) 주희가 강력 비판했던 말을 퇴계는 고봉에게 요구했고, 또 증자의 '찬탄'을 안자의 '기상'으로 오인했으니, 이러한 퇴계의 모든 언급은 자상모순이 매우 심하다.

45
주희가 강력 비판한 '有若無'를 퇴계는 고봉에게 요구함

주희와 육구연의 논쟁은 주돈이의 "무극이태극"에 관한 것이다. 주돈이의 "무극"은 공자의 "태극"을 논함에 있어 과연 필요한 말인가? 그런데 이 토론은 주희의 5번째 편지를 마지막으로 끝나고 만다. 그 이유는 다름 아닌 "안자의 *有若無*"와 관련이 있다. 5번째 편지 말미를 보자.

> 반복으로 주신 편지는 노형의 말씀 스스로도 해결되지 못한 것이며, 또 모두 급거 안자, 증자를 자처했으니 가벼이 여길 문제가 아니다. 안자는 能으로 不能에게 물었고 多로서 寡에게 물었으며, 有한데도 無한 듯했고 實한데도 虛한 듯했다. …안자가 어찌 한 터럭만큼이라도 자만·자족하여 억지 변론으로 이길 것을 취하려는 마음이 있었겠는가? 보내주신 편지는 남을 가르치고자 한 뜻이 지나치게 심하거니와, 그 끝에서도 말하기를 "만약 의문이 있으면 下敎를 꺼리지 마라"고 하셨다.[518]

---

517) 顏子以能問於不能 …豈有一毫自滿自足, 强辯取勝之心乎.(「문집」권36, 「答陸子靜」5, 1577쪽)

518) 反覆來書, 竊恐老兄於其所言多有未解者, 恐皆未可遽以顏曾自處而輕之也. 顏子以能問於不能, 以多問於寡, 有若無, 實若虛. …豈有一

주희의 비판은 곧 육구연 스스로도 해결되지 못한 문제가 많다는 것, 스스로 안자를 자처한다는 것, '유약무'는 안회의 말이 아닌 친구인 증자의 회고이며 찬탄이라는 것, 그리고 쓸데없이 남을 하교하려 들면서 자신만만해 하는 토론 태도 등이다. 증자가 말한 "안자의 有若無, 實若虛"는 결코 안회 자신의 자만·자족이 아니다. 만약 안회가 스스로 이렇게 말했다면 이는 자기 자신을 속이는 기만이 되고 만다. 주희는 "의문이 있다면 하교를 꺼리지 말라"에 대해 다음과 같이 답변한다.

> 이 말씀에 희는 진실로 감당할 수 없지만, 그러나 저 역시 구구한 견해를 위와 같이 노형께 모두 쏟아 붓지 않을 수 없었다. 존형의 뜻은 어떨지. 만약 또다시 그렇지 않다고 여기신다면 "나도 날로 이 일에 매진하고 그대도 달로 이 일에 정진해서"(『시경』) 각자 들은 바를 존중하고 각기 아는 바대로 행동함도 가할 것이며, 다시 반드시 같음으로 귀결되기를 바랄 필요는 없겠다.[519]

이 편지를 마지막으로 주희와 육구연의 토론은 끝이 났다. 이 문장을 퇴계는 반드시 보았을 것인데 "그대도 날로 정진하고 나도 날로 매진해서"(아래서 논함)라는 말을 그대로 인용하기 때문이다. 주희가 육구연을 비판한 이유는 '하교'의 자세에 있다. 이런 마음으로는 토론이 불가하다. 상대의 논변을 '안자의 경지'로 충고하려 들면 대화는 지속될 수 없다.

그런데 퇴계는 오히려 안자의 "유약무"를 들어 고봉에게 충고하며 다음과 같이 말한다.

> 안자는 "有하되 無한 듯했고, 實하되 虛한 듯하여,(증자의 말임) 오직 의리의 무궁함만 알고 物我의 사이가 있음을 보지 않았다."(주희의 주석임) 모르겠으나 과연 안자에게도 그대와 같은 기상이 있었겠는가?(상295)

이러한 충고는 육구연이 주희에게 한 말과 같다. "유약무, 실약허"는 안회의 말이 아닌, 증자가 친구인 안회를 찬탄한 말이다. 일찍 요절한 "吾友가 일찍이 이 일에 종사했다"[520]는 것이다. 반면 퇴계는 고봉에게 有若無를 인용하고 충고하면서 다음과 같이 말한다.

毫自滿自足, 强辯取勝之心乎. 來書之意, 所以見教者甚至, 而其末乃有若猶有疑. 不憚下教之言.(『문집』권36, 「答陸子靜」5, 1576쪽)

519) 熹固不敢當此, 然區區鄙見, 亦不敢不爲老兄傾倒也. 不審尊意以爲如何. 如日未然, 則 '我日斯邁, 而月斯征.' 各尊所聞, 各行所知, 亦可矣, 無復可望於必同也.(위와 이어진 문장임)

520) 曾子曰, 以能問於不能, 以多問於寡, 有若無, 實若虛, 犯而不校, 昔者, 吾友嘗從事於斯矣.(『논어』, 태백」5)

吾友는 주자를 배척했으니, 이 같은 吾友의 용기는 허심으로 뜻을 겸손히 하지 못하는 병통이다.(상294·295)

이곳의 이른바 "오우"는 증자가 안회를 지명한 말과 같다. 증자는 안회를 오우라 했고, 퇴계도 고봉을 오우라 한 것이다. 이는 곧 증자의 친구인 안회의 '있으되 없는 듯'한 마음가짐과 같이 퇴계의 친구(겸사임)인 고봉도 이러한 마음을 가지라는 말과 같다. 즉 "오우의 병통"이라 함은 오우는 이러한 병통을 '가지지 말라'는 선생으로서의 충고와 하교이다. 이러한 언급은 증자의 말뜻과 다르며, 더욱이 증자가 안회에 하교했을 리도 없다. 그런데도 퇴계는 또 고봉에게 『소학』「제자의 직분편」을 들어 "의를 들으면 즉시 복종하라"(상296·319) 하고 다음과 같이 말한다.

황은 10년 공부가 쌓여 겨우 방불을 얻었는데, 그대는 일필로 입담의 한 순간에 단정한다. 이것을 어찌 입으로 다툴 수 있겠는가! 마땅히 "그대도 달로 나아가고 나도 날로 매진"해서 그대도 10여년의 공부가 더 쌓이면 피차의 득실도 비로소 정해질 수 있을 뿐이다. 여기서도 정해지지 못하면 반드시 후세 주문공을 기다려야 한다.(상326·327)

이와 같이 퇴계는 주희의 "달로 매진하고 날로 나아감"이라는 말을 인용하면서 더 이상의 토론을 거부한 것이다. "방불"과 "입으로 다툴 수 없다"고 함은 안자의 "유약무"를 가리킨 것이다. 더욱 큰 문제는 퇴계는 주돈이의 "무극이태극"(태극 해석설임) 및 추만의 "리 일자"를 "無而有, 實而虛"(상301·305·314)라 한다는 점이다. 다시 말해 퇴계는 태극의 일자를 오히려 "有而無"로 여기고 또 "여기에 종사하라"고 하면서 이를 자신이 깨달은 "10년의 공부"로 여긴 것이다.

퇴계는 추만 본문인 "리체"에 대한 '實' '說' '찬탄' 등을 구별하지 못했고, 또 "안자의 유약무"를 '안자의 기상'으로 오독했으며, 더구나 주희가 "유약무"를 강력 비판한 말을 반대로 인용해서 결국 태극을 "허이실"로 여김으로써 이를 자신의 "깨달음"이라 한 것으로, 모두 큰 자상모순이다.

46

안자의 희노는 외물에 순응한 것으로, 정주학의 두뇌이다

퇴계는 "희노"를 반드시 '기발'이라 하고 심지어 순임금의 "怒"까지도 그렇다고 한다. 반면 고봉은 순의 노를 다음과 같이 논한다.

순임금이 사흉을 처벌함은 노이니 이것이 어찌 리 본체가 아니겠는가?(상115)

이에 퇴계는 "칠정은 형기의 발이므로 리 본체가 될 수 없다"(상24·25)고 하면서 다음과 같이 답변한다.

칠정은 기발인데 리가 탄 주기이다. 순임금의 노 역시 기발이므로 순수가 아닌 渾全이다. (상281·282)

순임금과 공자라 해도 칠정은 기발이며 잡리이다. 이러한 퇴계의 논의는 정자 및 주희의 설과 완전히 정 반대다. 고봉이 인용한 "순임금의 노"는 이천의 말이다.[521] 주희는 이 말을 『논어, 옹야』 "안회는 호학했고, 그 노를 옮기지 않았다(不遷怒)"의 집주에서 인용했다.

안자의 노는 외물에 있었지 자기에 있지 않았으므로 옮기지 않은 것이다. 희노할 일이 있음에 이치상 마땅히 희노하는 것이고, 혈기에 있지 않으므로 옮기지 않는다. 순임금이 사흉을 처벌함에 노해야 할 것은 저기에 있으니 자신이 무엇을 간여했겠는가. 마치 거울이 사물을 비춤에 그 미·추는 저기에 있고 거울은 외물에 따라서 응할 뿐이니, 무엇을 옮김이 있겠는가.[522]

이는 공자가 칭찬한 안회의 "호학"과 "불천노"에 대한 주석이다. 안회는 외물의 노해야 할 일에 자신의 사사로운 감정을 옮기지 않았는데 이는 스스로의 호학으로 가능했던 것이다. 이를 이천은 「안자호학론」에서 "배움(학)으로써 성인의 도에 이를 수 있다"[523]고 한다. 배워서 성인에 이를 수 있음이 바로 "호학"이다. 그럼에도 "지금

---

521) 如舜之誅四凶, 怒在四凶, 舜何與焉.(『정씨유서』권18, 114조, 210쪽)

522) 顔子之怒, 在物不在己, 故不遷. …喜怒在事, 則理之當喜怒者也, 不在血氣, 則不遷. 若舜之誅四凶也, 可怒在彼, 己何與焉. 如鑑之照物, 姸媸在彼, 隨物應之而已, 何遷之有.(『논어, 옹야』2)

사람들은 성인을 生知로 여기고 배워서 이르는 것은 아니다"(「옹야」)고 한다는 것이다. 배움의 구체적 방법이 바로 "불천노, 불이과(노를 옮기지 않고, 두 번 잘못을 저지르지 않음)"이며 이러한 마음은 '공부'로 실천할 수 있다는 것이 정이천의 설이다. 그 실천할 곳이 곧 「안자호학론」 "외물이 그 형기에 접촉하면 中에서 動하며, 그 中이 動해서 칠정이 나온다"(상103)의 즈음이다.

「호학론」의 이른바 "化之"[524]는 외물과 나의 마음이 '합치한 곳'이다. 성인은 외물의 사태에 거울과 같이 반응하며 그 결과가 『중용』의 이른바 "和"의 덕이다. 이 덕이 "천지 만물을 位・育"하는데, 그 "發育 또한 情"[525]의 일이다. 다만 중용 종지는 이 즈음의 '공부'로 가능하다 함으로 "신독"이 이것이다. 주희의 "철두철미 근독공부"[526]도 이를 말한 것이다.

「안자호학론」은 정명도 「정성서」와 그대로 일치한다.

> "외물이 오면 그대로 순응한다." "거울을 반대로 두고 사물을 비출 수는 없다." "성인의 怒는 외물에 따라 마땅히 노한다." "내외를 兩忘해야 한다."[527]

성인의 노함은 사물에 따라 노할 뿐 자기의 사사로움을 섞지 않는다. 마치 거울이 사물을 그대로 비춤과 같다. 안회는 자신의 가난에 대해 마음 쓰지 않았으며 다만 "단표를 즐거워 한 것이 아닌 잊어버린(忘) 것이다."[528] 공자가 칭찬한 이유이며, 이것이 곧 "내외 兩忘"이다.

정자와 주희는 매번 안회를 배울 것을 강조한다. "안자의 호학은 학자에게 用力處가 있다."[529] "학자는 모름지기 안자를 배워야 한다. 안자의 말씀이라면 下手할 곳이 있다."[530] "안자는 일찍이 자기에 나아가서 공부했다. 안자를 배우면 어긋나지 않을 것이다."[531] 안회의 자기 공부는 학자가 그 방법을 얻을 수 있는 길이 있다.

---

523) "안자의 좋아하는 바는 과연 어떤 학인가? 程子曰, 學以至乎聖人之道也."(『논어, 옹야』2) 「호학론」 원문은 "然則顏子所獨好者, 何學也? 學以至聖人之道也"이다.(『정씨문집』권8, 577쪽)

524) "大而化之之謂聖." "以其好學之心, 假以年, 則不日而化矣."(이 내용은 주희가 「옹야」에 주석함) "이른바 '化之'라 함은 공자의 '從心所欲不踰矩'가 이것이다."(모두 『정씨문집』권8, 「안자소호하학론」, 578쪽)

525) 至發育萬物者, 卽其情也.(『어류』권95, 人傑28, 3188쪽)

526) 中庸徹頭徹尾說個謹獨工夫.(『문집』권43, 「答林擇之」20, 1979쪽)

527) "物來而順應." "是反鑑而索照也." "聖人之怒, 以物之當怒." "不若內外之兩忘也"(『정씨문집』권2, 「答橫渠張子厚先生書」, 460~461쪽)

528) 顏子簞瓢, 非樂也, 忘也.(『정씨유서』권6, 121조, 88쪽) 簞瓢陋巷非可樂(『정씨유서』권12, 5조, 135쪽)

529) 顏子才雖未嘗高, 然其學却細膩切實, 所以學者有用力處.(『어류』권95, 端蒙120, 3215쪽)

530) 伊川曰, 學者須是學顏子. 若顏子說話, 便可下手做(賀孫121. 위와 같은 쪽)

호학과 불천노의 '怒'는 공자가 칭찬한 안회의 공부를 나타낸 것일 뿐, 반대로 퇴계의 해독과 같이 잡리로서의 "渾全"과 "기발"을 논함이 아니다. 만약 순임금과 공자, 안자의 "노"가 순리·리발이 아니라면 호학 및 중용의 종지는 잡의 기발이 되며, 더욱이 주돈이가 정자 형제에게 말한 "안자와 중니가 즐거워한(樂) 바가 어떤 일인지를 찾아보라"[532]고 함 역시 잡리를 찾음이 되고 만다.

47

추만의 「천명도설」 "리허"와 "허령" 2조를 퇴계는 완전히 왜곡했다

고봉은 추만의 「천명도설」 제5절 리의 "리체"와 제6절 심의 "허령" 2조를 논평했다. 퇴계는 일찍이 1553년 추만 본설을 고쳤고,(지금은 1559~60년임) 그 명칭도 추만의 「도해」를 「도설」로 바꿨으며, 또 여기에 「천명도설, 후서」까지 붙여서 추만의 도와 도설이 나온 배경을 비교적 자세히 부연했던 것이다. 고봉은 이 제5절과 제6절 2조를 반드시 구분했다. 의혹을 제기하는 자가 이를 구분하지 않으면 그 질문은 스스로 성립될 수 없다. 퇴계와 고봉의 대화 내용은 다음과 같다. 고봉은 말한다.

> 저는 외람되게도 추만의 "리는 허하기 때문에 무대함"과 또 "심의 허령을 리·기로 분속함" 등 2조에 대해 "미안이다"고 여쭈었다. 이에 선생의 질문을 받고 그 이유에 대해 찾아보았으니, 감히 무엇을 숨기겠는가.(상173)

고봉의 의혹은 총 2조이다. 퇴계가 고친 「천명도설」 제5절과 제6절 본문은 다음과 같았기 때문이다.

> 제5절; '리'의 리 됨은 그 '체'가 본래 허하고, 허하기 때문에 무대하며, 무대하기 때문에 사람이나 만물에 가손이 없어서 유일(一)이 된다.(상174·176)[533]

---

531) 顔子曾就己做工夫, 所以學顔子則不錯.(淳122, 3216쪽)

532) 昔受學於周茂叔, 每令尋顔子·仲尼樂處, 所樂何事.(『정씨유서』권2상, 23조, 16쪽)

533) 理之爲理, 其體本虛. 虛故無對, 無對故在人在物, 固無加損而爲一焉.(『퇴계전서』3책, 142쪽. 이곳은 추만의 「天命圖解」와 같음)

제6절; 하늘이 사람에 강명함에 이 기가 아니면 이 리는 머물 수 없고, 이 심이 아니면 이 리·기는 머물 수 없다. 때문에 사람의 '심'은 虛하고(자주; 理) 또 靈하여(자주; 氣) 리기의 집이 된다.(상181)[534]

제5절에 대한 고봉의 비판 내용은 "리의 실체는 本虛라 할 수 없고",(상174) 또 리 존재자는 허·무대 때문이 아닌 "천하에 리보다 실한 것은 없으니",(상175) 따라서 "추만의 설은 '理자의 說'에 불과하며, 무대 때문이라면 그 리는 '황홀'이 되고 만다"(상176) 함이다. 또 제6절 심 본체인 "허령"은 『대학』 "명덕"의 주희 주석으로, 이를 리·기로 쪼갤 수 없는데 왜냐하면 "허령은 그 [덕의] 본체만 가리킨 것"(상177)이고 "허령·지각이 [덕의] 체용"(상178)이기 때문이다.

이에 퇴계의 답변은 추만의 2조를 전혀 구분하지 않고, 내용도 추만 본문 및 고봉의 인용문과도 완전히 다르다. 답변은 다음과 같다.

> 그 "허령"을 논한 곳에서 '허를 리로 여긴 설'은 종본이 있다. 따라서 허령을 리·기로 분주한 잘못 때문에 아울러 '허를 리로 여긴 것'까지 잘못이라고 할 수는 없다.(상300)

이 답변은 제5절 리의 "리허", 제6절 심의 "허령" 2조가 엉킨 것이다. 때문에 고봉은 "저의 본문은 '리허' 일단, '허령' 일단으로 각기 구분이 있는데, 지금 선생은 합으로 논했다"(하87)고 비판한다. 추만 본설을 해명하려다 스스로 착오를 일으킨 것이다. 퇴계는 추만 본설인 "허령의 리·기 분주"를 잘못이라 하고 "추만에게 알려서 지우겠다"(상298)고 하면서,(지우지 않음) 그렇지만 "허를 리로 여긴 설"은 잘못이 없다고 한다.

추만의 제6절 "허령"(심 본체)은 『대학』 "명덕" 주희주이고, 제5절 "리체"(전체)는 "리 一"(일자)에 관한 것인데, 퇴계는 둘을 혼용했다. 과연 리 '일자'는 심 허령 중의 '허(빔)'인가? 이는 '리'를 논함인지 '허'를 논함인지의 구분도 없고, 허도 리도 아니며, 퇴계 스스로의 일관성도 없다. 어쨌든 고봉은 다음과 같이 말한다.

> "허령처"에서 논한 "허를 리로 여긴 설" 운운은 지극히 당연해서 다시 논평할 것이 없다.(하87)

---

534) 天之降命于人也, 非此氣, 無以寓此理也, 非此心, 無以寓此理氣也, 故吾人之心, 虛[理]而且靈[氣], 爲理氣之舍焉.(『퇴계전서』3책, 143쪽) 추만의 「天命圖解」는 "吾人之心, 虛[理也]而且靈[氣也], 是乃理氣所聚"이며 이 본설을 퇴계가 고친 것으로 보인다.

왜냐하면 고봉은 이미 "정자는 장재의 '허, 태허'를 모두 리의 뜻으로 여겼다"(상175)고 상고했기 때문이다. 장재의 허·태허는 리의 의미이다. 그런데 퇴계의 답변은 또 앞의 '허는 리이다'와 전혀 다르다.

> 정자의 "허를 리로 여감"은 그 虛에 나아가 實를 인식한 것이며, 그것은 본래 無虛이거나 有實만 논함이 아니다.(상302)

즉 정자가 '허를 리로 여긴 설'은 곧 장재의 "허"를 "虛而實(허이면서 실)"로 여겼다 함이다. 이는 정자의 "허" 비판과 다르다. 정자 본의는 "허"를 최고의 '유일자'(추만의 "爲一". 상176)로 여길 수 없다 함이다. "천하에 리보다 실한 것은 없다"(상175)는 것이다. "허"를 '허이실'이라 함은 정·주 본의와 전혀 멀다. 정자, 추만, 고봉이 논한 것은 "리"의 "爲一"(일자)이다. 추만의 "리의 체는 허이다"고 함은 '리'인데, 퇴계는 리를 논함이 아니다.

> 주자의 "至虛 중에 至實의 것이 존재한다"고 함은 虛而實일 뿐 無虛가 아니고, 또 주자의 "至無 중에 至有의 것이 존재한다"고 함은 無而有일 뿐 無無가 아니다.(상301)

이곳도 주희 본의와 완전히 다르다. 고봉이 주희의 이 설을 인용한 이유는 '리의 실체는 허 중에서도 리 자신의 존재자로 실존한다' 함으로,(상174·175) 따라서 이는 '리' 논변이다. 반면 퇴계의 "허이실, 무이유"는 허 혹은 리에 관한 것인지도 불명하다. 퇴계는 또 말한다.

> 지금 그대는 한갓 리의 실만 밝히고자 해서 끝내 '리를 허가 아니다'고 했으니, 그렇다면 주, 장, 정·주 등 대유의 논을 모두 폐지시키겠다는 것인가?(상305)

주돈이 등 대유들이 "리이면서 허(理而虛)"라 했다는 주장이다. 즉 그대는 "實만 있다"(상302)고 하지만, 나는 "虛而實"이다. 요컨대 리도 본래 허가 있고, 허도 허만이 아닌 실도 있다. 이 논의는 리를 논함인지, 허를 논함인지, 혹은 리가 허인지, 허가 리인지, 혹은 리가 實而虛인지 허가 虛而實인지의 구분도 없다.

더구나 추만의 제6절 "허령"은 『대학, 경1장』 "심의 명덕"의 주희 주석을 논함인데, 이를 '허이실'이라 하면 이는 '심'이 아니고 또 추만의 제5절 "리체"의 '리'도 아니다. 또 그 인용문 역시 추만 「천명도설」 본문과 전혀 다르며, 고봉과의 토론 내용도 완전히 어긋난 것이다.

48

리에 대한 실체, 설, 형용을 구분하라

리는 스스로 자존하는 실체인가, 아니면 허체인가? 그리고 리는 어떻게 존재하며 또 어떻게 설하고 형용해야 치우치지 않는가? 추만은 「천명도설」제5절에서 '리'를 다음과 같이 논한다.

> 리는 하나(理一)이다. …리의 리 됨은 그 체가 본래 虛하고, 허하기 때문에 無對하며, 무대하기 때문에 사람이나 만물에 똑같이 가손 없이 오직 하나의 유일(一)이 된다.(상173 · 174 · 176)[535]

추만은 '리 유일자'를 논했다. 리가 유일의 一者인 이유는 본허 때문이고, 허하기 때문에 무대이며, 허하고 무대하기 때문에 인·물에 가손이 없는 일자가 된다. 추만은 유일자의 리를 '설'했다.

고봉이 이러한 '리' 논설을 반대한 이유는 다음과 같다. 1)리의 전체·실체를 '虛'라 할 수는 없다. 2) '虛 때문'에 리가 무대일 수는 없다. 3)유일자인 리가 '無對 때문'에 인·물에 가손이 없다고 할 수는 없다. 고봉은 리의 실체를 '허라 할 수 없음'에 대해 다음과 같이 논한다.

> 주자는 "천하의 리는 至虛 중에서도 至實의 것으로 존재하고, 至無 중에서도 至有의 것으로 존재한다"고 한다. 리가 비록 虛한듯하나 진실로 그 체를 "本虛"라 할 수는 없다.(상174)

리는 지실의 자존자이다. 설사 지극히 虛한, 혹은 지극히 無한 가운데 있다 하더라도 실유·실재·실존·자존한다. 따라서 리를 "본래 허(本虛)"라 할 수는 없다는 것이다. 다만 리 존재자를 허로 '설'하고 '형용'할 수 있는데, 그러나 리체를 허 혹은 무라 하면 리는 '없음' 혹은 '형용'이 되고 만다. 때문에 정자는 장재의 "허·태허"를

---

535) 理一. …理之爲理, 其體本虛. 虛故無對, 無對故在人在物, 固無加損而爲一焉.(『퇴계전서』3책, 142쪽)

유일자로 삼을 수 없다고 한다.

> 혹자가 장재의 "태허"를 물었다. 이에 정자는 "태허라 할 수는 없다"고 하면서 또 그 "허"를 지적해서 "모두 리라 해야 한다. 어찌 허라 이르겠는가? 천하에 리보다 실한 것은 없다"고 말했다.(상175)

때문에 고봉은 "이와 같이 정·주는 리를 實이라고 했거늘, 지금 추만과 같이 虛라고 한다면 가능하겠는가?"(상175)라고 한다. 허·태허를 최고의 유일자로 삼을 수는 없다. 허·태허가 유일자라면 그 일자는 '허' '무'가 되고 만다. 허·무를 리의 '형용' 혹은 '설'로 논할 수도 있지만, 그러나 허·무에도 반드시 리는 실존해 있다.
추만의 리 논의는 '설'에 불과할 뿐, 리의 실체를 논함이 아니다.

> 그 "허 때문에 무대하고, 무대 때문에 사람과 만물에 가·손 없이 유일이 된다"고 함은 '리 자를 설함'에 불과하다. 리의 가손 없음이 어찌 "허하고 무대 때문"이라 하겠는가. 만약 단지 "무대 때문에 가손이 없다"고 한다면 그 이른바 리라는 것은 롱동황홀의 사이에 놓이게 된다.(상176)

추만의 "허고무대, 무대고무가손"은 리의 '說'에 불과하다는 것이다. 리를 허라 할 수도 있고 또 진실로 리는 무대이다. 그렇지만 만약 리가 "무대하므로 무가손"이라 하면 결국 리는 노·불의 황홀에 빠지고 만다. 왜냐하면 무대는 유일과 같은 리의 '형용'일 뿐 實을 말함이 아니기 때문이다. 리는 반드시 "무대"하고 "유일"하지만 그러나 '무대 때문에' 유일이라 해서는 안 된다. '무대라는 형용' 때문에 리가 일자일 수는 없다. 고봉은 리의 실존자에 대해 다음과 같이 형용한다.

> 리를 형용함에 '眞實 無妄하고, 中正하고 精粹하다'고 하면 치우침이 없고 폐단도 없을 것이다.(하94)

리 존재는 참되고 실해서 망령됨이 없으며 中德(時中 포함)으로 바르고 순수하다. 이와 같이 형용하면 치우침이 없고 폐단도 없을 것이다. "만약 虛靜이라 하면 석·노에 빠질 것"(하93)이다. 허정은 미발의 '靜'에 치우치고 혹은 그러한 '경지'에 치우친다. 치우침이 없어야만 천하의 인·물에 가손 없는 유일이 된다. 추만과 같이 '虛'자를 써서 리를 형용할 수도 있다. 고봉은 허자를 써서 다음과 같이 설한다.

리의 체(전체)됨은 지극히 虛하지만 實하고, 지극히 無하지만 有하다. 때문에 인·물에 똑같이 가손 없이 無不善하다.(하94)

리를 선으로 표현하면 무불선이다. 리의 표현을 至虛·至無라 할 수도 있지만 단 리는 實·有이므로 이러한 표현도 가능하다. 實한 무불선의 존재자가 있음으로써 결국 "인·물에 가손이 없다"는 말도 성립되는 것이다.

추만의 잘못은 리 실체를 허라 함에 있고, 또 리의 실체와 설과 형용을 분별하지 못했다. 설 혹은 형용이 곧바로 리의 실체일 수는 없다. 때문에 고봉은 반드시 리를 실체라 하면서, 또 허자를 써서 리의 실체에 대한 설과 형용을 제시한 것이다. 반면 퇴계는 리의 실체와 리의 설을 논하지 않는다. 퇴계의 "虛而理" "實而虛" "無而有" 등은 리를 논함인지 허를 논함인지, 또는 리의 실체가 虛而有인지 혹은 그 설이 허인지의 구분이 없으며, 더구나 추만과 같이 "리의 리 됨의 체"를 '설'함도 아니며, 또 "허이리" 등은 추만의 "일자(一)"가 될 수도 없다.

49
정이천은 장재의 태허를 리의 뜻으로 해설했다

사량좌는 장재(횡거)에게 배웠고, 장재 사후 이정 문하에 들어왔다. 사량좌는 스승 장재의 설에 대해 정이천과 다음과 같이 대화한다.

우리는 "태허"에 대해 대화했다. 선생은 말씀하기를 "이 또한 태허라고 해서는 안 된다"고 했다. 또 선생은 "허"를 지적해 말씀하여 "모두 리이다. 어찌 허라 이르겠는가? 천하에 리보다 실한 것은 없다"고 하셨다.(상175)[536]

장재의 "태허"와 "허"에 대한 이천의 비평이다. 장재는 "태허는 무형이며 기의 본체"[537]라 하고, "만물은 취산이 없을 수 없으며 결국 태허가 된다"[538]고 한다. 기의

---

536) 嘗問先生, …又語及太虛, 日, 亦無太虛, 遂指虛, 日, 皆是理, 安得謂之虛? 天下無實於理者.(『정씨유서』권3, 95조, 66쪽) 이 기록은 "謝攝馬道(사량좌)記憶平日語"로 "伊川先生語"이다.

537) 太虛無形, 氣之本體.(『정몽, 太和篇』2)

538) 萬物不能無散, 而爲太虛.(『정몽, 太和篇』3)

취산에 있어 그 불변자는 태허일 뿐이며 따라서 "기는 태허에서 취산하니 이는 마치 얼음이 물(태허)에서 얼고 녹음과 같다. 태허가 곧 기임을 안다면 '無(없음)'라 할 수는 없다"539)고 한다. 때문에 『노자』의 "有生於無"를 비판해서 "허가 氣를 낳는다 하면 허는 무궁이 되고 기는 유한이 되어 체용이 끊기게 된다. 이는 노자의 '有는 無에서 낳음'에 들어가게 되어 결국 物과 虛는 相資가 없게 되고 만다"540)고 한다. 이로써 보면 장재는 태허를 천하 최고의 유일자로 삼았음을 알 수 있다.

최고의 일자를 이천이 태허가 아닌 리라고 한 이유는 "천하에 리 보다 실한 것은 없기" 때문이다. 주희는 "태허가 곧 기이다"의 '태허는 무엇을 가리킨 것인가'라는 질문에 "그것 역시 리를 가리킨다. 단 [장재의] 설은 구분해서 이해함이 없을 뿐이다"541)고 한다. 장재의 태허는 "형이상자의 리와 형이하자의 기를 구분하지 못한 것"이며 때문에 "난설"이라는 것이다.542)

이러한 이천의 설을 고봉이 인용한 이유는 추만이 「천명도설」에서 "리의 리 됨은 그 체가 本虛"(상174)라고 했기 때문이다. 리가 본허라면 리는 본래 허무가 되고 만다. 이상이 추만의 설에 대한 고봉의 상고이다.

반면 퇴계의 해석은 이러한 의미와 다르며, 더구나 추만을 해명한 것임에도 추만과도 전혀 다르다. 퇴계는 다음과 같이 해독한다.

> 정자가 말한 "태허라 할 수는 없음", "허를 리로 여겼던 것"의 뜻은 곧 '그 虛에 나아가서 實을 인식한 것'으로, 그것은 본래 '虛는 無이다', 혹은 '有의 實만 있다'고 함이 아니다.(상302)

이천은 장재의 태허를 '리'의 의미로 해설했다. 반면 퇴계는 이천의 "태허라 할 수 없음", "그 허를 리로 여김"(상175)의 뜻을 '그 허는 리도 있음'의 "虛而理(허이면서 리임)"라 한다. 이는 장재의 '태허'도 이천의 '리'도 아니다. 퇴계의 "허에 나아가 실을 인식함", "본래 無虛도 아니고, 有實만 있음도 아님"은 곧 "虛而實"(상301)의 뜻이다.

퇴계의 "허를 리로 여김"(상300·302)은 허에도 리가 있음의 '虛而理'의 뜻이고, "리를 허로 여김"(상305)은 리에도 허가 있음의 '理而虛'의 뜻이다. 즉 "리 없는 기 없고,

---

539) 氣之聚散於太虛, 猶冰凝釋於水。知太虛卽氣, 則無無。(『정몽, 太和篇』8)

540) 若謂虛能生氣, 則虛無窮, 氣有限, 體用殊絕, 入老氏有生於無, …則物與虛不相資。(『정몽, 太和篇』5)

541) 問橫渠云, 太虛卽氣, 太虛何所指? 曰他亦指理, 但說得不分曉。(『어류』권99, 可學13, 3331쪽)

542) 太虛字落在一邊了, 便是難說。…却不知形而上者, 還他是理, 形而下者, 還他是器。(『어류』권99, 夔孫8, 3330쪽) 此難理會。(같은 곳, 去僞11)

기 없는 리 없음"(상17)의 의미이다. 또 "나의 허는 虛而實일 뿐 저들의 허가 아니고, 나의 무는 無而有일 뿐 저들의 무가 아니다"(상314)고 함도 곧 "무허도 아니지만, 有實만 있음도 아니다"(위 인용문)의 뜻이다. 이는 리를 허로 여김도 아니고, 허를 리로 여김도 아닌, 결국 '허도 리가 있고 리도 허가 있음'으로 해독한 것이다.

추만은 다만 "리 유일자"을 설했고 또 그 리를 독리의 "무대"라 한다. 반면 퇴계는 리를 논함이 아닌 兼虛實의 虛而理라 하며, 더구나 허와 리의 구분도 없고, 추만의 "일자"도 아니다. 하지만 고봉은 다만 추만의 "리 본허"를 비판해서 이천은 장재의 "허를 리로 여겼음"을 상고했을 뿐이다.

50
장재의 가장 불분명함은 '겸허실'이며, 형이하인 기이다

추만은 「천명도설」에서 "리의 체(전체)를 본허"라 했고, 고봉은 "리는 허라 할 수 없는 실"의 '실체'라고 한다.(상174~175) 추만과 고봉은 '리'에 관해 논한 것이다.

반면 퇴계는 리를 논하지 않는다. 퇴계의 "虛而實" "虛를 理로 여김"(상301·302) "理를 虛로 여김"(상305) 등은 "기 없는 리 없고, 리 없는 기 없음"(상17)의 의미이다. 또 퇴계는 추만의 "리의 체는 본허(理虛)"를 해명해서 "리이면서 허"라고 하지만 이는 '리' 혹은 '허'를 논함도 아니다. 퇴계는 추만의 "리허(리의 체)"를 아래와 같이 해독하고 고봉을 비판한다.

> 그대는 추만의 "理虛"가 空無에 떨어져 장차 그 의미를 모르는 자들로 하여금 '엉뚱한 곳에 달려갈 것(向別處走)'에 대한 우려에 불과하다.(상310)

추만의 "리허"(퇴계의 답변은 "허령"의 허자인 "허리"이며, 문답이 어긋난 것임)를 퇴계는 '리에는 허도 있음'의 의미로 오독한 것이다. 즉 "리"는 단순한 공무의 허가 아닌 '實도 있다' 함이다. 그대는 리가 노장의 공무에 떨어질 것을 우려해서 "有의 實이다"(상302)고 주장하지만, 그러나 나는 "虛而實"(상314)이므로 공무의 허에 떨어지지 않는다.

이러한 퇴계의 변론은 추만의 리 "일자(一)"와도 다르고 고봉의 질문과도 어긋난다.

추만의 "리허"는 '리' 논의이다. 반면 퇴계의 경우 리가 아닌 '리는 허도 함유한다'는 뜻이며,(상305) 이는 고봉이 말한 "리를 허라 할 수는 없다"고 함과 다르다. 따라서 "공무에 떨어질 것을 우려했다"고 함도 고봉의 질문과 전혀 다르다.

퇴계가 말한 "엉뚱한 곳에 달려갈 것"이라 함은 곧 '空無에 떨어질 것에 대한 우려'의 뜻이다. 퇴계가 "엉뚱한 곳"인 곧 노장의 "無虛"(상302)에 떨어지지 않는다고 한 이유는 '實而虛'이기 때문이다. 이 주장이 만약 추만의 "리체"인 "理一"(「천명도설」)이라면 리는 '이러면서 저런 것'이 되어 장재도 오히려 비판한 노·불의 "황홀"(상176)이 되고 만다.

또 문제는 "엉뚱한 곳(別處)"은 정자의 말인데, 퇴계의 인용문은 정자의 말뜻과도 다르다는 점이다. 정자는 여대임(장재 사후 이정 문하에 들어옴)에게 다음과 같이 말한다.

> 횡거(장재) 청허일대의 설은 사람들에게 '엉뚱한 곳을 향해 달려가게 할 것(向別處走)'이다.(하92)

고봉이 정자의 위 "향별처주"를 재인용해서 반박한 이유는 퇴계의 이 인용문이 정자의 용법과 크게 다르기 때문이다. 장재의 "淸虛一大(가장 깨끗한 허로서의 유일의 큰·것)"에 대해 명도는 "만약 혹자(장재)와 같이 청허일대를 天道로 삼는다면 이는 器(형이하)로 말함이 되어 非道가 된다"[543]고 하고, 또 "청허일대로 만물의 근원을 삼으면 미안이다"[544]고 한다. 이렇게 청허일대를 명도는 '器'(氣)로 여겼고 또 '만물의 근원으로 삼을 수 없다'고 한 것이다.

이정 형제가 청허일대를 비판한 이유는 그 청허가 "엉뚱한 곳으로 향해 나간다(향별처주)"고 함에 있다. 무엇이 엉뚱한 곳으로 나간다 함인가? 주희는 청허일대를 아래와 같이 비난한다.

> 질문; 횡거는 청허일대라 하고 또 청탁과 허실을 겸한다 했다. 답변; 횡거는 처음 청허일대라 했고 이천의 힐난을 받았다. 그런데도 결국 청은 탁을 겸하고, 허는 실을 겸하며, 일은 이를 겸하고, 대는 소를 겸한다고 했다. 횡거는 본래 형이상을 설하려 하다가 도리어 형이하를 이룬 것이니, 이곳이 가장 불분명하다.[545]

---

543) 若如或者, 以淸虛一大爲天道, 則乃以器言, 而非道也.(『정씨유서』권11, 10조, 118쪽)

544) 以淸虛一大, 爲萬物之原, 有未安.(『어류』권99, 人傑6, 3329쪽)

545) 間, 橫渠有淸虛一大之說, 又要兼淸濁虛實. 曰, 渠初云淸虛一大, 爲伊川詰難, 乃云淸兼濁, 虛兼實, 一兼二, 大兼小. 渠本要說形而上, 反成形而下, 最是於此處不分明.(『어류』권99, 可學37, 3335쪽)

청허일대를 이정이 힐난하고 주희도 비난한 이유는 그것이 다름 아닌 "겸허실"이기 때문이다. 장재는 천하 유일자인 형이상을 "설"(고봉은 리를 허로 '설'할 수 있지만, 단 리체는 허가 아닌 '실체'라 하여 설과 실체를 구별함. 상175·176)하려 하다가 결국 형이하를 설하고 말았다는 것이다. 그중에서도 가장 분명하지 못한 곳이 바로 "겸허실"이다.

추만의 "리허"는 "리 유일자(理一)" 논의이다. 따라서 여기에 퇴계가 답변하고 해명하기 위해서는 '리'를 논해야 한다. 하지만 퇴계는 리가 아닌 "허이실"(허령의 허리)을 주장한다. 결국 문제는, 설사 퇴계가 리를 논한 것이라 해도 그 리를 '허이면서 실'이라 한다는 점이고, 또 퇴계는 리를 논함도 아닌 '허도 리가 있고 리도 허가 있다'(상17)고 한다는 점이다. 이러한 논의는 정주가 강력히 비난한 장재의 "향별처주의 겸허실"과 같고, 더구나 퇴계는 정자의 "향별처주"를 인용하면서 오히려 "허이실"로 주장한다. 이는 추만의 "理一"도 아니고, 고봉의 "리체"도 아닌, 오히려 정주가 그토록 비난한 "겸허실"을 주장함이다. 정주는 겸허실을 형이하인 '器(氣)'라 했고, 고봉도 "리기混淪"을 "事物"인 氣라고 한다.(상8)

51

공자와 같이 형이상과 형이하를 반드시 구분하라

추만은 리를 "유일(一)"의 "無對"(상173)라 했고, 고봉도 리는 "실체"(상175)이며 또 "無對로서의 무불선"(상176. 하94)이라 한다. 모두 리를 獨理(일자)라 하고, 氣가 아니라고 한 것이다.

반면 퇴계는 독리를 부정한다. 퇴계는 리에도 허가 있고(상305) 허에도 리가 있다고 하면서,(상300) "기 없는 리 없고 리 없는 기 없으니"(상17) 따라서 "본래 無虛도 有實도 아닌"(상302) "虛而實이며 無而有"(상314)라고 주장한다. 이 해명은 리도 허도 아니다. 퇴계는 독리가 아닌 '허도 있다'고 하여 다음과 같이 말한다.

> 지금 공은 한갓 리의 實만 밝히고자 해서 끝내 리를 虛가 아니라 했으니, 그렇다면 『주역대전』의 "형이상"을 노장의 허무의 설과 더불어 道를 어지럽힘에 귀결시키겠는가?(상305)

만약 퇴계와 같이 리가 '독리가 아닌 허를 겸'한 것이라면 리는 기와 분리되지 않는 자존의 리가 되지 못한다. 또 인용한 『역전』의 "형이상" 역시 상의 '道理'가 아님이 되고 만다. 이정 형제와 주희는 『역전』 "형이상자"를 독리로 여겼고, 반드시 "器"와 분리된다고 한다. 반면 퇴계는 정자의 "도는 태허이며 형이상이다", 주희의 "형이상의 허는 혼연한 도리이다"(상303)에 대해서도 역시 모두 겸허실의 "虛而理, 理而虛"라고 하면서 "이는 결코 깨질 수 없이 완벽하다"(상304)고 주장한다. 퇴계는 형이상의 리와, 형이하의 기를 각각 분리해서 이해하지 못한 것이다.

주희는 이천의 "성즉리"를 "깨질 수 없는 완벽한 것"546)이라 한다. 일찍이 공자는 형이상과 형이하를 반드시 구분했다. 때문에 고봉은 퇴계가 인용한 『역전』 "형이상"을 상고한다.

> 형이상자를 道라 이르고, 형이하자를 器라 이른다.(하89)

공자는 이렇게 형이상과 형이하를 반드시 구분했고, 이를 정명도는 아래와 같이 해설한다.

> 공자는 "일음일양 양상을 도라 이른다"고 했다. 음양은 형이하의 것이다. 그런데도 '曰道'라 한 것인데(而曰道者), 오직 이렇게 말씀함이 상·하(즉 공자의 형이상의 도, 형이하의 기)를 마름함에 가장 분명하다.547)

도는 음양 속에 있지만, 음양 자신은 도가 아니다. 음양 속에 있다 해도 도는 반드시 형이상이다. 때문에 고봉은 "오직 이렇게 말씀함이 상·하를 분명하게 마름한 것"(하89)이라는 명도의 말을 인용해서 형이상은 형이하와 반드시 분리되어야 함을 강조한다. 주희 역시 "공자의 이러한 분설이 가장 정밀하고 간절하다"548)고 한다.

정이천도 명도의 말과 같다.

> 마땅히 이(공자의 상·하)와 같이 설해야 한다.(하89)

---

546) 伊川性即理也, 橫渠心統性情二句, 顚撲不破.(『어류』권5, 砥70, 229쪽) 伊川性即理也四字, 顚撲不破.(『어류』권59, 道夫46, 1889쪽)

547) 繫辭曰, 一陰一陽之謂道, 陰陽亦形而下者也, 而曰道者, 惟此語截得上下最分明.(『정씨유서』권11, 13조, 明道先生語, 118쪽)

548) 形而上底虛, 渾是道理, 形而下底實, 便是器, 這簡分說得極精切, 故明道云, 唯此語截得上下最分明. (『주역대전』, "형이상·하", 8번째 소주)

이렇게 명도와 이천은 공자가 "형이상과 형이하"를 반드시 나누었다고 하면서 "공자는 상·하를 분명하게 마름했다(載得上下最分明)", "마땅히 이와 같이 설해야 한다(須著如此說)"고 해설한 것이다.

반면 퇴계의 "리이면서 허" "허이면서 리", 혹은 "虛而實, 無而有" 등은 리·기의 분리를 거부하고 반대한 것이며 더욱이 리, 허, 기를 논함도 아니다. 이러한 퇴계의 논변은 장재의 "兼虛實"과 같다. 정주는 장재의 이 설을 "器"라고 한다. 결국 퇴계는 '器(氣)'를 논한 것으로, 이는 고봉의 "리기 混淪의 事物"(상7)인 '기' 논의와 같다. 퇴계는 추만의 "리체의 유일자"를 변론하면서 오히려 겸허실의 '기'로 해명한 것이다.

52

추만은 허의 리를 말한 적이 없는데, 퇴계는 오용해서 논함

"理"라는 것. 과연 '리'는 있음인가, 없음인가? 다시 말해 '리'는 실체인가, 허체인가? 만약 선유가 리를 '설'하고 '형용', '찬탄'하고 '선'하다고 한 것이라면, 그것은 '있기' 때문에 그렇게 한 것이 아닌가?

추만은 「천명도설」제5절에서 "리의 리됨은 그 체가 本虛"(상174)이기 때문이라고 한다. 이 논의는 리의 실체, 설, 형용, 찬탄 등을 구분하지 않는 것이다. 때문에 고봉은 다음과 같이 비평한다.

1) 리의 허로의 형용도 가능하나, 그 존재자를 본허라 할 수는 없다.(상174. 하94)
2) 정자는 장재의 "태허"를 '리'라 했다. 천하 유일자는 리보다 실한 것이 없거늘, 허라 하면 되겠는가.(상175)
3) 추만의 "허 때문에 무대함" 등은 理자의 '說'에 불과하다.(상176)
4) "無對 때문에 가손이 없다"고 하면 리는 노불의 황홀에 빠진다.(상176)

이상은 추만의 「천명도설」제5절 "리허" 조항에 대한 고봉의 논평이다. 고봉은 먼저 리는 "존재(有)"하는 "實"의 '실체'라 한다. 리는 "有"의 실존자라는 것, 이것이 이 조항 문답이다. 이어 리의 설 및 허와 무대로의 찬탄 등을 논한 것이다. 설, 찬탄 등은 먼저 실의 존재자가 있음으로서 가능하다. 만약 찬탄자만 논하면 노불에 빠지고 만다. "무대하다" 함은 "유일하다(一)"와 같은 '형용'의 뜻이지 實을 말함이 아니다. 리의 實로서의 "무불선"(하94)은 만수(分殊)에서도 "가·손"이 생기지 않는다.

한편 리를 "형용할 때 진실무망", 혹은 "허자를 써서 至虛이나 실하다"의 표현도 가능하다.(하94) 그렇지만 진실무망,(덕, 찬탄) 지허이실,(형용, 설) 허·무대(공부, 일자) "때문에(故)" 리가 가손이 없다할 수는 없다는 것이다. 형용, 찬탄, 설 때문에 가손 없는 유일의 리라고 하면, 리 유일 '이유'가 설, 형용·찬탄이 되고 만다. 주희가 「이발미발설」에서 "中"을 "성의 상황(狀)"(네모, 동그라미)이라 하여 '實의 性'이라 하지 않은 것과 같다.

고봉은 추만의 설을 논평했고, 퇴계도 추만 본설에 관한 대화이기 때문에 여기에서 어긋나서는 안 된다. 만약 이외의 설을 말하기 위해서는 그 긍정과 부정을 명확히 한 이후 자신의 논변을 펼쳐야 한다. 이렇게 하지 않으면 그 논변 주제는 불분명함이 되고 만다. 그런데 퇴계는 다음과 같이 변론한다.

> 그 "허령처"를 논한 곳에서 '허를 리로 여긴 설'은 종본한 것이 있다.(상300)

이는 추만의 제5절 "리체는 허임(理虛)"과 제6절 "심의 허령을 리·기에 분속함" 등 2조를 혼합했고, 또 추만의 위 2조와도 전혀 다른 답변이다. "리허"는 '리', "심의 허령"은 '심'에 관한 것이다. 때문에 고봉은 "저는 '리허' 1단, '허령' 1단으로 각기 구분이 있는데, 선생은 합하셨다"(하87)고 지적한다. 퇴계의 위 "허령의 허를 리로 여김"은 '허령의 심'과 '리허의 리'의 구분이 없다. "종본이 있다"고 함 또한 '허령'에 대한 종본인지 '리체'에 대한 종본인지의 구분도 없다. 만약 '虛에 대한 종본'("虛·理" 상300·302)이라면 이는 추만의 제5·6절과 관련이 없으며, 더구나 추만은 다른 어디에서도 '허'에 관해 논한 적이 없다.

퇴계는 아래와 같이 그 종본에 대해 답변한다.

1) 주자의 이른바 "至虛 중에서도 至實의 것으로 존재한다"고 함은 虛而實이고 無而有일 뿐 無虛 혹은 無無가 아니다.(상301)
2) 정자가 "허를 리로 여긴 것"은 허에서 리를 인식한 것일 뿐 無虛 혹은 有實만 있다 함이 아니다.(상302)
3) 그대는 리의 實만 밝히고자 마침내 리를 허가 아니라 했으니, 그렇다면 정, 장, 주 등 제유의 논을 폐지하겠으며, 또 주역과 중용을 노장인 허무의 亂道로 돌리겠다는 것인가?(상305)

요컨대, 주희의 리 실존설은 '虛而實'의 뜻이고, 정자의 리설도 '虛而理, 理而虛'인데도 그대는 결국 실만 논하고 허가 아니라 하니, 그대는 송대 제유와 『역전』, 『중용』을 도를 어지럽히는 허무인 노장의 "무위진인과 곡신추장"(상306)에 돌리고자 함인가? 퇴계의 이 논변은 추만의 "리(리체)"를 논함인지 "심(허령의 명덕)"을 논함인지가 불명하고, 더구나 리를 논한 것이라 해도 그것을 "理而虛"라 하므로 결국 그 리는 반대로 노불의 "황홀"인 '이것도 저것도 아님'이 되고 만 것이다. 또 "虛而實"이 "나의 이른바 허"(상314)를 논한 것이라면 이는 정자가 장재를 비판한 "허(태허)"가 되며, 또 虛而實은 정·주가 장재를 극력 비판한 "兼虛實"인 "氣"가 되고 만다. 더욱이 『대학, 경1장』 심의 "명덕"에 대한 주희주인 "허령"에서 허만 '虛而理'라면 그 "령"은 무엇인가? 만약 "허령"의 허를 "리", 령을 "기"(상177)라 하면 "명덕"이 둘로 쪼개지고 만다.

이러한 퇴계의 해명과 변론은 추만의 제5·6절에 관함도 아니고, 더구나 추만은 허를 리로 논한 적도 없다. 이는 고봉의 질문도 아니거니와, 정자와 주희를 인용하면서도 그 본의를 오독했으며, 더욱이 『역전』 "형이상"과 『중용』 "무성무취"의 독리의 태극을 퇴계는 "無而有"라고 한다.

53

정자 '無虛'와 장재 '無無'라는 말의 진실

추만은 "리의 체는 허"라 했고, 고봉은 "리체는 없음이 아닌 있음의 實"이라 한데, 퇴계는 "허이면서 실이다(虛而實)"고 한다. 이러한 토론은 고봉과 퇴계간 심각한 오해가 있다. 고봉은 리체를 결코 '허라 할 수 없다'고 하면시 정자가 장재의 "허"를 비판한 설을 다음과 같이 인용한다.

> 혹자(사량좌)가 장재의 "태허"에 대해 물었다. 이에 정자(이천)는 말하기를 "이 역시 태허라고 말할 수는 없다(無太虛)"고 했다. 그리고 마침내 그 "허"를 지적해서 말하기를, "모두 리라고 해야 한다. 어떻게 허라 이르겠는가? 천하에 리보다 실한 것은 없다"고 했다.(상175)

이는 사량좌의 기록으로, 장재에게 배운 사량좌는 장재 사후 이정 문하에 들어왔다. 이천이 장재의 잘못을 사량좌에 지적해서 가르쳐준 내용이다. 장재는 천하의 변함없는 유일자를 "허" 혹은 "태허"라 하지만, 정자는 오히려 "리"라고 한다. 천하에 '리보다 실한 것은 없다'는 것이다. 또 장재는 천하의 유일자를 "淸虛의 一大"라 하고 "겸허실"이라 했다. 즉 허실의 취산은 태허 자체이며, 따라서 기와 태허는 '무라고 할 수는 없다(無無)'는 것이다.

> 氣는 태허에서 취산하니 이는 마치 일음이 물(태허)에서 얼고 녹음과 같다. 태허가 곧 氣임을 안다면 '無(없다)'라 할 수는 없다.[549]

기의 취산에 있어 그 불변자(일대)는 태허일 뿐이다. 기가 설사 취산한다 해도 그것은 태허로 돌아가므로 기는 결국 없어지는 것은 아니다. 기는 태허로 돌아가고 또 태허는 기로 나타나므로 따라서 태허 및 기는 "없다고 할 수는 없다(無無)"는 것이다. 즉 "無無"는 '없어지는 것은 아님'의 뜻이다. 주희는 이를 "형이상자인 리와 형이하자의 기를 구분하지 못한" "난설"이라고 평가한다.[550]

이러한 이천과 장재의 언설에 대한 퇴계의 해석은 전혀 다르다. 퇴계는 "무태허"를 다음과 같이 해독한다.

> 정자가 답변한 "無太虛"와 "虛를 가리켜 理로 여김"의 뜻은, 虛에 나아가 實을 인식한 것으로, 그것은 본래 '虛는 無'라 함이거나 '實만의 有'라 함이 아니다. 때문에 정·장 이래 '虛를 理'로 말했던 것이다.(상302)

이 해석은 이천의 본의, 고봉의 비평, 추만의 설, 장재의 본의와도 전혀 맞지 않는다. 그 이유는 다음과 같다. 이천이 말한 "태허라 할 없음(무태허)" "허를 가리켜 리로 여김"의 의미는 태허(허)를 '최고의 유일자'로 삼을 수 없다 함이다. 이천의 "천하에 리보다 실한 것은 없다"고 함은 '허와 리' 둘 중 그 유일자는 리일 뿐이라 함이며 때문에 '장재의 허는 리의 뜻'이라 한 것이다. 고봉이 이 설을 인용한 이유는 추만이 "리체를 本虛"라 했기 때문이다. 추만도 '허를 리라 함'이 아닌 '리를 논한 것'이다.

장재가 "태허(허)"를 천하의 유일자(일대)로 여기고 "무라 할 수는 없다(無無)"고 한 것은 태허는 생사, 취산에도 변함없기 때문이다. 반면 퇴계의 "나의 無而有는 無無가

---

549) 氣之聚散於太虛, 猶冰凝釋於水, 知太虛卽氣, 則無無.(『정몽』, 太和篇』8)

550) 太虛字落在一邊了, 便是難說. …却不知形而上者, 還他是理, 形而下者, 還他是器.(『어류』권99, 燮孫8, 3330쪽) 此難理會.(같은 곳, 去僞11)

아니고, 나의 虛而理는 無虛가 아니다"(상301·302)고 함은 이천, 추만, 고봉이 논한 '리'가 아니며, 더구나 "무이유"는 리 혹은 허가 그런 것인지의 분별도 없거니와, 리의 실체와 설과 형용의 구별도 없다. 만약 리가 理而虛라면 '理'는 이러하면서 저러함의 "노불의 황홀"(상176)이 되고, 또 "허에 나아간" "나의 虛, 나의 無"(상314) 등은 오히려 '허·무'를 논함이 되고 만다.

54

「태극도」 9개 태극을 퇴계는 '기'라고 함

공자는 『대역』에서 "역에는 태극이 있다(易有太極)"고 한다. 이 말의 본의는 태극이 '우주의 역 속에 있다' 해도 그것은 오히려 우주를 포괄하는 형이상의 실존자라 함이다. 주돈이도 공자의 "역 속의 태극"을 따로 떼 내서 '자존자의 태극'을 논했는데「태극도」 "맨 위 동그라미"와 그 해설인 「태극도설」 "無極而太極"의 설이 이것이다.

이에 대해 주희와 육구연은 '무극과 태극에 관한 토론'을 벌인다. 육구연이 제기한 두 문제만 요약하면 하나는, 태극이 음양(역)에서 독립해 스스로 존재할 수 있는가? 또 하나는, 노자의 무극이 과연 유가의 학설에 필요한가? 주희는 무극의 필요성에 대해 다음과 같이 논한다.

> 무극을 말하지 않으면 태극이 사물 속에 동화되어 萬化의 근본이 되기에 부족하고, 태극을 말하지 않으면 무극이 空寂에 빠져서 만화의 근본이 되지 못한다.(상304)

주희는 노자의 무극이라는 말에 신경 쓰지 않는다.[551] 주돈이가 무극을 말한 이유는 태극을 천하의 '근본'으로 여기기 위한 방편에 불과하다는 것이다. 왜냐하면 태극이 역 속에만 있으면 '극본'을 도출하기에 부족하기 때문이다. "무극이태극"은 공자 "태극"에 대한 하나의 '설'이다. 무극은 태극의 해설에 불과하다. 태극은 실체인 자존자인데, 주돈이는 설일 뿐 자존자가 아니다.

---

551) 주희는 육구연에게 "노자의 '무극에 돌아감(復歸於無極)'의 무극은 無窮의 뜻이며 이는 장자의 '無窮의 門에 들어가 無極의 들에 노닌다'의 뜻과 같을 뿐, 주자(주돈이)가 말한 의미와 다르다"고 한다.(『문집』권36, 「답육자정」6, 1569쪽) 위 주희의 무극·태극 인용문 뒷줄 말이다.

이러한 설의 근거는 공자 사상 속에서 확인 가능하다. 공자는 같은 『대역』에서 "형이상자를 道라 이르고, 형이하자를 器라 이른다" 하고, 이에 정명도는 "음양은 형이하인데도 '曰道'라 했으니, 이와 같은 말씀이 상과 하를 가장 분명하게 마름했다",552) 정이천도 "마땅히 이와 같이 드러내야 한다"(주희가 「태극도설해」에서도 인용함. 모두 하89)고 한다. 공자는 형이상의 도를 형이하의 기와 다른 독립체로 여겼고, 두 정자도 이와 같이 분리한 설을 찬양한 것이다. 주희는 「태극도설해」에서 "지금 학자들은 渾然만 알고 粲然의 것은 알지 못한다"고 하며, 찬연자는 성의 혼연을 맹자가 "인·의·예·지의 찬연으로 나눈 것"과 같다.553) 즉 혼연자는 "역유태극"의 태극이고, 찬연자는 역 속의 태극이라 해도 태극은 스스로 자존한다 함이다.

「태극도」 둘째 동그라미가 바로 공자의 이른바 "역유태극"이다. 태극은 반드시 역 속에 있어야 하며, 장재 "기질지성의 설"이 이것이다. 정자는 "기질지성의 설이 맹자 성선설 보다 정밀하다"(「고자상」6)고 하는데 그것은 기질의 공부에서 태극을 찾아야 하기 때문이다. "역유태극"을 포함한 이하 9개 동그라미도 모두 '하나의 태극'이다. 주희는 「태극도해」에서 "무극이태극은 음양에 섞지 않고 말했다" 하고, 그 이하 태극을 다음과 같이 논한다.

* 음양은 하나의 태극이며, 정조 본말에 피차가 없다.
* 오행은 각기 그 태극을 하나씩 가지니, 가차가 없다.
* 무극과 2·5가 묘합해서 사이가 없다.
* 건남, 곤녀도 각기 그 성을 하나씩 가지니, 남·녀도 하나씩의 태극이다.
* 만물 화생도 각기 성을 하나씩 가지니, 만물도 하나의 태극이다.554)

즉 "음·양태극",(역유태극) "수·화·목·토태극", "묘합태극", "남·녀태극", "만물태극" 등 9개 동그라미의 태극이다. "무극이태극"을 포함하면 「태극도」는 총 10개의 태극이며 모두 공자의 하나의 "태극"을 체용으로 나누어 그린 것으로, 이름도 「태극도」이다. "묘합태극"이 바로 추만 「천명도」이다.

---

552) 一陰一陽之謂道, 陰陽亦形而下者也, 而曰道者, 唯此語截得上下最分明.(『정씨유서』권11, 13조, 118쪽)

553) 夫道體之全, 渾然一致, 而精粗本末, 內外賓主之分, 粲然於其中. 夫所謂粲然者之未始相離也.(「태극도설해」, 77쪽) 주희는 도체의 혼연에서도 찬연의 것으로 분석하지 않을 수 없다고 한 것이다. 이는 "맹자는 혼연·전체 중에도 찬연의 조리가 있음이 이와 같음을 알게 해서 성의 선도 알 수 있게 했다(使知渾然全體之中, 而粲然有條若此, 則性之善可知矣)"(『문집』권58, 「答陳器之, 問玉山講義」, 2778쪽)와 같다.

554) "上圓은 무극이태극으로 이는 음양에 卽(붙여서)해서 그 본체를 가리킨 것으로 음양에 섞이지 않음으로 말했을 뿐이다." "陰陽一太極, 精粗本末無彼此也." "五行之生, 各一其性, …各一其○, 無假借也." "無極二五所以妙合而無間也." "乾男坤女, …各一其性, 而男女一太極也." "萬物化生, 各一其性, 而萬物一太極也."(「태극도설해, 도해」, 70~71쪽)

퇴계는 이와 다르다. 퇴계는 '리와 기'로 나누어 분석한다.

> 그대는 同만 기뻐하고 분리를 싫어하며(喜同惡離), 혼전만 즐겨하고 剖析은 싫어해서 사단 칠정
> 의 소종래를 궁구하지 않았다. 그래서 대강 겸리기, 유선악이라 하여 깊게 분별함을 불가함으
> 로 여겼다.(상39)

"희동오리" 등은 주희의 「태극도설해」 "喜合惡離"를 인용한 것으로, 즉 주희의 이곳 "부석"과 같이 반드시 '리·기' 둘로 나누어 분석해야 한다고 주장한 것이다. 하지만 이는 주희의 "부석"과 다르다. 퇴계의 분석은, 무극이태극은 無而有의 혼륜, 사단과 본연지성은 독리·주리, 칠정과 기질지성은 독기·주기이다. 이로써 결국 "무극이태극"이 거꾸로 '겸리기'(혼륜)가 되었고, 반대로 "역유태극"(혼륜인 둘째 원. 태극 본체)이 독기인 '氣'가 되고 만 것이다. 과연 공자 "역유태극"은 '기로의 분석'인가. 퇴계는 말한다.

> 천상은 진짜 형상(眞形)이고 수중은 단지 빛의 그림자(光影)일 뿐이다. 진실로 '성을 기 중에 있
> 게'(역유태극임) 한다면, 그것은 마치 수중에서 달그림자를 건지는 것과 같아서 얻을 수 없다.
> 여기에서 어떻게 "明善"과 "誠身"(중용, 제20장)을 하여 성의 본초를 회복할 수 있겠는가.(하168)

이 주장은 그렇다고 할 수 없다. 공자 "역유태극"은 「태극도」 둘째 동그라미인 "음양태극"으로 '본체'이다. 아래 "오행태극" 이하 8개 태극 역시 역유태극과 동일한 '태극'이다. 주돈이가 음양, 오행, 묘합, 남녀, 만물 등으로 나눈 것 모두 하나의 '태극도'이다. 추만이 그중 "묘합태극"의 '작용'으로 「천명도」를 그린 것은 '가짜인 기를 그린 것'이 아니다.

공자의 "역유태극"은 기질지성으로 이 '성설'이 기설일 수는 없다. 이 설을 정자가 성선설 보다 정밀하다고 한 이유는 여기에 '공부'가 있기 때문이다. 이 공부가 바로 퇴계가 인용한 "명선과 성신"(중용, 20장)이다. 퇴계는 하늘의 달(리)을 강조하지만, 정주는 부정한다. 고봉이 "수중의 달을 물이라 해서는 안 된다"(하44)고 한 이유이다. 결국 퇴계는 공자의 태극, 주돈이의 태극설, 정주의 설, 중용 제20장을 정면에서 부정한 것이다. 주희의 "水中에 月이 있으니, 이 水가 있어야만 天上의 月을 비출 수 있다. 이 水가 없으면 끝내 이 月도 없다"[555]고 함은 공자의 '달(태극)은 반드시 물(易)인 수중에 있다(역유태극)'는 뜻이며, 수중은 공부처이다. 물(水, 易)이 없으면 공부할 곳도 없

---

555) 如水中月, 須是有此水, 方映得那天上月, 若無此水, 終無此月也.(『어류』권60, 僩45, 1942쪽)

다. 퇴계는 태극의 '실체', 태극의 '형용', 태극의 '설', 태극의 '찬탄', 태극의 '체용' 등을 분석하지 못한 것이다.

55
무극을 태극이라 하면 노자가 공자가 됨

공자의 "역에는 태극이 있다(易有太極)"고 함은 태극은 역의 우주를 포괄해서 스스로 자존하는 형이상의 실체라 함이다.556) 이에 주돈이는 「태극도」 및 「태극도설」을 지었는데 여기에 "무극이태극"이라는 '설'이 있는 것이다. 무극이태극은 태극에 대한 하나의 설일 뿐 리의 실체가 아니다.

주희는 "무극이태극"을 다음과 같이 해설한다.

> 무극을 말하지 않으면 태극이 사물 속에 동화되어 萬化의 근본이 되기에 부족하고, 태극을 말하지 않으면 무극이 空寂에 빠져서 만화의 근본이 되지 못한다.(상304)

주돈이와 주희는 노자의 "무극"이 아닌 공자의 "태극"을 논한 것이다. 주희는 태극은 역 속에 "있으므로(有)" 때문에 그 역의 태극을 '따로 떼서' 형이상의 실체로 논하여, 이로써 태극의 실체가 상하, 유무, 전후의 우주에 관통한다는 것을 나타내기 위해 무극이라는 말을 썼다고 한다. 역 속에만 있으면 역에 치우치며, 역을 포함한 형이상의 태극이 곧 치우침 없는 '자존의 태극'이다. 때문에 무극이라는 말은 노자의 뜻과 다르다는 것이다. 주희는 무극의 필요성을 아래와 같이 논한다.

> 주돈이가 "무극"이라 한 이유는, 그 [태극은] 방소도 없고 형상도 없어서 無物의 전에도 있지만 有物의 뒤에도 서지 않음이 없고, 음양 밖에도 있지만 음양 중에도 행하지 않음이 없으며, 전체를 관통해서 있지 않음이 없으니, 따라서 소리와 냄새, 그림자와 메아리도 없음으로 말한 것이다.557)

---

556) 주희는 "'태극의 동정이 있음'은 流行으로 말한 것이다. 만약 '태극이 곧 동정이다'라고 한다면 형이상·하를 나눌 수 없음이 되어 공자의 '易有太極'은 쓸데없는(贅) 말이 되고 만다"(「문집」권45, 「答楊子直」1, 2072쪽)고 한다. 이는 태극 자체의 동정 및 있음을 논한 것이다.

557) 周子所以謂之無極, 正以其無方所·無形狀, 以爲在無物之前, 而未嘗不立於有物之後, 以爲在陰陽之外, 而未嘗不行乎陰陽之中, 以爲通貫全體, 無乎不在, 則又初無聲臭影響之可言也.(「문집」권36, 「답육자정」6, 1568쪽)

주돈이의 무극은 공자 태극의 '뜻(義)'을 해명하기 위함이다. 태극은 방소나 형상으로 논할 수 있지만 이는 방소나 형상에 치우친 것이다. 방소·형상에 구속되어서는 안 되기 때문이다. 태극은 사물이 있지 않아도 자존한다. 사물의 전·후, 음양의 내·외에도 항상 존재하며, 그림자나 메아리 없이도 자존한다.

주희는 "노자가 말한 '무극에 돌아감'은 無窮의 뜻으로 장자의 '무궁의 문에 들어가 無極의 들에서 노닌다'와 같으니, 이는 주돈이의 의미와 다르다"558)고 한다. 노장의 무극은 무궁의 뜻이고, 공자의 태극은 실존인 리의 실체가 무성무취로서 형이상·하에 관통한다 함이다. 이러한 태극의 리는 '옳음'의 의리로서 실존한다. 다만 노자의 "무극"은 무방소, 무형상, 無影響 등과 같은 형용에 불과하다. 물론 태극을 "허를 써서 형용할 수는 있지만",(하94) 형용이 곧 태극일 수는 없다. 만약 노자의 무극을 공자의 태극과 같은 것으로 여기면 노자가 공자가 되고 만다.

퇴계는 리에도 허가 있고 허에도 리가 있다 하고, 또 그 허는 "虛而理"일 뿐 "無無, 無虛, 有實이 아니다"고 한다.(상300~302) 이러한 논의는 '리' 혹은 '허'를 논함도 아니다. 만약 리 혹은 허를 논하면서 "無而有"(상301)라 하면 이것이 바로 노·불의 '허·무'와 그 '형용'이 되어 결국 태극은 '상태·상황'으로서의 노·불의 "황홀"(상176)이 되며, 또 그 '형용'이 곧 "태극"이 되고 만다.

56

태극을 무극이라 하면 태극은 허무가 됨

공자의 태극 본설은 "易有太極"으로 역에는 반드시 태극이 자존자로 실존해 "있다(有)"는 의미이다. 이러한 태극을 주돈이는 「태극도」에서 둘째 원인 "음양·동정태극"으로 그렸고, 주희도 「도해」에서 "역유태극은 음양태극을 이른다"559)고 한다. 문제는 「태극도」 첫째 원은 공자태극이 아니라는 점이다. 주돈이는 공자태극 위에 자신이 도출한 첫째 원을 스스로 "무극이태극"이라 하는데, 그렇다면 이 동그라미를 '무극태극'이라 함인가? 그렇지 않다. 왜냐하면 "무극"은 "음양태극"의 해설이며, 즉 태극에 종

---

558) 老子復歸於無極, 無極乃無窮之義, 莊生入無窮之門, 以遊無極之野云爾, 非若周子所言之意也(위의 책, 1569쪽)

559) 故曰, 易有太極, ◉之謂也(「태극도설해, 圖解」, 71쪽)

속된 '설'에 불과하기 때문이다. 주돈이는 역 속의 태극을 공자의 "형이상자를 道라이른다"(하89)에 근거해 형이상의 존재로 도출해 '해설'했을 뿐이다. 주희도 「태극도설해」에서 "태극은 형이상의 道이다"라고 주석한다.

태극은 역과 분리되는 독리의 실체적 자존자이다. 이를 주돈이는 "무극이태극"으로 도출했고, 또 무성무취, 진실무망, 천명,(이상 자사) 유일자,(추만) 무불선, 至虛而實(이상 주희) 등의 해설도 가능하다. 단, 태극은 실체인가, 허체인가? 이점이 퇴고 토론의 쟁점이다. 추만은 리체를 "허"라 했고, 고봉은 그렇다면 그 실체가 '빔인가'라고 반문한다. "있기(有)" 때문에 결국 '논'하고 '설'하고 '찬탄·형용'하고 '선을 논증'하고 '공부할 곳'도 가능하다. 고봉은 주희의 설로 인용한다.

> 주자는 "중용에서 군자의 덕의 오묘함에 대해 찬탄하여 '무성무취로다'로 형용했고" 또 "상천지재, 무성무취는 有 중에 나아가 無를 설했고, 무극이태극은 無 중에 나아가 有를 설했다"고 한다.(하91)

『중용』 "무성무취"는 문왕의 덕을 '형용, 찬탄'한 것이다. 다만 그 덕은 반드시 있음의 "實"인데 "上天之載"의 載(실음)가 그 實임을 나타낸 것이다. "실음(載)"이라는 實德이 아니면 그것은 형용·찬탄의 노불이 되고 만다. 그 덕은 "터럭 끝(毛)"(『중용, 종장』)의 무게조차도 없는 무성무취이며, 이로써 그 덕의 '실'은 형이상·하에 관통한다. 무성무취는 상천지제라는 實에 대한 찬탄이다. 주희는 말한다.

> 주자(주돈이)가 "무극"이라 한 이유는, 그 [태극은] 방소도 없고 형상도 없어서 無物의 전에도 있지만 有物의 뒤에도 서지 않음이 없고, 음양 밖에도 있지만 음양 중에도 행하지 않음이 없으며, 전체를 관통해서 있지 않음이 없으니, 따라서 소리와 냄새(無聲臭), 그림자 메아리도 없음(無影響)으로 말한 것이다.560)

"무극"은 문왕의 지덕인 "무성무취"가 형이상·하에 관통함과 같다. 또 그 덕은 반드시 '있어야만' 형용·찬탄도 가능한데 때문에 고봉은 태극을 "實"이라 한 것이다. 이러한 태극의 존재는 역의 64개 象에 "있으며(有)", 다만 그 포착은 심 공부로 가능하다. 문제는 주돈이와 같이 "主靜"(「태극도설」)이라 하면 '靜 공부의 경지' 혹은 '미발

---

560) 周子所以謂之無極, 正以其無方所·無形狀, 以爲在無物之前, 而未嘗不立於有物之後, 以爲在陰陽之外, 而未嘗不行乎陰陽之中, 以爲通貫全體, 無乎不在, 則又初無聲臭影響之可言也,(『문집』권36, 「答陸子靜」5, 1568쪽)

의 '靜'에 치우친다는 점이다. 정자가 "敬"이라 해서 '動・靜' 모두를 공부할 곳으로 삼은 이유이다.561)

반면 퇴계는 "무극이태극"을 다음과 같이 논한다.

> 虛無의 폐단을 우려했다면 태극의 진실무망을 렴계는 응당 無極이라 하지도 않았을 것이고, 도와 성과 태극의 實을 정자 장자 주자는 응당 虛로 설명하지도 않았을 것이다.(상312)

태극의 진실무망을 무극, 허무, 허로 설명했다는 것이다. 이곳은 고봉의 "리의 체는 허라 할 수 없다"(상174)에 대한 답변이다. 문제는 첫째, 태극의 진실무망이 만약 허라면 태극은 허무의 '없음'이 되고 만다. 둘째, 태극을 허무의 무극이라 한다면 결국 공자가 노자가 되고 만다. 셋째, 태극의 실을 허라고 한 것이라면 이미 허가 된 것이 아닌가?

퇴계의 이러한 논변은 태극의 있음의 실체, 태극에 관한 설, 그리고 덕, 형용, 찬탄, 공부 등을 분석하지 않음에서 비롯된 것이다. 만약 실, 설, 형용・찬탄, 공부 등을 구분하지 않고 단지 태극의 진실무망을 무극이라 한다면 공자의 태극을 노장의 무극으로 여김이 되고 만다.

57
중용 '무성무취'의 덕에 虛・實이 있으면 위선임

『중용, 종장』(33장) "무성무취"는 문왕의 덕을 형용, 찬탄한 것으로 중용 최종 경지를 나타낸 말이다. 이러한 지덕은 천지의 덕과 합치하며, 결국 칠정 공부로 이룬 중화의 덕이 "천지, 만물을 위육한다."(「수장」)『중용, 종장』최종 마지막 글자는 다음과 같다.

> 시경에서 말하기를 "덕의 가벼기가 터럭과 같다"고 하는데 터럭도 오히려 질량이 남아 있거

---

561) 주돈이는 「태극도설」 "主靜" 아래에 "無欲故靜"으로 자주했다.(75쪽) 이에 주희는 "周子는 '主靜'이라 했지만, 靜만 말하면 치우친다. 때문에 정자는 단지 '敬'으로 설한 것이다"(『문집』권67, 「이발미발설」, 3268쪽)고 한다. "주정"의 문제는 공부를 참선과 같이 '고요함의 경지'로 오해한다는 점과, 또 공부에서도 動靜 중 미발의 '靜 공부에 치우친다는 점이다. 정자의 '경'은 공부가 동정을 포괄했고, 또 고요함의 '경지'가 아닌 실제 마음의 경공부로 말한 것이다.

늘, "상천의 일은 무성무취로다"고 하니, 아! 지극하다.562)

『중용, 종장』은 시경 총 8시가 인용되어 있다. 1시인 "'비단옷을 입고 홑옷을 덧입었다' 함은 그 문체의 드러남을 싫어해서이다"고 한다. 주희는 군자가 자신의 덕을 감추는 일을 『중용, 수장』 "謹獨(일이 없는 홀로일 때를 삼감)"이라고 주석한다. 이어 5시를 자사는 해석해서 "군자는 공손을 돈독히 해서 천하가 태평해진다" 하고 주희는 "중용의 지극한 공효"라고 주석한다. 이 5시까지가 중용의 지극함인데 이어 계속 6, 7, 8시를 인용한 이유를 주희는 다음과 같이 논평한다. 고봉의 인용문이다.

> 군자의 덕을 말한 이 장은 처음 下學, 爲己, 謹獨의 일로부터 미루어 점차 篤恭으로 천하 태평의 성대함까지 다다랐고, 이어 그 덕의 묘함을 찬탄해서 "무성무취"에 이른 이후에야 그쳤으니, 이는 자사가 중용 한편의 요점을 들어 요약 설명하신 것이다.(하91)563)

1시부터 5시까지는 중용의 극공이고, 6, 7, 8시는 군자의 덕의 형용이다. 특히 8시 "무성무취"는 군자(문왕)의 덕의 묘함을 형용·찬탄했다는 것이다. 그 덕의 실제는 "상천의 실음"이고 그 형용과 찬탄이 "무성무취"이다. 주희는 6시를 "形容", 7시도 "형용", 8시도 "형용"이라고 주석한다. 따라서 무성무취는 實이 아니며, 그 형용과 찬탄이기 위해서는 먼저 實德이 있어야 한다. 없는 것을 형용할 수는 없다. 이러한 군자의 덕을 자사는 "無之"(주희주)로 형용·찬탄했고 무의 덕이 곧 천지의 대덕과 합치한 것이다. 다시 말해 이 덕이 바로 "중·화의 덕이고, 이로써 천지는 제자리에 서며 만물이 생육"(『중용, 수장』)으로 '창조'된다. 이러한 "位·育"의 창조는 다름 아닌 "희노애락"이라는 "그 정"564)으로 인한 것이다. 희노라는 사람 감정이 없으면 천지의 생육은 불가능하다. 특히 미발의 "신독" 공부가 중요하다. 결국 나의 덕을 이룸으로써 천지를 "창조적(新)"(『대학, 경1장』)으로 생육(化育)함이 가능하다는 것이다.

반면 퇴계의 논의는 이와 다르다.

> 그대는 한갓 '리의 실'만 밝히고자 해서 끝내 '리를 허'가 아니라고 했으니, 그렇다면 周子, 정자, 장자, 주자와 같은 대유의 논의를 폐지하겠다는 건가? 그리고 대역의 "형이상"과 중용의

---

562) 詩云, 德輶如毛, 毛猶有倫, 上天之載, 無聲無臭, 至矣.(『중용, 종장』(33장))
563) 復自下學爲己謹獨之事, 推而言之, 以馴致乎篤恭而天下平之盛, 又贊其妙, 至於無聲無臭, 而後已言. 蓋擧一篇之要, 而約言之.(『중용, 종장』)
564) 至發育萬物者, 卽其情也.(『어류』권95, 人傑28, 3188쪽)

"무성무취"를 결국 노장의 허무의 설과 더불어 도를 어지럽힘에 귀결시키겠다는 건가?(상305)

퇴계는 리는 리만 있음이 아닌 허도 있는, 즉 "理而虛"이다. 허도 허만 있음이 아닌 "虛而理"이다. 그런데도 그대는 '실만 있음'으로 주장하니, 이는 대유의 實而虛, 虛而實과 다르다는 것이다. 이 논의는 리를 논함인지, 허를 논함인지의 구분이 없고, 또 理而虛는 추만의 독리의 "無對"(상173)도 아니다. 『대역』의 이른바 "형이상자"는 공자가 "형이하의 器"와 반드시 구분한 것으로(하89) 따라서 형이상에 허도 있다고 할 수는 없다. 때문에 장재의 "겸허실"을 정주는 "형이하의 氣"라고 한다.

더욱이 『중용』 "무성무취"는 문왕의 實德을 자사가 형용·찬탄한 것이다. 형용과 찬탄은 실덕이 아니다. "무성무취"는 문왕의 덕이 "허(무)이면서 실"이라 함도 아니다. 군자의 덕은 공부를 통해 성취한 '있음'의 것으로, 공부로써 이룬 '실덕'을 형용·찬탄한 것이 무성무취이다. 덕은 '있으며', 없음이 아니다. 이를 '있으며 없고, 없으며 있다'고 할 수는 없다. 또 그 덕의 형용·찬탄을 '무이면서 실, 실이면서 무'라고 할 수도 없다. 퇴계는 리의 '실'과 '설', '형용·찬탄', 그리고 덕의 '실', '설', '형용·찬탄' 등을 분석하지 않는다. 또 리를 논함인지, 허를 논함인지, 혹은 덕을 논함인지의 구분도 없다.

58

덕이 있는 희노애락이 세계를 창조함

퇴계는 칠정(희노애락)은 '기발'이므로 반드시 "순선이 불가"(상282)하고 "리 본체의 순리일 수 없다"(상25)고 하지만, 이는 그렇다고 할 수 없다. 사람 느낌은 누구나 있는 "자연의 리"(상107)이며, 이러한 감정을 통해서 마음은 외물과의 교류·소통이 가능하다 함이 바로 『논어』, 『대학』, 『중용』, 『맹자』의 '道' 논의이기 때문이다.

공자는 안자호학에서 "불천노"(「옹야」)의 노를 말하고, 『대학, 정심장』에서는 노를 "심의 용"이라 하며, 자사는 희노애락으로 "천지·만물의 [창조적] 化育"을 논했고, 이천은 칠정으로 "성인의 도에 이른다", 명도는 "성인의 희노는 외물에 순응한다"고 한다. 모두 외물과의 소통을 논한 것으로, 사람 느낌이 외계와 교류해서 세계를 새롭게 창조할 수 있음으로 여긴 것이다. 단, '덕을 이룬 감정'이 그렇다 함이며 따라서 마음의 덕을 이루는 '공부'가 바로 선유의 종지이며 도통이다.

『대학, 전1장』 4회의 "明"자는 「경1장」 "明明德" 앞의 '명'자인 "明之"(밝혀야 함. 주희주)의 뜻이다.

> 강고에서 "능히 덕을 밝힌다" 하고, 태갑에서 "이 하늘의 밝은 명을 돌아본다" 하며, 제전에서 "능히 큰 덕을 밝힌다"고 했으니, 이 모두는 지기의 덕을 '스스로 밝혀야 함'의 뜻이다.565)

하늘에서 준 명덕을 밝히는 것은 나의 일이다. 『대학혹문』에서 "사람은 천지의 中을 받아 태어났고, …일용 생활하는 사이에서 발현되지 않음이 없다"566)고 함의 '천지의 중'도 『대학』 "명덕"이다. 이는 『중용, 수장』 및 「악기동정설」과 상통한다. 주희의 「악기동정설」을 보자.

> 사람은 천지의 中을 받아 태어났고, 외물에 感이 없을 때는 순수 지선하여 만리가 갖추어져 있으니 이른바 성이다. …사람 마음은 외물에 감응함이 없을 수 없으며, 감물로 동하면 성의 욕구가 나오니 선악은 여기서 나뉜다. 성의 욕구가 이른바 정이다.(하143)

고봉은 이때의 정을 「안자호학론」의 "희노애락애오욕"이라 하고 『중용』의 "희노애락"과 동일한 정이라 한다.(하144) 『중용』을 보자.

> 희노애락 미발을 중이라 이르고, 발하여 모두 중절했음을 화라 이른다. …중·화를 이루면 천지가 제자리에 서고(位) 만물이 생육(有)된다.(상2·93)

미발의 중덕과 이발의 화덕은 내가 스스로 밝힐 일이다. 즉 미발에서 일용시의 마음을 편견 없이 "치우치고 기댐이 없게 함"이 미발의 중덕이고, 발해서 마음에 "어그러짐과 어긋남이 없음"이 화덕이다.(상94) 그러기 위해서는 먼저 "보이지 않음에도 삼가고 들리지 않음에도 두려워하며" "때문에 군자는 그 홀로 있음을 삼간다" 함이다.(『중용, 수장』) 이러한 중·화의 덕으로 완수된 희노애락의 實情이 곧 천지 만물을 창조적으로 화육한다.

덕은 공부로 이루어야 하고 이로써 도는 유행된다. 『중용』 "誠"이 바로 이점을 논

---

565) 康誥曰, 克明德. 太甲曰, 顧諟是天之明命. 帝典曰, 克明峻德. 皆自明也.(『대학, 전1장』) 皆言自明己德之意.(주희주) 是三者, 固皆自明之事.(『어류』권17, 589쪽)

566) 人受天地之中以生, …蓋無時而不發見於日用之間.(『대학혹문』상, 14조, 516쪽)

한 것이다. 자사는 "誠의 공부(誠之)는 선을 택해서 굳게 잡는 것"이라 하며, 주희는 아래와 같이 주석한다.

"誠之"공부는 진실무망하지 못해서 진실무망하고자 함을 이른다.[567]

이에 이천도 "无妄者는 至誠이며 至誠者는 天道이다. 천이 만물을 化育함에 生生不窮으로 각기 그 性命을 正하니 이것이 무망이다. 사람이 무망의 道에 合하면 천지와 더불어 그 德을 合한다"[568]고 한다. 그 덕이 곧 『중용』의 이른바 "비단옷에 홑옷을 덧입는 행위" "홀로 방 귀퉁이에서도 부끄러움이 없음" 등의 "신독・근독"(『중용, 수장・종장』) 공부이다.[569] "중용은 철두철미 근독공부"[570]라 함이 이것이다. 이로써 사람의 덕은 천지와 합치해서 "천지의 화육을 돕고 동참하며"[571] "만물을 발육시킨다."[572] 그 합치, 동참, 발육을 이룰 수 있는 것이 곧 '칠정'이라는 정이다.

결국 희노애락 전후의 공부로 이룩한 실덕이 천지와 더불어 합치할 수 있으며, 그 덕의 공부는 '칠정의 실제'로써 가능하다. 이러한 실덕의 "진실무망"을 자사는 "무성무취"(『중용, 종장』)로 '찬탄'한 것이다. 이는 천지를 화육할 수 있는 실덕에 대한 형용과 찬탄일 뿐, 찬탄・형용 혹은 설이 천지를 화육한다 함은 아니다.

반면 퇴계는 진실무망과 무성무취를 "虛而實, 無而有"(상314)라 하는데 그렇다면 실덕의 진실무망은 '없으면서 있음'이 되고, 그 덕도 이러면서도 저런 "황홀"(상176)이 되고 만다. 이와 같다면 천지의 창조적 화육을 실덕인 중화(성)로 실행함이 아닌 '기' 혹은 '설' 혹은 '찬탄'이 실행함이 되며, 또 '이것도 저것도 아닌 것'이 천지를 화육함이 되고 만다. 더욱이 이 사이 공부는 어디에 있는가.

---

567) 誠之者, 擇善而固執之者也.(『중용, 20장』) 誠之者, 未能眞實無妄, 而欲其眞實無妄之謂.(주희주)

568) 无妄者, 至誠也. 至誠者, 天之道也. 天之化育萬物, 生生不窮, 各正其性命, 乃无妄也. 人能合无妄之道, 則所謂與天地合其德也.(『周易程氏傳』권2, 822쪽)

569) 詩曰, 衣錦尙絅, 惡其文之著也. …詩云, 相在爾室, 尙不愧于屋漏.(『중용, 33장』)

570) 中庸徹頭徹尾說箇謹獨工夫.(『문집』권43,「答林擇之」20, 1979쪽)

571) 惟天下至誠, …則可以贊天地之化育, 可以贊天地之化育, 則可以與天地參矣.(『중용, 22장』)

572) 大哉, 聖人之道, 洋洋乎發育萬物.(『중용, 27장』)

59

정주는 무극지진, 곡신불사를 좋다고 함

퇴계는 노·불의 無位眞人(無極之眞)과 곡신추장 등을 부정 배척하지만 정자와 주희는 이 말을 긍정하고 좋다고 한다. 퇴계는 다음과 같이 배척한다.

> 그대는 '허'자의 폐단을 우려해서 "장차 학자들로 하여금 서로 허무를 논하게 해서 결국 노불의 영역에 빠지게 한다"고 했다. 그러나 황 또한 虛자를 쓰지 않고 實자만 고수한다면 이 또한 학자들로 하여금 마음대로 상상하고 미루어 짐작케 해서 무위진인, 곡신추장의 번쩍이는 實과 有만 그 속에 있다고 간주할까 우려된다고 하겠다.(상306)

당초 추만은 "리체는 본허"(상174)라 했고 이에 고봉은 그렇다면 리는 "노불에 빠진다"(상182) 함이다. 그런데 퇴계의 위 논변은 추만과도 다른데, 즉 **"虛而實"**(주어가 없음)일 뿐이며, 단순히 實이라 하면 노불의 무위진인, 곡신추장이 된다는 답변이다. 즉 퇴계의 허는 허만 있거나 실만 있음이 아니다. 만약 실 혹은 허만 있다 하면 이는 노·불의 '무위진인과 곡신추장'이 되고 만다는 것이다. 이 논의는 추만의 설, 고봉의 질문, 또 정주의 용어 의미와도 다르며, 더구나 노·불 본의와도 다르다.

퇴계의 무위진인, 곡신추장, 섬섬삭삭(번쩍번쩍) 등은 주희 논변을 인용한 것이다. 주희 문장을 보자.

> 보내온 글을 살펴보면, 日用의 사이에 별도의 一物이 있어서 '그 빛남이 섬삭하고 바삐 움직여 흐르는 것'이라 하면서, 이것을 이른바 "無極之眞"과 이른바 "谷神不死"라고 했다. 이 二語를 그대의 글에서 인용했고, 이른바 '無位眞人'은 석씨의 語이며 '谷神酋長'의 뜻이라 했다.573)

주희의 비판은 일용생활(생각, 느낌 이전의 미발처)하는 사이에 一物의 어떤 경지를 자부하고 또 그 경지를 주장해서는 안 된다 함이다. 논변자와 주희는 무극지진, 곡신불사, 무위진인, 곡신추장, 광섬삭, 유동 등을 인용해서 이것이 일용 생활하는 사이 별도 一物의 경지라 하여 이러한 경지를 주장해서는 안 된다고 한 것이다. "무극지진"은 주돈이 「태극도설」에 나오고,574) "곡신불사"는 『노자』6장의 말이며, "무위진인"은 불가

---

573) 蓋詳來喻, 正謂日用之間, 別有一物, 光輝閃爍, 動盪流轉, 是卽所謂無極之眞, 所謂谷神不死, 二語皆來書所引, 所謂無位眞人, 此釋氏語, 正谷神之酋長也(『문집』권45, 「答廖子晦」18, 2110쪽)

임제선사의 말이고,575) 또 무위진인을 논자는 "곡신추장의 뜻"이라 했다. 주희도 "태극도의 수·화는 流動의 섬삭이다",576) "불교 학자들은 눈앞 光의 삭삭을 보아야 한다고 주장한다"577)고 하며, 이러한 섬삭 등을 주희는 부정하지는 않는다. 정이천도 노자 "곡신불사"에 대해 다음과 같이 긍정한다.

> 장생(장자)의 '도체를 형용'한 말은 좋은 곳이 있다. 노씨(노자)의 "곡신불사" 1장이 가장 좋다.578)

정주는 노불의 용어를 비판하고자 함이 아니다. 좋은 곳도 있으며, 또 적극적으로 좋다고도 한다. 주돈이도 무극지진을 써서 자신의 논설로 삼았다. 단, 이러한 경지를 일용 생활에서 고수하고 자처해서는 안 된다는 것이다. 주희가 노불을 비판하는 이유는 다음과 같다. 위에서 이어진 문장이다.

> 일찍이 [자사와 주돈이]는 사람들에게 日用의 사이에 반드시 이러한 '천명지성'과 '무극지진'을 찾아 구해서 고수하라 하지는 않았다. 이 리의 온 바를 근원하면 비록 지극히 미묘하나 그러나 그 실은 단지 인심 가운데의 허다한 합당한 도리일 뿐이다. 인력으로 할 수 있는 바가 아니므로 "천명"이라 했고, 형상으로 가리킬 수 없으므로 "무극"이라 한 것뿐이다. 이는 별도 일단의 근원공부가 있거나 또는 강학 및 일상의 일 바깥에 있다 함이 아니다.579)

주돈이의 무극지진도 이러한 경지를 찾아 고수해야 한다는 말이 아니다. 도리는 사람 마음 가운데의 합당한 것일 뿐, 이것을 우선 먼저 찾아야 한다고 해서는 안 된다. 반면 노불의 무위진인과 곡신불사(곡신추장) 등은 스스로 이러한 도리를 자처한다는 것이다. 정주의 뜻은 이러한 말이 나쁘다는 것이 아닌 다만 '공부할 곳'은 마음으로 노력해야지 무극지진, 천명지성 등을 스스로 "고수"하려 해서는 안 된다 함이다.

반면 퇴계는 '허이면서 실'을 주장하면서 고봉에게 다음과 같이 충고해서 말한다.

---

574) 無極之眞, 二五之精, 妙合而凝.(「태극도설」) 주희는 "眞은 리로 말한 것으로 无妄을 이른다"고 주석한다.

575) 『臨濟慧照禪師語錄』(『大正新修大藏經』47책, 796항)

576) 陽變陰合, 初生水火. 水火氣也, 流動閃爍, 其體尙虛.(『어류』권94, 德明57, 3130쪽)

577) 爲佛學者, 言人當常存此心, 令日用之間眼前, 常見光爍爍地.(『南軒集』권30, 「答朱元晦」) 장식이 주희의 말을 인용한 것이다.

578) 莊生形容道體之語, 儘有好處. 老氏谷神不死一章, 最佳.(『유서』권3, 72조, 64쪽)

579) 未嘗使人日用之間, 必求見此天命之性, 無極之眞而固守之也. 蓋原此理之所自來, 雖極微妙, 然其實只是人心之中, 許多合當做底道理而已. …而非人力之所能爲, 故曰天命, …而實無形象之可指, 故曰無極耳. 非是別有一段根原功夫, 又在講學應事之外也.(『문집』권45, 「答廖子晦」18, 2111쪽)

리를 봄에 있어 **解悟處**에 도달해야 하고, 리를 설함에 있어서도 **極至處**에 도달해야 한다. 황은 10년의 공부로 겨우 그 방불함을 얻었다.(상326)

퇴계는 리를 보아야 하고 또 그 리를 깨달아서 그러한 경지에 도달해야 한다고 한 것이다. 이러한 주장은 오히려 주희가 강력 비판한 무위진인, 섬섬삭삭 등의 경지와 같음이 되고 만 것이다. 왜냐하면 퇴계는 스스로 **虛而理·實而虛**라 하고 또 이러한 해오처와 극지처를 직접 말하기 때문이다.

정주는 무위진인, 섬섬삭삭 등을 부정함이 아닌 이 경지를 자처해서는 안 된다 함인데, 퇴계는 스스로 그 해오처를 주장하고 자처한다. 또 증자가 안자를 찬탄한 "**有若無**"를 고봉에게 요구하며 말하기를 "안자는 '유하되 무한 듯(有若無)'했으니, 과연 안자에게도 그대와 같은 기상이 있었겠는가"(상295)라 하고 "들으면 즉시 복종해야 한다"(상296)고 한다. 하지만 이 같은 기상은 일찍이 주희가 육구연에게 '이 같은 경지로 자처해서는 안 된다'고 한 분노 투의 말이다. "안자가 어찌 이런 자만과 자족의 마음이 있었겠는가?"[580] 퇴계는 오히려 주희의 분노의 말을 인용하고, 또 고봉에게 이러한 기상의 경지를 요구하면서, 스스로 그 해오처를 고수하고 강조한 것이다.

60

사단만 강조하면 스스로 곡신추장이 되고 만다

맹자가 "측은지심"을 말한 곳은 두 곳이다. 하나는 「공손추상」 "누구나 사단이 있으니 확충해야 한다"(하133)이고, 하나는 「고자상」 "그 정으로 [성선의] 선을 삼을 수 있다"(상96)고 함이다. 두 곳 모두 측은지심의 정을 논했지만 그 종지는 서로 전혀 다르다. "확충해야 한다"고 함은 누구나 이런 마음이 '있다' 함이고, "성선으로 삼을 수 있다"고 함은 정으로 성선 '논증'이 가능하다 함이다.

두 곳 측은지심은 모두 사람 본연의 느낌을 논했을 뿐, 리발·기발의 근원(퇴계의 소종래)을 말함이 아니다. 때문에 고봉은 칠정과 사단 두 설에 대해 다음과 같이 논한다.

자사는 정의 온전으로 말했고, 맹자는 그 선만 척발한 것이다. 자사와 맹자는 사람 느낌에 관

---

580) 有若無, …豈有一毫自滿自足, 強詡取勝之心乎?(『문집』권36, 「答陸子靜」5, 1577쪽)

한 목적이 달라서 사·칠이라는 두 별칭이 있게 된 것뿐이다.(상3)

느낌 이전인 미발은 선입의 생각조차 없는 천명의 성이므로, 따라서 그 미발이 비로소 외물에 느껴 발한 이발의 정인 칠정과 사단은 모두 천명의 성인 리의 발이라고 할 수 있다. 단, 곧바로 리발이라 할 수는 없는 이유는 성의 존재는 심(정)으로 묵식·징험할 수밖에 없기 때문이다.

퇴계는 사단은 "리발에 기가 따르는 主理"(상281)라고 한다. 다시 말해 퇴계의 리발은 독리가 아닌 "겸리기(호발)" 중의 주리의 발인데 그 이유는 "사단도 기가 있음은 하늘이 부여하고 사람이 받은 바의 원류 맥락이 진실로 그러하기 때문"(상237)이다. 결국 리도 "無而有, 虛而實"(상301)이므로 이를 단지 實·有라 하면 이는 곡신추장이 된다고 한다.

> 만약 虛자를 쓰지 않고 實자만 고수하면 實과 有만 있는 무위진인이나 곡신추장의 번쩍이는 경지가 그 안에 있다고 간주할까 우려된다.(상306)

퇴계는 리도 독리가 아닌 虛而理, 虛而實이라 한다. 하지만 허이리(겸허실)는 정자에 의하면 '氣'이다. 명도는 장재의 "청허일대를 器"[581]라 하고, 이천도 그 청허일대의 "겸허실이 가장 불분명하며, 형이하이다"[582]고 한다. 요컨대 "허"는 기이고 "겸허실"도 기이며 이는 퇴계의 "허이실"과 같다.

측은지심은 이발의 단서로서의 정이며 기이다. 그런데 이러한 기를 리로 여길 수 있는 근거는 무엇인가? 그것은 맹자가 측은지심을 논한 이유가 '성의 단서'와 '성선의 논증'에 있었다는 점이다. 즉 맹자가 측은의 기를 논한 목적은 곧 '성'에 있었다. 때문에 고봉은 다음과 같이 말한다.

> 맹자가 항상 4덕과 4단을 나란히 들어서 설명한 것은 사람들이 기로 성을 말할까 염려했기 때문이다.(상11)

사단은 기이므로 맹자가 4단을 말할 때는 매번 4덕과 함께 나란히 거론함으로써

---

581) 若如或者, 以淸虛一大爲天道, 則乃以器言, 而非道也.(『정씨유서』권11, 10조, 118쪽)

582) 渠初云淸虛一大, 爲伊川詰難, 乃云淸兼濁, 虛兼實, 一兼二, 大兼小. 渠本要說形而上, 反成形而下, 最是於此處不分明.(『어류』권99, 可學37, 3335쪽)

사단이 기에 떨어짐을 방지했다는 것이다. "측은지심은 인이 단서이다"에 대해 주희는 "그 정의 발로 인해서 성의 본연을 볼 수 있다"(「공손추상」, 주희주) 하고, 또 "측은지심은 인이다"에 대해 주희는 "인의 용으로 그 본체를 드러냈다"(「고자상」, 주희주)고 한다. 사단만 거론하면 "사단은 기"(상112)가 되고 만다는 것이다.

그런데 퇴계는 "허이실"(주어가 없음)이라 했으니 이는 정주가 장재를 비판한 "겸허실"의 '기'이다. 더욱이 발로서의 사단만 강조하면 이것이 곧 곡신추장임을 스스로 긍정함이 되고 만다. 왜냐하면 퇴계는 곡신추장 이유를 스스로 '實有'라 했고 그 실유가 바로 '기'이기 때문이다. 사단은 느낌의 기임이 분명하고 다만 맹자는 그 느낌이 기에 떨어질 것을 우려해서 항상 4덕과 함께 거론했는데, 반면 퇴계가 사단만 들고 겸리기(호발) 중의 주리라 한 것은 스스로 기의 곡신추장임을 자처한 것이다. 반면 추만은 「천명도해」에서 리를 "유일의 무대"(상173·176)라 하고 이어 "기의 음양 대립의 상이 '상호(互)' 그 뿌리"라고 한다.583) 추만은 음양의 "기"를 "互(상호)"라고 한 것이다.

61
퇴계의 리의 虛而實은 실체가 없다

고봉의 당초 비판은 추만의 「천명도설」제5절 "리의 一者인 無對"설이다. 추만은 리를 '무대(상대적인 것이 없음)의 一'로 여겼는데 문제는 그 "무대 이유를 허"라 함에 있었다. 추만 본설을 보자.

> 천지간의 리는 하나다(理一). …리의 리 됨은 그 체가 본허하니, 허하기 때문에 無對하고 무대하기 때문에 사람이나 만물에 있어 진실로 가손이 없이 하나가 되는(爲一) 것이다.(상173~176)584)

리는 "一"(일자)이고 "무대"일 뿐 기와 대립일 수 없고, "기에서 비로소 상호 음양 대립의 상이 있다"(인용문 뒷줄)는 것이다. 리를 유일자로 삼은 것은 정주와 같다. 정자

---

583) 理之爲理, 其體本虛, 虛故無對, …至於氣也, 則始有陰陽對立之象, 而互爲其根.(「천명도해」)

584) 天地之間, 理一, …理之爲理, 其體本虛, 虛故無對, 無對故在人在物, 固無加損而爲一焉.(『퇴계전서』3책, 142쪽. 추만의 「天命圖解」와 같음)

는 장재의 "허"에 대해 "모두 리라고 해야 한다. 어떻게 허라 이르겠는가? 천하에 리보다 실한 것은 없다"(상175)고 한다.

고봉도 당연히 리 무대설을 반대하지 않는다. 다만 리의 무대가 "허 때문"은 아니라는 것인데, 추만의 문제는 리의 '실체'와 '설'을 구분하지 못한 곳에 있다는 것이다. 리는 '있음의 실체'이고, 그 실체에 대한 '허로의 설'은 가능하다. 때문에 고봉은 다음과 같이 말한다.

> "허하기 때문에 무대하고 무대하기 때문에 가손이 없다"고 함은 리를 '說'함에 지나지 않는다. 리의 가손 없음이 어찌 "허" 혹은 "무대 때문"이라 하겠는가? 만약 "무대 때문에 가손이 없다"고 한다면 이른바 리는 롱동황홀의 사이에 놓이게 되고 말 것이다.(상176)

고봉은 줄곧 리의 실체에 대해 묻는다. 리는 먼저 '있기' 때문에 그에 대한 '형용'도 '찬탄'도 가능하다. 없음 혹은 형용은 노불이 아닌가? 고봉은 리의 실체에 대해 '허자를 써서 리를 형용'할 수 있다고 한다.

> 리의 체됨은 至虛하지만 實하고, 至無하지만 有하다. 때문에 인·물에 가손이 없이 무불선하다.(하94)

리는 무불선이며, 리는 허한 듯하지만 실하다. 추만은 "리체를 본허"라 했고 고봉은 리가 허라면 리는 '빔'이 되고 만다고 한다. 만약 허자를 써서 설한다면 이렇게 논할 수 있다. "지극히 허하지만 실하다." 이는 리에 대한 설이며, 그 리가 '허하면서 실하다' 함은 아니다. 추만의 "무대"설과 고봉의 "실"설은 리에 관한 것이다. 그런데 퇴계의 질문과 답변은 모호하다. 퇴계는 문제가 된 추만설을 다음과 같이 잘못 인용한다.

> 그대는 '리하면서 허하기(理虛) 때문에 무대하고, 무대하기 때문에 가손이 없다'는 말에 대해 통렬히 꾸짖었다.(상325)

이 인용문은 추만의 "리의 리됨은 그 체가 본허이다"와 다르다. 또 고봉은 "리체는 허라 할 수 없다"고 했을 뿐 '리이면서 허이기 때문에 무대하다'고 하지는 않았다. 고봉은 추만 "리"설을 3조로 나누어 비판했다. 첫째 "리체는 본허가 아닌 實이다."(상175) 둘째 "허하기 때문에 무대라 함은 理의 說이다."(상176) 셋째 "리의 가손 없음은 허·무대 때문이 아니다."(상176) 퇴계는 리체를 "虛而理"(상302) "理而虛"(상305)의 뜻으로 인용하지만, 이는 추만 본설과 어긋난다. 퇴계는 이 문제에 대해 다음과 같이 답변한다.

> 추만의 병통을 살펴보니 다만 "無對故(무대하기 때문)" 3자에 있으므로 지금은 다음과 같이 고쳤다. '리하면서 허하기(理虛) 때문에 무대하고 가손도 없다.' 이와 같이 고치면 거의 가깝다고 하겠다.(상325)

이 답변 또한 추만의 설과 어긋난다. 추만은 "리는 유일자로서의 무대"라 함인데, 퇴계는 이를 부정한 것이다. 퇴계는 "虛而實(허이며 실이다)"(상301·314)이라 하여 리를 리 단독의 유일자로 여기지 않는다. 추만 본설의 리는 "상대할 것이 없음(無對)", "유일이 됨(爲一)"이다. 반면 퇴계는 '허하면서 실', '실이면서 허'라 하는데, 이는 '리'를 논함인지 '허'를 논함인지조차 불명하다. 이는 고봉이 당초 추만을 비판한 "무대 때문에 무가손이라 한다면 리는 롱동황홀이 된다"(상176)을 넘어선 새로운 폐단이다.

추만의 "무대고"를 고봉은 "리의 설"이라 한다. 리의 "무대"와 "유일"은 고봉과 완전히 같다. 반면 퇴계의 "실이허·허이리"는 리 실체 및 무대와 유일까지도 부정한 것이며, 오히려 주어도 없이 모호하다. 이는 추만의 무대설과 전혀 어긋나며 고봉의 질문과도 완전히 다르다. 퇴계는 무엇을 "허이면서 실"이라 하는가? 정주에 의하면 "겸허실은 기"이다.

62
'나도 매진하고 그대도 정진하자' 함은 주희가 육구연에게 분노한 말임

주희가 "나도 매진하고 그대도 정진하자"고 한 것은 육구연에게 보낸 마지막 편지에서 분노 투로 한 말이다. 주희와 육구연은 주돈이 "무극이태극"의 '무극'이라는 말의 필요성 여부에 대해 매우 심한 어투로 논쟁했다. 육구연은 공자의 "태극"에 노자의 "무극"이라는 말은 쓸데없는 옥상옥이라 함이고, 주희는 무극은 공자의 태극을 해설한 것으로 곧 태극의 형이상이 무성무취로서 상하에 관통한다 함으로 해석이 가능하다고 한다.

정작 토론상의 문제가 된 것은 육구연의 태도이다. 주희는 다음과 같이 말하고 있다.

> 반복으로 주신 편지는 노형의 말씀 스스로도 해결되지 못한 것이며, 또 모두 급거 안자, 증자를 자처했으니 가벼이 여길 문제가 아니다. 안자는 能으로 不能에게 물었고 多로서 寡에게 물었으며, 有한데도 無한 듯했고(有若無) 實한데도 虛한 듯했다. …안자가 어찌 한 터럭만큼이라도 자만·자족하여 억지 변론으로 이길 것을 취하려는 마음이 있었겠는가? 보내주신 편지는 남을 가르치고자(見敎) 한 뜻이 지나치게 심하다.[585]

육구연은 급거 안자(안회)를 자처한다는 것, 그리고 "有若無"는 결코 안회의 자처가 아닌 증자가 요절한 친구 안회를 찬탄한 말이라는 것, 따라서 안회는 자만·자족의 마음이 결코 있지 않았다는 것, 그리고 육구연의 어투는 남을 가르치고자(下敎) 하는 뜻이 심하다는 것 등이다. 주희는 위 언급에 앞서 "來書에서 운운했다"고 하면서 육구연의 설 총 16조를 인용해 논박했다. 그리고 다음과 같이 최종 언급한다.

> 만약 또다시 그렇지 않다고 여기신다면 "나도 날로 이 일에 매진하고 그대도 달로 이 일에 정진해서"(『시경』) 각자 들은 바를 존중하고 각기 아는 바대로 행동함도 가할 것이며, 다시 반드시 같음으로 귀결되기를 바랄 필요는 없겠다.[586]

이와 같이 비판한 이유는 육구연의 쓸데없는 "지나친 자신감"[587]과 "안자를 스스로 자처"하여 "자만·자족"으로 남을 "가르치려는(下敎)" 태도에 있다. 이런 마음으로는 진정한 토론이 불가하다. 상대의 논변을 안회의 경지로 충고하려 들면 대화를 지속할 수 없다는 것이다. 결국 토론은 여기서 끝나고 만다.[588]

공자의 태극에 무극이 필요한가 하는 문제는 그것을 어떻게 어떤 방식으로 이해하는가의 차이라 하겠고 이는 토론으로 해결이 가능하다. 노자의 뜻으로 공자를 해석할 수는 없지만 그렇다고 덮어놓고 노자의 말이라 해서 그 용어까지 배척할 필요는 없

---

585) 反覆來書, 竊恐老兄於其所言多有未解者, 恐皆未可遽以顔曾自處而輕之也, 顔子以能問於不能, 以多問於寡, 有若無, 實若虛. …豈有一毫自滿自足, 强辯取勝之心乎. 來書之意, 所以見敎者甚至(『문집』권36, 「答陸子靜」5, 1576쪽)

586) 如日未然, 則我日斯邁, 而月斯征, 各尊所聞, 各行所知, 亦可矣, 無復可望於必同也(위와 이어진 문장임)

587) 因而自信太過.(위 앞줄 문장임)

588) 이 말에 육구연의 답변은 "존형께서 급거 이런 말씀을 하시니, 심히 바라는 바가 아니라고 하지는 않겠다(不謂尊兄遽作此語, 甚非所望)"(『陸九淵集』권2, 「與朱元晦」)이다. 이에 주희는 더 이상 답변하지 않는다.

다. 용어의 좋은 점은 활용할 수도 있기 때문이다. 정자의 "곡신불사가 가장 좋다"[589]고 함도 이점이다.

그런데 퇴계는 오히려 위 "안자의 유약무"와 "나도 매진하고" 등 2조를 그대로 인용해서 고봉에게 충고로 '하교'한다.

> 안자는 "有하되 無한 듯했고,(有若無) 實하되 虛한 듯했으니",(實而虛의 뜻임) 모르겠으나 안자에게도 과연 그대와 같은 기상이 있었겠는가?(상295)

> 리를 봄에는 解悟處에 도달해야 하고, 리를 설함에도 極至處에 도달해야 한다. 황은 10년 공부를 쌓아서 겨우 방불을 얻었다. 이것을 어찌 입과 혀로 다툴 수 있겠는가. 마땅히 "그대도 달로 나아가고 나도 날로 매진"해서 그대도 또 10여년의 공부가 더 쌓여야 한다.(상326~327)

"나도 매진하고"는 「퇴계2서」 마지막 조항의 말이며, 이는 주희의 마지막 언급과 같이 더 이상의 토론을 거부하겠다는 어투이다. 왜 퇴계는 거부하려 하는가? 그것은 고봉이 리를 "實·有"(곡신추장이라 함)로만 여기기 때문이라는 것이다. 퇴계는 리를 독리의 형이상으로 인정하지 않고 "理而虛" "虛而實"(상305·314)이라 하면서 이를 안자의 "有若無"를 "無而有"(상314)의 뜻으로 이해한다. 유·무, 허·실의 합이므로 구설로 다툴 수 없다는 것이다.(반면 고봉은 '견문으로 논할 수 없다 함은 유가의 본색이 아니다'고 하여 정철을 타이른다) 리는 독리가 아닌 허도 있으며, 이것이 바로 퇴계 자신의 해오처, 극지처이다. 하지만 이는 사실과 다르다. 유약무는 증자가 안자를 '찬탄'한 말이다. 만약 리가 허이실이라면 이는 정주가 "겸허실은 器이다"고 함과 같이 '氣'가 되고 만다.

또 문제는 퇴계 스스로 "방불"이라 하면서 리를 봄에 있어서의 해오처, 극지처를 직접 말한다는 점이다. 주희가 논쟁을 종결한 이유가 바로 육구연의 안자의 자처, 자만·자족, 하교의 태도에 있었다. 퇴계는 고봉에게 "옳음을 들으면 즉시 복종해야 한다"(상269)는 『소학』 '제자의 직분'으로 하교한다. 때문에 고봉은 "저것으로 이것을 폐하지 말고, 안의 것으로 밖의 것을 의심하지 말며, 선입을 위주해서 타인의 설을 객으로 삼지 말아야 한다"(하12)고 한 것이다.

육구연의 불필요하게 스스로를 자처하고 타인을 하교하려 함에서 토론이 중단됐고, 그 중단으로 언급된 문장이 다름 아닌 "안자의 유약무"와 "나도 매진하고"라는 두 말이다. 그런데 퇴계는 반대로 이 두 문장으로 자처하고, 고봉에게 하교한다. 결국 주

---

589) 老氏谷神不死一章, 最佳(『유서』권3, 72조, 64쪽)

희가 토론을 중단한 이유를 들어 오히려 반대로 퇴계는 스스로 자처했으니, 이는 토론을 하자고 하면서 스스로 거부함과 같은 자상모순이 되고 만 것이다.

63
理之發은 사단 해석일 뿐 실체의 리발이 아니다

『어류』 "사단은 리의 발, 칠정은 기의 발"(상44)이라 함은 사맹 본설에 대한 '해석'일 뿐, 직접 리발·기발을 논함은 아니다. "四端, 是理之發"의 '是'자는 리발이라 '할 수 있음'의 '해석'의 뜻이다. 한편 추만 「천명도」 본도는 '사단' 및 '발'이 없다. 추만의 이른바 "천명"은 중용 제설을 해설한 것이므로 여기에 사단이 반드시 들어갈 이유도 없거니와 더욱이 천명의 칠정이 사단과 상대적 대설일 수도 없는 것이다.

고봉도 처음부터 사단이 리의 발임을 적극 긍정한다.

> 주자의 "사단, 是理之發"이라 함은 오로지 리만 '가리킨' 것으로 따라서 "是理之發" 운운은 진실로 바꿀 수 없다.(상60)

『어류』는 맹자 사단을 리발로 '해석'했고 고봉도 여기에 반대할 하등의 이유도 없다. 설사 사단을 '氣之發'이라 했다 해도 반대할 이유가 없다. 사단도 정으로서의 "기"(상112)임이 분명하기 때문이다. 단, 이 기록은 사단을 리발이라고 할 소지가 나타나 있지 않다. 고봉이 "곡절이 없을 수 없다"(상52·66)고 한 이유이다.

따라서 "리의 발"이라 하기 위해서는 먼저 사단의 '어떤 측면'이 그러한지를 밝혀서 드러내야 한다. 그렇지 않으면 기발도 가능함이 되고 만다. 맹자가 "측은"을 논한 곳은 두 곳이다. 즉 "사단이 나에게 있음을 알고 확충해야 한다"(「공손추상」)의 '확충설'(하133)과 "그 정으로 선을 삼을 수 있다"(「고자상」)의 '성선설'(상96) 두 곳이다. 사단 확충설은 기발일 수 없고, 기를 성선으로 삼을 수도 없다. 두 설의 소지가 리발임에 아무런 의혹이 없다.

문제는 퇴계는 이러한 맹자 '본설'을 리기로 '해석'한 것이 아니라는 점이다. 퇴계의 논변을 보자.

리는 기와 더불어 본래 상수를 체로 삼고, 상대를 용으로 삼는다. 진실로 리 없는 기도 없거니와 기 없는 리도 없다. 그렇지만 그대도 "나아간 바에서의 설명한 것이 부동하다"고 했으니, 그렇다면 또한 분별이 없을 수 없는 것이다. 예로부터 성현은 이 둘을 논급함에 일찍이 합하여 一物로만 여기고 분별로 설명하지는 않았었던가?(상17)

퇴계의 논변 주제는 사칠이 아닌 '리·기'이다. 반면 고봉이 말한 "나아간 바의 사맹의 설명이 부동하다"(상3)고 함은 '사·칠'이다. 퇴계는 고봉의 "나아감"이라는 말을 그대로 인용하면서도 고봉과는 정 반대로 '리·기'로 바꾼 것이다. 퇴계는 리기는 본래 불상리이며 기 없는 리는 없다고 한다. 이렇게 겸리기에 나아가면 "사단도 기가 있고 칠정도 리가 있으니, 이는 하늘이 부여하고 사람이 받은 바의 원류 맥락이 진실로 그러하다"(상237)는 것이다. 사단 혹은 사칠도 본래 겸리기이다. 단 그 '겸리기에 나아가도(所就)' 반드시 "리·기의 分이 있으므로"(상264·268) 따라서 "리발은 사단, 기발은 칠정"(상246)이라는 주장이다.

퇴계의 논변은 사맹의 칠·사 본설을 해석함이 아닌, 리기가 먼저 있고 그 "리·기의 分"에 "나아간(所就)" 사·칠이다. 사맹 본설보다 리·기의 실체를 먼저 말한 것이다. 따라서 "리기에 나아간" 사단이므로, 리에 종속된 사단일 뿐 맹자가 설한 사단이 아니다. 이는 고봉이 극히 반대한 "사·칠의 대설"(상6, 하49)도 아닌, 오히려 '리·기 대설'이다. 이로써 퇴계는 사람 본연의 느낌, 맹자의 사단 본설, 주희의 해설을 구분하지 못했고, 결국 자신의 리·기의 실체를 사람 본연의 느낌, 맹자의 본설, 어류의 해설보다 상위에 둠으로써 스스로 득의하고 만 것이다. "리기 선후 호발설"(상246)이 곧 퇴계 자신의 "자득"(상62)으로서의 득의이다.

64

칠정의 리·선은 기발이 아닌 심에 있는 성발이다

추만이 「천명도」에서 칠정을 '3회' 거론한 것은 『중용, 수장』 종지를 밝히기 위함이다. 칠정 제설은 이천의 「안자호학론」 "희노애락애오욕"과(상159) 명도의 「정성서」 "희노"(하77) 등으로 모두 『중용』 "희노애락"의 공부로 연결된 정이다. 『중용』은 "천명"을 말했고, 이천과 명도의 2설은 공자의 "호학"(『논어, 옹야』2)을 이은 것이다.

칠정은 이미 발현한 정이므로 '기'이다. 따라서 『어류』 "七情是氣之發"과 같이 기의 발현으로 '해석한 것'도 전혀 문제가 없다. 『중용, 수장』에서 "계신" "공구" "신독" 등 공부를 강조한 이유도 칠정은 공부가 아니면 도에서 멀어지기 때문이다. 단, 칠정의 "중화"와 "천지·만물의 화육"을 말한 것은 그 정의 효용가치를 논했을 뿐 그것이 기발이라 함은 아니다.

문제는, 퇴계가 사칠을 "대거 호언"(상6)하고 "사단을 리발, 칠정을 기발"(상22~24)이라 하면서 또 리·기에 사·칠을 "분속"(상321)해서 오히려 "리기의 선후 호발"(상246)이라 한 점이다. 퇴계는 다음과 같이 말한다.

> 공문(공자)과 자사는 진실로 기 소종래 설을 쓰지 않았다. 사단의 소종래가 기왕 리이니 칠정의 소종래는 기가 아니면 무언가?(상274)

공자와 자사는 "혼륜의 겸리기"(상37)인데, 단 맹자가 리 소종래이니 따라서 칠정의 소종래는 반드시 기라는 주장이다. 하지만 이 주장은 그렇다 할 수 없다. 왜냐하면 『중용, 수장』에 의하면 "자사에서 맹자로의 전수"이고, 또 이 2설은 리·기의 근원(소종래)이 아닌, 사람 본연의 느낌을 중화와 확충·성선으로 논함에 불과하기 때문이다. 퇴계는 자신의 소종래설로 공자와 자사 본설까지 어거해서 부정하고 만 것이다. 고봉의 비판은 다음과 같다.

> 제가 "분속은 불가하다"고 했던 이유는 칠정의 겸리기·유선악은 전현들의 정론이 있거늘, 그런데도 지금 선생께서는 칠정을 사단과 더불어 "대거호언"해서 사단을 리, 칠정을 기라 하셨기 때문이다. 이로써 칠정의 리를 사단에게 빼앗겨서, 전현들이 '유선악'이라 했던 것을 선생은 단지 '기에서 나온 것(出於氣)'처럼 만드셨다는 뜻이었다.(하30)

자사가 칠정으로 말한 이유는 천명으로서의 미발의 중, 중절의 화, 그리고 천지의 位育을 논하기 위함이다. 희노라는 정의 공부가 없으면 중·화의 덕과 그 화육의 소통은 가능하지 않기 때문이다.

이렇듯 자사는 현실의 칠정 공부와 화육 등 그 "전체"(상3)를 논했으므로 따라서 진실로 겸리기·유선악이며, 이것이 정주 등 선유의 논의이다. 문제는 "자사의 칠정은 중화가 있는데, 왜 맹자의 말 때문에 갑자기 바꾸어 기 일변이라 하는가"(하62·63) 하는 점이다.

중화는 반드시 리·선이다. 이동은 "맹자의 설은 자사에서 나왔다"(상96)고 하며, 이는 칠정의 리·선을 맹자가 이은 것이다. 칠정과 사단은 동일한 하나의 심의 리·선이며, 리는 결코 둘이 아님은 "성현의 방책에 실려 있다."(하8) 만약 자사와 맹자의 리선이 같은 게 아니라면 둘은 각각 리·기의 다른 선으로 분리되어 도통으로서의 소통 불가가 되고 만다.

사람 감정은 심의 느낌으로 발·출하며, 다만 불선은 심이 주재(공부)하지 못함으로 인해서 일어난다. 주희는 "심이 발한 바의 것이 정이다",(상56) "측은은 心上에서 出한다"(상55)고 한다. 중화의 리·선이 인의의 성과 다른 발·출의 다른 종류라고 할 수는 없다. 맹자가 성선장에서 "인의예지는 밖으로부터 나를 녹여 들어오는 것이 아닌, 나의 고유한 것"(「고자상」)이라 함은 마음에는 반드시 리·선이 있음을 논했을 뿐, 천명의 중화는 기발이고 사단만 리발이라 함은 아니다. 주희가 "천하의 리는 모두 천명의 성으로부터 말미암아 나온다"(상94)고 한 것도 사단도 마음의 "천명지성"의 발·출임을 명시한 것이다.

65

후세의 주자라도 선을 둘로 여길 수 없다

감정은 마음의 외물에 대한 느낌이고, 이로써 외물과 교류·소통할 수 있으며, 소통의 교류는 둘의 성이 아니기 때문에 가능하다. 사람 마음속 및 인류의 성은 둘일 수 없으며 따라서 사람 감정도 성발 하나로 세계와 소통한다.

그런데 퇴계는 "천지만물을 겸리기"(상236)로 여기고 사칠도 "리기 호발"(상246)이라 하며, "성과 사단도 본래는 겸"(상247)의 합리기라고 주장하면서 다음과 같이 말한다.

> 나는 10년 공부를 쌓은 뒤 겨우 방불의 설(虛而實)을 얻을 수 있었다. 이것을 어찌 입씨름으로 다투겠는가? 틀림없이 그대도 10여년의 공부가 쌓여야 하니, 피차의 득실도 여기서 판명될 수 있을 뿐이다. 만약 여기서도 정해지지 못한다면 반드시 후세 주문공을 기다린 이후에야 그 옳음이 판결될 수 있을 것이다.(상326~327)

퇴계의 방불설은 虛而理, 實而虛이다.(상300·301) 리도 독리가 아닌 허가 있고, 허도 허무가 아닌 실도 있다는 것이다. 문제는 퇴계의 경우 『어류』 "리발, 기발"의 설을 '겸리기 중의 주리·주기'로 파악하고, 주리·주기를 고봉이 계속 반대한다고 여긴다는 점이다. 즉, 겸리기는 사칠이 모두 같지만 다만 주리·주기이니, 이러한 인식은 후세 주문공의 판명만이 가능하다. 요컨대 사칠은 모두 겸리기라 함이 그대의 논설이고, 나는 "리발의 사단이라도 기가 따르고, 기발의 칠정이라도 리가 탄다"(상255)는 주리·주기 주장이다. 그런데 퇴계의 이 주장대로라면 오히려 고봉의 논변이라 한 '혼륜의 겸리기의 사칠'이 방불설이 되고 만다. 왜냐하면 퇴계가 말한 "후세 주문공"이 바로 '허이실'이기 때문이다.

어쨌든, 퇴계는 사·칠을 서로 상반된 "대설"(상254)로 여긴다. 즉 혼륜의 '겸리기에 나아간다' 해도 그러나 "리·기는 分"(상264)이므로 이것이 곧 '사칠 대설의 근거'라는 것이다. 하지만 사·칠이 대설일 수 없음은 자명하다. 왜냐하면 사람 감정은 사·칠 2설만 있지 않거니와, 자사의 "천명지성"이 맹자의 "성선"과 대립될 수 없고, 특히 사단이 리발이라 해서 칠정이 기발이라 할 수는 없기 때문이다. 퇴계는 사칠을 리기로 해석한 것이 아닌, 리기에 나아간 리발·기발이 곧 사칠이라 한다. 이러한 리·기 호발에 사·칠이 있다는 논설은 자신의 설을 사맹 본설 위에 둔 것이다.

자사는 희노로 천명·중화의 리·선을 논했고, 맹자는 측은지심의 정으로 리의 성선과 확충을 논했다. 이는 사람 자연의 느낌 전후, 사람의 심성을 구유한 상태에서의 설이다. 더욱이 칠사 2설은 근본적으로 하나의 성을 논함이지 둘의 다른 성을 논함이 아닌 것이다. 마음에 2성이 있다고 할 수는 없다. 둘이라면 자사와 맹자는 서로 소통불가가 되고 만다. 노·불 역시 그 논의 방식이 서로 다를 뿐, 사람의 다른 마음을 논한 것이 아니다. 때문에 고봉은 다음과 같이 말한다.

> 감히 묻겠다. 희노애락의 발하여 중절한 것은 리에서 발한 것인가, 기에서 발한 것인가? 그리고 발하여 중절한 무왕불선의 선과 사단의 선은 같은가, 다른가?(하58)

만약 퇴계와 같이 "화, 달도, 도의 용"의 선이 기에서 발한 것이라면 그 "미발의 中"과 "천명지성의 大本"도 곧바로 '기'가 되고 만다. 그래서 자사의 도통을 이은 맹자의 선도 "공문"(상79)의 선과 그 근원(소종래)이 다른, 두 개의 다른 성선이 되고 만다. "도리가 둘로 다다를 수 없다 함은 성현의 방책에 진실로 갖추어져 있다."(하8) 자사의 성의 선과 맹자의 성의 선이 다를 수는 없다는 것이다. 때문에 고봉은 말한다.

그 "리발, 기발"을 상세히 하셔야만 그것이 주자에 옳을지 그를지, 또 '따를지 어길지'도 하나로 귀일될 수 있을 것이다. 만약 여기서도 여전히 판별되지 못한다면 이른바 "반드시 후세 주문공을 기다려야 한다"고 하실지라도 거기까지는 대승은 감히 알 바 아니다.(하60)

퇴계는 직접 "리기에 나아가서" 그 리·기의 선후 "호발"이 곧 사·칠이며, 따라서 그 둘의 선은 그 소종래(근원)부터가 다르다고 주장한다. 이는 사맹 및 주희 본설을 해설한 것이라 할 수 없다. 소종래의 리·기의 다름은 도통이 서로 달라서 서로 통합할 수 없음을 선언한 것과 같다. "사단이 리이므로 칠정이 기이다"(상274)고 함은 사단의 리발을 강조하려 오히려 『중용』 "천명"을 공문의 도통에서 제외시킴이 되고 만 것이다. 후세 주문공이 어찌 "자사가 공자의 말씀을 인용(子思引夫子之言)"(『중용, 수장』)해서 논한 천명의 선을 기발로 주장하겠는가? 고봉의 계속된 의혹이다.

66

소종래의 리발은 작은 리이며 치우친다

퇴계의 이른바 "리·기 소종래"(상28·39)는 사칠이 나오는 '근원'이다. 이 말은 사맹 본설이 아닌 '근원의 리·기'를 가리킨 것으로, 리·기가 먼저고 자사·맹자가 뒤이다.

퇴계는 천하 만물은 "리 없는 기 없고 기 없는 리 없으며"(상17·29) 이는 "하늘이 부여하고 사람이 받은 원류 맥락이 진실로 그러하다"(상237)고 한다. 퇴계의 이른바 "나아간 바가 부동하다"(상17)고 함은 합리기에 나아간 주리·주기로서의 사·칠이다. 즉 리·기는 선후 "호발"하는데(상246) 리의 발은 사단, 기의 발은 칠정이다.(상247)

이러한 합리기 중의 리(주리)는 리 자존자를 모호하게 한 것이다. 리 一者도 본래 합이라면 본래 기가 섞임이 되며, 결국 리는 자존의 일자가 아님이 되고 만다. 반면 추만은 「천명도해」에서 '리'를 다음과 같이 말한다.

> 리는 무대하며 하나(一)이다.(상176) 기에서 비로소 음양대립의 상이 있으며 상호(互) 그 뿌리가 된다.[590]

---

590) 理之爲理, …無對故在人在物, 固無加損而爲一焉. 至於氣也, 則始有陰陽對立之象, 而互爲其根.(「천명도해」)

퇴계는 추만 본설인 "리 일자"를 고쳐서 리도 본래 '합리기'라 하고, 또 사칠도 "음양 대대"(하110)와 같은 '리·기 대설'로 삼은 것이다. 그러나 理一은 독리의 '실재자'이고, 합리기는 다만 '설'일 뿐이다. 오히려 이천은 겸허실을 '기'라고 한다.

> 횡거(장재)는 청허일대라 했고 이천의 힐난을 받았다. 결국 청은 탁을 겸하고, 허는 실을 겸(兼虛實)하며, 일은 이를 겸하고, 대는 소를 겸한다고 한다. 횡거는 본래 형이상을 설하려 하다가 도리어 형이하를 이룬 것이니, 이곳이 가장 불분명하다.591)

겸허실은 형이하인 기이다. 주희는 장재의 겸허실에 대해 "크게 하고자 하다가 반대로 작게 만들고 말았다"592)고 하고, 또 호굉이 성론에서 善자를 제거한 것을 두고 "성을 고원으로 말하여 도리어 방종하고 잡박 불순의 지점에 빠뜨리고 말았다"593)고 비판한다. 퇴계의 "소종래"의 "합리기" 역시 형이하인 잡박의 기일 수밖에 없다.

더구나 주리는 이미 "리의 일자"(추만)를 합리기로 여기고 그중의 '한쪽만 주'로 논함이다. 리를 합리기 중의 리로만 '국한'해서는 안 된다. 리는 여기 혹은 저기에만 있음으로 논해서는 안 되기 때문이다. 또 합리기 중의 '주기'라 해도 기에 치우친다. 기에 있는 '성'이 곧 정주의 기질지성의 설이다. 기질지성의 성이 바로 리의 태극이며, 따라서 오히려 이러한 기질에서 성을 논해야만 성설은 치우침 없이 '온전'을 이룰 수 있다.

정주가 성선설을 불완하다고 한 이유도 '형이상'만 논했기 때문이다.

> 맹자는 '오로지 성'으로 말해서 "성선"이라 하고 그 "재질"(情)을 무불선으로 삼았다. 렴계, 정자, 장자에 이르러 비로소 氣上에서 설했던 것이다. 요점은 둘을 겸해야 方備라는 점이다. 맹자는 氣上으로 설하지 못했다.594)

따라서 "사리로 고찰해 보면 정자의 [기질지성이] 정밀하며"595) "맹자의 인의는 치우침으로 설명한 것"이라 한다.596) 요컨대 성은 형이하인 기에 존재하고 또 기질에서

---

591) 渠初云淸虛一大, 爲伊川詰難, 乃云淸兼濁, 虛兼實, 一兼二, 大兼小. 渠本要說形而上, 反成形而下, 最是於此處不分明.(『어류』권99, 可學37, 3335쪽)

592) 橫渠說氣淸虛一大, …其欲大之, 乃反小之.(『어류』권99, 方40, 3336쪽)

593) 所謂反陷性於搖蕩恣睢, 駁雜不純之地者, 旣於未發之前, 除却善字, 卽此性字, 便無著實道理, 只成一個空虛底物, 隨善隨惡, 無所不爲.(『문집』권46, 「答胡伯逢」4, 2151쪽)

594) 大抵孟子多是專以性言, 故以爲性善, 才亦無不善. 到周子·程子·張子, 方始說到氣上. 要之須兼是二者言之, 方備. 只緣孟子不曾說到氣上.(『어류』권95, 廣41, 1884쪽)

595) 然以事理考之, 程子爲密.(『맹자, 고자상』6)

그 존재자를 증명할 수 있으며, 그 존재자는 반드시 독리의 실체이다. 결국 형이상의 리만 논하면 상에 치우치고, 형이하만 논하면 성은 기질의 하에 치우친다.

반면 퇴계는 성선과 사단을 합리기에서의 주리라고 한다. 만약 그렇다면 성선 및 사단은 본래 합리기의 기가 되며, 또 주리라 해도 그것은 리기 중의 '한쪽'이 되고 만다. 발 이전이 본래 합리기라면, 기이다. 또 사단이 주리라면 독리가 아님이 되며, 그래서 사단은 외물의 측은까지 포용하는 치우침 없는 공리가 되지 못한다. 또 소종 래에 '나아간 리'라면 그 已發인 사단의 공부의 논의가 빠지고, 결국 已發을 배제한 홀로 미발의 '상에 치우친' 작은 리가 되고 만다. 공자의 "태극", 정주의 "기질지성", 주희의 "무조작" 등의 리는 상·하에 치우침 없는 언제나 "자약"(하119) 그대로라는 뜻이다.

67

주자가 어찌 도통을 어겼겠는가?

사단과 칠정을 "상대로 들고 상호 논한 것(대거호언)"(상6)은 퇴계이다. 퇴계는 처음부터 사단을 칠정과 대거 호언했다. 「사우서」의 "사단지발, 칠정지발"(상1)과 그 이전 "사단, 發於理, 칠정, 發於氣"(상4) 등이 이것이다. 고봉은 대설은 반대하나 리기 해석은 반대하지 않는다. 고봉은 말한다.

> 큰 틀로 논해서 리발, 기발이라 함은 진실로 불가하지 않다.(상69)

칠정과 사단은 '하나의 사람 느낌에 因해서'(因說) 각자 그 목적에 알맞게 언론한 사·맹 본설이다. 칠정은 느낌이므로 반드시 '기'이고, 사단 소지도 진실로 '리'이다. 모든 정은 "심의 느낌으로 성이 동한 것"(하61)이며 따라서 사단도 심의 느낌이므로 '기로 해석'해도 무방하고 칠정도 천명·중화가 있으므로 '리로의 해석'이 가능하다.

문제는 퇴계의 대설이다. 추만 「천명도」는 『중용』 "천명"에 근거한 도형이다. 자사는 천명을 희노애락으로 논했다. 「천명도」에 사단의 설을 끌어들여 함께 논할 수는

---

596) 孟子之言仁義, 偏言之也.(『문집』권39, 「答范伯崇」5, 1775쪽)

있겠지만, 그러나 사단 때문에 칠정이 사단과 대설이거나 혹은 사단 때문에 칠정이 기발일 수는 없다. 반면 퇴계는 다음과 같이 말한다.

> 만약 칠정이 '오로지 기'(기지발)만 가리킨 것이 아니라면 주자도 응당 "리지발"과 더불어 대거 병첩하지도 않았을 것이다.(상243)

칠정이 '오로지 기'인 "기지발"이므로 주희가 "사단 리지발" 옆에 나란히 병첩했다는 것이다. 퇴계는 "주자는 우리의 스승이며 천하 고금의 종사"라고 하면서 "주자를 믿자"고 한다.(상45) 하지만 칠정은 '주희가 아닌' 자사, 정자 등의 중용 제설이다. 칠정의 기발 해석도 가능하나, 리발이 사단이므로 기발이 칠정이라 할 수는 없다. 때문에 고봉은 "칠정의 리를 사단이 편취한 것"(하30·131)이라 하면서 다음과 같이 말한다.

> 제가 "불가함이 없다"고 했던 것은 사칠을 '인설'로 여겼기 때문이고, "천명도에 드러냄에 미안이 있다"고 했던 것은 선생께서 천명설과 성선설을 '대설'로 삼았기 때문이다. 두 설을 반드시 대설이라 하신다면 비록 "주부자의 본설을 썼다"고 해도 잘못 오인한 병통을 면치 못할 것이다.(하67)

퇴계가 "주자의 본설을 쓰자"(상47·272)고 한 설은 『어류』 "시리지발, 시기지발"인데 이 설을 오히려 '리·기 대설'로 오독한 것이다. 그러나 칠사는 주희가 아닌 사맹 본설이다. 사칠이 리·기 대설인가? 만약 대설로 여긴다면 '주자 선생님'의 본설을 썼다 할지라도 잘못 오인한 병통이다. 이 말은 주자의 논설이 잘못이 아닌, 그것을 대설로 오인한 퇴계에 있다 함이다.

주희의 '도통론'에 의하면 "자사가 맹자에게 준 것",(『중용, 수장』) "맹자 성선설은 자사에서 나온 것"(상96)이다. 성선설은 "그 정(其情)"으로 "성선"을 삼은 것으로, 이른바 "그 정"이 바로 자사의 희노애락과 같은 '선'이라 함이 정주의 해설이다. 선은 성선과 情善이 동일하다. 주희는 "맹자는 단지 '그 정이라면 선으로 삼을 수 있다'고 했으니, 情善으로 성선을 알 수 있다고 했을 뿐이다"597)고 한다. 때문에 주희는 「중용장구서」에서 "맹씨는 이 책(중용)을 추명해서 성인의 도통을 이었다" 하고 「맹자집주, 서설」에서도 "맹가는 자사를 스승으로 삼았다"고 한다.

사단의 리, 리발은 분명하다. 그러나 사단 때문에 천명의 희노가 기발이라 할 수는

---

597) 孟子說性, 不曾說着性, 只說乃若其情則可以爲善, 看得情善, 則性之善可知.(『어류』권53, 賀孫47, 1765쪽)

없거니와 더구나 맹자가 사단을 중용과 상대로 들었을 리도 없다. 만약 주희가 천명의 칠정을 측은의 성선과 대설로 여겨 氣之發이라 한 것이라면 이는 주희 스스로 사맹의 도통을 부정함이 되고 만다. 고봉이 "주 부자"로 지칭한 것도 '주자 선생님도 결코 사맹의 도통을 어길 수 없다'는 것, 그리고 '기발은 결코 『중용』 종지가 될 수 없음'을 강조한 것이다. 氣之發이 어떻게 "중·화"를 이루고 "만물을 화육"할 수 있겠는가.

68
한·중·미·일 학자들은 정호의 분석을 혼륜으로 여긴다

공자는 "道, 器"를 반드시 구분한다. 단, 도가 기에 있음으로 논하면 혼륜, 도·기의 구분은 분석이다. 보통 주희 이후는 물론이거니와 근래 한·중·미·일 학자들도 명도의 설을 혼륜, 이천의 설을 분석이라 하면서, 명도를 육왕학, 이천을 주자의 분석학으로 이해한다. 하지만 그렇다고 할 수 없다. 이러한 잘못은 주희의 설을 오독함에서 비롯된 것이다.

공자는 『주역대전』에서 "형이상자는 道, 형이하자를 器"(하89)라 하여 도·기를 형이상·하로 구별했다. 이를 정이천은 다음과 같이 해설한다.

> 마땅히 이와 같이 설해야 한다(須着如此說). 그렇지만 기 역시 도이고 도 역시 기이다(器亦道, 道亦器).(하89)

이천은 공자의 도·기에 관해 먼저 '반드시 구별되어야 한다'고 하면서도, 바로 이어서 "그렇지만 기역도, 도역기"라 한다. 문제는 기역도, 도역기는 명도가 아닌 이천의 설이라는 점이다. 이천의 설이라면 혼륜은 명도가 아니다. 학자들은 "기역도"를 명도설이라 하지만, 주희는 이천설로 여긴다. 『어류』를 보자.

> 이천은 운운하기를 "형이상자는 도, 형이하자는 기"에 대해 "마땅히 이와 같이 설해야 한다"고 했다. 답변; 이천의 해석이 매우 분명하다. 때문에 "마땅히 이와 같이 설해야 한다"고 한 것이다. 형이상자는 理이고, 형이하자는 物이니, 이와 같이 분개해서 설해야만 그 견해가 분

명한 것이다. 이와 같지만 道는 器에서 떨어질 수 없고 器도 道에 위배될 수 없는 곳으로 설해야 한다.[598]

"도는 기에서 떨어질 수 없다"고 함이 곧 "도역기"이며 이천의 설이 분명하다. 도는 기에 의착해야 하고 기에는 반드시 도가 있으니, 도는 이곳으로 설해야 한다. 학자들이 이 설을 명도설로 오해함에는 『어류』의 다음 문장에 기인한다.

"형이상자를 도, 형이하자를 기"라 했으니, 도를 밝힘(明道)에는 '마땅히 이와 같이 설해야 한다(수착여차설).' 그렇지만 기역도, 도역기이다. 道는 器에서 떨어지지 않으며 道 역시 단지 器의 리일 뿐이다.[599]

학자들이 이곳을 '명도의 설'로 여긴 이유는 본문 "明道"라는 말을 잘못 오인한 데에 있다. 학자들은 예외 없이 명도설로 본다. 그러나 만약 "명도"가 인명이라면 공자가 아닌 정명도가 오히려 도·기를 나눈 것이 되고 만다. 정명도는 도·기의 구분에 대해 아래와 같이 말한다.

공자는 "형이상자를 도, 형이하자를 기"라 하고, 또 말하기를 "일음일양 양상을 도라 이른다"고 한다. 음양은 형이하의 것이다. 그런데도 '曰道'라 한 것인데, '오직 이렇게 말씀함이 상·하를 마름함에 가장 분명하다(唯此語截得上下最分明).'(하89)

물론 명도도 기역도를 부정한 것은 아니며 다만 "이렇게 상·하를 가장 분명하게 마름했다"고 했을 뿐이다. 정명도의 분석은 "음양은 기인데도 曰道라 했다"고 함에서 분명해진다. '왈도'라 하여 음양 양상에서 상만 도출해서 獨理로 여겼다는 것이 명도의 해석이다. 명도는 확실히 "천리", "악도 성이다"고 하여 이천보다 더 분명하게 '독리'를 척출한다.[600]

또 학자들은 정명도 「정성서」 본문의 "성"을 '심'으로 해독하지만, 그렇다고 할 수 없다. 학자들은 주희의 아래 말을 오독한다.

---

598) 伊川云, 形而上者謂之道, 形而下者謂之器, 須着此說, 曰, 這是伊川見得分明, 故云須着如此說, 形而上者是理, 形而下者是物, 如此開說, 方見分明. 如此了, 方說得道不離乎器, 器不違乎道處(『어류』권75, 賀孫110, 2572쪽)

599) 形而上者謂之道, 形而下者謂之器, 明道以爲須著如此說, 然器亦道, 道亦器也, 道未嘗離乎器, 道亦只是器之理(『어류』권77, 淳29, 2614쪽)

600) 정명도는 "天理 2자는 自家의 出來이다"(『정씨외서』권12, 25조, 424쪽)고 한다. 또 "惡 역시 성이라 이르지 않을 수 없다"(『정씨유서』권1, 56조, 10쪽)고 하며 주희도 "선악은 모두 천리이다. 천하에 性外의 物은 없으며, 본선이나 악으로 흘렀을 뿐이다"(『문집』권67, 「明道論性說」, 3275쪽)고 하여 명도의 성선과 천리를 "척출"(상10)로 해석한다.

순필이 묻기를 「정성서」는 이해하기가 어렵다. 이에 주자는 말한다. 어렵지 않다. 단, "定性" 자는 그 설이 좀 의아하다. 이 "性"자는 '心'자의 뜻이다.[601]

풍우란, 노사광, 진래 등은 「정성서」 본문의 "성"자를 '심의 뜻'으로 해독하면서 위 『어류』를 근거로 든다. 하지만 위 기록은 「정성서」 서두 '장재의 글'을 가리킨 것이다. 주희는 장재의 말인 "정성"의 뜻을 '심'의 뜻으로 해설한 것이지, 「정성서」 본문 "성"자를 심이라 한 것은 아니다. 본문은 '정성'이라는 글자가 없다. 주희의 心자로 보면 장재는 "不動心"(『맹자, 공손추상』2)하지 못하면 오히려 심은 외물에 能動하게 된다고 한다. 장재는 "외물을 끊어서 심의 안을 定하게 할 뜻이 있었다"[602]는 것이다. 부동심을 명도는 "성"으로 답변한다. 심의 動이라 해도 "성"으로 보면 동정에 "無內外"하기 때문이다.

오히려 이천이 성을 혼연으로 논한다. 이천이 말한 "道는 일음일양이다. 동정은 端이 없고 음양도 始가 없다. 도를 아는 자가 아니라면 누가 능히 알겠는가"[603]라고 함은 확실히 혼연의 상하 중 상만 논함이 아니다. 반면 정명도는 성의 천리·독리를 강조한다. 「정성서」의 "성"이 그 예이다. 따라서 「정성서」 본문을 '심'으로 해독하고 또 명도를 '혼연의 기역도'로 해석해서 결국 '명도는 혼연, 이천은 분석'으로 여긴 것은 위 주희의 설로 볼 때 오히려 정 반대라고 할 수 있다.

69

主靜, 虛靜은 노·불에 빠진다

동정으로 말할 때의 '靜'자는 動에 상대되는 고요함의 '감정 미발'을 가리키지만, 주정과 허정일 때의 靜자는 '공부' 의미이다. 따라서 靜자를 볼 때는 이 둘을 구분해서 이해해야 한다. 주돈이 「태극도설」의 靜자도 공부로 논한 것이다.

성인은 中正과 仁義로 안정을 삼고[자주; 성인의 道는 인의중정일 뿐이다] 主靜[자주; 無欲인

---

601) 舜弼問, 定性書也難理會. 日, 也不難. 定性字, 說得也詫異. 此性字, 是個心字意.(『어류』권95, 淳101. 3209쪽)

602) 蓋橫渠有意於絶外物而定其內, 明道意以爲須是內外合一.(『어류』권95, 端蒙104, 3210쪽)

603) 道者, 一陰一陽也, 動靜無端, 陰陽無始, 非知道者, 孰能識之?(『程氏經說』권1, 「易說, 繫辭」, 7조, 1029쪽) 「역설」은 정이천이 지은 것이다.

故로 靜이다]으로 인극을 세운다. 때문에 성인과 천지는 그 덕이 합한다.604)

이때의 '主靜'은 동정이 아닌 "무욕"으로서의 '공부'이다. 성인이 천지의 덕과 합할 수 있음은 '중정·인의의 덕' 때문이고 따라서 이러한 덕을 이루기 위해서는 '욕구 없음을 근본'으로 삼아야 한다는 것이다.

주희도 이 주정설을 긍정한다. 주희는 "정을 주로 하면 그 동으로 드러남도 중절하지 않음이 없을 것"605)이라 하여 주정을 미발공부로 여긴다. 때문에 위 "주정" 아래에 "욕구가 동하여 情이 이기면 靜을 이룰 수 없다"606)고 주석을 붙이는데, 이는 『대학, 정심장』 "하나라도 두거나 살피지 못하면(상27. 하72) 욕구가 동해서 情을 이김(欲動情勝)"607)이라는 미발의 "正心"(마음을 바르게 함) 공부와 같다.

그런데 정주는 주정 공부를 '미발에 치우쳤다'고 한다. 動의 '이발 공부'가 빠졌다는 것이다.

> 사람이 그 마음을 靜으로 안정되게 해야 하고, 스스로 주재해야 한다. 그런데 정자는 靜만으로 주관하면 외부 사물과 서로 교섭할 수 없으므로 "敬으로 설해야 한다"고 하면서 말하기를 "敬하면 스스로 虛靜이 된다"고 했다. 마땅히 이와 같이 공부해야 한다.608)

정자가 주돈이의 靜 공부를 '치우쳤다'고 한 이유는 靜 공부는 미발일 뿐 이발이 없기 때문이다. 또 중대한 문제는, 靜은 공부를 직접 가리킨 것이 아닌 공부 '결과'라는 점이다. 때문에 주희는 다음과 같이 말한다.

> 렴계(주돈이)는 "主靜"을 말했지만, 그러나 정자는 단지 敬자의 뜻으로 보아야 그 의미가 좋다고 했다. 때문에 [렴계도] "무욕인 故로 정이다(無欲故靜)"고 한 것인데, 만약 虛靜으로 여긴다면 서·노에 빠질 것이다.(하93)609)

주돈이의 이른바 "주정"은 그 자주인 "무욕인 故로 靜이다"의 '무욕'으로 볼 때 공

---

604) 聖人定之以中正仁義(本注云, 聖人之道, 仁義中正而已矣), 而主靜(本注云, 無欲故靜)立人極焉. 故聖人與天地合其德. (「태극도설」)

605) 惟主乎靜, 則其著乎動也無不中節.(『문집』권67, 「태극설」, 3274쪽)

606) 欲動靜勝, 卽不能靜.(「태극도설해」, 74·75쪽. 『어류』권94, 德明99, 3139쪽)

607) 一有之而不能察, 則欲動靜勝.(『대학, 제7장』, 정심장)

608) 聖人定之以中正仁義而主靜, 正是要人靜定其心, 自作主宰. 程子又恐只管靜去, 遂與事物不相交涉, 却說個敬, 云, 敬則自虛靜, 須是如此做工夫.(『어류』권94, 德明101, 3139쪽)

609) 濂溪言主靜, 靜字只好作敬字看, 故又言無欲故靜. 若以爲虛靜, 則恐入釋老去.(『어류』권94, 季通·端蒙100, 3139쪽)

부를 논한 것이다. 그런데 문제는 첫째, 주정은 미발의 靜 즈음일 뿐 動이 없어서 치우친다는 점, 둘째는 주정은 공부를 직접 가리킴이 아니라는 점, 셋째는 주정은 나의 마음을 고요함으로 복귀하려는 뜻으로 오해할 수도 있다는 점 등이다. 미감의 주정을 강조하면 외감인 사물과 교섭하는 마음을 부정하게 되며, 또 마음공부가 아닌 그 '경지'만 주장되고 만다. "석노에 빠진다"고 한 이유이다. 좌선은 이점이 문제이다. 주희는 말한다.

> 정자는 사람들이 靜자의 뜻을 이해하지 못하고 '坐禪入定'과 같다고 여길까 염려했다.610)

주돈이의 "주정"은 단지 평상시 생각·사물을 접하지 않았을 때의 미발의 '고요함을 주로 하라'는 공부인데, 이러한 평시 미발을 사람들은 '고요함을 유지하라'는 좌선의 入定 경지로 오해할까 염려했다는 것이다. '주로 함'의 목적은 외물과의 '교류에서 중절'하게 하기 위함이다. 때문에 '고요함만 주로 함'은 미발에 치우친다. 정자는 "靜으로 설하면 곧바로 석씨에 빠진다. 靜자가 아닌 敬자를 써야 한다"611)고 한다. 결국 주정은 미발의 상태 혹은 공부 결과를 가리킨 것이지, 직접 '공부'라고 할 수 없다. 때문에 정·주는 다음과 같이 말한다.

> 敬하면 곧 스스로 虛靜한다. 허정을 경이라 부를 수는 없다.612)

허정은 '마음의 상태'이므로 리는 아니지만 이렇게 '설'하고 '논'하고 '표현·형용·찬탄'은 가능하다.(상176. 하94) 즉 경 공부를 허·허정으로 설하고 논함이 가능한데 왜냐하면 경 공부로 허를 이룰 수 있기 때문이다. 그러나 허정 상태만 이루려고 하면 이는 외물과의 교섭을 끊음이 되고 만다. 공부의 궁극적 목표는 외물과의 적극적 교통을 통한 현실의 새로운 창조에 있다. 미발 고요의 상태만 추구하고자 하면 그것은 실질적 공부라 할 수 없고, 이미 현실을 외면함이 되고 만다. 공부는 미발만 주장할 수 없다.

> 심은 두루 유행하고 관철되며 공부에도 끊어짐이 없어야 한다. 단 靜을 근본으로 삼아야 하니 렴

---

610) 程子是怕人理會不得他靜字意, 便似坐禪入定.(『어류』권94, 賀孫103, 3140쪽)

611) 纔說靜, 便入於釋氏之說也. 不用靜字, 只用敬字.(『정씨유서』권18, 35조, 189쪽)

612) 敬則虛靜, 不可把虛靜喚作敬.(『어류』권74, 端蒙111, 2522쪽. 『정씨유서』권15, 105조, 157쪽)

계의 "주정"이 이것이다. 그러나 靜만 말하면 치우치니, 때문에 정자는 "敬"으로 설한 것이다.[613)

정 혹은 허정은 공부의 결과이다. 더구나 허정은 마음공부를 미발 즈음으로 회귀함을 주로 삼은 것이다. 또한 공부를 미발의 허정만 주장해서도 안 된다. 마음은 미발·이발에 두루 유행 관철되기 때문이다. 정과 허정은 그 공부 상태와 결과일 뿐이며 이는 공부 자체라 할 수 없다. 때문에 정주는 정·허정을 경으로 고쳤고, 공부 주체를 심의 경으로 삼은 것이다.

70

'사단 불중절'이 서로 통할 줄 알았습니다

『맹자』 "측은지심"은 두 개의 설이 있다. 하나는 사단 "확충설"(「공손추상」)이고 하나는 성의 "성선설"(「고자상」)이다. 모두 느낌의 "측은지심"으로 논한 것이지만 그 소지·종지는 서로 전혀 다르다.

문제는 하나는 '미발공부'가 없고, 하나는 '형이상의 성에 치우친다'는 점이다. 사단을 "확충해야 함"은 기왕 발현된 '이발'이고, 또 정을 "성선"의 "무불선"이라 하면 이는 '외물과의 교류를 끊음'이 되고 만다. 주희는 "맹자는 오로지 성만 말했기 때문에 성선이라 하면서 그 '재질(정)'을 무불선으로 삼았다"[614)고 한다. 즉 맹자는 "성선"의 존재를 논증하기 위해 측은을 무불선으로 여겼고 따라서 성선설은 형이상의 '성선 논증을 위한 정'일 뿐이다. 결국 확충의 사단은 '미발이 없고', 성선 논증의 측은지정은 '형이상의 목적'에 불과하므로, 따라서 둘 모두 미발·이발 '즈음'의 공부가 빠진 것이다.

그런데 퇴계도 맹자의 '성선 논증'과 같이 "사단은 무불선"이라 하여 사람 느낌을 곧바로 리로 여기고 '미발공부' 및 '기질에서 성을 찾는 공부'를 논하지 않는다는 점이다. 고봉이 주희의 "사단 불중절"을 거론한 이유이다.

四端之情을 發於理의 무불선으로 여긴 것은 맹자의 소지이다. 그렇지만 세론해서 四端之發로 논

---

613) 以心言之, 則周流貫徹, 其工夫初無間斷也. 但以靜爲本爾. 周子所謂主靜者亦是此意. 但言靜則偏, 故程子只說敬.(『문집』권67, 「이발미발설」, 3268쪽)

614) 孟子多是專以性言, 故以爲性善, 才亦無不善.(『어류』권95, 廣41, 1884쪽) 孟子專指其發於性者言之, 故以爲才無不善.(『맹자, 고자상』6)

한다면 또한 불중절의 것이 있다. 마땅히 수오하지 않아야 할 바에 수오하고, 마땅히 시비하지 않아야 할 바에 시비하는 경우이다. 단지 사단을 무불선으로 여기면 결국 '인욕을 천리로 여김'이 되며, 반드시 말로 다 형용할 수 없는 폐단과 혼란을 후세에 남기게 될 것이다.(상170~171)

고봉이 말한 불중절 논의는 "四端之發"이다. 사단으로의 발은 반드시 외물과의 관계 즈음에 놓여있기 때문에 나의 리·선만 주장해서는 안 된다. 만약 나의 측은을 무불선으로 여기면 이것이 오히려 "인욕을 천리로 여김"(퇴계, 상43)이 되고 만다. 왜냐하면 외물과의 관계에서 나오는 단서는 이미 느낌으로서의 인욕인 것이 분명하기 때문이다.

퇴계는 이와 다르다.

> 사단 불중절 논의는 심히 새롭지만 맹자 본지가 아니다. "마땅히 수오하지 말아야 할 것에 수오하는 것", 이것은 기의 혼매함이 그렇게 시켰을 뿐이다. 어찌 이런 어긋난 참설로 사단의 수연 천리의 발을 어지럽히려 하는가. 이 같은 의론은 우리의 도를 어지럽힐 뿐만 아니라 도리어 훗날까지 전해줌에 해가 있을까 두렵다.(상307~308)

퇴계는 『어류』「맹자 사단조」의 "사단, 시리지발"을 인용해서 이를 맹자와 주희의 본지라 하지만, 그러나 주희는 바로 이곳에서 스스로 "사단 불중절"을 논하고 있음을 고봉은 고찰한다.

> 이 불중절 설도 소종래가 있다. 인용하신 그곳 "『어류』맹자 사단을 논한 곳 한 조"(퇴계의 말임)를 보면, "측은 수오에도 중절·불중절이 있다. 만약 마땅히 측은해서는 안 되는데도 측은해 하거나 마땅히 수오해서는 안 되는데도 수오한다면, 이것이 곧 불중절이다"고 한다. 이렇게 주자는 맹자가 이미 말한 바에 나아가서 그 말하지 않은 미비한 점까지도 밝혀냈던 것이니, 살피지 않아서는 안 된다.(하95~96)

불중절의 설이 다름 아닌 퇴계가 인용한 "사단, 시리지발"과 같은 조에 있다는 것이다. 이곳은 "사단 확충설" 조이다. 맹자에 의하면 "사단은 누구나 있으니 확충하면 사해를 보호할 수 있다"(「공손추상」)고 한다. 맹자 본지는 이와 같이 기왕의 이발 확충이다. 맹자는 사단이 나에게 "있음을 알고 확충해야 한다"고 했을 뿐, 나의 측은의 감정이 어느 경우든 모두 무불선의 리라고 한 것은 아니다. 그 예로 주희는 "제나라 선왕은 끌려가는 소는 측은해 했지만, 자국의 백성은 살피지 않았다"615)고 하면서

---

615) 又有合羞惡而不羞惡處. 且如齊宣不忍於一牛, 而却不愛百姓.(『어류』권53, 夔孫64, 1771쪽)

"확충하고 확충하지 못하고는 오직 나에게 달려있을 뿐"(「공손추상」)이라 한다. 사단은 이발 감정이고 또 그 측은은 외계의 측은과 연결된 교류의 것이므로 일방적으로 리발의 무불선으로 여겨서는 안 된다. 때문에 고봉은 말한다.

> 예로부터 성현은 적고 불초자는 많으니, 만일 생지의 성인이 아니라면 그 소발의 사단을 어찌 반드시 수연의 천리로 보장하겠는가. 기품 물욕의 가림이 없지는 않을 것이다. 더구나 대승은 일상인 중 더욱 최하위의 자로 기질은 잡박하고 물욕이 무성히 얽혀 있어, 평상시 일상 생활하는 사이에 미발·이발의 공부 부족으로 그 소발의 단서를 살펴보면 중절한 것은 적고 불중절한 것은 많다. 그래서 지난번 감히 사단 불중절의 설을 여쭈어서 혹 뜻이 부합하는 바가 있게 되기를 바랐던 것이다.(하97~98)

공부는 자신의 잡박을 인정해야만 나의 욕구를 이겨낼 수 있고, 이로써 외물과의 관계에서 소통의 중절도 가능하다. 고봉이 "사단을 무불선으로 여겨 이를 확충하고자 하면 저는 그 선을 밝힘에도 미진하고 역행에도 착오가 날까 두렵다"(하97)고 한 것도 자신의 이발 단서를 무불선의 리로 여기면 나의 일방에 치우친다 함이다. 때문에 "이러한 뜻이 서로 부합되기를 바랐다"고 한다. 이를 인정해야만 토론이 가능하다. 나의 생각·감정을 모두 리발이라 하는데 어떻게 대화가 가능하리오. 나를 무불선으로 여기면 외물·타인은 악의 소종래인가? 퇴계의 "기의 혼매함 때문"이라 함은 나는 리(도덕)의 선이고, 악을 '기 탓(우주)'으로 돌린 것이다. 기 탓은 철학적 사유의 결여이다.

71
칠정의 불선을 왜 자신에서 찾지 않는가?

감정은 외물과 교류·소통하는 일을 담당하며 따라서 반드시 마음, 외물, 느낌만 논해서는 안 된다. 일방적일 수 없으므로 "정에 선과 악이 있음은 고연의 이치이다."(상3) 성인이라 해도 외물을 그대로 반영한다 해서는 안 되며, 성인은 오히려 외물을 반영하기가 매우 어렵다는 것을 스스로 인정함으로써 외물과 소통한다.

그렇다면 불선은 어떻게 생기는가? 고봉의 당초 토론 주제는 바로 이점이었다. 이 문제는 '자신의 공부' 일인데도 퇴계 등 당시 학자들은 '기에서 발하기 때문'의 상대방의 "기의 혼매함"(상308) 탓으로 돌린다는 것이다. 고봉이 이를 심각한 병통으로 여기고 토론에 나선 이유이다.

> 대승은 성정의 설에 관해 의혹이 있었고, 선생 장자들에게 물었다. 정의 무불선은 사단이 진실로 그러하다면, 칠정은 왜 불선이 있다고 하는가? 응자들은 '칠정은 發於氣일 뿐이다'라고 한다. 대승은 더욱 의혹해서 타인에게도 물어보았지만 모두들 그렇다고 하면서 실망스럽게도 다른 취지가 없었다.(하102~103)

그래서 고봉이 그 폐단을 진단한 결과는 곧 "정의 무불선을 사단에 해당시키고, 칠정은 불선도 있으니 그래서 '발어기'로 갈랐다"(상165)는 것이다. 기발로 여긴 것은 선생, 장자 뿐만은 아니었다. 주희의 고제 황간의 "氣가 動함에 리가 따른다"616)도 여기를 넘지 못한다. 학자들은 칠정의 불선 근거를 자신이 아닌 선유의 설에서 찾는다는 점이 문제의 시발이다.

> 그들은 나의 마음으로 자득하지 않고 선유의 이미 이루어진 견해나 설화에서 이치의 참됨을 찾는다.(상50)

학자들은 악을 기 탓으로 돌리고, 그래서 그 근거를 선유의 설에 나아가 여기서 직접 리기·성정을 논한다는 것이다. 퇴계는 말한다.

* 칠정의 발은 兼氣이므로 유선악이다.(상1)
* 칠정은 發於氣이므로 유선악이다.(상4)
* 칠정은 기의 발이다.(상44)
* 칠정은 기가 발함에 리가 탄다.(상255)

이는 자사(중용 제설)의 칠정을 논한 듯하지만, 그렇지 않다. 퇴계는 "리기에 나아가서"(상34~38) 여기서 '기발의 칠정'을 논한 것이다. 이는 더 이상 사람 본연의 '느낌에 인한' 칠정이 아니다. 이러한 폐단은 어디에서 왔는가. 고봉은 그 소종래를 호병문(운봉)이라고 한다.

> 근세 성정을 논하는 자들의 병근은 운봉호씨에서 나온다. 호씨는 "性이 발하여 情이 되니(性發為情) 그 처음은 무불선이고, 心이 발하여 意가 되니(心發為意) 여기서 선과 불선이 있게 된다"

---

616) "勉齋黃氏의 '氣動而理隨之, 理動而理挾之'는 의심스럽다."(「答鄭嘉侍」. 『국역고봉집』1책, 368쪽)

고 한다. 이는 주자의 장구 "*所發*" 두 곳을 조합한 것인데, 그 폐단이 마침내 학자들에게 별도의 의견을 낳게 했다.(상164)

호병문은 주희『대학장구』두 곳 "*所發*"을 조합함에 불과하고, 호씨 스스로도 그렇다고 한다. 주희는 『대학, 경1장』 "명명덕" 및 "그 意를 성실히 함(誠意)" 두 곳에 각각 주석해서 "그 所發에 인해서", "그 심의 所發을 성실히 함"이라 했다. 이는 칠사와 전혀 관련이 없으며 오히려 주희의 이곳은 情의 소발이 아닌 생각·감정 이전의 '미발 공부'를 논했다. 반면 학자들은 이 설에서 곧바로 이발인 "사칠의 발"(퇴계 등) 및 "성발, 심발"(권근 등) 등으로 논한다. 고봉은 이점을 심각하게 비난한다.

> 근세 제공들은 성정의 근원은 탐구(자득)하지 않고 그 흐름(설)에서만 더듬으며, 그 근본은 알아보지 않고 말단만 좇는다. 그 난데없는 설 중에는 "성이 먼저 동한다, 심이 먼저 동한다"는 등도 있으니 이런 심상치 않은 어긋난 오류들을 그냥 꺼려해서 덮어둘 수만은 없었기 때문이다.(하107)

"性先動, 心先動"은 이언적의 설인데, 퇴계도 이와 같다. 퇴계는 "칠정의 발에 先動하는 것은 형기"(상24)라 하고 또 "기발에 리가 탄다"도 리기의 선후 호발설이다. 이러한 설은 선초부터 이미 있었다. 권근의 "性發爲情, 心發爲意",[617] 퇴계의 "性發爲情, 心發爲意"[618]도 호병문의 설이며, 유숭조의 "氣發爲七情" "性情, 心意"도 이와 같다. 모두 주희의 권위에 나아가 그 설을 조합한 것에 불과하다. 때문에 고봉은 "성정의 근원은 탐구하지 않고 그 흐름과 말단(설 및 발처)만 좇는다"고 비난한 것이다.

정자에 의하면 정은 스스로 불선이 없다고 한다. 왜냐하면 정은 외물을 그대로 반영해서 비추는 교류기능을 수행하기 때문이다.

> 질문; 성은 선이고 정은 불선인가? 답변; 정은 성의 동이며 바름으로 귀결될 뿐이다. 어찌 불선으로 이름 붙이겠는가.[619]

정호도 "본선인데 악으로 흐른다", 주희도 "정 스스로의 병통이 아니다"고 하며,[620] 고봉도 "칠정은 모두 선이다"(상121)고 한다.

---

617) "性發爲情", "心發爲意", "初無有不善", "有善有惡."(「天人心性分釋之圖」)

618) 퇴계는 율곡에게 보낸 問目에서 "性發爲情, 心發爲意라는 그대의 설은 옳다",(『퇴계전서』1책, 377쪽) 李宏仲 문목에서 "선유는 性發·心發로 分別言之했으니, 이미 明白하여 의심할 곳이 없다", "선유는 情은 自然 發出이기 때문에 性發, 意는 이와 같이 主張하므로 心發이라 했다"(『퇴계전서』2책, 233쪽)고 한다.

619) 或問, 性善而情不善乎? 子曰, 情者性之動也, 要歸之正而已, 亦何得以不善名之?(『정씨수언』권2, 53조, 1257쪽)

퇴계의 칠정 "기발"은 치우친 것이다. "미발의 중"과 "신독" 공부가 빠졌기 때문이다. 칠정의 불선은 자신의 공부로 찾아야 한다. 고봉은 그 불선 여부를 "자신의 평일 함양 공부",(상159) 혹은 『대학장구』 "하나라도 두거나 살피지 않으면",(상123) 혹은 "불길로 드센 정을 제약하지 못하면"(하134)의 일이라 한다. 반면 퇴계 등 제공들은 자신이 아닌 주희의 기존의 설(퇴계는 『어류』 "기지발"에서) 및 주석에서 그 원인을 찾아 결국 '기 탓'으로 돌린 것이다.

72

권근의 설은 호병문의 병통과 완전히 같다

고봉의 평소 의혹은 '칠정의 불선 이유'(하103)였고, 퇴계와의 토론도 바로 이 문제 때문이었다. 불선은 어떻게 해서 있는 것인가? 과연 불선은 '나'로 인한 것이 아닌 "기의 발" 때문인가?

자사는 "미발의 중"이라 하고 이천은 "그 中이 動해서 칠정이 나온다"(상159)고 했으니 칠정을 "본선"(상121)으로 여긴 것이 분명하다. 주희는 칠정과 그 불선 이유를 아래와 같이 논한다.

> 외물에 느껴서 動하면 시비·진망은 이로부터 나뉜다. 그러나 性이 아니면 發할 수 없기 때문에 악기에서 "성의 욕구"라 한 것이다. "動"자와 중용의 "發"자는 뜻이 같고, 그 시비·진망은 단지 節이 있는가, 중절하지 못했는가에 달려있을 뿐이다. 단, 일상의 평일 함양의 공부로 주제해야 하며, 일이 이른 뒤 안배하고자 하면 이미 늦고 만다.(상159)

이곳 "평일 함양"은 미발처이며, 정의 발은 "성의 욕구"이다. 따라서 불선은 미발·이발에 심이 주제하지 못하면 "발" 이후 생긴다는 것이다.

그런데 려말, 선초 유학자들은 『사서장구대전』 등으로 정주 신유학을 접하면서 문제가 발생한다. 고봉의 문제 제기는 주희 『사서장구』가 아닌, 그 아래에 붙은 '소주'이다. 이 소주는 주희가 직접 붙이지 않았고, 더구나 관련 학자의 본주도 아닌, 원대에 단장취구된 것이다. 때문에 고봉은 "세종대왕께서도 소주는 보지 않으셨다"621)고

---

620) 本皆善而流於惡耳.(『문집』권67, 「明道論性說」, 3275쪽) 而非性能病之, 亦已明矣.(권32, 「問張敬夫」6, 1395쪽)

한다. 여기에 호병문의 설이 실려 있다. 『대학, 경1장』 장구 아래 붙은 소주를 보자.

장구에는 "所發" 2자(두 꿔)가 있는데, [주자는] 둘의 의미로 설명했다. "그 소발에 인해서 마침내 밝혀야 한다(因其所發而遂明之)"고 함은 '성이 발해서 정이 된다(性發爲情)' 함이고, "그 심의 소발을 성실되게 해야 한다(實其心之所發)"고 함은 '심이 발해서 意가 된다(心發爲意)' 함이다. …性發로 정이 되어 그 처음은 무불선이니 明之의 공부를 加함이고, 心發로 意가 되어 선·불선이 있으니 誠之의 공부를 加하지 않을 수 없다.622)

호병문의 이 논변은 문제가 매우 많다. 주희의 두 곳 "소발"은 각각 「경1장」 삼강령의 "명명덕(明德을 明之함)"과, 팔조목의 "誠其意(그 意를 성실히 함)" 아래에 붙은 본주이다. 따라서 이는 칠정 사단과 관련이 전혀 없다. 둘은 미발 심체인 "허령불매의 명덕"과 또 "무자기(자신을 속이지 않음)의 성의"(전6장)를 논한 것이다. 주희는 「성의장」을 "存心, 養性은 성의·정심의 일"인 곧 "존양의 일"이라 한다.623) 때문에 고봉은 다음과 같이 말한다.

근세 성정을 논하는 자들의 병근은 운봉호씨(호병문)에서 나온다. 『대학, 경1장』제4절 소주에서 호씨는 말하기를 "性發爲情이니 그 처음은 무불선이고, 心發爲意니 곧바로 선·불선이 있다"고 한다. 이 몇 구는 본래 『장구』 "소발" 2자를 조합한 것인데 그 설명에 폐단이 있어서 마침내 학자들에게 별도의 의견을 낳게 했다.(상164)

호병문의 문제는 무불선과 유선악을 곧바로 '성발'과 '심발' 둘로 분류하고 말았다는 점이다. 선악은 정 문제이다. 감정의 호오로부터 선악이 생긴다. 이렇게 주희의 「경1장」 장구는 '정'이 아님에도 학자들은 이곳 호병문의 소주를 곧바로 정으로 돌려서 논한다. 권근의 설을 보자.

오른쪽 한 점은 "性發爲情"으로 심의 용이고, 왼쪽 한 점은 "心發爲意"로 역시 심의 용이다. 그 체는 하나지만 용은 둘이 있다. 그 性命에서 發原한 것은 도심으로 情에 속하니 그 처음

621) 四書五經의 小註는 현저하게 잘못된 곳이 있습니다. 세종대왕께서도 만년에는 소주를 보지 않으셨습니다.(『논사록』상, 1569년 4월 29일 朝講, 404쪽)

622) 雲峯胡氏曰, …章句所發二字, 凡兩言之. 因其所發而遂明之者, 性發而爲情也. 實其心之所發者, 心發而爲意也. …然則性發爲情, 其初無有不善, 卽當加夫明之功, …心發而爲意, 便有善有不善, 不可不加夫誠之之功.(『大學章句大全』, 『경서』, 성균관대대동문화연구원, 14쪽)

623) 存心養性者, 誠意·正心之事.(『문집』권73, 「胡子知言疑義」, 3555쪽) 正心必先誠意.(권30, 「答張欽夫」2, 1314쪽) 問, 誠意·正心二段, 只是存養否? 曰, 然.(『어류』권16, 寓160, 532쪽)

은 무불선이고, 그 形氣에서 生한 것은 인심이며 意에 속하니 유선·유악이다.624)

이는 『입학도설』 「心圖」 아래 붙인 '도설'이다. 「심도」 역시 心자 오른쪽 점을 "情의 무불선", 왼쪽 점을 "意의 유선악"이라 하면서 각각 "理之源" "氣之源"이라 한다. 이는 「천인심성합일지도」의 "理之源의 情은 인의예지의 사단, 氣之源의 意는 희노애구애오욕"과 동일하다. 권근은 "사단과 칠정"을 "리의 근원, 기의 근원"으로 분속했고, 또 情의 무불선의 "사단을 도심", 意의 유선악의 "칠정을 인심"으로 분류했으며, 이는 퇴계의 "사단은 도심, 인심은 칠정"625)과 완전히 같다. 이렇게 모두 퇴계와 일치한데, 퇴계는 오히려 이러한 "상습의 설을 보지 못했다"(상321)고 한다.

이상과 같이 권근은 호병문의 설을 그대로 인용했고, 이는 퇴계의 「천명도설, 후서」 및 「율곡문목」의 "성발위정, 심발위의"와 동일하다. 이러한 호병문, 권근, 퇴계의 논의는 자신의 자득이 아닌 주희의 권위에 의탁해서 리기, 성정, 선악을 조합한 것에 불과하며, 때문에 고봉은 "성정의 근원은 탐구하지 않고 그 흐름과 말단만 좇는 방락측출의 설"(하107)이라 비판한 것이다. 주희는 「이발미발설」, 「호남제공서」 등에서 이미 호상학의 '성·심 대설'을 강력 비판했다.

73

권근, 이언적, 퇴계 등은 성정의 말단만 좇는다

자사와 맹자는 사람 본연의 느낌에 나아가 각자 목적에 따라 칠정과 사단으로 "언·론"(상3)했고, 정주는 여기에 리기 등의 해설을 붙였다. 그런데 이후 학자들은 주희의 권위에 의존해 논하면서 난데없는 성정 논의에 빠지고 만다. 고봉은 다음과 같이 말한다.

> 근세 제공들의 논의는, 근원은 탐구하지 않고 흐름에서만 더듬으며, 근본은 알아보지 않고 말단만 좇는다. 그 난데없는 설 중에는 "성이 먼저 동한다, 심이 먼저 동한다"(이언적의 설)는 운운도 있으니, 이런 심상치 않은 어긋난 오류들을 그냥 꺼려해서 덮어둘 수만은 없었다.(하107)

---

624) 其右一點象, 性發爲情, 心之用也. 其左一點象, 心發爲意, 亦心之用也. 其體則一, 而用則有二. 其發原於性命者謂之道心, 而屬乎情, 其初無有不善. …其生於形氣者謂之人心, 而屬乎意, 其幾有善有惡(『入學圖兌』, 「心圖」)

625) 人心七情是也, 道心四端是也.(『퇴계전서』2책, 「答李宏仲問目」, 226쪽) 人心爲七情, 道心爲四端.(2책, 「答李平叔」, 259쪽)

학자들은 자신의 자득으로 사맹 및 정주의 설을 고찰해야 함에도 불구하고 오히려 주희 주석에 얽매여 그 성정을 모색한다. 호병문은 『대학』 「경1장」 "명명덕"을 "性發로 情이 되니 무불선이다"라 하고 또 같은 곳 "誠意"를 "心發로 意가 되니 유선악이다"고 하지만,(상164) 이 두 곳은 정의 선악과 아무런 관련이 없다. 호병문은 『장구』 본지를 고찰한 것이 아닌, 그 주석만을 단장취구해서 성·심으로 조합한 것에 불과하다.

주희는 호상학의 "심·성의 대설"을 강력 비판한다.626) 즉 '심·성을 이발·미발'로 삼으면 "존양공부는 물론이거니와 심·성의 名命까지도 부당하다"627)는 것이다. 고봉은 이들 학자들을 다음과 같이 비난한다.

> 뒤에 있는 학자들은 선유가 논한 바의 상략에 따라 반복 궁구해서 나의 마음으로 자득해야 하며, 한갓 이미 이루어진 견해나 설화를 대략 이해해서 그 이치의 참됨이 이와 같음에 불과하다 해서는 안 된다.(상50)

고봉은 정철(송강)에게 "그 '칠의 발은 바름과 어그러짐이 있으니 氣의 청탁으로 인해서 그렇다'고 하니, 이것이 곧 치우침으로 논한 뿌리이다"628)고 답변한다. 칠정의 선악에 대해 기, 심, 정, 성리 등으로 논할 수 있다. 기의 청탁으로 선악을 논하는 것도 옳다. 단, 그 선악은 '공부'의 일이며, 더욱이 외물에 발하는 "사단도 기"(상112)로 인한 것이다. 그런데도 왜 하필 칠정만 기발로 논하는가? 권근의 경우도 마찬가지이다.

> 성이 발해서 情이 되고, 심이 발해서 意가 된다. 그 情은 무불선이고, 그 意는 유선·유악이다.629)

그래서 권근은 "리의 근원은 情의 사단, 기의 근원은 意의 희노애구애오욕"이라 하며, 이 역시 호병문의 조합을 반복한 것에 불과하다. 이언적의 설을 보자. 고봉은 말한다.

> 이공(이언적)은 송규암(송인수)과 더불어 "心·性, 先動"의 설을 논했다. 나는 일찍이 그르다 했고, 이에 "心은 動이라 할 수 있으나 先자는 붙일 수 없다"고 하면서 주자의 "동처는 심이고 동하는 것은 성이다"를 인용해 밝혔다.630)

---

626) 心性二字對說, 知言中如此處甚多.(『어류』권101, 昀166, 3392쪽) 心對性說, 一個情字都無下落.(권5, 偰65, 226쪽)

627) 非惟心性之名命之不當, 而日用功夫全無本領(『문집』권64, 「與湖南諸公論中和第一書」, 3130쪽) 未發已發命名未當, 且於日用之際 欠却本領一段工夫.(권67, 「이발미발설」, 3266쪽)

628) 其曰, 七之發, 有正與乖戾, 相因氣之淸蜀而然, 此便是偏主之論之根也.(『고봉집』1책, 「答鄭哀侍」, 368쪽)

629) 性發爲情, …心發爲意, …情其初無有不善. …意其幾有善有惡(『入學圖說』, 「心圖」)

630) 李公與宋圭菴, 論心性先動之說, 某嘗非之, 以爲心爲之動, 不可着先字, 引朱子說, 以動處是心, 動底是性者, 以明之.(『고봉집』1책,

고봉은 이 논변을 "난데없는 설(旁落側出之說)"이라 하는데 그것은 동(발) 즈음에 '선'자를 붙여 심동과 성동 둘로 갈랐기 때문이다. 이는 호병문의 "성발의 무불선, 심발의 유선악"과 같고, 퇴계의 "칠정의 유선악은 형기의 先動"(상1·24)과도 같다. 고봉이 정철에게 "치우침의 뿌리"라고 한 이유이다.

퇴계도 리기 선후 호발이라 하여 아래와 같이 논한다.

> 사단은 리가 발함에 기가 따르고, 칠정은 기가 발함에 리가 탄다.(상255)

이 논의도 이언적의 "先"자와 같은 선후 호발설이다. 이러한 현상이 일어난 이유는 자신의 자득으로 선유의 설을 고찰하지 않고 선유의 설로 자신의 성정을 살폈기 때문이다. "리발에 기가 따름"의 선후설 역시 맹자 확충이라는 종지를 살핀 것이 아닌, 리기 호발에 맹자 사단을 삽입한 것에 불과하다. 사단이 리발인지 기발인지의 여부는 그 해석 여하에 따라 얼마든지 다르게 혹은 그 반대로도 논할 수 있는 것이다.

호병문, 권근, 이언적, 퇴계 등의 논의는 주희의 설에 나아가서 성정·리기를 조합한 것에 불과하다. 그러나 사람의 실제의 성정 혹은 나의 공부를 이와 같이 선유의 권위에 의거해서 논하면 이는 오히려 사람 성정이 그 설에 종속된 것이 되고 만다. 더구나 『어류』 기록인 리발·기발이 반대로 칠사를 낳는다고 할 수도 없다. 이로써 情의 실제를 논한 사맹과 이를 해설한 정주의 주석은 왜곡되고, 또 고봉의 '그 불선은 어떻게 있는가'라는 공부 논의도 빠지게 되고 만다. 사맹은 칠사로 자신의 공부를 논했기 때문이다.

74
난데없는 이언적의 성동·심동설

"희·노"와 "측은"은 사람 본연의 느낌을 특정해서 논설한 것일 뿐 그것이 심·성, 리·기 중의 '어디'(퇴계의 소종래)에서 발한다 함이 아니다.

주희가 『대학, 경1장』 두 곳에 주석한 "所發" 역시 그 '발하는 대상(소발)'이 성 혹

「答先生問目」, "이언적에 대하여", 364쪽)

은 심이 직접 각자 발동한다 함이 아니다. 때문에 고봉은 원대 주자학자인 호병문의 설을 다음과 같이 비판한다.

> 운봉호씨는 "性發爲情이니 그 처음은 무불선이고, 心發爲意니 곧바로 선·불선이 있다"고 한 다. 이 몇 구는 본래 주자의 『장구』 "所發" 2자를 호씨가 조합한 것인데 그 설명에 폐단이 있어서 마침내 학자들에게 별도의 의견을 낳게 했다.(상164)

주희의 두 곳 "소발" 주석은 결코 '성발, 심발' 의미가 아니다. 『대학, 경1장』 "명명 덕"은 정을 말함이 아니고, "성의"는 발현의 뜻이 없다. 왜냐하면 "밝힌다(明之)"고 함은 '덕을 밝힌다' 함이고, "성실히 함(誠之)"은 심이 "스스로 속임이 없게 하고자 함(無自欺)" 인 곧 '공부'의 의미이기 때문이다. 이러한 폐단에 대해 고봉은 아래와 같이 비판한다.

> 근세 제공들은 그 근원은 탐구하지 않고 흐름에서만 더듬으며, 그 근본은 알아보지 않고 말 단만 좇는다. 그 난데없는 설 중에는 "성이 먼저 동한다, 심이 먼저 동한다"(이언적의 설임)는 운운도 있으니, 이런 심상치 않은 어긋난 오류들을 그냥 꺼려해서 덮어둘 수만은 없다.(하107)

사람 느낌을 둘로 나눈 것은 정 본연의 교류가 아닌 '분열'을 논함이다. 때문에 "흐름과 말단"이라 한 것이다. 맹자에 의하면 외물의 측은의 일에 나의 마음이 측은 의 정으로 발하는 것은 '자연의 일'이라고 한다. "이런 마음은 한갓 남에게 잘 보이 기 위함"이 아닌 외물과 나의 마음은 하나의 리로 이어져 있기 때문이다. 이것이 바 로 교류·소통의 본연이다.

고봉은 성동·심동의 오류 원인을 "학자들은 선유의 이미 이루어진 견해나 설화를 대 략 이해해서 그 이치의 참됨이 이와 같음에 불과하다고 여김"(상50)에서 기인한다고 한 다. 이언적(1491~1553)은 다음과 같이 논했다. 고봉은 퇴계에게 보낸 「문목」에서 말한다.

> 이공(이언적)은 송규암(송인수)과 더불어 "心性, 先動"의 설을 논했다. 나는 일찍이 그르다 하면 서 이에 "心은 動이라 할 수 있으나 先자는 붙일 수 없다"고 했고 주자의 "動한 곳은 심이고 動하는 것은 성이다"를 인용해 밝혔다.631)

송인수(1499~1547)는 추만과 같은 김안국 문인이다. 마음의 느낌은 '動'이다. 문제는

---

631) 李公與宋圭菴, 論心性先動之說. 某嘗非之, 以爲心爲之動, 不可着先字, 引朱子說, 以動處是心, 動底是性者, 以明之.(『고봉집』1책, 「 答先生問目」, "이언적에 대하여", 364쪽)

'심동과 성동'을 대설로 여겨 각기 다른 둘의 복선으로 분류했다는 점이다. 물론 심 혹은 성이 발한다 하거나, 정을 심성으로 논할 수는 있겠지만, 그러나 사람 느낌을 두 개의 상호 先發이라 해서는 안 된다. 호병문과 이언적은 주희의 주석을 해석함에 있어, 그 주석에서 심성의 실제를 찾고 만 것이다.

학자들은 주희를 신봉하면서 흔히 그 설 속에서 성정의 실제를 찾는 오류를 범한다. 만약 주희가 성발 혹은 심발을 말했다면 그것이 어떤 의미로 논한 것인지를 고찰해야 한다. 그것이 주석인지, 혹은 성발에 대해 심발로 논한 것인지 등을 살펴야 한다. 주희의 두 곳 "소발" 주석도 '사려와 느낌이 일지 않은 미발'에서 정과 관계없는 '심 공부'를 논했을 뿐이다. 그럼에도 후학들은 주희의 설에서 곧바로 리발·기발, 성발·심발 등을 말하여, 그것이 마치 실제의 성발이기 때문에 무불선, 심발이기 때문에 유선악인 것처럼 여기고 만다는 것이다.

사맹은 실제의 하나의 심, 하나의 정, 하나의 선, 하나의 성을 각각의 의미에 알맞게 논설했으며, 주희의 주석도 마찬가지이다. 그런데도 학자들은 주희의 논설을 맹신한 나머지 그 설에 의거해서 여기에 종속된 성정을 논함으로써 "흐름에서만 탐색하고, 말단만 좇는 방락 측출의 설"이 되고 말았다는 것이 고봉의 비판이다.

75

토론에서 두려워할 것은 자기 도리이다

토론하는 이유는 도리는 나만의 것이 아니기 때문이다. 천하는 나와 더불어 반드시 외물이 있다. '리'는 남과 더불어 공유되고, 따라서 리의 인식은 반드시 토론 속에서 도출된 것이어야 한다. 리는 누구라도 독점되어서는 안 된다. 주희의 "리는 정의·조작에도 변함없음"(하121)은 리는 때와 장소, 형이상·하를 막론하고 스스로 변함없는 "自若"(하119)일 뿐이라 함이다. 정호는 토론을 통해 리를 밝혀야 한다고 말한다.

> 백순(정호)은 말하기를 "나를 위해서라도 개보(왕안석)에게 모두를 말해야 한다. 나 역시 감히 스스로를 옳다고 여길 수 없기 때문이다. 만약 어떤 설이 있다면 왕복 토론해야 한다. 천하의 公理는 피아가 없다. 과연 밝게 분별할 수 있다면 개보에게 유익함이 없을지는 몰라도 반드시 나에게 유익함은 있을 것이다"라고 한다.(하114)[632]

고봉이 정호의 이 말을 인용한 이유는 퇴계가 토론을 마치고자 했기 때문이다. 퇴계는 토론으로 도리를 밝힐 수 없다고 한다.

> 어떻게 입과 혀로 다투겠는가? 반드시 후세 주문공을 기다린 이후에야 그 옳음이 판명될 수 있을 것이다. 그럼에도 많은 말이 여기까지 이르렀으니, 진실로 발명이 있기 보다는 도리어 해치는 바가 될 것이다.(상327~328)

반드시 후세 주자만이 그 시비를 밝힐 수 있는 이유는 세계의 이치는 "리이면서 허, 실이면서 허, 허이리, 무이유"(상301·302·305·314)이기 때문이다. 이어 다음과 같이 말한다.

> 황은 말하겠다. '이 일'은 결국 리를 봄에 解悟處에 도달해야 하고, 리를 설함에도 極至處에 도달해야 한다. 이는 이치에 통달한 호학군자가 아니면 능할 수 없다.(상326·329)

퇴계는 "이 일"인 곧 "虛而理" "實而虛"는 이치에 통달한 호학군자가 아니면 알 수 없다고 한다. 퇴계는 스스로 '무엇'(리인지 허인지가 없음)에 대해 말했고 또 호학군자는 '이 일'을 안다고 한다. 즉 퇴계 자신은 잘 알고, 고봉은 이 일인 '그것'을 모른다는 것이다. 이러한 일방적 주장은 정호의 토론 방법과 다르다. 정호는 "천하의 리는 공리이며, 공리는 피아가 없다"고 하면서 "나를 위해서라도 토론해야 한다"고 한다. 공리는 독단할 수 없기 때문이다. 고봉은 정호의 말을 다음과 같이 평가하면서 퇴계에게 말한다.

> 정자의 이 말이 지극히 공적인 논의이다. 진실로 사적인 마음을 품고 꺼리는 것을 일부러 회피해서 우선 그들의 말에 영합해서는 안 된다.(하114)

'그들'은 "한 후생"으로, 그 후생은 "잇달아 왕복하는 사이 성정의 의미와 기상이 말의 기운으로 인해 해침이 될 것"(하112)이라 했는데, 이 인용문은 퇴계의 태도에 대한 반박이다.

토론은 자기의 생각으로 할 수 밖에 없다. 문제는 자기 생각이므로 자신에게 치우칠 수 있다는 점이며, 토론하는 이유가 바로 여기에 있다.

---

632) 伯淳…曰, 爲我盡達諸介甫, 我亦未敢自以爲是. 如有說, 顧往復. 此天下公理, 無彼我. 果能明辨, 不有益於介甫, 則必有益於我.(『정 씨유서』권1, 44조, 9쪽)

자기 도리이므로 오히려 자신할 수 없는 것이다. 사적인 자기 도리이기 때문에 그 의논하는 즈음에 있어서도 꺼리는 것은 피하게 되고 편한 것만 쉽게 영합하는 사사로움을 면치 못하게 되고 만다. 이것이야말로 不忠과 不信의 단서이며, 결국 '심히 두려워(深懼)'해야 할 것은 바로 이곳(자기 도리)이다.(하115)

이곳도 퇴계가 도리는 입과 혀로 다툴 수 없다고 했기 때문이다. "심구"는 퇴계의 "심히 두려운 것(深懼)은 스스로 그대의 간절한 절시의 후의를 외면하는 일이다"(상330)를 인용한 것이다.

자기 도리이기 때문에 사사로움을 면치 못한다. 그러므로 토론을 통해 자기의 사사로움을 바로 잡아야만 공리로서 유행될 수 있다. 자기 도리를 유통하기 위해서는 상대에게 즉시 나의 견해를 알려야 한다. 자기 도리를 고집하고자 한다면 이것이 바로 불충·불신의 단서이다. "두려운 것"은 불충·불신의 단서인 자기 도리를 고집하고 토론을 거부하는 태도이다.

때문에 고봉은 "오직 좌우께 이 일(토론)로 죄를 얻는 것, 이것이 두렵다"(하17)고 함으로써 두려운 것은 '이 토론을 회의하고 거부하는 일'이라고 한다. 주희가 자기를 비판한 여조겸이 죽자 "나의 병통을 누가 훈계해줄 것이며, 나의 과실을 누가 일깨워줄 것인가"[633]라고 탄식한 것은 곧 자기도리를 두려워했기 때문이다. 『중용』 "희노애락" 종지는 칠정의 "중절의 화"를 통해 천하의 창조적 "화육"이 가능하다 한 점이다. 이는 외물과 나의 느낌이 서로 합치한 것으로, 자신의 일방적 느낌이 아니다. 외물의 사태는 나의 느낌과 다를 수 있으므로 "恐懼(두려워 해야 함, 「수장」)"라고 한 것이다. 자사와 정·주의 종지는 곧 '자기를 두려워하는 공부'이다. 두려운 일은 외물과 소통함에 있어서의 자기도리를 고집함이다.

76

리는 발현해도 조작 없는 자약임

퇴계는 리기의 호발로 인해 사맹의 칠·사가 있다고 주장한다.

---

633) 若我之愚, 則病將孰爲之箴? 而過將誰爲之督耶(『문집』권87, 「祭呂伯恭著作文」, 4080쪽)

사람의 一身은 리기의 합으로 生한다. 때문에 리기 둘은 상호 發用이 있고 또 그 發은 서로를 필요로 한다. 호발이므로 각기 그 所主가 있음도 알 수 있다.(상246)

리기가 선후로 호발하며, 그 호발의 주리·주기의 소주가 곧 사·칠이라는 것이다. "사단은 리발에 기가 따르고, 칠정은 기발에 리가 탄다"고 함이 곧 호발의 "주리·주기"(상281)이다. 이는 사·맹의 설을 고찰함이 아닌 먼저 "리기에 나아간"(상17) 것으로 리기가 먼저고 사칠이 뒤이다. 이에 고봉은 "실로 이곳이 병통의 근원"(하117)이라고 하면서 다음과 같이 말한다.

리기의 즈음은 진실로 알기도 어렵거니와 설명하는 것 또한 어렵다. 전현들도 오히려 근심으로 여겼거늘 하물며 후학이겠는가.(하118)

자사와 맹자는 사람 마음의 본연한 느낌을 각자 2설로 논했을 뿐 리기의 발처를 말한 것은 아니다. 또 문제는 "주리·주기"는 그 선을 각각 '순선'과 '잡선' 둘로 나눈다는 점이다. 그러나 만약 사람의 선이 그 근원에서 각자 본래 다르다면 칠사는 서로 소통이 단절되고 만다. 사맹은 하나의 선을 천명·중화와 확충·성선으로 다르게 논했을 뿐이다. 그 예로 고봉은 하나의 리를 하늘의 해로 비유한다.

비유하면 해가 하늘에 떠 있음(日之在空)과 같다. 해의 광경은 만고에 항상 새로우며, 비록 구름과 안개에 가린다 해도 그 광경은 가감없는 자약일 뿐이다. 리가 기에 있음(理之在氣) 역시 이와 같다.(하119)

퇴계는 기 속에 있는 리인 기질지성을 "가짜"라고 하지만, 그러나 자사는 칠정의 리가 바로 천명(달도·화)이라고 한다. 리는 하늘에 있건, 공자에 있건, 길가의 천부에 있건 그것은 하나의 리일 뿐이다. 맹자가 누구라도 요순이 될 수 있다고 한 이유이다. 고봉은 말한다.

도리가 천지간에 있으면서 본래 둘로 다다를 수 없다는 성현의 이론은 모두 방책에 모두 갖추어져 있다.(하8)

맹자의 "백성과 함께 즐김(與民同樂)"(「양혜왕상」)은 그 '즐거움을 모두 함께 나눌 수 있다'고 함이다. "동락"이 곧 리이다. 둘이 각자 다르다면 '함께 즐거울(동락)' 수 없다. 고봉은 리는 천·지 어디에 있어도 단지 하나라고 하면서 주희를 인용해 퇴계의 호발설을 비판한다.

> 주자는 말하기를 "기는 능히 응결·조작하지만, 리는 오히려 그 정의에도 변함없고 계탁에도 변함없고 조작에도 변함없다. 단 기의 응결한 곳에 리는 곧바로 그 가운데 있다(理在其中)"고 한다. 그런데도 선생은 "상호 發用이 있다"고 하시니 그렇다면 리는 오히려 기와 같이 정의·계탁·조작(소멸)이 있게 되고 만다.(하121)

리는 발하지 않는다 함이 아니다. 리는 스스로 발해서 기에 있다 해도 그 본질은 변하지 않는다. 오히려 기인 칠정에 있어야만 천지의 화육이 가능하다. 칠정으로 발해서 천지 공통의 리가 되었을 때 비로소 천지의 화육은 가능한 것이다. 리는 발해서 천지 공리의 "자약"(스스로 그러함)이 됨으로써 천하는 소통된다. 만약 리가 기와 같은 호발이라면 그것은 이미 그 가손을 인정함이 되고 만다. 리는 기(설사 '악'이라 해도)의 변화 속에서의 자약이다.

주희는 "태극은 동정을 겸하는 것이 아닌, 태극은 동정이 있을 뿐이다. 희노애락 이발이라 해도 곧 태극이다"634)고 한다. 미발의 靜도 태극이고, 이발의 動도 태극이다. 때문에 고봉은 "만약 태극 자신이 동정이 없다면 그 천명의 유행하는 것은 기의 행위(조작)에서 나왔다는 말인가"(하196)라고 반문한다. 천명은 희노애락으로 발현해서 나타난다 해도 그대로 리의 천명으로서의 자약이다. 만약 나타나서 변질이 있는 것이라면 사람의 삶(심의 감정)은 천명의 온전을 얻을 수 없게 되고 만다.

77
리기는 수종관계가 아니다

퇴계와 고봉의 당초 토론은 "사칠의 리·기 분속"(상48)에 관한 것이었고, 고봉도 이 문제로 논변한다. 그런데 퇴계의 경우 이와 다른데 사실은 사칠이 아닌, 리기 호발에 관해 논변한다는 점이다. 다시 말해 토론의 처음은 사맹의 사칠이 먼저 있고 여기에 '리·기로의 분속이 가능한가' 하는 문제인데, 퇴계는 "리기가 호발해서 주리·주기의

---

634) 太極兼動靜而言? 曰, 不是兼動靜. 太極有動靜. 喜怒哀樂未發, 也有個太極. 喜怒哀樂已發, 也有個太極.(『어류』권94, 무명30, 3124쪽)

사·칠이 된다"로 논변한다는 것이다.

퇴계는 칠사의 미발을 합리기라 하고, 합리기와 그 발처의 즈음을 알 수 있다고 한다.

> 사람의 몸은 리기의 합으로 生한다. 때문에 둘은 상호 發用이 있고 그 발은 서로를 필요로 한다. 호발이므로 각기 그 所主가 있음을 알 수 있고, 서로 필요로 하므로 그 가운데 상호로 있음도 알 수 있다.(상246. 하117)

소주는 주리·주기이다. 이는 사맹을 해석함이 아닌, 사맹보다 먼저 직접 리기에 나아가서 그 리·기의 호발 즈음을 말한 것이다. 즉 사단과 칠정은 "리발에 기가 따르고, 기발에 리가 타니"(상255) 이러한 소주를 "알 수 있다"는 것이다. 하지만 주희는 미발 즈음은 알기 어렵다고 한다. 생각이 있는 것이라면 이미 이발이어야 하기 때문이다. 주희는 말한다.

> 미발의 중은 본체가 스스로 그러하므로 궁구해서 찾을 수 없다. 단 이때에는 마음의 敬 공부를 유지해야 하니, 이러한 기상을 보존해서 잃음이 없으면 이로부터 발한 것은 반드시 중절한다.635)

미발 즈음은 일상생활의 곳이다. 이천은 이를 "심 已發"이라 하는데 곧 구체적 "생각 및 사물과 교감이 없는 곳"636)이다. 이곳에 생각과 느낌이 있다면 즉시 이발의 情이 되고 만다. 즉 생각과 외물을 접하지 않았을 때는 심 이발이지만, 단 느낌으로는 아직 미발이다. 이러한 이발 즈음을 생각한다면 이는 이미 생각 및 느낌이 있게 된 것이다. 때문에 고봉은 "리기의 즈음은 알기도 어렵거니와 설명하는 것 또한 어렵다. 전현들도 오히려 근심으로 여겼다"(하118)고 한다.

고봉은 느낌의 미발에 대해 "희노애락과 측은·수오의 리가 '혼연히 중으로 있음(渾然在中)'은 그 본체의 참됨이다"(하120)고 한다. 왜냐하면 생각 이전, 외물에 느끼기 전 먼저 악이 존재한다고 할 수는 없기 때문이다.

미발 즈음은 공부(경의 신독)의 일일 뿐 리기가 직접 호발한다고 해서는 안 된다. 미발에 내 마음이 호발로 다툰다고 하면 그것은 이미 마음이 일어난 것이다. 고봉은 호

---

635) 未發之中, 本體自然不須窮素. 但當此之時, 敬以持之, 使此氣象常存而不失, 則自此而發者, 其必中節矣.(『문집』권67, 「이발미발설」, 3268쪽)
636) 以思慮未萌, 事物未至之時, 爲喜怒哀樂之未發.(위와 같은 곳, 3267쪽)

발을 아래와 같이 비판한다.

> 선생은 리·기 둘의 것이 마치 두 사람(동인과 서인)이 그런 것 같이 一心 안을 나누어 점거케 했다. 그리고 그 리·기가 서로 번갈아 用事를 내도록 하면서 한쪽이 주도하면(帥) 한쪽은 따르는(從) 관계처럼 하셨다.(하122)

마음이 외물에 느끼기 이전은 미발이다. 이 미발은 외물에 대한 선입이 없으므로 이때 불선과 혼망이 있다고 해서는 안 된다. 때문에 고봉은 "이곳은 도리의 기반이 세워진 곳이므로 호리라도 착오가 있어서는 안 된다. 이곳에서 잘못되면 착오나지 않은 곳이 없을 것이다"(하123)고 하여 그 호발을 강력히 비판한다.

퇴계는 정주의 심 이발, 정의 미발·이발 등에 관해 논하지 않는다. 리·기(동인·서인)의 다툼으로 칠사 혹은 선악이 발한다 함은 칠사 본설에도 맞지 않거니와 자신의 공부도 빠졌으며, 더욱이 싸움을 철학의 사유로 삼을 수도 없는 일이다. 미발은 "심체가 유행하는 곳(已發)"으로 "일용 생활에서의 본령 공부"할 곳이다.637) 퇴계는 이곳을 무단으로 리기 선후의 호발로 설정하고 또 주인과 종의 다툼 관계로 인식함으로써 자사의 천명·중화 및 맹자의 확충·성선의 종지와 다른 별도의 사칠을 논한 것이다. 합리기라면 미발은 오히려 혼잡의 기가 되고 만다. 과연 심의 잡리기 상태에서 리·기가 서로 "동인·서인"(하13)과 같이 다투는가? 생각 이전, 발하기 이전부터 서로 싸우는가? 고봉이 "흐름과 말단만 좇는다"(하107)고 한 이유이다.

78
허엽은 중용 도를 상·하에 분속하니 장탄식이 납니다

고봉은 「고봉3서」 끝에서 다음과 같이 말한다.

> 저는 삼가 이미 폐와 간을 공중에 매달았고 그리고 의심된 것 모두를 나열해 펼쳤으니, 엎드리건대 선생께서는 '한 글자'로 그 가부를 보여주시기 바란다.(하108)

---

637) 當此之時, 卽是心體流行, 寂然不動之處, …此日用之際本領工夫.(위와 같은 곳, 2367~8쪽)

과연 천명·중화가 '기'에서 나오고 또 '기'란 말인가? 칠정의 불선은 과연 자신의 공부가 아닌 '기발' 때문인가?

이에 퇴계는 「절구」한 수로 답한다. 즉 "우리 토론은 한가한 언쟁일 뿐"(하125)인데 그 이유는 "그대와 나는 사칠도 본래 혼륜의 겸리기인데, 나는 다만 주리·주기"이기 때문이다. 즉 칠정은 겸리기 중의 기발이며 주기일 뿐이다. 고봉도 더 이상의 토론은 불가하다고 여긴다.

결국 고봉은 퇴계의 절구를 받은지 '3년 9개월' 뒤 그동안 자신의 논변을 최종 「후설」과 「총론」으로 정리한다. 「고봉3서」로부터는 5년 6개월이 경과된 것이다. 「후설·총론」 '서론 부분'에서 먼저 "인심도심"과 『중용』의 "도"인 "비은"을 잘못 인식한 당시 학자들의 폐단을 예로 든다. 왜냐하면 이 두 문제가 바로 천명을 '기'라 함과 같기 때문이다.

주자는 "사람의 정은 단지 선을 할 수 있을 뿐 악으로 삼아서는 안 된다"(「고자상」6, 성선장 본주)고 말하니 이것은 바꿀 수 없는 논의이다. 그런데도 그들(나흠순, 노수신 등)은 "선을 할 수도 악을 할 수도 있기 때문에 命하여 위태롭다"고 한다. 그렇다면 이는 본래 준칙이 없이 무소불위하다는 것이니, 가하다 하겠는가?[638]

이 말은 퇴계가 칠정의 불선 이유를 "기발"과 "겸리기"로 여겼기 때문이다. 이는 자신의 불선을 타자인 '기발 탓'으로 돌린 것이다. 반면 정자는 "본선이나 악으로 흐른다",[639] "情은 성의 動이니 어찌 불선이라 하겠는가"[640]라 하고 주희도 "심의 주재 여부에 있을 뿐 정의 병통으로 돌릴 수 없다"[641]고 한다. 정주는 정의 불선을 공부의 '주재 여부' 및 '과불급'의 인함으로 여긴 것이다.

이어서 고봉은 『중용』 "道(비은)"(「12장」, 도의 체용을 논한 장)는 반드시 '형이하일 수 없다'고 함으로써 결국 천명·중화 역시 '기가 아니다'고 한다.

지난날 서울에 있을 때 마침 허공 태휘(허엽. 퇴계 문인)를 만났는데, 그의 논설은 너무 많이 어그러져서 이루 다 변박할 수도 없었다. 그는 심지어 중용 "비은"을 형이상과 형이하에 분속시키기까지 하므로 대승이 강력히 변박하였다. 태휘의 소견은 매우 편벽되었으니 진실로 계교할

---

638) 朱子曰, 人之情, 本但可以爲善, 而不可以爲惡, 此不易之論也. 今日可以爲善, 可以爲惡, 故命之曰危, 則是本無準則, 而可以無所不爲也, 而可乎?(『왕복서』권2, 「先生前上狀」. 『고봉집』3책, 95쪽)

639) 先生又曰, …謂之惡者, 本非惡, 但或過或不及, 便如此, …本皆善而流於惡耳.(『문집』권67, 「明道論性說」, 3275쪽)

640) 情者性之動也, 要歸之正而已, 亦何得以不善名之?(『정씨수언』권2, 1257쪽)

641) 特在乎心之宰與不宰, 而非情能病之.(『문집』권32, 「問張敬夫」5, 1395쪽)

것이 없겠으나, 듣건대 과회(노수신)의 설 또한 태휘의 설과 같다 하니 장탄식이 나온다.[642]

이어 고봉은 『중용』 "道"는 형이하가 될 수 없는 이유를 다음과 같이 논한다.

주역대전(공자의 말)에서 "형이상을 도라 이르고 형이하를 기라 이른다" 하고, 중용에서도 "군자의 도는 비하고 은하다"고 한다. 도는 본디 형이상인데 또 어떻게 형이하의 것으로 분속할 수 있겠는가. 이것은 숙맥처럼 쉽게 분별할 수 있는데도 오히려 분별하지 못하니, 이른바 그의 학문이란 것도 알만하다. …그는 남의 질문을 받으면 모른다고 할 수는 없어서 다만 억측 생각으로 화두를 만들어 남을 속이고 자신도 속였으니, 이것이 무슨 기상이며 무슨 도리이겠는가. 가증스럽고 두렵다.[643]

허엽(1517~1580, 자가 태휘)은 서경덕과 퇴계에게 직접 배우고 이언적을 사숙했다.(이후 동인의 영수가 된 배경임) 1559년과 60년 2회 성균관 대사성을 역임하고,(73년 다시 대사성) 62년 경연관을 지냈다.

고봉이 노수신과 나정암의 인심도심설, 그리고 허엽의 비은설을 비판한 이유는 퇴계가 사칠을 리·기에 분속시킨 것, 특히 칠정을 기에 분속시켜 그 불선을 기 탓으로 돌린 곳에 있다. 고봉의 비판은 "잘못된 사설이 멋대로 행해지면 사람의 심술을 무너뜨리는 것인데 어찌 시끄러운 혐의를 피해서 쟁변하지 않아서야 되겠는가"(위 인용문 윗줄)라고 하여 잘못된 설을 토론으로 고쳐야 하며, 결국 "칠정의 불선은 어떻게 있는가"(하103) 및 천명·중화의 희노는 결코 '기발일 수 없음'에 있었다. 위 논변은 퇴계에게 부친 「사단칠정, 후설」 및 「총론」 앞 '서문'이다. 허엽 비판은 사실은 퇴계에게 보낸 퇴계를 향한 비판인 것이다.

---

642) 頃在都下, 偶見許公太輝, 其論多乖, 不可勝辨. 至以中庸費隱, 分屬形而上下, 大升力辨之. …太輝所見甚偏, 固不足校, 又聞寡悔, 亦同太輝之說云, 可爲長太息也.(『왕복서』권2, 「先生前答上狀, 李知事宅」. 『고봉집』3책, 100쪽)

643) 大傳旣曰, 形而上者, 謂之道, 形而下者, 謂之器. 而中庸乃曰, 君子之道, 費而隱, 則道固形而上也, 又何得以形而下者, 分屬之乎. 此不暫如菽麥之易辨, 而尙未能辨焉, 則其所謂學問, 亦可知也. …及其被人來問, 則不可謂有不知, 只以其所料想者爲話頭, 以瞞人而自瞞, 此何等氣象, 何等道理耶. 可厭可厭, 可畏可畏.(위에서 이어진 문장)

79

인욕은 미발·이발 모두에서 생긴다

고봉의 처음부터의 의혹은 "칠정의 유선악은 고연의 이치"(상3)인데 그렇다면 "칠정의 불선은 왜 있는가"에 있었다. 퇴계 등 명공들의 "기발 때문"이라 함이 그동안 유행된 설이었다.(하103) 이에 고봉은 주희의 「악기동정설」을 고찰한다.

> 사람은 천지의 중을 받아 태어났고, 그 미감에는 순수 지선하다. …마음이 외물에 감해서 동하면 성의 욕구가 나오는데, 선악은 여기서 나뉜다.(하143)

느끼기 전 혹은 생각 이전을 불선으로 여길 수는 없으며 또 "선악 미정"(상27)도 아니다. 미정이라면 느낌·생각 이전의 우리 일상생활의 '덕'(미발의 중덕)은 일종의 '명청'한 상태가 되어야 한다. 주희는 리가 발하면 이후 선악이 나뉜다고 한다. 이렇게 선악 분기가 리발 이후라면 그 이후의 즈음은 어떠한가? 고봉은 이천의 「호학론」을 인용한다.

> 이천은 칠정을 논하여 "정은 기왕 불길로 드세면 더욱 탕진되어 그 성이 뚫리니, 때문에 깨달은 자는 그 정을 심이 제약해서 중(中德)에 합치하도록 해야 한다"고 한다. …그렇다면 어류 "是氣之發" 또한 당연하다 하지 않겠는가.(하134)

리가 발해서 기왕 정으로 발현되면 결국 흘러 변질되지 않을 수 없다. 때문에 심으로 "제약해서(約之)" 본래 받은 중덕에 합치하도록 해야 한다는 것이다. 이곳은 이미 발한 이후의 공부를 논함이다. 주희는 이곳 "불길로 드센 곳"은 바로 「악기」의 이른바 "절도를 잃은 곳"[644]과 같다고 한다. 때문에 고봉은 『어류』 "기발"을 '제약·규제'의 공부처로 해석한 것이다.

한편 주희는 정 미발에도 마음으로 '주재'해야 한다고 한다.

> 정은 성에 뿌리하며 마음이 주재한다. 마음이 주재하면 그 동도 중절하지 않음이 없을 것이니 어찌 인욕이 있겠는가? 오직 마음이 주재하지 못하면 정이 자동하여 인욕에 흘러서 매번 그 바름을 얻지 못하게 되고 만다. …단지 마음이 주재하는가 하지 못하는가에 달려 있을 뿐

---

644) 樂記却直到好惡無節處, 方說不能反躬, 天理滅矣.(『문집』 권43, 「答林擇之」20, 1979쪽)

정의 병통이라 할 수 없다.[645)

마음이 주재하지 못하면 정이 자동한다고 함은 미발 즈음이다. 이곳을 주희는 "미발의 때에 敬을 유지하고 이러한 기상을 보존해서 잃지 않으면 이로부터 발한 것은 반드시 중절한다"[646)고 한다. 이러한 미발의 기상을 보존하는 것이 『대학, 정심장』 '마음을 바르게(正心)' 함의 일이다. "이때 하나라도 [정을] 두거나 살피지 못하면 욕구(인욕)가 동하고 정이 마음을 이겨서 심의 작용이 그 바름을 잃지 않을 수 없다."(상123)[647) 정은 외물과 소통·교류하는 일을 담당하며 때문에 마음에 자신의 선입의 감정을 먼저 두어서는 안 된다. 먼저 두면 외물과의 교류는 나의 선입견으로 방애되고 만다는 것이다. 이는 『중용, 수장』 논의와 같다.

> 이 즈음 스스로 경계하고 조심으로 '제약해서(約之)' 至靜의 中이 치우치고 기댐이 없게 해야 하니, 이러한 지킴을 잃지 않으면 그 미발의 中은 극진해져서 천지가 제자리에 서게 된다.[648)

요컨대 『중용』은 일용생활의 평상시 미발의 중덕을 위해 "제약하는 공부(約之)"인 "신독"을 이룸으로써 "그 발이 모두 중절"할 수 있게 해야 한다. 한편 칠정의 발출은 리이지만 이미 발하고 나면 더욱 타올라서 성이 뚫리게 되니 이를 "제약해야 한다(約之)."(하134) 모두 미발·이발의 '심 공부'를 논한 것으로, 그 감정이 불선으로 흐르는 이유도 바로 심 공부로 인한 것이다.

80

천명의 칠정이 어찌 기발이란 말인가?

퇴계는 칠정(희노애락)은 기발이므로 "리 본체가 될 수 없다"(상25)고 하지만, 고봉은 "크게 그렇지 않다"(상115)고 한다. 왜냐하면 『중용』 희노의 중절자는 "달도"이면서

645) 情根乎性而幸乎心. 心爲之宰, 則其動也無不中節矣, 何人欲之有? 惟心不宰而情自動, 是以流於人欲而每不得其正也. …特在乎心之宰與不宰, 而非情能病之.(『문집』권32, 「問張敬夫」6, 1395쪽)

646) 未發之中, …但當此之時, 敬以持之, 使此氣象常存存而不失, 則自此而發者, 其必中節矣.(『문집』권67, 「이발미발설」, 3268쪽)

647) 一有之而不能察, 則欲動情勝, 而其用之所行, 或不能不失其正矣.(『대학, 정심장』)

648) 自戒懼而約之, 以至於至靜之中, 無所偏倚, 而其守不失, 卽極其中, 而天地位矣.(『중용, 수장』)

"천명지성의 본연의 전체"(하136)인 "도의 작용"이기 때문이다.(상95) 반면 퇴계는 공자의 느낌마저도 '기발'이라고 한다.

> 맹자의 희, 순의 노, 공자의 애·락은 기가 리를 순순히 한 발이다.(상282)

즉 "칠정은 기발로서 리가 탄 주기"(상281)이다. 『중용』 희노애락이 리 본체가 될 수 없는 이유는 "그 발이 기의 피(혈맥)"(상254)이기 때문이다. 공자가 느낀 희노라 해도 그 것은 "형기의 기발"(상25)이기 때문에 반드시 "순리가 될 수 없다"(상282)는 것이다.

사람 느낌이 리발인가 기발인가의 문제는 각자의 시각·해석 여하에 따라 전혀 다르게 논의할 수 있다. 사맹의 칠정과 사단도 반드시 기이지만, 또 반드시 리이다. 고봉도 칠정이 기임에 동의하지만, 질문은 이것이 아니다. 지금 토론은 사맹의 소지와 종지에 있다. 이 범주가 아니라면 우리의 토론은 사·맹 이외의 감정이 되어야 한다. 이 범주는 도통에 관한 것이다. 도통은, 천명지성은 리이고, 사람은 누구나 "천지의 中德"(하143)을 받은 "성선"이니, 그 리가 발해서 정이 되며, 그 칠사의 정으로 천명·중화 및 성선·사단을 이루니, 이는 '공부'로써 가능하다 함이다.

고봉은 칠정 "기발"에 관해 허엽(퇴계 문인)의 설을 들어 단호히 비판한다.

> 허태휘(허엽)는 심지어 중용의 도인 "비은"을 형이상·하에 분속한다.649)

『중용』의 "도"는 형이상일 뿐 결코 형이하라 할 수 없다. 이것은 "숙맥처럼 쉽게 분별할 수 있는데"도 이와 같이 주장하니 "장탄식이 나온다"는 것이다.650) 이 비판은 허엽이 아닌 오히려 퇴계에 있다. 이 말은 「사단칠정, 후설」·「총론」 서두에서 한 말이기 때문이다.

퇴계는 끝까지 기발을 고수한다. 공자의 희·노도 기발이다. 이 때문에 고봉은 마지막으로 허엽의 예를 든 것이다. 어찌 『중용』 "도"가 형이하인 기란 말인가? 주희는 "희노"의 달도를 "천명지성인 도의 용"(상94)이라 했다. 이점만 인정이 된다면 그동안 한 걸음도 나가지 못한 "달도의 희노"가 결국 '기발이 아님'도 쉽게 판명이 가능하다. 고봉은 「후설」에서 말한다.

---

649) 許公太輝, …至以中庸費隱, 分屬形而上下.(『왕복서』권2, 「先生前答上狀, 李知事宅」. 『고봉집』3책, 100쪽)

650) 亦同太輝之說云, 可爲長太息也. …道固形而上也, 又何得以形而下者分屬之乎. 此不啻如菽麥之易辨(위에서 이어진 문장)

중용은 "발하여 중절한 것은 화라 이른다" 했는데 그 화가 곧 이른바 "달도"이다. 만약 선생의 설과 같다면 자사의 "달도"를 주희가 '기의 발이다'고 했겠는가?(하137)

'조금의 막힘도 없는' 순수한 공맹의 감정은 리에서 근원한 것이 아닌가? 천명의 성과 하늘로부터 받은 중덕이 아니라면 그 순수한 감정이 어디서 나왔겠는가? "중절의 화"는 바로 "천명지성"의 발현자이며 "달도"이다. 만약 칠정의 중절자가 '기발'이라면 그 화·달도의 근거(소종래. 소이연)는 기란 말인가?(하58~59)

칠정은 반드시 기이지만 여기에는 반드시 리(천명)인 중화가 있다. 이것이 선유의 논의이며, 이러한 도통은 지금까지 바뀐 적이 없다. 기발이라면 미발의 "천명지성, 중, 대본" 논의는 부정되고 만다. 퇴계는 하늘이 부여한 원류 맥락을 합리기라 하고,(상237) 성과 사단도 본래 합리기라 주장하면서,(상247) 다만 칠정은 기발일 뿐이라 한다. 그러나 합리기는 정주에 의하면 '기'이다.

81

본연지성과 기질지성을 리기로 논하는 방식

사단과 칠정을 리기로 논하는 방식은 본연지성과 기질지성을 리기로 논하는 방식과 같다. 퇴계가 먼저 한 말이다.

정의 사·칠 나눔(分)은 성의 본성·기품의 다름(異)과 같다.(상21)

고봉도 이를 동의한다. 문제는 본성·기품 2설은 '성설'이라는 점이다. 성설은 리이므로 '기 분속'은 불가하다. 주희는 다음과 같이 말한다.

기는 性命이 아니며, 단 성명은 기로 인해서 설 수 있을 뿐이다. 그러므로 천지지성을 논한다면 오로지 리만 가리켜 말함(言)이고, 기질지성을 논한다면 리기를 섞어 설명함(言之)이니, 기를 성명으로 삼을 수는 없다.(상60. 하138)[651]

---

651) 氣不可謂之性命, 但性命因此而立耳. 故論天地之性, 則專指理言, 論氣質之性, 則以理氣與雜而言之, 非以氣爲性命也.(『문집』권56,「答鄭子上」14, 2688쪽)

고봉은 '이것이 바로 성을 리기로 논하는 방식'(하138)이라고 한다. 주희는 性命은 결코 기일 수 없다 하고, 고봉도 "리·기 分"(상88)은 당연하지만 성설은 이와 다르다고 한다. "선유가 본성·기품 운운한 것은 리·기의 分이라 함이 아닌 一性(言)을 그 장소에 따라 '分別로 설명(言之)'한 것뿐이다."(상89) 리·기는 '실체'의 分이지만, 본연지성·기질지성은 성리에 대한 '설'에 불과하다. 리·기는 설이 아니고, 본성·기품은 선유가 논한 '성의 설'이다.

심에 있는 성은 리 하나이나, 설은 천명지성, 천지지성, 성선지성, 본연지성, 기질지성 등으로 매우 다양하다. 性자 앞에 붙은 '천명' '본연' 등은 그 설에 대한 특징을 나타낸 것이다. 고봉은 리·기는 "言", 그 설은 "言之(설명)"라 한다. 성·정, 리·기는 '실체'이고, 그 실체에 대한 다양한 '설'이 있으며, 본연·기질은 리의 실체에 대한 '설명'이다. 고봉은 실체와 설명에 대해 다음과 같이 구분한다.

> 성에 대해 논하면서 '천상의 달'과 '수중의 달'이라 한 것이라면 이는 하나의 달을 그 장소에 따라 분별로 설명(言之)한 것뿐이다. 그런데 지금 선생처럼 천상의 달은 '달'에, 수중의 달은 '물'에 분속시킨다면 그 설명(言之)이 어찌 치우쳤다 하지 않겠는가.(하46)

성은 리 하나이며 실체인데, 이를 논의(언지)한 것은 '설'이다. 그 설이 되기 위해서는 논이 있어야 한다. 둘로 간단히 유비해 논의하면 '하늘'과 '물속'이다. 둘은 모두 기인 장소이다. 두 장소의 곳은 다만 '하나의 리 실체'(言)에 대한 비유이며, 이는 성의 장소에 대한 "言之"이다. 반면 퇴계는 성설을 "리·기 분과 같다"고 한다. 또 '설'을 실체의 '기'라 한다.

> 천상은 진짜 형상이고 수중은 빛의 그림자일 뿐이다. 때문에 천상의 달을 가리키면 실체를 얻지만 수중에서 달을 건지려 하면 얻을 수 없다. 진실로 성을 기 중에 있게 한다면 그것은 마치 수중에서 달 그림자를 건지는 것과 같아서 얻을 수 없다.(하168)

퇴계는 실체의 달(言)과 비유의 달(言之)을 구분하지 못한 것이다. 진실로 천상은 진짜고 수중은 가짜다. 그러나 둘은 설명으로서의 유비이다. 하나의 달인데, 그 달을 두 장소로 유비했다. 때문에 하나는 진짜 비유이고 하나는 가짜 비유라고 해서는 안 된다. 주희에 의하면 맹자 성선은 리에 치우쳤고, 정장의 기질지성이 온전을 다했다고 하면서, 하늘의 달은 기질지성의 설을 통해서 인식이 가능하다고 한다. 고봉은 이 두 설을 "그 소재에 따라 분별로 言之했을 뿐이다"고 하는데, 이때의 '言之(논의)'는 실체가 아니므로 '言'이라 하지 않은 것이다.

82

칠정의 발에서 불선이 생기는 이유

희노애락의 칠정은 중용 제설이다. 자사는 "희노"를 통해 천명의 "중·화"를 말했고, 이천은 "희노애락애오욕"을 통해서 "배움으로 성인의 도에 이른다(學以至聖人之道)"고 한다. 천명, 중화, 성인의 길을 언론한 칠정은 마음이 외물과의 감촉으로 발하므로 여기에는 불선도 있게 마련이다.

그런데 이 칠정에 "선악이 있는 이유는 무엇인가?"(하103) 고봉이 토론으로 밝히고자 한 목표가 바로 이점이다. 퇴계는 말한다.

> 칠정의 발은 겸기이기 때문에 선악이 있다.(상1)

이곳은 '발처'만 논했지만 이 논의도 당연하다. 선악은 심의 리발이 '기를 탐'에서 생긴다. 문제는 퇴계는 미발의 심공부 및 그 발처의 심공부를 논하지 않는다는 점이다. 불선이 생기는 이유는 정 혹은 기 때문이 아닌 '자신의 공부'로 인한 것이다. 반면 퇴계는 "칠정은 기에서 발해서 유선악이다"(상4·14) "칠정은 기의 발이다"(상44)고 한다.

퇴계의 "기발" 논의는 간단하게 의혹을 제기할 할 수 있다. 사람 본연의 "자연지리"(상107)를 '기에서의 발출'이라 할 수 있는가? 만약 기발이라면 자사와 정자 등 중용제설의 천명 및 미발·이발의 중덕의 공부 논의는 모두 그 근거를 잃고 만다.

"칠정" 토론은 선유의 설에 관한 고찰이어야 하고 또 자신에게 본래 있는 느낌의 감정에서 자득으로 논해야 한다. 퇴계의 "리기에 나아간 리발·기발의 호발"은 자신의 감정 전후와 무관한 것으로, 허구의 희론이다. 감정 이전의 즈음에 관해서는 마음으로 유추해서 단정할 수가 없다. 알려고 하는 것이 곧 마음이고 여기에는 생각과 감정이 이입되기 때문이다. 따라서 발 이전을 속단하면 불교의 '관심'이 되고 만다.(주희의 「관심설」 참조)

마음이 외물에 느끼면 발해서 정이 된다. 고봉은 칠정의 선과 악으로 나뉘는 이유를 아래와 같이 논한다.

칠정은 겸[리기], 유[선악]이며 리기의 발현자이다. 그런데 리의 발하는 바에서 심이 혹 기를 주재하지 못하거나, 기의 흐르는 바에서 심이 도리어 리를 가릴 수도 있다. 그러므로 칠정의 발에 성찰하고 극복해서 다스리는 공부를 해야 하지 않겠는가.(하150)

"겸리기의 발현자"라 함은 칠정자는 리·기가 모두 있기 때문이다. "외물에 대한 느낌"이므로 겸리기이며, "발동하면 여기서 선·악으로 나뉜다."(모두 하145) 그렇다면 그 선·악으로 나뉘는 이유는 무엇인가?

고봉은 "유선악" 이유를 '심의 주재 여부'라고 한다. 이외 많은 경우로 논할 수 있지만, 기왕 퇴계와 고봉은 "겸리기"라 했으므로 미발이 아닌 리·기의 발현처로만 논한 것이다. 즉 "리가 발하는 바에서 심이 주재하지 못하는 경우"와 "기의 흐르는 바에서 심이 주재하지 못해서 리를 가리는 경우" 둘이다. 리의 발에도 불선이 생길 수 있고, 기의 흐르는 경우도 불선이 생길 수 있다. 단 리와 기가 그렇게 하는 것이 아닌, 리와 기의 발하고 흐르는 즈음 마음이 주재하지 못함에서 생긴다. 때문에 고봉은 칠정의 발하는 즈음의 "성찰"과 또 그 흐름에서 "극복하고 다스리는" 심 공부를 논한 것이다. 불선으로의 흐름을 공부로 제어할 수 있다는 것이다.

물론 이외 정 미발에서 "[정을] 하나라도 두거나 혹은 살핌이 없으면"(상123) 마음이 바름을 얻지 못해서 불선의 원인이 되기도 하고, "칠정은 기왕 불길로 드세면 더욱 탕진되어 성이 뚫리기"(하134)도 하며, 또 "그 발하는 바의 사단도 기품·물욕이 가리기"(하97)도 하니, 이렇게 불선을 논할 수도 있다. 이외 많은 논의가 가능하지만, 다만 칠정의 발에 있어 겸리기·유석악 경우로 볼 때 위와 같이 논함도 가하다 함이다.

83
칠정과 사단은 비슷한 점도, 짝으로 배열할 수도 없다

고봉은 「제3서」를 부치고 답변을 기다렸지만, 퇴계는 "절구 한 수"(하126) 만을 보내 더 이상의 토의를 거부한다. 이에 고봉은 '5년 6개월' 뒤 「사단칠정, 후설」

및 「총론」 두 설로 그동안의 토론을 최종 정리해서 알린다. 칠사에 관한 마지막 의견이다. 퇴계는 또 물었지만, 더 이상 답변하지 않는다.(하160 참조) 고봉은 「총론」 마지막 끝에서 문제의 『어류』를 인용하고 다음과 같이 말한다.

> 『어류』 전문을 보겠다. "[사단, 시리지발, 칠정, 시기지발.] 질문; 제가 보기에 희노애오욕은 맹자 인의의 뜻과 가까울 듯하다. 주자의 답변; 진실로 서로 비슷한 곳도 있겠다." 여기서 주자는 "진실로 비슷한 곳도 있긴 하겠다"고 하면서도 오히려 그 '비슷한 곳'은 말하지 않는데, 그렇다면 그 의도한 뜻이 진실로 있다. 지금까지의 논자들은 대부분 "희노애락"(칠정설)을 "인의예지"(사단설)와 짝으로 배열(配)하는데, 모르겠으나 주자의 의미로 본다면 과연 어떠해야 하겠는가.(하152)

『어류』 "사단, 시리지발, 칠정, 시기지발" 뒤에 붙은 혹자와의 대화 내용을 인용하고, 이렇게 논평한 것이다. 고봉의 일관된 주장은 "사칠을 둘로 나란히 들어 상호 논해서는 안 된다"(상6) 함이다. 왜냐하면 칠정의 "중·화"와 사단의 "확충과 성선", 이 두 설은 서로 연관되거나 혹은 상대의 대설일 수는 없기 때문이다. 『어류』도 사맹에 대한 해석에 불과하다.

고봉의 위 논평은 사·맹의 두 설은 '유사점이 있는가'이다. 고봉은 오히려 『중용』 제설을 유사함으로 말한다.

> 주자는 "사람은 천지의 중을 받아 태어났고, …외물에 느껴 동하면 성의 욕구가 나온다"(「악기동정설」)고 한다. 이 말은 「악기」 동정의 뜻을 풀이한 것으로, …이 정이 곧 "희노애구애오욕"이며, 『중용』의 이른바 "희노애락"과 동일한 정이다.(하143·144)

인용한 제설은 『중용』 "희노애락"과 다르지 않다. 단 "중용과 악기의 말은 소밀의 다른 점이 있는데, 중용은 철두철미 근독공부이고 악기는 호오의 절도가 없는 곳"[652]으로 말했으며, 모두 희노애락과 관련해서 논했다. 주희는 "정자 「호학론」 중에 이러한 논이 극히 자세하다"[653]고 하여 「호학론」의 "희노애락애오욕"이 『중용』, 「악기」, 주희의 『장구』, 『혹문』 등 제설과 같다고 한다.(하109)

반면 "측은·수오"는 위 중용 제설과 다르다. 만약 사맹의 두 설이 "상사처가 있다"고 해야 한다면 칠정과 인의는 그 '종지가 비슷한 곳도 있어야' 한다. 주희는 인

---

652) 中庸樂記之言, 有疏密之異, 中庸徹頭徹尾說個謹獨工夫, …樂記却直到好惡無節處.(『문집』권43, 「答林擇之」20, 1979쪽)

653) 程子於顔子好學論中, 論此極詳.(『문집』권42, 「答胡廣仲」5. 1901쪽)

의예지와 사단을 아래와 같이 논한다.

> 맹자는 성을 넷으로 쪼개 인·의·예·지라고 했다. 성을 혼연 전체라고 하면 마치 눈금 없는 저울이나 단위 없는 자와 같아서 끝내 성선을 깨우치기에 부족할까 염려해서이다. 이렇게 성을 넷으로 쪼갰으니, 사단의 설은 여기서 세워지게 되었다.(상79)

혼연의 성을 쪼개고 또 사단이라 한 것은 중화의 일과 무관하다. 만약 칠사 두 설에서 굳이 상사처를 찾는다면 성정관계로서 가능하겠지만, 그러나 두 설은 각각 그 所主(상78·79·82)가 다르므로 상사가 없다. 때문에 주희는 상사처는 있다 하면서도 그 상사에 대해서는 말할 수 없었던 것이다.

이상 고봉의 비판은 그동안의 명공들로 향한 것이다. "지금까지의 논자들은 대부분 '희노애락을 인의예지와 짝'으로 배열한다"는 것이다. 권근은 「천인심성합일지도」에서 측은·수오와 희노애구애오욕을 "理之源·氣之源"으로 나란해 배열했다. 유숭조 역시 "理發爲四端, 氣發爲七情"이라 하고, 추만의 "所發의 사단, 所發의 칠정"(하188)과 퇴계의 "사의 소종래는 리이고 칠의 소종래는 기이다"(상274) 등은 칠사 두 설이 마치 리발·기발의 상대적 설인 듯 나란히 짝으로 배열했다. 하지만 고봉은 "사단과 칠정의 名·義는 진실로 각기 소이연이 있으므로"(하135·151) 둘을 상대적 대거호언으로 배열해서는 안 된다고 한다. 더욱이 주희는 『어류』 "리지발, 기지발" 조항 바로 앞에서 다음과 같이 말하고 있다.

> 질문; 『대학』 "명명덕"을 『맹자』 "사단을 확충해야 한다"고 해도 될까요? 답변; 혼합해서는 안 된다.654)

명덕은 심체의 덕이고, 확충은 이발의 일이다. 두 설은 그 의미가 전혀 다르므로 혼합해서는 안 된다. 고봉의 최종 마지막 언급은 다음과 같다.

> 칠정 사단의 설은 사맹이 각자 자신의 뜻으로 발명한 두 설이므로, 그 큰 두 줄기의 종지를 一說로 혼합 이해해서는 안 된다.(하153)

칠정설, 사단설 두 종지는 서로 전혀 다르며, 따라서 이 두 줄기의 큰 종지의 설을

---

654) 問, 明明德只是廣充得他去? 曰, 不昏着他.(『어류』권53, 節81, 1776쪽)

혼합하거나 상대적 혹은 배합으로 이해해서도 안 된다. 반면 퇴계는 사칠을 묶어서 "다름에서도 같음이 있으므로 사칠은 혼륜이다. 같음에서도 다름이 있으므로 主理·主氣의 不同이 있다"(상239)고 한다. 또 고봉의 "희노와 인의는 배합할 수 없음"에 대한 답변에서 "진실로 상사가 있다", "지난번 천명도에서도 그 근사에 따라 分書(배합)했을 뿐이다"고 한다.(하157) 이는 고봉의 질문 내용과 전혀 다른 엉뚱한 발언이다. 퇴계의 답변인 '혼륜, 상사, 근사, 배합' 등은 위 정주 및 고봉 용법과 완전히 다르며, 토론 내용이 아닌 이미 문자부터 서로 어긋난 것이다.

84

인심도심의 채납을 바란 건 아니었습니다

「고봉3서」(1561년) 이후 5년 6개월이 지난 지금 토론이 막힌 한 가지 '핵심 문제'가 있다. 그것은 매우 간단하다. 즉 칠정의 불선 이유를 명공들은 모두 자신에서 찾지 않고 단지 '기발 때문'으로 여긴다는 점이다.

이 물음은 매우 간단한데도 지금껏 퇴계에게 인가받지 못했고, 때문에 「후설·총론」 (66년)에서 다시 질문을 시도한 것이다. 단도직입적으로 말해서 이 문제는 '인심도심의 인심이 기가 아님'과 같다. 고봉은 인심도심에 관한 명공들의 잘못된 예를 들어 다시 설득을 시도한다.

> 지난해 겨울 노장(노수신)이 성은으로 배소를 옮김에 지나는 길이 저의 고장과 가까워서 대승은 도중에 찾아뵙고 그 설을 물었더니, 과연 듣던 내용 그대로였습니다. 대승은 묻기를 "만약 고명의 견해대로라면 정은 왜 위태롭다(危) 하는가?" 이에 답하기를 "선도 할 수도 악도 할 수도 있기 때문에 위태롭다고 한 것이다"고 하였습니다. 저는 재차 묻기를 "정암은 리기를 一物로 여겼기 때문에 그 논이 이와 같지만, 고명의 견해는 리기는 二物인가, 一物인가?" 이에 답하기를 "…어찌 二義가 있겠는가"라고 운운했습니다. 이때 노장은 이미 술에 취해 있었기 때문에 대승도 감히 강력히 구분해서 변론하지는 못했지만 돌아와서 생각해 보니 괴탄을 금할 수 없었습니다.[655]

---

655) 前年冬, 盧丈蒙恩移配, 道經近境, 大升力疾往見于路次. 試印其說, 則果如所聞. 大升問曰, 若如高明之見, 則靑何以謂之危耶? 答曰, 可以爲善, 可以爲惡, 故曰危. 又問, 整菴正坐以理氣爲一物, 故其論如是, 若高明之見, 理氣是二物, 是一物. 答曰, 前賢雖有曰理曰氣 指名之異, 而豈有二義云云. 當時盧丈已困杯勺, 而大升亦不敢强辨至詰, 歸來思繹, 不勝怪歎.(『왕복서』권2, 「先生前上狀」. 『고봉집』 3책, 94〜95쪽)

고봉의 의혹은 "인심도심의 리·기 분속", "정은 선도 악도 할 수 있음", "리기 일물설" 등이다. 모두 퇴계의 설과 같은데 퇴계는 "사칠의 리·기 분속은 인심·도심과 같다", "리기는 본래 상수, 상성, 상순이다"(겸리기의 뜻)고 하기 때문이다. 따라서 위 논변은 사실은 퇴계를 향한 것이다. 고봉은 이를 다음과 같이 비판한다.

> 삼가 살피건대 주자는 말하기를 "사람의 정은 본디 선으로 삼을 수 있을 뿐 악으로 삼을 수는 없다"고 했으니 이는 불역의 정론입니다. 그런데도 지금 "선도 악도 할 수 있기 때문에 위태롭다 했다"고 하니, 그렇다면 이는 본래 준칙도 없이 무소불위하다 함이니, 가하겠습니까? 살피건대 리기가 비록 二物은 아니라 해도 그렇다고 一物이라 한다면 또 道·器의 구분이 없게 되고 맙니다.[656]

고봉의 비판 본의는 인심·도심의 리·기 분속 문제가 아닌, 바로 퇴계의 사칠의 리·기 분속에 있다. 『중용』 칠정의 "도"가 바로 도의 체용이다. 때문에 고봉은 이어 말하기를 "허태휘(허엽)의 '도의 형이상·하 분속'은 매우 편벽되었으니 진실로 계교할 것이 없겠으나, 듣건대 과회(노수신)의 설 또한 태휘의 설과 같다 하니 장탄식이 나온다"[657]는 것이다.

> "도"는 본디 형이상인데 또 어찌 형이하의 것으로 분속할 수 있겠습니까? 이것은 숙맥처럼 쉽게 분별할 수 있는데도 오히려 분별하지 못하니, 이른바 그의 학문이란 것도 알만합니다.[658]

고봉이 최종 퇴계에게 확실한 답변을 요구한 것은 '칠정의 기 분속'이다. 이에 대해 퇴계는 말하기를 "대체로 보내온 내용은 타당하다. 지난해 노수신의 인심도심에 관한 두 절구를 보았는데, 바로 벗들의 큰 근심이다"고 하면서 오히려 아래의 논변을 보낸다.

> 인심도심에 관한 여러 사람들의 논설은 진실로 의심스럽습니다. 일찍이 이강이가 보내준 '이일재의 설'과 그리고 '강이의 글' 및 '나의 설 두 통'을 보내니 보시고 가르쳐 주시기 바랍니다.(하159)

---

656) 按, 朱子曰, 人之情, 本但可以爲善, 而不可以爲惡, 此不易之論也. 今曰, 可以爲善, 可以爲惡, 故命之曰危, 則是本無準則, 而可以無所不爲也, 而可乎? 按, 理氣雖不可謂二物, 而若以爲一物, 則又無道器之分矣.(위에서 이어진 문장)

657) 許公太輝, 其論多乖, 不可勝辨. 至以中庸費隱, 分屬形而上下. …太輝所見甚偏, 固不足校, 又聞寡悔亦同太輝之說云, 可爲長太息也.(『왕복서』권2,「先生前答上狀. 李知事宅」. 위의 책, 100쪽)

658) 中庸乃曰, 君子之道, 費而隱, 則道固形而上也. 又何得以形而下者, 分屬之乎? 此不啻如菽麥之易辨, 而尙未能辨焉, 則其所謂學問, 亦可知也.(위에서 이어진 문장)

이 논변은 '칠정의 기 문제'에 대한 답변이 아닌, 새로운 의견을 말하고 "가르쳐 달라" 함이다. 하지만 고봉은 인심도심에 관해서는 이미 「후설·총론」 '서론 부분'에서 그 부당함을 지적했다. 노수신과 허엽의 부당함이 해결되면 칠정 문제도 쉽게 판별이 가능하다는 것이 고봉의 이곳 요지이다. 결코 정, 칠정은 준칙이 없는 무소불위가 아니다.

이에 고봉은 "정암(나흠순)의 책은 지난 가을 한 번 열람하고서 그 병통에 대해 시비를 통렬히 분석할 생각을 했으나 아직 착수하지 못했다. 1·2년 뒤도 늦지 않을 듯하다. 선생의 [인심도심] 설은 박화숙에게 보낸 글로 읽었다." 즉 고봉은 이미 퇴계의 설을 알며, 단지 확인하고 싶은 것은 '칠정의 대설, 기발'에 있었던 것이다. 때문에 고봉은 아래와 같이 답한다.

> 대승이 전일 품달했던 바(인심도심설)는 다만 저의 생각으로 함부로 헤아려 감히 좌우께 질정한 것일 뿐 진실로 선생님의 채납을 바란 것은 아니었습니다. 그런데 외람되게도 부지런히 비평하시는 은혜를 받았으니 심히 송구합니다. …다만 도를 음미하심이 더욱 무성하시어 시대를 위해 애호하시기를 축원할 뿐입니다.(하160)

고봉 본의는 인심도심의 채납이 아니었다는 것이다. 이는 퇴계의 "가르쳐 달라"고 함에 대한 답변이며, "다만 축원할 뿐"이라 함은 퇴계의 인심도심의 글은 스스로의 자득일 뿐이라 함이다. 이 뜻이 아니라면 고봉이 지은 나흠순(정암)을 비판한 「곤지기를 논함」(1569년 작)에 앞서 퇴계에게 먼저 답했을 것이다. 「곤지기를 논함」은 퇴계설에 대한 언급이 전혀 없다.

85

사단 무불선은 자연의 이치가 될 수 없다

사람 감정은 반드시 외물과의 감촉으로 발한다. 정은 외물과의 관계에서 교류·소통의 역할을 하므로 반드시 중절한다고 해서는 안 된다. 때문에 고봉은 다음과 같이 말한다.

성은 무불선, 정에 선악이 있음은 진실로 그러한 이치(固然之理)이다.(상3)

'성'은 리의 "무불선"일 뿐, 잡선 혹은 겸선도 아니다. 성의 무불선은 기, 정, 사단 등 어디에 있어도 변질과 변함이 없는 리며, "리는 정의·계탁·조작에도 변함없는 자약이다."(하121) 리는 스스로 리일 뿐 기가 섞인 게 아니며, 약간이라도 섞이면 기이다.

사단 역시 외감에 의해 발현된 정일 뿐 성일 수는 없다. 그럼에도 맹자는 왜 "측은은 인의 단서다"(「공손추상」) "측은은 인이다"(「고자상」)고 하는가? 맹자에 의하면 "사단은 누구나 있으니 확충해야 한다"고 한다. 이 말은 누구나 이런 마음이 "있다(有)"는 것이지, 나의 마음은 언제나 반드시 외물과 합치한다 함은 아니다. 또 맹자가 "그 정으로 '성선'을 삼을 수 있다"고 한 것도 측은으로 성선을 '논증'할 수 있다 함일 뿐, 그 가리킴은 '정 자신'이 아니다. 요컨대 사단설은 누구나 '있음'의 논설이고, 성선설은 성선 '논증'이다.

이렇게 맹자 두 설의 소지가 '리'임은 분명하다. 따라서 퇴계도 "사단은 순리이므로 無不善이다",(상1) 고봉도 "사단은 리발의 무불선으로 설명(言之)한 것"(상63. 하146)이라 한다. 문제는 사단은 외물에 의해 감동한, 즉 외물과의 관계 속에 놓인 사람 느낌이라는 점이다. 이렇듯 사단은 느낌의 정일뿐인데도 왜 맹자는 "인의 단서", "측은은 인"이라 했는가? 그 이유를 고봉은 아래와 같이 고찰한다.

> 맹자는 성정의 즈음을 논급할 때마다 매번 4덕과 4단을 나란히 들어 설명(言之)했는데, 그것은 사람들이 [성과 기의 分을] 이해하지 못하고 오히려 기로 성을 말(言)할까 염려했기 때문이다.(상11)

사단은 진실로 기이고, 때문에 사덕과 나란히 거론하지 않으면 그 사단은 홀로 남은 기가 되고 만다. 때문에 맹자와 주희는 항상 4단을 4덕과 함께 거론함으로써 사단이 기에 떨어짐을 방지한 것이다. 고봉이 사단을 "言之(논설, 설명)"라 한 것은 맹자의 설은 "기를 성으로 논(언지)"했기 때문이다. 그러나 이는 사람의 자연스런 성 및 정을 '말'(言)한 것이라 할 수는 없다.

"사단 무불선"은 성선 논증(言之)을 '위한' 정 속의 성일 뿐, 정 자신을 나타낸 것이 아니다. 그 논증의 목적은 성일 뿐 정이 아니다. 성의 무불선은 정에 있어도 변질이 없기에 그 논증도 가능하다. 따라서 정을 성선으로 삼은 것은 자연의 일이 아니다. 고봉은 다만 "정의 선은 무왕불선(왕래에 불선이 없음)"(상169)이라 해야 한다고 하며, 이것을 '자연의 이치'라고 한다.

> 성은 무불선이고 정은 곧 선악이 있으니 이는 '自然之理'이다. 그런데도 지금 "리에서 발해서 무불선, 기에서 발해서 유선악"이라 하셨으니 그렇다면 칠정은 성 외의 物이 되고, 또 성 외의 善이 있게 되고 만다. 이는 도리에 있어 핵심 된 종지의 일이니 정밀히 살펴야 한다.(하191)

정은 반드시 선·악이 있다는 것, 정이 아닌 성이 무불선이라는 것, 이것이 "자연의 이치"이다. 성의 무불선과 정의 유선악 혹은 무왕불선이 사실 그대로를 말한 "어세의 당연"(하193)이다. 사단을 무불선이라 하면 자신 스스로를 이치로 여김과 같다. 누구든 자신의 감정이 외물과 합치한다고 단정해서는 안 된다. 『중용』에서 "중절"을 말한 것은 불중절의 정도 있기 때문이며 나의 공부가 필요한 이유이다. 외물을 만나지 않았을 때의 평상시 존양공부, 이미 느낌이 있을 때의 성찰공부로써 외물과의 합치는 가능하다.

사단의 정을 무불선의 성으로 여기는 것은 자연의 일이 아니며, 나 자신의 불선을 스스로 부정한 것이다. 이는 거짓이다. 성인도 스스로를 무불선으로 삼을 수 없으며 불선을 인정하기 때문에 성인인 것이다. 리는 언제 어디에 있어도 스스로 변함없음일 뿐, 외물과의 관계에서의 자연의 이치를 말함은 아니다. 고봉이 사단의 무불선을 "言之(설명)"라 하고 '言(언명)'이라 하지 않은 이유이다. 고봉은 이 문법을 철저히 지킨다.

86

공자 태극은 '변함없는 큰 변함'의 뜻이다

"역에는 태극이 있다(易有太極)"(『주역대전』)고 함이 공자 '태극설' 전부이다. 역(우주) 속의 태극이라 해도 그것은 리 자신의 실체적 '자존자'다.

그런데 태극이 과연 '實'이라면 그것은 氣(器)와 어떻게 구분되는가? 이미 實이라 했으니 그렇다면 "有"로서의 기가 아닌가? 때문에 주돈이는 오히려 "무극이태극"이라 하여 형이상·하에 관통하는 무극으로서의 태극이라고 한다. 주희는 이를 아래와 같이 해설한다.

무극을 말하지 않으면 태극이 사물 속에 동화되어 萬化의 근본이 되기에 부족하고, 태극을 말하지 않으면 무극이 空寂에 빠져서 만화의 근본이 되지 못한다.(상304)

주돈이가 "무극"을 말한 이유는 "태극"이 사물 속에 있으면 만물 변화(역·우주)의 근본으로 서지 못하기 때문이다. 만화의 근본이기 위해서는 형이상의 리로 스스로 우뚝 서야 한다. 무극을 말한 이유는 공자는 "역 속의 태극(易有太極)"이라 했기 때문이며, 결국 무극을 논함으로써 공자의 태극은 형이상·하에 구속됨이 없는 스스로의 리일 뿐임을 명확히 한 것이다.

주희는 태극의 '극'자에 관해 "그 뜻은 진실로 '황극, 민극, 옥극'과 같이 방소와 형상의 있음이 아닌, 단지 이 리의 '至極'으로 있다고 한 것뿐이다"659)고 하는데, 이는 방소나 형상 등의 극점이 아닌 '리의 지극'을 나타낸 말이라고 한다. 만약 민극, 옥극의 극의 뜻이라면 태극은 곧바로 한 쪽에 치우치고 만다. 때문에 고봉은 무극이 태극을 다음과 같이 풀이한다.

주자는 「육자정에게 답함」에서 "무극이태극은, 그것은 마치 '함이 없으면서도 함'과 '궁구함이 없어도 다다름'과 같고 또 마치 '변함이 없는 함'과 같으니, 모두 어세의 당연함이며 별도의 一物로 있음을 이른 것은 아니다"라고 한다. 즉, 주자는 極자를 '無爲(변함없음)'와 같은 뜻이라 했는데 그렇다면 그 해설의 의미도 알 수 있다.(하193)

'어세의 당연'이라 함은 『역전』 "역은 억지 생각함이 없고(无思), 억지함도 없음(无爲)"으로 곧 "神으로서, 질주하지 않아도 빠르고(不疾而速) 억지로 행하지 않아도 이름(不行而至)"660)의 의미이다. 장재는 이를 "하나이기 때문에 神이니, 비유하면 사람의 四體는 일물임과 같으며, 마음을 억지로 여기에 이르게 한 이후에 깨닫는 것이 아님과 같다. 이것이 곧 '억지로 질주하지 않아도 빠름'의 뜻이다"661)고 주석한다. 공자와 주돈이의 '극'자는 장소 형상 등의 극점이 아닌 "억지함이 없음, 변함없음"의 "지극"의 뜻이다. 때문에 주희는 말한다.

주자(주돈이)의 이른바 "무극"은 [태극은] 방소·형상도 없어서, 사물이 없어도 있지만 사물이

---

659) 其意則固若日非如皇極·民極·屋極之有方所形象, 而但有此理之至極耳.(『문집』 권36, 「答陸子靜」 5, 1574쪽)

660) 易, 无思也, 无爲也, 寂然不動, 感而遂通. …唯神也, 故不疾而速, 不行而至(『주역, 계사상』)

661) 一故神, 譬之人身, 四體皆一物, …不待心使至此而後覺也, 此所謂…不疾而速也.(『근사록』 권1, 「도체」 49. 『장재집』, 「횡거역설, 계사상」)

있은 뒤에도 자립한다. 음양 밖에도 있고 음양 속에서도 행한다. 이렇게 전체에 관통해서 있지 아니함이 없고 또 소리, 냄새, 그림자, 메아리도 없음으로 말한 것이다.[662]

주희가 태극을 자존의 실존자이며 또 스스로 동정하는 실체자라고 한 것은 주돈이 『통서』에 근거한 것이다. 『통서』 "誠은 無爲이다"에 대해 주희는 다음과 같이 주석한다.

　　實理의 스스로 그러함이니 어찌 작위가 있으리오! 즉 태극이다.[663]

태극은 "誠"의 실리이며 '스스로 그러함(自然)'이다. 태극은 실제 아무런 행위가 없는 것이 아니다. 주돈이의 "誠"은 『중용』 "至誠"을 가리킨 것으로 이러한 지성은 "천지의 化育을 돕고 천지와 더불어 동참할 수 있는" "天道"[664]이다. 주희가 "무극이태극"을 "변함이 없는 큰 변함(無爲之爲)"으로 해설한 이유이다.

87

태극은 자신 스스로 동정을 한다

퇴계의 이른바 "리발"은 독리 자신의 발이 아니다. 퇴계는 "천하는 기 없는 리는 없고"(상17) "성도 기가 있음은 하늘과 사람의 원류 맥락"(상237)이며 "리기는 호발"(상246)하고 "겸리기·유선악은 성 역시 그렇다"(상247)고 한다. 퇴계는 말한다.

　　사람은 말을 타고 출입하고, 리는 기를 타고 행한다.(상259)

고봉이 퇴계에게 보낸 「문목」은 이러한 설을 반박한 것이다. 퇴계는 리발과 리의 자존을 인정하지 않기 때문이다. 퇴계에게 보낸 「선생의 문목에 답함」은 원나라 유학자 오징(1249~1333)을 비판함으로부터 시작된다.

---

662) 周子所以謂之無極, 正以其無方所·無形狀, 以爲在無物之前, 而未嘗不立於有物之後. 以爲在陰陽之外, 而未嘗不行乎陰陽之中. 以爲通貫全體, 無乎不在, 則又初無聲臭影響之可言也.(『문집』 권36, 「答陸子靜」4, 1568쪽)

663) 誠, 無爲.(『통서』) 實理自然, 何爲之有. 卽太極也.(『通書注』, 「誠幾德」 제3. 100쪽)

664) 惟天下至誠, …可以贊天地之化育, 則可以與天地參矣. …言天道也.(『중용, 22장』)

임천오씨(오징)는 말하기를 "태극은 동정이 없다. 동정이라 함은 氣의 機能이다. …주자는 「태극도」를 해설해 말하기를 '태극은 동정이 있으니 이는 천명의 유행이다'고 했는데 이것은 주자(렴계)의 설을 둘로 나누어 해석한 것이다. 태극은 마땅히 동정으로 말할 수 없다. 천명의 유행이 있기 때문에 단지 태극은 동정을 얻는다고 말할 수 있을 뿐이다"라고 한다.(하195)

주희는 「태극도설」 "태극의 동·정" 아래에 "태극은 동정이 있으니 이는 천명의 유행으로 곧 '일음일양 양상을 도라 이른다'가 이것이다"로 주석을 붙였다. "천명"은 『중용』 '성설'이고, 이 천명의 유행을 주희는 "태극의 동정"으로 삼았으며 이것이 곧 『역전』 "일음일양의 도"라 함이다. 때문에 고봉은 이어 말한다.

> 이는 周子와 朱子의 설로 보면 너무도 큰 차이가 난다. 태극이 동정이 없다면 그 동정의 리를 과연 어디에 소속시켜야 할까? 천명의 유행이 태극의 동정이 아니란 말인가? 오씨는 또 "태운 바의 氣機는 동정이 있지만 태극 본연의 묘는 동정이 없다"고 운운한다. 그렇다면 氣機만 스스로 능히 동정하고 태극은 관여함이 없다는 것일까? 그렇다면 태극은 군더더기의 필요 없는 혹 덩이가 되고 만다. …그렇다면 "천명의 유행하는 것"은 氣機의 행위에서 나온다는 것인가?(하196)

오징은 주희의 문장을 거꾸로 해석한 것이다. 주희의 "태극은 동정이 있으니 이것이(是) 곧 천명의 유행이다(太極之有動靜, 是天命之流行也)"에 대해 오징은 반대로 '천명의 유행이 있으니 이는(是) 곧 태극의 동정이다(天命之有流行, 是太極之動靜也)'로 해석했다. 이로써 천명의 유행은 기, 기의 동정을 탄 것은 태극이 되었다. 결국 태극은 동정이 없고 기만 동정이 있음이 되고 만 것이다. 이를 고봉은 "이는 태극의 묘함을 극찬하려 하다가 도리어 그 참됨을 잃은 것이다"(하197)고 비난한다.

주희는 호굉의 '성설'을 비판해서 "그의 성설은 고원이 극해서 그 성을 방종과 잡박 불순으로 만들었고, 결국 실제의 도리가 없는 공허의 물을 이루었으니, 이는 性을 미발, 善을 이발로 삼아서 이발이 미발의 것에 섞임을 두려워했기 때문이다"665)고 한다. 오징도 리의 태극과 기의 동정을 분리하기 위해 동정이 없다 함으로써 결국 태극이 고립무원의 공허가 되고 만 것이다. 퇴계 역시 "리 본체는 死物"(하208)이라 하면서 "리발·기발의 分"(상21)과 "사람은 말이 아니면 출입하지 못함"(상259)으로 나눈다.

주희가 "태극 동정"을 논한 것도 주돈이의 『통서』에 근거를 둔 것이다. 고봉은 말한다.

---

665) 所謂極其高遠以言性者, 以性爲未發, 以善爲已發, 而惟恐夫已發者之混夫未發者也. …所謂反陷性於搖蕩恣睢, 駁雜不純之地者, 旣於未發之前, 除却善字, 卽此性字, 便無著實道理, 只成一個空虛底物.(『문집』권46, 「答胡伯逢」4, 2151쪽)

주자는 『통서』 「동정편」을 들어 말하기를 "… '動인데 無動하고 靜인데 無靜하다 함은 不動 不靜이라 함이 아니다. 物은 不通이지만 神妙는 만물에 통한다'고 했다." 이 말씀이 매우 분명하게 밝힌 것이니, 이로써 오씨의 無動靜의 설을 깨뜨릴 수 있기 때문에 기록해서 올린다.(하109)

주희는 「태극도」 "陰陽太極"에 대해 "신묘만물의 체"라 하고, "萬物終始"에 대해 "妙合而凝으로 신묘만물의 용"666)으로 주석한다. 추만 「천명도」가 바로 이 묘합이응인 "묘합태극"의 동그라미를 도출한 도형이다. 묘합태극은 태극의 용이고, 천명의 칠정 역시 "도의 용"(『중용, 수장』. 상94)이므로, 결국 「천명도」는 「태극도」 '태극의 작용'을 드러낸 것이다.

『어류』에서는 "리를 동정으로 말하면 '정중에 동이 있고 동중에 정이 있음'은 그 체이고, '정이나 능동하고 동이나 능동함'은 그 용이다"667)고 하여 태극은 스스로 체용이 있고 또 '스스로 동정한다'고 한다. 고봉의 논의는 오징의 설을 비판한 것 같지만, 사실은 퇴계를 비판한 것이다. 「문목」은 퇴계에게 보낸 것이고 또 퇴계의 문제를 지적한 것이기 때문이다.

88
리는 기가 아니며, 리는 스스로 체용이 있다

리는 진실로 기가 아니며, 때문에 기를 리의 작용으로 삼을 수는 없다. 주희는 기는 리가 아니라 하면서 리의 체용을 다음과 같이 논한다.

> 희(주희)의 지난번 '태극을 체로 삼고 동정을 용으로 삼은' 이 말은 진실로 병통이 있다. …나는 이렇게 말하겠다. 태극은 동정을 함유한다 함이 가하다. [자주; 체로 말했다] 태극은 동정이 있다 함이 가하다. [자주; 유행으로 말했다] 만약 태극을 곧바로 동정이라 하면 이는 형이상과 하자를 나눌 수 없음이 되어 공자의 "역은 태극이 있다(易有太極)"고 함은 쓸데없는 말이 되고 만다.668)

---

666) 五行陰陽, 陰陽太極. [주희주; …以神妙萬物之體而言也] 四時運行, 萬物終始. [주희주; …妙合而凝者, 以神妙萬物之用而言也](『통서주』, 「動靜」 제16, 113쪽) "음양태극"과 "묘합이응"은 주돈이의 「태극도설」 4·5조이다.

667) 言理之動靜, 則靜中有動, 動中有靜, 其體也, 靜而能動, 動而能靜, 其用也.(『어류』권94, 端蒙181, 3160쪽)

668) 熹向以太極爲體, 動靜爲用, 其言固有病. …蓋謂太極含動靜則可, 以本體而言也, 謂太極有動靜則可, 以流行而言也, 若謂太極便是動靜, 則是形而上下者不可分, 而易有太極之言亦贅矣.(『문집』권45, 「答楊子直」1, 2072쪽)

"설령 리가 기 중에 있다 해도 성(리)은 스스로 성이고 기는 스스로 기이며, 둘은 섞일 수 없다."(상84) 리는 동정의 기가 아니지만 그 기에는 반드시 리가 스스로 자존한다. 공자의 "역에 태극이 있다"고 함은 역에 섞인 리가 아니다. 역은 "동정 양단의 순환이 그침이 없는 것"669)으로서 氣다. 단 여기에 "있는(有)" 태극의 리는 결코 기에 섞이지 않는 자존의 실체이다. 그렇지 않다면 공자의 말은 쓸데없음이 되고 마는데 왜냐하면 역 속의 태극은 잡리(잡리는 기임)가 아니기 때문이다. "정・장의 기질지성"(상86)의 설도 성이 기질 속에 존재함의 뜻일 뿐 기와 섞인 잡성이 아닌 것이다. 고봉은 태극 자신의 동정을 아래와 같이 논한다.

> 태극은 조짐조차 없어서 그 동정을 비록 볼 수 없으나, 그러나 음양 동정으로 인해서 그 소이연을 구하면 그렇다면 태극은 동정이 있다는 것을 알 수 있다. 그런데도 [오징은] "동정이 없다"고 했으니, 이는 태극의 묘함을 극찬하려 하다가 도리어 그 참됨을 잃은 것이다.(하197)

"묘함을 극찬하려다 그 참됨을 잃었다"고 함은 리의 태극을 동정이 없는 고립무원의 死物로 여겼다 함이다. 리가 동정이 없다면 천명의 유행도 드러날 수 없고 사단도 스스로 나타나지 않아야 한다. 주희가 호상학의 호굉을 비판한 것이 바로 이점이다.

> 그(호굉)의 성설은 고원이 극해서 그 성을 방종과 잡박 불순으로 만들었고, 결국 실제의 도리가 없는 공허의 물을 이루었으니, 이는 性을 미발, 善을 이발로 삼아서 이발이 미발의 것에 섞임을 두려워했기 때문이다.670)

이러한 문제의 원인은 리를 동정이 없는, 다시 말해 리를 동정에서 분리해 리 자체만으로 여기려는 인식에 있다. 오징의 "태극과 동정의 分解"(하195)와 퇴계의 "리 본체의 死物"(하208) "리발・기발의 分"(상21) 등이 이러한 극심한 폐단의 예이다.

주돈이는 『통서』「동정편」에서 "動인데 無動하고 靜인데 無靜함은 神이다. 物은 不通이지만 神妙는 만물에 통한다"(하198)하며, 주희는 여기에 "이 神이 곧 리이다"671)고 한다. 리는 상하에 신묘하며, 만물 속에서 드러나니 여기서 리 묘용을 볼 수 있다. 이는 리 자신의 동정이다. 주희는 리 체용을 동정으로 논한다.

---

669) 蓋天地之間, 只有動靜兩端, 循環不已, 更無餘事, 此之謂易.(위 책, 앞줄)

670) 所謂極其高遠以言性者, 以性爲未發, 以善爲已發, 而惟恐夫已發者之混夫未發者也. …所謂反陷性於搖蕩恣睢, 駁雜不純之地者, 旣於未發之前, 除却善字, 卽此性字, 便無著實道理, 只成一個空虛底物.(『문집』권46,「答胡伯逢」4, 2151쪽)

671) 神卽此理也.(『어류』권94, 寓185, 3161쪽)

리를 동정으로 말하면 靜 중에도 動이 있고 動 중에도 靜이 있음은 체이고, 靜이지만 能動하고 動이지만 能靜함은 용이다.[672]

「태극도」 10개 동그라미 모두는 하나의 공자 "태극"이다. 이러한 태극을 주희는 주돈이 『통서』 "동정"을 인용해서 태극의 체용으로 논한 것이다. 그 태극 동정은 기가 아닌 리라 함으로써 리는 고립무원의 무동정의 기의 혹이 아님을 상고했다. 고봉은 오징의 "태극은 동정이 없음"을 인용해서 태극과 동정을 둘로 分解한 잘못을 비판하고, 결국 퇴계가 리·기 둘로 分한 잘못을 드러내 그 동정이 바로 리의 묘용임을 고찰한 것이다.

89

태극도의 치우친 공부를 천명도가 보완했다

주돈이의 「태극도」와 「태극도설」은 '태극 자체'를 드러낸 그림과 설이다. 이 설은 크게 세 가지 문제점이 있다. 첫째, "태극은 동정한다"의 이른바 동정은 태극 자체의 동정일 뿐, 기를 통한 '현실 동정'이 아니므로 형이상에 치우친다는 점이다. 둘째, 공부에서 '미발의 主靜에 치우친 다는 점이다. 셋째, 靜은 직접 '공부를 가리킨 것이 아니'라는 점이다. 이러한 등은 매우 중대한 문제가 아닐 수 없는데, 왜냐하면 공자 유학의 본질은 '현실의 느낌'에 있어야 하고, 태극 및 공부 역시 '미발과 이발에 관통'된 실제의 것이어야 하며, 공부는 '마음'이어야 하기 때문이다.

먼저 주돈이의 「태극도설」 '主靜'설을 보자.

성인은 中正과 仁義를 안정으로 삼고, 靜을 主로 한다[본주; 욕구가 아직 없으므로 靜이라고 함].[673]

주돈이는 "욕구가 발동하지 않은(無欲)" 미발의 靜을 공부의 주로 삼은 것이다. 무욕의 곳은 情 미발처로서 마음이 외물과 교접하지 않았을 즈음이다. 주희는 "人生의

---

672) 言理之動靜, 則靜中有動, 動中有靜, 其體也. 靜而能動, 動而能靜, 其用也.(『어류』권94, 端蒙181, 3160쪽)

673) 聖人定之以中正仁義而主靜(本注云; 無欲故靜].(「태극도설해」, 75쪽)

靜은 情 미발이다",674) "靜은 미감을 가리킨 것이다"675)고 한다. 때문에 고봉은 아래와 같이 말한다.

주자는 일찍이 「태극도」 "주정"설을 논해 말하기를 "靜자는 단지 敬자로 여기는 것이 좋다. 만약 虛靜으로 공부를 삼으면 석·노에 빠질 것이다"고 했으니, 이 말이 진실로 맛이 있다.(하93)

주돈이의 "主靜"은 動이 있기 이전 공부일 뿐이다. 이 문제를 주희는 「이발미발설」에서 "심으로 설명하면 두루 유행 관철해서 공부에 사이나 틈이 있을 수 없다. 단지 靜을 근본으로 삼아야 할 뿐인데 주자(렴계)의 '주정'이 이것이다. 단 靜으로 말하면 치우치니 때문에 정자는 敬으로 설했다"676)고 한다. 靜은 공부 결과이고, 敬이 바로 심의 공부 주체이다.

다음 문제는, 「태극도설」의 이른바 "태극동정"의 동정은 태극 자체의 동정일 뿐 기를 통한 현실 동정의 태극이 아니라는 점이다.677) 주희는 「태극도설해」에서 "태극은 동정이 있으니 이것이 곧 천명의 유행이다"(하195)고 하여 태극자신의 동정을 천명의 유행이라 함으로써 중용으로 태극의 작용을 논변했다. 문제는 천명의 유행이라 해도 이는 실제의 감정이 없다는 점이다. 결국 주희 주석도 형이상에 치우치기는 마찬가지이다.

추만 「천명도」는 『중용』 "천명"을 드러내고자 한 도형으로, 자사, 주돈이, 주희의 설에 의거한 것이다. 추만은 말한다.

『중용』이라는 책은 "천명" 두 자를 시작으로 삼았는데, 나도 마땅히 이곳을 취해서 궁구하고자 한다.678)

퇴계도 「천명도설, 후서」에서 "천명도는 주자의 설을 쓰고, 태극 본도에 의거했으며, 중용의 큰 종지를 기술했다"고 한다. 특히 「태극도」의 "묘합이응(무극·이오가 묘합해서 엉킨 곳)"을 도출한 것이라고 한다.679)

---

674) 人生而靜, 只是情之未發.(『문집』권42, 「答胡廣仲」4, 1900쪽)

675) 靜字乃指未感(『문집』권43, 「答林擇之」21, 1981쪽)

676) 以心言之, 則周流貫徹, 其工夫初無間斷也. 但以靜爲本爾, 周子所謂主靜者亦是此意. 但言靜則偏, 故程子只說敬.(「이발미발설」, 3268쪽)

677) 蓋謂太極含動靜則可, 以本體而言也, 謂太極有動靜則可, 以流行而言也.(『문집』권45, 「答楊子直」1, 2072쪽)

678) 中庸之書, 以天命二字爲一篇之始, 余當取以究之.(「천명도해, 序文」)

그런데 주희와 같이 "천명의 유행"을 태극의 동정으로 삼기 위해서는 먼저 그 유행을 실행하는 실제의 '희노애락'이 있어야 가능하다. 자사는 "희노애락"을 말함으로써 비로소 천명지성의 유행·작용을 논할 수 있었기 때문이다. 주희는 천명을 "중·화의 전체"680)로 치우침 없이 논한다.

> 천명지성은 萬理를 갖추었고, 희노애락도 각기 마땅함이 있다. 그 미발에 있어서의 [천명지]성은 혼연한 중으로 존재하니, 이때 치우침과 기댐(偏·倚)이 없기 때문에 "중"이라 이른 것이다.(상95)

> 발해서 모두 중절한 것은 정의 바름이며, 어그러짐과 괴벽함(乖·戾)이 없기 때문에 "화"라 이른 것이다.(상94)

즉 희노애락의 중화를 포괄해서 '천명의 온전(전체)'을 논했다. 결국 주희가 천명의 유행을 태극의 동정으로 삼은 것도 사실은 희노애락이라는 치우침이 없는 감정으로 인한 것이다.

추만은 「천명도」 본도에서 무려 3회 "희노애락애오욕"을 말했다. 이는 『중용』 "희노애락"과 이천 「안자호학론」 "희노애락애오욕"을 인용한 것이다. 3회는 곧 '미발의 칠정', 이발의 '선으로서의 칠정', 이발의 '악으로서의 칠정' 등이다. 이는 희노애락 미발·이발의 "존양·성찰"을 아우른 "심"의 "경"(모두 「천명도」) 공부를 논한 것이다. 주돈이의 「태극도」는 "主靜"을 강조했으나 이는 미발에 치우쳤고, 또 그 '고요함'은 직접 공부를 가리킨 것도 아닌 공부 결과일 뿐이다.

「태극도」의 "태극동정"은 태극 자체의 동정일 뿐 현실의 동정이 아니다. 주희의 "태극의 동정은 천명의 유행이다" 역시 공부 주체인 사람 감정이 빠진 것이다. 추만은 「천명도」에 구체적 감정인 천명의 칠정 및 미발·이발의 경 공부를 넣었다. 주희는 천명의 유행을 감정으로 논증하지 못했다. 천명은 칠정이 아니면 유행되지 못한다.

이러한 추만의 사상은 유학사에서 매우 중요한 의의가 있다. 주희의 『근사록』 첫 장 「태극도설」은 현실을 떠난 "도체"일 뿐이다.681) 그런데 추만은 이러한 도체를 공자

---

679) "用朱子說, 據太極之本圖, 述中庸之大旨." "倣太極圖而然也." "妙凝之圈, 卽斯圖所揭, 天命之圈, 是也, 朱子云, 太極之有動靜, 是天命之流行也." "天命之圖, 卽周子所謂無極二五·妙合而凝者也."(『퇴계전서』2책, 322~324쪽)

680) 天命之性, 渾然而已. 以其體而言之, 則曰中, 以其用而言之, 則曰和, 此天命之全也(『문집』권67, 「중용수장설」, 3265쪽)

681) 주희는 『근사록 수권은 …道理가 孤單하다"고 한다.(『어류』권105, 道夫29, 3450쪽) 황간도 "선생은 근사록 수권에 대해 '…近思여야 하는데도 도리어 遠思가 되었다'고 하셨다"(『勉齋集』권8, 「復李公晦書」)고 한다.

- 322 -

의 "근사(가까이서 생각함)"인 일상생활 가까이의 미발·이발의 중용철학인 칠정으로서의 일용철학으로 논설했다. 추만 「천명도」는 정주의 기질지성 발명이 유학의 성설을 온전히 한 것과 같이 태극 및 천명의 상하 공부를 모두 포괄했다고 할 수 있다. 이렇게 공자의 "태극" 및 주희의 "천명의 유행"을 온전히 빠짐없이 드러냄으로써 추만은 결국 「태극도」 및 『중용』 "천명"의 의의를 일용철학으로 극적으로 복원해 낸 것이다.

90

정(칠정)의 리지발은 자연스런 이치이다

사람은 마음이 있고, 이 마음은 외물과 교류하는 느낌의 감정이 있게 마련이다. 고봉은 이러한 감정을 아래와 같이 고찰한다.

> 「악기」에서 "사람으로 태어나서 고요함(靜)은 하늘의 성이고, 외물에 느껴 動함은 성의 욕구이다"고 했는데 주자는 「악기동정설」에서 "성의 욕구가 이른바 情이다"라고 풀이한다. 따라서 정은 '외물에 느껴서 동한 것'이며 이는 자연스런 이치(自然之理)이다.(상107)

사람 마음의 성은 외물의 리와 같은, 그래서 외물과 하나로 교류, 화합, 소통할 수 있는 통일체이다. 천하의 리는 공통의 하나이기 때문이다. 맹자는 "사람은 누구라도 측은지심이 있으며" 그것을 아는 단적인 예를 "우물에 빠지려는 아이를 목도했을 때의 마음(정)"으로 든다. 누구나 "반드시 있으며, 없으면 사람이 아니다"고 한다.(「공손추상」) 주희는 말한다.

> 사람은 천지의 中(德)을 받아 태어났고, 외물에 느끼지(感) 않았을 때는 순수 지선으로 만 가지 이치를 구비하고 있다. 사람은 性이 있으면 즉시 形이 있고, 형이 있으면 즉시 心이 있으니, 외물에 느끼는 마음도 없을 수 없다. 외물에 느껴서 동하면 곧바로 성의 욕구가 나오니, 선악은 여기에서 나뉜다. 성의 욕구가 이른바 情이다.(하143)

천지의 '중'이 바로 『중용』 "미발의 중"이며, 즉 '中德'이다. 주희는 「이발미발설」에서 "사려가 아직 일어나지 않고 사물이 이르지 않은 때는 희노애락 미발이며, 이때 심체는 유행하지만 적연히 부동해서 천명지성의 체단이 갖추어져 있다"고 한다. 이천도 「호학론」에서 미발과 이발에 대해 "그 근본은 참되고 고요(靜)하다. 외물이 형기에 접촉하면 중에서 동하고, 그 중이 동해서 칠정으로 나오니 희노애락애오욕이다"(상159)고 한다. 미발의 때는 아직 인욕의 작위가 있지 않으므로 "혼연 천리로서의 하늘의 성"(상159)이다. 이러한 천성은 외물과 만나면 곧바로 정으로 발한다.

> 사람이 태어나서의 고요함(靜)은 외물에 대한 느낌이 없을 때이고, 외물에 느껴서 동함은 곧 理之發이다.[682]

사람은 누구나 천지의 중덕을 받은 성선이고, 때문에 외물에 대한 느낌의 순간은 모두 천리의 발인 것이다. 느낌 이전 혹은 생각 이전을 이미 오염된 것이라 할 수는 없다.

정의 불중절, 마음의 불선은 성·정 자체는 아니다. 불선을 만드는 것은 나의 사심이며 내가 야기하는 것이다. "말하고 보고 듣고, 생각하고 동작하는 것은 모두 천리이며, 그 순탄하게 발해서 나온 것은 당연의 이치가 아님이 없다." 하물며 "망이라 하더라도 천리가 아님이 없으며, 다만 그 발의 지점이 제자리를 찾지 못했을 뿐"이다.[683]

정은 외물을 비추는 거울과 같을 뿐이다.(하76) 이 즈음을 『대역』에서는 "无爲(변함없음, 작위가 없음)"라 하며 곧 "작위가 없으니, 적연히 부동하고 느껴서 통한다. 이는 억지로 질주하지 않아도 빠른 것"[684]이다. 장재는 여기에 다음과 같이 주석을 붙인다.

> 사람의 몸에 비유하면 사체는 모두 一物이니 그러므로 감촉하면 깨닫지 않음이 없다. 이는 心을 여기에 이르도록 기다린 뒤에 깨닫는 것이 아니다. 이것이 주역의 "感而遂通(느끼면 통함)"이니, 즉 "일부러 행하지 않아도 이르고(不行而至)" "억지로 질주하지 않아도 빠르다(不疾而速)"고 함이다.[685]

마음이 외물에 느끼고 깨닫는 것은 억지로 하고자 함이 아닌 마음의 자연스런 현상이다.(상124) 외물과 감통하지 못할 사람은 없다.

퇴계는 칠정을 "기의 발"이라 하는데 그렇다면 천명지성의 중화 및 달도도 기에서

---

682) 人生而靜, 天之性者, 言人生之初, 未有感時, 便是渾然天理也. 感物而動, 性之欲者, 言及其有感, 便是此理之發也.(『문집』권42, 「答胡廣仲 5」, 1901쪽)

683) 皆天也. 言·視·聽, 思慮·動作, 皆是天理. 其順發出來, 無非當然之理. …雖是妄, 亦無非天理. 只是發得不當地頭.(『어류』권95, 端蒙150, 3223쪽)

684) 易, 无思也, 无爲也, 寂然不動, 感而遂通. …唯神也, 故不疾而速, 不行而至.(『주역』「계사상」제10장)

685) 譬之人身, 四體皆一物, 故觸之而無不覺, 不待心使至此而後覺也, 此所謂感而遂通, 不行而至, 不疾而速也.(『근사록』권1, 「도체」49. 『장재집』「횡거역설, 계사상」)

발함이 되고 만다. 기에서 발한 것이 중・화로서의 천지의 "위・육"을 담당할 수는 없다. 정자가 "성의 욕구"를 "리의 발"이라 한 것은 "미감, 미발"에는 누구나 천지의 중덕을 받았기 때문이다. 이 즈음 스스로 사심이 없는 경우라면 누구라도 리의 발인 것이다.

"리의 무정의, 무조작"은 감정 및 조화가 없다 함이 아니다

리는 과연 '감정(칠정, 사단)'이 없고 '조작 혹은 조화'(창조)도 없는가? 느낌 및 조작・조화는 기임이 분명하다. 그렇지만 만약 리가 진실로 느낌과 조화가 없는 것이라면 그것은 세계 혹은 마음 외부(사단)에 드러나지 않아야 한다. 풍우란 등 근래 학자들이 리는 '감정도 없고 조화도 없다'686)고 함은 아래 『주자어류』를 깊이 오독한데서 기인한다.

> 기는 능히 응결하고 조작하지만, 리는 도리어 이러한 情・意에도 [변함]없고 계탁에도 [변함]없고 조작에도 [변함]없다. 단 이 기의 응취한 곳에 리는 곧바로 그 가운데 있을 뿐이다.(하121)687)

학자들은 이곳 "無情・意, 무조・작"을 해독해서 리는 '情도 意도 없고 조작도 없다'고 주장한다. 정・의・조・작은 기이다. 주희는 먼저 기의 정의・조작을 말하고 이어서 리는 "도리어" 이러한 기와 다르다고 한다. 무엇이 다른가? 주희는 위 문장에 이어 "리는 단지 정결 공활의 세계로서 형적이 없으며, 그것은 오히려 조작할 줄 모른다"688)고 한다. '조작할 줄 모른다'고 함은 '조화의 유행이 없다' 함이 아니다.

공자의 태극에 대해 주희는 "태극은 동정이 있으니 천명의 유행이 이것이다",(하195) "實理의 유행"689)이라고 한다. 고봉은 만약 동정과 유행이 없다면 태극은 기의 "혹이 되고 만다"(하196)고 하여 태극은 '작위 없음'이 아니라고 한다.

---

686) 학자들은 모두 "리의 무정의, 무조작, 무계탁"을 해석해서 리는 감정도 조화도 없는 것이라고 한다. 풍우란, 『중국철학사』하, 박성규 역, 까치, 541쪽. 노사광, 『중국철학사』, 이인재 역, 탐구당, 335쪽. 진래, 『주희의 철학』, 안재호 역, 예문서원, 58・253쪽.

687) 蓋氣則能凝結造作, 理却無情意, 無計度, 無造作. 只此氣凝聚處, 理便在其中.(『어류』권1, 僴13, 116쪽)

688) 若理, 則只是個淨潔空闊底世界, 無形迹, 他却不會造作.(위와 같은 곳, 아랫줄)

689) 주희는 『통서』 "大哉易也", "至易" 주석에서 각각 "陰陽交錯이며 實理의 流行이다", "實理의 自然이니 故로 易이다"고 한다. (『통서주』 「誠下」제1・2, 98・99쪽)

"無極而太極"(태극의 해설)은 마치 '함이 없으면서도 함'과 '궁구함이 없으면서도 다다름'과 같고 또 마치 '변함이 없는 함'과 같으니, 이 모두는 어세의 당연함이다.(주희)(하193)

"어세의 당연"이라 함은 그 말이 치우치거나 막힘이 없는 사실 그대로를 말했다는 뜻이다. 이는 장재의 말과 같다. "하나이므로 神이다. 사람 몸에 비유하면 四體는 모두 一物이니 그러므로 감촉하면 깨닫지 않음이 없다. 이는 心을 여기에 이르도록 기다린 뒤에 깨닫는 것이 아니다. 이것이 『역전』 '感而遂通(느끼면 즉시 통함)'이니, 즉 '일부러 행하지 않아도 이르고(不行而至)' '억지로 질주하지 않아도 빠르다(不疾而速)'고 함이다."690) 사람 마음이 외물에 접해서 느끼고 깨닫는 것은 억지 행위가 아닌 마음의 자연스런 현상이다. 외물과 감통하지 못할 사람은 없을 것이기 때문이다. 외물에 느껴서 나온 마음이 곧 감정이다. 이러한 감정의 일은 사람이라면 누구나 있는 자연스런 현상으로, 억지로 느끼고자 해서 나오는 것이 아니다. 이를 고봉은 "人生에 있어 감물로 성의 욕구가 나오는 것은 理之發이며, 이는 自然之理이다"(상107)고 한다.

주희는 『통서』 "誠은 無爲이다"에 다음과 같이 주석을 단다.

實理의 스스로 그러함이니 어찌 작위가 있으리오(何爲之有). 즉 태극이다.691)

리는 밖으로 발현해서 감정으로 드러나도 변질이 생기지 않는다. 주희는 "희노애락 미발도 태극이고, 희노애락 이발도 태극이다"692)고 한다. 이와 같이 "무위"의 뜻은 칠정으로 발현해도 '변질이 없다' 함으로, '함이 없다'는 뜻이 아니다.

반면 퇴계는 주희의 "무정의, 무조작"을 '리의 체'라 하면서 '함이 없는(無爲) 것'이라 한다.

"정의와 조작이 없음"의 것은 리 본연의 체로서 …무위이다.(하208)

즉 퇴계는 리를 체·용으로 나누고, 무정의·조작의 '無'는 "본체로서의 무위의 死物"(같은 곳)이라 한 것이다.

---

690) 譬之人身, 四體皆一物, 故觸之而無不覺, 不待心使至此而後覺也. 此所謂感而遂通, 不行而至, 不疾而速也(『근사록』권1, 「도체」49. 『장재집』, 「횡거역설, 계사상」)

691) 實理自然, 何爲之有, 卽太極也(『通書注』, 「誠幾德」제3, 100쪽)

692) 喜怒哀樂未發, 也有個太極, 喜怒哀樂已發, 也有個太極(『어류』권94, 무명30, 3124쪽)

반면 고봉은 체가 아닌 '리의 용'으로 논한다. 고봉은 리용을 "본체의 유행이 마치 해가 下土에 두루 비춤과 같다"(하120)고 하면서 그것은 "해가 만고에 항상 새롭다"(하119)와 같다고 한다. 즉 "무정의, 무조작"의 뜻은 리가 작용으로 발한다 해도 그것은 만고에 변함없는 "自若"(하120)이며, 때문에 "그 발현자", "기의 응취처"(하120)라 한 것이다. 주희의 "정의·조작에도 변함없다"고 함은 기의 정의·조작의 응취처라 해도 리는 스스로 자약으로서의 '변질이 없다' 함이다.

92

리는 시공에서 스스로 발하며, 神의 묘용이다

리는 감정의 미발과 이발, 마음과 외물, 나와 타인, 시간과 공간을 막론하고 스스로의 公理로 자존하며 또 어디에 있든 변질이 없다. 주희는 리는 '체용이 있다'고 하면서 스스로 '능동으로 발한다'고 한다. 리는 체용을 다함으로써 그 온전을 이룬다.

> 태극은 동정을 머금는다(含) 함이 가하다[자주; 본체로 말했다]. 태극은 동정이 있다(有) 함이 가하다[자주; 유행으로 말했다].693)

태극의 리는 스스로 작용이 "있고" 또 스스로 동정이 "가능"하다. 이렇게 함께 체용으로 논하지 않으면 리는 마음 혹은 형이상에 치우친 '작은 리'가 되고 만다. 고봉이 무극이태극에 대해 "그것은 마치 '함이 없으면서도 함' '궁구함이 없으면서도 다다름'과 같고 또 '변함이 없는 함'과 같으니, 이 모두는 어세의 당연함이다. 주자는 極자를 '無爲'와 같은 뜻이라 한다"(하193)고 한 이유이다. 주돈이는 『통서』에서 "誠은 無爲(억지함이 없음)이다"고 하는데, 주희는 여기에 "實理의 자연이니 무슨 작위가 있겠는가. 즉 태극이다"694)고 주석한다. 『통서』 "무위"는 『대역』의 말이다.

> 易은 억지 생각도 없고(无思) 억지 작위도 없다(无爲). 적연히 부동하고(寂然不動) 감하면 즉시 통하니(感而遂通) 천하의 至神이 아니라면 누가 능히 이러함에 참여하겠는가.695)

---

693) 蓋謂太極含動靜則可[以本體而言也]. 謂太極有動靜則可[以流行而言也].(『문집』권45, 「答楊子直」1, 2072쪽)

694) 誠, 無爲.(『통서주』, 「誠幾德」3) 주희주; 實理自然, 何爲之有. 卽太極也.(100쪽)

역의 태극은 억지로 그렇게 행하고자 해서 만물과 감통하는 것은 아니다. 태극은 "무위"로서 억지의 작위가 없다. 무극이태극으로서의 태극은 "변함이 없는 변함"이며 "궁구함이 없어도 스스로 다다른다." 이는 어세의 당연함이며 "실리의 스스로 그러함"일 뿐이다. 감정 미발에는 적연히 부동하지만 외물에 느끼면 자연히 감통하니, 이는 천하의 "지극한 신(至神)"의 그러함이다. 장재도 다음과 같이 말한다.

> 하나이므로 神이다. 사람 몸에 비유하면 四體는 모두 一物이니 그러므로 감촉하면 깨닫지 않음이 없다. 이는 心을 여기에 이르도록 기다린 뒤에 깨닫는 것이 아니다. 이것이 역의 "感而遂通(느끼면 즉시 통함)"이니 곧 "일부러 행하지 않아도 이르고(不行而至) 억지로 질주하지 않아도 빠르다(不疾而速)" 함이다.[696]

때문에 주희는 주돈이의 "감이수통은 神이다" 아래에 다음과 같이 주석을 단다.

> 본래 그러하지만 아직 미발인 것은 실리의 체이고, 善으로 응해서 헤아릴 수 없는 것은 실리의 용이다.[697]

이것이 바로 주희의 "태극의 동정이 있음은 천명의 유행이며 이는 '일음일양 양상을 도'라 함"(하195)[698]이다. 태극은 "不動 不靜이 아니다. 物은 不通이지만 神妙는 만물에 통한다"(하198)는 것이다.

신묘가 동정으로 만물에 통한다 함은 기의 동정을 말함이 아니다. 주희는 이때의 동정을 "형이상의 리를 말함이다",[699] "이 神이 곧 리"[700]라고 한다. 만물에 감통하는 것은 리로써 가능하다. 감통하는 지신의 것은 실리의 자연이며 실리의 유행이다. 단 "발한 것은 미묘해서 보기 어려우나"(하192)[701] 그러나 이는 『대역』 "至神"이며, 리 자신의 묘용(전체)일 뿐이다.

---

695) 易, 无思也, 无爲也, 寂然不動, 感而遂通天下之故, 非天下之至神, 其孰能與於此(「계사상」 제10장)

696) 譬之人身, 四體皆一物, 故觸之而無不覺, 不待心使至此而後覺也, 此所謂感而遂通, 不行而至, 不疾而速也.(『근사록』권1, 「도체」49. 『장재집』, 「횡거역설, 계사상」)

697) 本然而未發者, 實理之體, 善應而不測者, 實理之用.(『통서주』「聖」4, 101쪽)

698) 太極之有動靜, 是天命之流行也, 所謂一陰一陽之謂道.(「태극도설해」, 72쪽)

699) 動而無動, 靜而無靜, 非不動不靜, 此言形而上之理也.(『어류』권94, 端蒙181, 3160쪽)

700) 神卽此理也.(『어류』권94, 寓185, 3161쪽)

701) 誠, 無爲, …發微不可見, 充周不可窮之謂神.(『근사록』권1, 「道體」2. 『통서주』「誠幾德」3, 100・101쪽) 고봉은 이를 "리도설"로 인용한다.

93

『대학, 정심장』"하나라도 두어서는 안 됨(一有之)"과 『맹자』 "아침 기운"은 종지가 같다

퇴계는 『대학, 정심장』 "一有之而不能察(선입의 감정을 하나라도 두거나 능히 살피지 못하면)" 을 『중용』 칠정의 일로 여기고, "칠정은 마음에 하나라도 두어서는 안 되는 것"(상27) 으로 읽는다. 즉 칠정은 "형기의 발동"(상24)이므로 결코 두어서는 안 된다는 것이다.

퇴계의 이러한 논변은 「정심장」 종지에도 맞지 않거니와 『중용』 칠정의 일이라 할 수도 없는, 두 설이 마구 혼동된 것이다. 『중용』 칠정은 "천명 및 중화"의 일이고, 『대학, 정심장』은 미발·미감의 "존양의 일"702)이다. 먼저 해당 「정심장」 본문을 보자. 주희 본주이다.

> '노'는 심의 작용이며 사람에게 없을 수 없는 것이다. 그런데 '하나라도 두거나 살피지 않으면'(상123) 욕구가 動하고 情이 심을 이기게 되어(欲動情勝) 그 작용의 행함도 바름을 잃지 않을 수 없게 되고 만다.703)

희노는 심의 작용이다. 심의 작용인 희노는 사람에게 없을 수 없는 자연의 것이다. 단, 이 장은 작용을 논함이 아니다. "正心(마음을 바르게 함)"장 종지는 심의 작용 이전, 즉 심이 외물을 접하기 전(본체) 나의 사사로운 감정을 먼저 두어서는 안 된다 함이다. 먼저 두면 외물과 상관없는 나의 감정이 먼저 있게 되고 그래서 그 감정이 미발 심 체를 이기게 되어 결국 심은 "그 바름을 잃게 된다(不得其正)"고 함이 이 장 종지이다. 심체는 어떠해야 그 바름을 얻는가? 고봉은 다음과 같이 말한다.

> 이 장의 종지는 사람 마음으로 하여금 "그 바름을 얻음(得其正)"이 마치 거울의 空, 저울의 平 과 같이 해서 마음이 외물에 감응할 즈음 그 응함이 모두 중절할 수 있게 하기 위함이다.(하76)

이 장은 '정심'을 위함이다. 정심을 위해서는 마음이 외물에 접하기 전 마치 거울 이 외물을 가감 없이 그대로 비출 수 있음과 같이 비워두어야 한다. 이로써 마음 '본

---

702) 問, 誠意·正心二段, 只是存養否? 曰, 然.(『어류』권16, 寓160, 541쪽)

703) 忿懥, 怒也. 蓋是四者, 皆心之用而人所不能無者. 然一有之而不能察, 則欲動情勝, 而其用之所行, 或能不失其正矣.(『대학, 제7장』, 정심장)

체'는 거울의 공이 되고, 비로소 '작용'에서 외물을 그대로 비추어, 마음은 그 본연의 "바름을 얻는다." 따라서 外感 이전 나의 감정을 먼저 두어서는 안 된다. 주희는 말한다.

> 사람의 一心은 湛然의 虛明이 마치 거울의 空, 저울의 平과 같아서 一身의 주인으로 삼는 것이니 진실로 그 眞體의 본연이다. …그 未感의 때에는 至虛・至靜하니 이른바 鑑空과 衡平이 體이다. …급기야 感物 즈음 그 應하는 바의 것 역시 모두 중절하니, 즉 거울의 空 저울의 平의 用이다. 流行・不滯하여 정대 광명하니 이것이 천하의 달도이다.704)

외물에 대한 느낌이 없을 때 거울과 저울의 공・평이 심의 체이다. 급기야 감물해서 중절이 된 공・평의 것이 곧 심의 용이다. 심은 공・평의 체용을 갖추어야만 "그 바름을 얻었다"고 할 수 있다. 이러한 체용을 얻기 위해 주희는 "일유지이불능찰"이라는 공부 방법을 제시한 것이며, 만약 하나라도 두거나 혹은 잘 살피지 못하면 심은 체・용에서 정심을 얻지 못하여 결국 '부득기정'이 되고 만다는 것이다. 주희는 이러한 정심의 '미감의 일'을 『맹자』 "평단지기"(「고자상」8)와 같다고 한다.

> 외물에 감하지 않았을 때는 심의 체이니, 寂然히 不動하여 마치 거울의 空, 저울의 平과 같다. 만약 흉중에 하나라도 不誠이 있으면 그 미감에 넷(희노우구)의 사사로움이 內에서 主가 되고 넷이 動하여 항상 그 절도를 잃는다. …맹자의 이른바 "平旦之氣"가 바로 이곳이다.705)

주희는 주석에서 "평단지기는 외물과 접하지 않았을 때의 淸明之氣를 이른다"706)고 한다. 즉 "아침 일찍 아직 외물의 일을 접하지 않은 그 기의 청명의 즈음, 이때 양심은 오히려 반드시 발현되어 있다."707) 이러한 평단의 양심을 해치지 않고 자기의 사사로운 마음의 감정을 먼저 두지 않는 일, 이러한 '미발 즈음의 공부'가 바로 정심인 존양의 일이다. 주희는 「정심장」 주석에서 "군자는 반드시 이곳을 살펴서 敬으로 直之해야 한다"고 하고 또 "평단지기"의 「고자상」에서도 "마음을 잡는 방법은 경으로 內를 直하게 하는 것 뿐"이라 한다.708) 미발 즈음 경으로 內心을 곧게 하는 공부를

---

704) 人之一心, 湛然虛明, 如鑒之空, 如衡之平, 以爲一身之主者, 固其眞體之本然. …故其未感之時, 至虛至靜, 所謂鑑空・衡平之體. …及其感物之際, 而所應者, 又皆中節, 則其鑑空・衡平之用, 流行不滯, 正大光明, 是乃所以爲天下之達道.(「대학혹문」하7, 534쪽)

705) 物之未感, 則此心之體, 寂然不動, 如鑑之空, 如衡之平. …苟其胸中, 一有不誠, 則物之未感, 而四者之私, 已主於內, 事之已至, 而四者之動, 常失其節. …孟子所論平旦之氣, 正謂此耳.(「문집」권51, 「答黃子耕」7, 2379쪽)

706) 平旦之氣, 謂未與物接之時, 淸明之氣也.(「맹자, 고자상」8)

707) 平旦未與物接, 其氣淸明之際, 良心猶必有發見者.(위와 같은 곳)

해야 한다. 미발이라 해도 이미 양심은 발현되어 있으니, 만약 단지 중화구설과 같은 "性"일 뿐으로 여기면 공부는 논하지 못함이 되고 만다.

94

리도설은 주희가 아닌 고봉의 설이다

"리"는 과연 '자신 스스로의 존재자'일 수 있는가? 스스로의 자존자가 아니라면 리는 마음 혹은 지식에 종속되고 만다. 종속된 리는 자존이라 할 수 없다. 고봉은 이 문제를 해결하기 위해 주희가 「무신봉사」에서 말한 "리도" 등을 통해 리는 스스로의 리이며 스스로 발하는 존재자임을 고찰하고자 한 것이다.

> 주자는 「무신봉사」에서 "理到之言"이라 했고, 주돈이의 『통서』 "발미불가견" 주석인 『통서註』 및 『어류』에서 "그 거주하는 바에 따라 리는 다다르지 않음이 없다(理無不到)"고 한다. 또 『대학혹문』과 『장구집주』에서도 '한 털끝만큼도 [리는] 다다르지 않음이 없는 곳(無不到處)'으로 말했다. 이러한 등의 언구로 반복해 구해보면 결국 '리'는 "그 극처의 다다름",(『대학혹문』) "극처의 다다르지 않음이 없음(無不到)"(『장구집주』)이라 했으니, 이와 같은 저의 뜻으로 해석해도 진실로 불가함은 없다 하겠다.(하192)

주희는 「무신봉사」에서 "오호라! 정호의 이 말이 참으로 '리도의 말'이라 할 수 있습니다. 애석하게도 그 말이 폐하께 들리지 못함이 있는 듯합니다"[709]고 하여 리도를 '틀림없는 말'이라 한다. 고봉이 이 말을 인용한 이유는 정호의 말뜻을 해석하기 위함이 아닌, 주희가 "리도"라는 말을 썼음을 상기하기 위함이다. 그렇다면 "리도(리 자신의 리)"는 『대학장구』의 "리"와 무엇이 다른가? 『장구』의 리는 '나와 사물과의 지식'의 일이므로 '리 자신'을 논함은 아니다. 과연 리 자신의 리, 즉 리도는 어떻게 논해야 하는가?

고봉은 다음으로 주돈이의 "발미불가견"을 살핀다. 왜냐하면 주돈이의 『통서』 "誠"이 곧 리이기 때문이다. "발미불가견" 조항은 다음과 같다.

> 발이 미묘해서 볼 수 없고, 두루 충만해서 궁구할 수 없음을 神이라 이른다.[710]

---

708) 君子必察乎此, 而敬以直之, 然後此心常存.(『대학, 정심장』, 주희주) 操之之道, 敬以直內而已.(『맹자, 고자상』8, 주희주)
709) 嗚呼! 此眞可謂理到之言, 惜乎其未有以聞於陛下者.(『문집』권11, 611쪽)

주돈이는 이어 "신"을 "적연부동은 誠이고, 감이수통은 神이다"고 하며 주희는 이를 "實理의 체와 實理의 용"711)이라 한다. 적연부동과 감이수통은 『대역』의 말이다. 『대역』에서 태극을 "질주하지 않아도 빠르다"고 하는데, 이를 주희는 "발의 미묘"의 뜻이라고 한다.

"발"은 動의 뜻이고, "미"는 幽의 뜻이다. 그것은 "질주하지 않아도 빠르다" 함이다.712)

결국 주돈이는 태극을 발의 미묘라고 한 것이다. 주희는 『통서』 "誠은 無爲이다"에 대해 "實理의 자연이니 어찌 작위가 있겠는가, 즉 태극이다"713)고 한다. 요컨대 "발의 미묘"는 '기'의 자연이 아닌 "실리의 자연"이며 리의 묘용이다.

고봉은 『통서주』 "그 거주하는 바에 따라 리는 다다르지 않음이 없다"를 통해 『대학』 "물격" 주석인 "리"를 '스스로의 리'로 고찰한다. "격물"과 "물격" 주석은 다음과 같다.

* 격물은, 사물의 '리(理)'를 궁지해서 그 극처는 '도달(到)'하지 않음이 없고자 함이다.
* 물격은, 物 '理'의 극처는 '도달(到)'하지 않음이 없음이다.714)

이곳은 "나의 知"와 '외물과의 관계'에서의 지식 논의이지만 분명히 "理" "到" 그리고 "리의 극처"를 말하고 있다. 이 극처가 바로 고봉이 말하는 "리도"의 '리'이며, 『혹문』 "그 극에 다다름(詣其極)"이다.

物格은, 사물의 리는 각기 그 極에 다다름에 남음이 없음을 이른다. 리가 物에 있음에 기왕 그 極에 다다라서 남음이 없다면 知의 나에 있음 역시 그 다다른 바에 따라 다하지 않음이 없음인 것이다.715)

여기서 "그 극에 다다름(詣其極)" "다다른 바(所詣)"가 곧 리의 "극처"이다. 그 극처에

---

710) 發微不可見, 充周不可窮之謂神.(『통서, 誠幾德』제3, 101쪽)

711) 寂然不動者, 誠也. 感而遂通者, 神也. 動而未形, 有無之間者, 幾也. 주희주; 本然而未發者, 實理之體. 善應而不測者, 實理之用.(『통서주, 聖』제4, 101쪽)

712) 言其發也微妙而不可見. …却是理如此.(『어류』권94, 端蒙153, 3153쪽) 發, 動也. 微, 幽也. 言其不疾而速.(端蒙154, 3153쪽)

713) 誠, 無爲. 주희주; 實理自然, 何爲之有, 卽太極也.(『통서주, 誠幾德』제3, 100쪽)

714) 格, 至也. 物, 猶事也. 窮至事物之理, 欲其極處無不到也.("격물"에 대한 주희주) 物格者, 物理之極處, 無不到也.("물격"에 대한 주희주)(『대학, 경1장』)

715) 物格者, 事物之理, 各有以詣其極而無餘之謂也. 理之在物者, 旣詣其極而無餘, 則知之在我者, 亦隨所詣而無不盡矣.(『대학혹문』상7, 512쪽)

다다라서 나머지가 없음은 '스스로를 완성한 리'이다. 나의 리와 외물의 리가 서로 일치한 것은 리 자신(自理)의 존재자가 있었기 때문이며, 따라서 『대학장구』의 "리" 역시 "리도"와 같은 뜻이라는 것이다.

고봉이 밝히고자 한 것은 리 자체이다. 리가 자립하지 못하면 결국 리라는 '옳음' 자신은 모호함이 되고 만다. 때문에 고봉은 리 자체를 밝히려 했고, 이것이 곧 주돈이의 "발의 미묘"인 "誠"의 리이다. 주돈이는 "誠을 無爲(변함없음)"라 하고 이 무위를 주희는 "무극이태극"으로서의 "함이 없는 함"이라 한다. 이를 고봉은 "리도"인 자립의 리라 한 것이고, 이것이 곧 「무신봉사」 "리도의 말"인 곧 완전을 갖춘 스스로의 리이다. 이는 주희의 설을 통해 고찰한 고봉의 '리도설'이다.

95
사물의 리를 하나씩 이해함으로써 물격은 징험된다

정주의 철학사상을 크게 둘로 대별하면 하나는 '성정학'이고 하나는 '격물치지학'이라 하겠다. 전자는 '마음공부'의 일이고, 후자는 '학문지식'에 관한 일이며, 이 둘은 반드시 구별해서 이해해야 한다. 이 둘을 처음으로 명확히 구별한 사람은 정이천이다.

> 함양(공부)은 마땅히 경으로 해야 하고(涵養須用敬), 학문의 진보라면 치지(앎을 이룩함)함에 달려있다(進學則在致知).[716]

지식은 내가 하나하나 쌓아 이룩해야 할 일이다. 주희는 성정에 관해 「이발미발설」에서 "경영(營)과 지식(知)으로 교묘히 '하고자 함(欲)'의 생각이 없기 때문에 中에서 멀지 않을 뿐이다"[717]고 하여 '하고자 함(欲)'이 없어야 한다고 한다. 반대로 "앎(知)"의 지식은 "궁구(窮)"로 찾아야 한다. 격물은 쌓아야 할 "窮理"인 "지식"의 "하고자 함"이고, 성정은 '하고자 함'이 없어야 중절할 수 있다.

> "격물치지"는 그 사이의 절차와 진보처일 뿐이다.[718]

---

716) 涵養須用敬, 進學則在致知(『정씨유서』권18, 28조, 188쪽. 『문집』권67, 「이발미발설」, 3268쪽)

717) 無營欲知巧之思, 故爲未遠乎中耳.(『문집』권67, 「이발미발설」, 3268쪽)

격물 이후 물격을 이루니, 이는 절차의 순서가 있고 이로써 학문의 진보를 이룸이 가능하다. 주희의 "치지·격물"과 "물격·지지" 주석을 보자.

1) 致知; 나의 앎을 미루어서 그 아는 바를 다하지 않음이 없게 '하고자 함'이다.
2) 格物; 사물의 리를 궁구해서 그 극처는 도달하지 않음이 없게 '하고자 함'이다.
3) 物格; 물리의 극처는 도달되지 않음이 없음이다.
4) 至知; 내 마음의 아는 바는 다하지 않음이 없음이다.[719]

이러한 "일은 선후" 순서가 있는데 "먼저(先)" 나의 앎을 "지극히 하고자 함"이 있어야 한다.(「경1장」) 그러기 위해서는 "사물에 붙여서 그 사물의 리를 궁구(即物而窮其理)"(「보망장」)해야 한다. 주희는 말한다.

옛날 이선생(이동)의 "문자를 이해함에는 마땅히 一件을 融釋(해결됨)한 후 다시 一件을 이해해야 한다"는 설을 보았는데, 융석이라는 두 글자가 극히 좋다. 이는 이천의 "오늘 一件을 格(궁구)하고 내일 또 일건을 格하여 格이 많은 후에 스스로 탈연한 관통처가 있을 것"이라 함과 같다.[720]

문자를 이해하고 혹은 사건을 처리하는 일 등은 스스로 저절로 해결되지는 않는다. 이 일은 자신이 직접 힘써서(궁구해서) 처리하지 않으면 해결될 수 없다. 주희는 "그 리를 궁구함에 먼저 하나의 일을 해결(融釋)한 연후에 그 뒤의 순서와 차례도 조금의 진전(진보)이 있을 것이다"[721]고 한다.

무릇 천하 사물에 붙여(即) 그 이미 알고 있는 리에 인해서 더욱 궁구하고 그 극에 다다를 것을 구해야 한다. 힘쓰는 일이 오래되면 어느 날 활연히 관통하게 될 것이니, 이를 "물격"이라 하고 "앎이 지극해 졌다(知至)"고 함이다.[722]

---

718) 格物致知, 乃其間節次進步處耳.(『문집』권43, 「答林擇之」19, 1979쪽)

719) 推極吾之知識, 欲其所知無不盡也.("치지"에 대한 주희주) 窮至事物之理, 欲其極處無不到也.("격물"에 대한 주희주) 物理之極處, 無不到也.("물격"에 대한 주희주) 吾心之所知, 無不盡也.("지지"에 대한 주희주)(『대학, 경1장』)

720) 舊見李先生說, 理會文字, 須令一件融釋了, 後方更理會一件, 融釋二字下得極好. 此亦伊川所謂今日格一件, 明日又格一件, 格得多後, 自脫然有貫通處.(『어류』권104, 大雅7, 3428쪽)

721) 以究其理, 待此一事融釋脫落, 然後循序少進.(『대학혹문』하4, 532쪽)

722) 即凡天下之物, 莫不因其已知之理而益窮之, 以求至乎其極. 至於用力之久而一旦豁然貫通焉, …此謂物格, 此謂知之至也.(『대학장구, 전5장』)

나의 "앎을 이루기(致知)" 위해서는 반드시 "사물에 붙여 나아가 그 리를 궁구"해야 한다. 궁구함으로써 나의 앎의 리와 외물의 리는 표리정조가 관통하게 되어 결국 나의 지식은 이룩된다. 이것이 "物格"이며 "知至"이다. 따라서 융석 탈락의 투탈한 관통처는 격물이 쌓인 이후라야 가능하다. 고봉은 "영롱하고 투탈하게 해야 한다고 함은 곧 '융석 탈락'의 의미와 같다"(하194)고 한다. 이러한 과정을 통해서 마음의 전체 대용은 드러날 수 있다.

96
"리의 무정의·조작"은 격물치지 및 리도설과 관련이 없다

주희의 "리의 무정의·무조작"은 리는 어디에 있든 '변질없는 자약'이라 함이고, "격물치지"는 앎의 '지식론'이며, 고봉의 "리도설"은 '리 자신에 대한 논증'이다. 퇴계는 이 3설을 각각 분석하지 않는다.
고봉은 "리도"에 대해 다음과 같이 말한다.

> 주자는 "理到之言"(틀림없는 말)이라 하고, 또 "그 거주하는 바에 따라 리는 '다하지 않음이 없음(無不到)", "한 털끝만큼도 [리]는 도달하지 않음이 없는 곳(無不到處)"이라 한다.(하192)

인용한 주희의 "到"자 세 곳은 "리는 다하지 않음이 없음"의 '완전함'의 뜻이다. 요컨대 "리도"는 스스로의 '자립하는 리'이다.
한편 "격물·치지"는 "앎(知)"의 '지식설'이다. 『대학, 경1장』 "치지"와 "지지" 장구 주석을 보자.

> 致知; 나의 앎을 미루어서 그 아는 바를 다하지 않음이 없게 '하고자 함'이다.
> 至知; 내 마음의 아는 바는 다하지 않음이 없음이다.[723]

"격물"은 사물의 리를 궁구해서 나의 "앎(知)"을 다하고자 함이고, "물격"은 나의

---

723) 推極吾之知識, 欲其所知無不盡也.("치지"에 대한 주희주) 吾心之所知, 無不盡也.("지지"에 대한 주희주)(『대학, 경1장』)

리와 사물의 리가 혼연으로 일치해서 이로써 나의 "앎"은 다하지 않음이 없음이다. 이는 '지식의 성취과정'을 논함이다.

한편 주희의 이른바 "리의 무정의·계탁·조작"은 리는 기 혹은 어느 시공에 존재해 있든 스스로 자약일 뿐 조작이 없다 함이다. 혹자가 "리기 선후"에 대해 묻는다.

> 이렇게 설할 수 없다. …미루어 구할 수는 없지만, 그러나 뜻으로 헤아려보면(意度) 아마 이 기는 이러한 리를 의거해서 행한다고 하겠다. …기는 응결·조작이 가능하나, 리는 도리어 정의(情意)에도 [변함]없고 계탁(計度)에도 [변함]없고 조작(造作)에도 [변함]없다. …리는 단지 정결 공활의 세계로서, 형적이 없으니 그것은 조작할 줄 모른다.[724]

답변은 리기를 선후로 논해서는 안 된다 함이다. 왜냐하면 리가 설사 기에 있다 해도 자신은 변질이 없는 "정결 공활의 세계"이기 때문이다.

그런데 퇴계는 이 3설의 다른 가리킴을 혼용한다. 퇴계 답변을 보자.

> 전에 황이 잘못된 설을 고집했던 이유는 단지 주자의 "리는 무정의, 무계탁, 무조작이다"는 설을 지킬 줄만 알고, 이로써 내가 "물리의 극처"에 '窮到'할 수 있는 것이지 리가 어떻게 능히 "극처"에서 나에게 '自至'할 수 있겠는가, 라고 여겼기 때문이었다.(하200)

이 논변은 고봉의 질문 내용과 다르다. "리의 무정의·무조작"은 리가 스스로 '나에게 다가옴'의 일이라 할 수 없다. 만약 '리가 스스로 다가옴'이라 하면 나의 격물에서 "吾之知"(「보망장」)의 리는 부정되고 만다. 심지어 퇴계는 "리의 무정의·계탁"을 리 본체로 인용한다.

> "정의·조작이 없음"은 '리 本然의 體'이고, 그 "거주함에 따라 발현하여 도달하지 않음이 없음"(고봉은 '모두 다함'의 뜻임)은 '리 至神의 用'이다. 지난번에는 단지 본체의 無爲만 보고 妙用이 능히 顯行한다는 것을 알지 못했으니 이는 자못 리를 인식하기를 死物로 여김과 같다.(하208)

무정의·조작은 리 본체이고, 무불도는 리의 작용이라 함이다. 즉 본체는 무위의 死物인데, 그 작용이 현행한다. 이와 같다면 무의 死物이 작용으로 현행함이 되어 체용이 어긋나게 되고 만다. 더구나 "무정의·무조작은 리 본연의 체"라 하면 『노자』

---

724) 或問先有理後有氣之說. 曰, 不消如此說. …皆不可得而推究. 然以意度之, 則疑此氣是依傍這理行. 及此氣之聚, 則理亦在焉. 蓋氣則能凝結造作, 理却無情意, 無計度, 無造作. …若理, 則只是個淨潔空闊底世界, 無形迹, 他却不會造作.(『어류』권1, 僴13, 116쪽)

'유·무론'에 빠지고 만다. 무와 유를 체·용으로 논할 수는 없다. 설사 본체라 해도 무(사물)라고 할 수는 없다.

퇴계는 이 3설을 인용해서 '리가 스스로 나에게 도달한다'고 하지만 이는 노자와 같고, 고봉의 의도도 아니며, 주희의 용어·용법과도 어긋난다.

97
격물과 물격이 선후를 잃으면 非道가 됨

퇴계는 『대학』의 "격물"과 "물격"을 논하면서 선후를 뒤섞었고, 또 그 용어 및 용법도 매우 혼란으로 인용한다.

『대학, 경1장』은 "先後"를 말하면서 이러한 "선후를 알아야만 도에 가까울 수 있다(近道)"고 한다.

> 앎(知)이 그친(止) 이후 안정됨이 있다. …만물에는 근본과 말단이 있으며, 일에는 끝과 처음이 있으니, 이러한 선후를 알아야만 도에 가깝다 하겠다.725)

이곳은 "知"인 "知識"에 관한 일이다. 앎의 일은 "본말"과 "선후"가 있으니 이러한 본말과 선후를 잃지 않아야만 "道"가 선다는 것이다. "도"가 서기 위해 "먼저(先)" 우선해야 할 일이 "격물"이다. 이러한 "격물"로부터 "知至"까지를 주희는 아래와 같이 차례로 주석을 붙인다.

1) 格物; 사물의 리를 궁구해서 그 극처는 도달하지 않음이 없게 '하고자 함'이다.
2) 致知; 나의 앎을 미루어서 그 앎이 다하지 않음이 없게 '하고자 함'이다.
3) 物格; 물리의 극처는 도달되지 않음이 없음이다.
4) 知至; 내 마음의 아는 바는 다하지 않음이 없음이다.726)

격물은 치지를 위함이고, 치지의 목적은 물격인 知至이며, 결국 격물 이유는 知至

---

725) 知止而后有定. …物有本末, 事有終始, 知所先後, 則近道矣.(『대학, 경1장』)

726) 窮至事物之理, 欲其極處無不到也.("격물"에 대한 주희주) 推極吾之知識, 欲其所知無不盡也.("치지"에 대한 주희주) 物理之極處, 無不到也.("물격"에 대한 주희주) 吾心之所知, 無不盡也.("지지"에 대한 주희주)(『대학, 경1장』)

의 완성을 위함이다. 이러한 일은 반드시 "먼저 하고자 함(先…欲)"이 있고, 이후 "나의 지식이 다하지 않음이 없게" 되며, 이는 선후가 있다. 이 일의 완성이 바로 "앎의 그침"이다.

> 물격과 지지는 곧 앎이 그친(知止) 것이다.727)

격물·치지의 경과를 거친 뒤 비로소 처음 말한 "앎이 그친 이후 안정됨이 있다" 함이다. 이러한 선후를 통해 도에 가까워진다.

반면 퇴계의 경우 이와 다른데, 답변을 보자.

> 그 "격물"을 말한다면 곧 진실로 내가 "物理의 極處"를 "궁구함"을 말한 것이지만, 급기야 "물격"을 말한다면 곧 어찌 "물리의 극처가" 내가 궁구한 바에 따라 [스스로 나에게] "無不到함"을 이름이 아니라 하겠는가.(하207)

이 답변은 격물인 "하고자 함(欲)"이 없이 곧바로 '극처'를 말한 것이다. 그러나 주희의 격물은 '그 극처의 달성됨을 위한, 하고자 함'이다. "欲"은 그 극처를 얻기 위함이고, 아직 그 극처를 얻은 것이 아니다. 퇴계는 "내가 물리의 극처에 到할 수 있다", "내가 到한다"(하200)고 하지만, 주희의 '到'자는 "無不到(모두 달성·도달한 곳)"인 물격이다.

이어 퇴계는 물격에 대해 "물리의 극처가 나에게 無不到함(도달하지 않음이 없음)"이라 하지만, 이는 이미 '모두 도달한', 곧 "앎이 완성된(知至)" 일이다. 즉 이곳은 나의 리와 사물의 리가 "활연관통해서 혼연일치가 된 곳"(『대학혹문』. 「보망장」)이다. 다시 말해 "무불도"는 활연관통의 혼연일치된 장소이다. 고봉의 "리도설"이 이것이다. 반면 퇴계는 '리가 스스로 나에게 다가온다'고 하면서 이를 "리도"로 이해한 것이다.

이상 퇴계의 논변은 고봉의 "물격" 의미도 아니고, 주희 "격물·물격"의 설과도 다르며, 더구나 용어·용법도 전혀 다르다. 이는 고봉의 「문목」인 "리도"에 답변하면서 그 용어 및 본의를 고찰하지 않고 자의적으로 선후를 혼합 인용함에서 생긴 매우 심각한 오류이다.

---

727) 物格知至, 則知所止矣.("물격" 조항 아래 붙은 주희주)

98

리를 自到, 自用이라 하면 노자가 됨

퇴계는 "리의 自到"(하201·205·206) "리의 自用"(하205·208)이라 한다. 고봉도 리를 "到" "用"라 했지만 이는 퇴계의 답변 의미와 전혀 다르다.

고봉의 "리도"는 "리도의 말"(하192)과 "리는 달성되지 않음이 없음"(하192)인 곧 '완전함, 거짓없음'의 뜻이다. 또 고봉의 "리용"은 "태극은 동정을 머금음이 가능함(자주; 본체로 말했음), 태극은 동정 있음이 가능함(자주; 유행으로 말했음)"728)으로, "태극은 동정이 있으니 천명의 유행이 이것이다(하195)"와 같다. 이상은 퇴계에게 보낸 「문목」에서 밝힌 내용이다.

퇴계는 이와 전혀 다르다. '리도' 답변을 보자.

> "물격"을 말한다면 "物理의 極處가" 내가 궁구한 바에 따라 [스스로 나에게] "도달하지 않음이 없음(無不到)"을 이른다.(하207)

하지만 주희의 격물은 "事物의 리를 궁구해서 그 극처는 달성되지 않음이 없게 하고자 함"이고, 물격은 "物理의 극처는 달성되지 않음이 없음"이다. 앞은 '하고자 함(欲)'이고 뒤는 '달성된 곳'이다. 퇴계는 '달성된 곳, 거짓없는 리'를 글자 그대로 해석한 것이 아닌, 오히려 "무불도의 곳"이 스스로 살아서 나에게 '다가온다' 함이다. 이어 퇴계는 말한다.

> 이로써 "정의·조작이 없음"의 것은 '리 本然의 體'이고, 그 "거주함에 따라 발현하여 도달하지 않음이 없음(무불도)"의 것은 '리의 至神의 用'임을 알 수 있겠다. 지난번에는 단지 본체의 無爲만 보고 妙用이 능히 顯行한다는 것을 알지 못했으니 이는 자못 리를 死物로 여김과 같다.(하208)

고봉이 말한 "달성되지 않음이 없음"의 뜻은 '완전한 리'인 곧 "리도"의 뜻이었다. 반면 퇴계는 "지신의 묘용이 현행함"으로 인용한 것이다. 또 고봉의 "리는 정의·조작에도 변함없음"(하121)은 리는 어디에 있어도 스스로 변함없는 "자약"(하119)이라 함이다. 주희의 "지신" "리의 묘용"은 '리 본연'의 것일 뿐, 체용의 작용이 아니다. 이

---

728) 太極含動靜則可.[자주; 以本體而言也] 謂太極有動靜則可.[자주; 以流行而言也](『문집』권45, 「答楊子直」1, 2072쪽)

는 "실리의 自然"으로서의 태극 묘함의 '妙然'이다. '할 수 있음'의 체가 '함'의 용이 되어야 체용이 어긋나지 않으며, 체용을 포괄할 수 있어야 리는 "묘용"이 가능하다.

퇴계는 리의 "체·용"에서 그 체는 '死物', 그 용은 '도달하는 현행'이라 하지만, 체용은 '설'일 뿐 실체의 리가 아니다. 체용이라는 설이 곧 작용이 있다 해서는 안 된다. 리(實理)가 있고 이후 여기서 '체용의 설'이 가능하다. 장재는 『노자』의 "유무"는 체용에 들어맞지 않는다고 한다.

> 만약 '虛가 능히 氣를 생한다'고 하면 虛는 무궁이 되고 氣는 유한이 되어 체용이 끊기게 된다.729)

유는 무의 소생이 아니며, 따라서 있음과 없음을 체용으로 논하면 체용이 끊기게 되고 만다. 체용을 무궁과 유한이라 할 수는 없다. 정이천도 『노자』를 비판해서 "노씨의 '虛가 氣를 낳는다'는 말은 잘못이다. 음양과 열리고 닫힘은 본래 선후가 없다"730)고 한다. 주희도 다음과 같이 말한다.

> 노자의 이른바 "物은 有에서 생하고, 有는 無에서 생한다"고 함은 '조화를 시종이 있음'으로 여긴 것으로 이는 「태극도설」과 정 남북이다.731)

태극의 리는 무(없음의 死物)에서 생긴 것이 아니다. 만약 퇴계와 같이 본체를 "무위", 작용을 "현행"이라 하면 死物의 無爲가 본체가 되고 현행의 유행이 작용이 되어 체용이 어긋나게 되고 만다. 때문에 고봉은 「태극도설」의 "태극"을 다음과 같이 논한다.

> 주자는 「답육자정」서에서 "無極而太極은, 그것은 마치 '함이 없으면서도 함'과 '궁구함이 없으면서도 다다름'과 같고 또 마치 '변함이 없는 함'과 같으니, 이 모두는 어세의 당연함이다"고 한다. 주자는 '極(무극·태극의 극자)자를 '無爲(변함없음)'와 같은 뜻이라 했는데 그렇다면 그 해석의 의미 역시 알 수 있겠다.(하193)

무극이태극은 "태극"의 실체에 대한 해설이며, 그 의미는 "변함이 없는 함(無爲之爲)"과 같다. 이러한 實理의 무위가 먼저고 여기에 체용의 '설'이 있다. 따라서 "체용"이 직접 실체이거나 활물일 수는 없는 것이다. 퇴계는 리를 "無而有, 虛而實"(상301·314)

---

729) 若謂虛能生氣, 則虛無窮, 氣有限, 體用殊絕.(『정몽, 태화1』5)

730) 老氏言虛而生氣, 非也, 陰陽開闔, 本無先後.(『정씨유서』권15, 124조, 160쪽)

731) 此一圖之綱領, 大易之遺意, 與老子所謂物生於有, 有生於無, 而以造化爲眞有始終者, 正南北矣.(『문집』권45, 「答楊子直」1, 2072쪽)

이라 하는데 이는 실체, 설, 형용 등이 구분되지 못했고, 또 리의 실체를 오히려 허혹은 유무로 논한 것으로, 주자학으로 보면 매우 불가한 일이다.

99

격물치지에서 심만 논하면 불학이 됨

『대학』의 이른바 "앎을 지극히 함(致知)"은 知識에 관한 일이다. 「격물치지 보망장」을 보자.

> 나의 앎을 다하고자 한다면 사물에 붙여서(卽) 그 리를 궁구해야 한다. 인심의 영험함은 앎이 있지 않음이 없고 천하 사물도 리가 있지 않음이 없으니 다만 그 리를 궁구하지 못해서 그 앎도 다하지 못함이 있을 뿐이다.732)

나의 마음은 본래 앎도 있고 리도 있다. 단 나의 지식을 이루기 위해서는 나를 사물에 붙여 천하의 리를 궁구함으로써 그 온전의 지식은 가능하다. 지식은 나와 외부 사물와의 관계에서 이룩되기 때문이다. 이는 깨달음의 일이 아니다. "이 장은 進學(학문의 진보)의 실효를 논한 것으로, 깨달음의 깊고 얕음을 논함이 아니다. '깨달음에 듦(悟入)' 이 2자는 석씨의 말인데, 氣象을 覺해서 여기에 들 수는 없다. 대학의 이른바 '知至・格物'은 깨달음에 듦을 말함이 아니다."733)

문제는 내가 사물의 이치를 알 수 있다면 그 지식은 나의 일이며, 외물의 리는 객체가 되어야 하지 않는가? 하지만 이렇게 논하면 이는 지식의 일이 아닌 깨달음의 일이 되고 만다는 것이다. 지식은 외부와 관계된 일이므로 둘 중 어느 하나에 치우쳐서는 안 된다는 것이다.

> 심이 비록 一身을 주재하지만 그 체의 허령은 족히 천하의 리에 관섭된다. 리도 비록 만물에 산재하지만 그 '[리]용의 미묘'는 一人의 심에서 不外하므로 따라서 처음부터 내외, 정조로 논해서는 안 된다.(하203)734)

---

732) 欲致吾之知, 在卽物而窮其理也. 蓋人心之靈, 莫不有知, 而天下之物, 莫不有理, 惟於理有未窮, 故其知有未盡也.(「격물치지 보망장」)

733) 此章論進學之實效, 非論悟入深淺也. 悟入兩字, 旣是釋氏語, 便覺氣象入此不得. 大學所謂知至格物者, 非悟入之謂.(『문집』권41, 「答程允夫」8, 1879쪽)

나의 마음인 허령만 강조해서도 안 되지만 또 외물의 리만 강조해서도 안 된다. 이 둘은 두 개의 존재자라고 할 수 없다. 둘이라면 궁극적 합치는 불가능하다. 여기 서 중요한 점은 "리용의 미묘"는 '리 자신'을 가리킨다는 점이다. '리'로 보면 나의 허령과 천하의 리는 '하나의 리'이므로, 내외로 논해서는 안 된다.

그렇다면 격물은 나의 "앎"인 지식을 위함이고 또 "나의 궁구"로 이룩된다면 이는 "심의 용"으로 인해서 그 앎은 완성되는 것 아닌가? 이 문제가 바로 『어류』에서의 혹자의 질문이다. 혹자는 묻는다. "선생은 그 용의 미묘가 실로 한사람의 마음에서 不外한다고 하셨는데, 그렇다면 그 용은 심의 용인가?" 주희의 답변을 보자.

> 리는 반드시 용이 있다고 이미 말했으니, 하필 또다시 심의 용이라고 해야 하겠는가. 심의 체 는 이러한 리를 갖추고 있고, 그 리는 다하지 않음이 없으며 一物이라도 不在함이 없다. 단 그 용은 실로 인심에서 不外한다. 리가 비록 物에 있다 해도 그 용은 실로 심에 있는 것이 다.(하206)[735]

리는 작용이 있는데, 단 그 작용도 마음 밖의 일이 아니다. 마음의 리도 천하의 리 와 같기 때문이다. 문제는 천하의 리를 마음의 작용으로 안다면 이는 앞 혹자의 의혹 과 같음이 되고 말았다는 점이다. 즉 "리가 사물에 있고 그 작용은 마음에 있다"면 리의 "묘용"은 각자 사물과 마음에 치우친다. 때문에 다음날 이 말을 고친다.

> 다음날 아침 선생은 말씀했다. 이 말은 몸을 주인으로 삼고 사물을 객으로 삼았기 때문에 이 와 같이 설한 것이다. 요점은 리는 외물에 있거나 나의 몸에 있거나 그것은 단지 일반일 뿐 이라는 점이다.[736]

격물하는 이유는 나의 앎을 위해서이다. 그 목적은 지식에 있다. 그런데 마음으로 그 작용을 말하면 내가 주가 되고 만다. 때문에 주희는 다음날 즉시 "리로 논해야 한 다"로 고친 것이다. 고봉의 "리도설"이 이곳이다. 리로 논해야 주객이 치우치지 않는 다는 것이다. 심으로 논하면 심에 치우치고, 외물의 리로 논하면 외물에 치우친다. 나

---

734) 心雖主乎一身, 而其體之虛靈, 足以管乎天下之理, 理雖散在萬物, 而其用之微妙, 實不可以乎一人之心, 初不可以內外精粗而論也(『대학 혹문』하2, 528쪽)

735) 其用之微妙, 實不外乎一人之心, 不知用是心之用否? 曰, 理必有用, 何必又說是心之用. 夫心之體具乎是理, 而理則無所不該, 而無一 物不在, 然其用實不外乎人心. 蓋理雖在物, 而用實在心也(『어류』권18, 燾97, 628쪽)

736) 然則理之體在物, 而其用在心也. 次早, 先生云, 此是以身爲主, 以物爲客, 故如此說. 要之, 理在物與在吾身, 只一般(『어류』권18, 위 의 아랫줄)

와 외물은 하나의 리이므로 그 둘의 공통점은 리이다. 리야말로 둘이 합치되는 곳인 "극처"(「경1장」)이다. 따라서 이러한 리로 나의 지식을 논해야만 그 지식은 지극한 온전을 다한다. 때문에 주희는 다음과 같이 말한다.

> 내외, 정조로 논할 수 없다. 그런데 혹 이러한 심의 허령을 알지 못해서 보존함이 없으면 스스로 어둡고 잡박해져서 중리의 묘함을 궁구할 수 없게 되어, …치우치고 편협되고 막혀서 이 마음의 온전을 다할(盡) 수 없게 되는 것이다. …때문에 사람들에게 중리의 묘함을 알게 해서 학문사변의 즈음을 궁구하고 마음을 다하는 공부에 매진해야 한다. …급기야 쌓음이 오래되면 활연관통할 것이니 이로써 그 혼연일치는 과연 내외·정조가 없음을 알 수 있게 된다. …그런데도 形과 景을 숨기고 감춰 별도의 일종의 유심·황홀로 저 산속 깊은 절벽의 경지를 논하고, 또 학자들에게 황급히 그 심으로 문자·언론의 밖을 힘쓰게 해서 道는 반드시 이와 같은 연후에야 터득할 수 있다고 하니 이것이 근세 불학이다.[737]

앎의 지식을 이룩하기 위해서는 먼저 내 마음의 허령이 있음을 알고 보존해야 한다. 그렇다고 허령만 고집해서는 안 되는데, 지식은 외물의 리와 활연 관통함으로써 이룩되기 때문이다. 지식은 나의 허령과 외물의 리가 활연관통해서 혼연일치가 될 때 완전해진다. 이를 마음의 작용이라고 해서는 안 된다. 마음으로 논하면 천하의 리는 나에게 치우친 작은 리가 되고 만다. 이것이 바로 "리의 묘용을 아는" 것이고, 고봉의 이른바 "리도설"인 리의 '완전함'이다.

한편 불·노는 심 혹은 리에 치우쳐서 형상을 떠나 깊고 그윽한 황홀의 경지를 논하고, 또 문자와 언론(토론) 밖에서 깨달음을 통해 도를 구하기를 요구한다는 것이다. 반면 퇴계는 "리가 스스로 自用하고 自到한다"(하205~6) 함인데 이는 격물치지의 지식론도 아니고, 고봉의 리도인 온전한 리라 할 수도 없으며, 더구나 리의 자용·자도는 마음 밖의 논의이며, 마음에 관한 논의도 아니다.

---

737) 初不可以內外精粗而論也, 然或不知此心之靈, 而無以存之, 則昏昧雜擾, 而無以窮衆理之妙. …則偏狹固滯, 而無以盡此心之全. …使人知有衆理之妙, 而窮之於學問思辯之際, 以致盡心之功. …及其眞積力久, 而豁然貫通焉, 則亦有以知其渾然一致, 而果無內外精粗之可言矣. …而欲藏形匿景, 別爲一種幽深玄惚, 艱難狙絕之論, 務使學者莽然措其心於文字言論之外, 而曰道必如此然後可以得之, 則是近世佛學.(『대학혹문』하, 528쪽)

100

言之라는 문법의 불합치와 왜곡

퇴계와 고봉의 칠사 토론은 문자와 언어로서의 편지 대화이다. 따라서 언어에서 서로 어긋나면 토론은 본질적으로 불가능함에도 불구하고 두 사람의 문법은 심각한 소통의 부재가 있는 것이다. '언지'와 '언'의 문제인데, 비교적 짧은 「퇴계1서」에서의 "言之"(14회)와 "言"(13회)만 보아도 문법이 고봉과 전혀 다르다.

사람은 누구나 '심'이 있고 여기에는 자연히 '성'과 '정'도 있다. 모두 실체이다. 이를 표현하여 정주와 고봉이 "言心"(상151) "言性"(상11·135 하191)의 '언'이라 한 것은 심·성·정은 '설' 및 '설명(言之)'이 아니기 때문이다. 다시 말해 심성정은 사람 자연의 실체일 뿐 설이 아니다. 리·기 역시 설 및 설명이 아닌 실체이다.

한편 칠정과 사단도 사람 본연의 정이지만 그러나 이는 그 느낌에 대한 목적이 뚜렷이 있는 두 설일 뿐이다. 사람의 느낌은 하나이며, 둘이면 소통은 불가하다. 퇴계도 인정한다.(상16) 때문에 고봉은 말한다.

> 자사와 맹자는 [사람 느낌에] '나아간 바에서의 설명(所就以言之)'한 것이 부동해서 사단 칠정의 별칭이 있을 뿐이다.(상3)

즉 칠사는 모두 "설명(言之)"으로서의 '설'이다. 이를 고봉은 "칠정언지" "사단언지"(상11. 하96)로 표현한다. 본연의 '사람 느낌'이 있고, 칠·사는 사맹이 자신의 목적으로 논설한, 수많은 선유의 "별칭(別)" 중 단지 두 설일 뿐이다. 따라서 율곡이 말한 "칠포사" "리기공발"은 결코 성립될 수 없다.

고봉은 또 성정의 설에 대해 아래와 같이 논한다.

> 주자는 말하기를 "천지지성을 논하면 오로지 리만 가리켜 言함이고, 기질지성을 논하면 리와 기를 섞어서 言之함이다"고 한다. 이로써 본다면 이른바 "사단, 시리지발"은 오로지 리만 가리켜 言함이고, "칠정, 시기지발"은 리와 기를 섞어서 言之한 것이다.(상59)

이곳 '言理'라 함은 천지지성의 설의 가리킴은 '리'라 함이고, '言之'라 한 것은 기질지성의 설은 기가 아니기 때문이며, 사단과 칠정도 이와 같이 '언과 언지'로 논할 수 있다 함이다. 가령 칠정과 사단을 각각 리, 기, 무불선, 유선악, 감정, 성, 심 등으로 '언지'할 수 있다. 이때는 '언'은 불가하지만, 다만 본연지성과 사단의 '가리킴'을 '언리'라 함은 가능하다.

이에 퇴계의 답변은 고봉의 상상을 초월한다. 퇴계는 성·정, 리·기라는 실체의 '言', 사·칠, 본성·기품이라는 설의 '言之', 사단 및 본연지성의 가리킴인 '言理'를 구분하지 않는다.

> 사·칠이라는 '異名'이 있는 이유는 곧 그대가 말한 이른바 "나아간 바의 설명한 것이 부동하다(所就以言之者不同)" 함이 이것이다. 왜냐하면 리기의 서로 필요로 함을 체로 삼고 서로 기다림을 용으로 삼는데, 진실로 리 없는 기도 없고 기 없는 리도 없다. 그렇지만 '나아간 바에서 설명한 것이 부동(所就而言之不同)'하므로 그 '별'도 없을 수는 없는 것이다.(상16~17)

이 논변은 고봉을 인용한 것인데, 그 뜻은 오히려 정 반대다. 퇴계는 "리기에 나아가면(就)" 그 리·기 '別'(고봉은 리·기는 '分'임)의 "가리켜 말한 것(所指而言者)"(상20·23·24)이 부동하기 때문에 사·칠이라는 다른 이름도 있다 함이다. 고봉은 '사람 느낌에 나아감'인 반면 퇴계는 '리·기에 나아감'이다. 이 논변은 성·정 및 리·기의 실체, 칠·사의 설 구분이 없다.

퇴계는 이어 "예로부터 성현이 이 2자를 논급하면서 어찌 반드시 혼합하여 一物로만 삼고 分別로 言之하지는 않았던가?"(상17)라고 하는데 이곳 '2자' '일물' '분별'은 리·기 2분과 사·칠 2설이 마구 혼합되어 구분이 없다. 퇴계의 "2자"는 "리·기 二物"(상40)인데, 고봉의 "2자" 및 "분별언지"는 칠·사 2설이다. 때문에 고봉은 다음과 같이 논한다.

> 리·기를 分하면 각자 一物이지만, 본성·기질지성은 하나의 성을 그 소재에 따라 분별언지한 것뿐이다.(상89)

즉 리·기는 別이 아닌 "分"(상7)이고, 두 설은 "분별언지"이다. 다시 말해 "성을 논하면서 천상의 달과 수중의 달이라 한 것은 일월을 그 소재에 따라 분별언지한 것"(하46)이다. 칠정과 사단의 두 설 역시 分이 아닌 別로서의 '언지'라 해야 한다.

반면 퇴계는 이와 전혀 다른데, 호발로서의 리·기의 '言'이다.

"사단은 리발에 기가 따른다" 함은 주리로 말함(主理而言)이고, "칠정은 기발에 리가 탄다" 함은 주기로 말함(主氣而言)이다.(상281)

이곳도 두 설의 소지가 아닌 리·기의 言이다. 즉 그 발처에서의 주리·주기이다. 이는 리·기를 말(言)한 것뿐, 사칠을 리기로 설명(言之)한 것이 아니다. 때문에 고봉은 "칠정은 오로지 기만 가리켜서 言할 수는 없다"(상91)고 하면서 위 글자를 고쳐서 논변하기를 "자사의 칠정을 주기라 일러 말할 수 있겠는가?(可謂之主氣而言乎)"(하39)라고 한다. 요컨대 퇴계는 리·기로 언했고, 고봉은 이를 고쳐서 '주기로 일러서 언할 수는 없다'고 함으로써, 언자를 쓰기 위해서는 앞에 '謂之'를 넣어야만 그 문법이 가능하다고 한 것이다. 칠사는 실체의 리·기 분이 아닌 설로서의 별의 '설명'에 불과하며 때문에 고봉은 "사단은 발어리이며 무불선자로 언지한 것, 칠정은 겸리기이며 유선악자로 혼륜언지한 것"(상147. 하130)이라 표현한다. 따라서 고봉은 『맹자집주』 소주의 "기질을 가리켜 언함"의 언자를 "언지"로 바꾼다.(상135)

이러한 언과 언지 오류의 예를 또 들면, 고봉의 "척출언"(상86. 하69)은 리만 가리킴인데 퇴계는 "척출언지"(상275)이다. 또 퇴계의 "대거·분별언"(하163)과 "혼륜언"(상266)은 모두 '언지'여야 하고, "指氣而言之"(상242)는 '언'이어야 하는데 왜냐하면 '기를 가리킴'은 실체이기 때문이다. 이러한 '실체의 언'과 '설의 언지'는 율곡 등 조선시대 학자들도 거의 구분해서 쓰지 않지만 그러나 정주와 고봉의 문장은 엄밀히 적용한다. 지금도 이러한 구분을 하는 학자를 아직 못 보았다. 부디 필자의 과문이기를 바란다.

퇴계의 끝없는 오류와 모순(106가지 예)

1

퇴계는 추만 천명도를 고치고, 그 원본은 없앴다

추만(정지운. 1509~1561)은 기묘명현으로 유명한 김안국, 김정국 형제에게 1519년부터 유학사상을 직접 배운 학자이다. 그는 1538년 무렵부터 「천명도」를 그리기 시작하여 대략 완성하고 두 스승에게 보여준다. 이에 스승은 '여러 사람들에게 널리 소개하면서도 고치지는 않는다.'(추만 「천명도설서」. 퇴계 「천명도설, 후서」) 왜냐하면 이를 고치면 처음 학자 개인의 본의가 불분명해지고, 또 그 원본이 사라져서 결국 타인과의 합작이 되어야 하기 때문이다. 주희는 이 문제에 대해 다음과 같이 말한다.

> 무릇 [다른 학자의 설을] 고치고자 할 때는 '마땅히 이와 같이 해야 한다'고 함에 그칠 뿐 급거 그 본편을 지우려 해서는 안 된다.[738]

학자의 본설을 지우지 말고, 다만 그 옆에 주석을 달아야 할 뿐이라는 것이다. 더욱이 그 저자도 '공저'가 아닌, 반드시 추만 단독이 되어야 한다.[739] 추만과 스승이 같은 동학인 김인후 역시 추만의 도형을 보고 매우 놀라 약간 바꾼다는 '기록을 남겨' 1549년 자신의 의미로 「천명도」를 따로 그렸는데 여기에도 추만과 같이 "칠정" "중화" 등이 있을 뿐, '사단' 및 '리기의 발'은 없다. 김인후는 추만 원본을 보존한 것이다.

추만은 두 스승 사후 1543년 최종 완성하고 여기에 그 해설서인 「천명도해」 및 「서문」을 쓰고 "계묘 2월"의 날짜까지 기입해서 공식 발표한다. 이 「천명도」는 『중용』 "천명"과 주희 「태극도설해」인 "태극은 동정이 있으니 천명의 유행이 이것이다"에 근거한 것이다. 단 "천명의 유행"은 칠정이 아니면 유행될 수 없다. 주희는 이 문제를 놓친 것이다. 어쨌든 추만의 도형은 중용 제설(두 정자를 포함한 설)인 "희노애락애오욕"(3회)이라는 미발·이발 공부가 있을 뿐 '사단' '발'이 없으므로 따라서 퇴계의 강력 주장인 "사·칠의 대거·호언"(상6)은 근본적으로 성립이 불가한 것이다.

그런데 추만이 「천명도」를 발표한 10년 후 1553년, 퇴계는 다음과 같이 말한다.

---

738) 然凡言刪改者, 亦且是私竊講貫議論, 以爲當如此耳, 未可遽塗其本編也.(『주문공문집』권73, 「胡子知言疑義」, 3555쪽)

739) 때문에 호굉의 『지언』을 장식, 여조겸, 주희 등 세 사람이 고치되 그 옆에 "栻曰", "熹按", "祖謙曰" 등의 의견을 개진함에 그쳐서 그 원본을 보존한 것이다.(위 「胡子知言疑義」) 퇴계가 추만의 「천명도」 및 「천명도설」을 고쳤다 하더라도, 그 저자는 반드시 추만이 되어야 하며, '공저'라 해서도 안 된다. 이 문제에 대해서는 위 주석 447)을 볼 것.

하루는 조카 교가 어디서 「천명도」라는 것을 얻어서 나에게 보여줬는데, 그 도와 설이 자못 틀린 곳이 있었다.[740]

지금 이 말은 「천명도설, 후서」이다. 결국 이 말은 "틀린 곳이 있어서" 퇴계 자신이 '고쳤다' 함이다. 무엇이 틀렸고, 무엇을 고쳤는가. 이어 퇴계는 다음과 같이 말한다.

성이 발해서 情이 되고, 심이 발해서 意가 되니, …사단 칠정의 온갖 일이 여기서 나온다.[741]

이곳에서 비로소 "사단"이 보인다. 퇴계는 "성발"(리발의 뜻)의 사단을 내세워 오히려 중용 칠정을 "심발"로 여긴 것으로 이는 퇴계가 새롭게 고친 「천명도설」 "소발의 사단, 소발의 칠정"(상188)과 같다. 이 말은 추만의 본설 「천명도해」에는 없다. 결국 퇴계는 추만 본설에는 없는 사단을 「천명도」에 새로 넣어 리발을 강조해서 칠정을 다른 갈래로 갈라놓고 만 것이다. 때문에 고봉은 "칠정의 리를 사단에 의해 빼앗김"(하30·131)을 당했다고 비판한다. 이 인식으로 퇴계는 1559년 고봉과의 첫 토론에서 다음과 같이 말한다.

사단으로의 발은 순리이기 때문에(故) 무불선이고, 칠정으로의 발은 겸기이기 때문에(故) 유선 악이다.(상1)

사단과 칠정이 각각 무불선, 유선악인 이유는 순리와 겸기 '때문(故)'이라는 것이다. 즉 이곳에서는 사단의 '무불선 이유(故)'를 논했고, 이는 사단에 대한 '해석'임이 분명하다. 여기까지는 사단과 칠정의 '선이 다른 이유'를 논한 것이다. 그런데 더 큰 심각한 문제는 다음 「퇴계1서」에서는 이와 완전히 다르게 뒤바뀐다는 점이다.

『주자어류』에서 "사단, 是理之發, 칠정, 是氣之發"이라 했으니, …청컨대 이러한 주자의 본설로 대신하고 우리의 설은 버리자.(상44·47)

이곳은 퇴계의 당초 설과도 전혀 다르다. 퇴계도 처음에는 '사단의 무불선 이유(故)'인데, 이곳은 무불선이 빠지고 오히려 "리의 발"이 곧 사단이라 한다. 즉 이곳은 "리

---

740) 一日姪子裔, 於何得所謂天命圖者來示, 其圖與說, 頗有舛訛(「천명도설, 후서」, 『퇴계전서』2책, 321쪽)
741) 性發爲情, 心發爲意, …四端七情, 萬事出焉者也(위와 같은 곳, 324쪽)

기 호발"이며, 리·기가 선후로 "호발해서 사·칠이 된다"는 주장이다.(상246) 왜 이렇게 바뀌었는가? 퇴계는 여기서 "「천명도」에 『어류』 본설로 대신하자"고 하지만, 어류는 퇴계의 의미와 전혀 다르다. 『어류』 "昰"자는 사칠 본설이 아닌 그 '해석'에 불과하다. 퇴계의 호발설은 자사와 맹자, 정자와 주희, 추만과 고봉조차도 전혀 상상할 수 없는 일이다. 왜냐하면 사·맹 등은 사람 본연의 성정에서 자신의 '공부'를 논함에 불과하기 때문이다. 이 공부를 드러내면 칠·사라는 각자의 설이 된다.

결국 추만이 "중용 천명의 온전"과 "태극의 작용 및 천명의 유행"에 관해 칠정 전후의 미발·이발 공부인 "존양·성찰의 요령"을 드러낸 「천명도」는 퇴계에 의해 갑자기 공부도 없는 이발의 '사단 위주'가 되었고, 그 과정에서 도형은 상하·좌우가 반대로 뒤바뀌었으며, 또 사맹 및 정주도 전혀 상상할 수 없는 칠사 이전 "리기에 나아간"(상17) 리·기 '호발설'로 변질되었고, 그래서 마침내 '퇴계의 천명도'가 되어 추만 원본은 흔적 없이 사라지고 만 것이다. 그런데 천만 다행으로 추만의 원본 「천명도」가 근래 유정동 교수에 의해 고려대도서관에서 발굴됨으로써 퇴계가 이 도형을 어떻게 바꾼 것인지가 드러나게 된 것이다.(「천명도해고」)

2
누구의 말이 거짓인가?

추만이 1543년 그린 「천명도」는 중용 "천명"을 드러내고자 한 것으로 아울러 주희가 말한 "태극의 동정은 천명의 유행이다"에 근거한 것이다. 그 태극·천명의 유행 방법은 "희노애락애오욕"이라는 미발·이발의 공부로 "중화"를 이룸으로써 가능하다. 따라서 이 도형은 '사단' 및 '발'이 없으며, 없으므로 근본적으로 퇴계의 "칠·사 대거호언"(상6) 및 "리기의 호발"은 성립 불가하다.

문제는 이 도형은 10년 뒤 1553년 퇴계에 의해 그 뜻은 물론이거니와 상하·좌우 방위까지 정 반대로 대폭 바뀌며, 여기서 비로소 "사단"이 등장한다는 점이다. 퇴계는 「천명도설, 후서」에서 "사단칠정"이라 하고, 또 퇴계가 직접 고친 「천명도설」 제6절도 다음과 같다.

오상은 순선무악이기 때문에(故) 그 소발의 사단은 무불선이고, 기질은 본연지성이 아니기 때문에(故) 그 소발의 칠정은 쉽게 사악에 흐른다.[742]

이 논변은 추만의 원본 「천명도해」 및 「천명도」에는 없다. 따라서 위 두 곳 「후서」 및 「도설」에 들어간 "사단"은 퇴계에 의한 혹은 퇴계의 설임이 분명하다.

1553년부터 1559년 기간 퇴계의 논변기록은 보이지 않으며, 드디어 1559년 고봉에게 보낸 첫 논변인 「사우간서」는 다음과 같다.

사단의 발은 순리이기 때문에(純理故) 무불선이고, 칠정의 발은 겸기이기 때문에(兼氣故) 유선악이다.(상1)

그간 퇴계의 일관된 주장은 '사단은 무불선이고 칠정은 유선악'인데, 이러한 무불선과 유선악 이유는 바로 "순리 때문(故), 겸기 때문(故)"이라 함이다. 즉 퇴계는 사단과 칠정의 '선이 다른 이유(故)'를 논했고, 따라서 사·칠의 두 설을 '해석(言之)'한 것이 분명하다.

그런데 「퇴계1서」는 또다시 급거 대 반전이 일어난다. 위는 사칠 '해석(言之)'인데, 지금부터는 해석이 아닌 '직접 발함'이다.

『주자어류』에서 "사단, 是理之發, 칠정, 是氣之發"이라 한다. 이 설을 얻은 이후 나도 큰 잘못은 없음을 믿었고, 당초 추만의 설 역시 병통이 없으므로 고칠 필요는 없다고 하겠다. 따라서 [천명도에] 주자 본설로 대신하고 우리의 설은 버리자.(상44~47)

『어류』의 설은 진실로 잘못이 없다.[743] 사칠을 리기로 해석하는 것은 학자의 무한한 자유이며, 단 이는 일반론에 불과하다. 문제는 퇴계가 『어류』 및 추만의 설을 "리기 호발"(리발·기발)로 왜곡한다는 점이다. 퇴계가 이해한 추만의 설은 다음과 같다.

지난 날 정생(추만)의 「천명도」에는 "사단 發於理, 칠정 發於氣"의 설이 있었는데, 나도 그 분별이 너무 심해서 "순선, 겸기" 등으로 고쳤던 것이다.(상14)

---

742) 所謂五常者, 純善而無惡, 故其所發之四端, 亦無有不善, 所謂氣質者, 非本然之性, 故其所發之七情, 易流於邪惡.(「천명도설」제6절, 論人心之具, 『퇴계전서』3책, 143쪽)

743) 사단의 리발, 칠정의 기발은 당연하며 또 반대로 사단의 기발, 칠정의 리발도 진실로 가능하다. 둘은 사칠을 '해설'한 것에 불과하며, 모두 기왕 이발의 기이기 때문이다. 단, 사단의 '무불선'과 칠정의 '유선악'을 기발·리발이라 함은 불가하다. 문제는 '무불선, 유선악'에 있는 것이다.

추만 본설을 '리·기의 발'로 이해한 것이다. 하지만 추만의 설을 리기의 발로 고쳐서 고봉에게 제시할 수 있는가? "정생의 천명도"를 고치기 위해서는 고봉이 아닌 추만에게 물어야 한다. 추만의 의미는 "분별의 심한 것"이 아닐 수도 있기 때문이다. 발어리, 발어기는 분별이 심한 것이 아닌, 당연히 이렇게 설할 수 있다. 사단의 리발과 칠정의 기발은 당연하며, 오히려 그 반대로 사단의 기발과 칠정의 리발도 가능한 것이다.

이곳의 또 큰 심각한 문제는 "순리고, 겸기고"로 고치기 위해서는 "무불선, 유선악"이 먼저 있어야 한다는 점이다. 퇴계는 "순리이기 때문에(故) 무불선, 겸기이기 때문에(故) 유선악"이라 했고, 이는 사·칠은 각각 무불선과 유선악인데 이러한 두 선 '이유(故)'를 각자 "순선, 겸기"라고 한 것이다. 지금 "순선"에서도 '선' 논변임을 알 수 있으며, "故"자를 썼던 이유이다. 다시 말해 퇴계가 쓴 "고"자는 뒤 "무불선" 이유를 논한 것이다. 결국 본래 '무불선'이라는 말이 있음으로써 이 "고"자는 성립이 가능하다. 그럼에도 불구하고 퇴계는 리기 호발을 위해 의도적으로 "무불선, 유선악"을 빼버린 것이다. 때문에 고봉은 다음과 같이 강한 의혹을 제기한다.

> 그 "사단은 발어리이며 무불선이고, 칠정은 발어기이며 유선악이다"(상4)고 한 설을 대승은 일찍이 「천명도」에서 보았는데, 지금 다시 검토해보니 단지 "사단 발어리, 칠정 발어기"만 있고 "무불선, 유선악" 등이 없다. 그렇지만 그간 선생님의 설도 의미가 본래 이와 같으며, 추만도 내가 인용한 이 설을 보고 꾸짖지 않았다. 과연 어떠한가?(상188~189)

퇴계는 이미 1553년 「천명도」를 대폭 고쳤고, 또 이후로도 계속 고쳤음을 퇴계의 제자 조목의 「천명도설, 후서」 아래 "후기"로도 확인된다. 그렇다면 과연 "순리고, 겸기고" 이전 "무불선, 유석악"이 있었는가? 고봉은 있었다 하며, 있었기 때문에 "순리고, 겸기고"도 성립이 가능하다. 추만에게도 이 설을 기록해서 보냈고, 퇴계도 이미 보았다고 했다.(하191) 또 「고봉1서」에서도 이 설을 그대로 인용했다.(상4) 퇴계는 위 질문에 반드시 응답해야 한다. 이 문제가 매우 중요한 이유는 그간 퇴고 토론은 사칠의 '해설인가(言之)' 아니면 사칠 이전 '호발인가(言)'가 판가름되기 때문이다.[744]

퇴계는 「퇴계1서」에서 『주자어류』를 본 후 당초의 "무불선, 유선악"을 빼버리고 또 추만을 "발어리, 발어기"의 '발'로 급히 왜곡한 것이다. 그래서 결국 자사와 맹자, 주

---

744) 퇴계의 "무불선, 유선악" "발어리, 발어기" "순리고, 겸기고" 등은 사실에 대한 '해설(言之)'에 불과하다. 그런데 이후 『주자어류』를 보고 급히 '리발이 사단, 기발이 칠정'로 바뀐다. 해설은 칠사를 리기, 선악 등으로 '言之'함이고, 리·기 호발은 해설이 아닌 '言'이다. 퇴계는 이 용법을 구분하지 않지만, 고봉의 모든 문장은 엄밀히 구분한다.

희, 추만 등의 설을 모두 자신의 '리기 호발설'로 강제 편입시키고 만 것이다. 이곳의 의혹은 한 둘이 아니다.

1) 추만 본설이 과연 "발어리, 발어리"인가?
2) "발어리, 발어기"는 리기의 발설인가?
3) "순리고, 견기고" 이전 "무불선, 유선악"이 있었는가?
4) 누가 「천명도」에 "사단"을 넣어서 '칠정과 대설'로 삼았는가?
5) 『주자어류』 "是(~이다)"자는 진실로 사칠 호발이 아니다.
6) 칠사 본설에 대해 주희가 리기 호발이라 할 수는 없다.

이러한 여러 의혹을 해소하기 위해서는 퇴계는 반드시 "순리(순선)고, 겸기고" 이전 "무불선, 유선악"이 있었는지에 대해 스스로 밝혀야 한다. 밝히기는 매우 쉽고 간단하다. 유·무만 말하면 된다. 그러나 퇴계는 끝내 말하지 않는다. 퇴계는 칠사에 관한 '설명(言之)'과 '호발(言)'을 구분하지 못하니, 아마 답변할 수 없었을 것이다. 지금 우리나라 학계는 모두 예외 없이 "추만의 발어리를 퇴계가 리지발로 고쳤다"고 한다. 과연 이 학설은 가능한가? 필자가 보기에는 그간 과정이 생략되어 전혀 불가능하다. 이 문제를 해결하지 않으면 우리나라 동인·서인 간의 사칠논쟁은 결국 허구의 희론이 되고 만다.

3

중용 "칠정"과 맹자 "사단"이 어찌 상대설이란 말인가?

고봉이 퇴계에게 처음 보낸 논변 「고봉1서」 첫 글자는 "자사왈 희노애락, 맹자왈 측은지심"(상2)이다. 급히 이렇게 먼저 언급한 이유는 퇴계의 사·칠설 '해석'에 심각한 문제가 있기 때문이다. 고봉의 첫 언급을 보자.

> 자사는 말하기를 "희노애락 미발을 中이라 이르고 발하여 모두 중절했음을 和라 이른다" 하고, 맹자는 말하기를 "측은지심은 인의 단서, 수오지심은 의의 단서, 사양지심은 예의 단서, 시비지심은 지의 단서이다"라고 한다. 이것이 [지금 토론의] 성·정에 관한 설이며 선유가 발명한 [칠·사설] 모두이다.(상2)

이것이 바로 지금 토론 중에 있는 사맹의 칠·사 본설 전부이다. 토론은 이 범위를 벗어나서는 안 된다. 이미 퇴계는 "사단" "칠정"(상1)이라 했으니 이는 사맹 본설에 관한 것이다. 그렇지 않으면 칠사 이외 새로운 감정을 논해야 한다. 사람 느낌은 수많은 설이 있고, 이외 무한히 논의될 수 있다.

자사는 천명의 성과 외물에 대한 느낌 이전 미발인 中德의 상황, 그리고 己發의 화덕, 이 모두를 드러낼 수 있는 칠정까지 말했으므로 고봉은 "그 전체로 말씀했다"고 한다. 한편 맹자는 사람 본연의 '이발 단서'의 느낌 중에서 "선 일변만 뽑아" 확충과 성선을 "논"한 것이다.(상3) 요컨대 자사의 칠정은 "미발, 이발"을 포함한 느낌 전후 전체이고, 맹자는 그 느낌 중 '이발'의 사단을 "확충하라"와 "성선"의 논증이다. 이러한 "언·론"은 선후가 있는데 『중용』이 먼저고 『맹자』가 뒤이다. 주희는 말한다.

> 연평이씨(이동)는 말하기를 "맹자는 '성선'이라 하면서 '그 情으로 善을 삼을 수 있다'고 했으니, 이 설은 자사(『중용』)에서 나왔다"고 한다.(상96)

「중용장구서」에서도 "맹씨는 이 책(『중용』)을 미루어 밝혀서 성인의 도통을 이었다"하고, 『중용, 수장』도 "자사가 책에 적어서 맹자에게 주었다", 「맹자서설」 역시 "맹가는 자사를 스승으로 삼았다"고 한다.745) 때문에 고봉은 "사단은, 칠정 가운데의 중절한 선과 같은 묘맥이다",(상5) "사칠의 선은 둘의 옳음이 아니다"(상9)고 한 것이다. 선이 둘일 수 없고, 이치도 둘일 수 없다.(하8) 사단의 理善은 천명·중화 이외 별도의 리선이 아님은 자명하다. 그럼에도 자사의 칠정설과 맹자의 사단설이 있는 이유는 무엇인가? 고봉은 말한다.

> 자사와 맹자는 하나의 정에 대한 '그 설명이 같지 않아서' 사단 칠정의 별칭이 있을 뿐이다.(상3)

두 설은 사람 '느낌'에 관한 논설 방식이 각자 달라서 그 별칭도 있을 뿐이다. 자사는 미발과 이발을 논하면서 특히 미발의 "신독" 공부를 중시했고, 맹자는 기왕 발현한 이발 단서의 "확충"을 강조했다. 이는 단지 사람 감정에 대한 논법이 다를 뿐, 리 및 선은 하나로 동일하다.

반면 퇴계는 "리기에 나아가면"(상34~37) 리의 발은 사단, 기의 발은 칠정이라고 강

---

745) 以得孟氏, 爲能推明是書, 以承先聖之統(「중용장구서」) 子思恐其久而差也, 故筆之於書, 以授孟子.(『중용장구, 수장』) 孟軻師子思.(「孟子序說」)

력히 주장한다.

> 리기 둘은 상호 발용이 있고 그 발은 서로를 필요로 한다. 호발하므로 각기 주가 있음을 알 수 있다.(상246)

이 주장의 근거는 주돈이의 "무극이태극"이 리만 단독으로 말했고 공자의 "상근·상원"은 기만 단독으로 말했으니(상34~35) 따라서 이렇게 리·기가 "각각 발함에 나아가면 이를 사칠의 소종래로 나눌 수 있다"(상247) 함이다.

> * 이 둘(사칠)을 상대로 들어서 그 위의 근원을 미루면 실로 리·기의 分이 있다.(상264)
> * 사단의 소종래가 기왕 리인데, 그렇다면 칠정의 소종래가 기가 아니면 무언가?(상274)

하지만 이 주장은 리기에 종속된 사칠일 뿐, 사맹의 천명·중화 및 확충·성선의 설을 해석한 것이 아니다. 더욱이 이러한 리기의 발처는 사맹의 '종지'와 그 '공부'에 관한 한마디 언급도 없다.

퇴계는 사·칠이 상대적 "대거"(상243·264·299)로서의 "대설"(하49)인 이유를 리·기 소종래에 나아간 '리·기의 分' 때문이라고 말한다. 이는 더 이상 사맹의 칠사가 아니다. 진실로 중화를 드러낼 수 있는 칠정과 이미 발현한 사단을 확충하라는 두 설이 리·기의 상대적 대설일 수는 없다.

자사의 천명·중화는 리이며 이 설에서 맹자 확충·성선설이 나왔다는 것이 주희의 도통론이다. 도통은 공부론일 뿐, 그 설의 상대성에 있는 것은 아니다. 퇴계는 근거 없이 사맹의 칠사 본설을 오히려 '리·기 근원(소종래)에 나아가' 리·기 대설로 삼고 또 각자 "리·기 혈맥"(상254)인 그 선의 피가 반드시 다르다고 주장함으로써, 결국 누구나 본연으로 있는 느낌 전후에서 그 공부로 인류의 교류와 소통을 논한 사맹 종지를 강력히 거부한 것이다. 퇴계의 결론은 칠정의 "기발은 리 본체가 될 수 없음"(상25)이고 심지어 순임금과 공맹의 칠정까지도 "기발"이며 "순리일 수 없다"(상282)고 단언한다. 철저히 칠사를 리·기 혈맥의 "동인·서인"(하13)의 다른 피로 가른 것이다. 만약 그렇다면 천명의 중화 및 천지 인류의 소통은 불가함이 되고, 자사와 맹자는 그 선이 서로 부동하므로 도통 역시 원천적으로 성립 불가가 되고 만다.

4

무불선, 유선악 모두 情善의 형용이 될 수 없다

퇴계가 고봉에게 보낸 처음과 그 이전 논변은 아래와 같다.

* 사단으로의 발은 순리이기 때문에 무불선, 칠정으로의 발은 겸기이기 때문에 유선악이다.(상1)
* 사단은 리에서 발하므로 무불선, 칠정은 기에서 발하므로 유선악이다.(상4)

퇴계는 사칠의 선을 리·기의 상대적 대대로 들어 각각 "무불선", "유선악"이라 한 것이다. 하지만 사단은 느낌의 감정이므로 성 '형용'인 무불선이 될 수 없고, 칠정의 유선악 역시 선 형용이 아닌 '술어'에 불과하다. 때문에 고봉은 말한다.

> 성은 무불선, 정은 유선악이니 이는 진실로 확고한 이치이다.(상3)

느낌인 이발의 정을 성으로 여겨서는 안 되며, 그런데도 퇴계는 사단이라는 정을 무불선이라 표현한 것이다. 이는 그 표현도 잘못이지만 성과 정의 구분도 모호하다. 주희는 말한다. "인은 성이고, 측은은 정이다. 성은 무불선이고, 심이 발하면 정이 되니 여기서 혹 불선도 있게 된다."(상55·56) 따라서 느낌을 곧바로 성으로 여기면 이는 나의 감정을 반드시 옳음인 리로 여김이 되고 만다. 반면 퇴계는 오히려 다음과 같이 말한다.

> 그대와 같음(리기 혼륜)을 그치지 않는다면 '기를 성으로 논하는 폐단'에 빠지게 되고 '인욕을 용인해서 천리로 여기는 환란'에 떨어지게 될 것이니 어찌 가능하다 하겠는가?(상43)

리·기로 반드시 나누어야 한다는 것이다. 하지만 퇴계가 먼저 사단인 기를 성인 리로 여겼고, 때문에 고봉이 먼저 "기를 성으로 말할까봐(以氣言性)" 맹자가 "4덕과 4단"을 나란히 들었다고 한 것이었다.(상11) 즉 고봉이 이 말을 한 이유가 바로 퇴계가 "사단을 무불선"이라 했기 때문이다. 고봉의 답변은 아래와 같다.

> 어찌 사단을 무불선이라 할 수 있겠는가? 만약 사단을 단지 무불선으로 여긴다면 이러한 주장이야말로 오히려 선생의 표현대로 "인욕을 인식하여 천리로 간주하는 것"이 되고 마니, 이

는 반드시 이루 말로 다할 수 없는 폐단과 환란을 후세에 남김이 될 것이다.(상171)

주희가 성을 그린 「성도」에 의하면 "성은 무불선, 발해서 중절한 것은 無往不善"(상169)이다. 정은 무불선이 아닌 "가서 불선이 없음(무왕불선)"이라 형용해야 할 뿐이다. 따라서 사단에 대해 무불선이라 한 것은 느낌을 성으로 여긴 것이며, 이는 성과 정에 대한 선 표현을 구분하지 않은 것이다.

퇴계의 "유선악" 역시 선 '형용'이 될 수 없다. 고봉의 "유선악"은 '선도 있고 악도 있음'의 술어이다.

* 그 유행 발현 즈음은 과불급의 차오가 없을 수 없으니, 이것이 칠정의 발에 '혹은 선 혹은 악(或善·或惡)'이 있는 이유이다.(상8)
* 성은 무불선이고, 성이 막 발하면 곧바로 정이며, 정은 '선도 있고 불선도 있다.(有善·有不善)' 성선은 정의 "선 일변을 척출한 것"뿐이다.(상166)

"선도 있고 악도 있음"은 선악의 섞임이 아니다. 칠정은 잡선이 아닌 순선이 존재해 있는 것이다. 정주 "기질지성"의 설도 성이며, 성이 기질 속에 존재함의 설이다. 기질에 있는 성은 잡성이 아닌, 성은 곧 리일 뿐이다. 칠정의 선 역시 겸 혹은 잡선이 아닌, 성선의 "선 일변의 척출"과 같은 동일한 순선일 뿐이다.

반면 퇴계의 칠정의 선은 이와 다르다.

* 칠정은 선악 미정이다.(상27)
* 칠정은 리기 혼륜이다.(상37)
* 칠정은 본선이나 쉽게 악으로 흐른다.(상205)

퇴계의 이른바 "유선악"은 겸리기로서의 '겸선악'이다. 때문에 칠정을 선악 미정, 혹은 악으로 흐른다고 한 것이다. 그러나 악으로 흐르는 것은 자신의 과불급일 뿐, 기 혹은 정 때문이라 할 수 없다. 퇴계의 이른바 "혼륜"은 주희의 '온전'의 뜻이 아닌, 리·기로 나누기 전 "리기에 나아감"(상34~37)의 뜻으로, 즉 "하늘과 사람의 원류 맥락"(상237)인 겸과 합이다. 때문에 "성도 본래는 겸리기, 유선악"(상247)이라 한다.

"유선악"이 선의 형용일 수 없는 이유는 '술어'이기 때문이다. '선도 악도 있다'고 함은 '설명'일 뿐 형용이 아니다. 따라서 "사단, 무불선, 칠정, 유선악"의 두 선은 결코 대대일 수 없다. 무불선은 형용, 유선악은 설명이다. 성의 '무불선'과 정의 '무왕불선'이 각각 그 선의 형용이지만, 성·정 및 두 선을 대설이라 할 수는 없다. 반면 퇴계는 무불선의 형용과 유선악의 설명을 상호 대설로 삼은 것이다.

5

퇴계는 사·칠론을 총 5회 고쳤지만, 모두 허구다

자사는 "희노애락"으로 천명의 중화 및 천지의 위육 등을 논했고, 맹자는 "측은지심"으로 확충과 성선 등을 논증했다. 이것이 사·맹 종지이다. 사맹은 사람 본연의 느낌인 "自然之理"(상107)를 칠정과 사단이라는 두 이름으로 "언·론"(상3)한 것이다.

퇴계는 고봉과 사맹의 사·칠 본설을 논하면서 총 5회 고쳤다. 그런데 5번 모두 사맹을 해설한 것이 아닌, 퇴계 자신의 '리기 발처의 즈음'을 말했을 뿐이며, 따라서 모두 사맹과 다른 허구의 논변이다. 퇴계가 추만의 설로 인용한 "발어리, 발어기"는 1553년 퇴계작인 「천명도설, 후서」 이후이다. 왜냐하면 추만 본도인 「천명도해」의 「천명도」는 "사단" 및 "발"이 없으므로, 그 '대설' 및 '호언'도 성립이 불가하기 때문이다. 「후서」 이하 퇴계의 논변을 나열하면 다음과 같다.

1) 사단은 리에서 발하고(發於理), 칠정은 기에서 발한다(發於氣).(상14)
2) 사단은 리에서 발하므로 무불선, 칠정은 기에서 발하므로 유선악이다.(상4)
3) 사단으로의 발은 순리인 까닭에 무불선, 칠정으로의 발은 겸기인 까닭에 유선악이다.(상1)
4) 사난은 리의 발, 칠성은 기의 발이다(四端, 理之發, 七情, 氣之發).(상243)(퇴계는 「천명신도」에서 어류의 "是"자를 뺏으므로 퇴계설임)
5) 사단은 리발인데 기가 따르고, 칠정은 기발인데 리가 탄다.(상255)

이상 5개 모두 퇴고 논쟁 이후 나왔고, 모두 리발과 기발의 '리·기 대설'이다. 하지만 이러한 리발·기발은 아무 의미가 없다. 왜냐하면 사단(혹은 칠정)은 반드시 리발이며, 칠정(혹은 사단)도 기왕 발현한 정인 이상 '기'임이 당연하기 때문이다. 문제는 모두 사맹 '본설의 종지'를 고찰함이 아닌, "리기에 나아가서" 그 리·기의 선후 '호발'만 논한다는 점이다.

주희의 "도통"론에 의하면 자사가 먼저고 맹자가 뒤이다. 스승 이동은 "맹자의 설은 자사(『중용』)에서 나왔다",(상96) 「중용장구서」에서 "맹씨는 이 책(『중용』)을 미루어 밝혀서 성인의 도통을 이었다", 「맹자서설」에서도 "맹가는 자사를 스승으로 삼았다"고 한다. 고봉도 "맹자 사단은 칠정 중절의 선과 같은 묘맥이다",(상5) "사칠의 선은 둘의 옳음이 아니다"(상9)고 한다. "선이 둘일 수 없고",(상72) "이치도 둘일 수 없다(無二致)."(하8) 사단의 理善은 천명·중화 이외 별도의 리선이 아님은 자명하다. 때문에 고봉은 칠정의 '기발'을 다음과 같이 비판한다.

> 이는 칠정의 리 일변이 거꾸로 사단에게 빼앗겨서 그래서 그 유선악이 마치 기에서 나옴과 같이 되고 말았다.(하30·131)

"천명지성" "중·화" "달도" "대본" 등을 드러낸 칠정은 반드시 리이며 선인데도 왜 "사단 때문에 그것이 기발이 되어야"(상274·254·264·268) 하는가? 사단이 리발이라고 해서 칠정이 기발일 수는 없다. 퇴계는 아무 근거도 없이 천명의 칠정을 맹자의 측은 아래에 삽입해서 기발로 바꾸고 만 것이다.

퇴계는 『어류』 "사단은 리의 발이다"를 『맹자, 공손추』 조항(상44)이라 하면서 "무불선"이라 하지만, 이는 「공손추상」 "사단의 확충" 조항과 「고자상」 "성선의 무불선" 조항을 구분하지 못한 것이다. 퇴계는 '사단 확충설' 조항에 '성선 무불선'을 인용한 것이다. 때문에 고봉은 말한다.

> '사단을 무불선'으로 여기고 이를 "확충하라" 한다면 이는 '선을 밝힘'에도 미진하거니와 '힘써 행함'에도 차질이 빚어질 것이다.(하97)

만약 나의 느낌을 모두 성선의 무불선으로 여기면 이는 마음 기능인 외물·타인과의 교류를 스스로 끊음이 되고 만다. 감정 기능은 외물과의 교류·소통을 담당하며 따라서 이를 무불선으로 여김은 "힘써 행함"의 공부라 할 수 없다. 주희에 의하면 "'인의 단이다'는 단서를 확충하고자 함이고, '측은지심은 인이다'는 성의 작용으로 성선의 본체를 드러낸 것이다"746)고 하여 두 설을 분명히 구별한다. 주희는 "성선"을 체용으로 논한다.

---

746) 前篇言是四者爲仁義禮智之端, 而此不言端者, 彼欲其擴而充之, 此直因用以著其本體, 故言有不同耳.(『맹자, 고자상』6)

> 맹자의 이른바 "성선"은 그 '본체'로 설명함이고, "선으로 삼을 수 있음(可以爲善)"은 그 '용처'로 설명함이다. 성이 정과 더불어 비록 미발·이발의 부동은 있지만 그 '善'은 성·정에 혈맥으로 관통해서 애초 부동이 없다.(상160)

성선설은 그 작용처에서 본체의 성선을 논증 "설명(言之)"한 것뿐, 결코 정의 발처를 논하고자 함이 아니다.

"리가 발함에 기가 따르고, 기가 발함에 리가 탄다"고 함은 리기 발처의 즈음이다. 즉 호발로서, 이때의 "수지" "승지"의 '之'자가 발동의 처를 나타낸 것이다. 이 말은 "기발도 리가 없지는 않은데, 단 쉽게 느끼고 先動하는 것은 형기이다"(상24)와 같다. 리발도 호발이나 리가 先動한다. 고봉은 이를 강력히 비난한다.

> 근세 제공들(권근, 이언적 등)은 그 근원(사맹 본의)은 거슬러 오르지 않고 흐름에서만 찾으며, 그 근본은 알려고 하지 않고 말단만 좇고 있다. 그 난데없는 설 중에는 가령 "性이 먼저 動한다, 心이 먼저 動한다" 함도 있으니, 이런 심상치 않은 오류들을 그냥 꺼려해서 덮어둘 수만은 없다.(하107)

이언적의 "성이 선동하고 심이 선동한다" 함은 퇴계의 선후 호발설과 같다. 퇴계도 선유의 종지를 고찰하지 않고 곧바로 "리기에 나아가서" 그 리·기의 발처를 선후로 논한 것이다. 리발·기발은 그 선의 혈맥이 각자 다르다 함이다. 이를 고봉은 "선생께서는 마침내 '단전밀부'라 하시면서 그것이 마치 음양·강유의 대대가 있고, 상하·사방의 고정된 위치가 있는 듯 여김으로써 도무지 다시는 혼륜 관철시키려는 뜻이 없으셨다"(하110)고 비판한다.

칠정 사단의 설은 대설 혹은 대대적 관계일 수 없다. 사맹은 사람 마음에 자연으로 있는 감정 효능을 '공부'로 논했고, 정주 역시 그 종지를 그대로 해설하고자 한 것뿐이다. 그런데도 "무슨 의도가 있어서"(하111·12) 이러한 선유 본설을 곧바로 리발·기발로 여기고 "동인과 서인의 싸움"(하13·15)과 같이 상대로 대립 분열시켜 사맹 종지인 인류의 소통기능을 급히 왜곡시키려 하는가? 고봉의 계속된 의혹이다.

6

"나아가 설명한 것이 다르다"는 용어에 대한 끝없는 오독

사람 마음은 하나이므로 성도 느낌도 하나다. 둘이라면 인간 혹은 인·물은 본질적으로 소통과 통합이 불가하다. 세계의 리는 하나일 뿐, "둘로 다다를 수 없다고 함은 성인의 방책에 진실로 실려 있다."(하8)

사람 공통의 느낌을 자사는 "희노애락"으로, 맹자도 "측은·수오"로 설명함으로써 각자 감정기능의 역할에 대해 다르게 언·론했다. 고봉은 말한다.

> 자사의 말씀(言)은 '정 전체를 이끈 것'이고, 맹자의 논의(論)는 '그 선만 추려낸 것'이다. 사맹은 사람 감정에 '나아간 바의 설명한 것이 부동(所就以言之者不同)'해서 사단 칠정의 별칭이 있을 뿐이다.(상3)

느낌은 "희노" "측은" 이외에도 매우 풍부하게 형용된다. 선유가 논한 설도 매우 다양하다. 다만 사맹은 희노와 측은을 통해 "중·화"의 덕과 "확충·성선"으로 논설했을 뿐이다. 사맹은 '사람 느낌에 나아가서' 각자 다른 논법으로 설명(言之)했고 여기서 둘의 별설과 별칭이 생긴 것이다.

퇴계도 이 "나아간 바"라는 용어를 그대로 인용한다. 그런데 그 뜻은 완전히 정반대다.

> 사단도 정이고 칠정 역시 정이다. 모두 정인데도 왜 사·칠의 다른 이름(異名)이 있겠는가? 그것은 그대의 말과 같이 "나아간 바의 설명한 것이 부동하다(所就以言之者不同)"고 함이 이것이다.(상16)

퇴계도 분명히 고봉의 "나아가 설명한 것이 다르기 때문"이라는 용어를 직접 인용해서 긍정했다. 그렇다면 사람의 소통느낌이 있는데, 그 소통의 느낌에 나아가서의 '설명한 것이 부동하다' 함을 인정한 것이다. 문제는, 퇴계의 위 문자의 용법은 고봉과 전혀 다르며, 오히려 상반된다는 점이다. 퇴계는 고봉의 "나아간 바가 다르다"의 의미를 아래와 같이 왜곡해서, 자신의 의미로 급히 바꿔치기 한다.

> '리는 기와 더불어' 본래 相須(서로 보완하는 관계)함을 체로 삼고, 相待(상대적 관계)함을 용으로 삼는다. 진실로 리 없는 기 없고 기 없는 리도 없다. 그렇지만 "그 나아간 바에서의(而) 설명

이 같지 않다"면 또한 "別"(리·기 분별)이 없을 수 없다는 것이다.(상17)

　"나아간 바 설명의 부동"이라는 용어는 고봉과 동일하다. 반면 퇴계의 "나아간 바(所就)"는 '一情(느낌)'이 아닌 '리·기'이다. 과연 사맹은 '리기에 나아간 그 리·기의 부동으로' 사·칠의 별칭을 말했는가? 이러한 퇴계의 논법은 허구다. 왜냐하면 사맹은 '사람 본연의 느낌'을 언론했을 뿐, 리기에 나아가서 그 '리·기의 분별'을 논(설명)한 것은 아니기 때문이다. 퇴계는 리·기에 선유의 설이 있음을 더욱 자세히 설명한다.

> 주자(주돈이)의 "무극이태극"은 리기 相循에 나아가서 리만 독언했고, 공자의 "상근·상원"의 성은 리기 相成에 나아가서 기만 독언했으며, 자사의 "희노애락"은 리기 相須에 나아가서 혼륜으로 설명했다.(상34·35·37)

　이곳 상순, 상성, 상수 등의 '相'은 리기는 본래 함께함의 의미로, 즉 "리 없는 기 없고, 기 없는 리 없음"(상17·29)의 뜻이다. "리기에 나아가면" 리기는 본래 합·겸의 혼륜이라 함이다. 퇴계는 "사람의 一身은 리기의 합으로 태어났고 때문에 그 둘은 상호 호발하며 그 '각기 발한 바에 나아가' 사칠의 소종래로 나눌 수 있다. 겸리기·유선악은 성 역시 마찬가지이다"(상246·247)고 주장하면서 오히려 고봉을 다음과 같이 비판한다.

> 그대는 "사맹은 나아간 바에서의 설명이 부동하다" 하고 또 "사단은 리만 뽑아냈다"고 하면서도 도리어 "사칠은 다른 가리킴이 없다"고 하니 이는 자상모순이다. 학문에 있어 분석을 싫어함을 '곤륜탄조'라고 하니 그 병통이 적지 않다.(상42·43)

　퇴계의 "나아간 바(所就)"는 리·기이다. "리기에 나아가서(而)" 각각 리 혹은 기로만 논하면 정주의 '본연지성과 기질지성', 사맹의 '사단과 칠정'이 있다는 것이다. 이는 고봉의 용어를 사용한 비판으로, 고봉의 신조어를 교묘히 탈취해서 자신의 본설로 삼은 것이다. 고봉의 답변을 보자.

> 선생도 사칠을 "모두 정이다"고 하셨다. 그렇다면 그 말씀한 바와 같이 "다른 이름"의 것이 어찌 진실로 "나아간 바 설명의 부동" 때문이 아니라 하겠는가? 대승의 뜻도 바로 이것이고, 보내오신 논변 또한 "그렇다"고 하셨다. 그런데 이른바 "나아간 바의 설명이 부동함"이라는 글귀를 저의 본설로 보면, 본시 一情인데 "그 설명한 것만 부동이 있다" 함이고, 선생의 의미

로 보면 "사칠은 각기 소종래가 있다"고 하셨으니, 그렇다면 이는 단지 "설명만 부동이 있다"고 함이 아니시다.(상76·77)

퇴계도 분명히 두 설은 그 "나아간 바의 설명이 부동해서 그 異名이 있다"고 했다. 그런데도 왜 "각기 리·기의 소종래가 있기 때문"이라 하는가? 이는 고봉의 용어를 오용한 것이다. 고봉은 이를 도저히 이해하지 못하겠다고 한다.

대승의 전자로 돌아가 보겠다. 저는 자사는 정 위에 나아가 "그 전체"라고 말씀드렸고, 맹자는 정 중에 나아가 "리·선을 뽑아냈다"고 말씀드렸다. 그렇다면 모두 정인데, 다만 사·칠로 명칭한 것은 어찌 "그 일정에 나아가 설명한 것이 부동해서"가 아니라 하겠는가? 때문에 저는 그 아래에서 다시 결론하기를 "사칠은 둘의 옳음으로 있지 않다"고 한 것이며, 때문에 저로서는 저의 본설이 "자상모순" 됨을 스스로 알지 못하겠다. 더구나 지금 가르쳐 주신 글을 받고 스스로 자세히 생각해 보았지만 그렇다는 생각이 들지 않는다.(상147·148)

고봉이 상상할 수 없는 점은, "설명(言之)의 부동 때문"에 사맹의 사·칠이 있음을 퇴계 스스로도 인정했는데, 왜 갑자기 "리·기(言)의 소종래가 다르기 때문"이라 하는가? '리기에 나아감'이라 하면 이미 사맹의 2설을 고찰하고자 함이 아니다. 더구나 성, 사단, 사칠도 본래 "리기에 나아간" 겸리기·유선악이라면 모두 본래는 '잡'이다. 퇴계는 잡·겸의 "곤륜탄조"(혼륜)에서 순리·사단이 나온다 하면서도 반대로 고봉의 혼륜만은 "자상모순"이라고 한다.

퇴계는 "리기의 상수는 체이고, 리·기의 상대는 용이다"고 하여 고봉의 "나아간 바"를 '체', 또 고봉의 "뽑아냄"을 '용'으로 삼는다. 그렇다면 고봉이 제시한 "나아간 바"와 "뽑아냄"의 두 논변이 결국 체·용이 된 것으로, 이로써 사맹의 2설은 고봉의 "나아간 바"에 종속되어 그래서 퇴계의 '작용'은 사실은 자신이 말한 "곤륜탄조"와 "자상모순" 속의 "주리·주기"가 되고 만 것이다. 퇴계는 「제1서, 개정본」에서도 줄곧 리·기에 "나아간 바(所就)"(상194·195·219)라 하며 이 "리·기에 나아감(就理氣)"(상211·212·214)은 「퇴계2·3서」도 변함없고, 다른 논설까지 끝까지 이어진다. 퇴계는 시종일관 사맹의 칠사 종지 및 공부가 아닌 자신이 설정한 "리·기의 分"(상238·264·268)에 종속된 "사·칠의 分"(상21)을 논설한 것이다.

7

二者, 一物, 一說이라는 용어의 불합치

리·기는 '二者(둘의 존재자)'인가, '一物(혼합의 존재자)'인가, '二物(異物)'인가? 또 칠정과 사단은 '一說(하나의 설)'인가, '二說(둘의 설)'인가?

이 문제에 대한 고봉의 논변은 매우 명확하다. 리·기 '二者'는 반드시 二物·異物이며, 一物일 수 없다. 칠정과 사단 또한 결단코 두 개의 설(二說)이며, 하나의 설(一說)일 수는 없다. 고봉은 말한다.

> 리·기 二者는 진실로 分이 있다. 단 '사물'에 있을 때는 진실로 혼륜해서 분개할 수 없다.(상7)

리·기는 진실로 각자 二物이나, 단 '사물' 구성요소일 때는 분개할 수 없다. 주희는 "이른바 리와 기는 결단코 二物이다. 하지만 物上에서 본다면 그 二物이 渾淪(고봉은 "混淪"으로 고쳐 인용함)의 합인데, 그렇다 해도 二物이 각자 一物 됨에 해롭지 않다"(상88)[747]고 한다. 성을 논함에도 성즉리일 뿐, 성을 리기 一物인 氣(사물)라고 할 수는 없다.

> 이른바 기질지성은 이 '리'가 기질 속에 타재해 있음을 설했을 뿐, 별도의 성이 아니다. 따라서 "본성(본연지성)" "기품(기질지성)"의 설도 리·기의 分과 같이 각자 一物 됨이 아닌, 一性(리)을 그 소재에 따라 분별해서 '설명'한 것뿐이다.(상89)

본연지성, 기질지성은 하나의 성즉리를 둘로 별칭한 '2설'일 뿐이다. 따라서 기질지성을 리·기 二者의 分과 같이 '기로 分'할 수는 없다.

칠정과 사단 역시 각자 '2설'일 뿐이다. 고봉은 말한다.

> 칠정·사단의 설은 각자 一義를 발명한 두 설이므로, 그 큰 줄기의 두 종지를 一說로 혼합해서는 안 된다.(하153)

"사단과 칠정이라는 이름과 뜻(名·義)은 진실로 각기 그 소이연이 있으므로"(하135·151)

---

747) 所謂理與氣, 此決是二物. 但在物上看, 則二物渾淪, 不可分開各在一處. 然不害二物之各爲一物也.(「문집」권46, 「答劉叔文」1, 2146쪽)

이 두 설을 一說로 혼합 이해해서는 안 된다. 자사는 미발·이발의 중화를 논했고, 맹자는 확충과 성선을 논했다. 이 2설은 "각자" 분명한 다른 두 종지가 있으므로 '자사의 소지로 맹자를 논해서도 안 되지만 맹자의 설로 자사를 해석해서도 안 된다.'(하12)

반면 퇴계의 "이자" "일물" "일설" 등 용어는 모호하다. 퇴계는 말한다.

> 진실로 리 없는 기도 없지만 기 없는 리도 있지 않다. 예로부터 성현들은 二者를 논급할 때 어찌 일찍이 반드시 혼합하여 一說(고봉집 一物)로만 만들고, 분별하여 설명하지는 않았던가.(상17)

이 논술은 리기인지, 사칠인지의 구분도 없다. "기 없는 리 없음"은 주희의 설이며 "사물"에서 논한 것이다.[748] 즉 사물에서는 둘 중 하나를 뺄 수 없으며, 이는 物上의 겸리기이다. 결국 "一物(一說)"의 "二者의 혼합"은 기일 뿐 리가 아니다. 리·기는 分의 실체일 뿐, 說도 아니고 名도 아니다. "분별"은 설의 별칭이며, 리·기의 실체를 說, 名이라 할 수는 없다. 더욱 문제는 위 논변은 사·칠에 관한 것임에도 불구하고 리·기의 "二者"라고 한다는 점이다.

퇴계는 사·칠 2설에 대해 아래와 같이 논변한다.

> 그대는 사단 칠정을 다른 가리킴이 없다고 하니 이는 자상모순에 가깝다. 학문을 강론함에 분석을 싫어해서 힘껏 一說로 합치는 것을 옛 사람은 골륜탄조라 했으니, 그 병통이 적지 않다.(상42·43)

퇴계는 고봉의 2설의 '가리킴이 다름'을 오히려 '리·기 二者'라 한 것이다. 퇴계는 리·기를 "一說"로 혼합해서는 안 된다고 하여 리·기 二者인 실체의 '分'과 칠·사 二說의 '說'을 분간하지 못한 것이다. 리·기는 설이 아니며, 칠·사는 리·기의 分이 아닌 2설이다. 만약 "리기를 일설로 합해서는 안 된다"고 하면 리·기의 分을 說이라 함이 되고 만다.

또 큰 문제는 "분석을 싫어해서 일설로 합하는 것은 골륜탄조"라 함이다. 퇴계는 스스로 주희의 "기 없는 리는 없음"을 분석이 아닌 一物의 一說이라 하는데, 그렇다면 주희가 '골륜탄조'가 되고 만다. 퇴계는 "골륜"을 분석이 없음의 "혼륜"으로 이해하지만, 혼륜은 "혼연천리"의 리의 '완전·온전함'의 뜻이다.(상3) 결국 주희의 설은

---

748) 天下未有無理之氣, 亦未有無氣之理.(『어류』권1, 銖6, 114쪽) 주희는 自註해서 "氣로서 形을 이룸에 理 역시 여기에 稟賦된다"고 한다.

분석이 없다는 모순이 되고 만 것이다.

퇴계의 이른바 "二者"(상17·28·38)"는 사·칠, 리·기, 사·맹인지의 구분이 모호하다. "一說"은 리기가 될 수 없거니와, 사·칠을 一說이라 할 수도 없다. 리·기는 각자 "二物"이나, 리기의 합은 '物上'의 사물이다. 一物은 리, 기 중 어느 것이 되어야 한다. 이 문제에 대해 고봉은 말한다.

> 대승은 진실로 "리기를 一物로 여김"이라 하지도 않았거니와 또한 "리기는 異物이 아님"이라 한 적도 없다. 저의 설은 애초부터 이런 의도도 없었거니와 또한 이런 언구도 없었다. 진실로 선생께서는 저의 설을 살피시지 않으신 것이다.(상146)

퇴계의 二者, 一說, 二說, 一物, 二物·異物 등은 리기인지 사칠인지 사맹인지, 혹은 합인지 분인지 설인지 물인지의 구분도 없다.

8
주희 본설을 골륜탄조의 병통·모순으로 여김

퇴계는 주희 본설로 말하면서도 그 인용처를 밝히지 않는다. 그리고 주희 본설을 자상모순의 병통으로 여기고 또 고봉의 논변 용어까지 곡해해서 거꾸로 자신의 분석설로 논한다. 퇴계는 말한다.

> 리기는 본래 상수함을 체(합이 혼륜)로 삼고, 상대함을 용(주리·주기)으로 삼는다. 진실로 '리 없는 기도 있지 않지만 또한 기 없는 리도 있지 않다.'(주희설임) 그렇지만 그 "나아간 바에서의 설명이 같지 않다"면 또한 분별이 없을 수 없다.(고봉의 칠사론임) 예로부터 성현들은 두 개(리·기)의 것을 논급함에 있어 어찌 일찍이 반드시 혼합하여 一物로만 만들고, 또 한편으로는 '분별(리·기)하여 설명'하지는 않았던가.(상17)

리기 상수(혼륜)는 본체이고, 상대(주리·주기)는 작용이라 함이다. 고봉은 칠정과 사단에 관한 것인데 퇴계는 오히려 리·기의 체용으로 답변한 것이다. 퇴계에 의하면 리기의 합은 "하늘이 부여한 바, 사람이 받은 바의 원류 맥락"(상237)이라 하고, 합리기의 "一物"은 본체이고 주리·주기의 "分別"는 작용이라 한다. 결국 혼륜의 일물을 본체로 삼았고 따라서 그 본체는 겸리기·유선악의 '기'가 되고 만 것이다. 즉 사칠, 사단, 성, 태극, 리, 본연지성 등도 본래 모두 겸리기·유선악인데, 다만 주리·주기를 강력 주장함이다.

퇴계는 "기 없는 리는 없음"(본체라 함)을 여러 번 말하지만(상17·29·234·242) 이는 주희 본설이다.

> '천하'는 리 없는 기도 있지 않고 기 없는 리도 있지 않다. 자주; 기로써 형을 이룸에 리 역시 여기에 부여된다.[749]

이 설은 고봉의 "사물에서"(상7)와 주희 "기의 만물에서"(위 주석 참조)와 같다. 퇴계는 이 '설'을 본체로 말하지만, 그러나 이곳은 천하 '사물, 만물'인 기에서 논한 것이다. 사물(物上)을 본체로 삼을 수 없고, 또 겸리기·유선악의 物上은 '氣'일 뿐이다. 결국 퇴계의 "리기 부여의 중에 나아가 이 리의 원두 본연처를 가리긴 것이 천명지성과 성선지성이다"(상18)고 함은 겸리기의 '氣' 속의 일부인 한쪽으로서의 천명(성선)일 뿐이다.

이와 같이 "리 없는 기는 없음"은 주희 본설인데 퇴계는 분석의 '주리·주기'를 강조하기 위해 또 이 설을 부정한다.

> 그대는 사단칠정을 다른 가리킴이 없다고 주장하니 이는 자상모순에 가깝다. 학문을 강론함에 분석을 싫어해서 힘껏 一說로 합치는 것을 옛 사람은 골륜탄조라 했으니, 그 병통이 적지 않다.(상42~43)

사·칠 두 설의 '가리킴이 전혀 다름'은 고봉의 주장이다. 사·칠이 "나아간 바의 설이 다르다" 함은 고봉이고, 퇴계도 인용해서 긍정했으므로 따라서 "다른 가리킴이 없음"은 퇴계 자신을 부정한 말이다. "一說로 합침"은 퇴계의 "一物(리기 혼륜)"과 같다. 一說·一物은 퇴계 자신의 말과 같이 "기 없는 리는 없음"으로, 주희 본설이다. 그런데 이 설을 퇴계는 일설로 합한 것인 자상모순과 곤륜탄조라 한 것이다. 그 이유는 다음과 같다.

> 그대는 '리기는 서로 순환하므로 떨어지지 않음'의 설을 매우 힘써 주장하면서 "리 없는 기

---

749) 天下未有無理之氣, 亦未有無氣之理, 자주; 氣以成形, 而理亦賦焉.(『어류』권1, 錄6, 114쪽) 이곳 자주는 『중용』 "천명지위성" 아래 주석 "化生萬物, 氣以成形, 而理亦賦焉"와 같다.

도 없고 기 없는 리도 없음"으로 여겼다.(상29)

　　리기 순환·불리가 곧 '기 없는 리는 없음'이라 한 것이다. 하지만 '리기의 순환불리'는 주희에 의하면 "易"이며 "道"이며 "道理"이다.[750) '순환·불리'와 '기 없는 리'는 모두 주희 본설인데도 퇴계는 이를 리기 일물로 여기고, 자신의 '리·기 二物설'로써 비판한 것이다. 이에 고봉은 "선생께서는 실언을 면치 못하셨다"(상129)고 한다. 리기의 순환이야말로 "리 본체의 그러함"(상12)이기 때문이다.

　　퇴계는 '리기 순환'(도)과 '物上의 겸리기'(기)를 각각 분석하지 않은 것이다. '천하사물의 겸리기'는 氣일 뿐이며, 더구나 겸리기가 본체일 수는 없다. 또 겸리기는 '설'(술어)일 뿐 리·기의 실체가 아니다. 실체가 아닌 설을 체용으로 논할 수는 없다. 퇴계는 주희의 본설을 끌어와서 그 출처도 밝히지 않은 채 리기 혼륜으로 몰고, 결국 자신의 설은 이와 다른 "나아간 바"(고봉설)라고 함으로써 주희 본설을 골륜탄조의 자상모순으로 여기고, 또 고봉의 논변까지도 곡해하고 왜곡해서 자신의 분석설로 삼고 만 것이다.

9

'二義'와 '異義'의 끊임없는 착오

　　퇴계가 고봉의 설을 비판하기 위해서는 그 원문을 그대로 인용해야 하며, 아니면 그 의미에서라도 벗어나지 않아야 한다. 왜냐하면 비판은 원문 및 그 의미에 관한 것이어야 하기 때문이다. 고봉이 말한 이른바 "二義가 있지 않다"고 함은 천하의 성리는 하나이며 따라서 칠사의 '선'도 단지 하나일 뿐이라 함이다.

　　그런데 퇴계는 고봉의 "선의 二義"을 인용 비판하면서 오히려 "사칠은 리·기의 異義가 없다 하면 불가하다"로 이해한다. 고봉은 이 문제에 대해 수차례 강력 항변하고 또 최소한 인용문만이라도 고쳐줄 것을 계속 요구하지만, 퇴계의 오판과 오류는 계속된다.

　　고봉의 당초 말은 아래와 같다.

---

750) 蓋天地之間, 只有動靜兩端, 循環不已, 更無餘事, 此之謂易.(『문집』권45, 「答楊子直」1, 2071쪽) 其所以一陰一陽, 循環而不已者, 乃道也.(『어류』권95, 淳83, 3205쪽. 권74, 銖110, 2522·3298쪽) 寒了又暑, 暑了又寒, 這道理, 只循環不已.(권77, 淳29, 2614쪽)

그 선(칠정의 선)은 천명의 본연이지만, 악은 기품의 과불급이다. 따라서 이른바 사단 칠정의 선은 애초 '二義'(둘의 옳음 · 의리)가 아니다.(상9)

『중용』은 "천명"을 논했고 따라서 그 "희노애락"의 근원도 천명의 성이다. 『장구』에서 주희는 "미발은 성, 천명의 성, 천하의 리"(상94)라 하고 『혹문』에서도 "[미발의] 中은 성덕의 상황으로 도의 체이고 [이발의] 和는 정의 바름을 드러낸 것으로 도의 용이다"(상95)고 한다. 따라서 이는 "맹자의 善 일변의 척출"(상10)과 동일한 선이며, 결국 "맹자 성선설은 자사에서 나왔다"(상96)는 이른바 '자사에서 맹자'로의 도통론이다. 퇴계의 답변은 이와 전혀 다르다.

그대의 논변은 '리기는 서로 순환하므로 떨어질 수 없음'을 힘껏 주장한 것으로, 즉 '리 없는 기 없고 기 없는 리 없다'(주희설)고 여김으로써 결국 사단과 칠정은 "다른 義가 있지 않다(非有異義)"고 함이다.(상29)

고봉의 "二義"는 '선(리)'인데, 퇴계는 '리 · 기'의 "異義"(혹은 '사 · 칠'의 異義)이다. 이는 용어 및 토론이 어긋난 것이다. 고봉에 의하면 리 · 기는 반드시 "分"(상89, 하45)이며, 칠정과 사단 또한 당연히 '異名'이거니와, 칠 · 사는 반드시 "그 意에 각기 所主가 있다"(상77 · 78 · 79 · 82)고 한다. 리 · 기의 二分과 칠 · 사의 二說은 서로 관련이 없다. 정주가 칠사를 리기로 해설한 것은 지극히 자연스러우며, 칠 · 사가 각자 異說 · 二說임도 너무나 당연하거니와, "그 立名의 異가 있음"(상76)도 사 · 맹이다. 따라서 퇴계의 사 · 칠 異名과 리 · 기의 分은 아무 의미가 없다. 고봉은 "異義" 문제에 대해 심하게 항변한다.

저의 애초 "二義가 있지 않다"고 함은, 사단은 기존 "칠정 중의 발해서 중절"한 것과는 그 善은 같으나 名만 다르다 함이었지, 어찌 곧바로 사칠 종지가 "원래 다른 義가 없다(元無異義)"고 했겠는가? 만약 제가 곧바로 "다른 義가 없다(無異義)"고 했다면 이는 "성현의 가리킴"(퇴계의 말임)에도 어긋나고 만다.(상130)

고봉은 '善'이 둘이 아니라 했을 뿐이다. 만약 고봉이 사칠이 "異義가 없다"고 했다면 이는 "성현의 가리킴(指)에도 어긋나게" 되고 마니, 고봉은 반드시 이렇게 말하지 않았다는 것이다. 천명의 중화와 확충 · 성선 두 설은 "一說로 합해서는 안 된다."(하153) 왜냐하면 중화와 확충 · 성선 두 설은 서로 아무 관련이 없는 각자 다른 설이

기 때문이다.

퇴계는 고봉의 "선의 二義"에 대해 계속 "그대는 사칠은 異義가 있지 않다고 했다
(四七非有異義)"(상231·267)로 인용하고 또 다음과 같이 비판한다.

> [합리기]에 나아가도 리발·기발의 分이 있음을 알아야 하며, 이로써 그 異名도 있을 뿐이다.
> 만약 본래 리·기의 異가 없다면 어떻게 그 異名도 있겠는가? 마침내 "異義가 있는 게 아니
> 다(非有異義)"고 여긴다면 불가하다.(상268)

이미 고봉은 "異義는 나의 문자와 다르다"고 수차 항변했으나 퇴계는 계속 오용으
로 왜곡해서 인용한 것이다. 퇴계는 사·칠의 異名 이유를 "리·기의 分" 때문이라
한다. 이에 고봉은 말한다.

> "사칠은 異義가 있는 게 아님", "사칠은 달리 가리킨(異指) 것이 없음" 등 인용문은 대승의 본
> 의가 아니다. 저의 본문은 다만 "선은 二義가 있는 게 아님"이다. 그런데도 선생께서는 "異義
> 가 있는 게 아님", "달리 가리킨 것(異指)이 아님"의 인용문을 고치지 않으셨다. 이는 제 설의
> 본의가 완전히 뒤바뀌고 만 것이다.(하23)

이 문제는 「고봉2서」에서만 5회 이상 항변했다.(상64·98·130·148) 그런데도 퇴계는
「제1서개본」에서 고봉 원문을 고치지 않았고 또 이하 「퇴계2서」에서도 계속 인용한
다. 때문에 또다시 고쳐줄 것을 요구하면서, 이는 나의 본의가 완전히 뒤바뀌고 만
것이라고 한다. 퇴계는 이후로도 고치지 않으며, 지금 학자들(심지어 고봉학 연구자들까지도)
도 퇴계의 착오를 그대로 따르면서 고봉의 설을 이러함으로 왜곡 이해한다.

10

겸리기의 物·氣를 본체라 하고, 또 본체를 死物이라 함

퇴계는 겸리기를 "본체"라고 한다. 이는 체용의 주체(實)가 없는 것으로, 즉 주체가
없는 '說(설명)'을 본체로 삼았고, 또 物上의 '氣'를 본체로 삼고 만 것이다. 또 본체를
"死物"이라 한다. 먼저 겸리기를 본체라고 함을 보자.

리는 기와 더불어 본래 相須(서로 필요함의 관계)함을 '체'로 삼고, 相待(서로 기다림·상대의 관계)함을 '용'으로 삼는다. 진실로 리 없는 기는 없고 기 없는 리도 없다.(상17)

"상수"는 리기의 상보관계라 함으로, 相은 '서로'의 뜻이다. "리 없는 기는 없음"의 겸리기가 이것으로, 즉 합리기를 본체라 함이다. 퇴계는 "겸리기는 하늘이 부여하고 사람이 받은 바의 원류 맥락"(상237)이라 한다. 하지만 겸리기는 '설'이며 설명일 뿐이다. 설·설명이 본체가 될 수는 없다.

퇴계는 "기 없는 리는 없음"을 본체라 하지만 주희가 여기에 붙인 자주를 보면 "기로써 형을 이룸에 리 역시 여기에 부여된다"751)이다. 따라서 이 말은 '기에 리가 부여된' 기설이다. 고봉의 "事物"(상7)이 이것이다. 합리기는 리가 아니다. 리는 스스로 독리이다. 정주도 장재(횡거)의 "겸허실"은 오히려 '기'라고 한다.

> 횡거의 "청허일대"를 이천은 힐난했다. 또 "청은 탁을 겸하고 허는 실을 겸한다"고 했으니 횡거는 형이상을 설하려 했다가 도리어 형이하를 이룬 것이니 이곳이 가장 불분명하다.752)

체용을 논하기 위해서는 리, 태극, 성선, 심, 도 등 그중 하나여야 한다. 퇴계는 "虛而實, 無而有"(상313)라 하는데 이는 주어가 없으며, 허이실은 기일 뿐이다. 주희의 체용설을 보면 "도의 체용은 중화이다",(상94·95) "성선의 체용"(상160) 등이다. 따라서 "상수의 겸리기"는 본체가 될 수 없으며 오히려 '기'이다. 주희는 리기를 체용으로 삼을 수 없다고 한다.

> 희(주희)의 지난번 "태극을 체로 삼고 동정을 용으로 삼은" 이 말은 진실로 병통이 있다. …나는 이렇게 말하겠다. 태극은 동정을 함유함이 가하다. [자주; 체로 말했다] 태극은 동정이 있다함이 가하다. [자주; 유행으로 말했다]753)

동정의 기를 태극의 작용으로 삼을 수 없다는 것이다. 태극은 전체의 온전인데, 본체는 '함동정'이고 작용은 '유동정'이다. 그중 하나면 치우친다.

그런데 또 퇴계의 경우 본체는 死物, 작용은 流行이다.

---

751) 天下未有無理之氣, 亦未有無氣之理. 자주; 氣以成形, 而理亦賦焉.(『어류』권1, 銖6, 114쪽)

752) 渠初云淸虛一大, 爲伊川詰難, 乃云, 淸兼濁, 虛兼實, …渠本要說形而上, 反成形而下, 最是於此處不分明.(『어류』권99, 可學37, 3335쪽)

753) 熹向以太極爲體, 動靜爲用, 其言固有病. …蓋謂太極含動靜則可, 以本體而言也, 謂太極有動靜則可, 以流行而言也.(『문집』권45,「答楊子直1, 2072쪽)

지난번에는 단지 본체의 無爲만 보고 妙用이 능히 顯行함을 알지 못했다. 이는 리를 死物로 여김과 같으니, 도를 떠남이 또한 심히 멀다 하지 않겠는가.(하208)

체용을 이루기 위해서는 체 혹은 용에 치우쳐서는 안 된다. 반면 퇴계는 본체가 무위의 死物, 작용이 유행의 현행이다. 용어도 문제다. 이른바 "無爲"는 함이 없음의 죽은 물이 아닌 '변함없음'의 뜻이고,(하193) "묘용"은 리 자체(전체)의 "神妙"(『통서주』「동정」16)일 뿐 작용이 아니다. 더구나 본체가 무위인데 작용은 유행일 수 있는가? 이 문제에 대해 고봉은 "태극의 동정은 氣機에서 나올 수 없다",(하196) "리가 없다가 마음이 외물과 접촉할 때"(상108)인 곧 유행처에서 갑자기 리가 발생할 수는 없다고 한다.

이상의 문제점은 다음과 같이 요약된다. 1)겸리기의 혼륜은 실체가 없는 설일 뿐이므로 본체라 할 수 없다. 2)겸리기는 기일 뿐 본체가 될 수 없다. 3)상대가 작용이면 작용은 둘이 되어 체용에 어긋난다. 4)작용의 주리・주기는 각자 리・기에 치우친다. 5)본체의 死物과 작용의 유행은 有無의 노자에 빠진다. 6)死物과 유행은 체용이 성립될 수 없다.

11
칠사, 사단, 본연지성이 합리기면 모두 잡탕이 됨

사람 마음에 성과 정이 있음은 자연의 일이다. "심통성정"(상55)은 심에 성・정이 포함되며, 공부도 심의 일이라 함이다. 따라서 성정은 심을 떠나면 의미가 없고 또 심・성・정은 모두 사람에게 반드시 있는 '실제(실체)'이다.

마음은 느낌이 있기 마련이고, 다만 사맹의 "희노"와 "측은"은 그 실제의 느낌을 자신의 목적에 알맞게 "언・론"(상3)한 두 설일 뿐이다. 이 2설은 사람 느낌은 어떤 역할을 하는가에 관한 서로 다른 논설이다. 퇴계와 고봉의 칠사 토론도 이 두 '설'에 관한 것이다. 때문에 고봉은 말한다.

자사와 맹자는 '사람 느낌에 나아간 바의 설명이 부동(所就以言之者不同)'해서 사단・칠정의 '별칭(別)'이 있을 뿐이다.(상3)

자사는 희노애락을 통해 "중화"라는 "도의 체용"을 논했고, 맹자는 측은지심이라는 감정을 통해 "확충"과 "성선"을 논증했다. 모두 사람에게 자연스레 있는 '하나의 감정 현상'을 각자 다르게 논설함으로써 자신의 목적을 밝힌 것이다.

지금 토론은 사람 느낌에 관한 사맹의 '가리킴'에 있다. 이점에 빗나가서는 안 된다. 그런데 퇴계는 이와 전혀 다르다.

> 모두 정인데도 어째서 사·칠이라는 다른 이름이 있는가? 그것은 그대의 말과 같이 "나아간 바의 설명이 부동하다" 함이 이것이다. 왜냐하면 리는 기와 더불어 상수함을 체로 삼고 상대함을 용으로 삼기 때문이다.(상16~17)

고봉은 '칠·사 2설'에 관해 논했는데, 퇴계는 곧바로 "리기에 나아가서" 리·기의 사칠로 논하며, 대화가 정 반대가 되고 만 것이다. 퇴계는 '겸리기의 상수는 체이고, 리·기의 상대함은 용'이다. 즉 상수의 겸리기는 사칠이고, 상대의 리·기는 각각 사와 칠이다. 퇴계의 상수 논리는 다음과 같다.

> 사단도 기가 없지 않고 칠정도 리가 없지 않으니, 이는 하늘이 부여한 바와 사람이 받은 바의 원류 맥락이 진실로 그러하다.(상237)

마찬가지로 '성'에 있어서도 "리기에 나아가면" 본래 겸리기·유선악의 혼륜인데, 이 혼륜에서 "렴계의 '무극이태극'은 리만 독언했고, 공맹의 '기질지성'은 기만 홀로 치우치게 독언했다."(상33~37) 즉 태극, 본연지성, 사단, 성선설도 '본래는 겸리기의 혼륜'이다.

> 겸리기·유선악은 비단 정 뿐만이 아닌 성 역시 그러하다.(상247)

요컨대 "리기에 나아가면" 성선과 사단 및 "사칠도 본래는 겸리기·유선악"(상238)이라는 것이다.

하지만 주희는 "기가 존재하지 않아도 성은 오히려 항상 있다. 비록 기 중에 있다 해도 성은 스스로 성이다"(상84)고 한다. 성은 성즉리의 스스로 성일 뿐, 기에 섞이지 않는다. 기질지성 역시 "이 리가 기질 가운데에 있음을 가리킨"(상89) 설이며, 그 가리킴은 "주성"(상133)일 뿐 합리기라 할 수는 없다.

퇴계는 고봉의 이른바 "나아간 바의 설명이 부동하다"를 인용해서 오히려 반대로 "리기에 나아가면" 본래는 합리기지만, 다만 리·기 分인 소종래의 사·칠이 있다고 주장한다. 이는 리·기 분의 실체, 성과 정의 실제, 제유의 정설 중의 사·칠 2설, 제유의 성설 중의 본성·기품 2설 등을 분석하지 않음으로서의 큰 혼란이다. 정설과 성설은 매우 많으며 또 다른 논설도 무한히 펼칠 수 있다. 퇴계는 이러한 제설을 단지 실체의 리·기 둘로 "나누고(分)" 만 것이다. 만약 사단 및 본연지성의 설, 혹은 칠·사 2설이 본래 합리기라면 그 합인 '기' 혹은 '설'이 곧바로 소종래가 되며, 또 선유의 설의 종지도 본래는 모두 합의 잡탕이 되고 만다.

12
'분'과 '별'의 기초적 오류

퇴계와 고봉은 '分'자와 '別'자를 많은 곳에서 쓴다.(색인 참조) 과연 리·기는 分인가, 別인가? 칠정·사단, 본성·기질지성은 分인가, 別인가? 그런데 리·기는 단지 둘 뿐이지만, 성정의 설은 단지 둘이 아닌 수많은 별칭이 있다는 점이다. 따라서 선유의 수많은 설을 단지 리·기 둘로 나누어서는 안 된다. 리기로 해석할 수는 있지만, 단지 실체의 리·기 둘로 나누면 선유의 설의 종지가 실제로 둘로 갈라지는 결과가 초래되고 만다.

고봉은 칠·사는 '別', 리·기는 '分'이라 한다.

* 자사와 맹자의 설명이 달라서 '사단 칠정의 別'이 있다.(상3·10)
* 리·기 둘의 것은 진실로 '分'이다.(상7)

"별"은 사람 느낌에 관한 칠·사 등의 여러 '다른 이름(異名)'의 별칭이라 함이다. 리·기는 실체이므로 별칭의 명칭(名)이 아니다. 반면 퇴계는 칠·사를 별칭이라 하지 않고 오히려 '리·기의 分'과 같다고 주장한다.

정에 "사단·칠정"의 '分'이 있음은 성의 "본성·기품"의 '異'와 같다. 성도 기왕 리·기로 分해서 설명함이 가능한데 정에 있어서만 유독 리·기로 分해서 설명함이 불가하다 하겠는가?(상21)

사·칠이라는 '둘의 分'이 있음은 '리·기가 分이기' 때문이라는 것이다. 이와 같다면 사·칠 별칭은 사맹이 아닌 '리·기 때문'이 되고 만다. 퇴계는 사·칠의 "異名이유"(상16)를 "그 리기에 나아가면 리·기는 '別'이 있기"(상17) 때문이라 하여 리·기의 分과 사·칠의 別을 구분하지 않는다.

고봉이 말한 리·기는 '실체'일 뿐 칠·사 혹은 본성·기품 등으로서의 '설'이 아니다. 리와 기는 전혀 다른 "二物(異物)"이므로 이는 "분"이지만, 그러나 칠·사 및 본연·기질지성은 하나의 정 및 성을 각자 다른 방식으로 논한 선유의 '설'일 뿐이다. 설은 단지 둘이 아닌 매우 많으므로 따라서 리·기와 같은 實이 아닌 여러 다른 이름의 별칭이라 해야 한다. 이러한 異名의 별칭은 그 논설한 이유의 목적과 종지가 반드시 있고 여기에 학자는 리, 기 혹은 겸기기 등으로 자유롭게 해석할 수 있다. 퇴계는 리·기의 분을 말하기 전 먼저 선유의 설 종지부터 살펴야 한다.

퇴계가 분과 별을 구분하지 않자 고봉은 리·기의 '분'과 설의 '별'을 더 구체적으로 논한다.

> 천지 및 인물상에 나아가 리·기를 分하면 진실로 一物이 스스로 一物 됨에 해롭지 않다. 그런데 성을 논하면서 "본성" "기품" 운운한 것은 리·기의 分과 다른데, 그것은 하나의 성을 그 소재에 따라 여럿의 分別로 설명했을 뿐이기 때문이다.(상88~89)

리·기는 설·설명이 아닌 실체지만, 성에 대한 '설'인 본연지성, 기질지성, 성선지성, 천명지성 등은 실체가 아닌 별칭이다. 퇴계는 "리·기 둘은 상호 발용이 있고 따라서 각자 발한 바에 나아가서 사·칠의 소종래로 分할 수 있다"(상246~247)고 한다. 때문에 고봉은 또 더 자세히 리·기의 分과 본성·기품의 別에 대해 설명한다.

> 천지상에서 리·기를 分하면 태극은 리이고 음양은 기이며, 인물상에서 리·기를 分하면 건순·오상은 리이고 혼백·오장은 기이다. 그런데 性上에서 달로 비유하면 한 개의 달을 그 소재에 따라 分別해서 설명한 것일 뿐, 별다른 달이 있는 것은 아니다. 그런데도 천상의 달만 달이고 수중의 달은 물이라 하면 어찌 치우침이 없다 하겠는가?(하45~46)

퇴계는 "천상의 달은 진짜 형상이고 수중은 단지 빛의 그림자일 뿐이다"(하168)고 한다. 그러나 주희는 "달은 하늘의 단지 하나일 뿐이지만, 강호에 산재하면 곳에 따라 드러나니 달이 分이라 할 수 없다"[754]고 하며 "물이 없으면 끝내 달도 없다"[755]고 한다. 주희는 오히려 하늘의 달인 맹자 성선설보다는 수중의 달인 정장의 기질지성의 성설이 "정밀하며" 치우치지 않는 "공부"라고 한다.(「고자상」6) 반면 퇴계는 리·기 둘로 分하여 하나는 진짜, 하나는 가짜라고 한 것이다.

이러한 폐단은 실체인 리·기 둘의 '분'과 사·칠 및 본성·기품 등 수많은 선유의 설인 '異名의 별칭'을 구분하지 않음으로써 일어난 것으로, 이는 매우 기초적인 학술적 변별의 오류라고 할 수 있다.

13
기질지성의 '기'는 고자보다 더한 폐단이다

퇴계는 정주의 "기질지성"의 설에 대해 '생을 받은 이후'를 가리킨 것이라 하는데 이는 고자의 성설과 같음이 되고 만다. 퇴계는 말한다.

> 정·장(정자와 장재)의 "기질지성"은 그 가리켜 말한 것이 '품생의 뒤'에 있고, 순수한 본연지성과 혼칭할 수 없었기 때문이다.(상20)

더 큰 문제는 "공·맹의 기질지성은 기만 치우치게 가리켜 독언한 것",(상35) "기 위주의 기에 나아가 말한 것"(상242)이라 한다는 점이다.

고자의 성설은 『맹자』「고자상」"生之謂性"(태어난 생을 성이라 이른다)이다. 문답을 보면 "고자는 生을 성이라 했다. 이에 맹자는 …그렇다면 개의 성이 사람의 성과 같다는 것인가?"이다. 문제는 고자와 맹자 둘 모두 '생의 현상'에서 성을 논했다는 점이다. 이에 정자는 같은 천지의 리라 해도 사람이 개의 성을 '따를 수는 없다' 함이 『중용』"率性"이라 한다.

고자의 "생지위성"은 '생 이후'를 논한 것인데, 그러나 이후만 논하면 곧바로 '생'에 치우치고 만다는 것이 정주의 논의이다. 주희는 말한다.

> 기를 性命이라 할 수는 없다. 단, 성명은 이 기로 인해서 설 수 있을 뿐이다. 기질지성은 리

---

754) 如月在天, 只一而已。及散在江湖, 則隨處而見。不可謂月已分也。(『어류』권94, 謨203, 3168쪽)
755) 如水中月, 須是有此水, 方映得那天上月。若無此水, 終無此月也。(『어류』권60, 僩45, 1942쪽)

와 기를 섞어서 설명한 것이다.(상60)756)

이곳 "섞어서"는 '겸'의 뜻이다. 기를 성으로 삼을 수는 없지만 그러나 성은 이러한 氣의 生이 반드시 있어야 한다는 것이다. "성즉리"라 해도 성은 기를 의탁함으로써 설 수 있다. 명도는 「정성서」에서 "성은 내외가 없다"고 하여 내 혹은 외로 논하면 치우친다고 하며, 주희도 "양단을 모두 다해야만 치우침이 없다"757)고 한다. 성은 품생 이전의 리만 논해서도 안 되고, 뒤 품생만 논해서도 안 된다. 때문에 정자는 말한다.

> 성을 논함에 기를 논하지 않으면 不備이고, 기를 논함에 성을 논하면 不明이다.758)

주희가 이 말을 "성선장"(「고자상」) 집주에서 인용한 이유는 "성선"은 리에 치우친다는 것으로 그래서 정자의 기질지성이 "더 정밀하다고"고 한다. "성선"은 형이상의 선일 뿐 그 기질에 있어야 함을 빠뜨렸다는 것이다.

기질지성은 "리가 기질에 있음"(하43)에서 설했지만, 단 기질에 있다고 해도 리는 변질되지 않으며, 또 "성이 기 중에 있어도 기는 스스로 기이고 성은 스스로 성으로서 서로 섞이지 않는다"(상84)는 것이다. 기질지성도 '성'을 논함이며, 오히려 천명지성과 동일한 성이다. 고봉은 말한다.

> 기질지성은 본연의 성이 기질 가운데에 떨어져 있다 함으로, 기질지성의 善者가 결국 본연의 성이므로 따라서 별도의 다른 성이 아니다.(하140)

이 두 성설은 동일한 '하나의 성'을 논한 것이므로 서로 "떨어지지 않는다(不可離)." (상86) 장재도 "기질지성에는 천지지성이 보존되어 있다"(「고자상」)고 한다.

고자의 "생지위성"도 생의 기품으로 성을 논한 것이므로 잘못은 없다. 명도가 고자를 긍정한 이유이다. 명도는 "생지위성이니, 성이 기이고 기는 성이며(성즉기, 기즉성), 삶(生之)을 이른 것이다"759)고 한다. 이 말은 『역전』"生生之謂易(생생 양상을 역이라 이름)" 과 같은데, 단 이러한 "역에는 태극이 있다(易有太極)" 함이다. "生之"의 삶에는 반드시

---

756) 氣不可謂之性命. 但性命因此而立耳. 故論天地之性, 則專指理言, 論氣質之性, 則以理與氣雜而言之.(『문집』권56, 「答鄭子上」14, 2688쪽. 『어류』권4, 무명46, 196쪽)

757) 兩端竭盡, 無餘蘊矣.(「논어, 자한」7)

758) 論性不論氣, 不備. 論氣不論性, 不明.(「맹자」, 「고자장구상」6)

759) 生之謂性, 性卽氣, 氣卽性, 生之謂也.(『정씨유서』권1, 56조, 10쪽)

태극의 '리'가 있으며 이렇게 생의 품생 속에서 성을 논해야만 공자의 "태극"과 같이 완전을 이룬다.

문제는 고자와 맹자와 대화는 '생의 품수만'을 논했다는 점이다. 정이천은 이 대화를 다음과 같이 비판한다.

> 고자의 생지위성은 그렇지 않다 할 수 없으며 이 역시 성이다. 다만 저들(고자와 맹자)은 생 이후 命으로 받은 것을 성이라 했을 뿐이다.(이천)[760]

> 속언에 성은 급하거나 느림이 있다고 하지만 성이 어떻게 느리고 급함이 있겠는가? 이렇게 성을 말한 것은 생지위성이다.(이천)[761]

이천도 고자를 긍정하나 단 이 대화는 '생 이후'만 논한 것이다. 왜냐하면 맹자의 "백설, 백옥의 백"은 이미 색의 형태로 태어난 이후를 가리킨 것으로, 고자도 "그렇다"고 하기 때문이다. 이러한 백색도 진실로 성이 자존한다. 단 고자는 '生만의 성'으로 논했고, 맹자도 '개와 사람의 성만으로 유비'한 것이다. 그러나 성은 외부에서 보이는 기품의 다름만으로 논할 수는 없다. 기품이 성의 다름의 근거라면 외부의 것으로만 논함이 되고 만다.

고봉의 "기가 존재하지 않아도 성은 도리어 항상 존재한다"(상84)고 함은 "생"이 있지 않아도 성은 항상 자존한다 함이다. 따라서 고자와 맹자의 토론은 '기 없이도 존재하는 성'인 형이상의 성을 논하지 않은 것이다.

퇴계의 "기만 독언함" "기만 치우쳐 가리킨 것"이라 함은 고자의 성설을 넘은 폐단이다. 성설은 어느 경우든 '성'에 관한 설이다. 퇴계의 "리기의 잡"도 기질의 성설과 비슷한 것 같지만, '잡'은 리가 기에 있음의 "主性"(상133)이 아니며, 잡은 기일뿐 리가 아니다. 고자는 '성'을 논했는데, 퇴계의 "치우친 독기"는 '기' 논의일 뿐 리를 논함이 아니다.

---

760) 不以告子生之謂性, 爲不然者, 此亦性也. 彼命受生之後謂之性爾.(『정씨유서』권3, 56조, 63쪽. 伊川先生語)
761) 如俗言性急性緩之類, 性安有緩急? 此言性者, 生之謂性也.(『정씨유서』권18, 103조, 207쪽. 伊川先生語)

14

發, 端, 動, 中, 出 등은 사맹·정주의 용법과 다르다

칠정과 사단은 『중용』, 『맹자』, 그리고 「정자호학론」 등의 '설'이다. 이러한 설은 그 말하려는 종지가 반드시 있으며, 종지가 있음으로써 설은 성립된다. 따라서 이곳 "중" "발" "단" 등도 그 용어 고유의 의미가 있으며, 후학은 그 용어의 의미로 선유의 종지를 고찰해야 한다. 요컨대 이 모두는 선유 자신의 '공부처'를 찾기 위함이다. 왜냐하면 사람 느낌으로서의 감정 발출은 자연의 이치이며,(상107) 누구나 있는 본연의 것이기 때문이다.

그런데 퇴계는 선유의 칠·사설 종지보다 그 이전 '발처'를 먼저 말한다.

> "측은·수오"(『맹자』)는 무엇을 따라 "發"(『중용』)하는가? "인의예지"의 성에서 발할 뿐이다. "희노애구애오욕"은 무엇을 따라 "發"하는가? '외물이 그 형기에 접촉하면 中에서 動하고'(「호학론」) 환경을 따라 나올(出) 뿐이다.(상22)

이곳은 모두 선유의 설을 인용한 것인데 그 논변은 단지 발처만을 언급한 것이며, 더욱이 그 3설 각각의 용어를 구분 없이 혼용했고, 또 그 용법조차도 선유의 의미와 다르다. 『맹자』 사단은 이미 발한 단서를 "확충하라"고 했을 뿐 그것이 『중용』 "미발의 중"을 논한 것은 아니다. 더욱이 정이천도 "중"의 발처를 '환경에서 나온다'고 한 적이 없다. 주희는 「이발미발설」에서 다음과 같이 말한다.

> 미발의 중은 본체가 스스로 그러해서 궁구로 찾을 수 없다. 단 이때는 敬의 마음을 유지해야 하며 이러한 기상을 보존해서 잃음이 없으면 이로부터 발한 것은 반드시 중절한다. 이곳은 사물에 접하기 전 일상 생활할 즈음의 본령 工夫이다.[762]

주희는 "중용은 철두철미 근독공부"라 하여 미발공부를 중시한다. 미발은 감정이 일어나기 전 "일상생활 즈음의 함양"의 일이다.[763] 일상생활에서 마음이 외물에 접하면 비로소 정으로 발한다. 미발 즈음은 궁색해서 찾으려 해서는 안 되는데, 찾으려

---

762) 未發之中, 本體自然, 不須窮索, 但當此之時, 敬以持之, 使此氣象常存而不失, 則自此而發者, 其必中節矣. 此日用之際本領工夫.(『문집』권67, 「이발미발설」, 3268쪽)

763) 中庸徹頭徹尾說個謹獨工夫, 卽所謂戒謹恐懼而無失, 平日涵養之意.(『문집』권43, 「答林擇之」20, 1979쪽)

하는 마음이 이미 발이기 때문이다. 『대학, 정심장』의 "하나라도 두지 말아야 한다"(상123)고 함이 이곳이다. 문제는 맹자의 "확충하라" 함은 이발이라는 점이다. 주희는 호상학의 "단서의 動을 살펴라 함은 확충 功夫"764)인 '이발'일 뿐이라고 한다. 결국 퇴계의 "발" 및 "사단"은 미발공부를 논하지 않은 것이다.

이천은 칠정을 "中出"이라 하며 이는 『중용』 "미발의 中"과 같다. 반면 퇴계는 "中에서 動하는데 환경에 따라 出한다"고 한다. 때문에 고봉은 「호학론」 본문을 상고한다.

> [미발의 중은] 그 근본이 참되고 고요하다. 형기가 기왕 생겼음에, 외물이 그 형기에 접촉하면 中에서 動한다. 그 中이 動해서 '칠정이 出하니(而七情出)' 희노애락애오욕이다.(상103)765)

이 문장을 퇴계는 "중에서 동하지만 환경에 따라 出한다(緣境而出)"로 고친 것이다. 그 이유는 칠정은 "기를 따라(緣氣)"(상287) 나오기 때문이다. 이렇게 퇴계는 이천의 용어를 자신의 의미인 "기발"로 바꾼 것이다. 퇴계는 말한다.

> 사단의 발을 맹자는 "심"이라 했으니, 심은 진실로 리기의 합이다. 인의예지의 성이 순수한 모습으로 '중으로 있으니(在中)' 사단이 그 단서이다. 칠정의 발은, 외물이 옴에 쉽게 느껴서 '먼저 동(先動)'하는 것이 형기만 같음이 없으니 칠정이 그 묘맥이다.(상23~24)

이곳 역시 모두 맹자, 자사, 이천의 용법과 다르다. "측은지심"은 결코 합리기라 할 수 없다. "在中"은 이천의 말이다. 이천은 "희노애락 미발은 '中으로 있음(渾然在中)'으로, 단지 하나의 中자인데 용법이 다르다"고 하며, 이에 주희는 "용법이 다르다 함은 '在中'의 뜻과, '中之道'의 뜻"이라고 해설한다. 재중은 '미발의 중'이고, 중지도는 "화"인 '時中'의 중이다. 반면 퇴계는 인의를 "재중"이라 한다. 또 "묘맥"을 '기'라 하지만, 주희의 묘맥은 리인 "理善의 혈맥"(상160)이다. "先動"에 대한 고봉의 비판은 매우 격하다.

> 근세 제공들은 그 근원(사·맹 본설)은 거슬러 오르지 않고 흐름에서만 찾으며, 그 근본은 알려고 하지 않고 말단만 좇는다. 그 난데없는 설 중에는 "성이 먼저 동한다, 심이 먼저 동한다(性先動, 心先動)"는 설도 있으니, 이런 심상치 않는 오류를 그냥 꺼려해서 덮어둘 수만은 없다.(하107)

---

764) 所以察其端倪之動, 而致擴充之功也.(『문집』권67, 「이발미발설」, 3268쪽)

765) 天地儲精, 得五行之秀者爲人, 其本也眞而靜. …形旣生矣, 外物觸其形而動於中矣. 其中動而七情出焉, 曰喜怒哀樂愛惡欲.(『정씨문집』권8, 「顔子所好何學論」, 577쪽)

"선동"은 이언적의 설인데 퇴계도 "칠정의 발로 先動하는 것은 형기만 같음이 없다"고 한다. 즉 "사는 리발인데 기가 따르고, 칠은 기발인데 리가 탄다"(상255)가 바로 선후 호발설이며, 리·기 선동설이다.

선유의 성정에 관한 용어인 "발", "단" 등은 그 고유의 의미가 있다. 그 의미를 찾아서 사람의 감정 역할에 대해 스스로 "자득하는 것이 후학"(상50)의 임무이다. 이로써 자신의 공부처를 논해야 한다. 그런데 퇴계는 리기 선후 호발의 의미로 '端' '發' '中' '動' '出' 등을 원용한다. 이는 더 이상 선유의 고유 용어에 의거한 논변이 아니다. 때문에 고봉은 이러한 "리기의 합", "환경의 출", "재중", "리 본체가 아님", "소종래가 다름" 등을 열거해서 엄중히 비판한 것이다.

> 이러한 여러 말씀들은 실로 선생의 자득이시다.(상62)

모두 선유의 의미 및 용법과 다르며, 성정 본연이 아니라는 것이다.

15

근거 없는 독기, 주기 등 성5품설

'성'에 관한 학설은 매우 많다. 『논어』 "성은 서로 가깝다(性相近)", 『중용』 "천명지성", 『맹자』 "성선" "이목구비의 성" 등이 대표적이나, 이외의 성설도 많다. 순자, 양자, 한유 등도 무수히 성을 논했다. 이렇게 많고 또 혼란스런 설들이 종합 정리된 것은 주돈이, 장재, 이정 등 북송4자에 들어서이며, 남송의 주희가 집대성했다. 이천은 단호히 선언한다.

> 성이 곧 리이다(性卽理也).(『정씨유서』 권22 상)

성은 스스로 리일 뿐이며, 여러 유자들의 성설도 모두 여기서 벗어날 수 없다. 섞인 리는 기가 되기 때문이다.

퇴계는 이와 다른데 성을 아래와 같이 논한다.

공자의 "계선·성성", 주자(주돈이)의 "무극이태극"은 리기가 서로 순환하는 가운데 나아가서 단독으로 '리만 척발'한 것이다. 공자의 "상근의 성", 맹자의 "이목구비의 성"은 리기가 서로 이루어진 가운데 나아가서 '한쪽만 가리켜 기만 독언(偏指而獨言氣)'한 것이다.(상34~35)

선유의 성설을 '겸리기' '독리' '독기' 등 3개로 분류한 것이다. 성은 본래 "리기의 합인데" 여기에는 "독리"와 "독기"가 있다. 합리기라 함은 "성도 본래는 겸리기·유선악이다"(상247)고 함이다. 하지만 본래 겸리기·유선악이라 하면 성은 '악도 있음'이 되고 만다. 이상의 분류는 선유가 가리킨 성설을 해석한 것이 아니다. 이에 고봉의 비판을 받고 「개정본」에서 "독기"를 아래와 같이 고친다.

> 기질지성은 '리기를 겸해 가리켰으나 주기로 말한 것(兼指而主言氣)'이다.(상212)

본래는 리기를 겸한 가리킴(指)이나 주기라 함이다. 하지만 기질지성이 이미 겸으로 '가리킨' 것인데 다시 주기로 '말'할 수 있는가? 어쨌든 앞 "치우쳐 가리킴(偏指)"을 "겸해 가리킴(兼指)"으로 고쳤고, 또 "주기"라 한다. 이로써 겸리기, 독리, 주리 등 3설, 겸리기, 독기, 주기 등 3설, 총 성5품설이다.

주희는 맹자 "성선"설 아래에 직접 주석해서 다음과 같이 비판한다.

> 정자(이천)는 "성을 논함에 기를 논하지 않으면 갖추지 못한다" 하고, 장자(장재)는 "형 이후 기질지성이 있으니, 선을 돌이키면 천지지성이 여기에 존재한다"고 말한다. 사리로 고찰하면 [맹자보다] 정자가 정밀하니, 기질의 품부함에 비록 불선이 있다 해도 성의 본선을 해치지 않는다. 성이 비록 본선이나 성찰과 순하게 하는 공부가 없어서는 안 된다.[766]

이천과 장재의 기질지성이 맹자 성선설보다 정밀하다는 것이다. 그것은 기질지성의 善에서 본연지성의 善을 찾아야 하기 때문이다.(하140) 맹자는 단지 형이상의 선만 논했지만, 그러나 성선은 '인생의 공부'인 기질에 있음을 포괄해야 하며, 성리만 주장하면 '공부의 성이 빠진 것'이 되고 만다.

주희는 "기질의 불선이라 해도 끝내 성은 반드시 선하다 함을 어지럽히지 않는다"[767]고 하면서 기질지성의 발명 의의에 대해 다음과 같이 말한다.

---

766) 又曰, 論性不論氣, 不備. …張子曰, 形而後有氣質之性, 善反之, 則天地之性存焉. …愚按, …然以事理考之, 程子爲密. 蓋氣質所稟, 雖有不善, 而不害性之本善. 性雖本善, 而不可以無省察矯揉之功.(『맹자』「고자장구상」6)

나는 장·정의 기질지성은 성문에의 공과 후학에게 도움 됨이 매우 크다고 여겼다. 일찍이 이렇게 설한 사람이 없었다. 한퇴지(한유)의 성3품설은 좋지만, 단 기질지성의 설을 분명하게 처리하지 못했을 뿐이다. 성 속에 어찌 3품이 있겠는가? 맹자 성선설은 다만 본원처일 뿐 아래 기질지성은 설하지 못했다. 때문에 변명하고 해명(分疏)하느라 힘을 낭비했다. 여러 유자들은 '성악'과 '선악혼'를 설했는데, 장·정의 설이 더 일찍 나왔더라면 이 같은 수많은 설화들은 분쟁할 필요가 없었을 것이다. 때문에 장·정의 설이 세워지자 이러한 여러 학자들의 설은 없어져 버렸다.[768]

한유의 성3품 "상·중·하"설은 성이 하나(성즉리)임을 알지 못한 것이다. 때문에 주희는 "맹자는 성만 말하고 기를 언급하지 않았고, 한자(한유)는 기만 말하고 성을 언급하지 않았다"[769]고 한다. 성이 둘일 수는 없다.

성은 리 하나지만, 설은 매우 많다. 천지지성, 본연지성, 천명지성, 성선지성 등은 성에 관한 '설'에 불과하다. 이 설들은 단지 기질에 있는 성을 리·선으로 "척출"(상10)했을 뿐이다. 성은 반드시 공부인 기질에서 논해야 한다. 기질지성의 설이 정밀한 이유이다. 만약 퇴계와 같이 "겸리기"라 하면 '기'가 되고, "독리"라 해도 '공부'가 없으며, "주리"는 본연지성이 아닌 '기질지성'이고, "독기·주기"는 결코 성설일 수 없다. 더구나 리기에 나아가서 리·기 등으로 나눈다면 이는 성 논의라고 할 수도 없다. 퇴계의 리기에 나아간 5개의 성 논의는 모두 근거 없는 난설이다.

16
단서와 묘맥이라는 말의 난맥상

인류의 성은 하나이고, 선도 하나이다. 모두 하나인데 선유의 여러 다른 설이 있는 이유는 공부처로서의 종지가 서로 다르기 때문이다. 만약 성 및 선이 각자 다르다면 인류의 소통은 본질적으로 성립되지 못한다. 칠정 사단의 선도 단지 하나인데 다만 자사는 "중·화"의 '공부'를 논했고, 맹자는 그 정의 "단서를 확충하라"(「공손추상」) "그

---

768) 氣質之不善者, 終亦不能亂性之必爲善也.(『맹자혹문』 권11, 982쪽)

768) 此起於張程. 某以爲極有功於聖門, 有補於後學, 讀之使人深有感於張程.이고 前此未曾有人說到此. 如韓退之原性中說三品, 說得也是, 但不曾分明說是氣質之性耳. 性那裏有三品來? 孟子說性善, 但說得本原處. 下面却不曾說得氣質之性, 所以亦費分疏. 諸子說性惡與善惡混. 使張程之說早出, 則這許多說話自不用紛爭. 故張程之說立, 則諸子之說泯矣.(『어류』 권4, 時擧64, 199~100쪽)

769) 孟子言性不及氣, 韓子言氣不及性.(『어류』 권59, 무명54, 1891쪽)

- 386 -

정으로 성선"(「고자상」)을 논증할 수 있다고 했을 뿐이다.

반면 퇴계는 두 설은 피의 혈맥이 리·기로 각자 다르다고 주장한다.

> 사단의 발은, 인의예지의 성이 순수하게 중으로 있음(在中)에, 넷의 것이 그 '단서'이다. 칠정의 발은, 외물이 옴에 쉽게 느끼고 먼저 움직이는 것은 형기만한 같음이 없으니, 일곱의 것이 그 '묘맥'이다.(상23~24)

이 논변의 문제는 『맹자』 사단을 논하면서 『중용』의 "발" 및 "재중"을 혼용했다는 점, 이천 「호학론」 원문을 고치고 또 없는 "묘맥"이라는 말을 넣어 칠정을 기의 "혈맥"(상254)으로 갈랐다는 점 등이다. 퇴계는 선유의 본설 원문을 임의로 왜곡하고, 또 사맹도 말하지 못한 미발의 발처까지 언급하면서, 느낌의 발처를 마치 리·기의 "동인·서인의 다툼"(하13)과 같이 서로 전혀 다른 피로 가른 것이다. 고봉이 「호학론」을 고찰한 이유이다.

> 「호학론」 본문을 보면 "형기가 기왕 생겼고, 외물이 그 형기에 접촉하면 중에서 동한다. 그 중이 동해서 칠정이 나오니 희노애락애오욕이라 한다"로 되어있다. 이곳 "중에서 동한다" "그 중이 동한다"는 운운은 곧 '마음의 느낌(心之感)'이다. 마음이 외물에 느끼면 "성의 욕구라는 것이 나오는데(出) 이것이 이른바 정이다."(주희 「악기동정설」) 그렇다면 정이 밖으로 발현됨이 비록 "환경에 따라 나오는(出)"(퇴계) 듯하나 사실은 "中으로 말미암아 이로써 [성의 욕구가] 나온다(出)."(이천)(상103)

더욱이 주희는 말하기를 "'외물에 느껴서 움직이는 것은 성의 욕구다'고 함은 그 느낌이 있음을 언급한 것으로, 이것이 곧 '理之發'이다. 「호학론」 중에 이러한 논이 극히 상세하다"[770]고 한다. 퇴계는 "중에서 動하지만 형기의 出이다"고 하지만, 이천은 그 중의 동이 "성의 욕구"임을 상세히 했고, 주희도 "理之發"이라 한 것이다.

정주의 이른바 "묘맥"은 형기의 맥이 아닌, 성·리의 혈맥이다. 반면 퇴계는 "형기의 묘맥", "기의 혈맥"이라 한다.

> 칠정을 사단에 상대시키면 그 발은 각기 리·기의 血脈이 있다.(상254)

---

770) 感物而動, 性之欲者, 言及其有感. 便是此理之發也. 程子於顔子好學論中, 論此極詳.(『문집』권42, 「答胡廣仲」5, 1901쪽)

그런데 고봉은 이보다 먼저 다음과 같이 말했다.

　　* 사단의 선은 칠정 중의 중절한 것(和·達道)과 같은 묘맥이다.(상5)
　　* 성선, 사단, 칠정의 중절한 선은 혈맥관통으로 부동이 없다.(주희)(상160)

　　퇴계의 논의는 '발처'인데, 고봉은 발처가 아닌 그 선과 리의 '존재자'이다. 퇴계는 발처를 '기의 묘맥·혈맥'으로 갈랐고 그래서 결국 "천명" "중화" "달도"가 '기 혈맥의 출'이 되고 만 것이다.

　　주희는 묘맥과 혈맥을 곳곳에서 말한다. "도리는 자연스레 혈맥으로 관통한다",771) "인의예지 넉자는 각기 묘맥이 있다"772)고 하여 도리의 혈맥, 인의의 묘맥이라 한다. 또 주희는 "성의 욕구는 성정의 묘함",773) "성정의 덕과 중화의 묘"774)라 하며, 이러한 성정·중화의 묘가 곧 "태극"이다. 주돈이는 태극의 동정을 신묘라 한다.

　　動이나 動함이 없고, 靜이나 靜함이 없음은 神이다. 物은 不通이나 神妙는 만물에 통한다.(하198)

　　주희는 여기에 주석해서 "「태극도설」 '음양은 하나의 태극'은 신묘는 만물에 통함의 체이고, '묘합으로 엉켜있다'고 함은 신묘는 만물에 통함의 용이다"775)고 한다. 즉 「태극도설」 "음양태극"과 "묘합태극"을 신묘만물의 체와 용으로 여긴 것이다. 이곳 "묘합태극"의 동그라미가 바로 추만의 「천명도」이다.

　　반면 퇴계는 '공자 태극'인 "음양태극"을 기발로 삼았고, 또 추만이 "묘합태극"을 그린 「천명도」에 급거 사단을 끌어와서 '기발의 혈맥'으로 바꾸고 만 것이다. 주희에 의하면 묘합태극은 성인의 묘용이다. 이는 『주역, 계사』의 말과 같이 "억지로 질주하지 않아도 빠른(不疾而速)",(『근사록』 「도체」49) 즉 태극의 묘용이다. 퇴계는 이를 기의 묘맥(피)이라 하지만, 이는 주돈이와 주희 및 추만의 논의와 너무나 큰 차이가 나는 것이다.

---

771) 這個道理, 自然血脉貫通.(『어류』권6, 端蒙10, 237쪽)

772) 只仁義禮智四字, 於中各有分別. …隨事發見, 各有苗脈.(『문집』권74, 「옥산강의」, 3589쪽)

773) 感於物而動, 性之欲也. 何也, 曰, 此言性情之妙.(『문집』권67, 「악기동정설」, 3263쪽)

774) 性情之德, 中和之妙, 皆有條而不紊矣.(『문집』권32, 「答張欽夫」15, 1419쪽)

775) 陰陽一太極者, 以神妙萬物之體而言也. …妙合而凝者, 以神妙萬物之用而言也.(『통서』 「動靜第16」. 『주자전서』13책, 112쪽)

17

대학 정심을 중용으로 인용하고 또 정 반대로 해독함

마음은 누구나 있고, 외물에 마음이 느껴서 나오는 감정은 "자연의 이치"(상107)이다. 이 즈음에서 『중용』은 미발의 "신독"(공부)과 "미발·이발의 중·화"를 말했고 주희는 이를 "도의 체용"(상94~95)으로 주석한다. "희노애락"을 떠나면 '도'라고 할 수 없다.

한편 『대학, 정심장』은 "정심(마음을 바르도록 함)"의 일이다. 이곳 종지는 "분치·호요 (怒·喜)"라는 감정을 외물에 느끼기 전 '먼저 두면 마음을 바르게(正心) 할 수 없다' 함이다. 이곳 역시 공부론이다. 물론 이러한 감정은 사람은 없을 수 없지만,(상124) 다만 그 종지는 이 감정을 미리 두어서는 안 된다 함이다.

그런데 퇴계는 이렇게 서로 전혀 다른 『중용』과 『대학』의 2설을 혼합 인용하고 또 정 반대의 의미로 해독한다.

> 칠정은 선악미정이기 때문에 "하나라도 두거나 살피지 않는다면" 마음은 "그 바름을 얻을 수 없다" 했고 그러므로 반드시 "발하여 중절한 연후에야 결국 화라 한다"고 했다.(상27)

이곳은 『중용』 "희노"(칠정), 『대학, 정심장』 주희 주석 "하나라도"와 정심장 본문 "정심", 그리고 중용 "중절의 화"를 문자 본의와 전혀 상관없이 혼합으로 원용한 것 이다. 더욱이 중화의 칠정을 정심장의 '없애야 할 나쁜 정'으로 오용했다. 만약 그렇 다면 "중절한 화"는 리·선의 근거를 잃게 되고 만다. 없애야 할 나쁜 선악미정이 천 명인 달도의 화로 발현될 수는 없기 때문이다. 이를 고봉은 다음과 같이 비판한다.

> 만약 "선악미정"이고 또 "하나라도 두거나 살피지 않으면 마음은 그 바름을 얻을 수 없고 때 문에 반드시 중절한 연후에 화"라 하신다면 칠정은 결국 거추장스럽게 자란 쓸모없음이 됨이 심하다. 더구나 발해서 중절하기 이전의 정을 또 어떻게 명분 붙이시겠는가?(상122)

『중용』 "중절의 화(덕)"는 천명의 "미발의 중(덕)"이 있었기 때문이다. 결국 칠정이라는 공부를 통해 "중화"의 덕과 "도의 체용"도 이룩되며 이로써 그 "천명지성"도 미발·이발 을 포괄해 '치우침 없음'의 온전이 된다.

「정심장」에서 주희는 "만일 하나라도 두거나 살피지 않으면"이라 했고, 때문에 고봉은 "이곳은 '정심'에 관한 일인데도 칠정의 일로 인용해 논증하셨으니 이는 칠정설과 전혀 부합되지 않는다"(상125)고 하면서 그 뜻을 다음과 같이 고찰한다.

"하나라도 두거나 살피지 않으면"이라는 인용문은 『대학, 제7장』 주자 주석이다. 그 뜻은 "'즐거워함, 두려워함, 노함, 근심함' 등 넷은 단지 장소와 관계없이 발출하니, 마음에 먼저 소유하고 있어서는 안 된다"(『어류』)고 함이다.(상123. 하74)

주희는 "하나라도 두거나(一有之)" 뒷줄에서 "만일 하나라도 두거나 살핌이 없으면 자신의 욕구가 동하고 그 정이 마음을 이겨서 그 심용의 소행은 바름을 잃게 된다"776)고 한다. 또 다음과 같이 말한다.

「정심장」 "노함이 있다"고 함은 곧 저 4정이 나의 안에서 주인이 되면 마음은 도리어 他動이 되고 만다는 뜻이다.777)

요컨대 「정심장」 4정은 정 미발에서의 "존양을 말함"778)으로, 즉 "만일 흉중에 하나라도 성실하지 못함이 있으면 감물 이전 넷의 사사로움이 안에서 주인이 되어, 결국 일에 느끼는 즈음 이 넷이 먼저 動함으로써 그 절도를 잃게 된다"779)고 함이다. 이곳은 감정 미발의 공부처이다. 정 미발의 즈음 이러한 나의 사사로운 감정을 "하나라도 먼저 두면(一有之)" 그 외물과의 감정 교류는 항상 절도를 잃게 되고 만다. 따라서 이는 心病 혹은 心害를 논한 것이다.(하75)

퇴계는 이와 반대로 중용을 심병의 일이라 한다.

이 말이 비록 「정심장」에 있기는 하지만 그러나 이는 '희노우구를 마음속에 두어서는 안 된다'는 뜻이니, 이는 마음의 병통을 설하여 그 병통을 알게 해서 약을 처방하려 함일 뿐, 곧바로 정심의 일로 설한 것은 아니다.(상286)

고봉도 "하나라도"라는 말을 '심병'이라 했고, 퇴계도 긍정한 것이다. 그런데 퇴계는 「정심장」 "하나라도"를 인용하면서도, 이것은 정심이 아닌 오히려 『중용』의 일이

---

776) 然一有之而不能察, 則欲動ㅙ情勝, 而其用之所行, 或不能不失其正矣.(『대학장구, 정심장』)

777) 如所謂有所, 則是被他爲主於內, 心反爲他動也.(『어류』권16, 道夫137, 535쪽)

778) 存心養性者, 誠意正心之事.(『문집』권73, 「胡子知言疑義」, 3555쪽)

779) 苟其胸中一有不誠, 則物之未感而四者之私。已主於內, 事之已至而四者之動, 常失其節.(『문집』권51, 「答黃子耕」7, 2379쪽)

라고 한다. 때문에 고봉은 "선생의 말씀이 바로 그 정심의 일이다. 그런데도 무슨 이유로 '정심처가 아니다'라고 하시는가?"(하75)라고 비난한다. 퇴계의 인용문이 바로 정심의 일이고 심병의 일이다. 퇴계는 정심장을 인용하고도 이를 중용이라 하니, 자상모순이 되고 만 것이다.

18
소종래라는 용법의 극심한 모순

칠사 토론에서 "소종래"라는 말을 자주 사용한다. 소종래는 '설의 유래' 혹은 '설이 나온 배경' 등의 의미라 할 수 있다. 칠정과 사단이라는 '설'이 나온 배경 및 유래는 무엇인가. 이것에 관해 먼저 밝힘으로써 자신의 논변 근거로 삼고자 함인 것이다. 칠·사 2설의 유래, 이 문제는 매우 자명하다. 자사와 맹자 본설이 바로 그것이기 때문이다. 「고봉1서」 첫 서두에서 "자사의 희노, 맹자의 측은"(상2)을 가장 먼저 언급한 이유이다. 우리의 토론 여기를 벗어나서는 안 된다는 것이다.

토론이 이와 같아야 함에도 불구하고 퇴계의 경우는 다르다.

> 둘의 것(사·칠)이 비록 모두 리기를 벗어나지는 않지만 그러나 그 종래한 바(所從來)에 인한다면 각기 주된 바(所主)와 중요한 바(所重)로 가리켜 설명할 수 있다. 그렇다면 어떤 것은 '리'라 하고 어떤 것은 '기'라 한들 무엇이 불가하겠는가.(상28)

퇴계는 사맹 본설의 유래를 고찰하려 하지 않고 오히려 리기의 발처에 대해 논한다. "리기에 나아가면"(상34~37) 발처가 리·기로 각자 다르다는 것이다. "둘의 것은 리·기 호발의 소종래가 있다"(상246~7)고 함이 이것이다. 사칠에 관해 리기로 해석하는 것은 학자의 자유이다. 사단의 소지는 리이지만, 동시에 정이므로 기이다. 칠정도 반드시 기지만, 그 "所主·所重"(퇴계)은 천명·중화의 리이다.(자사) 그렇지만 사맹이 리기에 나아가서 그 "리·기의 소종래"로 사·칠을 설했다고 할 수는 없다. 왜냐하면 사맹은 사람 본연의 자연스레 있는 감정 전후를 논한 것에 불과하기 때문이다.

퇴계의 '리기 소종래'는 고봉의 아래 말에서 유추한 듯하다.

사맹은 '나아간 바의 설명이 부동해서' 사·칠의 별칭이 있을 뿐이다.(상3)

이곳 "나아간 바(所就)"는 사람 본연의 '느낌'이다. 사람 본연의 느낌을 논하면서 이러한 칠·사 2설의 별칭이 있게 되었다 함이다. 반면 퇴계의 경우 칠사 이전의 리·기이다. "리기에 나아가면 사칠이 있다." 즉 소종래(근원)인 리·기에 '나아갔다(就)' 함이다. 이 말은 사맹과 다른데 사맹은 리기라는 근원을 논하지 않았다. 근원의 리기는 사람 느낌을 논하기 이전의 일이기 때문이다. 퇴계의 소종래 의미는 '리기에 나아감(就)'이다.

각기 발한 바에 나아가서(就) 그 소종래로 사칠을 나눌 수는 없겠는가.(상247)

만약 소종래가 본래 다름이 없다면 그 설명한 것은 무엇을 取해서 부동이 있다 하겠는가. 사단의 소종래가 기왕 리이니, 그렇다면 칠정의 소종래는 기가 아니면 무엇인가.(상274)

퇴계는 '사맹' 혹은 '느낌에 나아가' 그 종지를 고찰(자득)함이 아닌 오히려 '리기에 나아가서' 그 리·기의 발로 사칠을 말한 것이다. 이는 자사의 "중화"와 맹자의 "확충·성선" 이전의 일이다. 이에 고봉은 "리기의 즈음은 알기도 설명하기도 어렵거니와 전현도 오히려 걱정한 일"(하118)이라 한다.

고봉은 소종래라는 용어를 '설의 유래'로 사용한다. "사단 불중절"의 설도 그 소종래가 있다고 한다.

그 설 역시 소종래가 있다.(하95)

사단 불중절 설의 소종래는 주희라 함이다.

주희도 소종래라는 말을 쓴다. "불혹 나이에, 천명을 아는 것은 그 소종래를 아는 것이다."[780] "궁리, 진성의 소종래는 하나이다."[781] "[호굉과 같이] '선은 성으로 말하기에 부족하다'고 하면 선의 소종래를 알지 못한 것이다."[782] '천명을 안다'고 함은 천명을 직접 내가 알 수 있다 함이 아니다. 다만 나이가 불혹에 이르면 천명의 유래

---

780) 不惑, …知天命, 是知其所從來也.(『어류』권23, 璘102, 816쪽)

781) 窮理·盡性, …其所從來一也.(『어류』권77, 人傑22, 2612쪽)

782) 謂善不足以言性, 則不知善之所從來矣.(『어류』권101, 升卿180, 3399쪽)

를 스스로 찾아야 한다는 의미이며, 만약 내가 직접 안다고 하면 이는 나 홀로의 천명이 되고 만다.

자사와 맹자는 사람 자연의 느낌을 그 목적(공부)에 알맞게 칠·사로 언론했을 뿐, 그 발처를 직접 알았다고 한 것은 아니다. 느낌의 미발을 직접 말한다면 그것은 이미 생각이 개입되어 이발이 되고 만다. 느낌의 이발처가 정이다. 그런데 정의 이발은 "유선악이 고연의 이치"(상3)이므로 따라서 그것을 곧바로 '중화'라는 "도의 체용"(상95)으로 논할 수는 없다. "확충·성선" 역시 사람의 감정에서 그 의미를 찾았을 뿐이다. "단서를 확충하라"(「공손추상」)고 함은 사람은 사단이 반드시 '있다' 함이고, 또 사람에게 반드시 있는 "그 정(其情)"으로 "성선"(「고자상」)을 논증한 것뿐이다.

반면 퇴계는 소종래를 말하면서 "중화"와 "확충·성선"을 언급하지 않는다. 그 "소종래"는 발처의 "원류"(상237)에 관한 것으로 이는 사맹의 '종지·소지의 공부처'라 할 수 없다. 퇴계는 사맹의 설에 나아가서 그 종지를 고찰하지 않고 곧바로 근원의 리·기로 말한다. 이는 고봉의 "그 설의 소종래"와도 다르고 주희의 "천명 및 선의 소종래"라는 말뜻과도 다르다. 퇴계의 소종래는 선유의 용법과 다르고 그 뜻 또한 다르다.

19
사칠 혼륜은 실언이십니다

칠정과 사단은 외물과 교류하는 사람 감정이다.

희노애락을 통해서 천명의 성과 중화라는 "도의 체용"(상94)을 드러낼 수 있다. 정이 없으면 이러한 성과 도를 드러내지 못하며, 성과 도는 반드시 현실 속의 감정에 인해서 논해야 한다. 도는 일상의 느낌을 떠날 수 없고 느낌이 아니면 천명지성도 미발에 치우치고 만다.

따라서 고봉이 칠정을 "혼륜으로의 설명"(상63·80)이라 한 것도 『중용』은 미발·이발로 치우침 없이 논했기 때문이다. "천명지성"도 희노를 통해서 논했고, "도" 역시 희노와 "떨어지지 않음"으로 논했다. 이로써 천명, 중, 화, 달도 등은 모두 한쪽으로 치우치지 않은 것이다.

"성"에 관한 논의도 마찬가지다. 성은 곧 리이지만, 그러나 성을 이루기 위해서는

형기에 의착해야 한다. 리만 논하면 치우친다는 것이다. 때문에 주희는 성을 '혼연'이
라 한다.

> 성은 태극 혼연의 전체이다.(상79)

주희의 "혼연의 천리",(상159) "혼연의 도리"(하90) 등도 기가 섞인 리가 아닌, 성은
인생을 빼고 논할 수 없다 함이다. 단, 성이 기에 있다고 해도 "성은 성일 뿐 서로
섞이지 않는다."(상84) 성도 혼연으로 논해야 치우치지 않는다. 정주 "기질지성"의 설
이 치우침이 없어서 맹자 "성선"의 설보다 정밀한 이유이다.
한편 '사단설'과 '성선설'은 이와 다르다. 고봉은 말한다.

> * 맹자의 논은 정에서 악을 제거하여 그 핵심만 추려낸 것이다.(상3)
> * 맹자는 선 일변에 나아가 그 선만 손가락으로 가리켜 지시했다.(상10)

맹자의 논의는 정 전체가 아닌, 그 정 중의 선·리만 지시했다. "확충하라" 함은 겸
리기를 확충하라 함이 아니고, "성선"은 그 정 속의 선만으로 성선을 논증했을 뿐 유
선악으로 논증한 것은 아니다. 이러한 고봉의 논의에 퇴계는 다음과 같이 답변한다.

> 가만히 그대의 논변을 살펴보면 깊게 '리기는 서로 순환하므로 떨어지지 않는다'고 한 이 설
> 만 힘껏 주장한다. 때문에 '리 없는 기도 없지만 기 없는 리도 없다'고 하면서 결국 사단과
> 칠정은 "다른 뜻(異義)이 있는 것은 아니다"고 했다.(상29)

이곳 "리기의 순환 불리", "기 없는 리는 없음"은 주희와 고봉의 의미와 다르고,
"異義가 없음"은 인용 오류이다. "리기의 순환불리"는 '도'를 논함이고, "기 없는 리
는 없음"는 주희 본설인데 '사물'에서 논한 것이다. "異義가 없음"의 고봉 본문은
"二義가 없음"으로 칠사의 리 및 선은 '둘의 옳음이 아님'의 뜻이다. 이 3조를 퇴계
는 '리기 혼륜'으로 오용한 것이다.
퇴계는 사칠도 본래는 리기 혼륜인데 다만 주리·주기라고 한다.

> 사·칠 둘이 비록 리기를 벋어나지는 않지만, 그러나 그 리·기 근원(소종래)에 인한다면 각기
> 소주와 소중이 있다.(상28)

결국 "사단도 기가 없지 않고, 칠정도 리가 없지 않으니 이는 하늘이 부여하고 사람이 받은 바의 원류 맥락이 그러하다"(상237)고 한다. 심지어 "천지지성 또한 기가 없지는 않다",(상242) "겸리기·유선악은 성 역시 그러하므로"(상247) 따라서 "사칠도 본래 혼륜",(상239·249·260) "리, 기, 리기도 본래는 모두 혼륜"(상246)이라 한 것이다.

이렇게 퇴계도 사단칠정이 본래 혼륜임은 잘 알지만, 다만 고봉은 혼륜만 주장한다고 한다. 고봉은 이를 강력 비판한다.

> 이 조항은 대승의 소견이 아니다. 선생은 저의 설을 "리기 상순 불리의 견해가 있음"으로 허여하셨지만, 대승으로서는 진실로 불감당이다. 저의 비루한 뜻은 여기에 있지 않았으며, 선생께서는 이점에 있어서도 실언을 면치 못하신 것이다.(상129)

고봉은 진실로 사단 혹은 칠사를 혼륜이라 하지 않았다. 천명과 중화를 칠정으로 드러낸 것은 자사이고, 확충과 성선을 측은이라는 선 한쪽으로 논증한 것은 맹자이다. 이 두 설은 유사점이 전혀 없다. 만약 칠사가 서로 떨어지지 않고 또 칠정이 리·기 구분도 없다면 칠사 혹은 칠정은 리기 혼합의 잡탕이 되고, 또 선·악의 분별도 없는 잡설이 되고 만다. 퇴계는 사맹 본설을 그 종지(공부)에 따라 고찰하지 않고 또 공부 논의도 없이 자신의 "리기에 나아가서" 새롭게 논함으로써 사맹 본설에서 완전히 벗어나고 만 것이다.

20

리·기로의 分이 성현과 나의 종지라는 말의 엄청난 모순

칠정과 사단은 자사와 맹자의 설이다. 사맹은 사람에게 본래 당연히 있는 느낌을 각자 목적에 알맞게 언론한 것이다. 두 설은 모두 정이지만 그 종지는 전혀 다르다. 두 설을 후학은 리, 기 혹은 겸리기로 자유롭게 해석해서 그 의미를 새롭게 밝힐 수 있다. 단, 그 종지에서 벗어나면 그것은 사맹과 다른 후학의 새로운 설이 되고 만다.

칠사를 리기로 해석하는 것은 학자의 자유지만 그 해석은 칠사에 관한 리기일 뿐, 반대로 리기에 종속된 칠사가 되어서는 안 된다. 리기가 먼저고 이후 느낌이 있다고 할 수는 없기 때문이다. 퇴계는 이와 다르다.

사단은 정이며 칠정 역시 정이다. 모두 정인데도 어째서 사·칠이라는 다른 이름이 있는가? 그것은 보내온 글에서도 가르쳐 주었듯이 이른바 "나아간 바에서의 설명이 같지 않기" 때문이라 함이 이것이다.(상16)

퇴계는 고봉의 "나아간 바의 설명이 부동해서"(상3)를 인용해서 이 말의 뜻을 '리기에 나아가면' 리·기 分의 사·칠이 있음으로 오독한 것이다. 그러나 고봉의 "나아간 바(所就)"는 사람 '느낌'이다. 퇴계는 사맹의 사칠을 고찰하려 함이 아닌 먼저 "리·기 分에 나아가면" 여기에 사·칠이라는 "다른 이름(異名)"이 있다고 주장한다.(상268) 그 근거는 바로 '성'도 그렇기 때문이다.

> 성현의 설로 반드시 그렇다는 것을 밝히겠다. 공자 "계선·성성"과 주자(주돈이) "무극·태극"의 설은 리기 상순 가운데 나아가서(就) 리만 獨言한 것이고, 공자 "상근·상원"의 성과 맹자 "이목구비"의 성은 리기 상성 가운데 나아가서(就) 기만 치우치게 獨言한 것이다.(상33~35)

공자, 주돈이, 맹자의 성설이 리기에 "나아가서" 각각 리·기를 독언한 것과 같이 사맹도 리기에 나아간 각각의 '리·기'를 가리킨 것이다. 이와 같다면 선유의 모든 정 및 성설은 다 리기에 나아간 것이 되고 만다. 즉 리기가 먼저고, 이 리·기에 나아가면 선유 각자의 설이 있다 함이다.

퇴계는 고봉의 설을 평가하여 "가만히 보내온 논변을 살펴보면, 깊게 '리기는 서로 순환하므로 떨어지지 않는다' 하고 그 설에 대해 힘껏 주장하면서 사단 칠정은 '다른 뜻이 있지 않다'고 했다."(상29) 즉 그대는 "리기에 나아가서" 그 리기가 서로 떨어지지 않는 측면만 주장해서 결국 "사칠은 다른 뜻이 없는", 다시 말해 리·기로 나누지 않고 '리기 불상리'만 힘껏 강조한다는 것이다. 이어 퇴계는 말한다.

> 이러한 주장은 비록 옳음에 가깝다 할지라도 그러나 성현의 종지로 헤아려 보면 합치되지 못한다. 무릇 의리의 학문은 정밀하고 미세하게 탐구해야 한다. 반드시 마음을 크게 열고 안목을 높게 가져, 절대 선입견으로 一說(리기 혼륜)만을 위주로 삼지 말아야 하며, 마음을 비우고 기운을 화평하게 하여 그 올바른 취지를 찬찬히 살펴야 한다.(상30~31)

하지만 고봉은 진실로 칠·사 2설을 모두 겸리기의 혼륜으로 여기지 않았거니와, 또 리기에 나아가서 논한 적도 없으며, 더욱이 사맹 2설 종지가 "다른 뜻이 없다"고 하지도 않았다. 이러한 퇴계의 '사칠 혼륜'에 대해 고봉은 "선생께서는 실언을 면치 못하셨다",(상129) '다른 뜻이 없음'에 대해 "제가 만약 이렇게 말했다면 성현의 가리 킴에 어긋나고 만다"(상130)고 하여 매우 강력히 나의 본문과 다르다고 항변한다. 그러 나 퇴계는 이 주장을 고치지 않고 "소학 제자의 직분편"까지 들어 "義을 들으면 즉 시 복종하라"(상296·319)는 스승의 지위로써 훈계한다.

"리기에 나아가면" 성현의 2설이 있다는 근거로 인용한 『중용』, 『맹자』와 주희 주 석 등은 모두 인용 오류이다. 퇴계는 사맹이 리·기로 사칠을 나누었다(分)고 하나, 이는 퇴계 자신이 리·기로 分했을 뿐이다. 만약 사맹이 아닌 퇴계가 리·기로 분한 것이라면 그 "성현의 종지"는 퇴계 자신이 되고 만다. 퇴계는 실제로 "나의 종지(宗 旨)"(상240)라 하며, 이는 매우 불합리한 발언이 아닐 수 없다. 퇴계의 "주리·주기"는 스스로의 말과 같이 "치우쳤(偏)"(상35)고,(상242·243) 고봉도 각각 리·기에 "치우친 가 리킴(偏指)"(상154. 하80·81)이라 비판한다. 자사의 칠정 및 중·화는 진실로 '치우침 없 음'으로 설했고, 맹자도 사람 느낌에서의 "리 척발"에 불과하다. 주희는 감정 미발 즈음을 잡으려 해서는 안 된다고 한다.

> 미발에는 적연히 부동하니, 진실로 잡음으로 일삼을 수 없다. 급기야 발하면 곧바로 事·物에
> 나아가니, 어찌 미발의 중을 직접 잡겠는가? 이것이 의리의 근본이며, 여기서 어긋나면 어긋
> 나지 않은 곳이 없을 것이다.[783]

퇴계는 "성현의 종지"를 "의리의 학문"이라고 하면서 '리기의 즈음'을 직접 "리기 호발"로 논하지만, 주희에 의하면 미발의 즈음은 잡을 수 없다고 한다. 잡으려 하는 마음이 이미 이발이기 때문이다. 주희는 의리의 근본은 이러한 것이라고 한다. 퇴계 는 리기 즈음에 나아가 "나의 종지"라고 하지만, 만약 사맹이 그런 것이 아니라면 오 히려 퇴계 자신이 '사맹 위에 서서' 스스로 사맹보다 높은 의리의 "성현의 종지"를 자처함이 되고 만다.

---

783) 方其未發, 本自寂然, 固無所事於執, 及其當發, 則又當卽事卽物, …亦安得…而執此未發之中耶. 此爲義理之根本, 於此有差, 則無所
不差矣.(『중용혹문』상18, 563쪽)

21

사칠이 하나이면서 둘이면 사슴 옆의 노루가 됨

고봉이 「고봉2서」 뒤에 이항(1499~1576)과 토론한 논변 내용을 함께 끼워 보낸 이유는 이 내용을 보임으로써 「퇴계1서」를 의혹하기 위함이다.784)

고봉은 1558년 가을 과거를 보러 가는 도중 이항을 만나 '태극'에 관해 토론하고, 급제하고 11월 남귀하면서도 토론을 이어갔지만 끝내 합의에 도출하지 못한다. 내용은 공자의 "태극"(「태극도」 "음양태극" 조항)에 관한 것이다. 고봉에 의하면 "태극이 리기를 겸한 것이라 함은 선생(이항)의 뜻이고, 나의 의견은 천지 만물의 이치를 들어 태극이라 이름한 것으로 이른바 태극은 다만 리일 뿐 기에 간섭되지 않는 것"이라 한다. 요컨대 이항은 "태극과 음양, 리와 기는 혼연한 一物"이라 함이고, 고봉은 태극은 "음양에 나아가 그 본체를 가리킨 것으로, 음양에 섞어서 말한 것은 아니다" 함이다.785) 이항은 고봉에게 아래와 같이 말한다.

> 태극의 논은 옛사람이 비록 오로지 리만 말했으나 기가 그 가운데 있고, 오로지 기만 말했으나 리가 그 가운데 있다. 리기가 비록 二物이기는 하지만 그 체는 하나이니, 하나이면서 둘이고(一而二) 둘이면서 하나인(二而一) 것이다.(「고봉집」3책, 「奉復奇正字」, 29쪽)

이 논변은 이항이 김인후에게 보면 편지에도 보인다.786) 고봉은 「고봉2서」 본서를 통해 퇴계의 설을 다음과 같이 비판한다.

> 그 글에 "옛사람이 비록 오로지 리만 말했으나 기가 그 가운데 있고, 오로지 기만 말했으나 리가 그 가운데 있다"고 함은 진실로 그렇다 하겠지만, 그러나 …진실로 이처럼 롱동(모호)하게 하지는 않았다. 만약 과연 이와 같다면 왕원택의 "사슴 곁의 것이 노루고 노루 곁의 것이 사슴이다"는 설도 잘못됨이 없을 것이다.(「고봉집」3책, 30쪽)787)

---

784) 「퇴계1서」는 "1559년 10월 24일", 이항이 고봉에게 보낸 논변은 "1560년 1월 6일", 이항을 반박해서 퇴계에게 보낸 논변은 "1560년 8월 6일", 「고봉2서」는 "1560년 8월 8일"이다.

785) 순서대로 각각 「고봉집」3책의 26쪽(「答一齋書」), 24쪽(「重答湛齋書」), 27쪽(「答一齋書」)에 보인다.

786) 이항은 김인후에게 "옛사람이 학자들을 위하여 [태극과 음양을] 구분해 말했으나 그 체는 하나이다. 나누어 말하면 둘이고 합하여 말하면 하나이니, 하나이면서 둘이고 둘이면서 하나인 것이다"라고 한다.(「고봉집」3책, 「重答湛齋書」, 25쪽)

787) 「고봉집」3책, 「奉復奇正字」 뒤에 붙어 퇴계에게 보낸 논변임.(30쪽) 이 말에 퇴계는 "왕원택은 어떤 사람이고, 그 말은 어느 책에 나오며, 무슨 뜻인지 가르쳐 주기를 바란다"고 묻고, 고봉은 "왕원택은 왕개보(왕안석)의 아들로서 이름은 '방(雱)'이며, 이 말은 「어류」권130에 나온다"고 답한다.(각각 37·52쪽) 「주자어류」 본문은 다음과 같다. "元澤幼頴悟. 嘗有人籠獐鹿各一以遺介甫, 元澤時俱未識也, 或問之曰, 孰爲鹿? 孰爲獐? 元澤曰, 獐邊者是鹿, 鹿邊者是獐. 其後解經大抵類此.(必大25, 4041쪽)

왕원택(왕안석의 아들)의 일을 거론한 이유는 퇴계의 문제가 이항보다 더 심하기 때문이다. '사슴' 비유는 주희의 말인데, 그 본의는 "경을 해석함(解經)"(위 『어류』)에 있어 두루뭉술하게 '이것이면서 저것'이게 해서는 안 된다는 뜻이다. 퇴계는 "의리의 학문"에 대해 다음과 같이 말한다.

> 같음 중에 나아가도 그 다름이 있음을 알아야(知) 하고, 다름 중에 나아가도 그 같음이 있음을 보아야(見) 한다. 나뉘어 둘이 되어도 일찍이 떨어지지 않음에(未嘗離) 해롭지 않아야 하고, (二而一) 합해서 하나가 되어도 실제로는 서로 섞이지 않음에(不相雜) 귀결되어야 한다.(一而二) 이렇게 해야 비로소 두루 다하여 치우침이 없게 된다.(상32)

퇴계는 "사단도 기가 없는 게 아님은 하늘이 부여하고 사람이 받은 바의 원류 맥락"(상237)이라 하고, "성 역시 겸리기·유선악"이며 사·칠도 본래 "유선악"의 "혼륜"이라 한다.(상247·246) 또 리는 '없으면서 있다'고 한다.

> 주자의 이른바 "至虛 중에도 리는 至實의 것으로 존재함"은 곧 '허이면서 실(虛而實)'일 뿐 허의 무가 아니고, 또 주자의 "至無 중에도 리는 至有의 것으로 존재함"도 '무이면서 유(無而有)'일 뿐 무의 무라 함이 아니다.(상301)

고봉은 "리를 비록 허로 형용, 찬탄해 설할 수 있을지라도 그것은 본래 實이다"(상174·175) 했고, 이에 퇴계는 "허이실, 무이유"라 한 것이다. 그렇다면 과연 '무엇'이 그러한가? 퇴계의 논변은 결국 '이러면서 저런 것'인 "롱동황홀"(상176)의 선가의 설이 되고 만 것이다. 실체 없음이기 때문이다.

퇴계는 사칠도 본래 모두 혼륜의 겸리기이나 주리·주기라 한다. 또 주리 혹은 주기라 해도 본래는 겸리기라고 한다. 그렇다면 과연 사단 혹은 칠정의 가리킴은 무엇인가? 사단은 겸인데 주리이며 칠정의 "주기도 본래는 겸"(상212)이라면, 그렇다면 칠정의 리와 사단의 리도 본래는 리가 아닌 것이다. 퇴계는 사단도 본래 기이고 칠정의 기도 본래 리가 있다 하지만, 그렇다면 사단이 칠정이고 칠정이 사단인가?

퇴계는 "의리의 학문"은 "둘로 나누어도 떨어지지 않는다"고 하여 '둘이나 하나(二而一)'라고 하지만, 그러나 의리가 이것이면서 저것일 수는 없다. 또 "리이면서 허"라 하면 이는 '氣'가 되고 만다. 주희는 장재의 "겸허실은 형이하이다"[788]라 하고, 고봉

---

788) 주희는 "횡거 '청허일대'는 兼虛實의 뜻으로, 횡거는 형이상을 설하려 했다가 도리어 형이하를 이룬 것이니 이곳이 가장 不分明

도 합리기는 "物"(상7)이라고 한다. 퇴계에 의하면 사칠 2설은 본래 합의 혼륜이며, 리도 본래는 잡리기이다.

고봉이 이항을 비판한 논변을 퇴계에게 보낸 이유는 퇴계가 이보다 더 심하기 때문이다. 이항은 태극이 기를 겸한다 함이지만, 퇴계의 경우 사칠, 리, 성, 사단, 칠정, 허, 무, 천명지성, 기질지성까지도 "虛而實" "理而虛" "無而有"(상300ㆍ301ㆍ305ㆍ314)로 인식하며, 더욱 큰 문제는 '리'가 허이실이 아닌 "나의 허는 허이실, 나의 무는 무이유"(상314)라 하여 '주어'조차도 없고 또 스스로 '노불의 허ㆍ무'로 논변한다는 점이다. 이런 심각한 문제 때문에 이항의 예를 인용해서 퇴계의 논변을 "사슴 옆의 노루"로 비판한 것이다.

22
「태극도」 공자태극을 독기, 주기, 가짜라 주장함

고봉이 이항과 토론한 내용은 주돈이의 「태극도」 둘째 동그라미인 "음양태극"에 관한 것이었다. 이 두 번째 동그라미가 바로 "역에는 태극이 있다(易有太極)"(『주역대전』)는 공자 "태극"이다. "역"에는 태극의 존재가 자존해 "있다(有)" 함이 공자 사상이다.

이곳 공자 태극을 이항은 "겸기의 합"이라 하고, 퇴계는 "독기, 주기"라 한다. 이항은 "맨 위 동그라미는 태극의 본체를 도출해서 리만 말한 것으로 그 본체가 음양에 섞이지 않음이고, 둘째 동그라미는 리기를 겸한 혼연의 一物임을 가리킨 것"789)이라 한다. 고봉은 이를 다음과 같이 비판한다.

> 맨 위 상원은 태극이다. 그 아래 동그라미는 "양동ㆍ음정"으로 그 속의 작은 원이 곧 태극 본체이니, 이는 음양에 나아가 그 본체를 가리킨 것으로 음양에 섞어서 말한 것은 아니다. 이는 태극을 음양으로 체용을 삼은 것이 아닌, 태극의 체용이 음양을 인한 뒤에 드러난 것뿐이다.(『고봉집』3책, 「答一齋書」, 27쪽)

상원 "무극이태극"은 둘째 원 공자 "태극"을 '해설'한 것에 불과하다. 문제는 "리만

하다"(『어류』권99, 可學37, 3335쪽)고 극력 비판한다.
789) 『고봉집』3책, 「贈奇正字」, 21～22쪽.

도출한 무극이태극"을 공자 "태극"이라 하면 태극은 고립무원의 홀로된 리가 되고 만다는 점이다. 공자는 역을 떠나 태극을 논하지 않았다. 둘째 원이 공자 태극으로, 태극의 체용을 여기서 논할 수 있으며, 오히려 그 속의 작은 원이 곧 "태극 본체"이다. 만약 음양에 섞인 것이라면 태극은 잡이 되고 만다. 때문에 주희는 아래와 같이 말한다.

> 희(주희)의 지난번 "태극을 체로 삼고 동정을 용으로 삼은" 이 말은 진실로 병통이 있다. …나는 이렇게 말하겠다. 태극은 동정을 함유함이 가능하다.[자주; 체로 말했다] 태극은 동정이 있다 함이 가능하다.[자주; 유행으로 말했다] 그런데 만약 태극을 곧바로 동정이라 하면 이는 형이상과 하자를 나눌 수 없음이 되어 공자의 "역은 태극이 있다(易有太極)"고 함은 쓸데없는 말이 되고 만다.[790]

"설령 리가 기 중에 있다 해도 성(리)은 스스로 성이고 기는 스스로 기이며, 둘은 섞일 수 없다."(상84) 공자의 "역에 태극이 있다"고 함은 기에 섞인 리가 아니다.

주희는 「태극도설」 "태극의 동정" 아래에 "태극은 동정이 있으니 이는 천명의 유행이며, 즉 공자의 '일음일양 양상을 도라 이른다'가 이것이다"로 주석을 붙인다.(하196) 『중용』 '천명의 유행'을 주희는 "태극의 동정"으로 삼았고, 이것이 바로 『대역』 "일음일양 양상의 도"라 함이다.

이러한 "역유태극"이 바로 『논어』의 이른바 "상원·상근"의 기질지성이다. 공자는 성을 기질 속에서 논한 것이다. 때문에 고봉은 "이른바 기질지성이라 함은 이 리가 기질 가운데 타재해 있음으로 설한 것"(상89. 하43)이라 한다. 기는 성일 수 없고, 성은 기질과 섞인 것도 아닌, 기질지성의 "성이 곧 리"이다. 이는 기질 속의 '리'를 설한 것으로 음양태극 속의 작은 원이 곧 '리 본체'라 함과 같다. 때문에 주희는 맹자 "성선" 집주에서 성선설을 아래와 같이 비판한다.

> 정자(이천)는 "성을 논함에 기를 논하지 않으면 갖추지 못한다" 하고, 장자(장재)는 "형 이후 기질지성이 있으니, 선을 돌이키면 천지지성이 여기에 존재한다"고 말한다. 사리로 고찰하면 [맹자보다] 정자가 정밀하니, 기질의 품부함에 비록 불선이 있다 해도 성의 본선을 해치지 않는다.[791]

---

790) 熹向以太極爲體, 動靜爲用, 其言固有病. …蓋謂太極含動靜則可, 以本體而言也. 謂太極有動靜則可, 以流行而言也. 若謂太極更是動靜, 則是形而上下者不可分, 而易有太極之言亦贅矣.(『문집』 권45, 「答楊子直」1, 2072쪽)

791) 又曰, 論性不論氣, 不備. …張子曰, 形而後有氣質之性, 善反之, 則天地之性存焉. …愚按, 然以事理考之, 程子爲密. 蓋氣質所禀, 雖有不善, 而不害性之本善.(『맹자』, 「고자장구상」6)

이천과 장재의 기질지성이 맹자 성선설보다 정밀하다. 맹자는 단지 성의 선만 논했지만, 그러나 성선은 인생의 기질에 '있음'에서 논해야 하며, 성리만 주장하면 인생(공부)의 성이 빠지고 만다. 정호가 「정성서」에서 성은 "내외가 없다(無內外)"고 한 이유이다.

반면 퇴계는 공자의 기질지성을 "독기, 주기"라고 한다.

> 공자는 "상근·상원"의 성을 말했는데 이는 리기가 서로 이룬 가운데 나아가서 한쪽만 치우치게 가리켜 獨氣로 말한 것이다.(상35)

독기를 이후 "겸해 가리켰지만 기를 주로 말했다(兼指而主言氣)"(상212)의 '주기'로 고친다. 여전히 '겸기의 가리킴인데 그 름은 기'라 함이다. 더욱이 퇴계는 기질 속의 리를 '가짜'라고 주장한다.

> 천상은 진짜 형상(眞形)이고 수중은 단지 빛의 그림자(光影)일 뿐이다. 때문에 천상의 달을 가리키면 실체를 얻지만, 수중에서 달을 떠 건지려 얻지 못한다.(하168)

이와 같다면 공자의 기질지성은 허구가 되고 만다. 주희가 기질지성을 맹자 성선설보다 정밀하다고 한 이유는 여기에 공부가 있기 때문이다. 성선설은 공부처가 없다는 것이 정주의 논의이다. 주희는 말한다.

> 물속에 달이 있으니, 이 물이 있어야만 하늘의 달을 비출 수 있다. 만약 물이 없으면 끝내 달도 없다.[792]

이항이 공자의 태극을 '겸리기'라 한 이유는 태극은 반드시 기와 함께 있어야 하기 때문이다. '기가 없으면 리도 없다'(즉 "相離則無物" 위 『고봉집』 22쪽, 이항의 말)는 것이다. 이에 고봉은 태극이 기에 있다고 해서 겸이라 하면 태극은 리로 보장될 수 없다고 한다. 주돈이의 「태극도」 10개 동그라미는 모두 공자 "태극"을 드러낸 것이다. 만약 태극을 기에 섞으면 곧바로 기가 되고 만다. 공자와 정주의 태극 및 기질지성은 기에 섞인 성이 아닌, 기질 속의 자존자인 '리'를 가리킨 것이다. 반면 퇴계가 기질지성을 기라 한 것은 "역유태극"의 태극을 '기'라 함과 같다. 공자 태극은 기만 홀로 치우쳐 가리킨 것인가? 주돈이의 '무극이태극'(說)이 진짜이고, 오히려 공자의 '태극'(實)은 달이 아닌 물인 가짜인가?

---

792) 如水中月, 須是有此水, 方映得那天上月. 若無此水, 終無此月也.(『어류』권60, 僩45, 1942쪽)

23

퇴계는 공맹과 정주의 성설을 부정함

사람 마음에는 당연히 성과 정이 있으며 이것이 곧 "심은 성·정을 통섭한다(心統性情)" 함이다. 출처가 모호한 장재의 이 설을 주희가 극구 상찬한 것은 마음에서 공부 및 성정을 논해야 하기 때문이다. 주희는 말한다.

> 성·정·심은 맹자, 횡거(장재)의 설이 좋다. 인은 성이고 측은은 정이니 성·정은 반드시 심을 따라 발출하며, 심은 성정을 통섭한다(심통성정). 성은 이렇게 심정에 합해 있다 해도 그것은 단지 리일 뿐이다.(상55)

성정은 마음으로 논해야 한다. 주희가 맹자 측은지심의 '심'을 "정에서 심을 안 것",793) "성정은 모두 심으로 인해서 드러난다"794)고 한 이유이다.

공자의 태극설도 이와 같다.

> 천지의 사이 동정 양단이 있고 순환에 그침이 없으니 이외 다른 일이 없다. 이것을 "易"이라 이른다. 그 동·정에는 반드시 동정 소이의 理가 있으니 이것이 이른바 "태극"이다.795)

공자, 주돈이, 주희는 천지의 "동정 순환"에서 역과 태극 및 성리를 논했다. 이천의 "성즉리" 역시 심 속의 성을 리로 천명한 것으로, 즉 선유의 성선, 성악, 혼선악, 성3품 등 수많은 성설 모두는 단지 '리'를 논한 것임을 간파한 것이다. 성설은 매우 많지만 그것은 모두 성즉리로서 서로 "분리 될 수 없다(불가리)."(상86) 모든 성정설도 심을 벗어날 수 없으며 벗어나면 성정이라 말할 수 없다.

성의 설은 매우 많지만 그 종지와 목적은 서로 달라서 하나로 통합 이해해서는 안된다. 맹자만 보더라도 "이목구비"의 성을 "군자는 성이라 이르지 않는다" 하고, 또 "성선"이라 하여 성의 '선'을 논한다. 이러한 각각의 성설에 대해 학자가 리기로 해석하는 것은 무한한 자유이며, 송대 정주 등이 리기로 논했다. "성선"도 "그 정(其情)"

---

793) 仁, 性也, 惻隱, 情也, 此是情上見得心.(「어류」권5, 僴65, 226쪽. 「공손추상」6)

794) 心統性情, 性情皆因心而後見.(「어류」권98, 僴40, 3304쪽)

795) 蓋天地之間, 只有動靜兩端, 循環不已, 更無餘事, 此之謂易. 而其動其靜, 則必有所以動靜之理焉, 是則所謂太極者也.(「문집」권45, 「答楊子直」1, 2071쪽)

(「고자상」)으로 논증한 것이다. 단 맹자의 종지 안에서 리기로 해석해야 할 뿐이다.

반면 퇴계는 이러한 논의와 전혀 다른데, 퇴계는 사람 마음속의 성이 아닌 오히려 "리기에 나아가서" 논하기 때문이다. 퇴계는 "성현의 설로 반드시 그렇다는 것을 밝히겠다"(상33)고 하면서 아래와 같이 말한다.

> 공자의 "계선·성성"과 주자(주돈이)의 "무극·태극"의 설은 모두 '리기 상순'의 중에 나아가 척발해서 리만 독언한 것이고, 공자의 "상근·상원"의 성과 맹자의 "이목구비"의 성은 모두 '리기 상성'의 중에 나아가 한 쪽을 가리켜 기만 독언한 것이다.(상34~35)

인용된 공맹 등 4설도 그 가리킴과 종지가 서로 다르다. 『역전』 "계선·성성"은 '선과 성의 조건'에 관한 논의이고, 「태극도설」 "무극이태극"은 '자립'의 리를 설한 것이며, 『논어』 "상근·상원"은 기질지성의 설이고, 『맹자』 "이목구비"의 성은 "안일을 성으로 여기지 않음"의 설이다. 이러한 가리킴을 학자가 리 혹은 기로 논하는 것은 지극히 자연스럽다.

위 선유의 4설은 사람의 심에 있는 성을 '설'했을 뿐 반대로 "리기에 나아가서" 논한 것은 아니다. 퇴계는 "리기 相循"이라고 하지만, 상순의 어긋남 없음이 '도'이다. "기의 과불급 없음은 리"(상12)로서 도의 작용인 "화"이다. 겸리기는 기이다. 리가 기를 겸한다고 해서는 안 되기 때문이다.

퇴계는 위 4성설을 각각 "리기 相循 중에 나아가", "리기 相成 중에 나아가"서의 독리와 독기라고 한다. 본래는 리기의 겸·합이라는 것이다. 그럼에도 앞 '상순'과 뒤 '상성'은 용어가 서로 달라서 결국 공자의 "成性"과 공자의 "相近"은 서로 다름이 되고 말았다. 다시 말해 "리기에 나아가서"라고 함은 퇴계가 말한 "同中"(상36)의 겸리기임에도 불구하고 또다시 그 논법이 상순과 상성으로 달라서 결국 "同中"이 아님이 되고 만 것이다.

퇴계는 "성현의 설로 반드시 그렇다 함을 밝히겠다"고 하여 위 4설을 인용하고 이를 리·기의 "다름을 안 것"(상36)이라 하지만, 그러나 이는 위 선유의 4설 종지를 해석하려 함이 아닌 새롭게 "리기에 나아가서" 새로운 성설을 '안(知)' 것이다. 이는 공맹 본설을 스스로 부정한 것이며, 그 '안' 설 또한 선유의 성설과 어긋난다.

24

공자, 중용, 렴계, 이천 본설은 의리의 학문이 아니다?

퇴계는 '의리의 학문'을 독리와 독기라 하고, 그래서 고봉의 '리기 혼륜'은 의리의 학문을 모른 것이라고 한다. 퇴계는 고봉의 논변을 평가하여 "그대는 리기는 떨어지지 않음, 기 없는 리는 없음을 힘써 주장하면서 사칠은 다른 뜻이 없다고 하니, 이는 성현의 종지와 합치하지 못한다"(상29~30) 하고 다음과 같이 말한다.

> 무릇 의리의 학문은 정밀하고 미세하게 탐구해야 한다. 반드시 마음을 크게 열고 안목을 넓게 가져서 절대 一說(리기 혼륜)만 위주로 삼지 말아야 하며, 허심평기로 그 의취를 찬찬히 살펴야 한다.(상31)

퇴계가 주장하는 '정밀하고 미세한 의리의 학문'은 "리기에 나아가서" 여기서 리·기로 각각 나눈 "독리"와 "독기"(혹은 주리·주기)이다. 퇴계는 이러한 것을 "알았지만(知)", 고봉은 혼륜만 "본다(見)"는 것이다.(상36·38) 공자의 "계선·성성"과 렴계의 "무극이태극"는 독리이고, 공자의 "상근·상원의 성"은 치우친 독기이다.(상34~35) 이것이 정밀하고 미세한 의리의 학문이다. 따라서 '리기 혼륜'은 의리의 학문이 아니니, 그 이유는 다음과 같다.

> 자사는 "중화"를 논하면서 "희노애락"은 말했지만 "사단"은 언급하지 않았고, 정자(이천)은 "호학"을 논하면서 "희노애구(락)애오욕"은 말했지만 역시 "사단"은 말하지 않았다. 이는 리기 相須(서로 필요로 함)에 나아간 혼륜이다.(상37)

"나도 혼륜을 모르지 않으나"(상299) 다만 의리의 학문은 내가 안 것인 "독리·독기"이다. 왜냐하면 자사와 이천은 혼륜을 말했을 뿐 독리인 사단과 독기의 칠정을 말하지 않았기 때문이다. 결국 공자 호학의 『논어』, 자사의 『중용』, 이천의 「호학론」 등은 의리의 학문이 아니다. 퇴계는 공자와 자사는 혼륜일 뿐 '자신'의 리·기 소종래 설이 아니라고 주장한다.

> 공자와 자사는 진실로 [리·기] 소종래 설을 쓰지 않았다. 사단의 소종래가 리이니, 칠정의 소종래가 기가 아니면 무엇인가?(상274)

의리의 학문은 리·기의 사칠일 뿐 공자와 자사 본설인 혼륜이 아니다.

고봉은 이와 전혀 다르다. 문제는, 자사는 "천명지성"과 "중화"를 논했는데, 이러한 천명과 중화는 희노애락이 아니면 "도의 체용"(상95)으로 드러낼 수 없다는 점이다. 희노애락의 전후 공부가 아니면 중·화로서의 도가 유행되지 못한다. 요체는 미발·이발의 '공부'이다.

공자의 "상근" 및 "역에는 태극이 있다(易有太極)"고 함은 곧 "정장의 기질지성"(상86)이다. 이것이 바로 주돈이의 「태극도」 "음양태극"이다. 이를 고봉은 아래와 같이 해설한다.

> 두 번째 동그라미는 "양동·음정"의 것으로, 그 속의 작은 원이 곧 "태극"의 본체이다. 이는 음양에 나아가서 그 본체를 가리킨 것으로 음양에 섞어서 말한 것은 아니다.[796]

공자 "태극"이 바로 이곳 "음양태극"이다. 태극은 음양동정인 "역"에 있다고 해서 음양과 섞인 것은 아니다. 주돈이의 음양태극은 기에 섞인 잡성 혹은 "기"(퇴계)가 아니며, 기질에 있다 해도 "리의 본체는 온전한 자약"(하120)이다. 정명도가 「정성서」에서 "성은 내외가 없다(無內外)"고 한 것도 밖의 성을 외면하면 '안'에만 있는(즉 육·왕의 "心卽理", "心外無物"과 같이) 불학의 성이 되기 때문이다. 주희가 맹자 성선설보다 기질지성이 정밀하다고 한 이유도 바로 여기에서 '공부'로 논해야 하기 때문이다.

마찬가지로 정이천 「안자호학론」 종지도 '배움'에 있다.

> 안자가 유독 좋아한 그 학문은 무엇인가? 배움으로써 성인의 도에 이를 수 있다 함이다.
> 성인은 배워서 이르는가? 그렇다.[797]

안자의 "불천노, 불이과"(『논어』)를 통해 성인의 도에 들 수 있다는 것이다. 이는 노불을 비판한 것으로 선학은 불립문자와 깨달음을, 노자는 무위자연을 종지로 삼기 때문이다. 공자와 안자는 미발의 일용과 이발의 현실에서 경 공부를 종지로 삼는다. 이러한 공부방법을 이은 점이 곧 '도통'이다.

주희가 말한 '의리의 근본'은 정 미발에 일삼음의 없음이다.

---

796) 次下一圈, 所謂陽動加陰靜者也, 其中小圈, 乃太極之本體也. 此所謂卽陰陽而指其本體, 不雜乎陰陽而爲言者也.(『국역고봉집』3책, 27쪽. 원문은 「答一齋書」, 13쪽)

797) 然則顔子所獨好者, 何學也? 學以至聖人之道也. 聖人可學而至歟? 日然.(『정씨문집』권8, 「顔子所好何學論」, 577쪽)

미발에 잡음의 일삼음이 없어야 하며, 어찌 그 미발의 중을 잡을 수 있겠는가? 이것이 의리의 근본이며, 여기서 어긋나면 어긋나지 않은 곳이 없을 것이다.[798]

이것이 주희가 새롭게 찾은 중화신설의 평생 대지이다. 즉 미발의 중은 직접 잡을 수 없는데, 잡으려는 순간 벌써 이발이 되고 만다. 결국 일용생활에서 '경'을 유지해야 하며, 이로써 외물을 접하면 곧바로 중절한다는 것이다. 반면 퇴계는 "리기에 나아가서"라고 한데, 그러나 고봉은 "리기의 즈음은 전현도 근심으로 여겼다"(하118)고 한다.

퇴계는 사칠, 사단 및 성도 본래 합의 혼륜이라 하며, 또 공자의 "역유태극"과 "호학" 및 "상근"의 기질지성, 『중용』의 "중화", 「안자호학론」의 "학(공부)"까지도 의리의 학문이 아니라 하면서 자신의 "독리, 독기"가 의리의 학문이고 "이치"(상239)의 "황의 宗旨"(상240)라고 주장한다. 그러나 고봉은 "사단이 리라고 해서 왜 칠정이 갑자기 기인가"(하62. 상274)라고 반문한다. 퇴계는 공자와 자사의 본설을 인용해서 이를 의리의 학문이 아니라고 하지만, 그러나 주희의 "도통"은 공자와 자사·정자의 '공부'이다. 퇴계가 인용한 위 논변 모두는 공자, 자사, 정·주 등의 종지와 정 반대이다.

25

"異物"은 주희, 정암, 고봉 원문의 인용 오류임

호남에서 이항,(1499~1576) 김인후,(1510~1560) 기대승(1527~1572) 세 사람이 함께 토론한 내용은 '리기는 一物인가, 二物인가'에 관한 것이었다. 이 내용을 「고봉2서」 뒤에 첨부해서 퇴계(1501~1570)에게 보낸 이유는 「퇴계1서」에서 고봉을 "일물설"이라 비판했기 때문이다.

이항(일재)은 "리와 기는 혼연한 一物이다"이고, 김인후는 "태극과 음양은 一物이라 해서는 안 된다"고 하며, 고봉은 주희를 인용해서 답변한다.

리와 기는 결단코 二物이다. 단 物의 측면에서 보면 二物이 혼륜하니 분개로 있지 않지만,(상7) 二

---

798) 方其未發, 本自寂然, 固無所事於執, 及其當發, 則又當卽事卽物, 而執此未發之中耶. 此爲義理之根本, 於此有此差, 則無所不差矣. (『중용혹문』상18, 563쪽)

物이 각자 一物됨에 해롭지 않다.(하45) 그런데 理의 측면에서 보면 비록 物이 있지 않아도 이미 物의 리는 있으니, 이때는 그 리만 있을 뿐 이러한 物은 있지 않다.(『고봉집』3책, 「답일재서」, 28쪽)[799]

리·기는 반드시 二物이나, 단 '사물·사태'에서는 분개할 수 없다. 그런데 '리'로 보면 사물(기)이 있지 않아도 스스로 독리·순리이다. 고봉은 리를 기에 섞인 '兼'(이항의 설)의 잡리로 여기지 않은 것이다. 고봉은 "二物이 사물에 있을 때는 진실로 '混淪'[800]하므로 분개할 수 없다"(상7. 하45)고 한다.

이렇게 고봉은 리·기를 일물이 아닌 二物이라 함인데, 퇴계는 부정한다.

> 그대는 리기를 일물로 여겨 분별할 것이 없다고 했다. 최근 나정암은 리기는 "異物이 아니다"라는 설을 창도하여 주자의 설(二物)을 옳지 않다 함에 이르렀으니, 그대의 설 역시 비슷하다.(상40~41)

퇴계의 주장은 리기는 異物이라는 것, 정암(1465~1547. 명대 유학자 나흠순)은 주희의 異物을 부정하고 一物이라 했다는 것, 그리고 고봉도 一物설과 비슷하다는 것 등이다. 하지만 고봉은 이미 "결단코 리·기는 二物"이라 함의 논변을 퇴계에게 보냈다. 나정암 『곤지기』 원문을 보자.

> '物'은 반드시 두 개가 있는 이후 합으로 말할 수 있는데, 태극과 음양은 과연 二物인가? 그 物됨이 과연 둘이라면 그 합하기 이전에는 각기 어디에 있었는가? 주자는 종신토록 리기를 二物로 여겼다.[801]

정암의 이 비판은 주희 본설 내용과 다르다. 정암의 말과 같이 이곳은 "物"인 사물에서 논한 것이다. 주희도 사물에서는 합이라고 한다. 그런데 태극의 리를 겸·합의 雜理일 수는 없다는 것이 공자와 정·주이다. 고봉은 "공자는 '형이상자는 도, 형이하자는 기'라 했는데, 명도는 이를 '오직 이렇게 말씀함이 상·하를 마름함에 가장

---

799) 所謂理與氣, 此決是二物. 但在物上看, 則二物渾淪, 不可分開各在一處. 然不害二物之各爲一物也. 若在理上看, 則雖未有物, 而已有物之理. 然亦但有其理而已, 未嘗實有是物也.(『문집』권46, 「答劉叔文」1, 2146쪽)

800) 고봉이 "渾淪"을 '混淪'으로 混淪으로 바꾸어 인용한 이유는 "물"은 겸·합으로서의 '기'일 뿐, 온전으로서의 리, 성, 정의 渾然, 渾淪으로 여길 수는 없기 때문이다. "사물"은 합으로 이루어졌지만, 성, 정 자신은 합이 아닌 스스로 온전이다. 물론 정도 '설명(言之)'으로 논하면 겸이나, 다만 정 자신은 '본선'으로서의 외물을 그대로 비출 수 있는 '리(言)'이다. 주희는 '渾'자와 '混'자를 구별하여 "리는 단지 하나의 渾然이고, 사람과 천지는 混合으로 사이가 없다"(『어류』권95, 端蒙97, 3208쪽)고 한다. 리, 성, 정은 온전의 "渾", 천지의 물사는 "混合"이라 한 것이다.

801) 凡物必兩而後可以言合, 太極與陰陽果二物乎? 其爲物也果二, 則方其未合之先各安在耶? 朱子終身認理氣爲二物.(『곤지기』하, 19장)

분명하다,’ 이천은 ‘마땅히 이와 같이 설해야 한다’고 했다.”(하89) 모두 리·기를 二物이라 했다는 것이다.

고봉이 이항, 김인후와의 토론 내용을 보낸 이유가 바로 여기에 있다. 고봉은 처음부터 리기를 일물로 여기지 않았다는 것이다. 그 내용 중에 “왕원택의 ‘사슴 곁이 노루고, 노루 곁이 사슴이다’”고 함이 바로 퇴계에 대한 비판이다. 퇴계의 이른바 “리기에 나아간”,(상34~37) 즉 “리이면서 허, 허이면서 실”(상301·305) 주장은 리가 허인지 허가 리인지의 구분이 없다. 사슴이 노루이고, 노루가 사슴인가? 과연 어느 것이 사슴인가? 이렇게 성인의 “경전을 해석(解經)”(사슴·노루 아래 주희의 말임)할 수는 없다는 것이다.

고봉은 이 문제에 대해 퇴계에게 강력 항변한다.

> 대승은 진실로 “리기를 一物로 여김”이라 말하지도 않았고 또 “리기는 異物이 아님”이라 한 적도 없다. 저의 설은 애초부터 이런 의도도 없었거니와 또한 이런 언구도 없었다.(상146)

고봉은 결코 리기를 一物이라 한 적도 없거니와 “異物”이라는 언급조차도 없었다는 것이다. 고봉은 거듭 “나는 각자 一物이다”(상88·89·140. 하45·23)고 항변하지만, 퇴계는 고치지 않는다.(상218) 더구나 정암의 설 속에서도 ‘異物’이라는 말이 없다. 퇴계의 “리기에 나아가서”라고 함은 성리의 존재자 및 그 가치가 아닌 리기 ‘관계’(호발)를 말함이며, 이는 합으로서의 본질적으로 物이다. 퇴계 스스로도 “겸의 혼륜은 하늘과 사람의 원류 맥락”(상237)이라 한다. 사태로서의 ‘物’은 氣일 수밖에 없으며, 합을 순리·독리라 할 수는 없다. 고봉이 주희의 “渾淪”을 “混淪”으로 고친 이유도 物에서의 합은 ‘온전하고 완전한 가치(渾淪)’가 아닌, 자연 사물로서의 ‘천지의 물사’ 그 자체일 뿐이기 때문이다.

고봉은 이후 정암 『곤지기』를 비판해서 그 리기 一物설은 오히려 “작용이 성이다”와 “기를 리로 인식한 불씨의 소견에 불과하다”고 하며 “그 설 또한 스스로 모순이 있음”을 조목별로 들어 증명한다.(『고봉집』1책, 「론곤지기」, 232쪽. 1565년 작) 합리기는 ‘기’일 뿐이다.

26

퇴계는 맹자 사단 종지를 부정함

고봉이 "기를 성으로 말(以氣言性)"(상11)해서는 안 된다고 한 것은 맹자 종지를 밝히기 위함이다. 맹자는 '기는 성이 아님'을 말하기 위해 사단을 논했다는 것이다. 그렇다면 맹자는 정인 기를 부정했는가? 그렇지 않다. 왜냐하면 사단이 기이기 때문이다. 사단은 반드시 기이지만 맹자는 오히려 리로 여겼고, 이는 기를 부정한 것이 아니다. 기의 존재를 먼저 긍정해야만 그것을 리로 여길 수 있는 것이다.

반면 퇴계는 사단이 기임을 부정한다. 사단은 "리발인 무불선(성)"이라는 것이다.(상1·4·5) 하지만 기를 부정하면 결국 사단이라는 존재는 감정이 아닌 것이 되고 만다. 그렇다면 사단은 반드시 기인데, 그 기를 리로 여길 수 있는 방법은 무엇인가. 그것은 바로 4단을 4덕과 '함께' 논하는 방식이다. 고봉은 말한다.

> 맹자와 주자가 성정의 즈음을 논급할 때마다 매번 '4덕과 4단을 함께' 나란히 말한 이유는 사람들이 '기로 성을 말할까(以氣言性)' 염려했기 때문이다.(상11)

사단은 감정이며, 감정이므로 선과 악은 불가피하다.(상3) 그럼에도 불구하고 맹자가 이러한 감정을 "인의 단" 혹은 "측은은 인"이라 한 이유는 사단 자신만 말하면 그것은 기일 수밖에 없고, 때문에 4덕과 4단을 항상 붙여서 논급한 것이다. 주희는 주석에서 "그 정의 발로 인해서 성의 본연을 볼 수 있다",(「공손추상」) "그 작용으로 인해서 그 본체를 드러냈다"(「고자상」)고 한다.[802] 이것이 바로 "기를 곧바로 성으로 말할까 염려해서"라 함이다. 주희는 사단설 유래를 옥산강의에서 다음과 같이 말한다.

> 맹자 때는 이단이 봉기해서 성을 불선이라 하자, 맹자는 공자의 혼연 전체의 성을 넷으로 쪼개서(인·의·예·지) 구별로 논했는데, 사단설은 이렇게 세워진 것이다.(상79)

주희는 이를 "체용"으로 논한다. 성선은 "본체"로 말함이고, 정선은 성선의 "용처"이다.(상160) 맹자의 목적은 기인 사단을 통해 성선을 증명하고자 함인 것이다. 맹자와 주희는 이렇게 4단을 논할 때는 항상 4덕과 함께 나란히 거론함으로써 그 4단이 바

---

802) 因其情之發, 而性之本然, 可得而見.(「공손추상」6) 因用以著其本體.(「고자상」6)

로 4덕의 용처임을 나타내고자 했다.

퇴계가 맹자를 논하기 위해서는 그 종지에 의거해야 한다. 퇴계는 맹자의 설을 인용하기 때문이다. 맹자는 기를 곧바로 성이라 하지 않았다. 그런데 퇴계는 이러한 고봉의 논변을 아래와 같이 비판한다.

> 그대의 병통은 적지 않은데, 이러한 주장을 그치지 않는다면 자기도 모르는 순간 '기를 성으로 논하는(以氣論性)' 폐단에 빠지게 되고, '인욕을 용인하여 천리로 여기는 환란'에 떨어지게 될 것이다.(상43)

즉 고봉이 "리기를 一物"(상41)이라 하여 사단을 무불선의 '주리(독리)'가 아닌 '겸리기'로 여긴다는 것이다. 하지만 맹자는 사단인 "기를 곧바로 성으로 말(以氣言性)"하지 않기 위해 측은을 인과 함께 거론해서 그것이 인의 단서·작용임을 나타내고자 했다. 감정은 겸리기·유선악이니, 이러한 유선악으로는 성선을 논증할 수 없기 때문이다. 따라서 퇴계의 "기로써 성을 논(以氣論性)한 폐단"이라 함은 맹자의 가리킴도 아니고 고봉 본의도 아니다. 퇴계와 같다면 맹자 종지인 "사단의 확충"(「공손추상」)과 "그 정(其情)"을 통한 "성선"(「고자상」)의 논증도 불가능한 일이 되고 만다.

"인욕을 용인해서 천리로 여기는 환란" 또한 주희 논의와 다르다. 주희는 「악기」 "性의 欲"에 대해 "성의 욕구가 곧 정이다"(상107)고 한다. 성의 욕구가 바로 사람에게 본래 있는 측은의 단서이며 때문에 맹자는 이를 "확충하라"고 한 것이다. 인욕을 모두 악이라 할 수는 없는 이유는 천리를 드러낼 수 있기 때문이다. 주희는 "인심을 인욕이라 한 이 말은 병통이 있다. 비록 上智라도 인욕은 없을 수 없다"[803]고 하며, 정명도도 「정성서」에서 "성은 내외가 없다(無內外)"고 하여 밖의 성을 외면해서 나의 성만 주장해서는 안 된다고 한다.

고봉은 "기로 성을 논하는 폐단", "인욕을 천리로 여기는 환란"에 대해 다음과 같이 답변한다.

> "기로써 성을 논함", 이 말은 저의 설 의도가 아니다. 또 "인욕을 용인해서 천리를 가림으로 여김(고봉이 患을 '蔽'로 바꿈)"이라 하심은 '깊게 살펴서 다스려야 할 공부'에 해당되는 일일뿐이다.(상149)

---

803) 人心, 人欲也. 此語有病. 雖上智, 不能無此.(『어류』권78, 佐192, 2664쪽)

> 만약 사단을 단지 "무불선"이라 한다면 이것이야말로 오히려 "인욕을 용인해서 천리로 여기는 것"이 되고 마니, 이는 반드시 이루 말로 형용할 수 없는 [폐단과 환란을 후세에] 남기게 되는 것이다.(상171)

고봉은 "기로 성을 논함"의 일은 미발 존양과 이발 성찰 중 뒤의 '성찰 공부의 일'이라고 한다. 발현처인 기를 논한 것이기 때문이다. 또 퇴계의 "사단의 무불선"이야말로 퇴계의 말 그대로 "인욕을 용인해서 천리로 여긴 것"이라고 한다. 왜냐하면 퇴계는 인욕인 정과 천리인 성선을 구분하지 않았고, 또 사람 느낌을 성의 무불선으로 여겼기 때문이다. 느낌을 무불선으로 여기면 이것이야말로 폐단이며 환란이다. 느낌은 외물과의 교통·소통의 일이며 따라서 이를 성으로 여기면 스스로 교통을 막음이 되고 만다.

퇴계의 "기를 성으로 여기는 폐단"은 고봉의 말과 같다. 그러나 고봉의 의미는 '기를 성으로 여기기 않음'이 맹자라 함이고, 퇴계는 '기를 성으로 논할 수 없다'는 의미이다. 만약 퇴계와 같다면 맹자는 사단을 부정해야 한다. 정인 사단은 사덕 혹은 성선을 그대로 밖으로 드러낼 수 없음이 되어야 하기 때문이다. "인의 단서", "인의 작용"이라 함은 정을 부정한 것이 아니다. 사단은 이미 정이고, 이 정으로 '단서'와 '작용'을 논할 수 있는데, 퇴계는 그 정을 폐단과 환란으로 여긴다. 이는 맹자 본의를 어기고 맹자 종지를 부정한 것이다. 맹자는 결국 기인 사단으로 성선을 논증했을 뿐, 기를 부정하여 폐단과 환란으로 여긴 것은 아니다.

27

주자만 믿자 하시면 사·맹 본설은 무엇입니까?

퇴계는 처음부터 자사와 맹자 본설을 거론한 적이 없고 줄곧 사단과 칠정이 '리발인가, 기발인가'만 강조할 뿐이다. 고봉은 첫 논변인 「고봉1서」 첫 글자에서 "자사왈, 희노애락의 중·화, 맹자왈, 측은지심은 인의 단서"(상2)라 하여 우리 토론은 '사맹의 본설'에 있음을 분명히 한다. 이미 칠정, 사단이라 했으니 토론은 여기서 벗어나서는 안 된다.

사람은 누구나 외물에 대한 느낌이 있다. 사맹은 이러한 느낌의 의미와 역할을 자신의 목적으로 논설했고, 송대 정주는 여기에 리기로 해석을 가했다. 이것이 우리 논의의 순서다. 반면 퇴계는 "리기에 나아가면 리기의 상순, 상성, 상수, 상대"(상34·35·37·17) 때문에 선유의 성·정설이 있다고 주장한다. 더욱이 "相"은 리기 '관계'일 뿐, 리 혹은 기라고 할 수도 없다. '리'가 相(서로)의 관계적인 것이라면 리는 실체가 없는 허무(혹은 찬탄·형용)가 되고 만다. 퇴계의 "虛而理"(상305)가 이것이다.

리기는 칠사 해석에 불과하다. 더구나 사단의 기, 칠정의 리 해석도 가능하다. 사단은 느낌인 기이고, 칠정의 중화도 리임이 확실하다. 그러나 칠사 두 설은 대설일 수 없고,(상6) 더욱이 리·기 둘이 상대적로 호발해서 사·칠이 된다고 할 수도 없다. 칠사는 수많은 설 중의 두 설일 뿐이다.

퇴계는 처음부터 사맹 본설을 거론하지 않고, 오히려 『어류』를 믿으라고 강요한다.

> 최근 『주자어류』 「맹자사단」을 논한 곳에서 바로 이 일(사·칠)을 논한 것을 보았다. 그 설에서 말하기를 "사단은 리의 발, 칠정은 기의 발이다(四端是理之發, 七情是氣之發)"고 한다. 고인은 말하지 않았던가. 감히 자신을 믿지 말고 스승을 믿으라고 주자는 우리의 스승이며 천하고금의 종사이다.(상44~45)

주희가 반드시 '리의 발은 사단, 기의 발은 칠정'이라 했으니 이 말에 "즉각 복종(卽服)"(상296)해야 한다. 주희는 천하 고금의 종사이기 때문이다.

퇴계의 말 그대로 이곳 출처는 "맹자, 사단처"인 「공손추상」이다. 이곳은 "단서를 확충해야 한다"는 조항으로, 즉 "사단은 나에게 본래 있으니 모두 확충할 것을 알면 마치 불이 처음 타오름과 같다"[804] 함이다. 문제는 「공손추상」 "단서의 확충"은 「고자상」 "성선"의 "무불선" 조항과 그 소지가 전혀 다르다는 점이다. 주희의 『맹자집주』 본주를 보사.

> 「고자상」은 인의예지의 단서를 말하지 않았다. 「공손추상」은 사단을 확충하고자 함이고, 「고자상」은 仁의 用으로 그 본체를 드러냈으니, 때문에 말에 不同이 있는 것이다.[805]

「고자상」은 '단'을 말하지 않았다는 것이다. 「고자상」은 "성선은 무불선"이라는 '논증'이고, 「공손추상」은 "확충"의 '단서'를 말했다. 맹자 사단처는 '나에게 반드시 있

---

804) 凡有四端於我者, 知皆擴而充之矣, 若火之始然.(『맹자』, 「공손추상」)

805) 前篇, 言是四者爲仁義禮智之端, 而此不言端者, 彼欲其擴而充之, 此直因用以著其本體, 故言有不同耳.(「고자상」6)

는 단서를 확충하라'는 "있음(有)"의 뜻으로, 이는 성선 논증을 위함이 아니다. 만약 나의 단서를 반드시 "성선의 무불선"(주희주)으로 여기면, 외부의 부정한 일이 있으면 나의 감정은 여기에 반드시 합치하는가? 고봉은 "어류의 설은 다만 참조해야 한다"고 하여 주희가 직접 지은 여러 본서, 본주를 "위주"해야 한다고 한다.(하109~110)

더구나 『어류』 "是理之發"은 리기 중의 '리가 발한다'의 뜻이라 할 수도 없다. 퇴계는 "사단, 리지발"이라 하여 '是'자를 빼지만,(상243·257) 이곳 "是"자는 '해석'의 의미이다. 즉 사단은 곧 '리발로 해석할 수 있다' 함이다. 사단은 맹자 본설이고, 『어류』는 이를 해석함에 불과하다. 리가 발한 것이 사단이라 하면, 맹자보다 퇴계의 리가 먼저가 되고 만다.

"리발·기발" 주장은 사맹 본설도 아니거니와 어류의 해석과도 어긋난다. 퇴계는 "사단의 소종래(근원)가 기왕 리인데, 칠정의 소종래가 기가 아니면 무엇인가"(상274)라고 하지만 『중용』은 천명지성과 도의 체용을 논했으므로, 맹자 때문에 천명지성이 기발일 수는 없는 일이다. 고봉은 "어찌 맹자의 말 때문에 갑자기 자사의 칠정을 기 한 쪽으로 바꾸는가"(하62)라고 반문한다. 천명이 맹자 때문에 기가 되어야 하는가? 어찌 주희가 리발·기발로 사맹 본설인 사칠이 나온다고 말했겠는가?

28
정·주 자신이 오류라 말한 그 구설을 믿으라니요?

퇴계는 정이천의 "심 이발"의 구설, 주희의 중화신설과 구설을 전혀 이해하지 못한다. 구설과 신설은 정주학의 핵심 중의 정수이며, 더욱이 '공부할 곳'이다. 여기서 어긋나면 어긋나지 않은 곳이 없다는 것이 주희의 신설 요지이다.

퇴계는 『주자어류』 "사단은 리의 발, 칠정은 기의 발"을 인용하고 이어 다음과 같이 말한다.

> 주자는 우리의 스승이며 천하고금의 종사이다. …만약 이치는 이와 같다 해도 여기에 이름붙이고 설명하는 즈음에서 극히 작은 부분이라도 서로 차이가 있다면 이는 선유의 구설을 씀만 같지 못하며, 그렇다면 주자 본설로 대신하고 우리의 설은 버림이 온당하다.(상45~47)

퇴계는 『어류』를 읽기를, 사칠은 모두 겸리기의 혼륜인데, 다만 리·기가 선후로 호발해서 사단과 칠정이 나온다 함이다.(상247) 퇴계 자신도 고봉과 같이 겸리기의 혼륜은 알지 못하지는 않지만(상299) 다만 "선유의 구설"에 의하면 '리발이 사단이고 기발이 칠정'이니 따라서 우리의 혼륜 논쟁은 그만 버리고 "주자 본설로 대신하자"는 것이다.

고봉도 당연히 "주자는 천하 고금의 종사(宗師)이며, 후학의 마땅한 스승(當師)이고, 그 말씀을 지키며(當守), 마땅히 준수(當遵)해야 한다"고 말한다.(상150·153·154) 그렇지만 이천은 자신의 구설인 "이발"을 상대와의 토론 중에서 분명히 고치면서 "나의 잘못"이라 했고, 또 주희도 "중화구설서"에서 이전 구설을 반성하고 학자들은 자신의 전철을 밟지 말아야 한다고 분명하게 말했다. 고봉이 '정·주의 구설'을 상고한 이유이다.

> 『중용』 '미발·이발'의 뜻에 대해 주자도 일찍이 "정자의 '심은 모두 이발이다'"는 말씀에 따라 심을 이발로 인식하고 이를 『중용』의 '발'로 이해했다. 그런데 이후 스스로 "어의를 착인했다"고 하면서 친구인 남헌(장식) 및 서산(채원정)과 힘껏 논변한 뒤 크게 깨닫게 된다. 그리고 「중화를 논하여 호남제공에게 드리는 글」을 써서 그 실수를 밝히면서 다음과 같이 말한다. "정자의 '심은 모두 이발이다' 함은 결국 '어린 아이의 마음'을 가리킨 것이었고, 때문에 정자 스스로도 설의 잘못으로 여겼으며 또 '합당하지 않음(未當)'이라 하고 다시 바로잡았다. 단 이미 고친 말만 고집할 것이 아닌 그 당시의 가리킨 특수한 점도 고찰해야 한다." 이러한 정주의 말씀이야말로 지극히 공평하고 지극히 명철하며 후학들은 이점을 마땅히 '스승으로 따라야(當師)' 한다.(상151~153)

고봉이 이렇게 말한 이유는 퇴계의 주장인 "리발은 사단, 기발은 칠정"이라는 논변은 사맹 본설도 아니거니와 설사 주희가 이렇게 논했다 해도 그것이 리발 한쪽, 기발 한쪽의 의미만 있지 않음이 명백하기 때문이다. 주희에 의하면 "중용 종지는 [미발공부인] 철두철미 근독공부"이고, 맹자 사단은 기왕 발현한 발현처에 있으므로 당연히 '이발공부'이다. 주희의 설을 논하기 위해서는 그의 "기타 전후 논변을 살펴서 그 동이·곡절을 고찰해야 한다. 후학들은 마땅히 주자의 두루 갖춘 말씀을 따라야지, 이 명제를 리발 한쪽 기발 한쪽의 의미로만 지키려 해서는 안 된다"(상154)는 것이다.

주희는 「이발미발설」에서 이천의 '이발설'과 『중용』의 '미발설'에 대해 각각 다음과 같이 고찰한다.

> 그간 우리의 토론은 정자의 『문집』과 『유서』에 부합하지 않았고, 심·성의 실제와 미발·이

발의 命名에도 타당하지 않았으며, 더구나 일용의 本領(미발)공부도 빠졌거니와, 『중용』의 '사물 사려의 교류'라 할 수도 없었다.[806]

주희의 논점은 『중용』 "희노애락 미발"이다. 이곳의 '존양 工夫'가 있어야만 그 발현도 "중절할 수 있다" 함이다. 한편 호상학(호남학)은 정자의 처음 논변인 '심 이발'만 지키는데 이는 "사단 확충"인 '성찰 功夫'일 뿐이다.[807] 장식 등 호남학자(호광중, 호백봉 등. 상159·160)들은 이천의 "심은 이발"이라는 구설만 믿고 공부를 모두 '이발의 발현처'로 논한다는 것, 이것이 주희가 일찍이 호남학자들과 토론한 이른바 중화구설이다. 주희의 중심 논제는 '공부'이다. 이발의 성찰은 이미 늦은 공부라는 것이다.

고봉이 「호남제공서」를 인용한 이유가 바로 이점이다. 퇴계는 맹자 사단설을 "리의 발"이라 하지만 이는 기왕 이발의 "성찰 공부"일 뿐이다. 더구나 퇴계의 중용 칠정의 "기발" 역시 이미 발현한 곳이며 따라서 이는 주희의 중화신설인 '미발 공부처'와도 현격히 다르다. 이 문제를 고봉은 제기한 것이다. 이 문제에 퇴계의 언급이 있어야 하지만, 퇴계의 답변은 없고 다만 다음과 같이 고봉을 깊게 꾸짖는다. "그대의 이 단락 어의를 보면 주자의 설을 만족하지 않은 듯하니, 더욱 미안하다."(상293) "우리 벗님의 도를 자임하려는 용기는 감복하지만 마음을 비우고 뜻을 겸손히 하는 병통은 없겠는가? 이와 같음을 그치지 않는다면 '성현의 말씀을 몰아서 자기의 뜻에 따르게 하는 폐단' (주희의 말임)이라 하겠다."(상295) 만약 퇴계와 같다면 중용 "천명"은 '기'가 되고, 중용 공부처는 미발존양이 아닌 이발만 가능하며, 맹자 사단도 성찰공부가 아님이 되고 만다.

29

"주자를 믿자"라는 말의 중대한 모순

퇴계는 주희의 중화구설과 신설을 구분하지 못하며, 오히려 『주자어류』 "리발, 기발"을 극도로 신뢰한다. 하지만 주희는 중화구설에서 종전 "자신의 믿음"을 스스로

---

806) 比觀程子文集·遺書, 見其所論多不不符合, ···心性之實未始有差, 而未發·已發命名未當, 且於日用之際欠却本領一段工夫, ···非謂事物思慮之交也.(『문집』권67, 「이발미발설」, 3266~8쪽) 명제에서 "이발"이 먼저인 것은 '이천의 이발설'을 고찰해서 『중용』 "미발"의 대지를 밝히기 위함이다.

807) 其日却於已發之處觀之者, 所以察其端倪之動, 而致擴充之功也. ···亦以察識端倪爲初下手處, 以故缺却平日涵養一段功夫.(「이발미발설」, 3268쪽)

반성하고 "나의 믿음은 스스로의 오류"라고 말한다.

퇴계는 "하늘과 사람의 원류 맥락은 본래 혼륜의 겸리기"(상237)인데 다만 '리발은 사단, 기발은 칠정'이라 하고 "주자를 믿어야 한다"고 한다. 그러나 퇴계가 믿은 어류는 리발·기발 문제가 아니다. 『어류』 원문 전체를 보자.

'사단은 리의 발, 칠정은 기의 발이다(四端, 是理之發, 七情, 是氣之發).' 혹자는 묻기를 "제가 보기에, 희노는 인의와 그 뜻이 가까울 듯하다." 주자는 말하기를 "진실로 비슷한 곳도 있긴 하겠다."(하152)

이상이 문답 전체이며, 이에 고봉은 "지금 논자들은 대부분 희노를 인의와 나란히 배열하는데, 이것이 주자의 뜻일까? 칠정 사단의 설은 각자 자신의 뜻을 밝힌 두 설일 뿐, 이 두 설을 하나로 혼합 해석해서는 안 된다"(하152~153)고 한다. 이 문답은 '칠·사 둘은 과연 비슷한 설인가' 이고, 고봉은 두 설을 "나란히 배열로 이해"해서는 안 된다 함이다.

그러나 퇴계는 '리·기로 사칠을 나란히 배열'해서 다음과 같이 말한다.

고인은 말하지 않았던가. 감히 자신을 믿지 말고 스승을 믿으라고. 주자는 우리의 스승이고 천하고금의 종사이다. 나는 이 설을 본 후 비로소 나의 견해도 오류는 아님을 믿게 되었다. 만약 이치는 이와 같더라도 이름 붙이고 설명하는 즈음에서 서로 차이가 난다면 선유의 구설인 주자의 본설(리발·기발의 대설)로 대신하고 우리의 설은 버림이 온당하다.(상45~47)

즉 우리의 겸리기 혼륜설은 버리고 "리기에 나아가서" 각각 리발·기발이라 한 주희 본설을 그대로 믿고 따르자는 것이다. 하지만 이 주장은 문제가 매우 심각하다. 왜냐하면 '자사와 맹자 본설인 그 이름과 설명은 결코 리기에 나아간' 것이 아니기 때문이다.

주희는 생각과 느낌 이전은 알 수가 없다고 한다.

미발의 중은 본체가 스스로 그러하니 애써 찾으려 해서는 안 된다. 단 이때는 敬을 유지하고, 이러한 기상을 항상 보존해서 잃음이 없으면 이로부터 발한 것은 반드시 중절한다. 이것이 평상시의 본령 工夫이다. 한편 이천의 "이발 즈음에서 살피라" 함은 곧 그 단예(단서)의 움직임을 살피라 함으로, 이는 '확충 功夫'의 뜻이다.[808]

---

808) 未發之中, 本體自然不須窮索, 但當此之時, 敬以持之, 使此氣象常存而不失, 則自此而發者, 其必中節矣. 此日用之際本領工夫. 其曰,

정 미발은 알 수도 없거니와 잡으려 해서도 안 된다. 왜냐하면 잡으려는 마음이 바로 '생각이 일어난' 것이고 또 이미 '정 이발'이기 때문이다. 이천의 "이발"과 호상학의 "단예"(맹자 사단)는 '이발 공부처'일 뿐이다. 주희는 이어 "단예의 찰식을 최초의 공부처로 삼으면 이는 평일 함양의 한 단계 공부가 빠진 것"(위 인용문 뒷줄)임을 분명히 한다.

주희도 당초 "생각을 깊게 하여 침식을 잊을 정도로 사색한 결과, …그 大體는 '이발이 아님이 없는 것'으로 인식하고, 중용 종지도 과연 여기서 벗어나지 않는다"809)고 여겼다. 그러나 이는 큰 잘못이라는 것이다.

> 내가 스스로 자신한 것은 어찌 나 스스로의 오류가 아니겠는가. …나의 전날 독서는 상세하지 않았고, 쓸데없이 깊게 파기만 할 뿐이었으니, 이렇게 고생해서 겨우 얻은 것은 단지 나 자신의 오류일 뿐이었다.810)

결국 정자의 이른바 "심 이발"이라 함은 "적자의 마음"이었다.(상152) 만약 "그 대체는 모두 이발이다"고 한다면 『중용』 "미발의 중"은 심이 아닌가? 때문에 이천도 말하기를 "이발이라 함은 진실로 합당하지 않다. 심은 하나인데 체로 말한 것도 있고 용으로 말한 것도 있다"811)고 한 것이다.

퇴계는 자신의 종전 설을 잘못으로 여기지 않는다. "나의 설도 오류는 아니었다"고 함은 곧 "리기 혼륜은 원류 맥락"이기 때문이다. 그렇다면 무엇이 잘못인가? 고봉의 혼륜이 잘못이다. 왜냐하면 주희는 반드시 '리발은 사단, 기발은 칠정'이라 했기 때문이다. 요컨대 자신의 혼륜은 잘못이 아닌데, 대신 그 혼륜의 잘못을 단지 고봉으로 돌린 것이다.

주희는 외물에 느끼기 이전은 사람 마음으로는 알 수가 없다고 한다. 느낌(마음)으로 느낌(마음)을 알려고 함은 불교의 "관심"이라는 것이다.(주희의 「관심설」 참조) 퇴계의 "리기 선후 호발"은 느낌 이전 혹은 발처이며, 퇴계는 이곳을 스스로 "알았다"(상32·246. 이외 색인 참조)고 한다. 더욱이 주희가 스스로 말한 "나의 잘못이다", "내가 오인했다"는 언

却於已發之處觀之者, 所以察其端兒之動, 而致擴充之功也.(「이발미발설」, 3268쪽)

809) 退而沉思, 殆忘寢食. …然其大體莫非已發, …以爲中庸之旨果不外乎此矣.(『문집』권75, 「중화구설서」, 3635쪽)

810) 然則予之所自信者, 其無乃反自誤乎? …而前日讀之不詳, 妄生穿穴, 凡所辛苦而僅得之者, 適足以自誤而已.(『문집』권75, 「중화구설서」, 3635쪽)

811) 凡言心者, 指已發而言, 此固未當. 心一也, 有指體而言者, 有指用而言者, 惟觀其所見如何耳.(『정씨문집』권9, 「與呂大臨論中書」, 608~9쪽)

급은 진실로 자신의 반성이지만, 퇴계의 "자신을 믿지 말자"라는 언급은 실제로는 오히려 자신을 믿은 것이다. 리기는 본래 혼륜이기 때문이다. 같은 혼륜에 대해 퇴계는 자신만 믿고 오히려 고봉은 배척한 것이다. "나의 순리, 겸기도 본래 잘못된 이치가 아닌데",(상272) 다만 "주희의 구설을 쓰자." 그렇다면 정자 및 주희의 구설은 잘못이 없는가? 정자와 주희는 진실로 구설인 "자신의 믿음(自信)"을 잘못이라 했다. 그렇다면 퇴계의 이른바 '구설'은 무엇을 '믿은' 것인가.

30

곡절이 빠진 리발·기발은 아무 의미가 없다

사람 '감정'은 누구나 있으며 이를 성, 심, 리, 기, 도, 공부, 체용 등으로 논함은 얼마든지 가능하다. 단 이렇게 논할 때는 그에 합당한 이유가 있어야 한다. 감정을 '性'이라 할 때는 그것이 왜 성일 수 있는지, '道'라 할 때도 그것이 어떻게 도가 되는지는 학자 스스로 그 이유를 밝혀야만 의미가 성립된다. 감정이 모두 성이고 도라고 할 수는 없는 일이다.

선유에는 수많은 감정의 설이 있는데, 다만 우리의 토론은 자사와 맹자의 칠정과 사단 두 설이다. 자사는 "희노애락"으로 '천명과 중화 및 도'를 논했고, 맹자는 "측은지심"의 감정으로 '확충하라', '그 정으로 성선을 삼을 수 있다'고 한다. 이로써 '설'이 성립된 것이다. 중화 및 확충 등이 빠지면 칠정과 사단이라는 느낌만 남고 만다.

그런데 학자들이 흔히 잘못을 범하는 경우는 그 '본설'과 후학의 '해설' 그리고 사람 본유의 '느낌'을 서로 구분하지 않는다는 점이다. 더 큰 잘못은 선유의 설(본설 및 해설)을 곧바로 이치로 여김으로써 그 종지를 고찰하지 않는다는 점이다. 때문에 고봉은 말한다.

> 뒤의 학자들은 선유의 논한 바의 상세와 간략에 따라 반복 궁구해서 나의 마음으로 자득함이 옳지, 한갓 이미 이루어진 말씀에만 의거해 대략 파악하고 '그 이치의 참됨은 이와 같음에 불과하다'고 해서는 안 된다.(상50)

칠사는 사맹 본설이며 따라서 후학이 이 설을 논하기 위해서는 그 가리킨 종지를 고찰해야 한다. 단 선유의 설로만 성정을 구해서는 안 되는데, 그 설은 바로 나의 성정에 관한 일이며, 따라서 나의 자득과 함께 구해야 한다는 점이 중요하다. 주희는 "정자 문인들도 스승의 이미 이루어진 설만 전수해 들으면서 일제히 어긋나버렸다"(상51)고 하는데 그것은 성정을 스스로 자득하지 않고 스승의 설과 문자로만 구하려 하기 때문이다.

가령 정자 문인인 상채와 호굉(호상학)에 대해 주희는 "호굉의 심·성 체용의 설은 상채로부의 실수이다"[812]고 하며 이는 정자의 설을 조합함에 불과하다는 것이다. 원대 호병문의 폐단도 이와 같다. 즉 "호씨는 '성발로 정이 되니 무불선이고, 심발로 意가 되니 선도 불선도 있다'고 하는데 이 역시 주희의 『대학장구』 두 곳 '所發' 주석을 조합한 것으로, 그 폐단이 마침내 학자들로 하여금 별도의 의견을 낳도록 했다"(상164)는 것이다. 주희의 "發" 두 곳은 성 및 정과 아무 관련이 없기 때문이다. 이러한 폐단을 권근 등이 그대로 답습했으며 "이는 호씨의 실수에서 근원한다"(상168)는 것이다.

퇴계의 폐단이 바로 이것이다. 퇴계는 『어류』 맹자 사단조 기록인 "사단은 리의 발, 칠정은 기의 발"에 대해 다음과 같이 말한다.

> 주자는 우리의 스승이며 천하고금의 종사이다. 나는 이 설을 본 후 비로소 나의 견해도 큰 오류에 이르지 않았음을 믿게 되었다.(상45)

퇴계의 주장은 '리의 발은 사단, 기의 발은 칠정'이라 함이다. 사실 고봉으로서는 이러한 논변을 전혀 상상하지 못한다. 이 주장은 사맹의 본설이 아닌, 오히려 『어류』의 해석설을 "믿었다" 함인데, 더 큰 문제는 리·기의 호발로 사칠이 '발생한다'로 믿는다는 점이다.

『어류』는 칠사에 관한 정보가 전혀 나타나 있지 않다. 퇴계 스스로 이곳을 "맹자, 사단처"라 한다. 사단처는 "사람은 모두 차마 못하는 마음이 있다", "나에게는 사단이 있으니 이를 확충해야 한다"고 함이다.(「공손추상」) 이러한 종지를 나타내야만 그 리발은 의미가 있는 것이다. 더욱이 퇴계는 "사단은 리발의 무불선"(상1)이라 하지만 '무불선'은 「고자상」 "성선"설일 뿐, 「공손추상」 "사단"의 '端'설이 아니다.

「호학론」의 "희노애락애오욕"이 '기'임도 분명하다. 고봉은 「호학론」의 "그 정은 쉽게 악으로 흐르니 기라고 할 수도 있다"(하134·148)고 한다. 그런데 여기서도 "중에

---

812) 心性體用之云, 恐自上蔡謝子失之.(『문집』 권73, 「胡子知言疑義」, 3562쪽)

서 **動한다**"(상103)고 하여 『중용』 "**發**"(주희는 동·발은 같은 뜻이라 함)설을 계승한 것임을 분명히 한다.(상159) 「호학론」 첫머리 "배워서 성인의 도에 이른다(學以至聖人之道也)"고 함은 리일 뿐 기일 수는 없다. 때문에 고봉은 말한다.

> 지금 [리·기로] 분별하신 논변은 대강에서는 비록 장애가 있지 않지만, 그 곡절 즈음에 있어서는 안정되지 못하다.(상52)

주희는 "성선은 본체, 그 정은 작용"(성선설. 상160)이라 하는데, 이는 "확충하라"는 확충(사단)설의 종지와 다르다. 또 자사는 희노애락 앞뒤에 "천명지성"과 "중화"를 말함으로써 그 정이 '성과 중의 발'임을 나타냈다. 주희는 "중화는 도의 체용이고 성정의 덕이다"(상94~95)고 하며 이러한 도 및 중화는 칠정(미발·이발 공부)이 아니면 성립되지 못한다.

이와 같은데도 퇴계는 『어류』만으로 사맹 본설을 증명하면서 또 오히려 리기의 호발로 사칠이 나온다고 주장한다. 그러나 어류 기록은 사맹 본설에 대한 구체적 정보 및 그 종지에 대한 한마디 언급도 없거니와, 더구나 사단설은 성선설과 다르며, 더욱이 천명이 기이며 기에서 발했다는 근거도 없다. 때문에 고봉은 『어류』는 "그 곡절이 없다"고 한 것인데, 이 말은 그 곡절을 나타내야만 어류는 비로소 그 의미가 성립된다 함이다.

31
「천명도」는 천명이 아닌 사단을 그린건가요?

추만 「천명도」는 그 명칭과 같이 '천명'을 그린 것으로 『중용』의 대지를 드러내고자 함이다. 추만은 1543년 「천명도해, 서문」에서 다음과 같이 말한다.

> 『중용』이라는 책은 "천명" 두 자를 시작으로 삼았는데, 나도 마땅히 이곳을 취해서 궁구하고자 한다.813)

---

813) 中庸之書, 以天命二字爲一篇之始, 余當取以究之.(「천명도해, 序文」)

추만은 이 「도」와 「도해」를 들고 일찍이 김안국, 김정국 형제에게 동학한 적이 있는 하서 김인후를 직접 찾아가 보여준다. 이에 하서도 1549년 자신의 「천명도」를 그린다. 추만과 하서의 도형은 모두 "희노애락애오욕", "중화", "과불급" 등이 있지만, '사단'과 '발'은 없다.

10년 뒤 1553년 퇴계는 추만의 도형 뒤에 「천명도설, 후서」를 붙였고 여기서 말하기를 "정이(추만)는 방위를 아래로부터 시작했는데 「태극도」와 같이 한 것은 황의 죄이다"로 보면 이때 추만 본도와 도해를 대폭 수정했음을 알 수 있다. 제자 조목도 퇴계가 천명도 및 도설을 "고쳤다"(「천명도설」, 후기) 하고, 고봉도 "퇴계는 천명도를 고쳤다"(하195 주석참조)고 한다.

이후 1558년 고봉은 비로소 퇴계를 만나 이 「천명도」 문제를 제기한 것이다. 1559년 퇴계는 고봉과의 첫 논변에서 "사단은 무불선, 칠정은 유선악"(상1)이라 하여 여기서 '사단'이 등장하고, 이후 『어류』 "사단, 시리지발, 칠정, 시기지발"(상44)을 보고 「천명도」에 "주자의 본설로 대신하자"(상47)고 한다. 그렇다면 과연 천명의 도형에 새로 '사단'을 들인 것은 추만인가, 퇴계인가?

"천명"을 그린 「천명도」는 중용설이 중심이 되어야 한다. 반면 퇴계는 『중용』의 "칠정의 가리킴은 기이다. 쉽게 느끼고(感) 먼저 動하는 것은 형기이며, 칠정은 그 기의 묘맥이다"(상24)고 하면서 다음과 같이 말한다.

> 자사는 진실로 [기] 소종래의 설을 쓰지 않았다. 그런데 맹자가 척발해서 사단을 설함에 리 한쪽만 가리켰고, 따라서 사단 소종래를 기왕 리라고 했으니 칠정의 소종래는 기가 아니면 무엇인가?(상274)

퇴계가 말한 '소종래'는 "리기에 나아가면" 이 '리와 기'가 곧 사칠의 소종래(근원)라 함이다. 이는 사·칠설 원작자인 사맹의 고찰도 아니고 주희의 해석설도 아닌, 퇴계 자신의 리·기 소종래이다. 퇴계는 "공자와 맹자의 기질지성이 치우치게 기만 단독으로 가리킨 것"(상35)과 같이 칠정도 "독기, 주기"라고 주장한다. 결국 추만 「천명도」는 '리발의 사단 중심의 도형'이라 한 것이다. 고봉은 이를 아래와 같이 비판한다.

> 어찌 맹자의 말 때문에 갑자기 칠정을 기 한쪽으로 바꿀 수 있다는 것인가? 이러한 의론은 급거 정론으로 삼을 수 없다.(하62~63)

퇴계와 같다면 "칠정의 리인 천명·중화를 오히려 사단에게 빼앗긴"(하30) 결과가 되고 만다. 하지만 주희의 스승 이동에 의하면 "자사에서 맹자가 나온 것"(상96·119)으로 『맹자집주』「서설」도 "맹가는 자사를 스승으로 삼았다"고 한다.

주희에 의하면 "천명지성은 혼연일 뿐이니, 그 체는 中이고 그 용은 和이며, 이는 천명 전체이다"814)고 한다. 천명은 중·화가 그 체용이다. 이 체용은 칠정이 아니면 스스로 서지 못한다.

> 희노애락 미발은 마음의 "적연 부동"의 체이고, 급기야 "感해서 통하면" 희노애락의 성이 발해서, 마음의 용을 볼 수 있다.815)

주희는 희노애락을 통해 『대역』 "적연부동, 감이수통"을 논한 것이다. 『대역』은 "작위가 없으니(無爲), 적연히 부동하고 느껴서 통한다. 이는 억지로 질주하지 않아도 빠른 것이다"816)고 한다. 이곳 '억지로 질주하지 않아도 빠르다'고 함이 바로 공자의 "역에는 태극이 있다(易有太極)"(『대역』)의 이른바 '태극'이다. 주돈이의 「태극도」는 공자 "태극"을 그린 것으로, 「태극도」 "묘합태극"이 바로 추만의 「천명도」이다.

만약 퇴계와 같이 「태극도」 "음양태극"(공자 태극으로 본체임. 공자의 기질지성임)과 "묘합태극"(태극의 작용임)의 태극을 기라 한다면 「천명도」는 '氣圖'가 되고 만다. 태극과 천명을 도출한 그림이 바로 「천명도」이다. 그런데 "사단"의 '단'은 이미 드러난 단서인 '이발의 성찰 공부'인 반면 『중용』 "미발·이발"의 중화는 도의 체용이며 이로써 공부도 상하를 모두 갖춘다. 그럼에도 불구하고 왜 사단 때문에 칠정이 급거 기가 되어야 하는가? 또 『중용』 천명설에 갑자기 『맹자』 사단을 들여와 천명의 '리를 빼앗고', 그 천명의 칠정을 '기 한쪽으로 내쫓은' 이유는 무엇인가? 고봉의 계속된 의혹이다.

---

814) 天命之性, 渾然而已. 以其體而言之, 則曰中, 以其用而言之, 則曰和, 此天命之全也(『문집』권67, 「중용수장설」, 3265쪽)

815) 喜怒哀樂之未發, 當此之時, 卽是此心寂然不動之體. …及其感而遂通, 則喜怒哀樂之性發焉, 而心之用可見(『문집』권64, 「與湖南諸公論中和第一書」, 3130~1쪽)

816) 易, 无思也, 无爲也, 寂然不動, 感而遂通. …唯神也, 故不疾而速(『주역』「계사상」제10장)

32

선·악이 리기 때문이라는 말의 모순

사람 감정에 선과 악이 있는 이유는 그 느낌은 외물과의 교류·소통 '관계'에 놓여 있기 때문이다. 느낌은 반드시 외물과의 관계에서 발하고, 따라서 나의 느낌이 반드시 외물과 합치한다고 말해서는 안 된다. 공자와 같은 성인이라도 외계 사태와 그대로 정확히 마음(느낌)으로 일치된다고 하는 것은 곤란하다. 오히려 성인은 그 일치의 어려움을 예비해서 자신 공부로써 극복한다. 명도는 「정성서」에서 다음과 같이 말한다.

> 천지는 그 마음이 만물에 보편해서 無心하고, 성인은 그 정(느낌)이 만사에 순응해서 無情하다. 때문에 군자의 배움도 확 트이고 크게 공적인 마음을 가지는 것만 같음이 없으니 이로써 외물이 다가오면 곧바로 순응하는 것이다.817)

순임금이 정강이털이 다 닳도록 정성을 다해 강물의 범람을 막고 이로써 백성의 마음을 얻은 것은 스스로 백성과 더불어 느낌을 함께 공유할 수 있었기 때문이다. "순과 공맹의 희노"(상115)는 이와 같다. 『중용』 "희노애락"이 중절의 "화"를 이룬 것도 자신 공부로 인한 것이다. 『맹자』의 "나에게 있는 사단을 확충하라" 함은 이로써 "사해를 보호할 수 있다"는 것이고 때문에 맹자는 "백성과 동락하라"고 한다. 선악은 바로 이 즈음에서 나뉘는 것일 뿐, 심정 스스로 혹은 '리·기 때문에' 생기는 것은 아니다.

반면 퇴계는 선악 이유를 아래와 같이 논한다.

> 사단으로의 발은 순리이기 때문에(故) 무불선이고, 칠정으로의 발은 겸기이기 때문에(故) 유선악이다.(상1)

이곳은 사·칠 두 '선'이 어째서 각각 '다른 선인가의 이유(故)'를 논한 것으로 "순리 때문, 겸기 때문"에 그렇다는 것이다. 리·기 때문에 선이 다르다는 주장이다. 고봉의 질문은 이와 다르다. 사단의 순선은 당연하고, 칠정의 유선악이 겸기인 것도 당연하다. 그렇지만 칠·사 2선의 설은 동일한 소통의 1선을 둘로 언론한 것인데, 왜 서로 "상대

---

817) 夫天地之常, 以其心普萬物而無心, 聖人之常, 以其情順萬事而無情. 故君子之學, 莫若廓然而大公, 物來而順應(『정씨문집』권2, 「答橫渠張子厚先生書」, 『이정집』, 460쪽)

로 들고 상호 말하면서"(상6) 각자 다른 선이라 하는가? 천명·중화의 선, 확충·성선의 선, 이 2선은 "알맹이는 같고 그 이름만 다를 뿐"(상64)인데, 어찌 리·기 각발로 나오는 "혈맥"(상254)의 피가 전혀 다른 두 종류의 선이란 말인가? 고봉은 말한다.

> 사단 칠정을 상대로 들어 무불선, 유선악이라 하면 정에는 두 개의 다른 선이 있어서, 하나는 리에서 하나는 기에서 발함이 되고 만다.(상72)

고봉의 의혹은 칠사는 외물과의 '교통'를 논함인데, 만약 둘의 선으로 존재한다면 근본적으로 인류의 소통은 불가함이 되고 만다 함이다. 천명의 선과 사단의 선은 그 논의만 다를 뿐 모두 외계와의 교류·소통에 관한 것이다.

그런데 문제는 이보다 더 심각하다. "지금까지의 의혹은 이것인데, 이후 「퇴계1서」를 받아보니 그 의혹은 여기에 그치지 않는다."(상73) 왜냐하면 퇴계 본의는 칠사의 선을 해석한 것이 아닌, 리발·기발로 따로 각발하여 서로 소통이 불가한 리선·기선이기 때문이다. 「퇴계1서」를 보자.

> 외물이 옴에 쉽게 느끼고(感) 먼저 움직이는(動) 것은 형기이니 칠정이 그 묘맥이다. 어찌 순리가 발해서 잡기로 바뀌겠으며, 어찌 외물에 느끼는 것은 형기인데 그 발이 리의 본체로 변환되겠는가.(상24~25)

'외물이 오면(外物之來)'은 위 정명도의 "외물이 오면(物來)"과 같다. 퇴계는 기의 발은 "리 본체가 될 수 없다"고 한다. 고봉의 의혹은 더욱 커진다. 천명의 작용은 칠정으로 가능한데 그것을 기발이라 하면 달도의 화를 어떻게 이루겠는가? 퇴계는 '성'까지도 리발·기발로 분명하게 나눈다.

> 주자(주돈이)의 무극·태극은 리기에 나아가서 리만 척발 독언한 것이고, 공자의 기질지성은 리기에 나아가서 기 한쪽만 독언한 것이다.(상34~35)

사·칠도 이와 같다는 것으로 즉 "주자의 리발·기발"(상44)이 그 증거이다. 퇴계의 주장은 "리기에 나아가면" 리·기의 근원이 다른데, 어찌 칠정의 선이 "리 본체가 되겠는가." 따라서 그대의 리발·기발로 나누지 않은 주장은 "곤륜탄조이며, 자상모순이다."(상42~43)

이러한 퇴계의 논변은 자신 공부가 아닌, 리·기의 "각자 혈맥"의 피가 전혀 다르기 때문에 그 선도 각자 다르다 함이다. 공부가 아닌 '리·기 때문'으로 돌린 것이다. 하지만 명도는 "성 중에 선악이 兩物로 상대해서 각자 나올 수 없다"[818] 하고 주희도 "본연지선이 있고 또 선악의 상대지선이 있다고 한다면 이는 두 성이 있게 된다. 하늘에서 얻은 것은 성이고, 행하여 선을 얻은 것 역시 성이다"[819]고 하여 천하의 성 및 선은 하나라고 한다. 반면 퇴계는 칠정의 氣善은 반드시 理善이 될 수 없음으로 강력 주장한다. 칠·사의 선을 통합 불가로 여긴 것이다. 과연 인류는 선으로 소통될 수 없는가.

33

사·칠 명칭이 리·기 때문이라는 말의 자상모순

느낌은 누구나 반드시 있다. 느낌은 외부의 사물·사태와 더불어 교류·소통하는 역할을 한다. 이러한 '정'은 심, 성, 천명, 중화, 태극, 사단, 성선 등을 체용의 작용으로 드러내 그 온전을 다하며 따라서 감정의 작용이 없으면 심과 성 및 천명 등은 치우침이 되고 만다.

선유의 감정설은 매우 많다. 학자가 선유의 학설에 관해 논의하는 것도 그 학설을 고찰함으로써 사람 느낌의 본질을 캐묻기 위함이다. 이렇게 그 역할과 용도를 밝혀내서 더욱 풍부한 교류와 소통을 이루기 위함인 것이다. 선유는 이 감정에 대해 '반드시 있다', 혹은 '반드시 없애야 한다', 혹은 성·리·선·악 등을 '밝혀 논증'하기도 하고 또 '공부방법'을 제시하기도 한다.[820]

퇴고 토론은 "희노"와 "측은·수오"라는 두 '다른 이름의 설'에 관한 것이다. 고봉은 말한다.

---

818) 不是性中元有此兩物相對而生也. …不是善與惡在性中爲兩物相對, 各自出來.(『정씨유서』권1. 『이정집』, 10~11쪽)

819) 有本然之善, 又有善惡相對之善, 則是有二性矣. 方其得於天者, 此性也, 及其行得善者, 亦此性也.(『어류』권101, 卓169, 3393쪽)

820) 공자는 "공부하니 기쁘지 아니한가"(「학이」)라 하고, 자사는 "희노"로 "천명의 성과 중화"를 드러내고자 하며, 『대학, 정심』의 "분치"는 정이 발하기 전 "감정을 먼저 두지 말라" 하고, 『맹자』의 "측은"은 "확충하라" 성선을 논증할 수 있다" "함께 즐기라(與民樂)"(「양혜왕상」) 하며, 이천은 "칠정으로 성인의 도에 들 수 있다"(「안자호학론」) 명도는 "성인의 희노는 외물에 순응한다"(「정성서」)고 한다. 이것이 정에 대한 선유 각자의 '명칭'이며 '설'이다. 이외의 설도 매우 많으며, 학자는 또 다른 느낌과 역할에 대해 얼마든지 다르게 논할 수 있다.

자사의 말씀은 '정 전체'이고, 맹자의 논의는 '그 선을 척발한 것'이다. 자사와 맹자는 '[사람 느낌에] 나아가 그 설명함이 부동해서' 사단과 칠정의 별칭이 있는 것뿐이다.(상3)

자사는 "희노"를 통해 천명지성과 미발·이발의 중·화를 외부의 작용으로 드러냈다. 미발은 느낌이 일어나기 전이고, 이발은 느낌이 발한 이후의 화이며, 이는 감정 전후의 전체이다. 이러한 미발·이발 즈음은 반드시 "근독, 신독"이라는 공부가 있어야만 중화의 덕을 키울 수 있다.

한편 맹자 "측은지심"은 이발의 느낌 가운데서 그 '선(리)'만 뽑아냄으로써 확충과 성선을 논증할 수 있었다. 단, 사단은 '미발 존양공부'를 논하지 않고 단지 '이발 성찰공부'만 언급해서 자신의 목적을 논했을 뿐이다.

이상이 자사와 맹자의 소지이다. 반면 퇴계는 이와 다르다. 퇴계는 고봉이 말한 "하나의 정인데 그 나아간 바의 설명이 다르다" 함을 오히려 '리기에 나아감'으로 오해하고 다음과 같이 말한다.

사단과 칠정은 모두 정이다. 그런데도 왜 사·칠이라는 異名이 있는가. 그대의 이른바 "나아간 바가 다르다" 함이 이것이다. 왜냐하면 리기가 서로 필요로 함(상수)은 체이고, 서로 상대함은 용이기 때문이다. 이렇게 '나아간 바의 설명이 부동하다'면 그 분별도 없을 수 없는 것이다.(상16~17)

퇴계도 분명히 고봉의 "나아간 바가 부동해서"라는 말을 그대로 인용했다. 문제는 퇴계의 경우 "리·기의 分에 나아가면 사·칠의 다른 이름이 있는 것"이라 한다는 점이다. 이는 고봉이 말한 '정은 하나인데 설명이 다르다'와 완전히 어긋난다. 퇴계는 선유의 성설도 "반드시"(상33) 이와 같다고 한다.

주돈이의 무극·태극은 '리기에 나아가서(就)' 리만 독언했고, 공자의 기질지성은 '리기에 나아가서(就)' 기만 독언했으며, 자사의 중화는 '리기에 나아가서(就)' 혼륜으로 말했다.(상34~37)

이 논변도 고봉의 "所就以言之"의 '就(나아감)'를 인용한 것인데, 그 의미는 전혀 다르다. 퇴계는 '리기에 나아가면 리와 기는 각자 다르다'로 오독한 것이다. 이 문제를 고봉은 강력히 항변한다.

그 이른바 "나아간 바의 설명이 부동하다"는 한 글귀는 저의 의미는 '본시 一情인데 그 설명이 부동하다' 함인데, 선생의 의견으로 보면 '사칠은 각기 소종래가 있다'고 하셨으니, 이는 "설명한 것만 부동이 있다"고 함이 아니시다. 결국 "같다"고 함은 말만 그러할 뿐, 우리의 토론은 피차 주된 뜻이 있는 각기 다른 소재가 되고 말았으니, 살피지 않을 수 없다.(상77)

퇴계의 이른바 "각기 소종래가 있다"(상28·39)고 함은 리·기의 '근원이 다르다'는 뜻으로, 즉 '리·기는 반드시 分이므로 사·칠도 다른 이름이 있다'는 것이다. 결국 퇴계는 사맹 본설인 "중화" 및 "확충·성선"을 해석함이 아닌, 퇴계 자신의 "리·기에 나아가면 사·칠이 있음"이 되고 만 것이다. 퇴계는 "예로부터 성현은 '리·기' 二者로 분별했다"(상17)고 하지만 만약 사맹이 '리기에 나아가서 리·기로 分한 것'이 아니라면 퇴계 자신이 성현이 되고 만다. 고봉이 "성현"을 배우고자 함에 있는 "학자들(在學者)"(상82)이라 반문한 것도 우리의 토론은 사맹과 정주의 '설을 고찰함의 위치'에 있다 함이다. 그렇지 않다면 사맹을 언급하지 않고 '자신이 새롭게 세운 감정'과 사칠 이외의 "다른 이름(異名)"을 거론해야 한다. 과연 리·기가 먼저고 여기에 나아가면 사람의 느낌 혹은 사·칠이 있는가? 퇴계는 자신이 설정한 "리·기의 分"에 사람 본연의 '느낌', 사맹의 칠사 '본설', 주희의 리기 '해설' 등을 모두 종속시키고 만 것이다.

34

합리기의 성은 없습니다

주희가 『중용, 수장』 "천명지위성"과 『맹자, 고자상』 "성선" 아래에 이천의 "性卽理也(우리의 성이 바로 그 리이다)"로 주석을 붙인 이유는 제유의 수많은 성설은 모두 '리설'임을 천명한 것이다. 어떤 성설이라도 모두 '리'일 뿐, 리기 겸·합의 성은 없다. 겸·합은 '기'이다.

퇴계의 성론은 이와 다르다. 퇴계는 천명지성과 성선도 본래 '리기의 합'이고, 공자(정자와 장재)의 기질지성은 '독기·전기'라고 주장한다. 이는 공자, 자사, 맹자의 성설을 해석한 것이 아닌, 퇴계 자신이 "리기에 나아가서" 논한 새로운 주장의 설이다. 이는 공맹 등 선유의 학통을 이어 여기에 근거해서 자신의 설을 논하는 방식이 아니다. 퇴계는 선유의 성설에 대해 다음과 같이 논한다.

공자 "계선·성성"과 주자(주돈이) "무극·태극"은 모두 리기 상순 가운데 나아가서 理만 독언한 것이고, 공자 "상원"과 맹자 "이목"의 성은 리기 상성 가운데 나아가서 치우치게 氣만 독언한 것이다.(상34~35)

인용된 4설은 모두 공·맹의 성설이다.(무극은 공자 태극설 주석임) 만약 퇴계가 이 설을 인용하기 위해서는 그 설의 의미를 고찰해야 하지만, 그렇게 하지 않은 것이다. "리기에 나아가서"라고 함은 공맹 성설을 해석하고자 함이 아니다. 더욱이 "자사 천명지성과 맹자 성선지성도 리기가 부여된 가운데 나아가서"(상18)라 하면서 "기 없는 리는 없으니"(상17·29) "이는 하늘이 부여하고 사람이 받은 바의 원류맥락이 진실로 그러하다"(상237)고 한다. 따라서 천명지성과 성선도 본래 모두 '리기의 합'이다.

겸리기, 유선악은 비단 정 뿐만이 아닌 성 역시 그러하다.(상247)

요컨대 천명지성(본연지성, 천지지성, 성선지성)과 기질지성도 본래는 합리기인데, 여기서 "리만 뽑은 것이 천명지성이고, 기 한쪽만 홀로(獨) 치우치게(偏) 가리킨 것이 기질지성"(상34·35)이다.
과연 그런가. 주희는 리는 스스로 리일 뿐, 잡리가 아니라고 한다.

기가 있지 않아도 이미 성은 있고, 기의 부존에도 성은 오히려 항상 존재한다. 비록 그것이 氣中에 있다 해도 기는 스스로 기이고 성을 스스로 성이니, 서로 섞이지 않는다.(상84) …기의 정·조를 논하지 않아도 리는 있지 않음이 없다. 기의 정밀한 것을 성이라 하거나 성의 조잡한 것을 기라 함은 마땅하지 않다. …어찌 리가 스스로 기도 있다 하겠으며, 또 기와 합한 리가 있겠는가.[821]

리는 기가 없어도, 혹은 기 가운데에 있다 해도 스스로 '리'일 뿐이다. 기질지성도 '리설'일 뿐이다. 기질지성을 주희는 다음과 같이 논한다.

이른바 기질지성은 이 리가 기질 가운데 타재한 것뿐 별도의 또 다른 성으로 있지 않다.(상89. 하43)

성이 기질에 떨어졌다 해도 리 자신은 변질되지 않는다. 이는 "기질에 따라 들어가

---

821) 須知未有此氣, 已有此性, 氣有不存, 性却常在. 雖其方在氣中, 然氣自氣, 性自性, 亦自不相夾雜. …不論氣之精粗, 而莫不有是理焉. 不當以氣之精者爲性, 性之粗者爲氣也, …豈有理自有氣, 又與氣合之理乎.(『문집』권46, 「答劉叔文」2, 2147쪽)

서 스스로 성이 되는"822) 것으로 즉 기질지성의 설이다. 오히려 주희는 「고자상」 "성 선"설 주석에서 "사리로 고찰하면 정자의 기질지성의 설이 더 정밀하다(以事理考之, 程子 爲密)"고 한다. 맹자 성설은 "기를 논하지 않았으므로 不明"이라는 것이다. 두 성설은 "서로 나뉠 수 없는(不可離)"(상86) 하나의 성리를 각자 다른 방식·이름으로 설했을 뿐 이다.

주희에 의하면 "리와 기는 결단코 二物인데, 단 사물에서 본다면 각기 한 곳으로 나누어서는 안 된다"(상7. 하45)고 한다. 이때는 物, 즉 '사물'에서 논한 것이다. 리기의 합은 '사물'인 '기'이다. 정주는 장재의 "겸허실"에 대해 "횡거(장재)는 본래 형이상을 설하려 하다가 도리어 형이하를 이룬 것이니, 이곳이 가장 불분명하다"823)고 한다. 겸허실, 합리기는 '기'라 함이다. 퇴계도 "虛而理, 虛而實"(주어 없음. 상300~302)이라 하 지만 이는 정주에 의하면 '기'이다. 결국 퇴계의 천명과 성선 논변도 본래 '기'이고, 기질지성도 성설이 아닌 스스로의 주장과 같이 "치우친 독기"(상35)이다.

35
추만이 어찌 리기에 나아가서 사·칠로 나누었겠는가?

고봉으로서는 퇴계가 "리기에 나아가서(就)" 그 리발·기발로 사·칠을 "나눈다(分)" (상21)는 것을 도저히 상상하지 못한다. 왜냐하면 칠정과 사단은 이미 자사와 맹자 본 설이고, 퇴계도 스스로 사·칠이라 했으니 당연히 이러한 선유의 설을 상고·고찰함 의 위치에 있어야 하기 때문이다. 고봉이 「퇴계1서」 제목을 "사단칠정을 리기로 나눈 논변 1편"(상49)으로 붙인 것도 사맹 본설을 리기로 해석함이 우리의 토론 내용이기 때문이다. 『어류』 "是理之發, 是氣之發"의 '是(~은~이다)'자도 '리발, 기발로 해석할 수 있다' 함이다. 사단이 리발임은 지당하고, 칠정이 기발임도 당연하다. 칠사는 이미 발 현된 감정이므로 둘 모두 기임도 지극히 당연하다.

퇴계의 논변도 사맹 본설에 관한 해석일 것이라고 고봉은 믿는다. 퇴계의 당초 논 변도 이와 같다.

---

822) 氣質之性, 只是此性墮在氣質之中, 故隨氣質而自爲一性(권58, 「答徐子融」3, 2768쪽)

823) 問, 橫渠有清虛一大之說, 又要兼清濁虛實. 曰, 渠初云清虛一大, 爲伊川詰難, 乃云清兼濁, 虛兼實, 一兼二, 大兼小. 渠本要說形而上, 反成形而下, 最是於此處不分明.(『어류』권99, 可學37, 3335쪽)

> 지난날 정생(추만)의 「천명도」에 "사단, 발어리, 칠정, 발어기"의 설이 있었고, 나 또한 그 분별이 심하다고 여겨서 "순선(순리), 겸기" 등으로 고쳤던 것이다.(상14)

이와 같이 사·칠의 설이 먼저고 이를 '리기로 해석'한 것이 분명하다. 「퇴계1서」초반까지도 이와 같은데, 그러나 그 이하 논변은 고봉이 이해하고 있는 의미와 '전혀' 다르다. 퇴계는 사칠을 리기로 해석한 것이 아니다. 고봉은 이점을 상상할 수 없는데, 퇴계는 "리기에 나아가면" 리발·기발이 곧 사·칠이라 하기 때문이다. 퇴계는 말한다.

> 심은 진실로 리기의 합이다. 인의예지의 성이 中에 있음에, 사단은 그 단서이다. 반면 외물이 옴에 쉽게 느껴서(感) 먼저 움직이는(先動) 것은 형기이니, 칠정이 그 묘맥이다. 어찌 在中의 순리가 발해서 잡기가 되겠으며, 외감은 형기인데 그 발이 리 본체가 되겠는가.(상23~25)

'리가 발해서' 사단이 되고, '기가 발해서' 칠정이 된다는 것이다. 그 증거로 선유의 성설을 든다. "공자와 주돈이의 계선과 무극태극은 리기에 나아가서 리만 독언한 것이고, 공맹의 상근과 이목의 성은 리기에 나아가서 기만 독언한 것이다."(상34~35) 이는 공맹 4성설 고찰이 아닌, 반대로 '리기에 나아가서 그 리와 기를 독언한 것'이라 함이다. "리는 발해서 잡기가 될 수 없고, 기는 발해서 리가 되지 못함"(상25)이라 함은 리·기가 직접 선후로 "호발"(상246)해서 리·기의 혈통이 전혀 다른 사·칠로 된다 함이다.

그렇다면 과연 추만은 리기에 나아가면 그 리·기가 발해서 사·칠이라는 설이 된다고 했는가? 결코 그렇지 않다. 당초 추만 「천명도」는 사단이 없다. 사단이 없으므로 "사·칠 대설"도 성립 불가하다. 추만 「천명도」 본도는 분명히 『중용』 "희노애락"(총 3회)만 있다. 「천명도해, 서문」을 보자.

> 『중용』이라는 책은 "천명" 두 자를 시작으로 삼았는데, 나 역시 마땅히 이곳을 취해서 궁구하고자 한다.[824]

추만은 『중용』 본설에 의거해서 「천명도」를 만들었을 뿐, 사단설에 의거해 만든 것이 아니다. 추만은 또 명확하게 말한다.

---

824) 中庸之書, 以天命二字爲一篇之始, 余當取以究之.(「천명도해, 序文」)

군자의 학문은 이 마음의 미발에 반드시 존양공부로서 항상 敬을 주로하고, 이 마음의 이발
에 반드시 성찰공부로서 역시 敬을 주로 한다.[825]

"군자의 학문"은 정호 「정성서」 "성인의 情(즉 희노)은 만물에 순응해서 無情하고,
군자의 학문도 확연·대공해서 외물이 오면 순응한다"[826]와 같다. 이는 퇴계의 "칠정
은 형기의 묘맥이다"와 전혀 다르다. 추만의 "미발·이발의 존양·성찰 공부" 및 "主
敬"은 주희의 "평일(미발)의 함양공부", "단예(이발)의 확충공부", "정자는 단지 미발·이
발의 敬을 설했을 뿐"(모두 「이발미발설」) 및 "일(이발)에 따라 성찰함"(「호남제공서」)과 완전
히 같다. 모두 『중용, 수장』 주석 "이 1장은 존양·성찰의 요령을 말씀했다"와 같다.
다시 말해 추만은 『중용』 대지에 의거해 「천명도」를 그렸을 뿐, 기왕 발현한 사단을
그린 게 아니다. 만약 사단을 그린 것이라면 주희의 위 논변과 같이 "이발 성찰의 확
충공부"가 되어, 중용 종지인 "미발 존양공부가 빠진 것이 되고 만다."(「이발미발설」에서
호상학을 강력 비판한 내용임)
추만 「천명도해」는 결코 리기에 나아가서 성정을 논한 것이 아님을 분명하게 말한다.

심은 성정을 통섭한다 함은 성정의 리기이다.[827]

추만은 심 공부, 성·정 공부, 미발·이발 공부, 그리고 이 모두를 통합한 "경"(「천
명도」 "존양의 경, 성찰의 경") 공부를 논했으며, 모두 리기로 해석했을 뿐이다. 이는 리기
에 나아가서 심성정을 논함이 아니며, 더구나 리기 뒤에 칠사를 둔 것도 아니다. 퇴
계는 추만 요지인 공부를 논급하지 못했고, 더구나 "리기에 나아간" 사칠은 선유 본
설과도 너무나 다르다.

---

825) 君子之學, 當此心未發之時, 必加以存養工夫, 而常主於敬, 當此心已發之時, 必加以省察工夫, 而亦主於敬.(「天命圖解」)
826) 聖人之常, 以其情順萬事而無情. 故君子之學, 莫若廓然而大公, 物來而順應.(『정씨문집』권2, 「答橫渠張子厚先生書」, 460쪽)
827) 心統乎性情, 而性情之爲理氣者也.(「천명도해」)

36

추만「천명도」를 기발로 고쳐서 쓸모없는 도형으로 만들었다

퇴계와 고봉의 칠사 토론은 추만「천명도」에 관한 것이었다.「천명도」는『중용』 "천명"에 의거한 것으로, 중용의 대지를 밝히기 위함이다. 따라서 추만「천명도」및 「천명도해」에는 중용 종지인 '미발과 이발 공부'가 분명히 명시되어 있다. "희노애락" 미발·이발을 논해서 천명을 드러내는 것, 이는 "심 공부"(「천명도」)를 통해 사람이 밝힐 수 있을 뿐, 천명이 스스로 인류를 위해 밝힐 수는 없는 일이다.「도해」를 보자.

> 군자의 학문은 이 마음의 미발에 존양공부로서 敬을 주로하고, 이 마음의 이발에 성찰공부로서 역시 敬을 주로 한다.828)

이 논의는 주희 '중화신설'인「이발미발설」과 정확히 일치한다. 중화신설은 미발에도 敬, 이발에도 敬 공부를 위주로 한다 함으로, 즉 "미발에는 함양공부, 이발에는 성찰공부"이다.829) 미발·이발을 아우르는 공부가 이천의 이른바 심의 "경"이다.830) 다만 호상학의 "단예의 動을 察한다 함은 맹자 확충 공부"831)일 뿐이며, 따라서 맹자 사단은 '이발 공부에 치우쳤다'는 것이다.

그런데 중화를 논하기 위해서는 반드시 "희노애락"이라는 감정이 있어야 한다. 미발·이발을 이어주는 실제가 바로 칠정이다. 칠정의 '實情'이 아니면 그 중화는 공부 없음이 되고 만다. 實이 없는데 무엇으로 어떻게 공부할 것인가.

반면 퇴계는 기발인 칠정은 리 본체가 될 수 없다고 한다.

> 외물이 옴에 쉽게 느끼고(感) 먼저 움직이는(先動) 것은 형기이니, 칠정이 그 묘맥이다. 외감은 형기인데 그 발이 어찌 리의 본체가 되겠는가?(상24~25)

퇴계의 이러한 인식은『어류』"칠정은 기의 발이다"를 보고 결심을 굳힌 것이다.

---

828) 君子之學, 當此心未發之時, 必加以存養工夫, 而常主於敬, 當此心已發之時, 必加以省察工夫, 而亦主於敬.(「天命圖解」)「천명도」역시 "존양, 경" "성찰, 경"이 있다.

829) 未發之中, 本體自然不須窮索, 但當此時, 敬以持之.(『문집』권67,「已發未發說」, 3268쪽) 至於隨事省察, 卽物推明, 亦必以是爲本.(권64,「與湖南諸公論中和第一書」, 3131쪽)

830) 程子於此, 每以 "敬而無失", "入道莫如敬", "涵養須是敬."(「이발미발설」, 3268쪽)

831) 所以察其端倪之動, 而致擴充之功也.(「이발미발설」, 3268쪽)

그러나 만약 이와 같다면 칠정은 "미발" 혹은 "천명지성"의 없음이 되고 또 천리와 더불어 '교류 못함'이 되고 만다. 물론 고봉도 "칠정을 제약해서 '중'에 합치하도록 해야 한다면 이를 '기의 발이다'고 할 수 있다"(상159. 하134)고 한다. 단 이천「호학론」 은 칠정을 통해 "배워서 성인의 도에 다다름(學以至聖人之道)"이라 하여 그 도는 중화의 덕을 이룸으로써 가능하다는 것, 이것이 자사, 이천, 주희의 칠정설 종지이다. 고봉은 칠정은 결코 치우친 기가 아니라고 한다.

> 자사는 공자로부터 전수된 바를 기술하고 입언함으로써 성정의 덕(중·화)을 밝혔으니, 그 말
> 씀이 어찌 치우침이 있겠는가. 이천, 연평(이동), 회암(주희) 등 제 선생들이 차례로 전한 논의
> 도 이와 같다.(상98)

자사, 이정, 주희 등은 칠정을 통해 공자 중용의 도통을 이었다. 그 "요체(體要)"(「수 장」)는 자신의 공부에 있으니, 즉 "보이지 않는 곳에도 삼가고(戒愼) 들리지 않는 곳에 도 두려워(恐懼) 한다"고 함은 미발의 '敬 공부'이다. 주희는 중용 종지는 "철두철미 홀로 삼가는(謹獨) 공부에 있다"[832]고 한다. 미발 공부로써 이발도 그 중절이 가능하다 는 것이다.

추만은「천명도」로 천명을 밝히려 했고, 그 방법은 "희노"라는 정을 통해야 한다. 그 천명의 중화는 나의 칠정으로 내가 이루어야 하며, 그렇지 않으면 천명의 성은 나 와 떨어진 것이 되고 만다. "도는 잠시도 떨어져서는 안 되니, 떨어지면 도가 아니 다."(「수장」)『중용혹문』의 "모두 나의 마음을 벗어나지 않는다"[833]고 함은 천명, 도, 중화는 바로 나의 칠정의 일이라 함이다. 따라서 학문하는 자는 "사람 마음에 갖춘 체용의 전체가 천명임"(상95)을 알고 공부로 이룩할 수 있도록 해야 한다.

반면 퇴계는 칠정은 "리 본체가 될 수 없다"고 한다. 하지만 고봉은 칠정 전후의 미발·이발 공부로 중화의 덕을 이루라고 한다. 화를 이룸으로써 달도의 소통이 가능 하다는 것이다. 결국 공부로 중화인 "치우침과 기댐이 없음의 중, 어긋남과 괴벽함이 없음의 화"(상94)를 이룰 수 있다. 이렇게 이룬 덕이 바로 '천명의 체용'이다. 만약 칠 정을 단순히 기일 뿐, 리가 될 수 없다고 하면 추만「천명도」는 쓸데없는 도형이 되 고 만다.

---

832) 中庸徹頭徹尾謹獨工夫, 卽所谓敬而無失, 平日涵養之意.(『문집』권43, 「答林擇之」20, 1979쪽)
833) 皆不外於吾心也.(『혹문』14, 558쪽, "희노애락" 조항)

37

"四端之發"이라는 말의 오류와 모순

퇴계는 고봉에게 보낸 첫 논변 「사우간서」에서 '사단'에 대해 다음과 같이 논한다.

사단으로의 발은 순리이기 때문에 무불선이다(四端之發, 純理故無不善).(상1)

이 명제를 "사단의 마음(측은지심)"인 '정'(주희가 "情"으로 주석함)은 리의 발동, 혹은 리가 발동한 것이라 이해하면 문제가 없다. 문제는, "사단으로의 발(四端之發)"에서 '단'은 기왕 밖으로 드러난 단서인데, 이를 또 '단의 발(端之發)'이라 한다는 점이다. 이 설은 스스로 다음과 같은 문제를 안고 있다.

1) 사단지발이라 함은 '사단의 단서가 또 발동한다'는 말인가?
2) 단서는 이미 '측은이라는 정(사단지정)'이 아닌가?

다시 말해 "단"은 이미 맹자의 소지가 있는데, 그 소지가 또 발하는가? 이 문제에 대한 퇴계의 입장은 단호하다. 사단은 '리가 직접 발동한다'는 것으로 이는 『어류』 "사단, 是理之發"(분자는 '단은 곧 발현자다'의 뜻임)을 사단만 리가 발함으로 여긴 것이다. 그렇다면 측은이라는 단서는 이미 발현한 정이 아닌, 오히려 발처 '이전'을 묻는 것이 되고 만다.

"측은지심은 인의 단이다(惻隱之心, 仁之端也)"(「공손추상」)는 이미 단서로 드러난 정이다. 이 단서에 대해 맹자는 "사단은 사람이라면 누구나 '있는(有)' 것이므로 확충해야 한다"고 한다. 누구나 있다는 것은 "만약 우물에 빠지려는 아이를 보면 누구나 측은지심이 있게(有) 마련이다" 함으로, 이로써 사람 느낌에서 "인"의 존재를 '알 수 있다.' 단, 측은이 생기기 위해서는 '우물에 빠지려는 사태'가 있어야 한다. 그렇지 않다면 측은의 마음이 생길 리가 없는 것이다. 때문에 고봉은 말한다.

아이의 우물에 빠지려는 일에 感하면 仁의 리가 곧바로 응해서 측은지심은 이렇게 드러난다.(상109)

측은지심이 드러나는 動因은 '아이의 사태'이다. 그렇다고 해서 그 사태의 즈음, 여기서 "인"이 생기는 것은 아니다. 마음은 본래 성이 있기 때문이다. 고봉은 "그 사이 실로 이 리가 있기 때문에 외부로 느끼는 바가 곧바로 서로 합치되는 것이지, 본래 없다가 외물이 올 때 갑자기 리가 끼어들어 감동하는 것은 아니다"(상108)고 한다. 마음이 외물에 느낄 때 갑자기 리가 생성되는 것이 아니다. 주희는 "외물에 느끼면 성의 욕구가 나오니, 성의 욕구가 곧 정이다"(상103)고 한다.

외물 사태로 인해서 나의 측은은 일어난다. 그런데 이러한 외물 사태가 없는데도 먼저 나의 측은을 두면 이는 '마음을 바르게(正心)' 하는 공부가 아니다. 주희의 『대학, 정심장』을 보자.

> 하나라도 정을 먼저 두거나 혹은 그 즈음 살핌이 없으면 욕구가 동하고 정이 마음을 이기게 되어 그 심의 작용은 바름을 잃게 되고 만다.(하73)[834]

외물에 느끼기 전 먼저 느낌을 두면 그 정이 사태에 개입되어 나의 마음은 외물에 합치하기가 어려우며, 따라서 "마음속에 이 감정을 먼저 두어서는 안 된다."(상123) 사단이라는 단서는 이미 사태에 처한 '발현자'이며, 이 발현자도 사태가 지나가면 마음에 '먼저' 두어서는 안 된다. 먼저 두면 그 측은은 "아이의 부모와 사귀고자 하는"(「공손추상」) 마음을 이미 품은 것이다. "먼저 측은지심을 두는 것",(하76) 이는 "정심"인 '마음을 바르게 함(正心)'이 아닌 이미 거울과 같아야 하는 평상심을 잃은 것이다. 이 마음으로 외물 사태를 접해서는 안 된다. 반면 퇴계는 '미발에 사단을 먼저 두어야 한다'(상287)고 주장한다.

그렇다면 맹자는 왜 "측은은 인의 단서"라고 했는가. 고봉은 맹자가 반드시 '인과 측은'을 병렬해서 든 이유를 아래와 같이 고찰한다.

> 매번 사덕과 사단을 나란히 든 것은 사람들이 기를 성으로 말할까 염려해서이다.(상11)

항상 4단을 4덕과 함께 거론한 이유는, 함께 논하지 않으면 사단은 기가 되기 때문이다. 즉 4단은 4덕의 단서임을 나타내기 위한 부득이한 장치일 뿐이다. 주희는 사단설 유래에 대해 옥산강의에서 "성을 혼연 전체(공자)라 하면 성선의 리를 밝힐 수 없어

---

834) 一有之而不能察, 則欲動情勝, 而其用之所行, 或不能不失其正矣.(『대학』「정심장」)

서 부득불 그 성을 넷으로 쪼개게 되었고, 사단이라는 설은 이렇게 서게 된 것"(상79)이라 한다. 따라서 만약 4덕과 함께 논하지 않으면 4단은 곧바로 '기'가 되고 만다.

결국 퇴계와 같이 "사단지발"이라 하면 '단서'라는 기왕의 정이 또다시 외물과 관계없이 스스로 '발함'이 되고 만다. 이러한 문제는 '단'과 '발'을 중복 사용함에서 생긴 것으로 이는 맹자 종지와도 어긋난다. 맹자는 "인의 단서"라 함으로써 "사단의 발"이 아닌 "사단이라는 정(四端之情)"(상160·170)을 '리'로 여긴 것이다. 맹자 소지인 사단자가 곧 리발이며 리일 뿐, 발로서의 단서를 리로 여길 수는 없다. 때문에 고봉은 "사단지발을 모두 선이라 이를 수는 없다"(상170)고 한 것이다. 맹자는 "측은"을 "인"과 병렬함으로써 측은이 기에 떨어짐을 방지했다. 따라서 만약 측은의 "단"만 논하면 그것은 곧바로 "기"(상112)에 떨어지며, 또 그 측은의 '감정(단)'이 다시 혼자 '발'함이 되어(사단지발), 결국 이 측은의 기가 스스로 기로 발함이 되고 만다.

38

인의예지가 직접 발해서 사단이 될 수는 없다

퇴계는 인의예지가 발해서 사단이 된다고 한다.

> 측은, 수오는 무엇을 따라 발하는가. 인·의·예·지의 성에서 발할 뿐이다. …인의예지는 순수하게 중으로 있음에(在中), 사단이 그 단서이다.(상22~23)

이 논의는 『중용』의 "발" 및 "중"이라는 글자를 『맹자』 "사단"설에 섞은 것으로, 사·맹의 특수하게 가리킨 용어를 혼용한 것이다. 더 문제는, 퇴계는 사단을 순수한 리의 발, 즉 '독리의 발'로 여기지 않는다는 점이다. 퇴계는 위 문장 사이(…)에서 "사단의 발을 맹자는 심이라 했고, 심은 진실로 리기의 합이다"(상23)고 하여 '사단의 발'을 순수한 독리로 여기지 않는다. 이는 "사단은 리발에 기가 따른다(理發而氣隨之)"(상255)와 같이 리기 호발의 "주리"(상239)일 뿐 독리가 아니다. 퇴계는 "하늘과 사람의 원류 맥락"(상237)을 겸리기로 여긴다. 이러한 혼선은 맹자 종지로서의 '가치'와 사람의 實情인 '사실'을 구분하지 못했기 때문이다.

또 문제는, 심이 외물 사태에 감응함에 인의예지(4덕)가 직접 4단으로 발할 수는 없다는 점이다. 퇴계는 '기발'의 칠정과 구분하기 위해 4덕이 직접 4단으로 발한다고 한다. 하지만 이 역시 사실(성·정)과 가치(說)의 구분이 없는 것이다. 고봉은 '설'에 대해 아래와 같이 말한다.

> 맹자와 자사는 하나의 느낌에 나아가 그 '설명한 것'이 달라서 사단과 칠정이라는 별칭이 있을 뿐이다.(상3)

"느낌"은 "자연지리"(상3·107)의 사실이고 "칠·사"는 설이다. 칠·사는 수많은 情說 중의 단지 둘일 뿐이며, 그리고 대설도 아니다. 맹자는 왜 사단이라는 설을 발표했는가? 주희에 의하면 다음과 같다.

> 맹자는 이단에서 성을 불선으로 여기자 이에 공자의 혼연전체를 분별로 설명해서 넷(인·의·예·지)으로 쪼갰고, 사단의 설은 이렇게 서게 된 것이다.(상79)

공자는 성을 '혼연 전체'로 논했을 뿐인데, 맹자가 그 혼연의 성을 넷으로 쪼개서 설명한 것이 곧 인·의·예·지이다. 따라서 이러한 인의예지 넷은 성의 '설'일 뿐이다. 때문에 고봉은 "맹자는 성선의 리를 발명하면서 인의예지로 '言之(설명)'했으니 측은·수오는 정의 '善者言之(선한 것으로 설명함)'이다"(상81)고 한다. 주희도 "인의예지는 本體言之, 측은수오는 用處言之"(상160)라 하여 성의 체용으로 논한다.

인·의와 측은·수오는 '성정의 덕'일 뿐 실제의 성·정이 아니다. 이는 『중용』의 이른바 "중"이 성이 아닌 '덕'인 것과 같다. 주희는 「이발미발설」에서 "정자는 말하기를, '중이 곧 성이다'고 함은 극히 미안이다. 중은 성의 체단을 상황(狀)한 것으로, 이는 마치 '하늘은 둥글고 땅은 네모지다(천원지방)'와 같다"835)고 한다. 즉 "중"은 성의 덕이고 성의 상황이며 이는 마치 "하늘은 둥글다(天圓)"의 '둥글다'와 같은데, '둥근 모양'을 성으로 삼을 수는 없다는 것이다. 이천 본문을 보자.

> 네모지다, 둥글다(方·圓)를 곧 하늘과 땅(天·地)이라 할 수 있겠는가? 방원은 천지라 할 수 없으며, 따라서 만물은 결코 방원에서 나온다고 할 수 없다. "중"도 성이라 할 수 없으니, "도"가 어떻게 '중'(형용, 상황)에서 나온다고 하겠는가?836)

---

835) 又云, 中卽性也, 此語極未安. 中也者, 所以狀性之體段, 如天圓地方.(『문집』권67, 「이발미발설」, 3266쪽)

836) 遂謂方圓卽天地可乎? 方圓旣不可謂之天地, 則萬物決非方圓之所出. 如中旣不可謂之性, 則道何從稱出於中?(『정씨문집』권9, 「與呂大臨論中書」, 606쪽)

중화는 덕일 뿐, 실제의 성정이 아니다. 때문에 주희도 "희(주희)의 지난번 실수는 방원을 천지로 삼은 것"[837]이라고 한다.

덕은 실체의 성이 아니므로 따라서 덕의 '형용'이 발해서 실제의 사단이 된다고 해서는 안 된다. 고봉도 사단은 "중"(퇴계의 위 在中)이 아닌 '성의 발'이라고 한다.

> 이천 「호학론」의 "중에서 동한다(動於中)", "그 중이 동한다(其中動)"고 함은 곧 '마음의 느낌(心之感)'을 말함이다. 마음이 외물에 느끼면 성의 욕구라는 것이 나오는데, 이것이 이른바 정이다.(상103)

칠사는 정이며, 정은 마음이 외물에 느껴서 성이 발한 것이다. 사단도 마찬가지이다. 외물의 '아이 사태'로 인해서 성이 발하며 맹자는 이를 측은이라 한 것이다. 주희가 "측은은 심을 따라 발출한다"(상55)고 한 이유이다.

맹자는 "심"의 느낌을 "사단"으로 설명했고, 여기서 인(성덕)과 측은(정덕)이라는 설이 나온 것이다. "측은지심은 인의 단서"라 함은 혼연의 성을 사덕·사단으로 쪼갠 것인 '설'에 불과하다. 이러한 '설'이 직접 정(實)으로 발하는 것은 아니다. 『중용』 "중"은 성이 아니며, 따라서 "도"도 중에서 나온다고 할 수 없다. 마찬가지로 심의 느낌으로 성이 발할 뿐, 성덕·정덕은 스스로 발하지 않는다. 직접 발한다면 '둥글다'는 상황이 발함과 같은 오류가 되고 만다. 퇴계는 "재중의 인의가 사단으로 발한다"고 하는데, 이는 실체의 성정의 '실'과 그리고 가치로서의 '설'인 사덕·사단을 분간하지 못한 것이다. 동그라미가 발해서 실제의 정이 될 수는 없다.

39
인의예지와 재중이라는 용어의 불합치

『맹자』 "인의예지"는 '성덕'임이 당연하고, 『중용』 "중" 역시 감정의 미발을 가리키므로 "천명지성"이라는 '성의 표현(상황)'임도 분명하다. 이렇게 모두 '성'인 것이 당연하며 따라서 『중용』 "중의 발" 역시 중에 있는 성인 성발어야 한다. 만약 인의예지만 성발이고 칠정은 성발이 아닌 '기발'이라면, '인의 발'과 '중의 발'은 "재중의 인

---

837) 熹前說之失, 便以中和爲體用, 則是猶便以方圓爲天地也.(『문집』권42, 「答胡廣仲」5, 1903쪽)

의예지"(아래)와 같이 동시의 설이 되지 못하며, 또 합해 논한다 해도 스스로 모순이 되고 만다. "재중"은 정주가 논한 『중용』 "미발"설이다.

퇴계는 인의예지를 "수연"이라 하면서 동시에 "중"이라 한다.

> 인의예지의 성이 순수한 모습(粹然)으로 중에 있음(在中)에, 사단은 그 단서이다.(상23)

인의의 순수한 모습은 '중'으로 있다. 즉 "재중"의 중은 곧 '수연'이다. 이와 같다면 『중용』 "재중"의 중도 인의의 수연이 되어야 하지만, 그런데 퇴계는 『중용』 "중"의 발을 '형기의 기발'이라 한다. 이러한 문제는 수연, 혼연, 찬연, 그리고 미발의 "중"인 '성의 상황(性狀)'을 구분하지 못함으로써 일어난 혼란이다.

주희는 인의예지를 수연이나 혼연이 아닌 '찬연'이라 한다. 즉 수연은 '善', 혼연은 '性', 찬연은 '인·의·예·지'이다. 먼저 인·의·예·지의 '찬연(선명한 넷의 모양)'을 먼저 보자. 「태극도설해」에서 말한다.

> 도체의 온전은 혼연 하나이나, 정·조와 본·말, 내·외와 빈·주의 구분은 찬연히 그 가운데에 있다. 지금 한갓 이른바 '渾然者'의 큰 것만 알아 즐거이 설명하고, 이른바 '粲然者'도 서로 떨어지지 않음은 알지 못하니, …이는 끝내 눈금 없는 저울과 마디 없는 자가 될 뿐이다. 어찌 그릇되지 않겠는가.[838]

도체의 온전은 혼연이고, 이 온전을 넷으로 나눈 것은 '찬연자'이다. 이는 주희가 사단설에 대해 말한 "맹자는 공문(자사)의 눈금 없는 저울, 마디 없는 자와 같은 혼연 전체의 성을 분별로 설명해서 넷(인·의·예·지)으로 쪼갰고, 사단의 설은 이렇게 서게 된 것"(상79)이라 함과 같다. 또 "맹자는 분석해서 넷으로 만들어서 학자들에게 보여주었으니, 이는 혼연 전체 가운데서도 찬연히 조리가 있음이 이와 같음을 알게 해서 성의 선을 알게 했다"[839]고 한다. 공자와 자사는 성을 혼연이라 했을 뿐인데, 맹자가 이를 넷으로 쪼갰다는 것이다. 자사의 성은 혼연 전체이고, 맹자는 찬연의 분석이다.

한편 주희는 '순수(粹)'를 "천명의 성은 순수하고 지선하다"[840]고 해서 성의 '선'을 순수라 표현한다. 성은 온전의 혼연, 선이 순수이다. 그런데 성선의 순수만 말하면 중

---

838) 夫道體之全, 渾然一致, 而精粗本末, 內外賓主之分, 粲然於其中. …今徒知所謂粲然者之爲大而樂言之, 而不知夫所謂粲然者之未始相離也, …卒爲無星之稱, 無寸之尺而已, 豈不誤哉(「태극도설해」, 77쪽)

839) 孟子析而爲四, 以示學者, 使知渾然全體之中而粲然有條若此, 則性之善可知矣.(『문집』권58, 「答陳器之, 問玉山講義」, 2778쪽)

840) 天命之性, 純粹至善(『중용혹문』상14, "희노애락" 조항, 558쪽)

절의 "화"인 "時中"(『중용, 2장』) 혹은 "그 정(其情)"(「고자상」)인 '성선의 작용'은 순수가 아님이 되고 만다.

『중용』은 "미발의 중"(체용의 체)이라 하고 이를 이천은 "在中"이라 표현하는데, 주희는 아래와 같이 '혼연재중'으로 풀이한다.

> 정자의 이른바 "재중"은 희노애락 미발인 '혼연재중'을 말함으로, 이때의 중은 '성의 체단을 상황'한 것이다.[841]

희노애락 미발의 "중"을 이천은 "재중"이라 했고 주희는 "혼연히 중으로 있다"고 한 것이다. 즉 미발의 천명지성이 곧 "혼연재중"이다. 반면 퇴계의 혼연은 '渾全'인 잡리기의 의미이다.

> 그대는 합동하기만 좋아하고 분리하기를 싫어하며, 渾全만 즐겨하고 분석을 싫증낸다.(상39)

퇴계의 '혼전'은 리·기로 나누지 않은 잡리기의 뜻이다. 즉 리의 발은 사단이고, 기의 발은 칠정인데, 그대는 사칠을 모두 분석 이전의 "겸리기의 유선악으로 여긴다"(상39)는 것이다. 그래서 퇴계는 순임금과 공자의 느낌까지도 '기의 발'로 여긴다. "순과 공자의 희·노는 '기의 발'인데, 조금의 장애도 없으므로 리 본체가 渾全하다."(상282) 기발이므로 순수가 아닌 혼전일 뿐이며 곧 "칠정은 기발인데 리가 탐(氣發而理乘之)"(상255)이다. 따라서 희노애락의 "중화"는 순수한 리가 될 수 없다. 퇴계의 결론은 다음과 같다.

> 在中의 순리가 비로소 발한다고 잡기로 되지 않으며, 외감은 형기이므로 그 발은 리 본체가 될 수 없다.(상25)

퇴계는 "인의"의 "재중"을 순리라 한다. 하지만 재중은 "중화"의 '중'에 대한 이천의 설이며 주희도 "혼연의 중으로 있다(혼연재중)"고 풀이한다. 정주는 재중을 "천명지성"인 '미발의 성'이라 한 것이다. 천명의 성이 혼연이다. 이러한 혼연의 성을 맹자는 넷의 인·의·예·지로 쪼갰고 이를 주희는 "찬연"이라 한다. 반면 퇴계는 혼연의 뜻

---

841) 蓋所謂在中之義者, 言喜怒哀樂之未發, 渾然在中. …蓋所以狀性之體段也.(『문집』권31,「答張敬夫」9, 1338쪽)

을 "혼전"(순전하지 못함)인 리가 '섞인 기'로 여긴다. 결국 천명지성의 "중"을 기, 기발, 잡리라 한 것이다. 이러한 혼란은 용어의 용법사용도 문제지만, 이 용어를 마구 혼합함으로써 스스로 모순을 야기하고 만 것이다. 중화의 "중"은 「중용장구서」에서 말한 공자에서 자사로 이어진 심 공부인 "도통"인데, 퇴계는 이 설을 '기'의 잡리로 여기고 만 것이다.

40

천명의 칠정을 왜 성인과 일반인으로 가르는지요?

추만 「천명도」는 『중용』 제설에 의거한 것이다. 자사는 "희노애락"을 통해서 천명의 성과 중화를 논했고 이로써 '만물을 창조적으로 화육'할 수 있다고 한다. 이는 사람 본연의 자연스런 느낌을 논한 것으로, 즉 칠정을 통한 천지 만물의 소통될 수 있는 근거에 관한 논의이다.

퇴계는 칠정(희노)은 형기의 기발이므로 리 본체가 될 수 없다고 한다.

> 외물이 옴에 쉽게 느껴서 먼저 움직이는 것은 형기이니, 칠정이 그 묘맥이다. 외물에 느끼는 것은 형기이거늘 그 발이 어찌 리 본체가 되겠는가.(상24~25)

정말 그럴까? 과연 자사와 두 정자(이천 「호학론」과 명도 「정성서」)의 칠정설은 기발이며, 천지 만물의 소통을 막는 것인가? 퇴계는 칠정이 리 본체가 될 수 없는 이유를 "리의 발"이 아닌 "기의 발"이기 때문이라고 한다. 이와 같다면 『중용』 제설의 칠정은 '리'의 학문이 아님이 되고 만다. 이천은 「안자호학론」 서두에서 희노애락애오욕을 "성인에 이르는 길(至聖人之道)"이라 하면서 '리'는 천하 귀천이 "동일하다"고 한다.

> 성이 곧 리이니, 리는 요순으로부터 길가의 사람에 이르기까지 모두 하나이다.842)

이 말은 『맹자』 "성선"설 집주에 그대로 인용되며,(「등문공상」1도 같음) 『중용』 "천명"의 집주도 "성즉리"이다. 만약 평범한 사람이 성리가 아니라면 성인만 "성선"이 되고

---

842) 性卽是理, 理則自堯舜至於塗人, 一也.(『유서』권18, 92조, 204쪽. 『맹자, 고자상』6)

만다. 또 성은 감정 "미발"에만 있지 않으며, 오히려 미발만 리라 하면 그것은 곧바로 치우치고 만다. 리는 이발의 감정과 함께 논해야 비로소 체용을 갖춘다. 주희는 "희노애락 미발 이전은 성·우가 동일하다. 급기야 발하면 일반인의 중절한 곳 또한 성인과 더불어 다름이 없다"843)고 한다. 『중용혹문』에서도 희노애락의 중절자를 다음과 같이 논한다.

> 중절의 화는 정의 바름을 드러낸 것으로, 도의 작용이다. 고금 인물이 공통으로 말미암기 때문에 천하의 달도라 한다. 본래 모두 이와 같으며 성인과 우인에 가손이 있지 않다.(상95)

희노애락 미발은 도의 체이고 그 중절자는 도의 용이며, 이는 성인과 일반인에 가손이 없다. 때문에 고봉은 "맹자, 순, 공자의 희노애락은 리의 본체"(상115)라고 하면서 이어 "평범한 사람 역시 천리의 발현과 時中의 중절이 있다. 부모 친척을 만나면 기뻐하고 병고를 보면 슬퍼하니 이것이 어찌 리의 본체가 아니라 하겠는가?"(상116)라고 한다. "時中"은 『중용, 2장』의 말이며, 도의 작용이다. 이천도 "중의 도(中之道)"라 하는데 이는 희노로 드러나 절도에 맞은 것으로, 즉 "솔성의 도이며 時中"844)이다.

단, 군자는 평상시 공부로써 중절할 수 있지만 소인은 욕구를 발산하고 마음대로 기탄없이 행동해서 중절하지 못한다.845) 이는 정 자체가 그런 것이 아닌,846) 나의 마음을 기탄없이 했기 때문이다. 내가 존양·성찰 공부를 게을리 했기 때문이지 정 스스로 그런 것이 아니다. 정은 성발이며, 정은 거울이 외물을 그대로 비춤과 같아서 본래 선하다. 불선은 나의 공부 때문이다. 만약 일반인에 중절이 없다면 성선은 논증될 수 없고, 도의 체용도 들어맞지 않아서 결국 성인과 일반인은 서로 소통·교류의 불가함이 되고 만다.

반면 퇴계는 일반인 뿐만 아닌 성인도 칠정은 기발이라고 한다.

> 맹자, 순, 공자의 희노애락은 기가 리를 순응하여 발하며, 터럭만큼의 장애도 없기 때문에 리 본체도 渾全하다. 또 일상인이 부모를 보고 기뻐하고 병고에 임해서 슬퍼함도 기가 리를 순응한 발이며, 그 기의 가지런하지 못함 때문에 리 본체는 순수(純粹)할 수 없다.(상282)

---

843) 未發之前, 聖與愚同. …及其發也, 衆人之所自然中節處. …亦與聖人底無異.(『문집』권57, 「答陳女卿」3, 2735쪽)

844) 率性之道者, 人性之當然也. …時中之中, 以當然而言也.(『문집』권43, 「答林擇之」17, 1977쪽)

845) 小人之所以反中庸者, 以其有小人之心, 而又無所忌憚也.(『중용, 2장』, 주희주)

846) 特在乎心之宰與不宰, 而非情能病之.(『문집』권32, 「問張敬夫」6, 1395쪽)

이곳 '혼전'과 '순수할 수 없음'은 리인 "인의예지의 순전"과 상대해서 한 말이다. 칠정은 기발이기 때문에 순수한 리가 아니며, 성인이라도 그것은 수연이 아닌 혼전이다. 결국 자사 "혼연"의 미발의 중을 퇴계는 '섞인 리'라 한 것이다. 칠정은 공자의 경우라 해도 그것은 기발이기 때문에 순수한 수연의 성이 될 수 없다는 주장이다.

하지만 명도 「정성서」에 의하면 "성인의 희노는 자기의 마음이 아닌, 오히려 외물에 순응한다"고 한다. "성인은 외물에 순응하며, 오히려 외물과 나의 내·외 둘을 모두 잊어버린다(內外兩忘)."847) 성인은 나를 주장하지 않고(無情) 타인의 심정을 중시한다. 이로써 천지와 소통할 수 있다는 것이 「정성서」의 이른바 "트인(廓然)" 마음이다. 반면 퇴계는 칠정은 본래 "근원(소종래)이 기발"이므로, 기발은 결코 리 본체가 될 수 없다고 한다. 이와 같다면 칠정은 천지 만물과 소통이 불가하고 "상하는 관철되지 못한다."(하110) 하지만 감정은 외물과의 소통·교류를 그 기능으로 삼는다 함이 중용 제설인 위 자사, 명도, 이천의 논의이다. 맹자는 "獨樂"이 아닌 "여민락"이라 하여 '함께 즐거워하라'고 한다.(「양혜왕상」2) 반면 퇴계는 리발·기발의 혈맥의 다른 피로 양분하며, 때문에 고봉은 "동인·서인의 싸움과 같다"(하13)고 비난한다. 정의 '소통 기능'을 퇴계는 철저히 부정한 것이다.

41

중용 희노를 무용지물로 만드셨습니다

추만 「천명도」의 "희노애락애오욕"(3회)은 자사의 『중용』과 이천의 「호학론」 등에 근거한 것이다. 자사는 희노애락으로 "천명의 중화"를 논했고, 이천은 희노애락애오욕으로 "배워서 성인의 도에 이를 수 있다(學以至聖人之道)"고 한다. 추만은 결코 칠정을 부정하지 않는다.

하지만 퇴계는 칠정을 시종일관 철저히 부정한다.

> 칠정은 선악 미정이다. 때문에 "하나라도 마음속에 두고 있거나 살피지 않으면" 마음은 "그 바름을 얻지 못한다." 때문에 반드시 "발하여 중절한 뒤에야 화라 이른다"고 했던 것이다.(상27)

---

847) 與其非外而是內, 不若內外之兩忘也. …是聖人之喜怒, 不繫於心, 而繫於物也. 是則聖人豈不應於物哉(『정씨문집』권2, 「答橫渠張子厚先生書」, 461쪽)

칠정은 선악미정이므로 '두지 말아야' 하며 때문에 자사도 '중절 뒤에야 화'라 했다는 것이다. 하지만 이 주장은 자사와 주희의 본설에 전혀 부합되지 못한다. 퇴계는 『대학, 정심장』 "두지 말아야 할 정"과 『중용, 수장』 "미발 및 중절한 화"의 정을 구별이 없이 혼용했고, 이로써 천명 및 도의 체용을 논해야 할 "희노"를 아무 의미도 없는 무용지물 혹은 버릴 것으로 여기고 만 것이다. 고봉의 비판은 다음과 같다.

> 이와 같다면 결국 칠정이라는 것은 거추장스럽게 자라난 무용지물 됨이 심하다. 더구나 선생께서는 칠정을 마음의 해로움(心害)으로 삼고 마셨다. 하물며 중절하기 이전의 정은 또 무엇으로 명분을 붙이시겠는가?(상122)

자사가 희노애락을 든 이유는 이로써 공부가 가능하고 또 천명과 중화를 밖으로 드러내 줄 수 있기 때문이다. 칠정은 천명의 성이 발한 것으로, 성이 발해서 화의 달도가 된 것이다. 단, 성발이라 해도 모두 중절한다 해서는 안 되며, 때문에 「수장」에서 "남이 보지 않아도 삼가고(戒愼), 남이 듣지 않아도 두려워해야 한다(恐懼)"고 한다. 이것이 미발 존양인 '경 공부'이다. 감정 미발은 중이고, 중절한 것은 화이며, 이것이 "도의 체용"이다. 그런데도 만약 '없어야 한다'면 어떻게 "중절의 화"를 이루겠으며, 그렇다면 칠정은 "거추장스러운, 쓸모없음(無用)의 심함"이 되고 만다는 것이다.

고봉이 말한 "칠정은 心害가 된다"고 함은 약간 오해가 있다. 「정심장」의 일은 칠정 혹은 사단이라도 결코 두어서는 안 된다 함이기 때문이다.(때문에 고봉은 이 말은 이후 뺀다) 고봉은 「정심장」 "하나라도 두지 마라(一有之)"와 "능히 살피지 못하면(不能察)"에 대해 각각 아래와 같이 고찰한다.

> "두지 말라" 함은, "노하거나(忿懥), 두려워하거나(恐懼), 즐거워하거나(好樂), 근심하는(憂患) 것 등 넷은 단지 장소와 관계없이 발출하니, 마음에 먼저 소유하고 있어서는 안 된다"(『어류』)고 함이다.(상123. 하74)

> "살피라" 함은, "사물이 나에게 나가옴에 살피지 못함이 있으면 그 응함도 혹 실수가 없을 수 없을 것"(『대학혹문』)이라 함이다.(상125)

따라서 "이곳은 결국 정심에 관한 일인데도 중용의 일로 인용해 논증하셨으니, 이는 칠정설과 전혀 부합되지 않는다"(상125)는 것이다. 대학 정심의 일은 마음이 외물에 느끼기 전 먼저 감정을 두면 이 정이 외물과 관계없이 스스로 발하게 되어 결국 "마음의 바름(正心)"을 잃게 된다 함이다.

정심장은 "마음에 정이 있음을 논함이 아닌",(하74) 반대로 "마음의 병통"(하75)을 논했다. 즉 "이곳의 '有所(~을 둠)'라 함은 저러한 넷의 정이 안에서 주가 되면 도리어 마음이 他動이 되고 만다"848)는 것이다. '타동이 된다'고 함이 곧 「정심장」 주석 "일유지" 아래의 "욕구가 동하고 정이 이겨서(欲動情勝)"라 함이다. 이 장은 미발의 "존양" 공부를 논한 것이다. 미발에서 '감정을 먼저 두면 마음은 바름을 얻지 못한다'는 것, 이것이 곧 공부로서의 정심장 종지이다.

퇴계의 해석은 이와 정 반대이다. 퇴계는 "그대는 이 장을 정심의 일로 여겼지만, 그렇지 않다"(상285)고 하면서 다음과 같이 말한다.

> 저 넷의 것이 쉽게 심의 해로움(心害)이 되는 이유는 그것이 기의 발이기 때문이다. 사단의 리발이라면 어찌 이러한 병통이 있겠는가. 어찌 마음에 측은함이 있으면 그 바름을 얻지 못하고, 마음에 수오함이 있으면 그 바름을 얻지 못한다고 하겠는가.(상287)

퇴계는 "칠정"은 기발이므로 그 "바름을 얻지 못하며", 반대로 리발인 "사단"을 마음에 두면 그 "바름을 얻을" 수 있다고 한다. 이 논변은 또다시 중용, 정심장, 사단 등 3설 종지가 혼용·혼란되고 만 것이다. 정심장은 "미발의 마음을 거울의 빔(空)과 같이 비워두어야 하며, 마땅히 측은하지 말아야 함에 먼저 측은을 두면 그 마음은 바름을 얻지 못한다"(하76) 함이다. 반면 퇴계는 사단을 두어야만 그 바름을 얻는다고 한다. 결국 퇴계는 미발공부인 '정심'과 이발인 사단의 '확충'을 구분하지 못했고, 중용의 반드시 '있어야' 할 "천명의 중화"와 반드시 '없어야' 할 정심의 '심병'을 정 반대로 해석했으며, 이로써 위 3설 종지는 모두 혼동·혼란되고 만 것이다.

42
칠정과 사단은 이치가 아닌 공부 논의이다

『중용』은 희노애락 미발에서 "삼갈 것(근독)"을, 「정자호학론」은 희노애락애오욕 즈음에서 "배울 것(학)"을, 『맹자』는 "사단을 확충해야 한다"고 한다. 모두 '공부론'이며,

---

848) 如所謂有所, 則是被他爲主於內, 心反爲他動也.(『어류』권16, 道夫137, 535쪽)

칠·사라는 이름이 나온 배경이다. 칠사라는 이름 앞에 먼저 그 목적이 있고, 이후 이름은 성립된다. 설의 이유와 목적이 없으면 칠·사는 의미를 상실한다. 사람 감정은 외물과 소통해서 천지를 제자리에 세우(位育)거나 만물을 창조적으로 변화(化育. 化之) 시킬 수 있다.(『중용』「수장, 22장」. 「호학론」) 이것이 사람 감정의 능력이다. 모두 나의 일(爲己)이며 내가 이루고 내가 그르칠 수 있다. 때문에 감정은 "진실로 유선악"(상3)인 것이다.

반면 퇴계는 이러한 선유의 칠·사 본설에 앞서 먼저 "리기에 나아가" 논하면서 다음과 같이 말한다.

> 그 소종래(근원의 리·기)에 나아가면 사단은 리, 칠정은 기라 해도 불가하지 않다.(상28)

> 이치(리·기 分)는 이와 같으며, 이름 붙여 설명할 즈음 극히 작은 부분이라도 서로 차이가 난 다면 이는 선유의 구설(리발·기발)을 씀만 같지 못하다. 그렇다면 주자의 본설로 대신하고 우리의 설은 버림이 온당하다.(상47)

『어류』의 "주자 본설"은 곧 '리발은 사단, 기발은 칠정'이며 이는 '이치'이다. 고봉도 리발, 기발을 반대하지 않는다. '사맹 본설'인 칠사는 모두 성발이며, 사단의 리발은 지당하고, 칠사는 모두 느낌인 정이므로 기임도 당연하다. 단, 『어류』는 그 종지 및 "곡절"(상58)이 나타나 있지 않다. 칠사는 이름이 중요한 것이 아닌 "중화"와 "확충"으로 언론한 배경이 중요하다. 더욱이 그 종지는 중화와 확충만이 아닌 그 궁극 목적은 나의 공부이다. 중화 및 확충은 나의 일이며 내가 이루어야 할 일이라는 점이 중요하다.

고봉은 이 문제에 대해 "사단은 리, 칠정의 기는 '불가하지 않다'고 하시지만, 그 실제의 종지에서는 모두 합당하지 않다"(상127)고 하면서 아래와 같이 반박한다.

> 이러한 논변은 비단 "이름 붙여 설명할 즈음"(퇴계의 말임)만 불가한 것이 아닌, 그 '성정의 실 제'는 물론이거니와 '존양·성찰의 공부'에 있어서까지도 모두 불가하다.(상128)

퇴계의 "이름 붙여 설명할 즈음(名言之際)"은 우리의 '토론'을 가리킨다. 그러나 칠사 '이름'은 주희가 붙인 것도 아니고 또 우리의 토론은 주희에만 있지 않다. 지금 토론은 '사맹 본설'인 칠사에 관한 것이다. 당초 주희는 중용 미발·이발과 이천의 이발,

맹자 확충설을 심하게 착각·오해했다. 그 역정을 스스로 밝힌 것이 이른바 중화구설과 신설이다. 구설에 대한 반성을 보자.

> 『중용』 미발·이발의 뜻을 전에는 마음 유행의 체(전체)로 인식했으나, 이는 심·성의 名命에도 부당할 뿐만이 아닌 일용 공부에도 온통 본령이 없었다.[849]

주희가 알고자 한 것은 『중용』 "미발"과 그리고 정자의 이른바 "마음은 모두 이발이다"(상152)의 의미는 무엇인가에 있다. 주희는 당초 "생각과 희노애락은 모두 이발"로 여겼다. 그렇다면 『중용』 "미발"은 무엇인가? 생각과 칠정이 이미 이발이므로 그렇다면 그 미발의 것은 어떻게 찾음이 가능한가? '중화지오의 신설'이 바로 이점으로, 즉 '공부'이다.

> 미발의 중은 본체가 스스로 그러해서 찾을 수가 없다. 단지 이때는 경을 유지해야 하며, 이러한 기상을 상존케 해서 잃음이 없으면 이로부터 발한 것은 반드시 중절한다. 이것이 일용 즈음의 본령공부이다. 그 "이발에서 본다"(이천)고 함은 그 단예의 움직임을 살피라 함으로, 즉 확충 공부이다.[850]

미발 즈음을 직접 찾아 구하려 해서는 안 된다. 왜냐하면 생각과 느낌은 이미 이발이므로, 이발에서 미발을 찾으려 함은 이미 마음으로 마음을 보는(감정으로 감정을 보는) 불교 관심설이 되기 때문이다. 때문에 주희는 이천의 "마음은 모두 이발" 본의와 또 자사의 이른바 "미발"을 다시 고찰한다.

주희는 이 문제를 정자의 '경 공부'에서 찾는다. "미발에서 경을 유지함"인 곧 "일용 즈음의 본령공부"가 이것이다. 일용의 즈음이라 함은 외물을 만나기 전인 곧 생각·감정이 일어나기 이전이다. 요컨대 미발의 존양 공부로써 이발(情)의 중절을 이룰 수 있으며, 따라서 이발 단예(사단)의 찰식은 이미 늦은 공부이다. 주희가 칠사 종지를 상고한 이유는 이치를 논하고자 함이 아닌, 그 각각의 공부처를 밝히기 위함이다.

퇴계는 "리기에 나아가면 리발·기발이 사·칠이다"고 하여 이를 "이치"라 하지만, 이는 자신의 공부가 없다. 사맹과 이정은 공부의 감정으로 천지 만물의 교류와 소통

---

849) 中庸未發已發之義, 前此認得此心流行之體, …非惟心性之名命之不當, 而日用功夫全無本領(『문집』권64, 「與湖南諸公論中和第一書」, 3130쪽)

850) 未發之中, 本體自然不須窮索, 但當此之時, 敬以持之, 使此氣象常存而不失, 則自此而發者, 其必中節矣. 此日用之際本領工夫. 其曰 却於已發之處觀之者, 所以察其端倪之動, 而致擴充之功也.(『문집』권67, 「已發未發說」, 3268쪽)

을 논했을 뿐, 그 칠사를 이치로 여긴 것이 아니다. 칠사를 이치라 하면 소통이 불가하다. 고봉은 "리기의 즈음은 알기도, 설명하기도 어렵다"(하118)고 한다. 정주가 '경 공부'를 강조한 이유도 경을 이룬 자신의 감정이 천지 만물을 소통·위육하는 근거가 되기 때문이다. 이천의 "성인에 이르는 길"이 이것이다. 퇴계는 "주자를 믿자"고 하지만, 주희는 리발·기발이 아닌 마음 공부처를 찾아 사맹 종지를 고찰했을 뿐이다.

43

칠정의 기발보다 더 극심한 오류와 모순

퇴계는 「퇴계1서」 본서(「1서」는 "별지"임)에서 말하기를 "보여주신 사단 칠정설은 오히려 마음을 수렴하고 단속하는 공부가 부족하며, 들쭉날쭉한 모순(出入矛盾)의 병통이 있음을 면치 못했다"851)고 비판한다. 왜인가? 퇴계는 칠사설에 대해 다음과 같이 논한다.

> 자사는 중화를 논하면서 희노애락은 말했지만 사단은 언급하지 않았고, 정자도 호학을 논하면서 희노애구(락)애오욕은 말했지만 역시 사단은 말하지 않았다. 이는 '리기 가운데에 나아가' 혼륜으로 말한 것이다.(상37)

"중화"는 천명의 성으로서 "도의 체용"(상94)이고, "호학"(호학은 공자가 '안연의 공부를 찬탄'한 말임, 『논어, 옹야』2)은 "學으로 성인에 이르는 길"(같은 곳, 이천과 주희집주)이다. 반면 퇴계는 칠정은 사단을 언급하지 않았으므로 '리기 혼륜'이라 한 것이다. 고봉도 자사와 이천을 분명 "혼륜"이라 한다. 문제는 "사단을 언급하지 않았으므로" 혼륜인가? 주희의 선후 "도통"에 의하면 "맹자는 자사에서 나온 것"(상96)852)이다. 또 문제는, 자사는 혼륜이지만 퇴계 자신은 새롭게 "기발"로 주장한다는 점이다.

> 그대는 자사는 "전체로 말했다"(혼륜)고 하는데, 자사는 진실로 소종래(리·기 分)의 설을 쓰지 않았다. 그런데 맹자가 "척발함"에 이르러 사단을 설할 때야말로 어찌 '리발 한쪽만 가리켰다'고 하지 않을 수 있겠는가. 사의 소종래를 기왕 리라고 했으니, 칠의 소종래는 기가 아니면 무엇인가?(상274)

---

851) 所示四端七情說, …而尙欠於收斂凝定之功也, …不免有出入矛盾之病.(『고봉집』3책, 「答奇正字明彦書」, 9쪽)
852) 以得孟氏, 爲能推明是書, 以承先聖之統(「중용장구서」) 子思…以授孟子.(『중용, 수장』)

사단의 소종래(근원)가 리이기 때문에 칠정의 소종래는 기라는 것이다. 이는 퇴계의 새로운 주장이다. 고봉이 말한 자사의 "전체"와 맹자의 "척발"(모두 상3)은 각자 사맹의 가리킨 "뜻(恉)"인 그 설이 다르다 함이다. "사・맹은 각기 소주가 있다"(상78・79・81)는 것이다. 두 설의 가리킴은 각자 다른데, 자사는 "중화의 덕"이고 맹자는 "성선의 선"이다.(상80・81) 반면 퇴계는 이러한 설의 종지를 고찰하지 않고 "리기에 나아가면" 리는 사단, 기는 칠정이라 한다. 더욱 심각한 문제는 "자사는 [나의] 소종래의 설을 쓰지 않았다"고 한다는 점이다. 진정 자사는 퇴계의 소종래 설을 쓰지 않았는가?

퇴계의 소종래 설 근거는 다음과 같다. "공자와 렴계의 '무극・태극'은 리기 중에 나아가 리만 독언했고, 공맹의 '상근'과 '이목'(기질지성)은 리기 중에 나아가 치우치게 기만 독언했다."(상34~35) 이렇게 공맹이 "리・기에 나아가서" 각각 리・기를 독언한 것과 같이 사칠도 이와 같다. 그런데도 그대는 "사칠은 다른 가리킴(리・기)이 없다고 하니, 이는 자상모순"(상42)이다.

과연 자사는 '기발을 모르고' 퇴계만 아는가? 때문에 고봉은 말한다.

> 만약 사단을 리에 분속하고 칠정을 기에 분속하면, 그렇다면 칠정(자사)의 리 한쪽을 거꾸로 사단(맹자)에게 빼앗김이 되어, 그래서 선유가 '유선악'이라 한 것을 마치 기에서 나온 것처럼 바꾸신 것이다.(하131・30)

칠정은 악도 있지만 천명의 중화는 반드시 리이다. "겸리기・유선악"(상63)은 리와 선이 반드시 있다 함이다. 그런데도 왜 사단 때문에 천명의 중화인 "대본・달도"가 기가 되어야 하는가? "왜 맹자의 말 때문에 갑자기 기 한쪽이 되어야 하는가?"(하62) 고봉은 말한다.

> 선생은 말씀하기를 "자사는 중화를 논하면서, 리기 중에 나아가 혼륜으로 말했다"고 하셨다. 그렇다면 칠정이라는 것이 어찌 '리기를 겸함'이 아니겠는가? 보내오신 설 역시 "들쭉날쭉(出入)의 없지 않음"(퇴계의 말을 인용함)이 이와 같다.(상136)

사실, 고봉으로서는 퇴계의 의도를 상식으로 이해할 수 없다. 왜냐하면 퇴계는 자사와 이천 본설을 해석한 것이 아닌, 스스로 "리기에 나아가면" 이러한 리발과 기발의 선후 "호발"로 사・칠이 된다는 주장이기 때문이다. 고봉으로서는 진실로 상상할 수 없는 일이다.

고봉의 설이 "들쭉날쭉 모순의 병통이 있고" "자상모순"인 이유는 그대는 "리기에 나아가서" 그 리발·기발의 각발을 곧 사·칠이라 하지 않기 때문이다. 하지만 자사의 "천명, 중화, 대본"과 맹자의 "확충, 성선" 본설은 결코 '리기에 나아간' 설이라 할 수 없다. 더구나 맹자가 리발이므로 자사가 기발이라면 이는 천명의 중화(대본·달도)가 결국 맹자 때문에 기발이 되며, 또 '선후 도통'에도 어긋난다. 이는 퇴계가 고봉을 비판한 말인 "성현을 몰아서 자신의 뜻에 따르게 하는 폐단"(상295)을 스스로 자처했다고 하지 않을 수 없는 것이다.

44

합동, 혼전, 혼륜, 분석 등 용어의 대 혼란

칠정과 사단은 자사와 맹자의 설이다. 둘은 그렇게 설한 각각의 종지가 반드시 있으며, 또 그 종지는 단순히 설의 정합성만 주장함이 아닌 공부를 위함이다.

그런데 퇴계는 '리기에 나아가면' 사맹의 칠·사 2설이 있으니 때문에 리·기에 나누어 분석해야 한다고 강력 주장한다.

> 지금 그대의 논변은, 같음만 기뻐하고 분리함(喜同惡離)을 싫어하며 혼륜의 전체(渾全)만 좋아하고 쪼개 분석(剖析)하기를 싫증내어 사단 칠정의 소종래(리·기 分의 근원)를 궁구하지 않는다. 그래서 대략 모두 겸리기·유선악으로 여겨 나의 '깊게 분별한 것'을 불가함으로 여겼다.(상39)

즉 리기에 나아가서 사칠을 그 리·기로 분석해야 한다. 그런데도 그대는 같음인 겸리기·유선악의 혼륜 전체(渾全)만 좋아하고 리·기로 쪼갠 나의 분석을 "불가하다" 했다는 것이다. 이곳의 "합동(同)", "혼전",(혼전을 퇴계는 겸리기의 혼륜이라 하지만 고봉의 혼륜은 '치우침 없음'의 뜻임. 주희의 혼전은 '완전함'의 뜻임) "분석" 등 용어는 주희 및 고봉의 용법과 전혀 다르다.

주희는 「태극도설해」에서 다음과 같이 말한다.

> 도체의 온전(道體之全)은 '혼연' 하나지만, 정·조와 본·말, 내·외와 빈·주의 구분은 '찬연'히 그 가운데 있다. …따라서 합동만 기뻐하고 분리를 싫어하면(喜合惡離) 그 논의는 매번 한쪽으로

떨어져서 마침내 눈금 없는 저울이나 단위 없는 자가 될 뿐이니 어찌 그릇되지 않겠는가.[853]

도체는 하나이며, 혼연이다. 주희는 이를 공자의 "태극"이라 한다. 태극은 혼연의 리 하나이며, 만약 이를 정·조, 내·외 중 그 하나로만 논하면 곧바로 치우치고 만다는 것이다. 혼연을 겸리기·유선악이라 해서는 안 된다. 도체 및 태극이 악도 겸한다고 할 수는 없다. 고봉은 주희의 혼연과 찬연의 뜻에 대해 다음과 같이 인용한다. "성은 혼연 전체이다. 단, 맹자는 그 혼연 전체를 눈금 없는 저울이나 단위 없는 자로 여길까 우려해서 분별의 인·의·예·지 넷으로 쪼갰다."(상79) 즉 공문(공자·자사)의 혼연(리) 하나를 맹자는 '찬연'의 넷으로 분석했다는 것이다.

고봉은 리(혼연)를 겸리기·유선악으로 여긴 것이 아니다. 때문에 퇴계의 위 지적을 아래와 같이 반박한다.

"합동만 좋아하고 분리를 미워하며, 혼전만 즐겨하고 분석을 싫어함"이라는 말씀은 결국 미숙한 학자의 일상의 얽매임에 관한 지적이다.(상137)

"합하거나 분리할 곳(離合處)"(상140)은 학자가 선택할 사항일 뿐이다. 태극을 혼전으로 논하지 않으면 곧바로 치우치고 만다. 태극은 어디에도 있고, 심지어 정호는 "악에도 있다"(주희 「명도론성설」)고 한다. 태극은 천지 만물 모두를 포괄해서 치우침이 없다. 태극은 자존의 리 하나일 뿐인데, 단 사물(감정) 속에 존재해야만 스스로 치우치지 않으니, 정주 "기질지성"의 설이 이것이다. 다만 기에 있다 해도 그것은 독리일 뿐이다.

기질지성의 설이 온전한 것은 기질 속이어야만 공부가 가능하기 때문이다. 맹자도 성선을 "그 정으로(其情)"(「고자상」) 논증했다. 주희는 성 혹은 정을 분석하는 이유를 '공부를 위함'이라 한다.

쪼개고 분석하고자 함은 사람이 극기복례의 공부에 손댈 곳(下手處)을 밝히기 위함이다. 맹자 성선도 단지 이 같은 설일 뿐이다.[854]

공자의 혼륜을 "인·의·예·지"로 분석하고 또 성선을 "그 情"으로 논증한 이유

---

853) 夫道體之全, 渾然一致, 而精粗本末, 內外賓主之分, 粲然於其中. …喜合惡離, 其論每每陷於一偏, 卒爲無星之稱, 無寸之尺而已, 豈不誤哉(「태극도설해」, 77쪽)

854) 正欲於此毫釐之間, 剖判分析, 使人於克己復禮之功, 便有下手處, 如孟子道性善, 只如此說(『문집』권42, 「答胡廣仲」3, 1898쪽)

도 공부할 곳을 찾기 위함이다. 그렇지 않고 단지 형이상만 논하면 마음으로 '공부할 곳'이 없게 되고 만다. 맹자가 "측은지심을 확충하라"고 함도 '심(情)'에서 공부로 논한 것이다. 주희 중화신설 요지는 바로 '심의 공부처' 이상이 아니다.

미발에서 경을 유지하고 이러한 기상을 항상 보존하면 이로부터 발한 것은 반드시 중절한다. 이것이 일용 즈음의 본령공부이다.[855]

찰식의 단예를 최초의 하수처(공부처)로 삼았기 때문에 평일 함양의 일단 공부가 빠졌던 것이며, 결국 항상 動에 치우쳐서 깊은 순일의 맛이 없었던 것이다.[856]

주희가 공맹의 "심·성", 이천의 "이발", 중용 "미발·이발"의 설을 고찰함에 있어 줄곧 잘못 이해한 가장 큰 원인은 '공부'로 논하지 않았다는 점이다. 맹자 단서(사단·이발)설을 잘못 이해함도 이점이었다. 만약 "심을 이발"로 삼으면 미발공부가 빠지고 만다. 주희는 "심은 주류 관철하며, 그 공부는 처음부터 사이나 끊어짐이 없어야 한다"(「이발미발설」)고 한다. 공자의 공부가 바로 이점이다. 때문에 고봉은 다음과 같이 말한다.

주자는 『논어』「공자가 냇가에 계신 장」 집주에서 "천지의 변화는 가는 것은 지나고 오는 것은 계속되어 한 순간의 쉼도 없다고 했으니 이것이 도체의 본연이다"고 한다.(상141)

고봉은 이러한 도체의 본연을 '혼연'이라 하며, 학자가 스스로 자처할 수는 없다고 한다. 학자가 혼연을 다시 분석하는 이유는 공부처를 찾기 위함이다. 맹자가 부득이 찬연이라는 인·의·예·지로 분석한 이유는 "이단의 성 불선설"(상79) 때문이다. 성 불선설을 논박함으로써 성선설의 공부처인 "그 정"을 찾기 위함인 것이다. 퇴계의 고봉 비판인 "합동" "혼전" "혼륜" "분석" 등의 '리·기에 나아간' 논변은 공맹 정주 등 선유의 용법과 맞지 않거니와 공부처도 전혀 논하지 않은 것이다.

---

855) 未發之中, …敬以持之, 使此氣象常存而不失, 則自此而發者, 其必中節矣. 此日用之際本領工夫.(『문집』권67,「已發未發說」, 3268쪽)
856) 亦以察識端倪爲初下手處, 以故缺却平日涵養一段功夫. 其日用意趣, 常偏於動, 無復深潛純一之味(위와 같은 곳, 3268쪽)

45

자상모순이라는 말의 자상모순

사람 마음에 외물과의 교류의 느낌이 있음은 자연의 이치이다. 자사는 이곳 느낌 전후를 미발·이발의 "중·화"로 논해서 그 치우침 없는 중화가 "천지의 化育"을 이룬다고 한다. 맹자도 측은의 감정은 누구나 있으니 "확충하면 사해의 옳음에 동참할 수 있다", "그 정으로 성선을 논증할 수 있다"고 한다. 다만 맹자는 이 자연의 느낌 중에서 치우친 '이발'(확충) 및 '선만 뽑아서'(성선) 논했을 뿐이다. 사맹의 두 설에 관해 고봉은 아래와 같이 논한다.

> 자사의 말씀은 전체를 이끈 것이고, 맹자의 논의는 [선만] 척발한 것이다. 자사와 맹자는 '[사람 실제의 느낌에] 나아가 그 설명한 것이 부동해서(所就以言之者不同)' 사단 칠정의 별칭이 있을 뿐이다.(상3)

자사는 칠정 전후의 '미발과 이발' 및 그 '효과'(位育, 化之)까지 모두 포괄해 정 전체로 치우침 없이 말했고, 맹자는 '리·선'만 뽑아내서(척발) 확충과 성선을 논증한 것이다. 이 두 설은 진실로 "합쳐 一說로 여겨서는 안 된다."(하153) 천명·중화와 확충·성선 2설은 유사점이 전혀 없다.

그런데 퇴계는 이러한 고봉 논의를 '자상모순'이라고 한다. 왜인가?

> 그대는 말하기를 "자사와 맹자는 나아간 바에서의 설명이 부동하다" 하고 또 사단은 "척발한 것"이라 했는데, 그런데도 또 도리어 사단과 칠정은 '다른 가리킴이 없다'고 주장하니 이는 자상모순에 가깝다. 무릇 학문을 강론함에 분석을 싫어해서 一說로 합치는 것을 옛사람은 곧 륜탄조라 했으니 그 병통이 적지 않다.(상42~43)

퇴계의 뜻은 다음과 같다. 그대는 "리·기에 나아가면 부동하다(所就而言之者不同)" 했고 또 "사단은 리만 척발했다"고 했는데도 또 도리어 '리기의 다른 가리킴이 없다' 했으니 이는 '스스로 모순'이다. 즉 그대는 이미 '리기에 나아가면(就)' 그 리·기가 달라서(異) 사·칠은 부동이 있다고 했다. 그 증거가 사단은 '리만 척발했다' 함인데, 그런데도 왜 또다시 '리·기의 다른 가리킴이 없다'고 주장하는가? 그대는 "리기를 일물"(상40)로 여겼고 때문에 그대의 주장은 "자상모순이다." 이 비판은 고봉의 문자와 전혀 다르다. 왜냐하면 고봉은 "리기에 나아가서"(퇴계) 여기에 칠사가 있다 하지도 않았고, 또 리·기에 나아가서 리만 척발하지도 않았거니와, 사칠을 '다른 가리킴이 없다'고 한 적도 없기 때문이다.

고봉의 의견은 다음과 같다. "자사는 사람 느낌 위(실제)에 나아가 겸리기·유선악으로 설명했으니 '그 전체'라 함이고, 맹자는 그 느낌 가운데(겸리기·유선악)에서 善者로만 설명했으니 '척발했다' 함이다."(상147) 따라서 자사의 리·선은 맹자의 리·선과 같으므로 이는 "자사에서 맹자가 나온"것으로 곧 주희의 '도통론'이다.

고봉 본의는 이것이며, 따라서 고봉으로서는 '자상모순'이라는 비판을 도저히 이해하지 못하겠다. 고봉은 반문한다.

> 선생도 사칠은 모두 정이라 하셨다. 그렇다면 사단, 칠정이라 한 것이 어찌 "그 설명이 부동해서"가 아니라 하겠는가? 이는 그 설만 다를 뿐 그 알맹이(리·선)는 둘이 아닌 것이다. 때문에 저는 그 아래에서 다시 말하기를 "사단 칠정은 두 개의 옳음(二義)이 있지 않다"고 했던 것이다. 따라서 저로서는 저의 본설이 "자상모순" 된다는 것을 스스로 "알지 못하겠다(不知)." 더구나 지금 가르쳐주신 글을 받고 다시 스스로 미루어 보았지만 그렇다는 것 역시 "깨닫지 못하겠다(不覺)."(상148)

여기서 "알지 못하겠다(부지)" "깨닫지 못하겠다(불각)"고 함은 퇴계가 '자상모순이다'고 하면서 그대의 "이와 같음을 그치지 않는다면 부지·불각의 순간에 기를 성으로 논하는 폐단에 빠지게 되고, 인욕을 용인하여 천리로 여기는 환란에 떨어지게 될 것이다"(상43)고 했기 때문이다. 퇴계에 의하면 "리기에 나아가면" 리·기는 分이므로 그 리발은 사단이고 기발은 칠정이라는 주장이다. 즉 "자사는 기 소종래 설을 쓰지 않았고(不用), 맹자가 리기에 나아가서 리만 척발했으니, 칠정의 소종래는 기가 아니면 무엇인가?"(상274) 위 주장과 같다면 자사가 오히려 퇴계의 소종래설을 따르지 않음이 되고 만다.

사실 고봉으로서는 퇴계의 이 논의를 '도저히' 상상하지 못한다. 왜냐하면 리기에 나아가면 사칠이 있다는 주장은 리기에 사맹의 사칠이 종속되기 때문이다. 퇴계는 리에 나아가면(就) 그 리발이 사단이므로 따라서 자사의 칠정도 기에 나아간(就) 기발이라는 주장인데, 그렇다면 '퇴계의 리·기가 사맹의 사·칠'이 되고 만다. 이는 퇴계 스스로의 말과 같이 "성현의 말씀을 자기의 뜻에 따르게"(상295)하는 자상모순이 되고 만 것이다.

46

주희가 사·칠을 리발·기발로만 해석했겠는가?

퇴계는 『주자어류』 기록인 "사단은 리의 발, 칠정은 기의 발"을 보고 다음과 같이 말한다.

> 주자는 우리의 스승이며 천하 고금의 종사이다. 나는 이 설을 본 후 비로소 나의 견해도 큰 오류에 이르지 않았음을 믿게 되었다.(상45)

퇴계에 의하면 사칠은 본래 겸리기인데, 특히 주희도 '각각 리발·기발을 사·칠'이라 했으니 따라서 천하 고금의 종사를 "믿어야 한다" 함이다. 하지만 이러한 리발·기발로 사·칠이 된다는 퇴계의 주장은 명백한 오독·오류이며 허구이다.

주희가 천명·중화를 외부에 들어낼 수 있는 "희노"를 기의 발이고, 또 칠사를 서로 상반되게 "리·기 대설"(하49)로 여겨 단순히 하나는 리발 한쪽, 하나는 기발 한쪽일 뿐으로 여겨 각각 '치우치게' 논했을 리는 없다. 『중용』은 "천명"과 "미발"이 있고, 사단은 기왕 발현한 '이발'이다. 따라서 미발의 천명이 '기'일 수는 없고, 이발의 사단을 '반드시 리'로 여길 수는 없는 일이다. '단서'를 리라고 하면 사람 느낌이 리가 되고 만다. 측은의 가리킴을 리라 할 수는 있지만 단 곡절을 밝혔을 때만 가능하다.

주희가 만약 리발·기발로만 여겼다면 사맹 종지는 '작고 편협한' 것이 되고 만다. 고봉은 말한다.

> 주자의 이른바 "리발, 기발"의 것은 기타 전후의 논설과 상호 교감해서 이해해야 하며, 이로써 그 이동과 곡절도 스스로 드러날 수 있을 것이다. 후학들은 이 해석설을 이해함에 앞뒤를 두루 갖춘 말씀으로 준수해야 하겠는가? 아니면 이 명제를 일시 각각 발언한 치우쳐 지칭한 언어로만 지켜야 하겠는가? 이는 주자를 따를지 위반할지에 관한 것으로, 결정에 어려운 문제는 아니다.(상154)

분명한 것은 칠·사라는 명칭만의 언급이라면 그것은 모두 '이발의 정'으로서의 '기'일 수밖에 없다. 주희 「이발미발설」에 의하면 "단예의 확충"은 『중용』 "미발"이 아님이 분명하다. 단 맹자가 "확충하라" "성선의 [논증]"이라 했으니 그 가리킴은 반드시 리이다. 문제는 『어류』 "리발·기발" 명제는 이러한 곡절이 하나도 나타나 있지 않다는 점이다.

따라서 이 문제는 스스로 자명해진다. 주희가 어찌 '천명, 중화, 대본'을 논한 『중용』의 희노를 기에서 발한 것이라 했겠으며, 또 어찌 사단이라는 '이발의 감정'을 칠정과 상대한 리로만 해석했겠는가? 주희가 미발의 "靜 공부가 근본"이고 맹자의 확충은 발현처로서 이미 늦은 공부라 한 것(「이발미발설」)은 주희 철학에서 그 의미가 크다. 고봉은 주희가 스스로 "[칠·사의] 의의를 분명하게 논했다"(상158)고 하면서 다음과 같이 인용한다.

> 주자는 말하기를(칠정설 고찰임) "이천선생은 「호학론」에서 말하기를, '그 근본은 참되고 고요(靜)하다. 그 미발에는 오성을 모두 갖추었으니 이를 인의예지신이라 이른다. 외물이 그 형기에 접촉하면 중에서 동하고, 그 중이 동해서 칠정이 나오니 이를 희노애락애오욕이라 한다. 이때의 動자는 『중용』의 發자와 같다'"고 한다.(상159)

> 주자는 말하기를(사단설 고찰임) "맹자의 이른바 '성선'은 본체로의 설명이고, '선으로 삼을 수 있다'고 함은 용처로 설명한 것이니 이는 사단의 정이며 '발하여 중절한 것(『중용』)'이 이것이다. 그 이른바 '선'은 성정에 혈맥이 관통한다"고 한다.(상160)

이어 고봉은 "이는 결정하기가 어렵지 않다"고 한다. 즉 주희는 칠정의 "미발을 인의예지신"이라 하고 또 칠정의 "중절한 것은 성선의 용처"와 같다고 하면서 『중용』 "발하여 중절한 것"은 성선설의 "그 情으로 선을 삼은" 것과 동일한 혈맥관통의 선이라 한다. 반면 퇴계는 "칠정은 기의 묘맥·혈맥"(상24·254)이라 한데 이는 주희의 위 논의와 전혀 다르다.

퇴계는 위 고봉의 논변를 받고 아래와 같이 깊게 충고한다.

> 그대는 주자의 이 설을 만족하지 못한 듯하나, 이는 더욱 미안하다. 지금 이 단락(리발·기발) 몇 구는 단전 밀부의 종지가 있다. …참된 용기는 억지 주장을 폄에 있지 않고 옳음을 들으면 즉시 복종함에 있다.(상293~296)

퇴계는 『어류』 기록을 "리기에 나아가면 리발·기발이 곧 사·칠이다"로 잘못 굳게 "믿고",(상45) 고봉에게 "억지 주장을 펴지 말라"고 선생·스승의 지위로써 강하게 충고한다. 반드시 리발·기발 혈맥의 피가 다름을 알아서, 사단을 드높이고 천지의 화육을 이루는 천명의 칠정은 제거해야 한다는 것이다. 이는 사람 감정은 천지 만물과 더불어 소통한다는 자사, 맹자, 정자, 주희의 논의와 정 반대다.

47

조선유학은 호병문을 긍정하면서 모두 어긋나고 말았다

『중용』 희노애락(칠정)은 느낌 전후 및 그 공부까지 모두 함께 말한 것으로, 진실로 선이 있지만 악도 없을 수 없다. 『맹자』 사단도 칠정과 같은 '이발 단서'이며 따라서 성인 무불선일 수는 없다. 칠·사는 사람 느낌에 대한 두 설인데, 다만 그 선은 하나로서 "혈맥관통"(상160)이다.

퇴계는 사단은 "무불선", 칠정은 "유선악"이라 하면서 그 발처를 "리발"과 "기발"이라 한다. 이러한 인식은 당시 성균관 교재로 사용되던 『대학장구대전』 '소주'에서 기인한 것이며, 선초 권근 등의 설도 이와 같다. 먼저 권근의 『입학도설』「心圖」를 보자.

> 오른쪽 한 점은 "성이 발해서 정이 됨(性發爲情)"이고, 왼쪽 한 점은 "심이 발해서 의가 됨(心發爲意)"이다. 그 발이 성명에서 근원한 것은 도심으로 '情에 속'하여 그 처음(부터)은 무불선이다 (其初無有不善). 그 발이 형기에서 生한 것은 인심으로 '意에 속'하며 그 기미에서 선악이 있다 (其幾有善有惡).[857]

권근은 情을 성명에서 근원(原)한 '성발의 무불선'이라 하고 意를 형기에서 낳은(生) '심발의 유선악'이라 하며 이는 「천인심성합일지도」의 "리 근원인 사단", "기 근원인 희노애구애오욕"과 같다.

한편 이색은 정몽주를 매우 칭찬해서 성균관의 학관 자리에 추천했고, 이색의 말에 의하면 정몽주의 설은 호병문의 『사서통』과 일치했다고 한다. 이색 문인이 바로 권근과 정도전이다. 또 성균관 대사성을 지낸 유숭조 "理動은 사단의 情이고, 氣動은 칠정의 싹이다"고 하며, 퇴계와 같다.

원대에 출간된 『사서장구대전』은 조선시대 세종 때 들어와 새로운 조선활자로 출판되어 성균관 교재로 쓰였다. 고봉은 『대전』 '소주'를 의혹하며 "세종대왕께서도 소주는 보지 않았다"(『논사록』)고 한다. 고봉이 의혹한 부분은 지금 퇴계와 토론 중에 있는 '무불선, 유선악' 등이다.

일찍이 상고하건대, 근세 성정을 논하는 자들의 병근은 운봉호씨(호병문)에서 나온다. 『대학,

---

857) 其右一點象, 性發爲情. …其左一點象, 心發爲意. …其發, 原於性命者, 謂之道心, 而屬乎情, 其初無有不善. …其生於形氣者, 謂之人心, 而屬乎意, 其幾有善有惡.(「心圖」)

경1장』제4절 소주에서 호씨는 말하기를 "성발하여 情이 되니 그 처음은 무불선이고", "심발해서 意가 되면 곧바로 선과 불선이 있다"고 한다. 이 몇 구절은 『대학장구』두 곳에 주희가 주석한 "所發"이라는 2자를 호씨가 다시 조합한 것인데, 그 설명에 폐단이 있어서 마침내 학자들로 하여금 별도의 의견을 낳게 했던 것이다.(상164)

주희가 『대학, 경1장』에 주석한 所發은 두 곳이다. 즉 "명명덕" 주석인 "因其所發而遂明之(그 소발에서 밝히라)"와, "誠其意" 주석인 "意者, 心之所發也, 實其心之所發(그 심의 소발을 성실히 하라)"이다. "명덕"은 심의 '덕'이고, "성의"는 생각 및 외물에 느끼기 이전 '미발의 이발심'이다. 따라서 두 곳 "소발"은 감정과 전혀 관련이 없는 '심 공부처'이다. 다시 말해 「경1장」은 생각과 느낌 이전에서 '심덕을 밝힘' '그 뜻을 성실히 함'으로, 심 공부를 논한 곳이다. 그런데 호병문은 이를 "성발의 무불선, 심발의 유선악"이라 하여 '情의 두 선'으로 논하면서 하나는 "성명에 근원한 것", 하나는 "형기에서 生한 것"으로 가른 것이다. 이는 매우 잘못된 조합으로 주희의 '소발 두 곳'의 의미와 전혀 다르다.

퇴계와 율곡 역시 "선유는 성발과 심발로 분별해서 설명했으니 이는 명백하여 의심할 곳이 없다", "인심은 칠정, 도심은 사단이다"858)고 하고, 또 퇴계는 「천명도설, 후서」에서도 "성발위정, 심발위의"를 그대로 인용했다.

이상의 잘못된 논변의 유래가 바로 호병문임은 확실하다. 이전은 이러한 설이 없기 때문이다. 그 폐단에 대해 고봉은 말한다.

> 이들은 정을 무불선으로 여기고 이를 사단에 해당시켰다. 그렇다면 이른바 칠정이라는 것은 해당할 곳이 없게 된다. 그런데 칠정 가운데는 또한 불선도 있다고 했으니 이는 사단의 무불선과는 상반된 듯하다. 때문에 '發於氣'로 여기고 다른 갈래로 갈라서 설명했던 것이다.(상165)

근본 문제는 불선 이유를 자신의 '공부'가 아닌 책 내용을 조합해서 외부(심·기)로 돌린 점이다. 퇴계 역시 "사단의 무불선, 칠정의 유선악" 이유를 "성발"과 "형기가 먼저 움직인 것(先動)"(상22·24)이라 한다.

고봉의 지적은 퇴계에만 있지 않다.

858) "先儒以性發心發, 分別言之, 旣已明白, 無可疑處." "人心七情是也, 道心四端是也."(「答李宏仲問目」. 『퇴계전서』2책, 233·226쪽)
　　퇴계는 율곡에게 보낸 問目에서 "性發爲情, 心發爲意라는 그대의 설은 옳다"고 한다.(『퇴계전서』1책, "性情心意" 조항, 377쪽)

정장(추만)의 설이 호씨에서 나왔다는 것은 대승이 분명하게 알 수 있다. 근세 제공들의 논의도 이 같은 종류가 많으니 그 근원은 거스르지 않고 흐름에서만 찾으며, 그 근본은 알려고 하지 않고 말단만 쫓는다. 또한 그 난데없는 설 중에는 "성이 먼저 동한다, 심이 먼저 동한다"는 운운도 있으니, 이런 심상치 않은 어긋난 오류들을 그냥 꺼려해서 덮어둘 수만은 없었기 때문이다.(하107)

"성선동, 심선동"은 이언적의 설이다. 이언적도 '성이 먼저 동함, 심이 먼저 동함'이라 했고, 이는 퇴계의 "형기의 先動"과 같으며, 결국 "리발에 기가 따르고, 기발에 리가 탄다"는 리기 '선후 호발설'로 이어진다. 고봉은 이를 "근거도 없이 동인과 서인이 싸우는 것 같다"(하13)고 비난한다.

이러한 인식은 "미발"이 없는 발의 '발동처' 혹은 '이미 발동한 곳'만 논한 것으로, 때문에 고봉은 "흐름의 말단만 쫓는다"고 한다. 자사는 천명과 중화를 말했고, 맹자는 확충과 성선을 논했으며, 이러한 설의 종지는 오히려 자신의 '공부'에 있는 것이다. 호병문은 주희 주석을 단지 '조합'한 것에 불과하므로 고봉은 "語"(상162)라 하고 '설'이라 하지 않는다. 설이기 위해서는 자신의 관점이 있어야 하기 때문이다. 호병문은 주희의 두 곳 "소발"을 곡해해서 발처의 성, 정, 심으로 나누어 조합했고, 권근, 퇴계 등 "명공"(상162)들도 그 발처에서 사칠의 명칭만으로 거론함으로써 결국 사맹의 미발·이발 종지인 '공부'에서 멀어지고 만 것이다.

48
성균관 대사성을 3회 역임한 퇴계의 어지럽게 뒤섞인 설

퇴계는 자신을 "산야의 소박한 학문"이라 하지만 고봉과 처음 만날 당시만 하더라도 이미 성균관 대사성을 3회 역임했다.859) 따라서 스스로의 표현대로 "국학을 담당"한 책임자라 해야 한다. 고봉의 비판인 '성발·심발 및 사칠의 리·기 분속' 문제에 대해 퇴계는 아래와 같이 답변한다.

황은 산야의 소박한 학문으로 "그 서로 답습했다는 설"에 대해서는 익히거나 듣지 못했다. 지난

---

859) 「퇴계연보」에 의하면 1552. 7월. 1554. 4월. 1558. 10월 역임했다. 1558년 말하기를 "전에도 2번 맡았다"고 사양했으나 3번째 제수한 것이다.

날 국학을 맡고 있을 때 제생(학생)들이 익히는 것을 보고 대강 그 설을 구해 종합해보니, …그 폐단은 이루 말로 할 수 없을 정도였다. 하지만 유독 사단 칠정을 리·기로 나누어 분속한 것은 보지 못했다.(상321)

퇴계는 "듣지도 보지도 못했다"고 하지만, 고봉의 비판은 오히려 성균관 제생이 아닌 오히려 퇴계를 포함한 그 이전 려말, 선초와 당시 명공들이다.

선초 권근의 『입학도설』을 보자. "情은 성명에서 근원(原)한 '성발의 무불선'이고, 意는 형기에서 낳은(生) '심발의 유선악'이다."(「심도」) "리의 근원은 情의 사단, 기의 근원은 意의 희노애구애오욕이다."(「천인심성합일지도」) 성균관 대사성을 지낸 유숭조 역시 "理動은 사단의 情이고, 氣動은 칠정의 싹이다" 하고, 또 "성이 먼저 동한다, 심이 먼저 동한다"(이언적)는 설도 토론 당시 유행되었다. 려말 성균관 대사성을 지낸 이색은 정몽주를 성균관 학관에 추천하면서 그의 설이 호병문의 『사서통』과 같다 했고, 호병문의 설은 『대학장구대전』 '소주'에 실려 있다. 이 『대전』은 성균관 교재이다. 여기에 실린 호병문의 설을 고봉은 다음과 같이 인용해서 비판한다.

『대학, 경1장』 제4절 소주에서 호씨(호병문)는 "성발하여 情이 되니 그 처음은 무불선이고, 심발해서 意가 되니 선과 불선이 있다"고 한다. 이 폐단이 마침내 학자들로 하여금 별도의 의견을 낳게 했던 것이다.(상164)

퇴계도 "선유는 성발과 심발로 분별해서 설명했으니, 이는 명백하여 의심할 곳이 없다", "인심은 칠정, 도심은 사단이다"(권근, 퇴계)[860] 하고, 또 「천명도설, 후서」에서도 "성발위정, 심발위의"를 그대로 인용한다. 따라서 퇴계는 호병문, 권근 등 명공들의 설을 보지 못했다고 할 수는 없다.

퇴계는 "사단은 부불선, 칠정은 유선악",(상1) "리의 발이 사단, 기의 발이 칠정"이라 한다. 이렇게 사칠을 리·기 혹은 성·심의 무불선과 유선악으로 다르게 여긴 것은 위 제공 등에 영향을 받은 것이다. 학자는 당연히 선유에 의거해서 자신의 자득으로 논해야 하지만 그러나 잘못된 설에 의거해서는 안 된다. 고봉은 이러한 폐단을 다음과 같이 지적한다.

---

860) "先儒以性發心發, 分別言之, 旣已明白, 無可疑處." "人心七情是也, 道心四端是也."(「答李宏仲問目」. 『퇴계전서』2책, 233·226쪽) 도심·사단, 인심·칠정도 권근의 설이다.

그들은 정을 무불선으로 여겨 이를 사단 한쪽에 해당시켰고 그렇다면 칠정은 결국 해당할 바가 없게 된다. 그런데 칠정 가운데는 불선도 있다고 했으니 이는 사단과 상반된 듯하다. 때문에 칠정을 '기에서 발한다'고 하여 다른 갈래로 갈라서 설명한 것이다.(상165)

사단의 선도 칠정의 리·선과 동일하며, 도통은 이로써 선다. 고봉의 처음부터의 의혹은, 칠정의 불선은 자신의 공부에서 비롯되는 것임에도 불구하고 한갓 선유의 설을 조합하여 '심' 혹은 '기' 탓으로 돌린다는 점이다. 그래서 결국 사단이 리발의 무불선이니 칠정의 불선은 성발이 아니라고 한다는 것이다. 호병문, 권근, 퇴계 등이 바로 이러한 인식 결과이다. 때문에 고봉은 묻는다.

그렇다면 성은 무불선이고, 성이 막 발하면 정인데, 정은 유선악임을 어떻게 알겠는가? 또 맹자의 이른바 "그 정으로 선을 삼을 수 있다"고 함은 그 하나의 정에 나아가 '선 한쪽만 뽑아낸 것'임을 어떻게 알겠는가? 이와 같이 어지럽게 뒤섞여서 마침내 선생께서는 "각기 소종래(근원)가 있다"고 하셨으니 어떻게 착오가 아니라 하겠는가.(상166)

정은 하나인데 그 하나인 정으로 성선을 논증한 것이 맹자의 '설'이다. '설'은 성 및 정의 '實'에 대한 언론일 뿐이다. 맹자의 성선 논증도 "그 정으로 선을 삼을 수 있었기(乃若其情, 則可以爲善)"(「고자상」)에 가능한 일이었다. 맹자 성선도 칠정의 선과 다른 별개의 선이 아니다. 퇴계와 같다면 천명지성은 사단의 성과 별도의 다른 근원(기발)이 되고 만다.

과연 천명과 성선은 一善이 아니고, 사람 느낌이 성의 무불선이며, 선이 리발·기발의 전혀 다른 혈맥으로서 통합 불가이고, 중화의 대본은 반드시 기발이므로 천지의 화육도 불가능하다는 말인가? 주희에 의하면 칠정 전후는 미발·이발의 존양·성찰 공부이며, 다만 사단은 '미발존양 공부가 아니'라는 것, 이것이 중화신설이다. 칠사 본설의 소종래는 '사·맹'이 분명하다. 반면 퇴계의 소종래는 "리기에 나아간 리발·기발"이다. 이러한 논변은 사맹 및 정주는 물론이거니와 호병문, 권근, 추만 등 제공과도 다르다. 북계진씨, 옥계노씨, 호병문 등도 '주희 주석을 조합'한 것에 불과하기 때문이다.(상179~180)

반면 퇴계는 리·기의 '혈맥의 피'가 다르다고 한다. 고봉이 "어지럽게 뒤섞였다"고 한 이유이다. 퇴계는 고봉과 처음 논변 당시 성균관 대사성을 3회 역임했고, 이후 1566년 대제학 격인 '지성균관사'에 임명된다. 리발·기발 인식은 말년인 1568년 『성학십도』「심통성정도」에서도 그대로 고수된다. 끝내 사람의 심·성 및 칠·사의 선을 두 노선의 다른 피, 다른 성으로 인식함으로써 사맹의 "교류"라는 도통의 통합을 강력히 거부한 것이다.

49

먼저 이치를 단정하니 탄식할 만하다

칠정과 사단은 이치를 말하고자 함이 아닌, 공부를 위한 논의이다. 사람은 누구나 느낌인 감정이 스스로 있다. 여기에 『중용』의 "계신, 공구, 신독"은 감정 미발에서의 敬인 존양공부, 『맹자』 "사단"은 감정 이발에서의 敬인 성찰공부를 논한 것으로, 공부로써 중화를 이루어 "천지 만물을 창조적으로 화육"(『중용, 수장』)하고, "사해의 옳음에 동참이 가능하다"(「공손추상」) 함이 이 두 설의 종지이다. 단, 칠·사라는 이름은 "모두 정"(상76)인 이발이므로 중용 종지인 미발공부가 빠진 것이다. 주희는 「이발미발설」에서 미발함양과 이발찰식 공부를 다음과 같이 논한다.

> 심은 두루 유행 관철하며 그 공부는 잠시의 끊어짐도 없으니, 단 미발의 靜을 근본으로 삼아야 한다. 지난번 나는 심을 이발로 여기고 그 논한 바의 치지·격물과 또 찰식의 단예를 최초의 하수처(손댈 곳)로 삼았으니, 이는 평일 함양의 일단 공부가 빠진 것으로 動에 치우친 것이다.[861]

중요한 지점은 희노애락 미발이며, "미발의 기상을 잃지 않으면 이로부터 발하는 것은 반드시 중절한다"[862]는 것이다. 주희의 주요 논점은 희노애락의 이발처가 아니며, 때문에 "사단"에 대해서도 "정자의 '이발처에서 살핀다' 함은 그 단예의 動을 살핀다 함으로 곧 확충(사단)의 공부를 이루어야 한다 함이다"(위에서 이어진 문장)고 한다.

따라서 퇴계의 "리발·기발"도 발이고, 호병문의 "성발의 무불선, 심발의 유선악"(상164) 역시 이발의 발처이다. 결국 모두 "미발 함양이 아닌 動에 치우친 것"과 같다. 그런데 퇴계는 사단의 '단서'를 무불선이라 하면서 다음과 같이 논변한다.

---

861) 以心言之, 則周流貫徹, 其工夫初無間斷也. 但以靜爲本爾. 向來講論思索, 直以心爲已發, 而所論致知格物, 亦以察識端倪爲初下手處. 以故缺却平日涵養一段功夫. 其日用意趣, 常偏於動.(『문집』권67, 「이발미발설」, 3268쪽)

862) 使此氣象常存而不失, 則自此而發者, 其必中節矣.(위와 같은 곳)

황은 말하겠다. "순리이기 때문에 무불선, 겸기이기 때문에 유선악"이라는 이 말은 본래 이치에 어긋난 게 아니다. '知者'는 같음(겸리기의 혼륜)에 나아가서도 다름(주리·주기)을 안다. 어찌 당연한 '이치의 말'을 폐지할 수 있겠는가?(상272)

퇴계는 사칠의 "순리, 겸기"를 당연한 이치의 말이라 하지만 이는 사맹 본설에 관한 해석에 불과하며, 오히려 반대로 기발, 리발로 논할 수도 있다. 더구나 퇴계는 사칠을 공부로 논하지 않는다. 칠정이 스스로 중화를 이루고 또 사단이 스스로 사해를 보호할 수는 없다. 나의 공부가 아니면 중화의 덕을 이루지 못하며, 또 나에게 있는 사단을 '확충하지 못하는' 사람(양혜왕)도 있다. 퇴계의 "이치"라 함은 공부가 아닌 '리기 논의'에 불과하다.

퇴계는 사칠을 리발·기발이라 하지만 이는 이발처인 '살필 곳(察)'일 뿐이다. 때문에 고봉은 다음과 같이 비판한다.

> 뒤(사맹 정주의 뒤)의 학자들은 학문을 함에 있어 "신중히 생각하고 밝게 변별함(신사·명변)"을 통해 구하지 않고 반대로 '지극히 당연함으로 돌려야 할 것'만 먼저 구하고 있으니, 진실로 탄식할 만하다. 거리낌 없는 말이 여기까지 이르니 매우 참람하다. 만일 저를 죄로 치부하지 않고 다시 정밀한 살핌을 가한다면 만분의 일이라도 보탬이 없지는 않을 것이다.(상168)

칠사는 사맹 종지가 있고, 이는 사람 본연의 느낌을 언론한 두 설이다. 이러한 사람의 느낌과 설에 대해 학자는 "신중히 생각하고 밝게 변별해서"(『중용』) 자득으로 구해야 하며, 결국 이러한 과정을 통해서 옳음을 찾아야 할 뿐 답을 먼저 제시해서는 안 된다. "강구와 체찰로 그 귀결을 구해야 한다"(상49)는 것이다. 사단 무불선에 대해 고봉은 다음과 같이 답변한다.

> 어찌 사람의 정을 "어떠한 불선도 없다"고 하겠으며, 또 어찌 사단에 대해 "무불선"이라 할 수 있겠는가? 이곳은 바로 학자들이 마음으로 정밀하게 살펴야 할 지점이다.(상171)

사람의 느낌 혹은 단서를 성인 무불선이라 할 수는 없다. 사단과 칠정은 이발의 정이며, 또 공부에서도 살펴야 할 곳일 뿐 중용의 미발존양의 일이 아니다. 고봉은 사단을 "학자는 사단의 발은 체인해서 확충해야 한다"(하149)고 하고, 칠정에 대해 "학자는 칠정의 발을 성찰하여 다스려야 한다"(하150)고 한다. 즉 칠정과 사단은 이미 발현한 지점이다. 반면 퇴계는 사칠을 곧바로 무불선·유선악이라 하고, 또 사맹이 언론한 칠사 종지를 고찰하지 않고 곧바로 리기의 "떨어지지 않음과 섞이지 않음"으로 여기고 스스로 "의리의 학문"(상31·32)의 이치라 한 것이다. 이는 사람 자연의 성정을 논하기 이전 먼저 이치를 단정한 것이며, 때문에 고봉은 "지극히 당연한 것만 구하니 진실로 탄식할 만하다"고 한 것이다.

50

말로 다할 수 없는 폐단과 환란을 후세에 남김

감정은 외물과의 교류와 욕구의 일이며, 때문에 그 교류를 곧바로 리인 무불선으로 여기면 스스로 외물을 막음이 되고 만다. 그렇다면 그 감정의 욕구를 리로 삼을 수 있는 방법은 무엇인가. 그것은 맹자와 같이 4덕과 4단을 나란히 들어서 '논설'하는 방법이다. 즉 '설'이다. 고봉은 말한다.

> 맹자가 성정 즈음을 논할 때 매번 4덕과 4단을 나란히 설명(言之)한 이유는 사람들이 '기를 곧바로 성으로 말할까(以氣言性)' 염려했기 때문이다.(상11)

사단은 이미 발현한 '기'이기 때문에 그 기가 리의 발현자임을 나타내기 위한 장치로 사덕과 나란히 배치한 것이다. "기를 곧바로 성으로 말할까 염려해서"라고 함은 사단은 기임이 분명한데 다만 그것은 반드시 사덕의 단서임을 나타내기 위한 장치인, 즉 "성정의 설"(상2)이다. '설'이므로 고봉은 "一情인데 그 言之(설의 사·칠)가 부동하다",(싱3) 또 성선설에 대해 "본체언지, 용처언지"(상160)라고 한 것이다. 이는 결코 사단이 기임을 부정한 것은 아니다. 기를 부정하면 사단의 정도 부정되고 만다. 이곳은 "성정의 實(실제)"(상128)로 말함이 아니다.

반면 퇴계는 "기발은 리가 될 수 없다"(상25)고 하여 '실체의 리·기'로 논한다. 리·기는 一物이 아닌 異物(二物)이며 기는 반드시 리가 아니므로 따라서 칠정과 기질지성도 '기'임이 분명하다는 논리이다. 퇴계는 말한다.

> 무릇 학문을 강론함에 분석을 싫어해서 힘껏 一說(一物)로 합치는 것을 고인은 골륜탄조라 한다. 그 병통이 적지 않은데도 이와 같음을 그치지 않는다면 부지·불각의 순간에 '기를 성으

로 논하는(以氣論性)' 폐단에 빠지게 되고, '인욕을 용인하여 천리로 여기는' 환란에 떨어지게 될 것이니 어찌 가능하다 하겠는가?(상43)

즉 리·기를 나누지 않고 "일물"(겸리기)로 여기면 '기를 성이라 하고 인욕을 천리로 여기는 폐단과 환란'이 되고 만다. 요컨대 기인 기질지성과 기발인 칠정은 결코 리가 아니다. 기는 기, 리는 리이기 때문이다.

하지만 만약 기를 리로 여길 수 없다면 오히려 사단은 스스로 기로 남고 만다. 퇴계는 "인욕을 천리로 여기는 환란"이라 하지만 이미 맹자는 '인욕인 사단'을 확충과 성선으로 삼았다. 만약 퇴계의 논리와 같다면 인욕인 사단은 결코 "확충"(「공손추상」)해서는 안 되고 "그 정(其情)"으로 "성선"(「고자상」)을 논증하지도 못한다. 결국 사단도 천리가 되지 못하므로 따라서 "사단 무불선"도 스스로 모순이 되고 만다. 퇴계는 '기는 성이 될 수 없다'고 하면서도 스스로 사단을 '무불선의 성'으로 여긴 것이다.

때문에 고봉은 "기를 성으로 논함(以氣論性)은 나의 뜻과 다르다"고 하면서 아래와 같이 말한다.

> 만약 "인욕을 용인하여 천리를 가리는"(환란을 '가림'으로 바꿔 인용함) 문제라면 이는 다만 '깊이 성찰하여 다스려야 할 공부의 일'로 해당시켜야 할 뿐이라고 말씀드리겠다.(상149)

사단은 이미 드러난 이발일 뿐 미발이 아니다. 인욕인 사단은 천리를 들어낼 수 있지만, 다만 만약 "인욕이 천리를 가리는" 문제라면 이는 "성찰로 다스려야 할" 공부의 일일 뿐이다.

사단은 이미 발현한 단서이므로 때문에 성의 무불선이 아니다. 따라서 사단을 곧바로 성으로 여기면 외물과의 교류를 끊음이 되고 만다. 감정의 측은을 성으로 여기는 일이야말로 퇴계의 말과 같이 "인욕을 천리로 여기는 환란"이 되고 만다. 고봉은 이때를 '설'이 아닌 사실의 '유행'으로 말한다. 왜냐하면 퇴계가 '실제의 기와 성'으로 말했기 때문이다.

> 그 유행의 즈음은 진실로 중절하지 못함이 있음도 당연하다. 어찌 사단을 무불선이라 할 수 있겠는가? 이곳은 학자들이 마음으로 정밀히 살펴야 할 지점이다. 만약 이곳에서 진망을 분간하지 않고 "사단은 단지 무불선일 뿐이다"고 여긴다면 이러한 주장이야말로 선생의 표현대로 "인욕을 인식하여 천리로 간주하는 것"이 되고 마니, 반드시 이루 말로 형용할 수 없는

폐단과 환란을 후세에 남기게 될 것이다.(상171)

고봉은 "사단지정"이라는 '사단설'과 "사단지발"이라는 '실제의 성정'을 구분한다.(상170) 사단지정은 맹자 종지로서의 '言之(설)'이다. 그런데 사단지발의 '발처'는 외물과의 교류처이고 때문에 그 발처를 곧바로 성선으로 삼아서는 안 된다는 것이다. 사단이라는 발의 단서가 누구나 있다 해도 그것을 확충하는 것은 바로 나다. 누구나 있지만 누구나 확충하는 것은 아니다. 맹자의 "사단을 확충하면 사해를 보호할 수 있다"(「공손추상」)고 함은 확충하지 못할까 염려했기 때문이다. 따라서 퇴계와 같이 "사단지발은 단지 무불선일 뿐"(상1)이라 하면 이것이야말로 인욕을 천리와 동일시함이 되고 만다. 결국 마음으로 그 진·망을 살필 자리가 없게 되고, 반드시 이루 말로 다할 수 없는 마음공부의 폐단과 환란을 후세에 남기게 될 것이다. 나의 감정을 일방적 무오류로 여겨서는 안 되기 때문이다. 이 문제는 맹자 본설의 종지와 그 성정 발현의 즈음을 구분하지 못함에서 비롯된 것이다.

51

추만의 리를 노불의 황홀로 만드셨습니다

리는 허인가, 실체인가? 리 존재는 없는가, 있는가? 만약 없다면, 없음에서 있음이 나올("有生於無" 『노자』) 수는 없다. 마찬가지로 리가 만약 허라면 그 존재의 유행인 도 혹은 성의 실제는 무너지고 만다. 리는 '있기' 때문에 그 존재가 실제의 밖으로 드러나는 것 아닌가.

추만은 리의 존재적 실체를 부정하지 않는다. 다만 그 표현에 문제가 있을 뿐이다. 추만은 「천명도설」에서 리를 다음과 같이 논한다.

> 리가 리 될 수 있음은 그 체가 본래 허이기 때문이다. 허하기 때문에 무대하고, 무대하기 때문에 사람과 만물에 가손이 없이 하나(一)가 된다.(상173·176)[863]

리가 '하나(一)'라 함은 정자의 "리일분수"와 같다. 하나이므로 사람과 만물은 '理一'

---

863) 理之爲理, 其體本虛. 虛故無對, 無對故在人在物, 固無加損而爲一焉.(「천명도설」제5절. 『퇴계전서』3책, 142쪽)

의 존재를 함께 공유한다. 하나가 아니라면 만물과 나는 각자 다른 리가 되어 서로 소통 불가가 되고 만다. 추만은 리는 하나로서 인·물에 가손이 없다고 한다. 문제는 理一이 본래 "허 혹은 무대이기 때문에(虛故, 無對故)" 인·물에 가손이 없다고 한 점에 있다. 이와 같다면 인물에 가손이 없는 이유가 오히려 '허·무대 때문'이어야 하며, 결국 '리일 때문'이 아니어야 한다. 추만은 "리의 무대"를 지나치게 고원으로 여기고 "음양에서 비로소 대립의 상이 있다"(「천명도설」)고 하여 음양과 분리시킨 것이다.

추만의 이러한 설은 크게 보면 문제는 없다. 왜냐하면 그 전체로 논하면서 "리의 하나됨(爲一)"이라 했기 때문이다. 고봉은 이를 '리에 대한 설'에 불과하다고 한다.

> 그 "허 때문에 무대하고, 무대 때문에 인물에 가손이 없는 하나가 된다"고 함은 理字를 '설'함에 지나지 않는다. 리의 가손 없음이 어찌 '허'와 '무대' 때문이라 하겠는가? 만약 "무대 때문에 가손이 없다"고 한다면 이른바 리는 롱동황홀의 사이에 놓이게 되고 말 것이다.(상176)

리에 대해 "허" 혹은 "무대"로의 표현도 가능하다. 단 이는 '리의 설'에 불과하다. 여기까지는 언어 표현상의 문제일 수도 있다. 추만 본의는 '리의 一'이기 때문이다.

문제는 "허, 무대 때문에 가손이 없다"고 하면 결국 그 가손 없음의 이유가 理一이 아닌 '허·무대 때문'이 되고 만다는 점이다. 그렇다면 리일은 스스로 유일의 一者가 아닌 허·무대에 종속되고 만다. 리 자존의 존재자가 허·무대 때문이라 할 수는 없다. 이러한 문제의 원인은 리에 대한 설, 형용, 설명, 공부 등을 리의 실체와 구분하지 않음으로써 발생한 것이다.

고봉은 리를 "진실무망으로 형용"할 수 있다고 하면서 이어 "반드시 허자를 써야 한다면 '리의 체됨은 지극히 허하지만 실하고, 지극히 무하지만 유하다. 때문에 가손 없이 무불선하다'고 하겠다"(하94)고 한다. "진실무망"의 형용도 가하지만 리는 반드시 '실체'다. 리가 형용, 설, 찬탄으로 존재할 수는 없다. 만약 무대 때문이라 하면 리는 롱동황홀이 되고 만다.

주희는 "리의 實은 선가의 롱동황홀의 사이에 있는 것과는 비교되지 않는다"864) 하고, 장재도 "유·불·노·장을 하나로 섞으면 천도·성명은 황홀·몽환의 [불교에] 걸리지 않는다면 노자의 '有生於無'의 높은 것만 추구하고 미묘한 것만 찾는 론이 되고 만다"(『정몽, 태화』5)고 한다. 주희는 말한다.

---

864) 此理之實, 不比禪家見處, 只在儱侗恍惚之間也.(「문집」권59, 「答陳衛道」2, 2844쪽)

유가와 석가의 구분은 虛와 實의 다툼일 뿐이다. 노자의 "황하고 홀하다"고 함 역시 虛이다. 우리 도의 "적연부동"은 찬연자로 실존한다.[865]

"적연히 부동함"(『역전』)은 감정 미발의 즈음으로, 이때도 리는 인·의·예·지로 각자 뚜렷한 "찬연"이다. 리는 미발의 본체에도 실하지만 이발의 감정에서도 실하다. 퇴계의 답변은 다음과 같다.

주자의 "至虛 중에도 至實로 존재한다"고 함은 '허이면서 실(虛而實)'이라 함일 뿐 허의 무가 아니고, 또 "至無 중에도 至有로 존재한다"고 함도 '무이면서 유(無而有)'일 뿐 무의 무가 아니다.(하301)

고봉이 주희의 위 설을 인용한 이유는 "리는 비록 허로 형용하고 설한다 해도 본래 실이니, 어찌 리체를 본허라 하겠는가?"(상174·175)이다. 추만이 "리체는 본허"라 했기 때문이다. 그런데 퇴계의 답변은 주희 본설까지 왜곡한다. 주희의 "至實"을 '허이면서 실임' '무이면서 유임'이라 하면 리는 허도 아니고 실도 아님이 되고 만다. 이 답변은 허를 논함인지 리를 논함인지도 불명하다. "허이실"은 리의 설명, 찬탄, 형용도 아니다. 주어가 없기 때문이다. '무엇'이 허이면서 실이라는 것인가? 퇴계는 "하늘과 사람의 원류 맥락"은 본래 "기 없는 리는 없으니, 본성과 사단도 기가 없지 않다"고 한다.(상234·237) 이는 리, 성, 성선, 사단의 논도 될 수 없다. 주희와 고봉은 노장과 불교의 虛 및 空을 '롱동황홀'이라 비판한 것인데, 퇴계는 허도 아니고 리도 아닌 '虛而理, 理而虛'(상300·305)이다.

52

무불선, 유선악이 쏙 빠져버렸습니다

칠정과 사단은 자사(정자)와 맹자의 설이며 이에 관한 고찰이 퇴계와 고봉의 토론이다. 당초 퇴계는 두 설의 '선'에 대해 사단은 "무불선" 칠정은 "유선악"이라 했다. 사·칠은 각각 무불선, 유선악인데 그 '이유'는 무엇인가에 관한 것이다. 고봉도 처음 "칠정은

---

865) 儒釋之分, 只爭虛實而已. 如老氏亦謂光兮惚兮, …亦是虛. 吾道雖有寂然不動, 然其中粲然者存.(『어류』권124, 節35, 3884쪽)

왜 불선이 있는가?"(하103)를 물었다. 이렇게 퇴계의 당초 문제는 '선'이었는데 이후 급거 '리기'로 바꾸어 답변했고, 이는 사칠이 새롭게 '리·기 대설로 변경'된 것으로서 지금 토론에 있어 매우 중요한 사안이다. 고봉은 이 문제를 「고봉2서」를 쓰고 난 이후 드디어 발견하고 마지막 조항에서 따로 심각하게 거론한 것이다.(상185)

퇴계가 고봉에게 준 첫 논변인 「사우서」는 '선' 문제였다.

사단으로의 발은 순리이기 때문에(純理故) 무불선이고, 칠정으로의 발은 겸기이기 때문에(兼氣故) 유선악이다.(상1)

이와 같이 당초는 '선'인 무불선과 유선악에 관해 "순리 때문(故)" "겸기 때문(故)"이라 한 것이다. 즉 사·칠의 두 선 '이유(故)'에 대해 논했다. 고봉 답변 역시 '둘의 선'에 관한 것으로, 즉 "자사의 그 善者는 천명의 본연",(상9) 맹자는 "그 선 한쪽만 척출해서 지시함"(상10)이다.

그런데 이후 「퇴계1서」는 갑자기 '선'이 아닌 '리·기'이다.

정생(추만)의 「천명도」에 "사단, 발어리, 칠정, 발어기"라는 설이 있었다. 나도 그 분별이 지나치게 심함을 우려했고 그래서 "순선"(순리)과 "겸기"로 고쳤던 것이다.(상14)

"지나친 분별을 우려했다" 함은 사칠 혹은 둘의 선도 아닌, 오히려 '리·기'이다. 즉 "발어리, 발어기"로의 分이 지나치다는 것이다. 이 논설은 당초 선 논변과 완전히 다르다. 과연 왜 이렇게 급거 변경되었는가? 퇴계는 당초 사칠의 2선에 대해 논했을 뿐 곧바로 리발·기발을 논하지 않았다. "분별이 심한 것"은 이제부터는 무불선, 유선악이 아니다. 고봉은 이 문제에 대해 「고봉2서」 마지막 조항에서 급히 추적한다. "순선고, 겸기고"의 '故(이유)'는 리·기 "분별의 지나침"이 아닌 오히려 '두 선'에 대한 것이 분명했다는 것이다.

퇴계가 처음 "순선고, 겸기고"로 고칠 때는 "무불선, 유선악" 이유(故)에 관한 것일 뿐, 곧바로 "발어리, 발어기"의 리·기 문제가 아니었다. 따라서 "순선, 겸기"가 나오기 위해서는 반드시 먼저 "무불선, 유선악"이 있어야 한다. 따라서 고봉은 "순선, 겸기" 이전 먼저 "리에서 발해서 무불선(發於理而無不善), 기에서 발해서 유선악(發於氣而有善惡)"(상4)이 있어야 하고, 이를 "고쳤다"고 한다. "무불선, 유선악"이 있어야만 "순선고, 겸기고"도 가능하다. 과연 "순선고, 겸기고"로 고치기 전 '무불선, 유선악'의 설이 있었는가, 없었는가? 있었으므로 "故"라는 말을 붙인 것 아닌가?[866]

> 그 "사단은 發於理이니 無不善, 칠정은 發於氣이니 有善惡"이라는 설을 대승이 일찍이 「천명
> 도」에서 보았는데 상세히 기억할 수는 없다. 다만 대의에 의거한다 해도 선생님은 이와 같음
> 으로 여겼기 때문에 '그 설'(「천명도설」)에서도 나타냈던 것이다. 그런데 지금 「천명도」를 다시
> 검토해 보니 단지 "사단발어리, 칠정발어기" 두 구절만 있을 뿐 '무불선, 유선악' 등의 단어
> 가 없다. …그렇지만 선생의 설 가운데를 자세히 살펴보아도 그 뜻은 본래 역시 이와 같다.
> 때문에 추만도 제가 인용했던 설을 친히 보고 역시 이에 대해 질책하지 않았던 것이다. 어떠
> 한가?(상188~189)

선이 '있는' 위 설을 추만에게도 보냈는데(하191) 추만도 직접 보고 이의를 제기하
지 않았고, 또 「고봉1서」에서도 인용했다.(상4) 또 퇴계가 고친 「천명도설」을 보더라도
"순선무악이기 때문에 그 사단은 무불선이고, 기질지성이기 때문에 그 칠정은 쉽게
사악으로 흐른다"(하188)고 했다. 따라서 "순리, 겸기"로 고치기 이전 먼저 "而무불선,
而유선악"이 있었으며 이러한 두 선 "이유(故)"에 대해 "순리고, 겸기고"라 한 것이
분명하다.

문제는 「퇴계1서」는 선의 2善 "이유(故)"에 대한 언급이 쏙 빠진 채 곧바로 "리·기
의 分", "리·기의 소종래"라 하여 '리기 문제'로 변경됐다는 점이다. 이는 『어류』 "시
리지발, 시기지발"을 본 이후 일어난 현상이다. 퇴계는 말하기를 "나는 이 설을 본 후
나의 견해도 크게 어긋나지 않았거니와 당초 추만의 설도 병통이 없음을 믿게 되었
다"(상45)고 한다.

고봉은 이 문제에 대해 「고봉2서」를 쓸 마지막까지 인지하지 못했다. 왜냐하면 「고
봉2서」는 「퇴계1서」 '12개 조항'의 "해당 조항에 따른"(상187) 답변이기 때문이다. 비
로소 「고봉2서」를 다 쓴 뒤 다시 전체를 검토한 결과 「퇴계1서」는 이런 중대한 문제
가 있음을 발견한 것이다. 때문에 "보는 자들은 '이 문제'를 살펴야 한다"(상189)고 한
것이다.

퇴계는 이 문제에 관해 답변해야 한다. 사칠의 선에서 갑자기 리발·기발로 변경된
이유는 무엇인가? 그러나 퇴계는 끝내 답변하지 않는다. 뒤 「퇴계1서, 개정본」도 이

---

866) 이 설의 존부를 스스로 밝혀야만 추만이 칠정을 그린 천명의 원도, 퇴계가 고친 개도, "무불선, 유선악"의 도형, 추만의 설이라
는 이른바 "발어리, 발어기"의 도형, 사우서의 "순리, 겸기"의 도형, 신도의 "리지발·기지발"의 도형, "리발기수지" 등의 「천명
도」 순서가 드러날 수 있다. 학자들은 모두 추만의 "발어리"를 퇴계가 "리지발"로 고쳤다고 하나, 이는 잘못이다. 추만 원도는
"사단"과 "발"이 없으므로 근본적으로 '사·칠 혹은 리·기 대설'이 성립될 수 없기 때문이다.

문제를 언급하지 않았고, 이하 「퇴계2서」 및 「3서」 역시 계속 리발·기발로만 논변한다. 우리나라 모든 학자들도 추만의 "발어리"를 퇴계가 "리지발"로 고쳤다고 한다. 하지만 "발어리"는 추만 본설인지도 불명하거니와(고봉이 위 문제를 제기한 근본 이유임) "리지발" 이전은 위와 같이 먼저 "무불선"과 "순선고" 등 2설이 반드시 있는 것이다. 더욱이 추만 본설은 사단 및 발이 없으므로 사칠의 "리·기 대설"은 근본적으로 성립이 불가하다. 또 퇴계의 발어리와 리지발은 발처일 뿐, 사맹의 소지·종지인 공부에 관한 언급이 한마디도 없다.

53
『맹자』, 『중용』, 「호학론」, 『혹문』, 『대학』의 본문을 고치고 또 반대의 의미로 인용함

퇴계와 고봉의 토론은 사맹과 정주의 칠·사 2설 의의에 관한 것이다. 따라서 토론 중에 이러한 '경문' 및 정주의 '해설'을 인용한 것이라면 그 본의에 어긋나지 않아야 한다. 여기서 어긋나면 이 토론은 걷잡을 수 없는 혼란에 빠지고 만다. 경문 및 해설 용어는 그 설에 알맞은 의미가 있기 때문이다.

그런데 퇴계는 사·맹의 경문을 고치거나 또 반대의 뜻으로 인용하고, 더욱이 정주 용어의 용법과 다르게 원용한다. 퇴계는 말한다.

> 사단은 모두 선하다. 때문에 맹자는 "이 넷의 마음이 없으면 사람이 아니다"라 하고 또 "그 정이라면 선으로 삼을 수 있다"고 한다.(상26)

이 논변은 '선'이다. 그런데 선을 논하면서도 오히려 "이 넷의 마음"인 사단 확충장을 인용한다. '확충장'과 '성선장'은 그 종지가 전혀 다르다. 확충장은 「공손추상」 "사단이 나에게 있음을 알고 모두 확충해야 한다" 함이고, 성선장은 「고자상」 "성은 선이다. 그 정이라면 선으로 삼을 수 있다"이다. 만약 퇴계와 같다면 '나의 단서는 성선이다'가 되고 만다. 단서는 누구나 '있음'일 뿐 나의 단서는 '성선이다'고 함이 아니다.

아래 인용문 역시 심각한 오류이다.

칠정은 선악미정이다. 때문에 "하나라도 마음에 두거나 살피지 않는다면" "마음은 그 바름을 얻지 못한다"고 하며, 그러므로 반드시 "발하여 중절한 연후에야 결국 '화'라 이른다"고 한다.(상27)

이곳은 자사의 '칠정'에 관한 논변이다. 그런데 칠정을 "마음에 두어서는 안 된다"고 한다. 그러나 자사는 "희노"(공부)를 통해 "천명" 및 "중·화"를 드러내서 이로써 "천지 만물을 위·육"할 수 있다고 한다.(『중용, 수장』) 따라서 '선악미정'일 수는 없다. 반면 "하나라도"는 『대학, 정심장』 주희 본주이다. 이곳 종지는 마음이 '외물에 느끼지 않았을 때'(미발의 靜일 때) 어떤 감정이라도 '먼저 두어서는 안 된다' 함이다. 이즈음 마음을 '거울처럼' 비워두어야 한다는 것이다. 더욱이 "선악 미정이므로, 발해서 중절한 연후에야 화"라 하면 그 미발은 "중"이 될 수 없고 또 중절의 화도 그 근거(천명지성)를 잃게 되고 만다. 이후 아래와 같이 고친다.

칠정도 본래 선이지만 그러나 쉽게 악으로 흐른다. 때문에 "발하여 중절한 것만 화라 이른다" 했고, 그래서 "하나라도 마음에 두거나 살피지 않으면" 마음은 이미 "그 바름을 얻지 못한다"고 했다.(상205)

'쉽게 악으로 흐르는' 이유는 "기발"(상25)이기 때문이다. 그런데 '기발 때문'이라 함은 자신 공부가 아닌 기 탓으로 돌린 것이다. 자사는 희노 이전 "신독"을 말했고, 이천은 「안자호학론」에서 7정을 "안자는 노를 옮기지 않음", 명도「정성서」에서 "성인의 희노는 외물에 순응한다"고 하여 모두 자신의 일로 논한다. 『중용』 "발해서 중절한 것은 화(發而皆中節, 謂之和)"라 함은 '칠정의 화'를 천지의 化育으로 삼기 위함이다. 따라서 만약 중절한 것만 화라면 "미발의 중"은 "무용지물"(상122)이 되고 만다.

『대학, 정심장』 "그 바름을 얻지 못한" 이유는 마음이 외물에 접하기 전 감정을 먼저 둠으로써 '마음이 치우쳤기' 때문이다. 이는 외물과의 감정 교류인 칠정 중화의 일과는 "불상사"(상125)이다.

또 퇴계는 「호학론」, 『중용혹문』, 『대학, 수신장』을 아래와 같이 인용한다.

칠정의 발을 정자도 "중에서 동한다"고 했고 주자도 "각기 마땅한 바가 있다"고 했으니 그렇다면 이는 진실로 '겸리기'이다.(상202)

"중에서 동함"은 「안자호학론」인데 이를 '겸리기'라 한 것이다. 하지만 「호학론」 본문 "그 근본은 참되고 고요(靜)하며, 그 미발은 오성이 갖추어져 있으니 인의예지신이다. 외물이 그 형기에 접촉하면 중에서 동하고, 그 중이 동해서 칠정이 나온다"(상103)로 보면 중의 동은 겸리기라 할 수 없다. 만약 겸리기라면 중의 동이 되지 못하며, 오성의 발동도 겸리기가 되어 결국 사단도 확충해서는 안 됨이 되고 만다. 겸리기·유선악을 확충할 수는 없는 일이다.

퇴계는 당초의 "칠정의 발을 주자도 본래 '당연의 법칙(當然之則)'이 있다"(상24)를 "각기 마땅함이 있다(各有攸當)"로 고친 것이다. 그런데 "당연의 법칙"은 『대학, 수신장』(제8장) "사람은 친애하는 바에 치우친다"의 주석으로 즉 친애는 "본래 당연의 법칙이 있다"로 보면 이미 발해서 드러난 정으로 "살핌을 가해야 할"(같은 곳, 주희주) 공부 조항이다. 따라서 이를 굳이 칠정으로 논한다면 이발의 일이다. 고친 "각기 마땅함이 있다(各有攸當)" 또한 『중용혹문』의 설로, 즉 "천명의 성은 만리를 갖추었고, 희노애락도 각기 마땅함이 있다"(상95)고 함이다. 따라서 이곳은 천명의 화를 이룬 '리'의 정이다. 그런데도 위 둘을 겸리기의 뜻으로 인용한 것인데, 이는 『대학, 수신장』과 『중용혹문』 본의와 전혀 다르다.

이상과 같이 퇴계는 『맹자』 '확충'과 '성선'을 혼합 인용했고, 『중용』 경문을 고쳤으며, 『대학, 정심장』을 칠정 중화의 일로 원용했고, 「안자호학론」의 "중"과 『대학, 수신장』 및 『중용혹문』을 겸리기로 여겼다. 이 모두는 맹자와 자사 및 정주 본의와 다르게 인용된 것이며, 용어 및 용법 사용도 전혀 다르고, 오히려 위 각 설 소지와 정 반대의 의미이다.

54
사맹 종지가 주리·주기라면 퇴계가 성현이 됨

칠정과 사단은 사람 마음인 감정에 대한 두 설이다. 사맹은 사람 느낌을 각자 다르게 논설했다. 감정은 칠·사라는 두 이름(名)만 있지 않으며, 느낌은 매우 다양하고 또 무궁한 논의가 가능하다. 단, 사맹은 자신의 소지와 종지를 드러냄으로써 여기에 의미를 부여했다. 따라서 자사의 칠정 중화설을 사단의 확충·성선설과 서로 섞거나 호환 해석해서는 안 된다.

퇴계는 사칠을 모두 본래 겸리기라 하고 이는 "하늘과 사람의 원류 맥락"(상237)이라 한다. 따라서 그 "리기에 나아가서" 논하면 "이 둘은 모두 리기를 벗어나지 않지만, 그 소종래(근원)에 인해 각각 그 리·기의 소주를 가리키면, 리는 사단이고 기는 칠정"(상206)이라고 주장한다. 때문에 그대의 "리기는 서로 순환하며 떨어지지 않음, 리 없는 기 없고 기 없는 리 없음"(주희 본설임. 상207)의 주장은 성현의 종지가 아니라고 강력히 비판한다.

> 이러한 주장은 성현의 종지로 헤아려 보면 합치될 수 없다.(상208)

결국 리기 혼륜만 주장하는 공자와 자사의 "성의 혼연 전체"(상79) "자사의 혼륜언지"(상63) 및 정자·장자·주희의 "기질지성"(상60·86) 등과 그리고 고봉은 성현의 종지에 부합될 수 없다는 것이다. 성현의 종지는 무엇인가? 리기에 나아가면 그 리발(소종래)은 사단이고, 기발(소종래)은 칠정이다. 이어 퇴계는 "의리의 학문은 정밀하고 미세하게 탐구해야 한다"(상209)고 하여 리·기로 나눈 것이 곧 의리의 학문이고 정밀·미세한 것이라 한다. 리와 기는 一物이 아닌, 異物이기 때문이다.

사단도 본래 리기 혼륜이다. 단, 리·기는 分이니 사칠도 리·기로 나눌 수 있음은 "천지간의 원래 이치"(상253)가 그렇다는 것이다. 퇴계는 말한다.

> 혼륜으로 말하면 칠정의 겸리기는 많은 말을 기다리지 않아도 자명하다. 그렇지만 만약 칠정을 사단에 상대시켜 각기 나누어서 설명하면 칠정의 기에 관계됨은 마치 사단의 리에 관계됨과 같다. 따라서 그 발은 각기 혈맥이 있고 그 명칭(名)도 모두 가리킨 바(所指. 리·기)가 있다. 때문에 그 所主(리·기)에 따라 분속시킬 수 있을 뿐이다.(상254)

하늘의 원류 맥락은 리기 혼륜이나, 천지간의 원래 이치는 리·기 分이다. 혼륜으로 말하면 사단과 칠정은 모두 겸리기이다. 사칠이 본래 혼륜이라는 그대의 주장도 일리는 있지만, 그러나 칠정을 사단에 상대시키면 리는 사단이고 기는 칠정이다. 사칠은 리·기의 혈맥으로 각자 다르게 발하며, 이것이 천지간의 원래 이치이다. 즉 리·기의 다른 피의 혈맥이 곧 사·칠이다.

> 황의 뜻은, 둘의 것을 '[리·기에] 나아가(就) 말하면' 본래 주리·주기의 같지 않음으로 분속할

수 있다 함이니, 이런 이치가 있음이 무엇이 불가한가. 나의 종지(宗旨)는 실로 소종래(리·기)가 있는 것이다.(상239~240)

리·기는 반드시 分이니 이러한 분의 소종래에 나아가면 사칠은 반드시 리·기 혈맥이 다르다. 이는 "이치"이며 "나의 종지(宗旨)"이다. 결국 "하나는 리 위주의 리에 나아가서(就) 말했고, 하나는 기 위주의 기에 나아가서(就) 말했다"(상242)는 것이다.

이러한 주장은 사람 '본연의 감정에 나아간' 것도 아니고, 사맹 '본설에 나아가서' 고찰한 것도 아니다. 사단은 사람 느낌에 관해 논한 '맹자의 종지'가 있다. 맹자는 사람 본연의 감정을 논했을 뿐, 리기에 나아가서 논한 것이 아니다. 자사 역시 사람 느낌을 희노로 말하면서 그 미발·이발의 중화의 덕을 논했을 뿐, 리기에 나아가서 그 기를 논한 것이 아니다. 반면 퇴계는 그 리·기 소종래(근원)가 곧 사단과 칠정이라 주장함으로써 스스로 사맹의 소지 및 종지를 거부한 것이다. 결국 "리·기의 각기 다른 혈맥"이라 하면서 "이러한 이치가 있다" "이것이 나의 종지이다"고 하여 사맹의 종지로 해석하지 않는다.

퇴계는 자신의 주장을 "성현의 종지로 헤아려 보면"이라 하는데, 그러나 만약 사맹이 리기에 나아간 것이 아니고, 또 그 도통이 리·기의 각자 다른 혈맥이 아니며, 사맹 본설이 리·기 상대설이 아니라면, 결국 퇴계의 이러한 '이치의 주장'은 사칠을 떠난 그리고 사맹 본설보다 퇴계가 더 상위가 되어 결국 스스로 사맹보다 더 성현이 되고 만다. 왜냐하면 퇴계는 스스로 사칠이라는 "명칭(名)"을 '리발의 사단'과 '기발의 칠정'이라 하여 사맹과 관련이 없는 명칭을 말하고 이를 "나의 종지"의 "이치"라 하기 때문이다.

55
자사와 정자는 의리의 학문을 모르는 사람이다?

퇴계는 리·기는 반드시 二物(異物)이므로 따라서 사단 칠정도 각각 리와 기인 것이 분명하다고 한다. 때문에 고봉의 "리기는 서로 분리되지 않음, 리 없는 기 없음의 주장"(주희의 말임)(상207)은 성현의 종지가 아니라고 한다.

이러한 주장은 성현의 종지로 헤아려 보면 합치되지 못한다. 무릇 의리의 학문은 정밀하고 미세하게 탐구해야 한다.(상208~209)

고봉의 주장이 성현의 종지가 못되는 이유는 리기는 二物이며 따라서 성현의 사·칠도 각자 리·기가 되어야 함에도 그대는 사칠을 혼륜으로만 여기기 때문이다. 이곳 성현은 사맹과 정주이다. 맹자는 리가 사단임을 말했고 주희는 "사단은 리의 발, 칠정은 기의 발"이라 했으니 따라서 리는 사단이고 기는 칠정이다. 이것이 의리의 정밀하고 미세한 학문이다. "공자와 주돈이의 무극·태극의 설은 리만 獨言한 것이고, 공맹의 기질지성의 설은 치우쳐 主氣(獨氣)로 말한 것"(상211~212)이 그 증거이다.

그렇다면 "자사와 정자의 혼륜"(상80)은 무엇인가? 퇴계는 이를 자신의 기발인 독기(주기)와 다르다고 한다. 사단이 리인 것이 분명하므로 칠정은 치우친 독기인데, 다만 자사와 정자는 혼륜의 겸리기라는 주장이다.

> 자사는 중화를 논하면서 희노애락은 말했지만 사단은 언급하지 않았고, 정자는 호학을 논하면서 희노애구(락)애오욕은 말했지만 역시 사단은 말하지 않았다. 이는 리기가 서로 필요로 함인 혼륜이다.(상214)

자사와 정자가 혼륜인 이유는 리의 사단을 말하지 않았기 때문이다. 그렇다면 칠정은 왜 독기, 주기인가? 퇴계는 그 이유를 자사·정자는 자신의 소종래 설을 쓰지 않았기 때문이라고 한다.

> 황은 말하겠다. 비록 같은 정이라 해도 그 '소종래의 다름(異)'이 없지 않기 때문에 설명한 것도 부동이 있는 것이다. 만약 소종래의 다름이 없다면 그 설명한 것도 무엇을 취해서 부동이 있다고 하겠는가. 그대는 "자사는 전체로 말했다"고 하는데, 자사는 진실로 소종래의 설을 쓰지 않았다. 그런데 "맹자가 척발함"에 이르러 사단을 설할 때야말로 어찌 '리발 한쪽만 가리켜 설명했다'고 하지 않을 수 있겠는가? 사의 소종래를 기왕 리라고 했으니, 칠의 소종래는 기가 아니면 무엇인가?(상274)

퇴계의 이른바 "소종래 설"의 소종래는 '리·기'이다. 리기의 근원(소종래)에 나아가면 반드시 리·기의 나뉨이 있다. 맹자는 리기에 나아가서 리만 뽑아낸 것이므로 따라서 칠정의 근원도 기인 것이 분명하다. "자사는 진실로 소종래의 설을 쓰지 않았다(不用)." 자사와 정자는 '기' 소종래의 설을 쓰지 않았으므로 혼륜의 겸리기이다. 결국 자사는 퇴계의 소종래설을 따르지 않은 것이다. 이 말은 위 "성현의 종지로 헤아려 보면"이라는 것과 모순된다. "성현의 종지"는 자사와 맹자가 아닌가? 퇴계는 고봉이 자신의 소종래 설을 따르지 않는다고 하면서 다음과 같이 비판한다.

> 그대의 논변은 이와 다르다. 같음만 기뻐하고 분리를 싫어하며, 혼륜의 전체만 좋아하고 분석을 싫증내어, 사단과 칠정의 소종래에 대해서는 궁구하지도 않는다.(상216)

퇴계는 분명히 '자사와 정자'의 중화와 호학을 "혼륜"이라 했다. 그런데 이곳에 의하면 혼륜의 설은 "같음만 기뻐하고 분리를 싫어하며 혼륜의 전체만 좋아하고 분석을 싫증낸 것"이다. 즉 "사단 칠정의 소종래(리·기)를 궁구하지 않은 것"이 혼륜이다. 결국 '자사와 정자'는 혼륜의 분석을 싫어한 것이다. "자사·정자는 진실로 소종래의 설을 쓰지 않은", 다시 말해 성현은 퇴계의 소종래라는 분석을 싫어했다는 새로운 주장이다.

퇴계는 공맹의 기질지성의 성설이 치우친 독기이므로 칠정의 설도 "오로지 기(專氣)"(상243)라고 하는데 그 이유는 자신의 소종래설인 "리·기가 각자 다르기" 때문이다. 이어 퇴계는 "실제로 리발·기발의 分 때문에 사·칠이라는 다른 이름(異名)이 있는 것"(상268)이라 함으로써 그 리·기 소종래에 나아가면 사·칠의 다른 이름이 있다고 강력히 주장한다. 결국 사맹의 칠·사라는 '이름(名)'을 따르지 않은 것이다. 또 "의리의 학문은 혼륜이 아닌 분석"이라 하는데 그렇다면 자사와 정자는 의리의 학문이 아니다. 또 "그 발은 리·기 혈맥이 있다"(상254)고 하는데 그렇다면 자사와 정자는 리·기 혈맥을 모르는 사람이며 천하의 교류와 소통을 거부한 사람이다.

56
곤륜탄조라는 말의 자상모순

칠정과 사단은 사람 소통의 감정을 각자 다른 방법의 둘로 설한 것으로, 이 2설은 그 종지도 전혀 다르다. 희노의 중화는 미발·이발의 성·정의 덕을 논함이고, 측은의 단서는 정 이발에서의 확충을 논한 것이므로, 이발의 단서를 나의 중화의 덕으로 삼아서는 안 된다. 때문에 고봉은 "두 설은 각기 소주가 있다",(상78) "사단 칠정의 이름과 뜻은 각기 그러한 이유가 있다",(하151) "칠정, 사단의 설은 각자의 뜻을 발명한 두 설이므로 一說로 혼합 이해해서는 안 된다"(하153)고 한다. 고봉은 말한다.

> 자사와 맹자는 사람 '느낌에 나아가 그 설명한 것이 부동'하기 때문에 사·칠의 별칭이 있을 뿐이다.(상3)

칠정과 사단은 자사와 맹자가 '사람의 느낌 전후에 나아가' 논한 각자 다른 설이다. 따라서 칠사에 관해 후학이 논하기 위해서는 사맹의 뜻에 인해서 고찰해야 한다. 퇴계의 답변은 다음과 같다.

> 그대는 말하기를 "자사와 맹자는 나아간 바의 설명이 부동하다" 하고 또 "사단은 척발한 것"이라 하면서 도리어 사단과 칠정은 '다른 가리킴이 없다'고 하니, 자상모순 아닌가?(상42)

퇴계가 볼 때 고봉의 모순은, 그대는 사맹은 리기에 나아가서 그 '리와 기가 부동하다'했기 때문에 사단은 '리만 척발한 것'이라 했다. 그런데도 그대는 또 사칠이 '리·기의 다른 가리킴이 없다'고 하니, 자상모순이다. 퇴계의 뜻은, "최근 나정암은 '리기를 一物이라 하면서 주자도 그르다' 하니, 그대의 논변이 이와 비슷하다"(상41)는 것이다. 즉 사맹은 리기에 나아가서 리는 사, 기는 칠이라 함인데도 그대는 리기를 일물로 여기고 분별하지 않는다. 때문에 그대의 설은 골륜탄조의 병통이다.

> 무릇 학문을 강론함에 분석을 싫어해서 힘껏 一說一物로 합치는 것을 옛 사람은 "골륜탄조"라고 했다. 그 병통이 적지 않은데도 이와 같음을 그치지 않는다면 부지·불각의 순간에 '기를 성으로 논'하는 폐단에 빠지고 '인욕을 용인해서 천리로 여기는 환란'에 떨어지게 된다.(상43)

퇴계의 주장은 리기는 결코 一物이 아닌 異物이므로 사단과 칠정도 리기 혼륜이 아닌 반드시 '리·기의 분'이라 함이다. 때문에 만약 고봉과 같이 사칠을 모두 리기 혼륜이라 하면 기를 성으로 여기는 폐단과 인욕을 천리로 여기는 환란에 빠지고 만다는 것이다.

그렇다면 고봉은 리기를 일물이라 하고, 사칠을 혼륜이라 했으며, 또 사칠을 일설로 혼합했는가? 이러한 퇴계의 비판은 모두 사실과 다른 극심한 오독이다. 고봉은 "사맹의 설명이 부동해서 그 둘의 별칭이 있다" 했고, "리·기는 반드시 分의 二物이며",(상89) "칠사는 一說로 혼합 이해해서는 안 된다"(하153)고 한다. 즉 사·칠은 반드시 二說이고, 리·기도 반드시 二物이다.

　퇴계는 리기의 일물(혼륜)을 곤륜탄조라 하지만, 주희의 "곤륜탄조"는 이와 정 반대의 뜻이다.

　　지금 動이든 不動이든 그것을 곧바로 먼저 본말과 정조에 두 가지 이치가 없음으로 설한다면 이것이 바로 곤륜탄조이다.867)

　주희의 이른바 "골륜탄조"는 동의 이발과 부동의 미발, 그리고 이러한 본·말과 정·조는 그 가리킴이 각자 다르므로 합해서 같은 뜻으로 이해해서는 안 된다 함이다. 선유의 설은 미발과 이발의 공부에 각자 다름이 있고 또 그 뜻도 서로 다르므로 이를 하나로 통합해서 이해하면 그 의미를 살필 수 없다. 주희의 "속담에 이른바 '곤륜탄조'라 함이 이것이다. 어떻게 그 맛을 알겠는가?",868) "백공(여조겸)은 강론을 심히 좋아하나 단 매사를 곤륜의 한 덩어리로 설하고자 한다"869)고 함도 미발·이발의 공부, 성정 및 칠사의 의미를 하나의 원리로 합으로 이해해서는 안 된다 함이다.

　퇴계가 고봉의 논변을 '자상모순과 골륜탄조'라고 한 이유는 "리기에 나아가면" 여기에 리·기의 다른 "혈맥"이 있는데도 그대는 겸리기만 주장한다 함이다. 하지만 주희의 곤륜탄조가 오히려 바로 이 뜻이다. 퇴계는 자사의 중화 및 미발·이발, 맹자의 확충·성선 본의가 아닌, 모두 리기에 나아가 논한다. 이것이 바로 주희가 말한 '곤륜탄조의 폐단'이다.

　퇴계는 사맹 2설에 나아가서 그 설 각각의 의의를 살핀 것이 아닌 자신의 리기에 사맹 본설을 종속시킨 것이다. 퇴계는 고봉이 "사칠은 다른 뜻이 없다고 했다"고 하지만 고봉은 2설의 소지·종지를 리기라는 1설로 혼합 이해해서는 안 된다고 한다. 또 퇴계가 비판한 "리기의 순환·불리"는 주희의 '도'이고 "기 없는 리는 없음"도 주희 본설이다. 퇴계는 사칠은 본래 겸리기의 혼륜이라 하고, 또 자사와 정자의 칠정설을 독기·주기라 하며, 주희 본설인 "순환의 도" 및 "기 없는 리" 등을 리기혼륜이라 하면서, 이 모두를 고봉의 설로 여겨 자상모순의 골륜탄조라 한 것이다. 그러나 이것이 바로 주희가 비판한 '골륜탄조'의 뜻이다. 퇴계와 같다면 결국 공자, 자사, 정·주

---

867) 今動不動便先說個本末精粗無二致, 正是鶻圇吞棗.(『문집』권39, 「答許順之」3, 1736쪽)

868) 諺所謂鶻圇吞棗者是也, 何由知其味耶.(권59, 「答林正卿」2, 2807쪽)

869) 伯恭講論甚好, 但每事要鶻圇說作一塊.(권39, 「答范伯崇」11, 1786쪽)

의 본설은 모두 곤륜탄조의 자상모순이 되고 만다.

57
리기 호발관계에서 리가 갑자기 뛰어 나오는가?

이른바 "발"은 『중용』의 설이다. 자사는 "희노애락 미발은 중, 발해서 중절한 것은 화"라고 하여 마음의 미발과 이발 즈음을 "모두"(상3) 빠짐없이 말했다. 한편 맹자는 사단을 "인의예지의 단서"라 한다. 정으로서의 칠사는 이발이지만 그 발을 자사는 미 발의 중, 맹자는 인의의 단서라 한 것이다. 주희도 「악기동정설」에서 다음과 같이 말 한다.

> 「악기」에서 "사람의 生에 있어 靜은 하늘의 성이고, 외물에 느껴 動함은 성의 욕구"라 한데 '성의 욕구가 곧 情'이다.(상107)

즉 '미발의 靜'은 하늘의 성, '이발의 動'은 성의 욕구이다. 따라서 동정은 성의 동 정인 것이다. 이는 자사가 천명의 성을 미발·이발의 중화로 말한 것과 같다.
문제는 퇴계는 희노애락의 칠정을 '기발'이라 한다는 점이다.

> 외물이 옴에 쉽게 느끼고 먼저 동(先動)하는 것은 형기이니, 칠정이 그 묘맥이다.(상24)

이와 같다면 칠정의 화 및 달도는 천명인 미발의 중에서 발한 것이 아니며, 그 "도 의 체용"(상94)도 어긋남이 되고 만다. 고봉은 비판을 보자.

> 그 "중"의 사이에는 실로 이 리가 있기 때문에 외부로 느낄 때 곧바로 서로 합치되는 것이 지, 그 "중"의 사이에 본래 이 리가 없다가 외물에 느낄 때 서로 마주치면서 이때 갑자기 리 가 여기에 끼어들어 감·동하는 것은 아니다. 따라서 "외물이 올 때 先動하는 것은 형기"라 함은 칠정을 논함에 들어맞지 못한다.(상108)

정주는 "중"을 둘로 분석한다. 미발은 "在中"(미발에 성이 중의 상황으로 있음), 이발은 "中之道"(발해서 도에 들어맞음)이다. 이로써 '중'은 상하 온전을 갖추며, 천명지성도 체용 전체를 다한다. 고봉의 "중의 사이(中間)"라 함도 미발·이발을 함께 든 것이다. 만약 미발의 중만 논하면 칠정의 和(중지도)가 빠져서 "중"은 곧바로 치우치고 만다. 사람 느낌은, 마음이 외물에 접할 때 본래 '리'가 있기 때문에 외물의 리와 서로 합치한다. 만약 리가 없다면 그 합치할 수 있는 근거를 잃게 되고 만다. "외물에 느낄 때 그 사이에서 이때 리가 갑자기 끼어들어 감동한다고 할 수는 없다." 가령 손바닥 둘이 마주치면서 여기서 리가 생성된다고 할 수는 없다. 천지의 '리'는 물아에 공존함으로써 서로 소통·교류할 수 있는 것이다.

주희는 「옥산강의」에서 사단도 "어린아이가 우물에 빠지려는 일에 느끼면 인의 리가 곧바로 응하여 측은지심이 드러난다"(상109)고 하여 인의 '리가 응한다'고 한다. 느끼는 즈음 갑자기 '리가 끼어들어' 발동하는 것은 아니다.

그런데 퇴계의 답변은 이와 전혀 다르고, 그 인용문도 다르다.

> 그대도 단지 "외물과 접촉한 것만의 감동(발)은 아니다"고 했다.(상230)

즉 그대도 칠정이 리의 간여가 없는 '기발'만이 아닌, '리기는 겸발한다고 했다'로 오독한 것이다. 결국 칠정과 사단은 '중'과 '인의'의 리발이 아닌, 즉 "기만 동함이 아닌" 리기 '호발'이라 함이다.

> 황 역시 칠정이 리와 상관없이 "외물에 접촉해 마주치는 것만의 감동"이라고 함이 아니다. 사단의 "감물로 동함"도 진실로 "칠정과 다르지 않다." 다만 '사단은 리발이나 기가 따르고, 칠정은 기발이나 리가 탄다'고 할 뿐이다.(상255)

사단과 칠정은 모두 리기 선후 호발이라 함이다. 퇴계는 "사람의 한 몸은 리기 합으로 생했고, 때문에 리기 둘은 상호 호발한다"(상246)고 한다. 그렇다면 사단의 리발까지도 부정한 것이 되고 만다. 칠정이 리와 상관없는 발이 아님과 같이 사단도 리발만은 아니라는 것이다. 퇴계는 "겸리기 유선악은 성 또한 그렇다"(상247)고 하므로 따라서 사단의 "리발, 기수"는 주리일 뿐 독리가 아니다.

고봉의 지적은, 그 발처 즈음에서 리가 갑자기 끼어 들어와 발동하지는 않는다 함이다. 반면 퇴계의 답변인 "리발·기수, 기발·리승"은 그 '천명 미발의 중과 인의의 성발'이 아니다. 호발은 발현처일 뿐이다. 결국 고봉의 우려대로 "외물과 마주치면서 이때 갑자기 리가 끼어든 것"이 되고 만 것이다. 퇴계의 '리기 호발설'은 리발이 아닌 겸리기 즈음의 선후 주리·주기의 발이다. 이는 고봉의 논변을 오독하고 곡해해서 자신의 리기 선후 호발설로 편입하고, 또 고봉의 독리의 리발설을 반대한 것이다. 진실로 천명, 중화, 달도가 '주기, 편기, 독기, 전기'의 발일 수는 없는 일이다.

58

주자 본설인 리 척출과 기질지성의 설을 따를 수 없다고 함

퇴계는 정주의 기질지성의 성설을 "치우쳐 가리켜 기를 독언함"(상35)의 '독기, 오로지 기'(상243)라 한다. 이 해석은 매우 불합리하다. 성설이 '기'일 수는 없다. 때문에 고봉은 매우 그렇지 않다고 하면서 주희의 성설을 인용 고찰한다.

> 주자는 말하기를 "맹자는 척출해서 성의 본원으로 말했고, 이천은 겸기질로 말했는데, 두 설은 그 소지는 다르나 요점은 두 개의 성으로 분리해서는 안 된다(不可離)는 점이다"고 한다.(상86)

맹자 성선설과 이천 기질지성의 설은 모두 하나인 성즉리를 논한 것이지만, 그 소지는 전혀 다르다. 맹자는 '성의 선'만 논함이고, 이천은 기질에서의 '공부'로 논했기 때문이다. 그 소지가 다르다 해도 하나의 '성'을 논한 점에 있어서는 같다. 때문에 이 두 성설은 "불가리"이다. 단, 맹자는 성만 논했고 이천은 기질에서 공부로 논했으므로 "사리로 고찰하면 정자가 더 정밀하다."(「고자상」) 주희는 기질지성에 대해 "맹자 성선설은 다만 본원처일 뿐 아래 기질지성을 설하지 않았고 때문에 변명하고 해명하느라 힘을 낭비했다. 정·장의 설이 일찍 나왔더라면 이러한 많은 설은 분쟁할 필요가 없었을 것이며, 그래서 정장의 기질의 설이 세워지자 제자의 설은 없어져 버렸다"[870]고 한다.

퇴계는, 주희의 성설 특히 기질지성의 설을 따를 수 없다고 한다.

> 주자설을 인용한 이 조항은 견해가 다르므로 끝내 따를 수 없다.(상232)

---

[870] 孟子說性善, 但說得本原處, 下面却不曾說得氣質之性, 所以亦費分疏. …使張程之說早出, 則這許多說話自不用紛爭, 故張程之說立, 則諸子之說泯矣.(『어류』권4, 時擧64, 199쪽)

퇴계도 "주자설을 인용한"이라 하므로 이 조항은 '주자설'이다. 그런데도 따를 수 없다 함이다. 왜인가? 기질지성의 설은 "독기·전기"로서의 '치우친 한쪽의 오로지 기'이기 때문이다.

> 공이 이 설을 인용한 이유는 성은 기와 "떨어질 수 없다(不可離)"고 말함으로써 결국 정도 리·기로 나눌 수 없음을 밝혔을 뿐이다. 그런데 위에서는 또 주자의 설을 인용해 "성이 비록 기 중에 있다 해도 기는 스스로 기이고 성은 스스로 성이므로 서로 섞이지 않는다"고 하지 않았던가?(상276)

주자 본설도 따를 수 없는데 그 이유는 "맹자의 척출과 이천의 겸기질의 불가리"는 '리기 불상리'를 말함이고, "기는 기 성은 성의 불상잡"은 '리기 불상잡'을 말함이기 때문이다. 즉 리기 불상리로 말하면 척출·겸기는 서로 떨어지지 않고, 리기 불상잡으로 말하면 척출·겸기(두 성설)는 서로 섞이지 않는다. 이는 주희 및 고봉의 논설을 인용해서 심하게 오독·곡해한 것으로 맹자와 이천 본설에도 크게 어긋난다. 주희가 말한 "불가리"는 '일성'이고, 퇴계는 '리기'이다. 퇴계는 자신의 리기설에 주희와 맹자·이천의 본설을 철저히 종속시키고 만 것이다. 성선설과 기질지성 2설은 결코 리기 불상리와 불상잡이라고 할 수 없다. 퇴계와 같다면 성선설과 사단설도 본래는 겸기질의 유선악이 되고 만다. 퇴계는 실제로 성선설과 사단설을 본래 "겸리기, 유선악"(상247)이라 한다.

고봉의 답변은 다음과 같다.

> 선생께서는 리·기 분별을 주장하려는 의도로써 결국 주자의 이 조항마저 의혹했고 그래서 "끝내 따를 수 없음"으로 취급하셨다. 대승의 어리석음이라면 취하지 못할 바도 있겠으나 그 것이 주자의 말씀이라면 어찌하겠는가? 도를 밝힘에 무사한 종지는 아닌듯하다.(하68)

고봉도 반드시 주희를 인용해서 "리와 기는 불상잡"(상84)이라 했다. 그러나 이는 리·기 논의일 뿐, 성이 아니다. 성선지성, 천지지성, 기질지성 모두 성즉리 하나이다. 성이 둘일 수 없으므로 불가리라 함일 뿐, 리·기를 논함이 아니었다. 때문에 고봉은 이 관계를 재차 다음과 같이 말한다.

> "맹자의 척출"은 흡사 '수중에 나아가 천상의 달을 가리킴'과 같고, "이천의 겸기질"은 '수중에 나아가 그 달을 가리킴'과 같을 뿐이다. 이 두 설을 주자는 "불가리"로 여긴 것이다. 한편 "성

은 성, 기는 기"라 함은 물은 물이고 달은 달이라 함으로, 이는 진실로 "불상잡"이다.(하69~70)

맹자와 이천의 두 성설은 진실로 '하나의 달을 둘로 논'한 것으로, 모두 '달'이다. 한편 리·기 불상잡은 이와 다른데 진실로 '기(水)'를 '리(月)'라 할 수는 없다.

「퇴계3서」에서도 여전히 바뀌지 않는다. 고봉의 "천상의 달은 달이고 수중의 달은 물이라 하면 어찌 심각한 차질이 아니라 하겠는가?"(하44)에 대해 퇴계는 "천상의 달은 진짜이고 수중은 빛의 그림자일 뿐이다. 수중에서 달을 건지려 하면 얻을 수 없다"(하168)고 한다. 퇴계는 끝내 주희의 "척출, 겸기질의 설의 불가리"를 인정하지 않은 것이다. 하지만 정주는 오히려 기질지성이 '공부'를 논한 것으로서 "성선설보다 정밀하다"고 한다.

59
공맹 천지지성과 기질지성의 정의를 무너뜨림

사람의 몸은 하나이고, 마음도 하나이며, 이 마음에 있는 성도 하나이다. 성이 곧 리이다(성즉리). 이러한 성을 선유는 수많은 설로 논했다. 공맹 기질지성의 설, 자사 천명지성의 설, 맹자 성선설, 공자 태극설 등이 이것이다. 그런데 퇴계는 기질지성을 "獨氣"(상35)라고 한다. 고봉이 주희의 설을 고찰한 이유이다.

> 주자는 "천지지성 논의는 오로지 '리를 가리킨 言'이고, 기질지성 논의는 '리기를 섞어 言之' 함이다"라고 한나.(상60)

여기서 주희는 "기를 성으로 여길 수 없다"고 한다. 이곳 앞뒤는 다음과 같다. "기를 性命이라 이를 수 없다. 단 성명은 이 기로 인해서 설 수 있을 뿐이다. [인용문은 이 사이에 있음] 이는 기를 성명으로 삼은 것이 아니다."[871] 요컨대 "천지지성"은 천지·상하의 성은 '오직 하나의 리'라 함이고, "기질지성"은 이러한 천지의 리가 '기질에 타재한 곳'에서의 설이다. 때문에 주희와 고봉은 "천지지성은 '태극의 본연'이고, 기질

---

871) 氣不可謂之性命, 但性命因此而立耳. 故論天地之性, 則專指理言, 論氣質之性, 則以理與氣雜而言之, 非以氣爲性命也.(『문집』권56, 「答鄭子上」14, 2688쪽)

지성은 '이 리가 기질 가운데 있음'으로, 따라서 이 둘은 별도의 一性으로 있음이 아니다"(하43)고 한다. 이상은 공맹 등의 성설에 대한 주희의 해설이다. 천지(성명, 천명, 본연)지성을 "言"이라 한 것은 성·리는 설명이 아닌 '自性'이기 때문이고, 기질지성을 "言之"라 한 것은 성이 기 속에 있음으로서의 '설명'(가리킴)이기 때문이다. 自性의 리를 '설명(언지)'이라 할 수는 없다.

퇴계의 답변은 아래와 같다.

> 황은 말하겠다. 천지지성은 진실로 "오로지 리를 가리켰다." 그렇지만 이 즈음에도 단지 리만 있고 과연 기는 없겠는가? 천하에 기 없는 리는 없으며 따라서 단지 리만 있는 게 아니다. 그런데도 오히려 '오로지 리만 가리켜' 말할 수 있다. 따라서 기질지성이 비록 "리기의 잡"이라 해도 '기만 가리켜' 말할 수는 없겠는가? 하나는 리 위주인 까닭에 리에 나아가(就) 말했던 것이고, 하나는 기 위주인 까닭에 기에 나아가(就) 말했을 뿐이다.(상242)

퇴계에 의하면 "성도 겸리기, 유선악"(상247)이고, "사단도 기가 없지 않음은 하늘과 사람의 원류 맥락이 진실로 그렇다"(상237)고 한다. 이렇게 "리기에 나아가면"(상34~37. 상245~247) 천명지성과 사단도 본래 '진실로 겸리기'이다. 따라서 천명지성도 단지 리만이 아닌 '기도 있는데' 그런데도 주희는 "오로지 리만 말했다"는 것이다. 마찬가지로 기질지성도 본래는 잡리기지만 그런데도 오히려 "기만 가리킨 것"이라 한다. 또 문제는 '천명지성이 오로지 리'라 하면 성의 요건을 충족하지 못한다는 점이다. 어떤 성설이라도 기질(사람)이 아니면 스스로 설 수 없기 때문이다. 퇴계는 '言'과 '言之(설명)'를 구분하지 못함으로써 이러한 문제가 발생한 것이다.

여기까지는 하나는 '오로지 리', 하나는 '오로지 기'이다. 그런데 다시 말한다. 하나는 리기에 나아간(就) "주리"이고, 하나는 리기에 나아간(就) "주기"이다. 이러한 '전리'와 '주리', '전기'와 '주기'는 논리에 일관성이 없다. 그 '설'이 오로지 리인데 또 주리이고, 오로기 기인데 또 주기일 수 있는가?

천명지성의 설이 '리만 가리킨 것'이라 함은 문제가 없다 해도,(퇴계는 리기에 나아간 리이므로 공맹의 설을 해석한 것이 아님) 그러나 여기에도 '기가 없지는 않다'고 함은 문제가 심각하다. 공자(태극), 자사(천명), 맹자(성선, 사단)의 그 설의 가리킴은 스스로 리임이 분명하다. 그런데도 또 기도 있다면 태극, 천명, 성선, 사단 등의 본설은 스스로 리가 되지 못한다. 여기에도 기가 있다면 태극, 성즉리, 성선, 확충 등은 거짓이 되고 만다. 성도 악이 있고, 기(악)를 확충하라 할 수는 없다.

기질지성의 설 역시 '성즉리'이다. 주희는 "기질 속에 있는 [自]性"을 기질지성의 성설이라 했을 뿐이며 때문에 주희는 "기를 성으로 삼을 수는 없다"고 한 것이다. 주희의 성설을 퇴계는 '독기, 專氣, 주기'라 하지만, 이는 스스로 주희의 논설을 인용해서 스스로 공맹 본설까지도 부정한 것이다.

60

사단을 호발이라 하면 인의 리발은 잡탕이 됨

퇴계의 '사단 논변'을 정리해 보자. "사단은 리에서 발하므로 무불선이다."(상4) "사단으로의 발은 순리이기 때문에 무불선이다."(상1) "사단은 리의 발이다."(상44) 이상은 맹자 사단 본설에 대한 초기 해석이다.

고봉도 '사단 리발'을 결코 반대하지 않는다. 사단은 성리의 발이며 또 순리의 발임은 지당하다. 고봉의 반대 이유는 다음과 같다. 사단을 무불선이라 하면 사람 느낌이 성이 되고 만다. 사단은 순리의 발이지만 칠정도 마찬가지로 천명지성의 리의 발이다. 맹자는 사단지발의 발을 성선으로 삼은 것이 아닌 사단지정의 정으로 성선을 논증했을 뿐이다. 사단은 맹자가 부른 이름으로 그 소지·종지가 있다. 사단을 칠정과 대설로 삼을 수 없다. 이상이 퇴계의 논변을 반대한 이유이다.

사단의 '리의 발' '순리의 발'은 당연하다. 맹자의 "사단을 확충해야 한다"고 함은 기 확충이 아니며, "성선을 논증할 수 있다"고 함도 기·악이 성선일 수는 없는 일이다. 맹자의 소지는 진실로 '리발'이며 '리'이다.

하지만 퇴계의 위 논변은 이후 크게 바뀐다. 고봉은 "외물과 접촉할 때 여기서 리가 갑자기 생겨 발동하는 것은 아니다"(상108)고 하는데, 이에 퇴계는 '리기 호발'로 답변한다.

> 황 역시 "단지 외물과 접촉한 것만의 감동(발동)"이라 함이 아니며 사단도 '외물에 느껴서 동'한다. 다만 '사단은 리발인데 기가 따른다(四則理發而氣隨之)'고 할 뿐이다.(상255)

이 답변은 고봉의 질문 내용과 전혀 다르다. 왜냐하면 고봉의 질문은 그 발은 "본래 리가 있어서 그 리가 서로 합치하는 것이지, 본래 이 리가 없다가 서로 마주치는 곳에서 생겨서 비로소 動하는 것은 아님"(상108)이라 했기 때문이다. 즉 심의 느낌은 본래 성리가 있어서 그것이 감동한다. 반면 퇴계는 느껴 감동하는(마주치는) 곳인 '발처'로 답변한 것이다. 이와 같다면 본래 이 '리'(즉 "천명"과 "인")가 있어서 그것이 발동함이 아닌, 오히려 '그 발처에서' 리기는 호발한다는 의미가 되고 만다. 또 크게 바뀐 것은 퇴계는 당초 맹자 사단설의 '소지'로 논했는데, 여기서는 오히려 호발의 "발처"(마주치는 곳)로 답변하고 만 것이다. 퇴계의 호발설은 다음과 같다.

> 사람은 리기 합으로 탄생한다. 때문에 리기는 상호 호발하며, 그 발은 또 서로 필요로 한다. 상호 호발에는 각각 리·기의 소주가 있고, 서로 필요로 하니 리기는 그 가운데에 있다.(상246)

고봉은 '리'가 발함인데, 퇴계는 "리기 중에서"의 리기 호발이라 한 것이다. 퇴계는 천지 만물은 본래 리기의 합이며 "하늘이 주고 사람이 받은 바의 원류 맥락이 진실로 그러하다."(상237) 때문에 "성도 본래는 겸리기·유선악"(상247)이라 한다. 이는 정주로 보면 합리기인 '사물'을 논함이며 결국 퇴계의 논변은 '기발'이 되고 만 것이다. 정자는 "횡거의 '겸허실'은 기이다"고 하고, 주희도 "리기가 사물에 있을 때"(상7)라고 한다. '사물'에서의 합리기는 '기'일 뿐이며, 따라서 퇴계는 기발을 논한 것이다. 추만은 리는 "무대의 유일자"(상173)라고 한다. 리는 기가 섞인 잡리일 수 없으며, 잡은 기이다.

퇴계는 사단을 '호발 중의 리'라 하면서 아래와 같이 논한다.

> 사단도 비록 '기를 타지만' 맹자의 소지는 기를 탄 곳에 있지 않고 단지 '순리의 발처'에 있을 뿐이다. 만약 겸기로 말한다면 이때는 이미 혼탁(잡탕)을 건넜다고 할 것이다.(상258)

"맹자의 소지는 리발처에 있다"고 함의 의미는 리기 '호발 중의 리를 가리킨 것'이라 함이다. 즉 퇴계의 "소주"는 맹자의 '확충과 성선의 종지'가 아닌 '리기 중의 리'이다. "사단도 기가 없지 않고"(상243) "리도 본래 독리가 아닌"(상245) 본래 겸리기인데, 그 겸리기 호발 중의 리 척출이 곧 사단의 소주라 함이다. 따라서 리가 홀로 발함이 아니다.

이렇게 사단의 "리발"도 본래 "기가 따르는" 호발이라면, 결국 사단의 "리"도 사실은 "혼탁(잡탕) 가운데"의 리이다. "인의 단"의 '단서'도 퇴계의 경우 "원류 맥락의 합리기"인 잡탕(기)의 "그 가운데"에서의 리 척출인 것이다. 그런데 고봉이 말한 "외물과 마주치면서 리가 갑자기 나오겠는가?"의 의미는 '마주치는 장소'에서 리가 생성될 수 없다 함이다. 반면 퇴계는 오히려 "마주치는" 겸리기의 장소인 발처에서 선후 호발을 논했으니 이는 결국 '기에서 주리가 나옴'이 되고 만 것이다.

61
사단 칠정이 혈맥이 다르다면 인류는 소통될 수 없다

천하의 리는 하나이며, 때문에 유학에서는 감정의 리를 논하여 천하 인류와 더불어 교류·소통하고자 한다. 『중용』에서 희노애락으로 "중화를 이루면 천지·만물이 위·육된다"고 함이 이것이다.

『맹자』는 "사단을 확충하면 족히 사해의 옳음에 동참할 수 있다"(「공손추상」) 하고, "성선" 주석에서 정주는 "성이 곧 리이니, 리는 요순과 길가의 사람이 모두 같다"(「고자상」)고 한다. 정호는 "성인의 희노는 외물에 얽매여 순응한다",(「정성서」) 정이도 칠정으로 "성인에 이를 수 있다"(「안자호학론」)고 한다. 모두 공자의 도통을 이은 이유이다. 자사의 "희노애락", 맹자의 "사단", 정호의 "희노", 정이의 "희노애락애오욕" 등 칠사설은 이러한 의미에서 나온 것이다. 때문에 고봉은 말한다.

> 맹자 '사단의 선'은 칠정의 '발해서 중절한 선'과 같은 묘맥이다.(상5)

맹자의 선은 천명의 화·달도의 선과 같은 혈맥의 묘맥이며, 이것이 자사의 도통을 맹자가 이은 이유이다. 반면 퇴계는 다음과 같이 답변한다.

> 외물에 쉽게 느끼고 먼저 동하는 것은 형기이니 칠정이 그 묘맥이다. 어찌 순리가 발한다고 잡기가 되겠으며, 외물에 느끼는 것은 형기인데 그 발이 리 본체로 변환되겠는가?(상24~25)

이 논술은 사칠의 선에 관한 해석이 아닌 그 근원(소종래)을 물은 것이다. 사칠 근원은 각자 리·기로 전혀 다르므로 따라서 기의 맥은 리가 될 수 없고 순리의 발도 기로 변환될 수 없다. 사단과 칠정의 혈맥·혈통이 완전히 다르기 때문이다. 이 주장은 자사와 맹자의 소지와 종지에 관함이 아닌 그 이전 발처를 말한 것으로, 퇴계의 추측 논술이다. 때문에 고봉은 사맹 본설에 나아가 묻는다. 주희의 설이다.

『맹자』 "성선"은 본체로의 설명이고, 그 "선으로 삼을 수 있음"은 작용으로 설명한 것이다. '사단지정'과 『중용』 "발하여 중절한 것"이 이것이다. 그 이른바 '선의 것'은 성정에 혈맥으로 관통해서 애초 부동이 있지 않다.(상160)

주희는 사맹 본설에 나아가 그 의미를 해설했을 뿐 발처의 근원을 물은 것은 아니다. 맹자 성선설의 선은 자사 천명인 "중절의 화"의 선과 동일하다. 인류의 선은 둘일 수 없고, 이는 "성과 정에 관통"한 하나의 선이며 서로 부동한 것이 아니다. 성선도 천명의 선과 같으므로 도통이 성립된다. 다르다면 유학은 서로 다른 2선의 성정을 논한 것이 되고 만다.

반면 퇴계는 "그 분별(리·기)은 천지간의 원래 이치"(상253)라 하면서 다음과 같이 말한다.

만약 칠정을 사단과 상대시켜 말하면 칠정의 기에 관계됨은 사단의 리에 관계됨과 같다. 따라서 그 발도 각각 리·기 혈맥이 있다.(상254)

이 논변 역시 사맹에 관한 해석이 아니다. 자사는 천명의 희노를 말함에 맹자 사단과 대설로 여기지 않았거니와, 맹자 역시 자사의 말씀에 상대해서 사단이라 한 것은 아니다. 문제는 퇴계의 주장은 "리기에 나아가면" 리의 발은 사단, 기의 발은 칠정이라 함에 있다. 사칠은 "각자 혈맥이 다르다"는 것이다. 하지만 주희는 이와 다르다.

리는 단지 한 개의 리일 뿐이다. 단지 한 개의 도리일 뿐이어서 자연스레 혈맥으로 관통한다.872)

리는 하나일 뿐 둘이 있다고 해서는 안 된다. 고봉은 "도리가 천지간에 있음에 본래 '둘로 다다름이 없다(無二致)'는 성현의 의론은 모두 방책에 실려 있다"(하8)고 한다. 주희는 "만약 참으로 간파한다면 자기도 이루고 외물도 이루어 다시 둘로 다다를 수 없으니(무이치), 내외·본말도 하나로 관통한다"873) 하고, 정자도 "천하에 어찌 理가 둘이겠는가?"874)라고 한다.

고봉은 리발·기발의 둘의 선에 대해 묻는다.

872) 理只是一個理. …只是這個道理. 自然血脈貫通.(『어류』권6, 端蒙10, 237쪽)

873) 若眞看得破. 便成己成物更無二致. 內外本末一以貫之.(『문집』권39, 「答許順之」14, 1747쪽)

874) 天下豈有二理.(『정씨유서』권22상, 75조, 293쪽)

희노애락의 중절자는 리에서 발한 것인가, 기에서 발한 것인가? 그리고 그 발해서 중절한 무왕불선의 선은 사단의 선과 같은가, 다른가?(하58)

이어서 묻는다. "만약 여기서도 판별되지 못한다면 그렇다면 이른바 '후세 주문공을 기다려야 한다 하실지라도'(퇴계의 말임) 대승으로서는 감히 알 바 아니다."(하60) 천하의 선 및 리는 하나인가, 둘인가? 만약 둘이라면 고봉으로서는 알 바 아니다. 성리는 둘이 아니므로 천하는 소통된다.

마지막으로 고봉은 묻는다. "선생은 사칠을 반드시 대설로 여기고, 또 양 편 두 진영으로 싸우도록 이루어, 그것이 마치 음양·강유와 상하·사방의 고정된 위치가 있는 듯 여기셔서 도무지 혼륜관철의 뜻이 없으시다."(하110) 「고봉3서」의 마지막 질문이다. 칠정과 사단은 감정에 관한 자사와 정자, 맹자의 설이며 이는 인류의 교류·소통에 관한 일인데도 무슨 이유로 이러한 종지를 리·기의 상대로 왜곡시켜 서로 싸우도록 조장하는가?

62

人·馬 비유의 총체적 부실

주희가 '사람(人)과 말(馬) 비유'를 든 것은 주돈이의 「태극도설」 "태극의 동정"을 해설하기 위함이다. 즉 태극은 '스스로' 동정의 작용이 있다는 것이다.

> 태극은 사람과 같고 동정은 말과 같다. 말은 사람올 실고 사람은 말을 타니, 말의 출입에 사람도 더불어 출입한다.[875]

주돈이의 「태극도」는 공자 "태극"(리)에 대해 태극 자신의 동정과 체용을 드러낸 것이다. 따라서 주희의 人馬 비유도 태극자신의 동정을 논한 것으로, 결코 기를 태극의 동정으로 삼은 것은 아니다. 기를 곧바로 동정으로 여기면 그 겸리기·유선악이 태극의 작용이 되고 만다. 때문에 주희는 "나의 이전 '태극을 체로 삼고 동정을 용으로 삼은' 이 말은 진실로 병통이 있다. 태극이 동정을 함유함은 체이고, 태극에 동정이

---

875) 太極猶人, 動靜猶馬. 馬所以載人, 人所以乘馬, 馬之一出一入, 人亦與之一出一入.(『어류』권94, 錄50, 3129쪽)

있음은 용이다"876) 하고 또 "리를 동정으로 말하면 '정중에 동이 있고 동중에 정이 있음'은 그 체이고, '정이나 능동하고 동이나 능동함'은 그 용이다"877)고 하여 태극의 리는 체용이 있고 또 스스로 동정할 수 있다고 한다. 따라서 주희는 말의 출입에 대해, 기가 아닌 사람 출입의 작용으로 삼은 것이다.

반면 퇴계는 이 비유를 들어 리기 관계로 논하고, 또 사칠로 논한다.

> 사람은 말이 아니면 출입하지 못하고 말도 사람이 아니면 궤도를 잃게 되니, 이는 사람과 말(人馬)은 서로를 필요로 하며 서로 분리되지 않는(不相離) 관계와 같다.(상259)

퇴계는 동정인 말을 타야만 사람은 출입할 수 있음으로 여긴 것이다. 하지만 그렇다면 사람은 스스로 출입의 동정이 없음이 되고 만다. 이는 주희의 당초 잘못인 "태극은 체, 동정은 용"과 같다. 고봉은 이 오류를 오징의 예로 든다. "오씨는 말하기를 '태운 바의 氣機는 동정이 있지만 태극 본연의 묘는 동정이 없다'고 한다. 그렇다면 태극은 군더더기의 필요 없는 혹 덩이가 되고 만다. 결국 태극동정인 '천명의 유행'은 氣機의 행위에서 나온다는 것인가?"(하196) 이 비판은 퇴계에게 한 말이다. 퇴계는 "리기 호발"이라 하여 "사람과 말은 서로 떨어지지 않는다"고 하기 때문이다. 기인 동정을 리의 작용으로 삼은 것이다. 호발은 이미 발처에서 논한 것으로 이는 발처인 기에서 리가 나옴과 같다. 결국 태극은 기가 아니면 스스로 행하지 못하고, 기도 태극이 아니면 그 존재가치를 잃음이 되고 만다.

또 만약 "말은 사람이 아니면 궤도를 잃는다"고 한다면 결국 말과 사람은 체용(리의 체용)이 부정되고 만다. 이렇게 부정적으로 비유하면 비유할 필요가 없어지며, 동정은 태극과 분리되고 만다. 그러나 태극과 동정은 긍정의 세계이며, 태극은 체용으로 논해야 그 온전이 가능하다.

더욱 문제는, 퇴계는 사람을 사단, 말을 칠정으로 인식한다는 점이다.

> 사람들은 이것을 가리켜 설할 때, 혹은 '人行'만 가리켜 말하는데 그렇다면 馬를 병언하지 않아도 馬行은 그 가운데 있으니, 사단이 이것이다. 혹은 '馬行'만 가리켜 말하는데 그렇다면 人을 병언하지 않아도 人行은 그 가운데 있으니, 칠정이 이것이다.(상260)

---

876) 熹向以太極爲體, 動靜爲用, 其言固有病. …蓋謂太極含動靜則可, 以本體而言也, 謂太極有動靜則可, 以流行而言也(『문집』권45, 「答楊子直」1, 2072쪽)

877) 言理之動靜, 則靜中有動, 動中有靜, 其體也, 靜而能動, 動而能靜, 其用也(『어류』권94, 端蒙181, 3160쪽)

이 비유는 "사단은 리발에 기가 따르고, 칠정은 기발에 리가 탄다" 함으로 이곳도 단순히 그 발처인 리기 호발만 언급한 것이다. 그렇다면 사맹 종지인 확충·성선과 중화·화육 및 그 미발·이발 공부는 온데간데없게 되고 만다.

더구나 "사람이 말을 타고 감"이 곧 사단 칠정이라면 '칠정이 사단을 태우는 것'이 되고 만다. 또 "말은 사람이 아니면 궤도를 잃음"이 사칠이라면 '칠정설은 사단설이 아니면 그 궤도를 잃는다' 함이 되고 만다. 퇴계는 태극의 동정인 인마를 태극의 체용으로 논하지 않고 오히려 태극과 동정을 리·기 둘로 나누었다. 그리고 이를 사칠로 유비하여 리·기의 대립관계로 설정함으로써 결국 사맹 본설의 종지까지 왜곡하고 만 것이다.

63
行, 人, 馬의 숨바꼭질은 퇴계 자신이다

천하의 리는 스스로 독리일 뿐 기에 섞인 게 아니다. 태극, 천명, 성선의 설도 독리이며, 사단도 리를 확충하라 함이다. 퇴고의 토론은 자사 칠정과 맹자 사단의 본설에 관한 것이며, 그 이상으로 새롭게 논하고자 함이 아니다.

칠정의 천명·중화, 측은의 사단·성선 등은 리인가, 기인가? 천명 및 중화는 리이지만, 칠정을 모두 리라 할 수는 없다. 칠정은 외물과의 관계에 있기 때문이다. 사단의 확충과 성선 논증도 모두 감정의 기이지만 맹자 종지는 반드시 리이다. 만약 기혹은 겸리기라 하면 기를 확충해야 하고 성선도 겸리기가 되고 만다.

하지만 퇴계는 성도 본래는 합리기, 사단도 본래는 합리기인 것은 "하늘이 주고 사람이 받은 원류 맥락"(상237)이라 하고 이러한 "리기에 나아가면" 여기서 리·기의 사·칠의 '分'이 있다고 하면서 다음과 같이 말한다.

> 지금 공의 견해는, 황이 사·칠을 '분별해서 말하면(分別而言)' 공은 매양 '혼륜으로 말한(渾淪言)' 것을 인용해 공박하니, 이 견해는 사람들이 '人行과 馬行'을 [분별해서] 설하면 힘써 '人馬는 하나이니 분설할 수 없다' 함과 같다. 또 공의 견해는, 황이 '기발'로 칠정을 말하면 공은 힘써 '리발'로 말하니, 이 견해는 사람들이 '馬行'을 설하면 기필코 '人行이라 말해야 한다' 함과 같다. 또 공의 견해는, 황이 '리발'로 사단을 말하면 공은 또 힘써 '기발'로 말하니,

이 견해는 사람들이 '人行'을 설하면 기필코 '馬行을 말해야 한다' 함과 같다.(상261)

이어 다음과 같이 비판한다.

이것은 바로 주자의 이른바 "숨바꼭질놀이"와 비슷하다.(상262)

주희는 토론 상대인 여조겸의 논변 태도에 대해 다음과 같이 말한다. "이는 마치 아이들의 숨바꼭질 놀이와 비슷하다. 네가 동쪽에서 오면 나는 서쪽으로 숨고, 네가 서쪽에서 오면 나는 또 동쪽으로 피한다. 이렇게 찾고 숨는다면 어느 때 이 일이 합의되겠는가?"[878] 토론은 상대의 논의를 제대로 이해하고 그 이해한 가운데서 자신의 의견을 제출해야 한다. 상대의 본지를 이해하려 들지 않고 그 밖의 다른 의견을 제출하면 토론은 어느 때 합의되겠는가? 이러한 태도는 결코 올바른 토론 자세라고 할 수 없다.

퇴계는 사맹의 사칠을 언급했고, 퇴고의 토론도 사맹의 소지와 종지에 관한 것이다. 사단 및 성선을 퇴계가 리발이라 한 것이라면 그것은 맹자의 소지에 의거한 것이다. 사단은 진실로 리이며 독리이다. 왜냐하면 맹자 종지는 리의 확충과 성선 논증에 있기 때문이다. 만약 사단도 본래 기이고 겸리기라면 '기·악을 확충함'과 '성선의 종지'를 거부함이 되고 만다. 퇴계의 비판은 다음과 같다. 내가 겸리기에 나아가 리·기로 사·칠을 나누면 그대는 사칠은 본래 겸리기의 혼륜이라 하고, 내가 기발을 칠정이라 하면 그대는 리발이라 하며, 내가 리발을 사단이라 하면 그대는 기발이라 하니, 이는 어린아이들 숨바꼭질과 같다.

퇴계의 위 논의에 의하면 사단도 본래는 혼륜, 사칠도 본래 혼륜이다. 단 리기는 호발하는데, 그 호발에서 리는 사단이고 기는 칠정이다. 하지만 이는 성즉리를 부정한 것이며, 더욱이 사맹 종지를 벗어난 논변이다. 왜냐하면 정자의 "성즉리"는 성은 스스로 리라 함이기 때문이다. 정자는 성을 리라 함으로써 선유의 모든 성설은 기에 섞인 잡리가 아님을 천명한 것이다. 공자의 태극, 자사의 천명, 맹자의 성선과 사단은 잡리가 아니다. 칠정의 중절자도 반드시 리이다. 리는 기에 섞인다고 해서 변질되는 것은 아니며 단지 사람 공부 부족으로 가릴 뿐이다. 자사가 미발의 "신독" 공부를 중시한 이유가 바로 여기에 있다.

---

878) 此如小兒迷藏之戲. 你東邊來, 我卽西邊去閃, 你西邊來, 我又東邊去避, 如此出沒, 何時是了邪(『문집』권48, 「答呂子約」16, 2237쪽)

고봉은 사맹의 설에 의거해서 퇴계를 비판한다. 칠정은 사람 감정이므로 반드시 리라 할 수는 없고, 사단 소지는 반드시 리이다. 따라서 사단은 겸리기(혼륜)라 할 수 없고, 또 사칠이 본래 혼륜이라 함은 불가하다. "리기에 나아간" 사칠도 불가하다. 만약 그렇다면 사맹 본설 이전 퇴계가 리기에 나아가 사칠을 새로이 설한 것이 되고 만다.

발처는 알기가 매우 어렵다. 발처는 이발의 감정으로 유추·묵식할 수밖에 없기 때문이다. 퇴계에 의하면 사단도 호발·혼륜 중의 리이고, 또 칠정도 본래는 호발이나 다만 기라는 주장이다. 그리고 고봉에 대해, 내가 호발이라 하면 그대는 리발과 기라 하고, 또 내가 리·기라 하면 그대는 혼륜이라 하니, 이것이 곧 숨바꼭질이라 비판한다. 그러나 주희의 이른바 "어린아이의 숨바꼭질"은 토론 주제와 그 이해에 대한 비판이다. 과연 "리기 호발"과 "리·기"는 사맹 종지에 관한 것일 수 있는가? 고봉에 의하면 사칠은 진실로 혼륜일 수 없고, 천명·중화는 기일 수 없으며, 사단·성선 종지는 겸리기의 혼륜일 수 없다. 만약 사맹 사칠이 본래 혼륜인데 호발의 선후 리·기라 주장한다면, 그렇다면 오히려 퇴계가 자사, 맹자, 정주 및 고봉 본의를 곡해하고 스스로 숨바꼭질에 들어간 것이 아니라 하지 않을 수 없다.

64

선이 둘인가, 라는 용어의 계속된 오해

사람의 선은 하나인가, 둘인가? 그리고 칠·사의 선은 같은가, 다른가? 고봉은 선은 '하나'라고 한다.

> 칠정의 선은 천명의 본연이나 악은 기품의 과불급에 의해 천명이 가렸을 뿐이다. 따라서 사단 칠정의 선은 당초 '두 개의 옳음으로 있는 게 아니다(非有二義).'(상9)

칠정의 선은 천명지성이 발현한 천명 본연의 작용이며 따라서 사단의 선과 다른 별개의 선이 아니라는 것이다. 단 "맹자는 이 선을 척출해서 손가락으로 가리켜 '성선이다' '확충해야 한다'고 했을"(상10) 뿐으로 이것이 맹자의 종지이다. 결국 하나의 선에 대한 둘의 소지가 다를 뿐이며, 이것이 주희가 말한 "자사에서 맹자가 나온"(상96) 이른바 '도통'이다.

고봉의 "두 개의 옳음이 있지 않다(非有二義)"에 대한 퇴계의 답변은 다음과 같다.

> 그대는 깊게 '리기는 서로 순환하므로 떨어지지 않는다'고 주장하면서, 결국 사단과 칠정은 "다른 뜻이 있는 것은 아니다(非有異義)"고 했으니, 이는 성현의 종지(旨)로 헤아려 보면 합치하지 못한다.(상29~30)

퇴계에 의하면 사칠은 본래 리기 혼륜인데, 다만 리·기에 나아가면 리발은 사단이고 기발은 칠정이다. 그런데도 그대는 리기 혼륜만 주장하여 "다른 뜻(異義)이 없다", "사칠은 다른 가리킴이 없다(無異指)고 하니 이는 자상모순이다."(상42) 이 답변은 고봉이 말한 '그 선은 둘이 아님'에 대해 오히려 반대로 리·기 分에 나아가면 사칠도 반드시 리·기 分이므로 따라서 그대의 '다른 뜻이 없다(非有異義)'는 주장은 결국 자상모순이며 성현의 종지가 아니라 함이다. 즉 사칠은 '리·기의 다른 뜻(異義)이 없다' 해서는 안 된다.

고봉의 답변은 다음과 같다.

> 제가 "사칠은 애초 '둘의 옳음(二義)'으로 있는 게 아니다"고 했던 것은, 즉 사단은 "칠정 중의 발해서 중절한 것(화·달도)"과는 그 '善의 實은 같으나 名만 다르다'라는 뜻이었다. 따라서 저는 그 근원으로 보면 진실로 '두 개의 옳음으로 있는 게 아니다'라고 운운했을 뿐이거늘, 제가 어찌 곧바로 [사칠 종지는] 원래 "다른 뜻이 없음(無異義)"으로 여겼겠는가? 만약 제가 곧바로 사칠이 "다른 뜻이 없다(無異義)"고 했다면 이것이야말로 어찌 "성현의 가리킴"(퇴계의 '종지旨'를 '가리킴指'으로 바꿈)에 어긋난다 하지 않겠는가?(상130)

고봉의 당초 논변은 "선은 둘이 아님"이고, 퇴계의 답변은 "그대는 사칠이 본래 다른 뜻이 없다 했음"이다. 문답이 완전히 어긋난 것이다. 고봉은 '천명 본연'의 선과 '성선 및 확충의 선'은 같은 선인데, 다만 그 '이름' '가리킴' '뜻' '종지' 등은 전혀 다르다 함이다. 반면 퇴계는 리·기가 다르므로 따라서 사칠도 "다른 뜻이 없다(無異義) 해서는 안 된다" 함이다. 그렇다면 고봉은 "사·맹의 가리킴" 및 "사·맹 종지"의 2설을 구분 없이 '다른 뜻이 없다'고 했는가? 만약 내가 그렇게 말했다면 "중화"와 "성선" 2설의 가리킴을 전혀 구별할 필요가 없다는 말이 되고 만다. 고봉의 이러한 항변은 '둘의 선' 문제를 떠나 문자와 토론의 어긋남에 대한 상식적 지적이다.

하지만 퇴계는 계속 이 오류를 고치지 않는다. 이후에도 퇴계는 "그대는 사칠은 '다른 뜻이 있지 않다(非有異義)'고 했다",(상231) "그대는 원래(元) 두 개의 의미(意思)가 없다고 했다"(상263)고 하면서 다음과 같이 답변한다.

> 황은 말하겠다. 만약 둘(리·기 혹은 사·칠)을 '상대로 들고(對擧)' 그래서 "그 위를 향한 근원을 미룬다면"(고봉의 근원은 一善, 퇴계는 리·기임) 실제로 리·기의 分이 있다. 어찌 "다른 뜻이 있는 게 아니다(非有異義)"라고 하는가?(상264)

사칠을 "상대로 들고" 그 리·기 "근원으로 미루면" 반드시 "리·기의 分이 있다" 는 주장이다. 즉 리·기 근원으로 미루면 사칠은 '리·기의 분'이 있다. 이 주장은 더 이상 '선'이 아니며, 또 그 "위를 향한 근원"도 사칠이 아닌 '리·기'이다. "위를 향한 근원" 또한 고봉이 퇴계를 비판한 말이다. 고봉의 말뜻은 "저는 그 근원(善)을 미루면 진실로 '두 개의 옳음이 없다' 했거늘, 어찌 곧바로 사칠 종지가 원래 '다른 뜻이 없 다(無異義)'고 했겠는가? 만약 다른 뜻이 없다고 했다면 저는 성현의 가리킴에 어긋나고 만다"이다. 고봉은 결코 이렇게 말한 적이 없었음을 이미 항변했다. 즉 "내가 어찌 '無異義'라 했겠는가? 나는 '非有二義'라 했다"고 하여 나는 당초 '사칠이 다른 뜻이 없다 함이 아닌 그 사칠의 선은 둘이 아니라 했을 뿐이다'고 이미 강력 항변했다.

칠정의 중화인 천하의 달도는 "천지를 위육"하는 근거이고, 사단을 확충하면 나도 "사해의 옳음에 동참"(확충장)할 수 있으니, 성선은 "공자나 길가의 미천한 사람이나 모두 동일하기"(성선장 집주) 때문이다. 결국 천하 인류가 교류 소통할 수 있는 근거는 바로 내가 그 선을 이룸으로써 가능하다는 것이 사·맹 본의이다. 명칭도 다르고 언 론방법도 다르지만 선은 단지 하나일 뿐이다. 이것이 주희가 말한 이른바 '도통'이다. 반면 퇴계는 그 근원(소종래의 리·기)에서부터 혈맥과 혈통이 전혀 다르다고 한 것이다. 이 답변은 더 이상 '선' 문제가 아니다. 퇴계의 인용 오류인 "四七, 非有異義"는 이후 로도 계속되며,(상267·268) 선은 거론하지도 않는다. 천하의 선이 둘이라면 인류의 통 합·소통으로서의 "관철"(하110)은 근본적으로 불가함이 되고 만다.

65

가리킴(指)이 자사와 다르다는 말의 출입모순

『중용』 "희노애락(칠정)"의 종지는 무엇인가? 그것은 칠정 전후의 미발과 이발 '공부'에 있다. "미발의 중"에 "신독"(「수장」)하고 이발의 "희노"도 공부로써 천명의 작용인 "화"를 이룬다. 종지가 '공부'에 있으므로 그 가리킨 바(所指)는 "겸리기로 설명"(상63·80)한 것은 당연하다.

문제는, 퇴계는 기질지성의 '성설'이 "치우쳐 가리켜 기만 독언한 것(偏指而獨言氣)"(상35)과 같이 칠정도 '기만 치우치게 가리킨(偏指) 것'(상21·24)인 "기지발"이라 한다는 점이다. 고봉은 '기'만이 아니라 함이고, 퇴계는 나도 겸리기의 '혼륜을 모르지는 않지만' 다만 나의 주장은 "오로지 기만 가리킨 것"이다. 고봉의 의혹이 이것이다.

> 선생께서도 "자사는 중화를 논하면서 칠정은 리기 가운데 나아가 혼륜으로 설명했다"고 하셨다. 그렇다면 칠정이 어찌 겸리기가 아닌가? 보내오신 설 역시 "출입이 없을 수 없음"(퇴계의 말을 인용한 것임)이 이와 같다.(상136)

자사의 가리킴(所指)은 독기인가, 겸리기인가? 퇴계 본문도 혼륜의 겸리기라 함이 분명한데 왜 또 독기·편기·전기로 주장하는가? 때문에 "출입이 있다"는 것이다. 중화가 있으므로 편기·전기(한쪽의 치우친 오로지 기)가 아님이 분명하지 않은가? 자사의 중용철학은 결코 '치우침'이 없으며 칠정은 반드시 중화인 리가 있다. 더구나 중화의 '리'가 자사의 소지이다. 공부로써 중화를 이루어 "천지 化育"(「수장」·「22장」)이라는 창조적 소통을 가능케 하고자 함이 자사 종지임이 분명하다.

퇴계도 일찍이 "사·맹의 소지",(상18·23) "정·장 기질지성의 소지",(상20) "주자의 소지"(상24)라 하여 '선유의 가리킴'으로 논했다. 퇴계의 큰 문제는 "나의 종지(宗旨)"(상240)인 "독기·편기"는 선유의 설을 '따르지 않았다'고 스스로 선언한다는 점이다. 퇴계는 말한다.

> 황은 말하겠다. 성을 말함에 '기만 가리켜 말한(指氣而言) 것'도 없지 않다. 다만 나의 설에 "치우쳐(偏)"와 "단독으로(獨)"라는 두 자는 과연 병통이 있는 듯해서 그대의 의견에 의거해 이미 고쳤다. 하지만 이는 "칠정은 겸리기이다" "혼륜으로 말했다"는 것과는 그 所指가 본래 스스로 부동하다. 지금 나의 설을 "출입의 모순이 없지 않다"고 하지만 그러나 사실을 알고 보면

출입이 있는 게 아니다. '가리킴'이 부동해서 말도 다르지 않을 수밖에 없었을 뿐이다.(상266)

고친 논변은, "겸리기를 가리켰지만 기를 주로 말했다(兼指而主言氣)"(상212)인데, 여전히 기질지성은 '기'이다. 나도 그대와 같이 "혼륜, 겸리기의 가리킴"은 같으나 "그렇지만(而)" 나의 강력한 주장의 가리킴은 "氣로 말한 것"이다. 요컨대 자사의 '소지'는 겸기지만 '나는 기'이다.

퇴계는 "겸리기·혼륜으로 말한 것과 '나의 소지'는 본래 다르다"고 한다. 퇴계의 소지는 겸리기가 아니다. 때문에 "나는 출입 모순이 없다." 편과 독은 문제가 있다 해도, 그러나 나의 강력한 주장은 자사·정자와 다른 "氣之發"로서의 "오로지 기(專氣)만 가리킴"이다.

기질지성이 잡리기라 해도 '기만 가리켜 말'할 수는 없겠는가? 만약 칠정의 "기발"이 실로 '오로지 기만 가리킨(專指氣) 것'이 아닌 겸리기라면 주자는 응당 "리발"과 대거·병첩하지도 않았을 것이다.(상242~243)

퇴계는 사칠을 주희가 대설로 병첩했다고 하나 이는 사실과 다르다. 『어류』 "리발, 기발"은 사맹 해석일 뿐, 사맹 본설이 대거·대설일 수는 없다. 퇴계는 "나의 소지는 부동하다", "가리킴이 부동해서 말도 다를 수밖에 없다"고 하면서 결국 "자사는 [나의] 소종래의 설을 쓰지 않았다"(상274)고 선언한다. 즉 '자사의 소지'는 나의 소지와 다른데 '자사는 기 소종래설을 쓰지 않았다.' 이는 자사의 종지·소지를 부정한 것이며, 결국 추만 「천명도」를 '사단 위주'로 바꾸고 "천명"을 '기'로 쫓아낸 것이다.(하131) 퇴계는 천명·중화의 리 존재를 부정하고 자신의 '기에 나아간' 칠정설을 새로 제시한 것이다. 만약 자사의 소지가 기라면 그것은 리의 '옳음'으로서의 소통·통합이 불가함이 되고 만다. 고봉이 "동인·서인(리·기)이 서로 싸우는 것 같다"(하122)고 비판한 이유이다. 리·기 대립의 싸움으로는 소통이 불가하다. 과연 자사와 맹자는 성정의 "관철"(하110)을 거부했는가?

66

리·기 分 때문에 사·칠의 다른 명칭이 있다니요?

희노(칠정)와 사단(측은)은 자사와 맹자가 붙인 명칭이다. 이렇게 사람 느낌의 감정을 논한 이유는 천하 인류의 교류와 소통을 이루기 위함이다.

따라서 그 '선'도 단지 하나이나 "다만 자사와 맹자는 그 하나를 설명하는 방식이 달라서 둘의 別(별칭)이 있을 뿐이다."(상3) 칠정의 "善者는 천명의 본연"(상9)이므로 따라서 칠사의 선은 "처음부터 둘의 옳음으로 있는 것은 아니며(初非有二義)"(상9) "단 맹자는 그 선만 척출 지시해서"(상10) 성선을 논증했을 뿐이다. 이러한 고봉 논변에 대해 퇴계는 아래와 같이 비판한다.

> 그대는 리기는 서로 떨어지지 않는다 하여 사단칠정은 '다른 뜻이 없다(非有異義)'고 하니 이는 성현의 종지에 합치하지 못한다. 이렇게 사단칠정을 '다른 가리킴이 없다(無異指)'고 하면 자상 모순에 가깝지 않겠는가?(상29·30·42)

이 비판은 고봉 문자와 다르다. 왜냐하면 고봉이 말한 "둘의 옳음이 아님(非有二義)"은 '선'이 둘일 수 없다 함으로 이는 사칠이라는 '명칭 혹은 소지 및 종지'를 가리킨 것이 아니기 때문이다. 반면 퇴계는 '리·기 둘이 달라서(異)' 사·칠이라는 다른 명칭(異名)도 있는 것이라고 한다. 때문에 고봉은 자신의 당초 논변을 다시 해명한다.

> 이른바 칠정의 "발해서 중절한 것"은 천명의 성이며, 이는 맹자의 이른바 "사단"과는 그 '선'은 같으나 명칭이 다른 것뿐이다. 제가 사단칠정은 "처음부터 둘의 옳음으로 있는 것이 아니다(初非有二義)"고 함은 이것을 말함이었다.(상64)

고봉은 칠사라는 '명칭' 혹은 '리기'를 거론한 것이 아닌, 칠정의 중절자인 "화·달도"와 측은의 "확충·성선"에서 '그 선은 둘이 아니라 함'을 말한 것이었다. 칠정의 화는 천명의 성이며 이는 맹자의 선과 동일한 선이다. 칠정과 사단은 자사와 맹자가 붙인 이름이다. 다만 "그 세운 이름이 다른(立名有異) 이유는 사람 느낌을 설명함에 부동이 있기"(상76) 때문이다. 더구나 지금 우리의 토론은 칠·사라는 이름(名)에 관한 것이 아닌, 그 사·맹의 소지 및 종지에 관한 것이다. 맹자는 "성선의 리를 발명하기 위해 측은·수오로 이름 붙였으니 이는 정의 善者로 설명한 것"(상81)으로,

결국 천명의 성과 동일한 선이다. 선이 같다 해도 사맹은 "그 소주의 각기 다름이 있는"(상78·79·82) 것이다. 천명의 중화와 성선·확충은 그 가리킴의 종지가 전혀 다르다.

이러한 고봉 논변에 대해 퇴계는 여전히 "리·기에 나아가면" 사·칠이라는 다른 명칭(異名)이 있는 것이라고 계속 주장한다.

> 황은 말하겠다. 같음(합리기) 가운데에 나아갔다 해도, 그러나 실제로 리발·기발의 分이 있음을 알아야 하며 이 때문에 '다르게 부르는 이름(異名之)'도 있을 뿐이다. 만약 본래 리·기의 다름이 없다면 어떻게 그 "다른 이름(異名)"도 있겠는가? 때문에 만약 마침내 "다른 뜻(異義)이 없음"으로 여기신다면 아마 불가할 것이다.(상268)

계속 문답과 문자가 어긋난 것이다. 고봉은 사칠이 아닌 '중화와 성선'은 "이름은 다르지만 그 알맹이인 선은 같다(同實異名)" 함이고, 또 "사칠은 둘의 옳음이라 할 수 없다(四七非有二義)" 함도 사칠의 '선은 둘이 아니라' 함이었다. 고봉은 이미 "저는 처음부터 '非有二義'라 했지 '無異義'라 하지 않았다"(상64·130·148)고 함으로써 이 문제를 수차 강력 항변했다.

칠사라는 명칭은 사맹이 붙인 것으로, 여기에 이견이 있을 수 없다. 따라서 퇴계도 사맹의 종지 및 소지에 관해 논변해야 한다. 하지만 퇴계는 리기에 나아가면 "리발·기발의 분이 있으니 이로써 다르게 부르는 명칭도 있게 된 것"이라 한다. 더구나 고봉의 "二義"는 선일 뿐, "異義"인 리·기로서의 사·칠이 아니다. 이는 토론 문제가 아닌, 상식적 문자 문제이다. 퇴계는 사맹의 칠·사 본설과 명칭보다 먼저 "리기에 나아가서" 그 '리·기 명칭'을 거론함으로써 본말이 전도되고 만 것이다.

67
소종래, 호발의 리·기에 사·맹 본설을 철저히 종속시킴

희노(칠정)와 사단이라는 '다른 이름(名)'은 누가 붙였는가. 그것은 자사와 맹자가 붙인 명칭임이 자명하다. 고봉은 말한다.

자사와 맹자는 사람 느낌(정)에 '나아가 그 설명한 것이 부동'해서 사·칠의 '별칭(別)'이 있을 뿐이다.(상3)

    퇴계의 답변 역시 "사단은 정이고 칠정 역시 정인데, 사·칠의 다른 이름(異名)이 있는 것은 왜인가? 그것은 그대의 '나아가 설명한 것이 부동하다' 함이 이것이다"(상16)고 한다. 이는 고봉의 "설명(言之)한 것이 부동해서 다른 이름이 있음"에 동의한 것이다. 그런데 문제는 퇴계의 위 용어·용법 및 문자 내용은 고봉과 전혀 다르다는 점이다. 퇴계는 "리기에 나아가면 [리·기의] 부동이 있으니 때문에 別이 없을 수 없다. 예로부터 성현은 이 둘(리·기)을 논함에 어찌 一物로만 합하고 분별로 설명하지는 않았던가?"(상17)라고 한다. 고봉의 '사·칠' 별칭을 '리·기' 分別로 답변한 것이다.
    때문에 고봉은 이 문제에 대해 아래와 같이 항의한다.

> 사단 칠정은 진실로 모두 정이다. 따라서 그 苗名에 다름(異)이 있는 것이 어찌 선생의 인용 그대로 "나아간 바의 설명이 부동해서"라 하지 않겠는가? 대승의 전설도 이와 같고, 선생 또한 '그렇다'고 하셨다. 하지만 선생은 "사칠은 각기 소종래가 있기 때문"이라 하셨으니, 그렇다면 이는 단지 "설명한 것이 부동하다"고 함이 아니시며, 결국 "同"이라 함은 '말로만(문자만)' 그렇다 함인 것이다.(상76~77)

    고봉은 퇴계의 '리·기 분 때문에 사칠의 다름도 있다'(상264)는 말을 도저히 상상할 수 없다. 고봉은 "사칠은 사맹의 설명(느낌에 대한 설명)이 부동해서 그 이름을 세운(立名) 다른 명칭(異名)도 있는 것"이라 한다. 그런데 퇴계는 반대로 "리기에 나아가면 사칠은 각각 리·기의 소종래가 있는 것"(상28·39)이라 한다. 즉 사·칠이라는 다른 명칭(異名)이 있는 이유가 '리·기의 다름 때문'이라 함이다. 이는 "언어(一語)"는 물론이거니와 그 "뜻(意)" 또한 불일치한다는 것이 고봉의 비판이다.(상77) 퇴계는 명칭이 다른 이유를 구체적으로 아래와 같이 말한다.

> 황은 말하겠다. 同中(리기혼륜)에 나아갔다 해도 그러나 실제로 리발·기발의 分이 있음을 알아야 하며, 이 때문에 '다르게 부르는 이름(異名之)'도 있을 뿐이다. 만약 본래 리·기의 다름이 없다면 어떻게 "다른 이름(異名)"도 있겠는가?(상268)

    실제 리·기의 分 때문에 사·칠이라는 다른 명칭(異名)이 있게 되었다는 것이다. 이어 또 말한다.

황은 말하겠다. 비록 같은 정이라 해도 그 '소종래의 다름(異)'이 없지 않기 때문에 예로부터 "설명한 것(言之者)"도 "부동(不同)"이 있었던 것이다. 만약 소종래(리·기)의 본래 다름(異)이 없다면 그 "설명한 것"도 무엇을 취해서 "부동"이 있다고 하겠는가? 자사는 진실로 소종래(리·기)의 설을 쓰지 않았다. 그런데 맹자가 사단을 설할 때야말로 어찌 '리발 한쪽만 가리켜 설명했다'고 하지 않을 수 있겠는가? 사의 소종래를 기왕 리라고 했으니, 칠의 소종래는 기가 아니면 무엇인가?(상274)

고봉은 "사맹의 설명 부동으로 사칠의 異名이 있다" 했고, 퇴계도 '그렇다'고 했다. 반면 퇴계는 "리·기의 分이 있으므로 사·칠의 다르게 부르는 이름(異名之)도 있다"고 한 것이다. 이에 대해 고봉은 "우리의 언어와 뜻은 불합치하다"고 극력 항변했다.

더욱이 "사단이 리이므로 칠정이 기인 것"이라면 결국 '사단 때문에 칠정의 천명과 미발·대본의 중이 기'가 되고 만다. 또 "자사는 소종래(기)의 설을 쓰지 않았다"고 한다면 이는 퇴계의 말 그대로 "성현을 몰아서 자기를 따르게 함"(상295)이 되고 만다. 고봉은 "어찌 맹자 때문에 급거 자사가 기가 되어야 하는가?"(하62)라고 반문한다. 퇴계는 사맹 종지인 "천명의 중화"와 "확충하라, 성선을 논증할 수 있다"는 '공부' 논의는 한마디도 없고, 오히려 리기에 나아가서 그 리·기 발처만 언급하여 선언한다. 결국 자신의 리·기 호발설, 소종래설에 사맹의 본설·명칭 및 종지를 철저히 종속시키고 만 것이다.

68

공자 희노애락은 순리가 될 수 없다는 말의 억지모순

『중용』은 천명의 성을 논하기 위해 "희노애락"을 말했다. 희노애락의 즈음 공부로써 중화를 이루어 천지만물의 화육인 '큰 화합의 소통'을 이루기 위함이다. 주희가 희노애락 아래 주석을 붙여 "천명의 성, 천하의 리, 도의 체용"이라 한 이유이다. 이천은 「호학론」('호학'은 공자의 말임. 『논어, 옹야』)에서 "공부(學)로 성인에 이를 수 있다" "희노애락애오욕은 중에서 동한다"(상103) 하고, 명도도 「정성서」에서 "성인의 희노는 외물에 순응한다"고 한다. 두 정자가 '도통'을 이은 이유이다.

반면 퇴계는 "칠정의 묘맥인 형기의 발은 리 본체가 될 수 없다"(상24~25)고 한다. 이에 고봉은 "심히 불가하며, 크게 그렇지 않다"고 하면서 아래와 같이 답변한다.

맹자의 "희", 순임금의 "노", 공자의 "애·락", 이것이 어찌 리 본체가 아니겠는가?(상115)

이어 "이러한 것들을 만약 형기가 하는 것이라 하면 형기와 성정은 서로 간여 통섭이 못되고 만다"(상117)고 비판한다. 왜냐하면 공맹의 칠정은 이정의 말과 같이 "공자의 호학", "성인에 이르는 길", "외물에 순응하는" 것이기 때문이다. 그 예를 고봉은 공자와 순임금의 칠정으로 든 것이다.

퇴계는 『어류』 "리발, 기발"을 사칠의 '리·기 대설'로 굳게 믿고(본설을 왜곡해서) 기의 발을 칠정으로 여긴다. 하지만 『중용』은 반드시 "천명, 미발의 중, 중절의 화"를 말했으므로 단순히 '기·기발'이라 할 수는 없다.

사단의 리는 분명하지만 사단 때문에 칠정이 기발일 수는 없다. 더구나 주희는 분명히 "고금의 성인과 어리석은 사람은 하나의 성으로 동일하다",[879] 또 맹자 "성선"장 주석에서도 이천을 인용해 "리는 요순부터 길 위의 사람까지 하나다. 배워서 알면 기는 청탁이 없으니, 어리석은 자는 자포자기의 사람일 뿐이다"[880]고 한다. 맹자의 사단설을 보자.

> 사람에게 이 사단이 '있음'은 四體가 있음과 같으니, 이러한 사단이 있으면서 스스로 불능하다 하는 자는 자신을 해치는 자이다. 무릇 사단이 나에게 있음을 알고 모두 확충해야 한다.(「공손추상」)

때문에 장재도 "사람의 四體는 일물이며, 느끼면 즉시 깨닫는다. 이는 마음을 여기에 이르도록 해서 깨닫는 것은 아니다"[881]고 한다. 사단의 단서는 '누구라도' 있다. 이는 공자와 같은 성인만 있는 것은 아니다. 다만 확충하지 못하면 이는 스스로를 해치는 자이다. 맹자의 "백성과 함께 즐거워하라(與民樂)",(「양혜왕상」) 장재의 "인류는 나와 같은 동포, 만물은 나의 짝(民吾同胞, 物吾與也)"(『서명』)이라 함이 이것이다.

『중용』 희노애락과 「호학론」 칠정은 공자로부터 자사, 맹자로 이어지는 도통이며, 화합과 소통 논의이다. 반면 퇴계는 여전히 공자의 희노는 기발일 뿐이라고 주장한다.

> "맹자의 희, 순임금의 노, 공자의 애·락"은 '기가 리를 순응하여 발'함에 한 터럭만큼의 장애도 없기 때문에 리 본체도 渾全하다. "일상인의 부모를 보고 기뻐함(喜), 초상에 임해서 슬퍼함

---

879) 古今聖愚本同一性.(「등문공상」1)

880) 程子曰, 性卽理也, 理則堯舜至於塗人, 一也. …學而知之, 則氣無淸濁, …孔子所言下愚不移者, 則自暴自棄之人也.(「고자상」6. 원문은 『유서』권18, 92조, 204쪽)

881) 譬之人身, 四體皆一物, 故觸之而無不覺, 不待心使至此而後覺也.(『근사록』, 「도체」49)

(哀)" 역시 '기가 리를 순응한 발'인데 다만 그 기의 가지런하지 못함 때문에 리 본체 역시 純全할 수 없다. 이로써 논한다면 비록 칠정을 '氣之發'로 여긴다 해도 또한 어찌 "리의 본체에 해롭다"고 하겠는가? 또 어찌 "형기와 성정이 서로 간여하지 못할" 근심이 있겠는가?(상282)

공맹의 희노라 해도 단지 '기발'일 뿐이며 때문에 리발의 "순수한 리(純全)"가 아닌 "혼전"의 리이다. '섞인' 혼륜의 리인데, 왜인가? "기발 때문"이며, "그 발의 혈맥"(상254)이 다르기 때문이다. 퇴계는 "칠정을 기발이라 해도 리 본체에 해롭지 않다"고 하지만 그러나 이미 사단의 리발과 상대한 '기발'이다. 퇴계는 이미 "형기와 성정"을 철저히 둘로 가른 것이다. 만약 그렇지 않다고 하기 위해서는 칠정과 사단은 '동일한 一善, 一理인 것'이어야 한다. 고봉은 이렇게 "양 편 두 진영(동인·서인)으로 가른 의도가 과연 무슨 의미인지 모르겠다"(하111)고 말한다. 퇴계와 같다면 공자의 칠정은 사단과 동일한 리가 아닌, 그래서 사단을 "확충"하지 못하는 공자, 또 "성선"이 아닌 공자가 되고 만다.

69
『대학』「정심장」은 정심의 일이 아니라는 말의 자상모순

『대학』「정심장(제7장)」 주희 주석은 『대학』 '정심'의 일인가, 『중용』 '희노애락'의 일인가? 문제의 「정심장」 장구주석은 다음과 같다.

> 이 넷의 감정은 모두 심의 용으로 사람에게 없을 수 없는 것이다. 그렇지만 '하나라도 두거나 또는 능히 살피지 못하면(一有之而不能察)'(상27) 욕구가 動하고 情이 마음을 이기게 되어 심용의 소행이 혹 그 바름을 잃지 않을 수 없게 되고 만다.882)

"분치, 공구, 호요, 우환" 등 4정은 심의 작용으로, 이 작용은 사람에게 반드시 있는 일이다. 단, 이곳 4정은 심의 작용을 말함이 아니다. 왜냐하면 이곳 『대학』 본문을 보면 "호요가 있으면 그 바름을 얻지 못한다"고 하여 호요를 '두어서는 안 된다'고 하기 때문이다.

---

882) 蓋是四者, 皆心之用, 而人所不能無者. 然一有之而不能察, 則欲動情勝, 而其用之所行, 或不能不失其正矣其正矣.(『대학장구, 제7장』「정심장」)

주희 주석은 마음이 외물에 느끼기 '이전'과 그리고 느끼는 '즈음', 둘이다. 즉 느끼기 전 "감정을 하나라도 두거나(一有之)", "그리고 이 즈음 능히 살피지 못하면(而不能察)", 이와 같다면 결국 내가 둔 선입의 감정이 "외물과 관계없이 스스로 발출"(상123)해서 미발·이발의 마음은 치우치고, 그래서 심의 작용도 그 바름을 잃게 된다. 다시 말해 "正心(마음을 바르게 함)"의 일은 외물에 느끼기 '이전'의 마음을 "거울의 빔"(하76)과 같이 유지해야 하고, 또 그 느끼는 '즈음'도 나의 선입의 감정은 없는지 "잘 살펴야 한다"는 것, 이로써 나의 마음은 "바름(正)"이 된다는 것, 이 뜻이다.

그런데 퇴계는 '정심'과 '칠정'의 일을 섞어서 아래와 같이 논한다.

> 칠정은 선악 미정이니 "하나라도 두거나 능히 살피지 않으면" 마음은 "그 바름을 얻지 못하고" 때문에 반드시 "발해서 중절한" 뒤에야 "화"라고 한 것이다.(상27)

이에 고봉의 답변은 "'하나라도 두거나 살피지 않으면'이라 함은 『대학』「제7장」 장구의 말이다. 그 뜻은 마음속에 이 감정을 먼저 '두면 안 된다'는 것이며, 또 '사물이 올 즈음 살핌이 없으면' 실수가 없지 않을 것이라 함으로, 이는 정심의 일인데도 칠정의 일로 논증하셨으니, 서로 비슷한 일이 아니다"(상123~125)이다. 『중용』 칠정은 중화인 "도의 체용"을 논한 것으로 '반드시 있어야 할 정'이지만, 반면 『대학』 정심은 마음에 이러한 감정을 '남겨 두어서는 안 된다' 함이니, 따라서 이는 칠정의 일과 전혀 "불상사"라는 것이다. 요컨대 정심은 '선입의 감정을 미리 두지 말라' 함이고, 칠정은 이러한 '감정이 있음으로써 중화'를 이룬다 함이다.

이에 퇴계는 이 말은 「정심장」의 말이지만, 정심의 일이 아니라고 한다.

> "하나라도 두면"이라는 말이 비록 「정심장」에 있기는 하지만, 그러나 이 말은 희·노·우·구를 마음속에 두어서는 안 된다는 뜻이다. 이는 마음의 병통을 설해서 사람들에게 그 병을 알게 해 약을 처방하려 한 것일 뿐, 곧바로 정심의 일로 설한 것이 아니다.(상286)

즉 이 말이 「정심장」에 있긴 한데, 정심의 일이 아니다. 왜인가? 이 말은 마음의 병통을 설해서 그 병통의 약을 처방하려 함이기 때문이다. 그렇다면 퇴계의 말과 같이 "그 병통을 알고 약을 처방하려 한 일"이 정심의 일이 아닌가? 퇴계는 '아니다'고 하여 스스로 부정하면서 그 이유를 다음과 같이 말한다.

희노우구가 쉽게 마음의 병통이 되는 이유는 곧 '기에 연유한 발'이기 때문이다. 만약 사단의 리발이라면 어찌 이러한 병통이 있겠는가? 어찌 마음에 측은이 있으면 그 바름을 얻지 못하다고 하겠는가?(상287)

「정심장」 주희 주석이 '정심의 일이 아닌 이유'는 그 희노우구의 칠정은 "기발"이기 때문이다. '기발'이므로 심병이고, 심병이므로 "마음에 약을 처방한 것"이니 때문에 주희는 "하나라도 두면 안 된다"고 했다는 것이다. "리발"의 사단은 심병이 아닌데 왜냐하면 "사단이 있으면 그 바름을 얻지 못한다"고 할 수는 없기 때문이다. 하지만 만약 그렇다면 마음 미발에 나의 측은의 감정을 선입으로 먼저 두어야 한다는 말이 되고 만다.

고봉의 답변을 보자.

선생의 "마음의 병통을 설해서 사람들에게 살피게 해 바르게 하자"는 것, 이 말씀이야말로 결국 '정심의 일'이거늘 그런데도 무슨 이유로 또다시 "정심을 설한 곳이 아니다"라고 스스로 부정하는가?(하75)

「정심장」 주희 주석인 "하나라도 두어서는 안 된다"고 함은 퇴계의 위 논변과 진실로 같다. "마음의 병통을 설해서 살피게 하자는 것", 이것이 바로 「정심장」 종지이다. 퇴계도 직접 '그렇다'고 한다. 그렇다면 그 종지는 진실로 "마음의 병통을 설"한 것이 분명하다. 그런데도 왜 「정심장」을 설한 것이 아니라고 스스로 부정하는가? 더구나 "중화"의 도의 체용이 「정심장」의 '없애야 할' 일인가? 퇴계는 「정심장」 주석을 스스로 긍정해서 인용하고 또 스스로 그 의미를 강력히 부정한 것이다.

70
정명도 「정성서」를 정 반대로 읽고 해석함

퇴계는 『중용』 "희노"를 '나쁜 것', 반드시 '없애야 할 정'이라 하고, 그래서 정호(명도) 「정성서」의 "희노"까지도 그런 것으로 여긴다. 정말 그럴까? 퇴계는 칠정은 '기발'이므로 그렇다고 하지만, 정호 본의는 이와 정 반대의 의미이다. 「정성서」 본문을 보자.

성인의 '희'는 외물에 따라 마땅히 희하고, 성인의 '노'는 외물에 따라 마땅히 노한다. 성인의

희노는 자기 마음에 얽매이지 않고 오히려 외물에 얽매인다. 성인이 어찌 외물에 응하지 않겠는가.[883]

그래서 정호는 "성인은 만사에 순응하며 자신 감정으로 외물을 대함이 없으니(無情), 때문에 군자의 배움도 마음을 넓고 크게 열어서 외물이 오면 곧바로 순응한다"[884]고 한다. 희노라는 사람 칠성은 외물과 상호 교류하는 마음의 느낌이다. 따라서 외물과의 교류를 위해서는 자신 마음을 스스로 막아서는 안 된다. 스스로 막으면 어떻게 교감을 이루겠는가? 때문에 군자의 배움은 이러한 "외물에 순응하는 마음"이다. 정호는 여기서 장재에게 "외물의 유혹을 끊으려는 뜻이 있었다"고 비판하고, 주희도 "횡거(장재)가 외물을 끊어서 자신의 안의 마음을 定(안정)되게 하고자 한 의도가 있었기 때문"[885]이라고 한다.

반면 퇴계는 『중용』 "희노"에 대해 "외물이 옴에 쉽게 움직이는 것은 형기이며, 칠정이 그 묘맥이다"(상24)고 한다. 따라서 「정성서」의 희노도 '기발'일 뿐이라는 것이다.

오직 기이기 때문에 급속히 질주하여 제어하기 어려울 뿐이다. "노함"이 리발이라면 어찌 "노를 잊고 리를 보라"(「정성서」)고 했겠는가? 오직 그것이 기발이기 때문에 '노를 잊고 리를 보라'고 운운한 것이니 이는 결국 리로 기를 어거해야 함을 이르는 말일 뿐이다.(상289)

퇴계의 기발 근거는 다음과 같다. "「정성서」에서 '사람 마음(원문은 情)으로 쉽게 발해서 제어하기 어려운 것은 오직 怒가 가장 심하다. 다만 노함에 있을 때 급거 그 노를 잊어야만 理의 是非를 볼 수 있으니, 이 또한 외물의 유혹은 족히 미워할 수 없음도 알 수 있다'라고 운운했다."(상288) 하지만 퇴계의 이 해독은 정호 본의와 다르다. 주희의 해설을 보자.

'급거 노를 잊으라' 함은 앞줄 "마음을 크고 넓게 열어라"는 뜻이고, '리의 시비를 보라' 함은 앞줄 "외물이 오면 순응하라"는 뜻이다.[886]

---

883) 聖人之喜, 以物之當喜, 聖人之怒, 以物之當怒. 是聖人之喜怒, 不繫於心而繫於物也. 是則聖人豈不應於物哉(『정씨문집』권2, 「答橫渠張子厚生書」, 461쪽) 통상 '定性書'로 약칭함.

884) 聖人之常, 以其情順萬事而無情. 故君子之學, 莫若廓然而大公, 物來而順應(같은 곳, 460쪽)

885) 是有意於絶外誘(위와 같은 곳) 蓋橫渠有意於絶外物而定其內(『어류』권95, 端蒙104, 3210쪽)

886) 遽忘其怒, 便是(是應)廓然大公, 觀理之是非, 便是(是應)物來順應(『어류』권95, 賀孫103, 淳112, 3210·3213쪽)

"노를 잊으라", "외물 유혹을 미워하지 말라"고 함은 곧 자신의 마음을 크고 넓게 열어서 "외물이 오면 그대로 순응하라"는 뜻이며, 따라서 군자가 성인에게 배워야 할 점은 "정을 만사에 순응케 해서 자신의 사사로운 감정을 없게 하는 것"이다. 다시 말해 정호의 "급거 노를 잊으라"는 말의 본의는 이미 발동한 나의 사사로운 감정을 빨리 잊어야만 외물의 "이치의 시비를 볼 수 있다" 함이다. 때문에 정호는 다음과 같이 말한다.

지금 자신의 사사로움과 얕은 지혜의 희노로써 성인 희노의 바름을 보려 한다면 어찌하겠는가![887]

성인은 외물이 오면 그대로 순응한다. 그런데도 자신의 감정을 먼저 품고 그것으로 성인의 희노를 보려 한다면 어찌하겠는가? 이미 나의 감정을 먼저 품고 있는 것이라면 이는 성인의 "無情(자신의 사사로운 정을 없앰)"(「정성서」)이 아니다. 결국 정호의 "노를 잊으라"의 본의는 자신의 선입의 감정을 잊고 외물의 본모습에 따라 소통·교류하라는 의미일 뿐이다. 즉 나의 "사사로운 지혜"로 외물을 막지 말고, 그래서 나의 노를 잊으면 이치의 시비가 저절로 드러난다는 뜻이다. 『대학, 정심장』 "하나라도 두어서는 안 된다"(하73)가 이 의미이다. 반면 퇴계는 "기발이기 때문이다"고 하는데, 이는 이미 자신의 선입견(희노)으로 정호의 본문을 읽은 것이 아니라 할 수 없다.

71
자신의 설을 명덕의 팔창영롱으로 칭송함

퇴계는 자신이 고친 논변인 "소종래 및 소주의 설", "이름 붙여 설명할 즈음", "성·정의 실제" 등에 대해 스스로 말하기를 "이렇게 고치고 나니 나의 설은 팔창의 영롱과 같다"고 한다.

황은 말하겠다. "소종래 및 所主의 설"은 전후 변론으로 인해서 밝혀질 수 있으므로 여기서 다시 거론할 필요는 없겠다. 다만 "명언의 즈음"과 "성정의 실제"에 있어 나의 약간 미안한 곳은 혹은 공의 가르침을 받고 혹은 스스로 깨닫기도 하여 삼가 이미 고쳤다. 그래서 그 미

---

887) 今以自私用智之喜怒, 而視聖人喜怒之正爲如何哉(위와 같은 곳, 461쪽)

안한 곳을 기왕 제거하고 보니 의리가 환하게 관철되고, 그 분명하고 질서정연함이 마치 "八窓이 영롱"한 것처럼 거의 모호하거나 흐리멍덩한 병통이 없다. 그 "존양·성찰의 공부"에 있어서도 비록 감히 참람히 운운하지는 못하겠으나 아마 크게 불가함에 이르지는 않은 듯하다.(상291)

퇴계는 자신의 고친 자설을 "팔창의 영롱과 같다"고 하나, 그러나 자신 스스로의 논변을 이렇게 칭송할 수 있는가. 팔창영롱은 주희의 말이다.

    명덕은 마치 팔창의 영롱과 같다.[888]

『대학』경1장 "명덕"을 팔창영롱이라 한 것이다. "명덕" 장구주석을 보면 "명덕은 사람이 하늘에서 얻은 바이니 허령하고 불매하다"고 하여 명덕은 팔창의 영롱과 같이 허령해서 어둡지 않다고 한다. 고봉은 성인의 성전인 대성전에 대해 "팔창이 영롱하여 그 모습이 밝고 빛나도다"(「광주향교대성전상량문」)고 형용한다. 팔창영롱은 마치 다이아몬드와 같이 매우 강하면서도 또 어디서 보더라도 모두 밝게 드러나서 막힘이 없다는 뜻이다. 자신 견해의 논변을 팔창영롱의 명덕과 같다고 할 수는 없는 일이다. 공자라도 스스로의 공부를 완벽하다고 여기면 이는 자신을 속임이 아니라 할 수 없다.

퇴계는 스스로 "존양·성찰의 공부에 있어서도 크게 불가하지 않다"고 하지만, 주희의 '미발존양, 이발성찰' 공부는 자신할 수 있는 사안이 아니다.

    "미발의 중"은 본체가 스스로 그러해서 궁구로는 찾을 수가 없으니, 단지 이때는 경 공부를 유지해야 한다. …한편 정자의 "이발의 처에서 본다"고 함은 그 단예의 움직임을 살핀다(察)함으로 곧 확충의 공부(功)를 이루어야 한다 함이다.[889]

누구든 미발 공부를 완전하다 해서는 안 되며, 이발의 단서인 사단 또한 "확충해야 한다"(「공손추상」)의 뜻일 뿐 '확충을 다했다'고 말할 수는 없다.

"소종래 및 소주의 설"에 대한 퇴고의 토론은 그 '용어' 및 '뜻'이 서로 합치하지 않는다. 퇴계의 이른바 "소종래 및 소주"는 '리와 기'이다. 그런데 고봉의 "소종래가 있다"(하95)고 함은 사맹 본설 및 주희의 해설은 '그 종래한 바(그 설의 유래)가 있다'는

888) 明德, 如八窓玲瓏(『어류』권14, 椿19, 422쪽)
889) 未發之中, 本體自然不須窮索, 但當此之時, 敬以持之. …其日却於已發之處觀之者, 所以察其端兒之動, 而致擴充之功也(『문집』권67, 「이발미발설」, 3268쪽)

뜻이다. 또 고봉의 "사맹의 뜻은 각각 所主가 있다"(상78 · 79 · 82)도 '그 지시한 의미가 있다' 함이다. 이러한 용어 및 용법이 서로 어긋나지 않아야만 이 토론은 지속 가능하다.

퇴계의 "우리의 이름 붙여 말하는 즈음(名言之際)에 약간의 견해차라도 있다면 선유의 구설을 쓰자"(상47) 역시 문제가 크다. 칠사라는 "이름"은 사 · 맹의 "立名"(상76)일 뿐 '우리가 붙인 이름'이 아니다. "말하는 즈음" 또한 『중용』, 『맹자』, 『대학』의 설에 의거한 것이 아닌, '리와 기'이다. 퇴계는 "이미 고쳤다"고 하나, 그 고친 내용도 리 · 기의 소주일 뿐, 중용, 맹자, 대학 등 3설의 종지 및 소주가 아니다. 고봉은 "칠정과 사단의 설을 [리기로] 합해서 논해서는 안 된다"(하153)고 한다.

이른바 "성정의 실제"의 '실제(實)'는 칠사설 이전 '심 · 성 · 정'이다. 사람 본연의 '실제'가 먼저고, 이후 '설'이 있는 것이다. 주희의 "외물에 느껴서 動한 것은 성의 욕구이며, 성의 욕구가 이른바 情이다"(상107)고 함이 성정의 '實'이다. 퇴계는 실과 설 및 칠사 본설과 주희의 해설을 분별하지 않은 채 "주희의 구설을 쓰자"고 한 것이다. 이는 지금 토론의 기본적인 문제이며, 여기서 어긋나면 토론은 해결의 실마리가 풀릴 수 없다.

퇴계는 위 여러 문제를 해명하지 않았고, 또 『중용』 · 『맹자』 · 『대학』 각각의 종지를 분별하지도 않으며, 성정의 실제와 사맹 본설의 종지도 구분하지 않는다. 더욱이 위 제설 종지는 '공부'일 뿐인데도 이 문제는 언급하지 않고, 또 제설을 합쳐서 '리기 소종래 및 리 · 기의 소주'로 논하면서, 결국 말하기를 "나의 고친 설은 팔창이 영롱하다"고 하고 만 것이다.

72

보한경은 주희의 일등 문인이 아니며, 단전밀부는 주희가 강력 비판한 불교 용어이다

칠정(희노)과 사단은 자사와 맹자 본설이다. "칠정"과 "사단"으로 이름붙인 이 2설은 반드시 그 종지가 있으며, 주희는 이 2설을 『중용 · 맹자집주』, 『문집』, 『어류』 등에서 리, 기, 겸리기 등 수많은 다양한 해설을 가했다. 그런데 퇴계는 "이러한 제설을 위주하지 않고 단지 『어류』 '리발, 기발' 해석 기록"(하110) 하나만 오히려 '주희 사·칠설'로 강력히 믿고, 그 기록자인 보한경(이름은 보광)을 주희의 '일등 문인'이라 하여 이를 홀로 은밀히 전수받은 '단전밀부'라 하면서, 고봉이 주희를 배척했다고 강력 비판한다.

> 공은 주자의 이 설을 만족하지 못함으로 여긴 듯하나, 이는 더욱 미안하다. 물론 정·주의 어록도 진실로 때로 기록자의 차오가 있음을 면치 못한 경우도 있다. 스승의 설을 서술하면서 의리의 핵심 된 곳에서는 기록자의 식견이 미치지 못할 수도 있고 혹 그 본지를 잃은 경우도 있겠다. 하지만 지금 이 일단은 몇 구의 간략한 단어로서 단전밀부(홀로 은밀히 전수함)의 종지이며 그 기록자도 보한경이다. 이분은 실로 주자 문인의 일등인인데 여기에서 실수로 기록했다면 어찌 보한경이라 하겠는가.(상293)

퇴계는 『어류』 "시리지발, 시기지발"(상44) 기록을 주희 사칠설로 여기고 이를 주희의 "일등 문인"인 보한경에게만 홀로 비밀리 전수해준 "단전밀부"라고 주장한 것이다.
과연 보한경은 주희의 일등 문인인가? 보한경은 원래 주희(1130~1200)와 함께 학문을 연찬한 여조겸(1137~1181)의 문인인데, 스승 사후 주희 말년인 '1194년' 주희 문하에 들어왔다. 주희가 여조겸의 동생 여조검에게 보낸 편지에서 "정사의 제생들은 각기 이미 흩어졌는데, 금일 보한경이 갑자기 찾아왔다"890)고 하는데, 이렇게 말한 이유는 여조검의 형 문인인 보한경이 스승 사망 이후 주희 자신을 찾아왔다는 보고이다. 여조검과 주희는 학술 토론이 빈번했으므로 이렇게 말한 것이다. 『주자문집』 권59, 「답보한경」의 편지는 7통이며 모두 단문(3통은 1~2줄, 외에도 길어야 8줄임) 쪽지와 안부의 내용일 뿐이다. 그중 7번째 편지에서 "정사에 남은 십 수인의 문자가 좋은데, 단 한 경만 여기에 부동함이 한스럽다"로 보면 주희는 보한경의 문자를 신뢰하지 않았음을 알 수 있다. 『주자문집』은 당시의 학자 및 문인들과 토론한 수많은 논변이 있으며, 그중 보한경과의 편지는 주희 학설의 중요한 내용이 전혀 없고 따라서 일등 문인이라는 퇴계의 주장은 문제가 있다.
이른바 "단전밀부"라는 말은 불교 용어이다. 주희는 왕숙경에게 "그대는 「태극도」를 단전밀부의 삼매로 여겼다. …어찌 학자들의 이목을 어리석게 해서 반드시 그 단전밀부를 기다린 이후 터득할 수 있다고 하는가? …도체의 정미는 단전밀부를 기다리지 않아도 心目의 사이에 밝다"고 하면서 단전밀부를 "言外別傳", "忘心忘形"의 불교 용어와 함께 비판한다.891) 퇴계의 "단전밀부의 종지"라는 말은 주희가 강력 비판한

---

890) 精舍諸生方幸各已散去, 今日輔漢卿忽來.(『문집』 권48, 「答呂子約」18, 2243쪽)

불교용어이며, 더구나 "리발, 기발"은 사맹의 사칠 중 '한쪽만의 뜻'이고 또 미발이 없이 '발처'만 논했을 뿐이므로 진실로 "종지"라 할 수 없다.

이러한 "일등 문인" "단전밀부" 등은 고봉 문자를 심하게 오독함에서 비롯된 것이다. 퇴계는 '고봉이 주희의 리발·기발을 잘못된 설로 여겼다'고 여기고 이와 같이 비판한 것이다.

> 그대는 주자의 "리의 발, 기의 발"을 '우연히 발언한 치우친 가리킴(偶發而偏指)'으로 여겼다.(상292)

즉 『어류』 "리지발, 기지발"을 고봉이 배척한 것으로 여긴 것이다. 하지만 고봉 본문은 이와 다르며, 전혀 비판하거나 배척하지 않았다. 당초 고봉 본문을 보자.

> "시리지발, 시기지발"이라 한 것은 주희의 기타 전후의 논의와 더불어 상호 참고하면 그 동이와 곡절이 스스로 드러날 수 있다. 그렇다면 후학은 이러한 사칠 해석설에 대해 전후를 두루 갖춘 모두를 다한 '말씀(言)으로 따라야(遵)' 하겠는가, 아니면 그 일시 한때에 국한시켜서 치우쳐 한쪽만(리발만, 기발만) 가리킨 '언어(語)로 지켜야(守)' 하겠는가? 주자를 따를지 말지 역시 어렵게 결정할 문제도 아니다.(상154)

"리발, 기발"은 사맹 본설에 붙인 『어류』 해석설이며, 이 해석설은 사맹 본설에 종속된다. 칠정 본설은 천명의 중화이고, 사단 본설은 확충과 성선의 종지가 있다. 여기에 주희가 단순히 리발 한쪽, 기발 한쪽만으로 해설했을 리는 없다. 후학도 주희가 사맹 종지에 의거해서 두루 빠짐없이 말씀(言)한 뜻으로 '따라야지(遵)', 단지 리발 한쪽 기발 한쪽의 일시 단어(語)의 의미로만 '지키(守)'려 해서는 안 된다. 이는 어렵게 결정할 문제도 아니라는 것이다. 사단을 단지 리라 하면 '사람 느낌을 성으로 여겨 나의 공부가 없음'이 되고, 더욱이 칠정의 "천명 및 중화"도 반드시 리이니 이를 기 한쪽이라 해서는 안 된다. 이것이 "一時인 리발과 기발 한쪽만으로 국한 해석해서는 안 된다"고 한 이유였다.

퇴계는 '그대는 리발·기발을 주자가 우연히 한 말이며, 치우친 설로 배척(斥)했다'로 이해하고 매우 심하게 스승으로써 나무란 것이다. 이러한 오해에서 "주자의 일등 문

---

891) "而以太極圖爲有單傳密付之三昧", "豈有故爲不盡之言以愚學者之耳目, 必俟其單傳密付而後可以得之哉", "道體精微之妙, 聖賢親切之傳, 不待單傳密付而已了然心目之間矣", "妄意乎言外之別傳耳", "又有忘心忘形"(『문집』권59, 「答汪叔耕」2, 2814~5쪽)

인" "홀로 전수한 단전밀부"라는 주장이 나왔고, 또 "억지 주장을 펴지 말고 의리에 즉각 복종하라"(『소학, 입교편』)(상296)고 한 것이다. 하지만 고봉은 『어류』 리발·기발을 배척하지 않았고 오히려 "따라야 한다"고 했을 뿐이다. 만약 퇴계의 주장과 같다면 사칠은 사맹 본설이 아닌 주희의 설이 되고, 그 사칠은 공부가 없는 단지 리발·기발의 발처에 국한되며, 또 사칠 종지가 각자 리와 기 한쪽에 치우친 것이 되고 만다. 리발과 기발은 단지 해석일 뿐이다. 사맹의 천명·중화와 확충·성선의 종지 및 공부는 리발·기발 의미만 있지 않으며 더욱이 주희가 사칠을 리·기 대설로 여겨 "동인과 서인의 싸움"(하13·15) 형태로 해석했을 리도 만무하다.

73

『소학』 "제자 직분편"으로 하교한 말씀의 자상모순

퇴계는 사맹의 사·칠 본설을 해설한 『어류』 "리발, 기발"에 대해 "주자는 천하 고금의 종사이므로 스승을 믿어야 한다"(상45)고 한다. 그리고 고봉에게 스승의 위치에서 『소학』 「제자 직분편」을 들어 하교한다.

> 참된 강직과 진정한 용기는 자기의 기질을 뽐내서 억지 주장을 폄에 있지 않으며, 잘못을 고침에 인색하지 않고 "옳음을 들으면 즉시 복종함(聞義卽服)"(『소학, 立敎篇』)에 있음을 알아야 한다.(상296)

주희의 "리발·기발"의 설을 들었으면 '즉각 믿고 따르라'는 것이다. 그대의 주장은 "자기의 잘못된 기질을 뽐낸(逞氣) 억지"이므로 따라서 "그 잘못된 주장을 고쳐서 즉각 복종하라." 누구에게 복종하라 함인가? 이 말은 '주희를 따르라'는 것 같지만 그 내용을 보면 퇴계의 '사견'임을 알 수 있다. 왜냐하면 "기질을 뽐냄(逞氣)"이라 함은 『논어집주』(「자로」26) "소인은 자기 욕구를 뽐낸다(小人逞欲)"와 같고, "즉시 복종하라(卽服)" 함은 『소학』 "제자의 직분편"을 인용한 것이기 때문이다. 『소학』의 말을 인용했다는 것은 뒤 "의에 복무하고, 선을 따르라(服義從善)"(상319)고 함에서도 확인된다.892) 즉 이곳

---

892) 주희가 편찬한 『小學』「立敎第一」9를 보자. "弟子職曰, 先生施敎, 弟子是則, …見善從之, 聞義則服, 溫柔孝弟, 毋驕恃力(管子의 弟子 직분 편에서 말하기를 선생이 가르침을 주시거든 제자는 이를 본받으며, …선을 보면 따르고, 의를 들으면 복무하고, 온유로 효제하며, 교만으로 자기의 힘을 과시하지 말아야 한다)." 이곳의 "聞義則服"을 인용한 것이고,(則인 '그렇다면'을 卽인 '즉각'으로 강조해서 인용함) "服義從善" 또한 이와 같다.

은 고봉의 기질을 비판한 것이며, 고봉도 논평하여 "이는 개인적 부탁(私懇)"(하79)이라고 한다.

과연 고봉은 주희의 설을 '따르지 말자'고 했는가? 퇴계는 "리발·기발"을 "배척했다(斥)"(상294)고 이해하지만, 이는 사실과 다르다. 고봉은 "후학은 주자를 마땅히 스승으로(當師) 여겨야 한다. 그렇지만 그 말씀(言)에도 곡절이 있으니, 후학은 그 해석설에 대해 전후를 모두 다한 말씀(言)으로 좇아 마땅히 준수해야지(當遵), 이 명제를 일시 리발·기발 한쪽 지칭의 언어(語)로 지키려(當守) 해서는 안 된다"(상154)고 하여 주희의 '본의를 따라야 한다'고 했다. 『어류』는 단지 사맹 종지에 관한 해설일 뿐, 결코 리발·기발이 곧 사·칠이라 함은 아니다. 또 리발·기발이 사맹의 "모든" 뜻이라고 할 수도 없다. 만약 사맹 종지가 그런 것이라면 퇴계의 주장이 오히려 '억지'가 되고 만다. 왜냐하면 천명·중화 및 확충·성선에 관한 해설이 곧 리발·기발이기 때문이다.

퇴계는 고봉의 태도에 대해 또 다음과 같이 비판한다.

> 그대의 이러함을 그치지 않는다면 혹 "성현의 말씀을 몰아서 자기의 의도(意)에 따르게 하는"(주희의 독서법임) 폐단에 이르지는 않겠는가? 안자는 "有하되 마치 無한 듯했고, 實하되 마치 虛한 듯하여,(증자의 말임) 오직 의리의 무궁함만 알고 物我의 사이가 있음을 보지 않았다."(주희가 육구연에게 이 말을 '自處하지 말라'고 비판하면서, 더 이상 토론할 수 없음을 선언한 말) 모르겠으나 과연 안자에게도 이 같은 기상이 있었겠는가?(증자의 안자 찬탄인데, 퇴계는 이 찬탄을 고봉에게 요구한 것임) (상295)

모두 주희의 말을 인용한 것으로, 이 말로 고봉의 태도를 비난한 것이다. "성현의 말씀을 몰아서 자신의 뜻을 따르게 함"은 주희의 '『시경』 독서법'이다.(「답호백봉」3) 만약 이와 같다면 오히려 퇴계의 주장이 그것이 되고 만다. 리발·기발은 성현인 사맹에 대한 해석에 불과하며, 따라서 주희는 결코 사맹 위에 자신의 논변을 올려놓은 것이 아니다. 퇴계는 『어류』 기록을 사맹 상위에 두었고, 더욱 문제는 '리발·기발의 호발이 사·칠'이라 함은 주희보다 퇴계 자신의 호발이 상위가 되고 말았다는 점이다.

"안자는 有하되 無한듯했다"고 함은 증자가 죽은 친구인 안회를 찬탄한 말이다. "吾友가 일찍이 이렇게 종사했다"는 것이다.(『논어, 태백』5) 주희는 이 말을 들어 육구연을 비판한다. 육구연은 증자의 안자 찬탄인 "유하되 무했다(有若無)"를 들어 논변했고, 주희는 반박하기를 "이와 같이 말한다면 우리의 토론은 다시는 같아지기를 기대할 수 없다"고 한다. 이러한 경지를 "自處해서 남을 下敎하려 든다면 희(주희)는 진실로 감당할 수 없다(不敢當)"는 강력한 비판이다.893) 이렇게 하교하려 든다면 더 이상 토론을 지속할 수 없다. 고봉도 "대승은 진실로 감당할 수 없다(不敢當)"(상129. 하36)고 한다. "유약무"는 안회의 말이 아닌 증자의 "吾友"에 대한 찬탄일 뿐인데도 퇴계는 이러한 경지를 고봉에게 요구한 것이며, 더구나 주희는 이 말을 인용해서 육구연을 강력 비판한 것이다. 이 말은 육구연과의 마지막 편지, 끝에 있다. 토론을 중단한 것이다. 그런데도 퇴계는 이 말을 인용한 것인데, 모순이 아니라 할 수 없다. 더구나 '안자의 기상으로 주희를 따르라'고 한다면 퇴계는 스스로 안자의 기상을 '자처'한 것 아닌가?

이러한 비판은 고봉이 '주자를 따르지 않는다'고 오해했기 때문이다.

> 만약 '우리 벗님(吾友)'께서 평시 『어류』를 보면서 이 '단어(語)'를 보았다면 반드시 여기에 의심을 두지 않았을 것이다. 하지만 지금 기왕 나의 설을 그릇됨으로 여기고 힘써 논변하면서, 주자의 이 단어가 황의 宗本이므로 부득이 아울러 배척을 가한 뒤에 나의 단어의 그릇됨을 판별할 수 있다면, 결국 남에게도 믿음을 취할 수 있으리라 여긴 것이다.(상294)

과연 고봉은 "남에게 믿음을 얻기 위해" 주희의 '말씀(言)'을 "배척"하고 이로써 퇴계의 잘못을 가려내려 했는가? 과연 "황의 종본"은 『어류』 "리발·기발"이 될 수 있는가? 고봉의 답변은 "대승의 어리석은 無知라면 진실로 선각께 죄를 얻음도 마땅할 것이지만, 만약 이로써 죄를 얻는다면 저는 마음으로 감복할 수 없다. 무릇 학문을 하는 마음은 진실로 선에 들고자 할뿐 거짓과 속임을 자처하면서 하지는 않을 것이다. 대승이 감히 감복할 수 없는 이유이다"(하85~86)이다. 고봉은 진실로 주희를 비판하지 않았고, 단지 진실을 위한 학문의 토론이었다는 것이다.

---

893) "曾子曰, 能으로 不能에 물었고, 多로 寡에 물었다. 有하되 若無했고, 實하되 若虛했으며, 자신에게 犯해도 計校하지 않았으니, 昔者에 吾友(안연)가 일찍이 이렇게 종사했다."(『논어, 태백』5) 주희 주석은 "友를 馬氏는 顏淵이라 했으니, 옳다. 顏子의 心은 오직 義理의 無窮만 알고 物我의 有間을 알지 못했다. 故로 能히 如此했다"이다. 주희는 증자의 말로 육구연을 비판한다. 즉 "급거 안자로 自處해서는 안 된다"는 것이다. "顏子以能問於不能, 以多問於寡, 有若無, 實若虛, 犯而不校."(『문집』권36, 「答陸子靜」 5, 1577쪽) 육구연은 이를 '自處'했고, 주희는 이렇게 "자처한다면 다시는 必同을 기대할 수 없겠다"는 강력한 비판이다. 이러한 경지로 남을 "가르치려(見敎·下敎) 하면 熹는 진실로 감당할 수가 없다"(모두 위와 같은 쪽)는 것이다.

74

추만의 심 본체 및 리를 오히려 노불의 허무로 해명함

추만은 「천명도설」 제6절에서 "우리 사람의 마음은 '허하고 령'해서 리기의 집이 된다(吾人之心, 虛而且靈, 爲理氣之舍)"(상181)고 했는데 이때의 '허령'은 『대학, 경1장』 "明德" 아래 주희 주석이다.

> 명덕은, 사람이 하늘에서 얻은 것으로 허령하여 어둡지 않다(明德者, 人之所得乎天, 而虛靈不昧).

주희는 "덕"을 "허령"이라 한 것이다. 고봉은 이를 "그 허령은 곧 '본연의 체'이다. 주자가 심을 논한 곳에서 '허령' '허명'이라 한 것은 오로지 '심 본체'만 가리킨 것으로, 즉 허령은 '오로지 체'를 말함이고, 허령지각이 곧 '심의 체용을 겸'해 말한 것"(상177~178)이라 한다. 추만도 분명히 "사람의 심은 허령"이라 했으므로 '심'으로 논한 것이다. 추만의 문제는 "허령"이라는 심 본체에 "허자 아래에 리, 령자 아래에 기"(상181)로 주석을 붙인 점이고, 고봉은 다음과 같이 비판한다.

> 허령은 오로지 심 본체를 가리킨 것이므로, 따라서 허와 령을 나누어서 리·기로 분속할 수는 없다.(상177)

왜 리·기로 분속할 수 없는가? 주희는 『대학혹문』에서 말한다.

> 사람의 一心은 '담연허명'하며, 마치 거울의 空 저울의 平과 같아서 一身의 주인으로 삼으니 진실로 그 '眞體의 본연'이다. 외물에 느낌이 없을 때는 공·평의 體이며, 외물에 느껴서 중절한 것은 공·평의 用이다.[894]

즉 "허령"은 외물에 느끼기 이전 심의 체이고, 느껴서 중절한 "지각"의 것이 심의 용이며,(상178) 따라서 "허령"은 '심 본체만 가리켜 말한 것'이다. 다시 말해 심 본체인 허령은 마음이 외물에 느끼지 않았을 즈음을 가리킨 것으로, 때문에 이 즈음의 본체는 리·기로 나눌 수 없다.

---

894) 人之一心, 湛然虛明, 如鑑之空, 如衡之平, 以爲一身之主者, 固其眞體之本然. …其未感之時, …鑑空衡平之體, …及其感物之際, 而所應者, 又皆中節, 則其鑑空衡平之用.(『대학혹문』하7, 534쪽)

하지만 아래 퇴계의 답변은 고봉의 문제제기와 다르며, 추만 본문과도 어긋난다.

> 그 "허령"을 논한 곳에서 '허를 리로 여긴 설'은 종본이 있다. 따라서 '리·기로 분주한 두 자'의 그릇됨 때문에 이것(허는 리임)까지 잘못이라고 할 수는 없다.(상300)

'허령의 리·기 분주'는 잘못이나, 허령에서 '허를 리로 여긴 것'은 잘못이 아니다. 그렇다면 그 허령에서 '허'만 리라는 말인가? 그런데 또 문제는 퇴계는 이때의 허를 '허이실'이라 한다는 점이다.

> 나의 이른바 '허'는 허이면서 실(虛而實)일 뿐 저들의 허가 아니며, 또 나의 '무'는 무이면서 유(無而有)일 뿐 저들의 무가 아니다.(상314)

퇴계는 "나의 허와 무"라 하면서, 나의 허는 단순한 허가 아닌 "허이실"이고 나의 무는 단순한 무가 아닌 "무이유"라 한 것이다. 그렇다면 추만은 '허'를 논한 적이 있는가? 추만의 「도설」은 "리의 허"(제5절)인 '리체'와 "심의 허령"(제6절)인 '심덕'을 논했을 뿐이다.

퇴계는 또 주희의 "리"까지도 허이실이라 한다.

> 주자의 이른바 "至虛의 중에도 至實의 것이 존재한다"고 함은 '虛而實'일 뿐 虛의 無라 함이 아니고, 또 주자의 "至無의 중에도 至有의 것이 존재한다"고 함도 '無而有'일 뿐 無의 無라 함이 아니다.(상301)

고봉이 당초 주희의 위 설을 인용했던 이유는 리는 '실체'이기 때문이다. 추만은 "리의 체는 본허이다"(상174)고 했는데, 그렇다면 유학의 리는 '본허'가 되고 만다. 때문에 고봉은 비판하기를 "천하는 리보다 實한 것이 없다. 리는 본시 실인데도 지금 허라 한다면 가능하겠는가? 또 만약 '허하기 때문에 상대함이 없다'(「천명도설」)고 하면 그 리는 롱동황홀이 되고 만다"(상175~176)고 하면서, "그렇다면 결국 학자들에게 허무를 논하게 해서 노·불의 영역에 빠져들게 할 것이니, 가능하겠는가?"(상182)라고 한 것이었다.

퇴계의 답변은 "나의 '허'는 허이면서 실이고, 나의 '무'는 무이면서 유이다"고 함이다. 결국 허·무를 논하고 만 것이다. '허이실'도 문제다. 정주는 장재의 "兼虛實"

에 대해 "횡거(장재)는 허겸실이라 하니, 횡거는 본래 형이상을 설하려 했다가 도리어 형이하가 되었고 이곳이 가장 불분명하다", "횡거는 허실이라 하니, 크게 하려다 반대로 작게 되고 말았다", "도를 겸허실로 말하면 허는 단지 한쪽이 되고 만다", "청허일대를 天道로 여기면 이는 器로 말함이 되어 非道가 된다"고 비판한다.895)

추만의 「천명도설」은 심덕의 "허령"을 논했는데, 퇴계는 오히려 "나의 허와 나의 무는"이라 하여 허·무로 논한다. 또 그 허 혹은 무를 "허이실, 무이유"라 한 것이다. 그러나 정주에 의하면 '허이실'은 '氣(器)'의 형이하이다. 즉 장재의 "허"와 "겸허실"은 기이다. 고봉은 "리를 허"라 하면 '노불'이라 함인데, 퇴계는 실제로 "나의 허, 무는"으로 답변한 것이다. 위 논변 모두는 추만을 위한 변론임에도 불구하고 추만 본문과 완전히 어긋난다.

75

리가 허입니까, 허가 리입니까?

퇴계와 고봉의 토론은 추만의 「천명도설」제5절 "리는 허이다(理虛)"와 제6절 "심의 허령" 두 조항이다.(상173) 토론은 이 2조에 있으므로 이곳을 벗어나서는 안 된다. 만약 여기서 벗어난다면 즉시 상대에게 알려야 하며, 알리지 않으면 이 토론은 미궁에 빠지고 만다.

고봉은 제5절 "리체는 본허이다"에 대해 논평하기를 "리는 본디 실체이거늘 虛라 한다면 가하겠는가?"(상175)라고 하여 리는 '실체의 존재자'라고 한다. 또 제6절 "허령의 리·기 분속"에 대해 "명덕인 허령은 오로지 심 본체만 가리킨 것"(상177)이므로 리·기 둘로 나눌 수 없다고 한다. "리체 본허"는 '리'에 관한 조항, "허령 분속"은 '심' 본체에 관한 조항이다. 따라서 리체(리 체용의 전체)와 심 본체(체용의 체. "지각이 용"임. 상178) 두 조항을 합쳐서 논할 수는 없다. 왜냐하면 심의 덕(허령)은 밝혀야할 '공부'이고,(허령은 '明明德'의 『대학, 경1장』주석임) 리체는 리의 '존재자'에 관한 일이기 때문이다.

이러한 고봉의 2조 논평에 대해 퇴계는 아래와 같이 답변한다.

---

895) "橫渠云, 淸兼濁, 虛兼實, 渠本要說形而上, 反成形而下, 最是於此處不分明."(『어류』권99, 可學37, 3335쪽) "橫渠淸濁虛實, …其欲大之, 乃反小之."(같은 곳, 方40, 3336쪽) "道兼虛實言, 虛只說得一邊."(閔祖42, 3336쪽) "以淸虛一大爲天道, 則乃以器言, 而非道也."(『정씨유서』권11, 118쪽)

그 "허령"을 논한 곳에서 '허를 리로 여긴(以虛爲理)' 설은 종본이 있다. 따라서 "리·기로 분주"한 두 자의 그릇됨 때문에 아울러 이것('허는 리다虛理')까지 잘못이라 할 수는 없다.(상300)

"허령의 리·기 분속"은 잘못이나, 허령에서 그 "허를 리로 여긴 것(虛理)"은 잘못이 아니라 함이다. 그런데 문제는 "종본이 있다"는 이른바 '허를 리로 여긴 설'은 여기서 처음 나온 말이며, 추만의 2조가 아니라는 점이다. 추만의 제5절 "심의 허령"은 '심의 명덕'에 관한 것으로, '허에 관한' 조항이 아니다. 퇴계의 논변은 지금 새로 나온 것이다. 제6절 "리체는 본허이다" 역시 '리'를 논함일 뿐, 허를 논함이 아니다. 그럼에도 퇴계는 "허령의 허를 리로 여긴 설"이라 하면서 아래와 같이 변론한다.

> 정자가 장재의 "허"에 대해 "허를 가리켜 리로 여긴" 것은 그 허에 나아가 實을 인식한 것일 뿐(허이실의 뜻) 본래 '虛는 無이다'(허이무의 뜻)고 함이 아니다.(상302)

이 답변은 추만의 "허령"도 아니고, 장재의 "허"도 아니며, 정자가 장재의 허를 "그 허는 리의 의미이다"(상175)와도 다르다. 고봉이 당초 정자의 말인 "그 허는 리의 의미이다"를 인용한 이유는 추만이 "리는 허이다"고 했기 때문이다. 고봉은 천하의 일자는 허가 아닌 '리'라 한다. 리야말로 무대의 일자이며, 허를 천하의 일자로 삼아서는 안 된다는 것이다. 반면 퇴계는 '장재의 허는 단순한 허무(虛而無)가 아닌 허이면서 실(虛而實)'이라 함으로 답변한 것이다. 이와 같다면 천하의 일자는 장재의 허인 "청허일대"(하91)도 아닌, 오히려 허이실이 일자가 되고 만 것이다.

그런데 퇴계는 또 "허"도 허이실이고 "무"도 무이유라 한다.

> 내가 말한 이른바 "허"는 허이면서 실(虛而實)일 뿐 저들의 허가 아니고, 내가 말한 "무"는 무이면서 유(無而有)일 뿐 저들의 무가 아니다.(상314)

즉 내가 말한 "허"는 단순한 허만이 아니고, 또 내가 말한 "무"는 단순한 무만이 아니다. 이 논변 역시 더 이상 추만의 "리체", "허령" 2조가 아니다. 때문에 고봉은 우리 토론의 근본적 차이에 대해 지적한다.

> 나의 본문은 "리허"를 한 단락으로, 또 "허령"을 한 단락으로 논해서 각기 계한이 있는데, 지금 선생은 둘을 합해서 말씀했다.(하87)

추만의 "허령"은 심의 본체이다. 이러한 본체를 '허이리'라 할 수는 없다. 또 추만의 "리체"는 리 一者로서의 실존의 자존자일 뿐, 이를 리이면서 허(리이허)라 할 수는 없다. 근본 문제는 퇴계는 이 2조를 구분해서 논변한 것도 아니라는 점이다.

퇴계는 "리의 실체", 그리고 "심의 허령"의 각자 다른 2조를 구분하지 않은 채 오히려 '虛而理', '虛而實'라 하고, 또 "나의 허, 무"라 하여 결국 노불의 허무로 추만의 2조를 변론함이 되고 만 것이다. 이러한 논의는 "리" 및 "심"에 대한 '실체' '유일자' '체용' '덕' '설' '형용' '찬탄' '설명' '공부' 등을 구분하지 않음으로써 일어난 총체적 오류라고 할 수 있다.

76

허, 무 변론이 바로 노불입니다

추만은 「천명도설」제5절에서 "리의 체는 本虛이니, [리는] 허하고 無對하기 때문에 唯一이 된다"(상174)고 한다. "리의 체"(체용 전체)는 실체인가, 허체인가? 이곳은 리 '실존의 자존자' 문제이다. 고봉은 이에 대해 "천하의 리는 至實의 것으로 존재한다"(상174)고 하면서 아래와 같이 말한다.

> 장재의 "허, 태허"에 대해 정자는 "모두 리라 해야 한다. 어찌 虛라고 하겠는가? 천하에 리보다 實한 것은 없다"고 한다. 추만의 "허 혹은 무대 때문에 유일이 된다"고 함은 '理자의 설'에 불과하다. "무대 때문"이라 하면 이른바 '리'는 롱동황홀의 사이에 놓이게 될 것이다.(상175~176)

리는 실존자인 '실체'이며 여기서 그 설,(태극) 덕,(중, 인·의) 형용,(진실무망) 찬탄(무성무취) 등도 가능한 것이다. 리는 스스로 '일자'로서(추만의 '理一') 상하 시공에 스스로 자존한다. 만약 "허·무대 때문에 유일이 된다"고 한다면 리는 노불의 황홀이 되고 만다. 요컨대 '허,(빔) '무(없음) 혹은 '무대'가 유일자(一)라면 그 일자는 황홀이 되고 만다는 것이다. 또 형용·찬탄을 일자로 여기면 그것은 실체를 부정하고 마음의 깨달음의 경지를 논함과 같다. 때문에 고봉은 퇴계에게 말한다.

선생은 이러한 세속의 견해를 취하셔서 용인하셨으니, 이로써 후세에 보여준다면 학자들로 하여금 서로 허무를 논하게 해서 노불의 영역에 빠지게 할 것이다. 어찌 가능하겠는가?(상182)

"취했다"고 함은 퇴계가 추만의 「천명도」 및 「도해」(1543)를 일찍이 고치고 여기에 「천명도설, 후서」까지 써서(1553) 부연 논변한 일을 말한다. 장재는 "유·불·노·장을 구분하지 않으면 천도·성명은 황홀·몽환의 불교에 걸리지 않는다면 노자의 極高의 논이 되고 만다"고 하고, 주희도 "리의 實은 禪家의 見處인 롱동황홀과 비교할 수 없다", "둥글고 네모남의 형용을 천지로 삼을 수는 없다", "노자의 황홀 역시 허이다. 우리의 도는 찬연자로 실존한다"고 하면서 "허·무 2자는 불자의 논과 같다"고 비판한다.896) 요컨대, 노불의 허무의 황홀은 리를 실존자로 여기지 않은 것이다. 하지만 우리의 도·리는 미발·이발의 動靜에 관통해서 혼연과 찬연자로 실존한다. 단 둥글고 네모남과 같은 '형용, 찬탄, 설' 등을 도리로 삼을 수 없을 뿐이다. 그런데도 추만은 "허 때문, 무대 때문(虛故, 無對故)"(상176)이라 하여 '리 유일자' 이유를 허와 무대 때문이라 한 것이다.

이상은 퇴계가 「천명도설」을 "완성된 설(成說)로 용인"(상182. 하92)한 것에 대한 비판이다. 퇴계의 답변은 다음과 같다.

내가 말한 이른바 "허"는 '허이면서 실(虛而實)'일 뿐 저들의 허가 아니고, 내가 말한 "무"는 '무이면서 유(無而有)'일 뿐 저들의 무가 아니니, 어찌 하필 이단으로 귀속되는 것을 지나치게 우려하겠는가.(상314)

퇴계는 주희의 설인 "리는 至虛 중에서도 至實의 것으로 실존하고, 至無 중에서도 至有의 것으로 실존한다"에 대해 "이 말은 허이면서 실(虛而實)일 뿐 허로서의 무가 아니고, 또 무이면서 유(無而有)일 뿐 무로서의 무가 아니다"(상301)고 답변한 것이다. 퇴계가 말하는 허는 '허이면서 실'(허이실)이고 무는 '무이면서 유'(무이유)일 뿐 "무로서의 무" "무로서의 허"(상301)가 아니니, 이러한 자신의 허·무설은 노불로 귀속될 수 없다는 주장이다.

이 논변은 추만 「천명도설」과도 전혀 다른데 왜냐하면 추만은 "리가 리 될 수 있

896) "遂使儒佛老莊混然一塗, 語天道性命者, 不罔於光惚夢幻, 則定以有生於無, 爲窮高極微之論."(『정몽, 태화』5) "此理之實, 不比禪家見處. 只在儱侗光惚之間也."(『문집』권59, 「答陳衛道」2, 2844쪽) "熹前說之失, …以方圓爲天地"(권42, 「答胡廣仲」5, 1903쪽) "如老氏亦謂光分惚兮, …亦是虛. 吾道…然其中粲然者存."(『어류』권124, 節35, 3884쪽) "溺於虛無, …然此二字如佛者之論."(『문집』권32, 「答張欽夫」15, 1420쪽)

는 이유는(理之爲理)"이라 하여 '리에 관해 설'했기 때문이다. 고봉이 말한 "리는 롱동 황홀의 사이에 놓이게 되고 만다"고 함도 리를 곧바로 "허 혹은 무대 때문"이라 하면 그 리의 "유일(一)"(추만) '이유'가 결국 실체 없음이 되고 만다는 비판이었다. 결국 퇴계의 답변인 "허이실"은 추만과도 다르거니와, 또 스스로 리 실체까지 없애고 말았고, 더구나 "나의 허·무는"이라 함은 허무에 관한 변론이 되고 만 것이다.

고봉은 "리"에 관해 형용과 찬탄, 설과 공부로 논할 수 있다고 한다. 고봉은 논하기를 "군자의 덕인 무성무취는 그 묘함을 '찬탄'한 것"(하91)이고, "상천의 실음은 무성무취라 함은 유에서 무를 '설'한 것, 무극이태극은 무에서 유를 '설'한 것",(하91) "「태극도」主靜과 虛靜은 석노에 빠질 것이니 다만 '敬'(공부)으로 말해야 한다",(하93) "진실무망 등으로 理자를 '형용'할 수 있다",(하94) "반드시 허자를 써야 한다면 '리의 체됨은 至虛하지만 실하며 때문에 무불선이다'로 할 수 있다"(하94)고 한다. 요컨대 "리"(리의 전체)는 찬탄, 형용, 공부, 덕, 설 등으로 논할 수 있다.

반면 퇴계의 「천명도설」 변론인 "허이실"은 추만 본설도 아니거니와 추만의 "리 一者"도 될 수 없다. "무이유"와 "나의 허·무" 등은 허·무에 대한 논변에 불과하다. 장재, 노·불의 허, 무, 공 등은 오히려 더 이상 나룰 수 없는 '유일자'를 말함인데, 퇴계의 "허이실" 등은 이러한 유일자도 아니다.

77

도, 태극은 치우침이 없다면서 곧바로 치우침으로 논함

추만은 「천명도설」에서 "리 유일자"(상176)인 '리'를 논했다. 이에 고봉은 리 일자는 "허 때문, 무대 때문(虛故, 無對故)"(상176)이라 할 수는 없다고 하는데, 왜냐하면 '허, 무대 때문'이라 하면 "리"는 '설 혹은 형용에 종속'되어야 하기 때문이다.

고봉은 리는 자존의 실체인가, 허체인가를 물었다. 퇴계의 답변은 이와 전혀 다르다. 즉 "虛而實"인데, 만약 '實'만 주장하면 이는 "무위진인과 곡신추장"(상306)의 노·불이 되고 만다고 한다. 이어 "우리의 허와 무는 虛而實과 無而有이지만 저들은 無無와 無虛"(상301·134)라고 한다. 허이실이기 때문에 '치우침이 없어서' 노불과 다름이 되어 "사방 팔면으로 주편불의(두루 다해서 치우침이 없음)하고 전박불파(아무리 깨도 깨지지 않음)"(상

304)라 할 수 있다는 것이다. 요컨대 우리는 허이실이고, 노·불은 實而有, 無而虛이다. 허이면서 실인 이유는 다음과 같다.

> 정자는 말하기를 "도는 태허이며 형이상이다"고 하고, 주자는 말하기를 "형이상의 허는 혼연한 도리이다", "태허는 태극도의 맨 위 동그라미이다"고 했으니 이러한 예들은 너무 많아서 일일이 다 들 수도 없다.(상303)

즉 "도는 태허이다"는 '도이면서 허(道而虛)'의 뜻이고, "허는 도리이다"는 '허이면서 리(虛而理)'의 뜻이며, "태허는 태극도 상원이다"도 '허이면서 리(虛而理)'의 뜻이다. 이것이 바로 '두루 보편해서 치우침이 없는 전박불파'이다. 문제는, 과연 도, 리, 태극은 단독의 리가 아닌 동시에 허도 있는 것인가? 퇴계는 과연 리를 논한 것인가, 허를 논한 것인가? 허이실은 '형용' 혹은 '설'이 아닌가? 그러나 허이실은 추만의 "一者"가 될 수 없다.

더 큰 문제는 위 인용된 정주 본문 종지는 '치우침이 없어야 함'의 논의라는 점이다. 즉 "도" 및 "태극"은 반드시 '치우침 없이 상하를 함께 논해야 비로소 도 및 태극의 성립이 가능하다'고 함이 그 종지이다. 그럼에도 불구하고 퇴계는 '형이하를 빼고' 상만 인용해서, 이를 "치우침이 없다"고 한 것이다. 때문에 고봉은 그 숨겨진 부분을 꺼내서 전문을 고찰한다.

> 정자 본문은 "음양을 떠나면 도라 할 수 없다. 음양은 氣이며 형이하이고 도는 태허이고 형이상이다" 하고, 주자 본문은 "형이상의 허는 혼연한 도리이고 형이하의 實은 器이다"고 한다. 그럼에도 형이하 1절은 빠뜨리고 형이상 1절만 '치우치게(偏)' 인용한 이유는 왜인가?(하90)

위 2설은 『주역대전』 "형이상자를 도라 이르고, 형이하자를 기라 이른다"에 관한 해설이다. 정주는 이를 "기 역시 도이고, 도 역시 기이다"고 해야만 "두루 보편하고 치우침이 없다"고 해설한 것이다.(하89) 왜냐하면 도는 '기에서 떠날 수 없음'으로 설한 것이 공자이기 때문이다. 『중용』은 "[공부에서] 떨어지면 도가 아니다" 하고, 공자가 말한 "시경에 '物이 있으면 법칙이 있다'고 하니 이 시를 지은 자는 도를 아는 자이다"에 대해 정주는 "성을 논함에 기를 논하지 않으면 갖추지 못한다"(「고자상」)고 한다. 모두 도를 치우침 없이 논한 것이다.

퇴계는 스스로 말하기를 "도는 치우침이 없어야 한다"고 하면서 위 정주의 설을 들었는데, 정작 퇴계의 인용문은 의도적으로 뺀 말이 있다. "두루 보편해서 치우침이 없다"고 하기 위해서는 '형이하'까지 포괄해야 한다. 그럼에도 퇴계는 정작 형이상만 인용해서 도를 거론한 것이다.

퇴계의 논변이 횡설수설이 된 것은 추만의 "리 유일자"를 오히려 "허이실"로 여겨 정작 '일자가 아님'이 되고 말았고, 또 이를 변론하면서 "형이상"만 인용해서 "치우침이 없다"고 한 점이다. 이로써 추만에도 어긋났고, 또 정주에도 위배되고 말았다. 더 큰 심각한 문제는 "허이리"는 '무엇(주어)'을 논함인지가 없다는 점이다. "허"라면 추만 '본문'과 다르고, "허이리"라면 리 '일자'가 될 수 없으며, "형이상"이라면 도는 '치우침'이 되고 만다.

78

중용 최종 덕인 무성무취가 왜 노불의 허무입니까?

『중용』 끝 장(「33장」) 최종 마지막 글자는 다음과 같다.

> 『시경』에서 "덕의 가볍기가 터럭과 같다"고 하는데 터럭도 오히려 질량이 있다. 『시경』 "상천의 일은 무성무취로다"고 함이야말로 지극하다.

무성무취는 문왕의 덕을 "찬탄"(주희주. 하91)한 것으로, 이러한 지극한 덕이 곧 『중용, 1장』 "중화[의 덕]을 이루면 천지가 제자리에 서고 만물이 화육"되며, "이 공부로 천하가 平해지니" 즉 "중용의 극공"이다.(「33장」)

그렇다면 천지 만물을 화육할 수 있는 문왕의 덕은 실제로 있는 것인가, 아니면 너무 위대해서 오직 찬탄만 가능한 것인가? 주희는 "무성무취"를 「태극도설」 "무극이 태극" 아래에 주석으로 붙인다.

> 상천의 일은 무성무취하니 실로 조화의 근본이고 만물의 뿌리이다.[897]

문왕의 덕이 그렇다는 것이다. 주희가 여기에 이렇게 주석을 붙인 이유는 공자의

---

897) 上天之載, 無聲無臭, 而實造化之樞紐, 品彙之根柢也.(「태극도설해」, 72쪽)

"태극"이 이러하다는 것을 밝히기 위함이다. 태극을 주돈이는 "무극이태극"으로 '설' 했고, 주희는 태극은 실체의 자존자로서 "변함이 없는 큰 변함"(하193)이라 한다. "조화의 근본, 만물의 뿌리"의 '근본과 뿌리'는 반드시 실제 '있는 것'이어야 한다. 그렇지 않다면 찬탄 및 설이 근본이 되어야 하기 때문이다. 고봉의 "리체는 허인가"(상175)라는 질문이 바로 이것이다.

퇴계는 이러한 질문에 대해 아래와 같이 답변한다.

> 그대는 한갓 '리의 실만 밝히고자' 하여 끝내 '리를 허가 아니다'고 하니, 그렇다면 주자(렴계), 정자, 장자(장재), 주자 등 대유의 논의를 모두 폐지하겠다는 말인가? 그리고 『대역』의 "형이상"과 『중용』의 "무성무취"를 결국 노장의 허무의 설과 더불어 도를 어지럽힘에 귀결시키겠다는 말인가?(상305)

형이상과 무성무취는 "허이실"임에도 불구하고 그대는 '實'만 강조한다는 것이다. 무성무취의 무·무는 "무이면서 유(無而有)"일 뿐 "무는 무임(無無)"이 아니라는 것이다. (상301·314) 이어 정자가 장재를 비판한 "별처"라는 말을 인용해 고봉을 비판한다.

> 그대의 말은 '空無'에 떨어져 장차 그 의미를 모르는 자들로 하여금 "엉뚱한 별처를 향해 달려가는 것(向別處走)"에 대한 우려에 불과하다.(상310)

이곳은 「천명도설」제5절 "리", 제6절 "심"에 관한 것인데, 이 답변은 '리'도 '심'도 아니다. "그대의 말은 [~이] 공무에 떨어져"라는 문구가 어색한 이유이다. '리 혹은 심이 공무에 떨어져'라는 문구가 되어야 한데, '무엇(주어)'이 없다. 퇴계는 "虛而實, 理而虛, 虛而理, 無而有"라 함으로, 즉 허도 리가 있고, 리도 허가 있다는 것으로, 천지 만물은 허 혹은 리만의 단독(유일)자가 아니라 함이다. 즉 무성무취는 무무가 아닌 無而有라 함인데, 그렇다면 결국 문왕의 지덕은 '없으면서 있고, 있으면서 없음'이 되고 만다. 선유 본설을 모호함으로 왜곡하고 만 것이다.

더구나 "엉뚱한 곳을 향해 감"이라는 말은 정자가 장재의 설을 비판한 곳에서 나온 말이며, 오히려 퇴계의 인용 의도와 정 반대의 뜻이다. 때문에 고봉은 그 원문을 고찰한다.

> 정자는 말하기를 "횡거(장재) 청허일대의 설은 사람들에게 '별도의 곳을 향해 가게 하니(향별처

주)' 다만 敬으로 말함만 같지 못하다"고 한다.(하92)

정자는 "횡거와 같이 청허일대를 天道로 여기면 이는 器가 되어 非道가 되고 만다"898)고 한다. 정자가 말한 "별도의 곳을 향함"의 의미는 장재의 "청허"는 '노불의 공부처로 빠지고 만다' 함이다. '경 공부'로 바꾸어야 한다는 것이다. 주희도 "횡거의 청허일대(장재 스스로 '氣'라 함)는 '兼虛實'의 뜻으로, 횡거는 형이상을 설하려 하다가 오히려 형이하를 이루었으니 이곳이 가장 불분명하다"899)고 한다. 즉 겸허실은 "器(氣)"의 형이하일 뿐이며, "非道"이다.

퇴계는 『중용』무성무취의 무·무는 단순한 무가 아닌 "무이면서 유(無而有)"라 하지만 이것이 곧 정자가 비판한 "겸허실"의 '氣(器)'이다. 퇴계는 "별도의 곳을 향함"이라는 말을 인용해서 고봉을 비판하지만 그러나 반대로 퇴계의 겸허실 주장이 바로 노불인 것이다.

무성무취(찬탄)는 중용 지덕으로 곧 "중·화"이다. 맹자 "인·의·예·지"도 덕이며 이를 주희는 "찬연자"의 실존자라 한다. 중화는 마음의 '경지', '형용', '찬탄', '설' 등이 아닌, 실덕이다. 때문에 자사는 "중화(덕)를 이루면 천지가 위육된다"고 한 것이다. 극공의 실덕이 있음으로써 위육은 가능하다. 찬탄, 설, 형용(동그라미, 네모) 등에서 위육이 일어날 수는 없다. "무에서 유가 나올 수(有生於無)"(『노자』)는 없다는 것이다. 결국 퇴계가 무성무취를 "無而有"라 한 것은 정자가 비판한 "별처"인 "겸허실"과 같다. 정주는 이를 氣라 하고 그 공부도 노불에 빠진다고 한 것이다.

79

"나는 극지처를 깨달았다", 이 말씀이 곧 노불입니다

천지의 "리"를 나는 스스로 볼 수 있는가? 만약 자신이 직접 볼 수 있다고 하면 곧바로 '나'에게 치우치고 만다. 왜인가? 희노애락의 느낌은 나에게 있는 본연의 것이지만 단 이 일은 "천지 만물"(『중용』)과의 소통·교류의 일이기 때문이다. 소통(칠정)에

---

898) 若如或者, 以淸虛一大爲天道, 則乃以器言, 而非道也.(『유서』권11, 10조, 118쪽)

899) 橫渠云, 淸虛一大, 乃云淸兼濁, 虛兼實, 棄本要說形而上, 反成形而下, 最是於此處不分明."(『어류』권99, 可學37, 3335쪽) "橫集說 氣淸虛一大, …淸濁虛實, …其欲大之, 乃反小之."(같은 곳, 方40, 3336쪽)

는 본래 리가 있다. 단 '내가 보았다'고 한다면 이는 '나의 일'에 불과한 것이 되고 만다. 맹자는 "사단"을 "확충해야 한다"(「공손추상」)고 했을 뿐 나의 '감정은 모두 선이다' 하지는 않았고, 또 "성선"은 "그 정(其情)"(「고자상」)으로 논증할 수 있다고 했을 뿐 나의 '감정은 모두 선의 리이다'고 한 것은 아니다.

퇴계는 천하 모든 것, 특히 '리'라 해도 그것은 단독이 아닌 "虛而實"이라 주장하면서 고봉의 "實"은 노불에 불과하다고 비판한다.

> 만약 '허'자를 쓰지 않고 '실'자만 고수하면 이는 장차 학자들로 하여금 마음대로 상상하게 해서 무위진인과 곡신추장의 번쩍이는 경지(地)의 實・有만 그 속에 있다고 간주할까 우려된다고 하겠다.(상306)

이른바 "무위진인"과 "곡신추장"은 허・무 혹은 실・유만 있음의 노불의 것으로서 이는 '깨달음의 경지'만 강조한 것이라 함이다. 그런데 이 주장의 성립 여부를 떠나, 주희의 이 말 본의는 상대 토론자를 '비판'한 말이다. 주희는 "보내온 글을 살펴보면, 일용의 사이 별도의 일물이 있어서 빛이 번쩍번쩍하다 하여 이를 무극지진과 곡신불사라 했고, 이 두 말을 그대는 인용했다"고 하면서 다음과 같이 비판한다.

> 일찍이 [자사와 주돈이]는 사람들에게 일용의 사이에서 반드시 이러한 '천명지성'과 '무극지진'을 찾아 구해서 고수하라 하지는 않았다. 이 理의 自來한 바를 근원하면 비록 지극히 미묘하나 그러나 그 實은 단지 人心 가운데의 허다한 합당한 道理일 뿐이다. 人力으로 할 수 있는 바가 아니므로 '天命'이라 했고, 形象으로 가리킬 수 없으므로 '無極'이라 한 것뿐이다. 이는 별도 一段의 근원공부가 있거나 또는 講學과 應事 바깥에 있다 함은 아니다.[900]

주희의 의미는 불교의 무위진인, 노장의 곡신추장이 나쁘다는 것이 아니다. 다만 "공부처"는 사람 마음으로 노력(공부)해서 얻어야지 무위진인, 무극, 천명지성, 곡신불사 등을 스스로 "고수"하려 해서는 안 된다는 뜻이다. 반면 퇴계는 그 공부처가 아닌 "허이실"의 '경지'를 고봉에게 요구한다. 즉 "안자는 有하나 無와 같았고,(有而無의 뜻) 實이나 虛와 같았으니",(상295) 이러한 "의리의 말씀을 들으면 즉시 복종해야 한다"(상296)고 요구한다. 그런데 주희는 육구연의 이 "안자" 발언에 토론을 즉시 중단한다.

---

900) 未嘗使人日用之間, 必求見此天命之性・無極之眞, 而固守之也. 蓋原此理之所自來, 雖極微妙, 然其實只是人心之中許多合當做底道理而已. …而非人力之所能爲, 故曰天命. 雖萬事萬化, …而實無形象之可指, 故曰無極耳. …非是別有一段根原功夫, 又在講學應事之外也.(『문집』권45, 「答廖子晦」18, 2110쪽)

이는 "인심의 공부" 일일 뿐, 육구연의 발언은 이치를 추구하는 토론의 자세라 할 수 없다 함이다. "자처해서 하교하지 말라(自處, 下敎)"(「답육자정」5)는 것이다. 이러한 경지로 남에게 요구하면 이는 자신의 경지를 스스로 자처함이 되고 만다.

이어 퇴계는 스스로 '이치를 보았다'고 주장한다.

> 황은 이렇게 말하겠다. 이 일은 결국 '리를 봄'에는 이해해서 깨달은 곳에 도달해야 하고, '리를 설'함에 있어서도 극히 지극한 곳에 도달해야 한다고. 황에 있어서는 10년의 공부가 쌓여 겨우 그 '방불'함을 얻었다. 하지만 이것을 어찌 다시 입씨름으로 다투겠는가? 단지 마땅히 "그대도 달로 나아가고 나도 날로 매진해서" 그래서 그대도 또 10여년의 공부가 더 쌓여야 하니, 피차의 득실은 여기서 정해질 수 있을 뿐이다.(상326~327)

"리를 봄(看理)에 깨달은 곳(解悟處)에 도달해야 하고, 리를 설(說理)함에도 극히 지극한 곳(極至處)에 도달해야 한다." 퇴계가 10년의 공부로 얻은 "허이실"이 그렇다는 것이며, "이는 이치에 통달(達理)한 호학군자가 아니면 능할 수 없다"(상329) 함이다. 이른바 "허이실"은 고봉이 물은 "리의 실체"가 아닌, 깨달은 경지이다. 하지만 주희는 반대로 "무극지진, 곡신불사"를 비판해서 이와 같이 "고수해서는 안 된다" 했고, 또 정주는 "겸허실"을 '氣(器)'일 뿐이라 한다. 고봉은 정철에게 말한다. "성정의 사이는 지묘, 지미하니 견문으로 논할 바가 아니라는 이러한 운운은 儒家 본색이 아니다."901) "만약 말하지 않는다면 또 어떻게 강구하겠는가?"(하183) 유가의 본색은 '토론'에 있다는 것이다.

더구나 "그대도 달로 나아가고, 나도 날로 매진하자"고 함은 주희가 육구연을 비판한 말에서 나온 것이다. 육구연에게 보낸 마지막 편지에서 『시경』의 '위 말'을 인용하고 이어 "우리는 각자 들은 바를 존중하고, 각자 아는 바대로 행해도 될 것이니, 그래서 다시는 반드시 같아야만 한다고 할 것까지는 없겠다"902)고 하고 끝내 토론을 중단한다. 퇴계도 이 말을 인용해서 토론을 중단하고자 함이다. 결국 자신이 깨달은 "리의 해오처와 극지처"를 선언하고 만 것인데, 반면 주희가 육구연에게 마지막으로 한 말이 바로 "자처해서 하교하지 말라" 함이다.

---

901) 又性情之間, 至妙至微, 非見聞所論云云者, 似非儒家本色.(『고봉집』권3, 「答鄭良佐, 澈」, 131면. 국역본 3책, 368쪽)
902) 如日未然, 則我日斯邁, 而月斯征, 各尊所聞, 各行所知亦可矣, 無復可望於必同也.(『문집』권36, 「答陸子靜」5, 1577쪽)

80

성균관을 3회 책임진 퇴계는 『대학장구대전』을 보지 못했다 할 수 있는가?

『대학장구대전』은 원나라에서 나왔고, 세종 때 새로운 조선활자로 출간해서 성균관 교재로 썼다. 지금도 이 『대전』을 기본으로 사서를 읽는다.

칠·사는 사맹 본설이며, 여기에 "리발·기발"로 해설한 것은 『어류』이다. 이는 진실로 잘못이 없다. 리기로 해석하는 것은 학자의 자유이다. 또 "무불선과 유선악"(상1·4) 역시 잘못이 아니다. 문제는, 퇴계는 사칠을 "대설"(상6)로 여겨 '리·기 근원(소종래)의 다름'으로 삼는다는 점이다. 근원이 다르다면 칠사는 '도통'과 인류의 '소통'은 불가능하다. 고봉은 이러한 잘못의 연원이 『대학대전』 소주 호병문의 설로부터 시작된다고 한다.

> 근세 성정을 논하는 자들의 병근은 운봉호씨(호병문)에서 나온다. 『대학』경1장 제4절 소주에서 호씨는 말하기를 "性發하여 情이 되니 그 처음은 '無有不善'이다" 하고 "心發하여 意가 되니 '有善·有不善'이다"고 한다.(상164)

호병문(원나라 유학자)은 주희의 『대학장구, 경1장』 두 곳 주석 "所發"에 대해 각각 "성발의 무불선", "심발의 유선악"이라 했고, "이 폐단이 마침내 [조선시대] 학자들에게 별도의 의견을 낳도록 했다"(상164)는 것이다. 주희의 소발 두 곳은 "명명덕" 아래 "그 소발에 인해서 밝혀야 함(因其所發而遂明之)"과, "誠其意" 아래 "의는 심의 소발(意者心之所發)이니 그 소발을 성실히 해야 함"이다. 그런데 이 두 곳 "소발"은 '칠사'와 아무 관련이 없고, 또 '무불선·유선악'과도 무관하거니와, 더구나 『중용, 수장』 "발"과도 전혀 무관하다. "명명덕"과 "성의"는 情 미발의 심 '존양공부'이기 때문이다.

그런데도 학자들은 이곳에 근거해서 사람의 정을 '성발과 심발' 두 갈래로 나누어 각각 '무불선과 유선악'의 "二善"으로 여긴다는 것이다.(상72) 권근의 『입학도설』을 보자. "情은 성명에서 근원(原)한 '성발의 무불선'이고, 意는 형기에서 낳은(生) '심발의 유선악'이다."(「심도」) "리의 근원은 사단이고, 기의 근원은 희노애구애오욕이다."(「천인심성합일지도」) 성균관 대사성을 지낸 유숭조 역시 "理動은 사단의 情이고, 氣動은 칠정의 싹이다"고 하고, 또 심지어 "성이 먼저 동한다, 심이 먼저 동한다 함도 있다."(대사성을 지낸 이언적의 설. 하107) 일찍이 원나라에 유학하고 려말 성균관 대사성을 지낸 이색도 정몽주의 말이 호병문과 같다고 칭찬하고 성균관의 학관에 추천한다.

퇴계의 설을 보자. "선유는 성발과 심발로 분별해서 설명했으니, 이는 명백하여 의심할 곳이 없다." "인심은 칠정, 도심은 사단이다."(권근과 같음)903) 또 「천명도설, 후서」에서도 호병문의 "성발위정, 심발위의"를 그대로 인용했다. 퇴계의 사칠론은 다음과 같다.

* 사단으로의 발은 순리이기 때문에 무불선이고, 칠정으로의 발은 겸기이기 때문에 유선악이다.(상1·4)
* 사단은 리에서 발해서 무불선이고, 칠정은 기에서 발해서 유선악이다.(상4)

이상의 "성발의 무불선, 심발의 유선악", "성이 선동함, 심이 선동함" 등은 호병문의 "말(語)"과 같다. 고봉은 이 모두를 "호병문의 폐단에서 나온 것"으로 비판했고, 호병문의 말은 당시 성균관 교재인 『대학장구대전』 경1장에 수록된 것이다. 그렇다면 당시 성균관 대사성을 3회 역임한 퇴계가 이 설을 보지 못했다고 할 수 있는가? 퇴계는 답변한다.

황은 산야의 소박한 학문으로 "그 서로 답습했다는 설(고봉은 語임)"에 대해서는 특별히 익히거나 들어보지 못했다. 다만 지난날 국학을 맡고 있을 때 제생들이 익히는 것들을 보고 대강 그 설을 시험 삼아 널리 구해 종합해 살펴보니, 진실로 분명하지 못한 곳도 있었고 또 사람의 뜻을 민망하게 하는 곳도 많았다. 하지만 유독 사단 칠정을 리와 기에 나누어 분속한 설은 보지 못했다.(상321)

고봉은 '사칠을 리기로 해석한 설'을 의혹하지 않는다. 리기 해석은 당연하다. 문제는 "리기에 나아가서" 사칠을 리·기 "대설"로 삼은 곳에 있다. 칠사가 어찌 '리·기 대설'이란 말인가? 이곳 조항 고봉의 비판은 "근세 명공들의 상전의 語는 일종의 곁가지가 있다"(상162)고 함이다. "일종의 곁가지"는 호병문의 '語'이고, "근세 명공"은 퇴계와 권근 등이다. 이러한 곁가지에서 "무불선, 유선악"의 "語"가 나왔으며, 그 상전되는 '語'의 최종 주인공은 바로 퇴계이다. "語"라 함은 호병문은 주희 장구를 '조합'했을 뿐, 관점이 있는 설은 아니기 때문이다.

---

903) "先儒以性發心發, 分別言之, 旣已明白, 無可疑處." "人心七情是也, 道心四端是也."(「答李宏仲問目」. 『퇴계전서』2책, 233·226쪽)
도심·사단, 인심·칠정은 권근의 설이다.

추만 「천명도설」도 "사단의 소발은 오상이고, 칠정의 소발은 본연지성이 아님"(하188)이라 하며 이 두 "소발"이 호병문의 조합과 같다. 때문에 고봉은 이를 "퇴계의 소견과 동일하다"(하188)고 한다. 「천명도설」은 추만 본설을 퇴계가 고친 것이다.

퇴계의 이러한 설은 과연 어떻게 나온 것인가? 고봉은 "근세 명공"을 학생의 제생이 아닌 '퇴계'라 하지만, 퇴계는 부정한다. 이런 잘못된 설과는 다르다는 것이다. 그렇다면 그 잘못된 설이 무엇인지를 드러내 밝혀야 하지만, 퇴계는 제시하지 않는다. 더구나 그동안 권근 등 대사성을 지낸 여러 학자들의 전승된 설을 보지 못했다고 할 수 있는가? 『대학대전』도 보지 못했다면 과연 퇴계가 「천명도설, 후서」 등 여러 곳에서 그대로 인용한 "성발, 심발"은 어디서 왔는가? "국학을 맡았다"면 당연히 "제생"이 아닌 먼저 '학자'의 설을 살펴야 한다. "그 답습의 설을 들어보지 못했다"고 하지만, 성균관 교재인 『장구대전』 소주를 검증하고 또 그 답습된 세속의 "語"를 살펴야 할 중책은 바로 "국학을 맡은" 자에 있다고 해야 한다.

81

추만의 "리, 유일자"의 설을 완전히 왜곡했습니다

추만은 「천명도설」에서 "리"를 천지의 '유일자'라 한다. 천지의 리는 "無對"의 오직 "하나(一)"일 뿐 둘일 수 없다. 본문을 보자.

> 천지의 사이 리는 하나지만, 기는 만수로 달라서 가지런하지 않다. 리는 만물에 합해 있어도 동일한 하나의 성일 뿐이다. 왜인가? 리의 리 됨은 그 체가 본허이니, 허이기 때문에 무대하고 무대하기 때문에 사람과 만물에 존재함에 진실로 더함도 뺌도 없이 하나가 되는 것이다. (상173~176)[904]

"리"는 오직 '일자'일 뿐 둘이 아니다. 리는 단지 무대의 "하나(一)"이므로 천지만물과 천하 인류의 '소통'이 가능하다. "진실로 가·손이 없는 오직 하나의 리인 것", 이것이 바로 유학의 이른바 "성"이다. 둘이라면 교통이 불가하다. 설사 "기의 만수(만 가

---

904) 天地之間理一, 而氣萬不齊, 故究其理, 則合萬物而同一性也. …何者. 理之爲理, 其體本虛, 虛故無對, 無對故在人在物, 固無加損而爲一焉.(「천명도설」, 제5절, 論人物之殊. 『퇴계전서』3책, 142쪽)

^{지로 다른 것)}”에 있는 리라 해도 그것은 오직 ‘하나’이다. 추만은 ‘리 유일자’를 논한 것이다.

위 설을 고봉은 ‘셋’으로 나누어 비판한다.

1) “리의 체”를 “본허”라 할 수는 없다._(상174)
2) 리의 체에 대해 “허이기 때문에 무대하고, 무대하기 때문에 사람과 만물에 가손이 없다”고 함은 ‘理자를 說함’에 지나지 않는다._(상176)
3) 리의 가손 없음을 만약 “단지 허하고 무대 때문”이라 한다면 이른바 리는 ‘롱동황홀의 사이에 떨어질 것’이다._(상176)

고봉은 ‘리의 가손 없음의 유일자’에 대해 적극 긍정한다. 단 그 “리”의 가손 없는 이유는 “본허” 때문이 아니며, 또 “리 유일자” 이유를 “허 때문, 무대 때문”이라 할 수는 없다. 때문에 “정자는 장재의 ‘태허 및 허’를 리로 여긴 것”이니, “천하에 리보다 實한 것은 없다”_(상175)는 것이다. 결국 추만의 “허 때문에 무대, 무대 때문에 가손이 없는 유일자”라 함은 곧 “리의 설에 지나지 않는다.”_(상176) 만약 유학의 성리를 ‘허, 무대 때문’이라 주장한다면 그것은 곧바로 노불의 황홀에 떨어지고 만다. 리 일자를 노불의 ‘허·무대에 종속된 존재’로 논할 수는 없다는 것이다.

추만과 고봉은 “천하의 리” 존재자를 논했고 또 모두 리를 ‘유일자’라고 했다. 반면 퇴계의 답변은 이와 전혀 다르다.

> 그대는 “리하면서 허하다. 때문에 상대가 없고, 상대가 없기 때문에 가손이 없다_(理虛, 故無對, 無對, 故無加損)”는 말에 대해 통렬히 꾸짖었다. 지금 [추만의] 이 말의 병통을 자세히 살펴보니 다만 “無對故_(상대가 없기 때문)”의 세 글자에 있으며, 지금은 다음과 같이 고치겠다. ‘리하면서 허하다._(理而虛) 때문에 상대가 없으며 가도 없고 손도 없다._(理虛, 故無對而無加無損)’ 이와 같이 고친다면 거의 가깝다고 하겠다._(상325)

이 답변은 추만은 물론이거니와 고봉의 질문과도 다르다. 추만은 “리는 하나이다”고 했고 고봉도 이견이 없다. 고봉은 단지 “리의 체_(전체)를 본허”라 하면 그것은 “장재의 태허·허를 정자는 리로 여김”에 어긋난다고 한다. 리체는 자존의 실체일 뿐 허라 할 수는 없다는 것이다. “허를 리라 할 수 있을 뿐”,_(하87) 반대로 ‘리를 허’라 할 수는 없다. 리를 ‘허’라 하면 추만의 “一”者는 허체가 되고 만다. 고봉은 “허 때문, 무대 때문에 가손이 없는 유일이 된다”에 대해 이는 “리의 설이다”고 했을 뿐, “리는 허하다(理虛)"고 한 적이 없다. 퇴계는 "리의 체"와 "리의 설"을 구분하지 않고 '리이 허'라 한 것인데, 이는 리의 체도 아니고 설도 아니며 더구나 '주어'도 없다.

더 큰 문제는 "추만의 병통은 '무대 때문(無對故)'이라는 3자에 있다"고 한 점이다. 그렇다면 추만의 리 유일자는 '무대'가 아닌가? 추만은 진실로 "리는 무대"라 하면서 무대이므로 리는 가손이 없는 "유일자가 된다(爲一)"고 했다. 만약 '무대고 3자'를 빼면 리는 반대로 추만이 논한 "만수로 다른" "음양 대립"의 "기"가 되고 만다.905)

오히려 퇴계가 "理而虛(리이면서 허. 모두 주어가 없음)"라고 주장한다. 즉 "우리는 리이면서 허"이다. "우리의 허는 허이면서 실(虛而實)이고, 우리의 무는 무이면서 유(無而有)이다."(상314) "허이면서 실(虛而實)은 허의 무가 아니고, 무이면서 유(無而有)는 무의 무가 아니다."(상301) 이상 퇴계의 주장은 추만의 무대로서의 '一의 독리'를 변론하면서도 오히려 왜곡하고 부정한 것이다. 주희는 장재의 '겸허실'을 다음과 같이 비판한다.

> 횡거(장재)의 "청허일대"는 '겸허실'의 뜻으로, 횡거는 형이상을 설하려 했다가 도리어 형이하를 이루었으니 이곳이 가장 불분명하다.906)

"理而虛"는 장재와 같은 "氣"일 뿐 리가 될 수 없다. "리이허"는 추만의 "리일"로서의 '一'이 될 수 없다. 추만은 무대의 "리 一者"를 설했는데, 퇴계의 理而虛는 '무엇(주어)'이 모호하다. 퇴계는 "거의 가깝다"고 하지만 이는 추만의 설(추만의 허는 '공부'로 논함이 가능함)과 전혀 다르고, 고봉의 비평과도 거리가 멀다. 결국 퇴계는 추만의 리 一者인 "무대고 3자"를 뺌으로써 리를 일자로 여기지 않았고, 또 "리이허"라 함으로써 추만의 "일"자인 "리체"가 결국 추만과 장재가 말한 "氣"가 되고 만 것이다.

82
"남을 이기고자 도를 헤아리지 않음"이라는 말의 모순

퇴계는 고봉이 주희의 도를 따르지 않는다 하면서 총 17개 조항을 들어 반박하고

---

905) 추만은 "理一이나 氣는 萬殊로 不齊하다", "氣에서 비로소 陰陽對立의 象이 있고, 상호 그 뿌리가 된다"고 한다.(「천명도설」제5절) 퇴계는 "리기 호발"이라 하는데, 이를 추만으로 보면 "陰陽互爲其根"의 "互'의 氣이다.

906) 橫渠云, 淸虛一大, 乃云淸兼濁, 虛兼實, 渠本要說形而上, 反成形而下, 最是於此處不分明."(「어류」권99, 可學37, 3335쪽)

그중 9개 조항에 대해서는 "끝까지 따를 수 없다"(상232)고 한다. 그러나 고봉의 논변 대부분, 특히 "척언, 겸언", "일유지이불능찰", "심의 이발", "착각 인식함" 등은 주희가 직접 논변한 말이다. 따라서 퇴계가 오히려 이곳을 따르지 못할 이유가 없는 것이다. 퇴계는 주희를 고금의 종사로 여기기 때문이다. 퇴계는 "우리의 도가 같다면(同道) 한 마디 말로도 서로 상부하겠지만, 같지 않다면 많은 말들이 도를 해침(害道)에 적용될 것"(상328)이라 하면서 고봉의 도를 대하는 태도에 대해 강력 비판한다.

> 그 마음에 '이길 것만 구하여 도를 헤아리지 않겠다는 것'이라면 끝내 합할 수 있는 이치가 없어져서 다만 천하의 공론을 기다려야 할 뿐이다. 그 의지가 도를 밝힘(明道)에 있고 둘 사이 사사로운 뜻이 없는 것이라면 반드시 같음으로 돌아갈 날도 있을 것이니, 이는 이치에 통달한 호학의 군자가 아니면 능할 수 없다.(상329)

즉, 우리의 도는 同道일 것인데도 한마디도 부합하지 않으니, 그렇다면 그대의 도는 '害道'가 아니겠으며, 그대는 '노불의 도'가 아니겠는가? 고봉의 오류가 바로 이것이라는 비판이다. 심지어 퇴계는 『소학』 「제자의 직분 편」을 들어 "즉시 복종하라"(상296)고 하여 스승의 위치로써 충고한다. 이는 "이치에 달통(達理)한 군자가 아니면 안 된다" 함인데, 왜냐하면 자신은 "10년 전 이미 이치를 봄(看理)에 거의 깨달은 곳에 도달했고, 이치를 설(說理)함에도 거의 극히 지극한 곳에 도달했기"(상326) 때문이다.

그러나 고봉은 '이기고자 해서 도를 헤아리지 않는다'는 말은 있을 수 없는 일이라고 한다.

> 도리가 천지간에 있음에 본래 '둘로 다다름이 없다(無二致)'는 성현의 의론은 모두 방책에 갖추어져 있다. 더구나 오늘 서로 강마(토론)하는 것도 "처음부터 이기기를 구하여 道를 헤아리지 않겠다"고 말할 수는 없다. 결국 "도를 밝히고자 함에 양쪽이 사사로운 뜻이 없는 것이라면 끝내 같음으로 귀결되는 것 또한 필연"(모두 퇴계의 말임)이라 할 것이다.(하8)

도리는 "둘일 수 없다"고 함은 정주가 종종 한 말이다. 정자는 "천하에 어찌 이치가 둘이겠는가?", 주희도 "천지의 도와 성인의 덕은 둘로 다다름이 없다"고 한다.[907] 퇴계는 "견해가 달라서 따를 수 없다" 하지만, 그러나 성현은 '도리는 둘이 있을 수 없다'고 한다. 퇴계도 "이상에 대해서는 논변하여 뒤에 붙이겠다"(상232)고 했으므로

---

907) 天下豈有二理(『정씨유서』권22상, 75조, 293쪽) 天地之道, 聖人之德, 無二致焉.(『중용혹문』하26장, 600쪽)

'토론으로 도리를 헤아리겠다'고 한 것이다.

퇴계는 "이기기를 구하여 도리를 헤아리지 않겠다는 것이라면 끝내 합치할 수 없는 이치가 없을 것"이라고 하지만, 고봉은 그렇지 않다고 한다. 왜냐하면 "이기기를 구한다"고 함은 토론 '하겠다'는 말이며, "도를 헤아리지 않겠다"고 함은 토론하지 '않겠다'는 말이기 때문이다. 도리는 천지간에 있고 우리의 '강마(토론)에도 반드시 있다.' "강마함"이 곧 천지간의 도리를 찾고자 하는 의도이다. "도리를 헤아리지 않겠다"고 "강마"하는 사람은 없을 것이다. 때문에 고봉은 "뜻이 명도에 있다(志在明道)"를 "결국 명도하고자 한다면(乃欲明道)"으로 바꿈으로써, 토론이 명도에 있음은 당연한데 다만 '명도하고자(欲) 하는 마음'이 중요함을 강조한 것이다. 이러한 마음으로 토론한다면 同道로 귀결됨은 "필연"이라 하겠다. 도리는 저기 홀로가 아닌 우리의 토론 속에 있으며 이는 "이치에 통달한 호학군자"가 아니라도 가능하다. 도리는 자기의 사사로움 때문에 없어지는 것이 아니며, 도리가 토론 중에 갑자기 생기는 것도 아닐 것이다. 고봉은 그 해결책을 아래와 같이 제시한다.

> 혹 그간 한두 곳에서 자못 합치되지 못함이 있다면 비록 나의 '소견은 치우침이 없을 수는 없겠다'고 말한다 하더라도 이로부터는 작은 흠일 뿐이다. 다만 "감히 동의할 수 없다면"(퇴계) 끝까지 절차탁마로써 지극히 당연한 귀결을 구하고자 '하는 것(欲)', 이것이야말로 결국 대인군자의 마음 씀의 공정한 소위라 할 것이다.(하9)

토론은 자신 견해도 스스로 '치우칠 수 있다'고 인정함에서 시작되어야 한다. 이런 마음이라면 혹 그간 한두 곳 합치되지 못함이 생긴다 하더라도 그것은 작은 흠(허물)으로 그칠 것이다. 반대로 스스로 "이치를 보았다(看理)"고 한다면 이는 나에 치우친 이치가 되고 마는데, 사람 소견은 처지가 각자 달라서 상대의 견해와 다를 수도 있기 때문이다. 사단은 반드시 리발이지만 그러나 기인 정으로 해석하는 사람도 있을 수 있으며, 칠정 역시 기이지만 그 속의 중화는 반드시 리라고 해야 한다. 더구나 『어류』 "리발"은 맹자 본설에 관한 한쪽 견해에 불과하며 그것이 반드시 맹자의 '종지' 혹은 '이치'일 수는 없다. 때문에 "이치에 통달한 호학군자가 아니면 불능하다"에 대해 고봉은 "대인군자의 처심은 절차탁마하고자 하는 마음"이라고 한 것이다.

83

퇴계 독서법, 고봉 독서법의 격차

퇴계가 자신의 독서법을 논한 곳은 세 곳이다. 먼저 허심으로 성현의 책을 보아야 한다 함이다.

> 무릇 의리의 학문은 정밀하고 미세하게 탐구해야 한다. 반드시 마음을 크게 열고 안목을 높게 가져, 절대 선입견으로 하나의 설(리기 혼륜)만 위주로 삼지 말고 허심평기로 그 올바른 취지를 찬찬히 살펴야 한다.(상31)

퇴계는 '의리의 학문'을 위해 3설로 구분한다. 즉 "칠정과 사단도 본래 혼륜",(상37) "공자와 주돈이의 무극·태극은 독리",(상34) "공자와 맹자의 성설은 독기"(상35) 등이다. 혼륜, 독리, 독기 셋이다. 퇴계의 요지는 사실 혼륜만 주장하지 말라 함이다. 의리의 학문은 혼륜이 아니며, 혼륜은 퇴계도 이미 알고 있다는 것이다. 그래서 다음과 같이 말한다.

> 같음(혼륜) 가운데도 다름(리·기)이 있음을 알아야(知) 한다.(상32)

다시 말해 "의리의 학문"은 고봉의 주장인 '혼륜'이 아닌, 리와 기로 분명히 나누어서 "리발은 사단, 기발은 칠정"이라 해야 하며 이를 퇴계는 "알았다(知)" 함이다. 그럼에도 "지금 그대의 논변은 같음만 기뻐하고 분리를 싫어하며, 혼륜만 좋아하고 분석을 싫증내서 사단과 칠정의 소종래(근원의 리·기)를 궁구하지 않았고, 그래서 사칠을 대략 겸리기·유선악으로 여겨 나의 분별을 불가함으로 여긴다."(상39) "나정암의 리기 一物설"(상41)이 바로 그대의 폐단과 같다. 이상 퇴계는 리·기로 엄격히 나누는 것을 의리의 학문으로 여긴 것이다.

그런데 또 문제는 아래 독서법은 위와 전혀 다르다는 점이다. "나의 허는 허이면서 실(虛而實)"(상314)이라 하고 이어 다음과 같이 말한다.

> 황의 독서법은 다음과 같다. 무릇 성현이 의리를 말한 곳을 볼 때는, 드러냈다면 그 드러남으로 구해야지 감히 은미함으로 경솔히 탐색하지 않아야 한다. 얕다면 그 얕음에 인하고 감히 뚫어 깊게 하지 않아야 한다.(상315)

이상의 독서법은 모호하다 하지 않을 수 없다. 왜냐하면 성현의 언론 속에서 의리를 찾기 위해서는 그 은미함을 궁구하지 않아서는 안 되기 때문이다. 의리는 성현의 이미" 이루어진 설(成說)"(상51)이 아닌 그 은미함의 종지에서 찾아야 한다. 주희는 "성은 고유한 것인데, 만약 성인이 스스로 만든 것이라 하면 이러한 이치는 없다"908)고 하며 이는 리가 성인의 행위 및 그 책의 설 속에 있는 것이 아닌 '리 본연의 그러함'이라 함이다. 성인은 외물에 그대로 순응함으로써 여기에 의리가 있을 뿐이며, 다만 그 행위를 그대로 리로 여길 수는 없다. 고봉이 "측은은 기이고, 그 소이가 리이다"(상113)고 한 이유이다.

더욱 문제는, 퇴계는 자신의 독서법을 말하면서 "주자의 이른바 '至虛 가운데 至實의 것이 있다'고 함은 곧 '虛而實'의 뜻이다"(상301)고 한다는 점이다. 이는 주희 문장을 곡해한 것이다. 주희의 문장은 '리 一者는 반드시 실체'라 함의 뜻이기 때문이다. 만약 퇴계와 같이 독서하면 리는 '허이면서 실'인 "황홀"(상176)이 되며, 정주도 이를 "器(氣)"라고 한다. 퇴계는 "의리"를 '기'로 여기고 만 것이다. 결국 의리의 독서법을 아래와 같이 말한다.

> 성현이 분개로 설한 곳을 볼 때는, 분개로 보더라도 혼륜에 해로움이 있어서는 안 된다. 성현의 혼륜해 설한 곳을 볼 때도, 혼륜으로 보더라도 분개에 해로움이 있어서는 안 된다.(상316)

이는 당초 "태극은 독리이고, 사단은 리발이다"는 주장과 전혀 다르다. 퇴계는 "나의 虛는 단지 허무가 아니며, 그 實(리의 실체)도 단지 실만 있는 것은 아니다"(상302)고 하는데, 즉 허는 단지 허만이 아닌 실도 있는 "虛而實"이라는 주장이다. 이곳은 추만 「천명도설」 "리체의 독리·유일자"(상174)에 대한 변론인데도 오히려 추만 본문과도 전혀 다르고, 또 공맹의 "태극" 및 "사단·성선"설 종지에도 크게 어긋난다.

고봉은 퇴계의 이러한 독서법을 이해할 수 없다고 하면서 아래와 같이 자신의 독서법을 말한다.

> 진실로 선생께서 무슨 의도로 이렇게 [사칠을 리·기로 대립시켜] 말씀하려 하시는지는 잘 모르겠다. 그렇지만 제가 [독서법을] 헤아려 본다면, 허심평기로 [사·맹과 정·주가 설한] 그 각각의 동이를 다해서 보되, 저것으로 이것을 폐하지 말고,(주희로 사맹을 폐하지 말고) 內로써

---

908) 然不知所中之節, 聖人所自爲耶, 將性有之耶? 謂聖人所自爲, 則必無是理, 謂性所固有, 則性之本善也明矣.(『문집』권73,「胡子知言疑義」, 3560쪽)

外를 의혹하지 말며, 先入의 말을 主로 삼지 말고, 他人의 설을 客으로 삼지 말며, 넓게 고찰하고 정밀하게 살펴봄만 같지 못하다. 그러한 연후에야 거의 "고인"(사·맹과 정·주)에 어긋남이 없겠으며, "강습"(모두 퇴계의 말임)함에 있어서도 크게 유익함이 될 것이다.(하12)

퇴계에 의하면 성설 및 사칠설은 모두 "리기에 나아가면" 본래 겸리기·유선악의 혼륜인데, 단 리·기가 分이므로 독기는 기질지성, 리발은 사단, 기발은 칠정이다. 이 주장은 사맹·정주의 본설을 해석함이 아닌, 퇴계 자신의 "리기에 나아간" 자신의 "리·기 소종래"로서의 사칠설이다. 퇴계는 이러한 설을 의리의 학문이라 하면서 그리도 본래 "허이실"이라 한다. 이는 당초의 "독리"의 리발이 "허이면서 실"인 "리기호발설"(상246)로 바뀐 것이다.

고봉은 이를 "무슨 의도가 있어서 이렇게 대립시키려" 하는지 이해할 수 없다고 하며, 자신의 독서법을 제시한 것이다. 사단설의 리발은 분명하나, 그것 때문에 칠정설의 리발을 "폐지하지 말라." 또 사단의 리발로 칠정의 리발을 "의혹하지 말라." 칠정이 기발이라는 "선입을 주로 하지 말며", 사단설 때문에 중화설을 "객으로 삼지 말라." 사맹의 본설과 정주의 해석설을 "넓게 고찰하고 정밀하게 살펴야만" 비로소 "고인에 어긋남이 없게 되며, 이로써 강습에 유익함이 될 것"이다. 성현의 책을 허심평기로 읽는 독서법이 바로 이것이라 함이다.

84
사단이 칠정을 타고 출입한다는 말씀인가?

『중용』 '희노(칠정)'는 "미발"과 "중화"라는 종지가 있고, 『맹자』 '측은'은 "확충"과 "성선"이라는 종지가 있다. 두 설의 종지는 '반드시 구별'해야 하며 결코 "배합하여 一說"(하152)로 논해서는 안 된다.

퇴계는 이러한 사맹의 '칠·사 본설'을 고찰하려 하지 않고 곧바로 그 이전 "리기에 나아가서" 리발·기발로 사칠을 논한다. 그리고 사칠에 대해 "사람과 말(人·馬)" 비유를 들어 '사람은 사단, 말은 칠정'이라고 한다.

옛사람은 '사람이 말을 타고 출입'하는 것으로 리가 기를 타고 행하는 것을 비유했는데, 매우

좋은 비유이다.(상259)

이 비유는 주희의 "태극은 사람과 같고 동정은 말과 같으니, 말의 출입에 사람도 더불어 출입한다"[909]에서 나왔다. 이는 주돈이 「태극도설」 "태극의 동정"을 비유한 것으로, 즉 리는 출입 동정이 있다는 뜻이다. 따라서 이곳은 '칠사라는 이발 감정'이 아닌, '리의 체용'을 논한 것이다. 리의 체는 동정을 탐으로써 용으로 드러나며 이 체용이 리 '전체'이다. 「태극도」는 공자의 "태극" 전체를 체(음양태극)와 용(묘합태극)으로 밝힌 것이다.

반면 퇴계는 이 비유를 사칠로 논한다.

> 넓게 '가는 것(行)'을 말하면 人馬는 모두 그 가운데 있으니, '사칠을 혼륜으로 말한 것'이 이것이다. '人行'만 가리켜 말하면 馬를 병언하지 않아도 馬行은 그 가운데 있으니, 사단이 이것이다. '馬行'만 가리켜 말하면 人을 병언하지 않아도 人行은 그 가운데 있으니, 칠정이 이것이다.(상260)

사칠은 본래 혼륜인데, 사람만 말하면 사단이고, 말만 말하면 칠정이다. 퇴계는 위에서 "사람이 말을 타고 출입함은 리가 기를 타고 行하는 것과 같다"고 했다. 요컨대 사람은 리발이고 말은 기발이므로, 리발만 말하면 사단이고 기발만 말하면 칠정이다. 이와 같다면 사람인 '리발의 사단'이 말인 '기발의 칠정을 타는' 것이 되고 만다.

퇴계는 "사람은 말이 아니면 출입하지 못하고, 말도 사람이 아니면 궤도를 잃는다"(상259)고 하는데 이를 "리발은 사단, 기발은 칠정"으로 본다면 리발의 '사단은 기발의 칠정이 아니면 출입하지 못하고', 기발의 '칠정도 사단의 사단이 아니면 궤도를 잃는다'는 말이 되고 만다. 더구나 "리로 기를 어거하라"(상289)고 한다면 사단으로 칠정을 제어하라는 말이 되고 만다. 사람이 말을 어거함이 곧 사칠이라 함이기 때문이다.

고봉은 이 비유에 대해 아래와 같이 비판하고 그 해결책을 모색한다.

> 두 사람이 물건을 실은 '한 마리의 말(一馬)'을 몰고 있다. 그런데 그 실은 '물건'(사칠)에 편중이 있어서 말의 행로가 휘청거려 결국 좌는 내려가고 우는 올라갔다. 이에 東人은 그것이 떨어질까 우려해 버티어 일으키면 서쪽이 뒤집힌다. 西人도 그 뒤집힌 것을 성내어 다시 극력 버티면 또 반대편 동쪽이 넘어진다. 이 같은 다툼을 그치지 않는다면 끝내 그 평형의 형세는 이룰 수 없다.(하13)

---

909) 太極猶人, 動靜猶馬. 馬所以載人, 人所以乘馬, 馬之一出一入, 人亦與之一出一入.(『어류』 권94, 銖50, 3129쪽)

지금 논쟁은 리기(人馬)가 아닌, 하나의 '정(一馬)'에 대한 두 설인 '사·칠'의 토론이라 함이다. 문제는 이 토론에서 동인·서인, 좌·우익의 편중이 생기고 말았다. 즉 사단은 리에, 칠정은 기에 치우쳤고, 그래서 사람 느낌인 實情이 휘청거리고 만 것이다. 이렇게 치우쳐 휘청거린 상태에서 서로 리·기(동인·서인. 사단·칠정) 주장만 펴니, 이로써 결국 사맹 종지까지 "편중으로 뒤집히고"(하21) 말았다는 것이다. 왜냐하면 사단의 확충을 스스로 리로 여겨서는 안 되고, 칠정도 반드시 천명의 미발 및 중화의 리가 있기 때문이다. 이를 고봉은 "칠정의 리를 사단에게 빼앗겼다"(하30·131)고 비난한다. 이러한 난맥상에 대해 고봉은 두 가지 해결책을 제시한다.

> 그러니 이는 두 사람이 힘을 모아 일시에 지탱해 일으키거나,(협심하여 사맹 종지를 밝히거나) 혹은 그 실은 바의 편중이라도 그 마땅함에 따라 헤아려 옮기는 것(리발·기발의 편중만이라도 바로잡는 것)만 같지 못하다. 이렇게 하면 거의 저앙과 경측의 재해가 없게 되고, 그래서 끝내 험한 절벽을 넘어 '같음'(사맹 본설)으로 돌아올 것이다.(하14)

사단과 칠정은 리발, 기발 의미만 있지 않다. 사맹은 '중화'와 '확충'의 종지를 논했다. 더욱이 자사는 천명의 "미발"을 논했고, 맹자 사단은 기왕 발현한 '단서'에 불과하다. 따라서 지금 토론이 이러한 종지에 근접하기 위해서는 첫째 우리가 힘을 모아서 사맹 본의를 고찰해야 하고, 그렇지 않다면 그 리발·기발의 편중만이라도 바로잡아야 한다. 이렇게 함으로써 사람의 實情 혹은 사맹 및 주희의 본지에 함께 돌아갈 수 있다. 그러나 만약 리발·기발을 사·칠이라 하고, 또 사람을 사단, 말을 칠정이라 하면 결국 사단이 칠정을 타고, 그래서 '이발'의 사단이 '미발'의 천명을 조종함이 되며, 또 "맹자는 자사에서 나왔다"(상96)는 도통에도 어긋나게 되고 만다.

85

곧바로 이치로 말씀하시니, 저도 주둥이를 놀릴 곳이 없겠습니다

리와 기는 分의 실체인가, 說인가, 해설인가? 성과 정은 實의 실제인가, 설인가? 천지(본연)지성과 기질지성, 칠정과 사단은 分別의 설인가, 실체인가? 먼저 이 문제에 대한 분명한 경계와 분석이 없으면 퇴고의 토론은 결코 해결될 수 없다.

퇴계는 "리·기에 나아가면"(상34) 리와 기는 分이므로, 따라서 '리는 사단'이고 '기는 칠정'이라고 주장한다. 즉 본연지성과 기질지성, 사단과 칠정은 '리·기 分'과 같다는 것이다.

과연 리·기의 '分'과 본연·기질지성(사단과 칠정) '2설'은 같은 개념으로 유비될 수 있는가? 그러나 리·기는 '실체'이므로 반드시 分이지만, 본연지성과 기질지성의 성설은 '설'일 뿐 실체가 아니다. 때문에 고봉은 리·기의 '實'과 본성·기질지성의 '說'을 각각 아래와 같이 분석한다.

> 주자는 말하기를 "천지에 있어 만물을 낳을 수 있는 소이의 것은 리이고, 그 만물로 낳은 것은 기와 질이다. 인물은 이 기질을 얻어 형상을 이루고, 그 리가 여기에 존재한 것을 성이라 이른다"고 한다. 이는 천지 및 인물 위에 나아가 리와 기를 '分'한 것으로, 이때는 진실로 一物이 스스로 一物 됨에 해롭지 않다. 그런데 性을 논한다면 주자는 기질지성에 대해 "이 리가 기질의 속에 타재할 뿐 또 다른 一性이 별도로 있지 않다"고 했으니, 따라서 "본성" "기품" 운운한 것은 '천지 및 인물 위에 나아가 리·기로 나눈(分) 각자 一物이 됨'과 같지 않다. 본성·기품은 一性을 그 소재에 따라 '분별로 설명(分別言之)'했을 뿐이기 때문이다.(상88~89)

리·기는 각자 '二物'이며 진실로 "分"이다. 성이라 해도 "기는 기, 성은 성이며, 서로 협잡이 아닌"(상84) 성즉리의 '리'일 뿐이다. 그런데 성의 '설'은 이와 다르다. "천명지성도 기질이 아니면 깃들일 곳이 없으니"(상85) 따라서 천명지성과 기질지성은 "하나의 성을 그 소재(천지와 기질)에 따라 분별로 설명"한 것으로, 이는 "리·기 分인 각자 二物 됨과 같지 않다." 요컨대 리·기는 분의 '실체'이고, 본성·기질지성은 리로서의 '2설'일 뿐이므로, 퇴계와 같이 기질지성을 '기로 분속'할 수 없다는 것이다.

이 문제에 대해 퇴계는 아래와 같이 답변한다.

> 천지지성도 단지 리만 있지 않다. 그런데도 오히려 專指理로 말할 수 있다면, 그렇다면 기질지성이 비록 雜理氣라 하더라도 그렇게 氣만 가리켜 말할 수는 없겠는가?(상242. 하41)

> 천지 및 인물상에서도 역시 리는 기의 밖에 있지 않다. 그런데도 오히려 분별의 설명이 가하다면, 그렇다면 성이나 정도 비록 '리가 기 중에 있고' '성이 기질에 있다' 하더라도 어찌 분별로 설명함이 불가하겠는가?(상245. 하41)

즉 본연·기질지성과 사·칠의 설도 본래는 '겸리기 혼륜'으로 이는 "하늘이 부여한 바의 원류 맥락이 그러하며"(상237) "천지간에 원래 이런 이치가 있다"(상253)는 것이다. 따라서 천지지성이 "단지 리만 있지 않는데도 '오로지 리'라 함과 같이 기질지성도 잡리기이나 '기만' 가리킬 수 있다." 왜인가? 리·기의 分도 본래는 잡리기이며, 따라서 천지·기질지성 역시 잡리기지만 리·기로 나눌 수 있다. 즉 "겸리기·유선악은 비단 정 뿐만 아닌 성 역시 그러한데"(상247) 다만 "리·기의 分"에 나아가면 본연·기질지성, 사·칠도 '리·기로 나눔(分)'이 가능하다.

이와 같이 모두 리·기로 분할 수 있지만, 그렇지만 "리"도 본래 리기·유선악임과 같이, "본연, 천지지성" "사단, 성선"의 '설'도 본래는 잡리기·유선악이다. 또 공자의 "태극" 주돈이의 "무극이태극"도 본래는 유선악이다. 사단도 리기 호발이다. 이상의 논변에 대해 고봉은 다음과 같이 답변한다.

> 이 조항의 가르침은 모두 정미하고 심밀하게도 곧바로 그 궁리의 최저 경계까지 도달하시어 말씀하셨으니, 때문에 한갓 저의 거칠고 우활한 견해를 가지고서는 그 "입(주둥이)"(퇴계의 말임)을 놀려 다시 發(토론)할 수 있는 곳이 없겠다.(하40)

퇴계는 말하기를 "어찌 자기의 소견과 뜻만 고집해서 타인의 한 마디의 주둥이(喙)까지도 용납하지 않는가? 어찌 성현의 말씀까지 억지로 배척하여 잘못된 것으로 여기는가?"(상318)라고 했다. '설'은 이미 선유의 종지가 있다. 후학이 이러한 설을 고찰하기 위해서는 그 종지에 의거해야 한다. "천명지성"이라 했다면 이는 천명의 '리'이며, 기질지성의 설 역시 '성'이다. 모두 성설일 뿐 '기의 설'이 아니다. 한편 實로서의 성·정은 설이 아니다. 사람에게 성·정은 누구나 있고 이후 선유의 설이 있을 뿐, 먼저 설이 있고 이후 성정이 있을 수는 없다. 실의 성에 본성·기품 등의 설이 있고, 실의 정에 칠·사 등의 설이 있다.

리·기는 진실로 각자 二物의 分이지만, 리·기 분이 곧 본성·기품이라고 해서는 안 된다. 본성·기품은 이미 '리의 설'일 뿐이다. 만약 "천지지성도 본래 겸리기"라고 주장하면 이는 선유의 설 종지를 위반한 것이다. 칠·사도 사맹의 종지가 분명한 설일 뿐, 실의 성정이 아니다. "성선"설도 이미 '성의 선'이라는 가리킴이 있으므로 본래 유선악일 수 없다. "사단"설도 이미 '확충'의 가리킴이 있으므로 호발이라 해서는 안 된다. 퇴계의 주장과 같다면 이는 공자, 맹자, 정·주의 종지와 그 가리킨 뜻을 정면에서 부정해서 그 의미를 무너뜨린 것이 되고 만다. 때문에 고봉은 이렇게 말씀하시면 "저의 우활한 견해로서는 다시 주둥이를 놀려 토론할 곳이 없겠습니다"라고 강력히 비난한 것이다.

86

물속의 달이 물이라고요?

리와 기는 실체로서 각자 다른 二物이다. 사람의 성도 성즉리로서의 '실체'이다. 성이 없는 사람은 없으며, 그 성이 실체가 아닌 형용, 찬탄, 비유, 설, 깨달음 등으로 존재한다고 할 수는 없다. 성은 실체인데, 그 설은 매우 많다. 형용, 찬탄, 비유, 깨달음 등의 논설이 가능하며, 모두 실체의 존재자가 있음으로써 가능하다. 이러한 실체의 성즉리의 '성'을 학자들은 '달(月)'로 비유한다. 단지 둘로만 비유하면 천지지성은 하늘의 '달', 기질지성은 물속의 '달'이다. 달 비유는 성의 '리'일 뿐 '기'가 아니다. 이미 '달'이라 했으니 하늘(天)과 물(水)로서의 氣가 아닌 것이다.

퇴계의 경우를 보자.

> 천지지성은 리 위주이기 때문에 '리'에 나아가 말했고, 기질지성은 기 위주이기 때문에 '기'에 나아가 말했다.(상242)

즉 "리·기에 나아가면"(상34·35) 천지지성은 '리 위주'이고 기질지성은 '기 위주'이다. 문제는 성을 논함에 먼저 "리기에 나아가"거나, 또 그 2성설을 각자 '리와 기'라 함이 가능한가? 과연 기질지성의 설은 달이 아닌 '물'일 수 있는가? 그러나 '리기에 나아간' 겸리기는 이미 성이 아닌, 기이다.

퇴계의 논변은 달이라는 '실체'와, 그 비유인 천지지성과 기질지성의 '설'의 구분이 없다. 기질지성은 달의 '설'일 뿐, 실체로서의 '기'가 아니다. 때문에 고봉은 다음과 같이 답변한다.

> "천지지성"은 하늘(기)과 땅(기) 모두에 나아가 [리만] 총'설'한 것이고, "기질지성"(리)은 사람과 만물의 품수를 좇아 [리가 인물에 있음으로] '설'한 것이다. 천지지성을 비유하면 천상(하늘·기)의 '달'이고, 기질지성을 비유하면 수중(물·기)에 있는 '달'이다. 달이 비록 하늘에 있고

물에 있음의 다름이 있는 것 같으나, 그러나 '달'(리)인 점에 있어서는 하나일 뿐이다. 그런데 지금 결국 천상에 있는 달만 '달'(리)이고 수중에 있는 달은 '물'(기)이라 한다면 어찌 심각한 차질이 아니라 하겠는가?(하44)

성은 실체로서 하나인데, 비유의 설은 여럿이다. 천지지성은 하늘과 땅, 인·물 모두에 공존한 모든 범위의 '리만 총설'함이고, 기질지성은 인·물, 기·질 속의 '장소에서 리를 설'한 것이다. 요컨대 천지지성은 천지 공통의 '리만 설'함이고, 기질지성은 '기질 속의 리설'이다. 그렇다면 두 설 중 어느 설이 더 '완전'할까. 정주는 기질지성의 설이 완전하고 정밀하다고 한다. 왜냐하면 성은 반드시 '기질 속'에서 논해야 하며 여기에 '공부'가 있기 때문이다.(『맹자』 성선장 집주) 단 기질 속이라 해서 성이 변질되는 것은 아니다. 성은 어디에 존재하던, 혹은 개(犬)에 있더라도 성즉리 하나일 뿐이다. "총설"이 이것이다. 이치는 둘이 아니므로(하8) 천지의 소통은 가능하다. 단, "성을 따름(『중용』 '솔성')"인 공부가 더 중요하다. 기질지성도 '성리의 설'이며 결국 공부가 가능한 기질지성의 설이 총설보다 더 정밀하다. 맹자 성선설은 공부를 논하지 못했다는 것이 주희 본주이다.

이렇게 고봉이 "기질지성은 기이다"를 비판한 것은 기질지성은 天, 水, 기·질의 비유가 아닌, 그 水라는 장소에서의 성·리인 '달의 비유'이기 때문이다. 그러나 퇴계의 답변은 이와 다르다.

천상이든 수중이든 비록 동일한 하나의 달(一月)이지만, 그러나 천상은 진짜 형상(真形)이고 수중은 단지 빛의 그림자(光影)일 뿐이다. 때문에 천상의 달을 가리키면 실체를 얻지만, 수중에서 달을 떠 건지려 하면 얻을 수 없다. 진실로 '성을 기 중에 있게 하면' 그것은 마치 수중에서 달그림자를 긴지는 것과 같아서 얻을 수 없다.(하168)

진짜 달과 가짜 그림자라는 주장이다. 그렇다면 진짜 달을 하늘에 '올라가 얻을' 수 있고, 수중의 달인 공자 본설과 정주의 기질지성은 그림자인 '허구를 논'한 것인가?(공자 유학의 본질은 기질지성임) 퇴계는 비유인 '2설'을 오히려 진짜와 가짜라 하고, 이를 '實'의 리·기라 한 것이다.

하지만 수중의 달을 가짜라 함은 비유를 잘못 오해한 것이다. 비유는 비유로 이해해야 한다. 하나의 달이 실체이고, 두 달은 비유의 설이다. 비유로서의 천지지성의 설은 실체의 달이 아니다. 하늘의 달은 실체이고, 그 2설 등도 모두 성즉리인 하나의 리인데, 다만 이를 둘로 비유하면 두 개 "장소(所在)"의 달로 "분별해서 설명한 것"뿐이다.(상89) 반면 퇴계는 기질지성의 성설을 水인 氣라 한 것이니, 결국 달의 비유로서의 성설이 곧바로 '水'(실체)인 '가짜 달'이 되고 만 것이다. 그러나 공자 기질지성의 성설이 천지(본연)지성보다 완전하고 정밀한 설이고, 이곳이 오히려 '공부처'이며 여기서 성리를 얻을 수 있다 함이 정주 논의이다.

87
퇴계는 사단과 칠정을 새로 다른 이름으로 창조했다

이른바 "희노"(칠정)와 "사단"이라는 다른 이름(名)은 누가 붙였는가? 당연히 자사와 맹자이다. 퇴·고 토론은 자사와 맹자의 칠·사 '설'에 관한 것이다. 고봉은 「제1서」 첫머리에서 "자사왈" "맹자왈", "자사의 말씀(言)" "맹자의 논의(論)"(상2~3)라 하여 이 점을 분명히 했고, 퇴계도 여기에 이견을 제시하지 않았다.

그렇다면 그 2설로 언론한 이유는 무엇인가? 이름만 있고 그 이름붙인 내용이 없을 수는 없다. 자사는 "희노"라는 정으로 "천명지성"과 "미발·이발의 중·화"의 '덕'을 논하여 이로써 "천지 만물을 位育(化育)시킬" 수 있다고 한다. 맹자는 "사람은 누구나 사단이 있으니 이를 확충하면 족히 사해를 보호할 수 있다"(「공손추상」) 함이다. 이렇게 칠·사 두 이름은 분명한 소지의 목적 및 종지가 있으며 따라서 퇴고가 이 2설에 관해 논하기 위해서는 이러한 의미에서 벗어나지 않아야 한다. 그렇지 않다면 또 다른 '새로운 의미의 정'을 제시해야 한다. 선유의 情說은 2설 이외도 매우 많다. 사맹도 2설 이외의 설이 있다. 『맹자』 "여민락",(「양혜왕상」 '락') "성선"(「고자상」 '그 정') 등도 사단 이외의 설이며, 그 소지 및 종지는 사단설과 전혀 다르다.

퇴계는 이와 다른데, 사·칠 근거를 다음과 같이 논한다.

1) 그 발은 각기 혈맥(리·기)이 있다.
2) 그 위를 향한 근원을 미루면 실로 리·기의 分이 있다.
3) 실로 리발·기발의 分이 있기 때문에 다르게 명칭했다.
4) 사의 소종래를 기왕 리라 했으니 칠의 소종래가 기가 아니면 무엇인가?(모두 하57)

즉 그 "근원인 리·기"의 "각자 다른 혈맥"이 있으니 "이 때문에 다른 이름도 붙였다(異名之)"는 것이다. 사·칠이라는 다른 이름(異名)을 붙인(之) 이유는 리기에 나아가면 그 리·기의 근원(소종래)이 다르기 때문이다. 퇴계는 말한다. "자사는 진실로 [기발] 소종래의 설을 쓰지 않았다. 사단 소종래는 리이니 그렇다면 칠정의 소종래가 '기'가 아니면 무엇인가?"(상274)

위 주장은 사맹의 2설을 고찰한 것이 아닌, 오히려 "그 근원(소종래)"의 리·기에 나아간 것이다. 하지만 사맹은 그 '발처의 근원'을 "천명"과 "인의"라 했을 뿐, 리기에 나아가서 논한 것은 아니다. 자사는 사람 본연의 느낌 전후에서 '미발·이발 공부'를 논했고, 맹자도 누구나 사단은 '있음'을 논했을 뿐이다. 주희는 "사단"에 대해 아래와 같이 주석한다.

> 이 장(사단장)은 심의 체용이 본래 자연스럽게 갖추어져서 각기 조리 있음이 이와 같다 함이다. 학자는 자신에게 돌이켜 찾아 묵식해서 확충해야 하니, 이렇게 하면 하늘이 나에게 준 것을 다하지 않음이 없을 것이다.[910]

사단은 누구나 있으니 이를 확충하라 함이다. 그러나 만약 스스로 리발을 말하면 이는 나에게 있는 단서의 확충이 아닌, 오히려 그 단서 이전의 리를 논함이 되고 만다. 더욱이 나의 느낌 단서를 '스스로 리발'이라 할 수도 없다. 주희도 "묵식"이라 하여 리발로 단정하지 못한 것이다. 반면 퇴계는 느낌 이전 리기에 나아가 '리발이 사단이다'로 선언한 것이다.

퇴계의 주장은 『어류』"사단은 리지발, 칠정은 기지발"에 근거한 것이다. 그러나 어류는 사맹에 대한 "해석(是)"에 불과하다. 해석하면 사단의 리발은 당연하고, 칠정의 기발도 지당하다. 기발은, 심의 느낌이며 감정이기 때문이다. 단 "사단의 리발 때문에 칠정을 기발"이라 할 수는 없다. 퇴계는 사·칠 '이름(名)'만으로 "대거 호언"(상6)해서 리·기 "대설"(하110)로 오독한 것이다. 중화와 확충을 대설이라 할 수 없다. 설사 대설이라 해도 사단의 "확충" 때문에 칠정의 "천명"이 기발이라 할 수는 없는 일이다.

이 문제에 대해 고봉은 "화(달도)와 사단은 善은 같지만 이름은 다르다"고 하면서 다음과 같이 단호히 비판한다.

---

910) 此章所論人之性情, 心之體用, 本然全具而各有條理如此. 學者於此, 反求默識而擴充之, 則天之所以與我者, 可以無不盡矣.(『맹자, 공손추상』6)

이 둘(和의 선과 사단의 선)을 상세히 하셔야만 주자를 "따를지"(퇴계의 말임) 어길지의 여부도 반드시 귀일이 가능할 것이다. "만약 이곳이 판별되지 못한다면"(퇴계의 말임) 이른바 "반드시 후세 주문공을 기다려야 한다"(퇴계의 말임)고 하실지라도 거기까지는 대승이 감히 알바 아니다.(하60)

천명·중화·대본의 선이 사단·성선의 선과 다르다 할 수는 없다. 주희가 자사에서 맹자로 이어지는 "도통"(「중용장구, 시문」 및 「수장」과 「맹자집주, 서설」에서 도통을 신언함)을 어겼을 리 없다.

퇴계는 사·칠의 "다른 이름(異名, 二名)"이 있는 이유를 "리·기에 나아가면"이라 하면서 "그 발의 혈맥"인 "리발·기발 때문에 다르게 부르는 명칭(是以異名之)"도 있다고 주장한다. 그렇다면 결국 사맹의 '名'을 따른 것이 아닌, 자신의 "異名之"로 새롭게 선언함이 되고 만다. 퇴계는 스스로 "자사는 진실로 [나의 기발] 소종래 설을 쓰지 않았다(不用)"고 한다. 그러나 사맹은 사람 본연의 '느낌'을 칠·사로 "언·론"(상3)했고 주희 역시 사맹 본설을 '해설'했을 뿐, 결코 리기에 나아가서 그 '리·기로 이름 붙인(名之)' 것은 아니다.

88

"리발인데 기가 따름"은 사단 종지가 없다

퇴계의 처음 설인 "사단은 순리이며 무불선"(상1) 및 "사단은 리에서 발해서 무불선"(상4)이라 함은 크게 보면 문제가 없다. 사단 종지인 "확충"은 반드시 '리 발현자'이며, "성선"의 가리킴도 반드시 '무불선'이다.

그런데 퇴계는 리발은 사단, 기발은 칠정이라 한다. 때문에 고봉은 「정자호학론」의 "中에서 動한다" 함은 곧 "심의 느낌이고, 심이 느끼면 성의 욕구가 나온다"고 하여 칠정도 '리발'이라 한 것이다. 그 이유를 고봉은 다음과 같이 말한다.

> 그 "중"의 사이(미발·이발)에는 실로 이 '리'가 있기 때문에 느끼면 외물과 곧바로 합치하는 것이지, 본래 리가 없다가 "외물이 마음에 올 때"(퇴계) 이때 서로 만나면서 리가 갑자기 끼어들어 動(發)하는 것은 아니다.(상108)

사람은 "천명"의 공리를 받아 태어났고, 맹자도 "성선"이라 한다. 마음은 누구나 공통의 리가 있으며, 이 리가 외물을 만나면 곧바로 발해서 '情'이 된다. 정이 본래 '선'인 이유이다. 불선이 생기는 이유는 미발·이발에서의 '공부'로 인한 것이다. 불선은 정 때문이 아닌, 자신으로 인한다. 문제는 리발은 그 '발처인 느끼는 즈음'에서 갑자기 생성되는 것은 아니라는 점이다. 심이 외물에 느끼면 리가 발하는데, 다만 외물에 마주치지 않은 즈음의 미발공부(심)와, 마주치는 즈음의 이발공부(심)를 통해 외물과의 교류와 소통을 이루는 것, 이 소통이 곧 사람 감정의 기능이다. 이러한 심 공부를 통해 결국 중화와 확충이라는 천하 공리의 큰 화합의 소통을 이루니, 칠정과 사단은 바로 이점에 관해 언론한 것이다.

고봉의 논점은 심이 외물에 느끼면 본연의 '공리'가 발할 뿐, 그 느끼는 즈음에서 리가 갑자기 생성되는 것은 아니라 함이다. 퇴계의 답변은 "리기 호발"이다.

> 황도 칠정이 리와 상관없이 "외물에 마주치면서 [홀로] 감동한다"고 함은 아니다. 사단도 외물의 느낌으로 동함(리기호발)은 진실로 칠정과 다르지 않다. 단, '사단은 리발인데 기가 따른다(四則, 理發而氣隨之)'고 하겠다.(상255)

사단도 기발이 없지 않다는 것이다. 칠사는 모두 리기 호발인데, 다만 사단은 "리발에 기가 따른다"는 리발 선동의 주리설이다. 이 답변은 고봉의 질문과 다르다. 고봉은, 리가 외물과 '느낄 즈음 비로소 생긴다' 할 수는 없다 함이다. 본래 '있는 리가 동'한다는 것이다.

퇴계의 처음 설은 "순리의 발"이다. 이에 고봉도 사단은 리발이 당연한데, 칠정도 천리인 천명의 발이라 한다. 그런데 퇴계는 이를 고쳐서 '유행의 발처'인 호발로 답변한 것이다. 호발은 리 단독의 발이 아니라 함이다. 이 답변은 『중용』 칠정의 발처에도 어긋난다. 주희 「이발미발설」에 의하면 "사려가 미맹하고 사물이 아직 이르지 않았을 때는 희노애락 미발이며, 이는 적연부동의 처로서 천명의 성이 갖추어져 있다"고 하고 "이곳(미발)이 일용의 즈음 본령의 공부할 곳"이라 한다. 즉 칠정과 사단의 미발은 "적연부동"(『역전』)의 천명지성이다. 따라서 단서인 사단은 '이발'로서의 "확충공부"일 뿐이라 함이 주희의 중화신설 요지이다.

고봉의 당초 비판은 사단 종지인 "누구라도 사단이 있으므로 확충할 것을 알면 사해를 보호할 수 있음"(「공손추상」)에 관한 것이 아니다. 사단이 리발임은 분명하나, 칠정도 천명인 중의 발이라는 것이다. 퇴계의 답변은 오히려 발처의 호발이다. 이에 고봉은 다음과 같이 답변한다.

> 사단은 단지 리발 일변일 뿐이다.(하61)

사단의 소지는 단지 리일 뿐이며, 여기에 '기도 있다'고 할 수는 없다. 퇴계도 "만일 기를 조금이라도 섞는다면 이는 천리의 본연이 아니다"(상257)고 한다. 그렇다면 "기가 따른다"는 주장은 무엇인가? 퇴계에 의하면 "사단도 기가 없는 게 아니니, 겸리기는 하늘이 부여한 바의 원류 맥락"(상237)이라 하며 이러한 인식에서 리기 호발설이 나온 것이다.

이는 고봉의 비평 본의와 전혀 다르다. "리발이나 기도 따른다"고 하면 사단 소지는 기도 있는가? 퇴계의 문제는 사단의 '종지, 소지'와 그리고 호발의 '발처'를 구분하지 않음에서 발생한 것이다. 종지·소지는 기왕의 '설'이고, 발처는 발하는 '곳'이다. 호발인 "리발기수지"는 그중 '발처'일 뿐이다. "리발이나 기가 따른다"는 주장은 맹자의 "사단은 누구나 있으므로(有) 확충해야 한다"는 종지도 아니거니와, 더구나 '기가 따른다'고 한다면 '리를 확충하라'는 소지에도 어긋난다. 측은의 단서에 "아이의 부모나 향당 붕우에게 칭찬을 듣고자 하는"(「공손추상」) 즉 '기가 따르는 행위(기수지)'도 있다 할 수는 없는 일이다.

89

고봉은 주자를 불만족하고 그 기록자를 배척했는가?

퇴계는 "『주자어류』 맹자 사단처에서 '사단은 리지발, 칠정은 기지발'이라 했다"(상44)고 하면서 이어 "주자는 우리의 스승이고 천하고금의 종사이니 스승을 믿어야 한다"(상45)고 한다. 이곳은 퇴계의 말 그대로 「맹자 사단처」인 "확충하라"(「공손추상」)에 대한 강의기록임이 분명하다. 따라서 이곳은 「고자상」 "그 정으로 성선을 논증할 수 있다"는 "성선"의 '무불선' 조항이 아님도 분명하다. 결국 "사단은 무불선이다"(상1·4)고 함은 단서의 '사단장'과 무불선의 '성선장'의 구별이 없다.

"사단은 리지발, 칠정은 기지발"은 기록 그대로 『맹자』 사단과 『중용』(이천 「안자호학론」 포함) 제설에 대한 '해석'임이 분명하다. 그리고 사단 "확충설"이 '리의 발'임도 분명하다.

문제는 칠정을 단순히 기발이라 할 수 없고, 또 확충설도 이발의 '발처'에 불과하다는 점이다. 이천은 「안자호학론」에서 희노애락애오욕을 말하면서 "배워서(공부) 성인의 도에 이를 수 있다(學以至聖人之道)", "그 중이 동해서 칠정이 나온다(其中動而七情出焉)"(상103)고 한다. 공부로 성인에 이른다 함은 『중용장구』 "중화는 성정의 덕이고 도의 체용이니, 도는 [칠정 공부에서] 떨어질 수 없음"(상94)과 같다. 자사는 "계신, 공구(삼가고 조심하라)"와 "신독(미발에 삼가라)"을 강조한다. 주희는 「이발미발설」에서 "중용 종지는 미발인 '日用工夫'이고, 단서를 살피라 함은 이발의 '확충功夫'이다"고 하여 미발의 근독공부가 근본이고 이발의 발처인 확충공부는 이미 늦은 일임을 '호남학과의 토론'(상151)으로 고찰한다. 이것이 주희의 평생 대지인 이른바 "중화에 관한 깨달음(중화지오)"이다.

따라서 "리발, 기발"은 위 맹자, 자사, 이천, 주희의 대지로 보면 그 '일부'임을 알수 있다. 고봉은 "주자의 지극히 공적이고 지극히 명철함을 후학은 마땅히 스승으로 섬겨야 한다"(상153)고 하면서 다음과 같이 말한다.

> 이 설을 주자의 기타 전후의 논한 바와 상호 교감해 보면 그 이동과 곡절이 스스로 드러날 수 있다. 모르겠지만 후학들은 이 해석설을 앞뒤를 모두 갖춘 두루 다한 바의 '말씀(言)'으로 준수함이 마땅하겠는가? 아니면 이 명제를 한때 한쪽만(리발, 기발)으로 발언한 치우쳐 지칭한 바의 '언어(語)'로 지킴이 마땅하겠는가? 이는 결정하기에 어려운 문제가 아니다.(상154)

이어 고봉은 말하기를 "마땅히 지키고, 따르고, 준수해야 한다(당수, 당사, 당준)"(상150~154)고 한다. 사단이 리발임은 지당하다. 칠정도 "심의 느낌"(상103·55·56)으로 발하므로 기발임도 당연하다. 하지만 이 기록은 자사, 맹자, 이정, 주희의 종지 및 공부에 관한 한마디 언급도 없다. 그렇다면 문제는 스스로 드러난다. 리발과 기발은 당연하나, 단 이 명제는 맹자와 중용제설 중 '한쪽만 언급'한 것임도 분명하다. 왜냐하면 맹자와 중용설은 리발, 기발의 의미만 있지 않으며, 더구나 사단도 기왕 발현한 氣發이고, 칠정의 천명·중화도 리발이면서 한편으로는 기발임도 분명하기 때문이다.

퇴계의 답변은 다음과 같다.

> 공의 이 단락 어의를 보면 주자의 설을 만족하지 못한 것 같으니, 이는 더욱 미안하다. 물론 정주의 어록도 때로 기록자의 착오가 있을 수 있다. 하지만 지금 이 일단은 몇 구의 간략한

단어로서 '홀로 전수받은 종지(단전밀부)'가 있고 그 기록자도 보한경이다. 이분은 실로 주자문인의 일등 사람인데 여기에서 실수로 기록했다면 어찌 보한경이라 하겠는가.(상293)

이어 "그대는 나의 설을 그릇됨으로 여기기 위해 내가 주자를 종본으로 여기므로 아울러 주자를 배척함으로써 결국 남에게도 믿음을 취할 수 있다고 여겼으니, 이는 주자를 인용한 나의 죄"(상294)라고 한다. 즉 그대는 주자의 설을 만족하지 않았고, 또 주자가 밀부로 은밀히 전해준 종지를 "기록의 착오"로 여겼으며, 그래서 결국 주자의 이 설을 "배척"함으로써 나의 설을 그릇됨으로 몰아가기 위한 "억지 주장"(상296)에 불과하다.

퇴계의 이러한 강력한 비판 배경은 이 설은 "주자의 단전밀부의 종지"라 함에 있다. 문제는, 이 설에 과연 '자사와 맹자 종지가 들어 있는가.' 만약 이천의 칠정설인 "공자와 안자의 배움(호학)"이 '중의 발, 성인의 배움'이 아닌 단순히 기발일 뿐이라면 퇴계의 주장은 가능하다. 그러나 맹자 '확충'과 자사 '중화' 본설이 "대설"이 아니고, "천명"이 리발이며, 주희 "중화지오"가 "미발의 근독공부"이고, 또 사단의 "확충"이 '이발공부'라면 퇴계의 주장 근거는 크게 잃고 만다. 더구나 고봉은 주자의 설을 배척했는가?

고봉은 그렇게 말한 적이 없다고 단호히 거부한다.

대승은, 학자는 '선유의 한마디 언어에서 그 한쪽만 집착해 이로써 전체를 포괄해 해석해서는 안 된다'는 뜻을 밝히고자 했을 뿐이다. 따라서 저는 진실로 "주자의 설을 만족하지 못하겠다"는 의도도 없었거나와 또 "기록자를 배척"한 말도 없었다. 황공하고 놀란 심회 무엇으로 고지해서 알려드려야 할지 모르겠다.(하80)

고봉이 말한 "한쪽만 가리킴"의 뜻은 곧 "두루 포괄해 해석해야 함"의 뜻일 뿐, 주희를 "불만족하거나 배척한 말이 아니었다"(하81)는 것이다. 이어 고봉은 주희의 "선유의 한마디 말씀만 집착해서 정론으로 삼아서는 안 된다"(『중용혹문』)는 말을 인용하고, 퇴계의 주장을 다음과 같이 반박한다.

만일 서둘러 한마디 말씀에만 집착해서 이로써 제설을 능가하려 한다면 이것이야말로 "성현의 말씀을 몰아 자기의 뜻에 따르게 하는 폐단"(퇴계의 말임)이 되니, 이것이 반드시 말로 다할 수 없는 폐단이라 하겠다.(하82)

퇴계는 『어류』를 종본으로 여기지만, 그러나 칠·사 종본은 자사와 맹자이다. 그런데 지금 고봉이 도저히 상상할 수 없는 문제는 퇴계는 "리기에 나아가면" 리발은 사단, 기발은 칠정이라 한다는 점이다. 이러한 "리기 호발" 주장은 『어류』의 의미와 전혀 다르며, 또 '리기에 나아간' 리발·기발은 사맹 본설을 따르지 않은 것이니, 이것이 바로 퇴계의 말 그대로 "성현을 몰아 자기에 따르게 하는 폐단"(상295)이 아니라 할 수 없는 것이다.

90
주자의 심사가 그토록 천루하다 하겠는지요?

희노(칠정)와 사단은 자사와 맹자 본설이다. 여기에 정주는 리와 기 등으로 자유롭게 주석 및 해석을 가했다. 칠정을 기 혹은 리로, 사단을 리 혹은 기로 해석하는 것은 학자의 시각에 따라 다를 수 있다. 단 그 본설에 의거한 것이어야 한다. 『어류』 "사단, 시리지발, 칠정, 시기지발" 역시 그 본설에 대한 '해석(註)'에 불과하다. 해석은 리기 뿐만이 아닌 심·성·정 혹은 형용, 찬탄, 공부 등 다양한 논의가 가능하다.

고봉은 『어류』의 '리기 해석설'에 대해 "후학은 사맹 종지에 의거해 두루 갖춘 뜻으로 따라야 하며, 리 한쪽 기 한쪽의 의미로만 지키려 해서는 안 된다"(상154)고 한다. 이에 퇴계는 다음과 같이 비판한다.

> 그대는 주자의 이 설을 만족하지 못한 듯하나, 매우 미안하다. 지금 이 일단의 간략한 단어는 '홀로 은밀히 전수받은(單傳密付) 종지'가 있고 그 기록자도 보한경이다. 이 분은 실로 주자 문인의 일등인인데 여기에서 실수로 기록했다면 어찌 보한경이라 하겠는가.(상293)

보한경은 주희의 최고 문인이며 그 리발·기발은 '홀로 은밀히 전수(단전밀부)'받은 종지라는 주장이다. 그가 주희의 일등 문인인가의 여부를 떠나,(보한경은 주희 말년 제자로, 주희 편지에 실망의 말이 있음) 과연 사맹의 종지·소지가 "리발, 기발"의 뜻만 있는가? 과연 사맹 본설이 "리·기 대설"인가? 더욱이 주희 언론으로 볼 때 "단전밀부"는 성립 가능한 말인가? 주희는 오히려 '단전밀부'라는 말을 강력 비판하기 때문이다.

그대(왕숙경)는 논하기를 "주자(주돈이)와 정자의 전수는 쉽게 말로 할 수 없는 뜻이 있다 하면서 「태극도」는 단전밀부의 삼매가 있다"고 하셨다. …어찌 무슨 까닭으로 다하지 못할 말이 있다고 여겨 학자들의 눈과 귀를 어리석게 하여 반드시 그 단전밀부를 기다린 이후에야 터득이 가능하다고 하는가? 그대의 말은 언외별전의 망령된 뜻일 뿐이다. 성현들의 친절히 전수한 종지는 단전밀부를 기다리지 않아도 마음과 눈 사이에 확연하다.[911]

이어 "유학자 중의 육경과 공맹 이래로 이러한 설은 없었다"고 한다. 왕숙경은 주돈이의 「태극도」는 말로 다하지 못해 정자에게 은밀히 전해준 "단전밀부"라 했고, 주희는 이 말을 불교 선종의 '삼매'와 '언외별전'으로 여겨 극력 비판한 것이다. 고봉의 비판은 다음과 같다.

"단전밀부"라는 가르침 또한 미안한 듯하다. 주자가 평생 저서로 입언해서 후학들을 지도함에 그 빛남이 마치 해와 달이 운행함과 같이 눈이 있는 자들로 하여금 모두 볼 수 있게 했거늘, 어찌 아깝다할 비밀스런 종지라 하여 한 사람에게만 은밀히 넘겨주는 그럴 리가 있겠는가! 성현의 심사가 이처럼 천루하거나 좁다고 생각되지 않는다. 과연 이와 같다면 이른바 "원앙의 수를 놓아 사람들에게 감상하기를 청하되, 바늘을 잡고 다른 사람에게 가르쳐 주지는 마라" 함도 반드시 꾸짖을 필요가 없을 것이다.(하83)

과연 주희는 자신의 생각을 삼매 혹은 언어로 표현할 수 없는 것이 있다고 여겨, 이를 한 제자에게만 은밀히 전해 주었다고 할 수 있는가? 성현의 토론과 저술을 언외별전의 삼매라 할 수 있는가?

"원앙의 수를 보여주기는 하되 가르쳐 주지는 마라" 함은 본래 육구연의 시로, 주희는 이 시를 그대로 인용하면서 "그가 선가를 스스로 아낌(自愛)이 이와 같다"고 함에서 나온 말이다. 주희는 이 시를 비판해 다음과 같이 말한다. "자정(육구연)의 말은 항상 두 끝은 밝으나 중간은 어둡다. 질문; '어둡다' 함은 무슨 뜻인가? 답변; 이는 그가 저것을 털어놓고 말하지 못한 곳인데, 말하지 못한 이유는 그가 곧 禪이기 때문이다."[912] 육구연이 털어 놓고 말하지 못한 곳, 그 이유는 그가 선가를 자애했기 때문이다. "금침(作詩)의 비결을 남에게 가르쳐 줄 필요가 없다"고 함은 바로 그가 양 끝인

---

911) 然所論周程傳愛次第, 恐亦有未易言者, 而以「太極圖」爲有單傳密付之三昧. …豈有故爲不盡之言, 以愚學者之耳目, 必俟其單傳密付而後可以得之哉. …而妄意乎言外之別傳耳 …聖賢親切之傳, 不待單傳密付, 而已了然於心目之間矣.(『문집』권59, 「答汪叔耕」2, 2814~1815쪽)

912) 又曰, 子靜說話, 常是兩頭明, 中間暗. 或問, 暗是如何. 曰, 是他那不說破處. 他所以不說破, 便是禪. 所謂鴛鴦繡出從君看, 莫把金針度與人. 他禪家自愛如此.(『어류』권104, 廣38, 3437쪽)

원인과 결과만 중시하여 그 중간인 작시할 때의 미발·이발인 "중"의 덕을 밝힘에 어두웠고 때문에 선가를 털어놓고 비판하지 못한 이유이다. 이 시가 바로 그 증거이다. 선종은 곧바로 "一棒, 一喝"(위와 같은 곳)이라 하여 그 중간의 공부를 논하지 않는다.

고봉은 이 '중간'을 아래와 같이 말한다.

> 그 "중"의 사이(미발·이발)에는 실로 이 '리'가 있기 때문에 느끼면 외물과 곧바로 합치하는 것이지, 본래 리가 없다가 '외물이 마음에 올 때' 이때 서로 만나면서 리가 끼어들어 動하는 것은 아니다.(상108)

사람 마음은 리가 있다. 미발의 중(덕)은 존양공부이고, 이발의 중(덕)은 성찰공부이며, 『중용』 "중"은 이로써 온전을 이룬다. 이것이 곧 "명덕"인 천명의 공리이고 공부로서 그 덕을 이루어야 한다. 육구연이 '중의 사이'를 논하지 못한 이유는 이러한 '중의 덕'을 알지 못했기 때문이다. 정자는 "공자는 중간처에서 마땅함을 얻었다"[913]고 하며, 주희는 이 '중'을 미발·이발 공부로 분석한 것이다. 『중용』 "천하 달도"(소통)는 기가 아닌, 중덕인 공리이다.

퇴계의 "리발·기발" 역시 '발현 현상'에서 "흐름만 더듬고 말단만 좇는"(하107) 결국 "동인·서인 다툼"(하13) 형식의 논변일 뿐, 자신의 공부처가 온통 빠졌다. "단전밀부"에 대해 고봉은 "어찌 아깝다할 비밀스런 종지로 여겨 은밀히 한 사람에게만 넘겨주었겠는가. 성현의 심사가 이처럼 천루하거나 좁다고 생각되지 않는다"고 함으로써 주희의 심사가 이렇게 막히고 좁을 리 없다고 한 것이다.

91

학문을 어찌 거짓과 속임을 자처하면서 하겠는가?

學問, 즉 '배우고 묻는다'는 것은 세계의 사물과 교류하기 위함이다. 지금 칠사에 관한 '토론의 논변'이 이것이다. 학문은 본래 스스로 배우고자 함으로써 할 뿐, 배우고자 함의 욕구가 없으면서 학문하는 사람은 없다.

사맹의 사단과 칠정은 리발인가, 기발인가? 사실 이 질문은 의미가 없다. 왜냐하면

---

913) 喪事, 人所不勉處。酒, 人所困處。孔子於中間處之得宜.(『정씨유서』권7, 40조, 89쪽)

사람의 정은 심의 느낌으로 발하며, 그 발은 나의 사사로운 욕심의 개입이 없는 이상 심 속의 성이 드러나기 때문이다. "성이 발해서 정이 된다"고 함이 이것이다. 고봉은 "「호학론」의 '중에서 동한다(動於中)' 함은 곧 심의 느낌이고, 심이 느끼면 성의 욕구가 나오니 이것이 곧 정이다"(상103)고 한다. 칠사는 이러한 정에 대한 '두 설'일 뿐이며, 여기에 리, 기로 해석하는 것은 학자의 자유이다. 『어류』 "사칠의 리발, 기발"은 아무 잘못이 없다. 문제는 사맹 소지가 리 혹은 기 뿐인가? 때문에 고봉은 "그 종지를 리 혹은 기로 편벽되게 해석할 것인가, 아니면 모두를 다한 의미로 해석할 것인가?"(상154)라는 의혹을 제기한 것이다. 퇴계가 "주자는 천하의 종사므로 리발, 기발을 믿어야 한다"고 했기 때문이다.

퇴계는 고봉의 이 언급을 강력 비판한다.

> 가령 그대가 평시 『어류』의 이 말을 보았다면 반드시 의심을 두지 않았을 것이다. 하지만 지금은 기왕 황의 설을 잘못으로 여기고 이를 극력 분별하자니, 주자의 이 말이 결국 황의 宗本이므로 아울러 배척을 가하지 않을 수 없었을 것이며, 그런 연후에 내 말의 그릇됨을 판별한다면 남에게도 신임을 얻을 수 있으리라 여긴 것이다. 때문에 여기까지 연루시켰으니 이는 진실로 황이 참람히 주자의 설을 원용한 죄이다.(상294. 하84)

이 비판은 그대는 "주자의 설을 만족하지 않고", "이 기록은 착오이며",(상293) "우연한 발언으로 치우쳤다"(상292)로 읽었기 때문이다. 그대는 나의 설을 잘못으로 비판하기 위해 먼저 주자를 배척했고 이로써 사람들에게 믿음을 얻기 위함이니, 이는 내가 주자를 인용한 죄이다. 남에게 믿음을 얻기 위해 결국 주자까지 배척하여 잘못으로 몰고 갔다는 것이다.

이 말이 인정되기 위해서는 고봉이 『어류』 "리발, 기발"에 대해 만족하지 않고 배척한 일이 있어야 한다. 하지만 이 비판은 고봉의 말을 오독한 것이다. 왜냐하면 고봉은 "한쪽씩 리발, 기발로만 치우치게 해석할 수는 없다"(하81)는 뜻이기 때문이다. 주희가 사맹 종지를 각각 리발, 기발 한쪽씩의 의미만으로 치우치게 해석했을 리는 없다.

고봉은 남에게 믿음을 얻기 위한 목적으로 주희를 배척하고 거절했다는 지적에 대해 아래와 같이 말한다.

> 대승의 분별없고 어리석은 무지라면 진실로 선각께 죄를 얻음도 마땅할 것이다. 하지만 만약 이로써 죄를 얻는다면 저 또한 감히 마음으로 감복할 수 없다.(하85)

고봉의 죄가 성립되기 위해서는 주희를 "배척"한 것이 되어야 하지만, 그러나 고봉의 말은 "학자는 마땅히 그 말씀을 지키고, 마땅히 스승으로 섬기며, 마땅히 준수해야 한다"(상150~154)는 뜻이었다. 더구나 고봉은 "리발, 기발"을 잘못으로 여기지 않는다. 다만 "각각 리발, 기발 한쪽으로 발한다"고 했다면 이는 주희가 사맹 종지를 "어거해서 자신을 따르게 하는 폐단"(하82)이 되어야 하고, 특히 그 종지를 리발, 기발로 "편벽되고" "좁게" 해석했을 리도 없다. 이어 고봉은 다음과 같이 항변한다.

> 무릇 사람이 학문을 함에 있어 비록 깊고 얕음은 있겠지만 그러나 그 마음은 진실로 모두 선에 들고자 할뿐 스스로 거짓과 속임의 경지를 자처하면서 밖으로 명예만 구하려고 학문하지는 않을 것이다. 만일 학문을 한다면서 먼저 이것으로 마음을 삼는다면 이른바 학문을 한다고 함이 과연 무슨 마음이겠는가. 세간의 변덕스런 사람도 차마 그렇다 하지 못할 바이거늘, 대승이 감히 감복할 수 없음도 당연하다.(하86)

고봉이 처음 이 논변에 참여하게 된 이유는 "칠정의 불선은 왜 있고 어떻게 일어나는가?"에 있었다. 학자들은 "기에서 발하기 때문"이라 하지만 그렇다 할 수 없다는 것이다.(하103) 불선은 외물과의 교류에서 소통의 부재로 생긴다. 때문에 학문을 하는 것이다. 학문을 한다는 것은 '옳음(선)에 들기' 위함이지, 학문하기 전 먼저 거짓과 속임을 자처하면서 하는 사람은 없을 것이다. 만약 그렇다면 학문을 하는 자신의 마음은 스스로 "거짓과 속임을 자처함"이 되고 만다. 거짓을 자처하는 마음은 이미 내가 나를 속임이며, 이러한 속임은 이미 진실한 마음이 아니다. 비록 "세간의 변덕스런 사람"일지라도 자신 스스로는 옳다고 여기며, 때문에 결국 잘못을 저지른다. 스스로를 옳다고 여김은 나쁘다고 할 수는 없지만 그러나 이러한 마음에서 불선이 생기는 것뿐이다.

학문의 마음은 사람 본연의 선의 욕구이다. 정명도는 "악 역시 불가불 性이다" 하고 주희도 "본래 모두 선하나 악으로 흘렀을 뿐이다"고 한다.(「명도론성설」) 거짓 이후 선이 있다 할 수는 없다. "성의 욕구가 情"이며 그 불선이 본래 기발이어서 그런 것은 아니다. 퇴계는 "나를 비판하기 위해 주희를 배척했다"고 하지만 고봉은 "이러한 마음으로 학문하는 사람은 없다"고 한다. 그렇다면 나의 불선으로 외물과 교류하는 것이 되고 만다.

92

형이상만 거론했으니 無道가 되었습니다

공자는 "형이상자를 道, 형이하자를 器라 이른다"(『역전』)(하89) 하고 이에 이정은 "이 말씀이야말로 상·하를 가장 분명하게 마름했다",(명도) "마땅히 이렇게 설해야 한다. 그렇지만 기 역시 도이고, 도 역시 기이다"(이천)고 한다.(하89) 즉 도는 스스로 자존의 실체지만, 단 기 속에서 그 자존을 찾아야 한다. 만약 도를 자존으로만 여기면 형이상에 고립되고 만다. 때문에 정주는 "그렇지만 기역도이고 도역기이니, 이러한 뜻으로 미루어야만 거의 치우치지 않는다"914)고 한 것이다.

두 정자는 공자 문장을 보면 上만을 道라 하지 않았다고 한다.

> 공자는 "一陰一陽之謂道(일음일양 양상을 도라 이름)"라 했으니, 이렇게 음양은 형이하인데도 '曰道(도라 말함)'라 했다.

> 공자는 "形而上者謂之道"라 했고, 이렇게 '謂'자를 '之'자 아래에 두지 않았으니 이것이 공자 문장인 이유이다.915)

도는 반드시 기와 분리되는 실체의 자존자지만, 그러나 공자의 문장은 음양의 기 속에서 도를 찾았다. 즉 "일음일양 양상(之)을 도"라 하고, 또 형이상만 곧바로 도라 함이 아닌 "형이상자를 설명(謂之)"해서 도라 했으니, "공자의 문장"은 바로 이와 같다는 것이다. 앞은 도의 '양상(之謂)'이고 뒤는 도의 '설(謂之)'이다. 공자는 "역에는 태극이 있다(易有太極)"(『주역, 계사상』) 하고, 또 맹자는 "시경에서 '하늘이 뭇 백성을 내시니 物이 있으면 법칙이 있다'고 했으며, 이에 공자는 '이 시를 지은 자는 道를 아는 자이다. 사물이 있으면 반드시 법칙이 있으며 백성들은 이러한 법칙을 잡는다' 했다"(「고자상」)고 하여 인류에 도가 있으니 '이 시를 지은 자는 도를 아는 자'라고 한 것이다.

그런데 퇴계는 정주의 위 설을 오히려 다음과 같이 인용한다.

> 정자는 "도는 태허이며 형이상이다"라 하고, 주자도 "형이상의 虛는 혼연한 道理이다"고 하

---

914) 故程子曰, 形而上爲道, 形而下爲器, 須著如此說, 然器亦道也, 道亦器也, 得此意而推之, 則庶乎其不偏矣.(「태극도설해, 총론」 77쪽)

915) 又曰, 一陰一陽之謂道, 陰陽亦形而下者也, 而曰道者. …如形而上者謂之道, 不可移謂字在之字下, 此孔子文章.(『주역대전』 권22, 「계사상」 제11장, "是故形而上者" 아래 정자왈, 3·4번째 소주)

며, 또 "태허는 「태극도」 맨 위 동그라미이다"라고 한다.(상303)

이어 말한다.

> 아! 이 같은 말씀은 사방 팔면에 '두루 보편해서 치우침이 없으며' "아무리 두들겨도 깨지지 않는 완전한 학설(顛撲不破)"이라 할 수 있다.(상304)

"전박불파"는 주희의 말이며, '두루 보편해서 치우침이 없다' 함도 같은 뜻이다. 두루 다해서 치우침이 없음, 때문에 전박불파이다. 치우친 것이라면 누구라도 깰 수 있다. 만약 공자가 道를 형이상만으로 논했다면 下인 器가 그것을 깰 수 있는 것이다. 공자는 도를 "역" "음양 양상"(之謂) 혹은 '설'(謂之)로써 드러냈다. 도가 '치우침이 없기' 위해서는 이와 같아야 하며 그렇지 않으면 전박불파라고 할 수 없다. 치우침은 불파가 아니다.

그런데도 퇴계는 위 정주 본설에서 특별히 "형이상"만 인용해 전박불파라 한 것이다. 그러나 본문을 보면 도를 형이상에 치우치게 논하지 않았다. 때문에 고봉은 그 본문을 찾아 인용해서 아래와 같이 비판한다.

> 정자는 말하기를 "음양을 떠나면 도는 없다. 음양은 氣이며 형이하이고 도는 태허이며 형이상이다" 하고, 주자는 말하기를 "형이상의 허는 혼연한 도리이고 형이하의 實은 器이다"라고 했다. 그런데도 지금 유독 형이하 1절은 빠뜨리고 형이상 1절만 '치우치게(偏)' 거론한 것은 왜인가?(하90)

"형이상자가 도"인 것은 분명하지만 이 문장은 '도를 설명(謂之)'한 것에 불과하다. 형이상자는 '설'이며 이는 "도"를 '설명'한 것이다. 따라서 공자는 도를 곧바로 형이상자만으로 여긴 것은 아니다. 정주의 설도 마찬가지이다. 그들도 반드시 "도"를 치우침 없이 '형이하자와 함께' 논했다. 그런데도 퇴계는 정주의 문장을 곧바로 '상만 끊어서' 편벽되게 인용했으니, 이는 정주의 의미와 다르다는 것이다. 정주는 다음과 같이 말한다.

> * 불씨는 음양, 주야, 사생, 고금 등을 알지 못한다. 어찌 형이상의 것과 성인(유학의 도)을 같다 하겠는가?(정자)916)
> * 음양을 떠나면 도는 없다(無道).(주희)(하90)

* 음양에서 떨어지면 도가 없으니(無道), 음양할 수 있는 것이 도이다.(정자)917)

퇴계는 정주 본설을 형이상만 인용하고 형이하를 뺏다. 이는 결코 정주 본의라 할 수 없는데 그들 문장은 위와 같이 반드시 형이하의 것이 있기 때문이다. 공자도 '역속에서' 태극을 말했고 또 '일음일양 양상'으로 도를 논했다. 퇴계는 정주의 설 앞뒤의 "음양을 떠나면 無道이다"를 빼고 인용했으며 그렇다면 퇴계 스스로 '무도'를 자인함이 되고 만다.

93

퇴계의 리의 허이실은 기이며 非道이다

고봉이 「천명도설」 "리체는 본허이다"(상174)를 비평한 이유는 '리'(옳음)는 실존자인 '실체의 實'일 뿐 '허'라 할 수 없기 때문이다. '리체'가 먼저 자존함으로써 여기에 '설' '형용' '허' 등의 논의도 가능하다. 요컨대 리는 '본허'가 아닌 '실'이다. 퇴계의 답변을 보자.

> 나의 이른바 허는 '虛而實(허이면서 실)'일 뿐 저들의 허가 아니고, 나의 이른바 무는 '無而有'일 뿐 저들의 무가 아니니, 어찌 반드시 이단으로 돌아갈 것을 지나치게 걱정하겠는가?(상314·301)

이러한 "나의 虛", "나의 無" 답변은 고봉의 질문인 "리"에 관한 것이 아니다. '허, 무 답변'은 오히려 노·불이 되고 만다. 고봉은 리 '존재자'를 물었기 때문이다. 퇴계의 답변은 理而虛·實而虛인데 곧 허도 단독의 허가 아닌 허이면서 실이라 함이다. 즉 리도 독리가 아닌 허도 있고, 허도 독허가 아닌 실도 있다. 만약 그렇다면 리는 단독의 일자(추만은 리를 "理一, 爲一"의 '一者'라 함. 「천명도설」제5절)가 될 수 없고, 허도 만찬가지이다. 고봉이 "롱동황홀"(상176)이라 비판한 이유이다.

"리이허, 허이실" 답변은 논의의 주체(주어)가 없다. 퇴계는 주돈이의 "무극이태극"을 '無而有'라 하지만, 그러나 무극이태극은 공자의 "태극"(주체) 일자에 대한 '설'일

---

916) 佛氏不識陰陽·晝夜·生死·古今, 安得謂形而上者, 與聖人同乎.(『정씨유서』권14, 9조, 141쪽)

917) 離了陰陽更無道, 所以陰陽者是道也.(『정씨유서』권15. 137조, 162쪽)

뿐이다. 퇴계는 이어 말한다.

> 그대는 그 "허"가 空無에 떨어져 장차 알지 못하는 자들로 하여금 '엉뚱한 곳을 향해 달려가는 것(向別處走)'에 대한 우려에 불과하다.(상310)

나의 "허"는 '허이실'일 뿐 저들의 "공무(공허)"의 허가 아니므로 노불의 허로 빠지지 않는다는 것이다. 즉 나의 허이실은 "향별처주"로 빠지지 않는다. 그렇다면 문제는 더욱 복잡해진다. 왜냐하면 정자의 이른바 "향별처주"는 장재의 이른바 "겸허실"을 비판한 말이기 때문이다. 고봉은 말한다.

> 정자는 말하기를 "횡거(장재)의 '청허일대(도체가 청허로서 일대함)'의 설은 사람들에게 '엉뚱한 곳을 향해 달려가게(향별처주)' 한다"고 했다.(하92)

또 정자는 말하기를 "만약 혹자(장재)와 같이 청허일대를 천도로 여긴다면 이는 器(형이하)로 말함이 되어 도가 아님(非道)이 된다",918) "청허일대로 세워 만물의 근원으로 삼으면 안정되지 못한다"919)고 한다. 주희도 다음과 같이 말한다.

> 횡거 "청허일대"는 겸허실(허실을 겸함)의 뜻으로, 횡거는 형이상을 설하려 했다가 도리어 형이하를 이룬 것이니, 이곳이 가장 불분명하다.920)

즉 가장 분명하지 못한 곳이 바로 '겸허실'이라는 것이다. 주희는 또 말한다. "횡거의 청허일대의 '허실'은 크게 하고자 하다가 도리어 작게 되고 말았다."921) "청허일대는 도체의 형용이 이와 같다 함이다. 도를 '겸허실'로 말한다면 허는 단지 한쪽 설이 되고 만다."922) 장재는 도체를 겸허실의 '형용' 혹은 '겸'으로 여겼으나 이는 '기'이고, 그 "허"도 결국 도체의 '한쪽'이 되고 만 것이다.

퇴계는 "리체"에 관해 답하여 자신은 "허이실, 리이허"(상302)라 하면서 이는 "엉뚱한 곳으로 빠지지 않는다(향별처주)"고 한 것이다. 그러나 정자는 오히려 이 말로써 장

---

918) 若如或者, 以淸虛一大爲天道, 則乃以器言, 而非道也.(『유서』권11, 10조, 118쪽)

919) 立淸虛一大爲萬物之源, 恐未安.(『유서』권2상, 61조, 21쪽)

920) 問, 橫渠有淸虛一大之說, 又要兼淸濁·虛實. 曰, 渠初云淸虛一大, 爲伊川詰難, 乃云, 淸兼濁·兼虛實, 一兼二·大兼小. 渠本要說形而上, 反成形而下, 最是於此處不分明.(『어류』권99, 可學37, 3335쪽)

921) 橫渠說氣淸虛一大, …須是淸濁·虛實, …其欲大之, 乃反小之.(『어류』권99, 方40, 3336쪽)

922) 淸虛一大, 形容道體如此, 道兼虛實言, 虛只說得一邊.(위와 같은 곳, 閔祖42)

재의 이른바 "겸허실"을 비판했다. 겸허실이 곧 향별처주이다.

결국 퇴계 스스로 말한 "나의 허는 공무가 아닌 허이실이니 별처로 빠지지 않는다"고 함이 바로 곧 정주가 비판한 겸허실이다. 또 퇴계는 추만의 '리체'의 '일자'에 대해 오히려 "나의 허는"으로 답변한다. 이 답변은 "리"에 관한 설, 형용 등도 아닌데, '허'로 답변했기 때문이다. "허이실, 리이허" 역시 '리' 혹은 '리체'가 될 수 없다. 이는 '도체'를 논한 장재의 "청허"도, 추만의 "理一"도 아니며, 고봉의 논평인 "리 실체"와도 어긋난다. 정자는 장재의 도체 형용인 "청허(겸허실)"를 "罷인 非道"라 하는데, 퇴계의 "허이실" 역시 '리체' 혹은 '도체'도 아니고 그 '설' 및 '형용'도 될 수 없다. 주체가 없기 때문이다.

94

사단 불중절 설의 소종래는 주자입니다

맹자가 "측은지심"을 논한 곳은 두 곳이다. 하나는 사단을 "확충하라"이고, 하나는 "그 정으로 성선을 삼을 수 있다"이다. 학자는 이 두 설의 종지를 먼저 고찰하고 이후 자신의 의견을 제시해야 한다. 주희는 '두 곳'을 아래와 같이 각자 다르게 고찰한다.

> 이 장의 논한 바는 사람의 '성정과 심의 체용'이 본래 그러함의 온전을 갖추어 각기 조리 있음이 이와 같다 함이다.(「공손추상」의 '사단 확충장')[923]

> 맹자의 이른바 "성선"은 그 '본체로 설명'한 것으로 인의예지 미발의 것이 이것이다. 또 그 아래의 이른바 "선으로 삼을 수 있음"은 그 '용처로 설명'한 것이니 四端之情이 이것이다.(「고자상」의 '성선장')(상160)

앞 확충설은 "성정 관계 및 심의 체용"이고, 뒤 성선설은 성선의 "본체와 작용"이다. 다시 말해 앞은 '성정의 조리'가 이와 같으니 "확충해야 한다" 함이고, 뒤는 "성선"을 그 "사단지정"의 '작용으로 논증'한 것이다. 고봉도 "四端之情을 '리에서 발해서 무불선으로 여긴 것'은 본래 맹자의 소지에 인한 것"(상170)이라 한다.

---

923) 此章所論, 人之性情, 心之體用, 本然全具, 而各有條理如此.(『맹자』, 「공손추상」6)

문제는 "四端之發"을 무불선으로 여길 수 없다는 점이다. 퇴계는 "四端之發은 무불선"(상1)이라 하기 때문이다. 고봉은 말한다.

> 만약 넓게 '정'으로 세론한다면 四端之發 또한 중절하지 못함이 있으니, 진실로 그 모두를 선이라 할 수는 없다. 만약 그 사단의 단서를 단지 무불선으로 여기면 인욕을 천리로 간주함이 될 것이니, 반드시 이루 말로 할 수 없는 폐단을 후세에 남김이 될 것이다.(상170~171)

고봉은 "사단지정"(즉 맹자 종지가 있는 정)을 불중절이라 한 것이 아니다. 맹자의 두 설 종지인 '심의 체용'과 '성선의 체용'에서는 불중절을 논해서는 안 된다. 문제는 이러한 "확충"과 "성선"도 사람의 자연한 '감정과 성에 관한 두 설'에 불과하다는 점이다. 본래 사람 본연의 성정이 있고 여기에 그 성과 정에 관한 설이 있다. 고봉의 말은 맹자 종지인 '사단지정'이 아닌, "그 정을 세론하면" 측은으로의 "단서의 발출(端之發)" 모두를 중절자 혹은 성의 무불선으로 삼아서는 안 된다고 한 것이다.

퇴계는 이를 다음과 같이 비판한다.

> 사단에 불중절이 있다는 논의는 심히 새롭지만 그러나 이는 맹자 본지가 아니다. 맹자의 뜻은 단지 그 수연한 인의예지를 따라 발출한 것만 가리킨 것으로, 성이 본선이므로 정 역시 선하다는 뜻을 보였을 뿐이다. 어찌 이러한 어긋난 설로 사단이라는 천리의 발을 어지럽히는가?(상307~308)

고봉도 "맹자 본지가 이와 같다고 한 것은 아니다"(하95)고 한다. 퇴계는 "성이 본선이므로 정 역시 선하다"고 하지만, 맹자 본설은 이와 반대다. "성의 본선"은 "그 정(其情)"으로 '논증'한 것에 불과하다. 맹자의 "성선" 논증은 "그 정의 측은지심"이 먼저 있음으로써 가능했다. 따라서 맹자의 '설'보다는 사람 '감정의 있음'이 먼저인 것이다. 확충설도 "사람은 누구나 사단이 있다" 함이다. 고봉은 맹자 본설이 아닌 사람 느낌의 단서는 결코 '무불선의 성'일 수 없다 함이다. 감정은 외물과의 교류에서 발생하기 때문이다.

퇴계는 "불중절의 설은 어긋난 참설"이라 하지만 고봉은 "이 설의 소종래"(하95)를 주희라고 한다. 이 불중절 설의 출처는 퇴계가 『어류』 "리지발, 기지발"을 인용한 바로 '그곳'에 있다.

인용하신 "『주자어류』 맹자 사단을 논한 곳 그 한 조"(퇴계의 말임)에서 또 주자는 말하기를 "측은 수오에도 중절·불중절이 있다. 만약 마땅히 측은해서는 안 되는데도 측은해 하거나 마땅히 수오해서는 안 되는데도 수오한다면, 이것이 곧 불중절이다"고 한다. 이렇게 주자는 맹자가 이미 말한 바에 나아가서 그 [말하지 않은] 미비한 점까지도 밝혀냈으니, 이런 극진한 의미가 있음도 깊이 살피지 않아서는 안 된다.(하96)

이곳 "사단처"는 "성선"처가 아니다. 바로 이곳 "사단처"에 "사단 불중절"의 설이 있다는 것이다. 이곳은 총 78개 조항의 기록이 있고, 불중절을 논한 곳도 상당히 많다. 『문집』이나 『어류』 다른 곳에도 적지 않다. 『어류』 몇 조를 보자. "四端之發도 심히 가지런하지 못할 곳이 있으니, 측은처가 있고 측은에 합해야 한데도 측은하지 못한 곳이 있다. 제나라 선왕이 한 마리 소는 차마 보지 못했지만 백성은 사랑하지 않았다." "측은·수오는 생활하는 사이에 때때로 발동하니, 단지 正과 不正이 있을 뿐이다." "측은에 합당해야 하지만 측은하지 않고, 수오에 합당해야 하지만 수오하지 못한다."924)

고봉은 맹자 '종지'를 의혹한 것이 아니다. 주희는 「이발미발설」에서 "그 단예의 움직임을 살핀다 함은 곧 확충의 功夫이다"고 하여 확충의 이발 공부보다는 그 이전 '미발 공부'가 먼저라고 한다. 주희는 사단의 발처에서 공부를 논했을 뿐이다. 왜냐하면 외부 측은의 일에 나의 느낌이 그대로 일치한다고 해서는 안 되기 때문이다. 만일 곧바로 나를 무불선으로 여기면 이는 외부의 측은의 일을 막음이 되고 만다. 이것이 도리어 "이루 말할 수 없는 폐단"이라 할 수 있다. 더욱이 주희는 성선장 주석에서도 "성이 비록 본선이지만 살펴서 바르게 하는 공부가 없어서는 안 되니 학자들은 마땅히 깊게 생각해야 한다"(「고자상」6)고 한다. 주희는 맹자 두 설 종지를 깊게 신뢰했지만, 다만 치우친 곳도 있음을 주의 깊게 살핀 것이다.

95
도무지 칠사를 서로 관철시키려는 의지가 없으십니다

자사 중용설은 "희노"라는 정으로 천명의 "중화" 및 도의 체용을 이루어 천지 만

---

924) 고봉의 위 인용문은 『어류』권53, 「人皆有不忍人之心章」, 淳36, 1762쪽이다. 아래는 각각 夔孫64, 1771쪽. 方子66, 같은 쪽. 節69, 1772쪽.

물을 본연의 자리에 "위치시키고(位)" 인류를 소통으로 "和・育"하고자 함이다. 이러한 천지 만물의 "化育"(『중용』22・32장) 및 "發育"(27장)은 '감정'의 "교류"(「이발미발설」・「안자호학론」)로서 가능하다는 것이다.

맹자 역시 누구나 있는 "측은지심"이라는 느낌의 단서를 "확충"하면 "사해를 보호할 수 있다" 하고,(「공손추상」) 또 사람 고유의 "성선"인 "성의 성즉리는 요순부터 길가의 천한 사람까지 모두 같은 하나의 리"(性卽理也, 理則堯舜至於塗人, 一也.「고자상」 주희집주)임을 강조한다. 즉 자사는 사람 감정으로 천하 인류의 소통을 논했고, 맹자는 누구나 있는 측은지심을 확충하면 인류 공리의 옳음에 동참할 수 있다고 한다. 그 '근거'는 바로 인류의 "천명지성"과 "성즉리"는 천하 一理로 공유되기 때문이다.

반면 퇴계는 "리・기 分의 대립으로 사・칠은 발하며",(상264) 그 선은 "각자 리・기 혈맥이 다르다"(상254)고 하면서 다음과 같이 말한다.

> 사단의 소종래(근원)가 리이니 그렇다면 칠정의 소종래가 기가 아니면 무엇인가?(상274)

이 주장은 『어류』 "사단, 是理之發, 칠정, 是氣之發"(상44)에 근거한 것인데, 퇴계는 이를 '리・기 각자의 발'로 오독한 것이다. 그러나 이 기록은 사맹 본설에 대한 '해석(是)'에 불과하다. 사칠의 리발, 기발 해석은 지극히 당연해서 언급할 가치가 없다. 더구나 사단이 리발이라고 해서 천명의 칠정이 기발일 수는 없는 일이다. 때문에 고봉은 아래와 같은 예로 비판한다.

> 두 사람이 물건(칠사)을 실은 한 마리(一情)의 말을 몰고 있다. 그런데 그 실은 물건에 편중(리・기)이 없지 않아서, 이에 동인(사단)은 자기의 물건이 떨어질까 우려해서 극력 일으키면 서쪽이 뒤집힌다. 이에 서인(칠정)도 그 뒤집힘을 우려해서 다시 극력 일으키면 그 반대가 넘어진다.(하13)

성정은 인류 공통의 것이다. 만약 사단만 리발이라 하면, 칠정의 천명・중화는 리발이 아님이 되고 만다. 이러한 다툼은 천하 인류의 소통을 언론한 사맹 종지와 정면에서 위배된다. 더욱이 천명・중화와 확충・성선 2설이 리・기 대설일 수는 없다. 매우 큰 문제는 이 2설이 "리・기에 나아간"(상17) 리기 호발이라는 주장은 사맹 및 주희 본설과 전혀 다르다는 점이다.

고봉은 이러한 폐단이 원나라 유학자 호병문에서 유래한다고 한다. 즉 호병문의 "성발로 情이 되니(性發爲情) 무불선, 심발로 意가 되니(心發爲意) 유선악"의 두 곳 "소발"(상164) 설이 퇴계와 같다는 것이다.

> 「천명도설」제6절에서 "오상의 소발인 사단은 무불선이고, 기질의 소발인 칠정은 사악으로 흐른다"고 했으니, 이는 퇴계의 소견과 동일하다.(하188)

퇴계는 율곡에게 보낸 문목에서 "성이 발해서 情이 되고, 심이 발해서 意가 된다는 그대의 설은 옳고 의리가 정밀하다", 또 이굉중 문목에서 "선유는 성발과 심발로 분별해서 설명했으니, 이미 명백해서 의심할 곳이 없다"고 한다.925) 이러한 주장은 이미 권근의 설에도 있다. 「심도」와 「천인심성합일지도」에서 사단과 칠정을 "理之源" "氣之源"이라 하면서, "性發爲情이니 그 처음은 무불선이고, 心發爲意니 선악이 있다"고 한다. 이는 사단과 칠정을 리발과 기발로 나눈 퇴계의 주장과 같다. 또 아래와 같은 설도 있으니 고봉은 묵과할 수 없다고 한다.

> 또 그 난데없는 설 중에는 가령 "성이 먼저 동한다, 심이 먼저 동한다"고 함도 있으니 이런 심상치 않은 어긋난 오류들을 꺼려서 덮어둘 수밖은 없었다.(하107)

성선동, 심선동의 '선동'은 이언적의 설이며, 퇴계의 "氣, 先動"(상24)과 리기 선후 호발설인 "리발에 기가 따르고, 기발에 리가 탄다"(상255)도 이와 같다. 고봉은 이러한 폐단을 그냥 덮어둘 수는 없었다고 한다. 퇴계의 인식이 이 폐단의 중심에 있거니와 더구나 성균관 대사성을 3회 역임한 학술의 책임 지위를 자부하기 때문이다. 「고봉3서」끝에서 다음과 같이 최종 비판한다.

> 그런데도 선생께서는 기필코 사칠을 리·기 분별로 주장하셨고 그래서 결국 『어류』중의 한 곳만을 정론으로 삼아 마침내 "한 사람에게만 은밀히 전달하고 부탁한 것"이라 함에 이르렀다. 또 사칠을 반드시 '대설'로 여겨 모두 양 편 두 진영을 이루도록 하셨고 그래서 그것이 마치 음·양 강·유와 같은 대대가 있고 또 상하 사방의 고정된 위치가 있는 듯 여기시고는, 도무지 다시는 혼륜으로 관철시키려는 뜻이 없으시다.(하110)

설사 주희가 리발, 기발로 해석했다고 해서 사맹 본설이 대설일 수는 없는 것이다. 더욱이 이를 "은밀히 전했다"고 할 수는 없는데 왜냐하면 이 해석은 각자 '리 혹은

---

925) 각각 『퇴계전서』1책, 377쪽. 2책, 233쪽.

기에 치우쳤기' 때문이다. 사람 느낌에 대한 설은 칠사 둘만 있지 않은, 수많은 선유의 설이 있다. 그런데도 퇴계는 단지 칠·사 2설만 상대로 들고 이를 리·기 대설로서 반드시 서로 섞일 수 없는 관계로 여겨 그 본설 종지인 '소통으로 관철시키려는 의지가 없었다'는 것이다.

고봉은 이렇게 사맹 본설을 대설·대대의 양편으로 나누어 각자 리·기 혈맥의 다름으로 분열시킨 것에 대해 "저로서는 이러한 의도가 과연 무엇을 말씀하려는 것인지 도무지 모르겠다"(하111)고 한다. 자사는 칠정 공부로 '천명 중화의 창조적 소통을 말씀(言)'했고, 맹자는 사단으로 '사해 인류의 교제'와 '성은 천하가 함께 공유됨을 논(論)'(상3)한 것, 이것이 사맹 및 주희의 종지이기 때문이다.

96

퇴계는 사칠에 관한 토론과 언어를 불신함

고봉은 "사칠의 리·기 분속"(상322. 하135)을 전혀 반대하지 않는다. 사단의 가리킴은 리가 분명하고, 칠정(사단)도 기왕 발현한 기이기 때문이다. 그렇지만 자사의 "천명 및 중화"와 맹자의 "사단의 확충"이 반드시 "대설"(하49)일 수는 없으며, 더욱이 "사단이 리발이라 해서 급거 칠정이 기발 한쪽일 수는 없다"(하62) 함이 고봉의 계속된 의혹이다.

그런데 퇴계는 리발·기발의 사칠과 리·기 대설에 대해 "나는 마음에서 사색한지 수 년 후 결정했으며, 결국 주자의 설을 얻어 증명한 뒤 더욱 자신하게 되었다"(상322)고 하면서 또 "이 일은 결국 리를 봄에는 깨달은 곳에 도달해야 하고, 리를 설함에도 극지처에 도달한"(상326) 사람만이 가능하다 하고, 이어 최종 다음과 같이 결론한다.

> 이것을 어찌 다시 입과 혀로 다툴 수 있겠는가? 그 마음에 이길 것만 구하고 도리를 헤아리지 않겠다는 것이라면 끝내 합할 수 있는 이치가 없어져서 다만 천하의 공론을 기다려야 할 뿐이다. 만약 그 의지가 도를 밝힘에 있다면 반드시 같음으로 돌아갈 날도 있을 것이니, 이는 이치에 통달한 호학의 군자가 아니면 능할 수 없다. 황이 심히 두려운 것은 학문은 퇴보하고 사욕은 이기는데도 망령되게 무익한 말을 함으로써 서로 '간곡하게 힘쓰자'는 그대의 후의를 스스로 외면하는 일이다.(상327~330)

이곳은 「퇴계2서」 마지막 글이며, 이치는 언어와 토론으로 도달할 수 없는 것이라 하여 '더 이상 답변을 바라지 않겠다'고 선언한 것이다. 이곳 답변의 심각한 문제는, 사맹 '본설'과 주희 '해석설'을 구분하지 않는다는 점이다. 더 큰 문제는 리기에 나아가면 그 리·기가 호발해서 사칠이 된다 함인데, 이는 사맹 및 주희로서도 도저히 상상할 수 없는 일이다. 또 매우 큰 문제는 퇴계 스스로 "리를 보고 깨달음에 그 극지처에 도달"한 사람인 "호학군자"로 자처하고, 그래서 고봉에게 "10여년의 공부"(상327)를 더해야 여기에 도달할 수 있다고 말한다는 점이다.

어쨌든, 고봉은 그간 토론으로 "큰 줄거리에서는 이미 같아진 곳이 있고, 다만 우리의 소소한 절목에서만 합치되지 못했을 뿐"(하113)이라 한다. 우리의 소소한 절목을 "한마디"(하108)로 요약하면 "칠정의 화(달도)와 사단의 선은 동일한 선인가, 아닌가"(하58)에 있다. 만약 이 문제만 합치된다면 나머지는 많은 말을 기다리지 않아도 되며, 이로써 칠정이 사단과 대설이 아님도 스스로 드러난다는 것이다.

퇴계는 이 논쟁은 입씨름으로 다툴 수 없다고 하지만 고봉은 오히려 토론으로 도리의 드러남이 가능하다고 한다. 그 이유는 토론으로 "성정의 실제를 존양·성찰의 공부"(상128)로 논할 수 있고 또 "리기, 성정의 즈음을 합 혹은 분별로 설명하거나 혹은 그 뜻에 대한 소주"(상82)의 밝힘이 가능하기 때문이다. 정철의 "'성정의 사이는 지묘, 지미하니 견문으로 논할 바는 아니다'에 대해 고봉은 '이는 유가의 본색이 아니니 그대의 말은 학문 토론 방법이 아니다'"926)고 답변한다. 토론은 공적인 옳음을 드러냄에 있어 우리에게 유익한 것이다. 정자가 이렇게 말했다는 것이다.

> 정자의 이른바 "저기에 유익이 없을지라도 나에게 유익은 있을 것이다"고 함이 바로 지극히 공적인 논의이다. 진실로 사적인 마음을 품고 꺼리는 것을 일부러 피해서 '우선' 그들의 설에 영합해서는 안 된다.(하114)

정자 본문은 다음과 같다. "백순(정호)이 오사례와 함께 개보(왕안석)의 학문의 잘못된 곳을 말하였다. 사례에게 말하기를 '나를 위해서라도 개보에게 모두를 말해야 한다. 나 역시 감히 스스로를 옳다고 여길 수 없기 때문이다. 만약 어떤 설이 있다면 왕복 토론해야 한다. 천하의 公理는 피아가 없다. 과연 밝게 분별할 수 있다면 개보에게 유익함이 없을지라도 반드시 나에게 유익함은 있을 것이다'라고 했다."927) 천하의 공

---

926) 性情之間, 至妙至微, 非見聞所論云云者. 似非儒家本色, 語無揣摸處.(「국역고봉집」3책, 「答鄭衰侍, 澈」, 368쪽)

리는 피아가 없다. 피아가 없으므로 토론도 가능하며, 토론하는 것은 스스로를 옳다고 여길 수 없기 때문이다. 그런데 만약 상대에게 자신의 의견을 모두 밝히지 않는다면 그 공리는 드러나지 않는다. 결국 토론으로 천하의 공리는 유행될 수 있으며 나만의 주장으로서는 공리가 되지 못한다. 따라서 고봉은 그간 토론을 중지하지 않은 이유에 대해 다음과 같이 말한다.

> 이는 자기 도리이므로 오히려 자신할 수 없는 것과 같다. 사적인 자기 도리이므로 그 논하는 즈음에서 또한 꺼리는 것은 피하고 편한 것만 쉽게 영합하는 사사로움을 면치 못하게 되는 것이다. 이것이야말로 불충과 불신의 단서이며, 결국 "심히 두려워할 것"(퇴계의 말임)은 바로 이곳(자기도리)이다.(하115)

토론은 "지극히 공적인 논의이며, 유익함"이다. 토론은 자기 도리로 할 수 밖에 없지만, "자기 도리이므로 자신할 수 없는 것"이다. 사적인 자기 도리이기 때문에 사사로움에 빠지기 쉽다는 것이다. 퇴계는 "심히 두려운 것은 그대의 후의를 외면하는 것"이라 하여 토론을 마치고자 했으나, 고봉은 오히려 "꺼리는 것을 피하는 일이야말로 자신의 불신의 단서"이며, 오히려 "두려워할 곳"은 "자기의 도리"라고 한다. 퇴계가 자신을 "리를 봄에 극지처에 도달한 호학군자"라 했기 때문이다. 주희는 여조겸이 죽자 "나의 병통을 누가 훈계할 것이며, 나의 과실을 누가 일깨워 줄 것인가"[928]라고 탄식한 이유도 곧 자기 도리를 두려워했기 때문이다.

97
"두 사람이 실은 물건"이라는 시의 자상모순

퇴계는 주희를 천하 종사라 하고 『어류』 "사단은 리지발, 칠정은 기지발"을 '리기호발'로 여겨 고봉의 논평에 대해 "성문의 대금을 범한 것"이라 하면서 그간 우리 토론도 "한가한 언쟁일 뿐"이라 평가 절하한다. 어쨌든 과연 "리발, 기발"의 선후 호발이라 함은 사맹 칠사 종지에 대한 "깨질 수 없는"(하89) 논의라 할 수 있는가? 그러

---

927) 伯淳近與吳師禮談介甫之學錯處, 謂師禮曰, 爲我盡達諸介甫, 我亦未敢自以爲是. 如有說, 顧往復. 此天下公理, 無彼我. 果能明辨, 不有益於介甫, 則必有益於我.(『정씨유서』권1, 44조, 9쪽)

928) 若我之愚, 則病將孰爲之箴, 而過將誰爲之督耶.(『문집』권87, 「祭呂伯恭著作文」, 4080쪽)

나 고봉은 이 설은 사맹 본설에 관한 리 혹은 기로의 '한쪽 가리킴'(해석)에 불과하다고 한다.

문제의 근본적 갈림은 고봉의 경우 사칠 '해석'에 관한 것인데, 퇴계는 반대로 "리기에 나아간"(상17) '리기 호발설'로 인식한다는 점이다.

> 리·기는 상호 발용이 있고, 그 발은 서로를 필요로 한다. 호발이므로 각각 리·기의 소주가 있다.(상246)

즉 "리기에 나아가면" 리·기는 선후 호발하며 따라서 사칠은 본래 '혼륜'이나 다만 '주리·주기'라는 주장이다. 이상의 대화는 토론 주제가 '매우' 어긋난 것이다.

리기 호발은 이미 정 '已發'에 불과하며, 더욱이 이 주장은 '미발' 및 사맹 '본설'을 논함도 아니다. 주희 「이발미발설」에 의하면 "생각이 일어나지 않고 외물이 마음에 이르지 않았을 때는 희노애락 미발이며, 이때는 천명지성의 체단이 갖추어져 있다"고 하며 "이곳은 일용생활 본령의 工夫할 곳"이라 한다. 『중용』 "신독"이 이곳이다. 한편 정 '이발'은 "그 단예의 움직임을 살펴 확충의 功夫할 곳"이라 하여 "사단의 확충"(공손추상)은 이미 늦은 공부라 함이 주희 '중화신설'이다. 따라서 그 호발은 발처인 이발만 논함인 것이다. 더구나 호발의 "리기 즈음"(하118)을 심(정)으로 직접 알 수 있다고 해서도 안 된다. '심'으로 발을 찾음은 이미 생각의 이발이 되어 '심으로 심을 보는' 불교의 "관심"(주희 「觀心說」 참조)이 되고 만다.

고봉은 리기 선후 호발설을 다음과 같이 비판한다.

> 선생께서는 리·기 둘이 마치 '두 사람이 그런 것 같이' 一心의 안을 나누어 점거하게 해서 리·기가 서로 번갈아 용사를 하고 그래서 한쪽이 주도하면(肯) 한쪽은 따르는(從) 관계와 같이 하셨다. 이곳은 도리의 기반이 세워진 곳이므로 호리의 차오도 있어서는 안 되며 여기서 차오가 나면 차오나지 않는 곳이 없을 것이다.(하122~123)

감정은 외물에 대한 마음의 느낌으로, 사람 본연의 일이다. 사맹은 이러한 본연의 감정을 칠·사 둘로 언론했고, 『어류』도 이 본설을 해석함에 불과하다. 반면 퇴계는 감정의 발원처를 유추해서 본래 '겸리기'라 하는데, 이 논의는 맹자 "성선설"에도 어긋난다. 왜냐하면 주희는 집주에서 "길가 미천한 사람도 성즉리"(고자상)라 하기 때문이다. 더구나 호발은 이미 '발처'이며 이는 『중용』 "신독"인 "미발처의 존양공부"에도 어긋난다.

위 비평에 퇴계는 성문의 대금으로 답변한다.

> 설사 우리의 토론이 십분 타당함을 얻었다 해도 실제 자신에 있어서는 조금의 절실함도 없고 단지 한가한 언쟁만을 이루어 이로써 聖門의 大禁을 범하는 일이 될 뿐이다. 하물며 주자의 참됨(리발·기발)조차도 기필되지 못한다면 그 타당성이야 더 말할 나위 있겠는가.(하125)

"성문의 대금을 범하고 그 참됨도 기필되지 못한다"고 함은 주희의 '옳은' 설인 "리발, 기발"을 우리가 "한가하게 언쟁"한다 함이다. 따라서 이러한 언쟁을 계속한다면 이는 주희의 정답(이치)에 대해 다투는 일이 되며, 주희의 참됨이 이 언쟁으로 인해 도리어 의혹이 되고 말았다 함이다. 퇴계는 이치는 "虛而實"(상314)이므로 "입과 혀로 다툴(爭) 수 없다"(상327)고 이미 선언했다. 결국 퇴계는 그동안의 토론에 대해 다음의 시로 최종 통보한다.

> 두 사람 실은 물건으로 경중을 다투지만
> 높낮음 헤아리니 역시 이미 평평하다
> 을 쪽을 이겨 모두 갑으로 되돌린들
> 언제쯤 물건의 형세 조화될 수 있을까(하126)

이 시는 고봉의 "두 사람(동인·서인, 사단·칠정)이 한 마리의 말을 모는데, 그 실은 물건이 편중(리·기)이 없지 않다"(하13)는 비유에 대한 화답이다. 고봉은 '사칠에 리·기의 편중'이 있다고 한다. 사·칠 혹은 리·기의 편중이 아닌, 사칠 본설에 리, 기 편중이 있다. 칠사는 사맹 본설이므로 편중이 아니고, 리·기도 각자 二物이므로 본래 편중일 수 없다. 문제는 사칠설에 리·기 편중이 있고, 더욱이 리기 호발로 사칠이 된다고 한다는 점이다.

퇴계의 답변은 "경중과 높낮음이 이미 평평하다"이다. 왜인가? 리발도 기가 있고, 기발도 리가 있기 때문이다. 즉 사단·성선이 주리라 해도 본래는 "겸리기"(상247)이므로 따라서 "을 혹은 갑이 이긴다" 해도 본래는 "평평하다." "언제쯤 조화를 이룰까"는 '우리의 토론은 언쟁'일 뿐이라 함이다. 칠정의 기가 이겨도 리는 그중에 있고, 사단의 리가 이겨도 기는 그중에 있다는 것이다. 문제는, 호발이라면 "사단·성선"은 독리의 '리발'이 아니고, 칠정도 "천명의 중"의 발이 아니다. 더구나 사칠 본설에 이미 리, 기의 편중인 것을 또 "이미 평평하다"고 함이 가능한가? "갑 혹은 을이 이긴

들"이라 하면 그렇다면 사단의 기, 칠정의 리도 가함이 되고 만다. 도대체 사칠 본설의 소지는 무엇인가? 퇴계의 논변은 사칠 토론이 아닌, 오히려 호발의 리기 문제로 변경되고 만 것이다.

고봉의 답변은 "망연"(하128)의 '실망'이다.

98
「후설」과 「총론」에 대한 퇴계의 논평은 문자까지도 모두 불명하며 모순됨

고봉이 「고봉3서」 이후 '5년 6개월' 뒤 「사단칠정 후설」과 「사단칠정 총론」 양 설을 쓴 이유는 자신의 논점을 최종 정리하기 위함이다. 그동안은 각 조항에 따른 답변이었기 때문이다. 「후설」로 그간의 논변을 부연 정리했고, 「총론」은 주희의 설 3조를 인용해 다시 종합 총괄했다. 이로써 칠사에 관한 자신의 논변을 최종 마무리한 것이다.

「후설」을 요약하면 다음과 같다. 1)"시리지발"은 맹자의 "확충하라"는 의미이고, "시기지발"은 정자의 "그 정을 제약하라"는 의미이다. 2)칠정의 중절자인 화·달도는 사단과 동일한 善이며, 기발이라 할 수 없다 3)기질지성과 본연지성의 리·선은 동일하고 따라서 칠정의 화와 사단도 같은 하나의 리·선이다. 이상만 합치해도 우리의 토론은 "끝내 같음으로 귀결될 수 있다."(하142) 「총론」을 요약하면 다음과 같다. 1)주자는 "심이 외물에 느낀다" 했으니 정은 겸리기, 유선악임을 알 수 있다. 2)"리발, 기발"은 사단지발은 확충, 칠정지발은 성찰하고 다스리라는 공부 의미이다. 3)"리발, 기발" 아래 문자로 보면 칠정 사단을 대설로 여긴 게 아니다.

이에 퇴계는 간단한 2통 편지로 답변한다. 첫 번째 논평을 보자.

'총설'과 '후설'은 지극히 명쾌해서 홀로 밝고 넓은 근원을 보았다 하겠다. 그리고 구견의 차오까지도 판별해 냈고(辨舊見之差), 매우 작고 미세한 부분까지도 즉시 고쳐서(毫忽之微頓改) 새로운 뜻에 따랐다(以從新意).(하154)

총설과 후설은 "후설"과 "총론"이다. 퇴계는 먼저 고봉의 의론은 명쾌하다고 칭찬한다. 그런데 "구견의 차오까지 분별해 냈다"는 말은 분명하지 않다. 고봉은 양 설에서 고봉, 퇴계, 주희의 '구견의 착오'를 말하지 않았다. 이른바 "구견"은 누구의 구견인가? 만약 '퇴계의 구견'이라면 퇴계는 '나의 구견을 고쳐주었다'고 함이 되어야 한다. '고봉의 구견'이라면 그 이전은 잘못이라는 말이 된다.

"작은 부분까지 즉시 고쳤다" 또한 분명하지 않다. 누구의 설을 즉시 고쳤다는 뜻인가? 만약 '퇴계의 설을 고쳤다'는 의미라면 오히려 "작고 미세한 [훌륭한] 설"을 고쳐주어 다행이라는 스스로의 겸사가 되고 만다. 퇴계는 이어 "뛰어난 사람도 어려운 일이며, 훌륭하다"(하154)고 하는데 만약 '퇴계의 설을 고친 것'이라면 자신의 설이 최상인데, 이를 또 고쳐준 것이 되고 만다. '고봉의 미세한 곳까지 고쳤다'는 의미라면 스스로 고쳐서 퇴계의 의미로 돌아왔다는 말인가? 고봉은 고치지 않았고 단지 부연했을 뿐이다.

"新意를 따랐다" 역시 의미가 불명하다. '나를 따라 주었다'는 뜻이라면 고봉은 "리기 호발"을 인용했어야 하고, 또 퇴계는 자신의 "나의 순리, 겸기는 이미 버렸다"(상272)고 했다. '주자의 신의를 따랐다'는 의미라면 퇴계는 양 설을 완전히 인정했다 하겠는데 그렇다면 퇴계는 주희와 고봉의 신의와 구의가 무엇인지를 스스로 드러내야 한다. 『어류』 "是氣之發"이 신의라면 「후설」에서 비판한 "천명의 화와 달도는 기발인가?"(하137)

퇴계의 두 번째 논평은 다음과 같다.

> 그 "희노애락을 인의예지에 배합함"은 진실로 상사는 있으나 미진하다. 지난날 「천명도」에서도 그 근사로 인해서 우선 시험 삼아 분서했을 뿐, 그 정해진 分과 배합(희·노·애·락)이 사덕의 인·의·예·지와 같다고 한 것은 아니었다.(하157)

고봉이 "논자들은 대부분 희노를 인의와 배열한다"(하152)고 했던 이유는 칠정설과 사단설은 종지가 각자 다르므로 나란히 배열(대설)해서는 안 된다 함이었다. 칠정미발 및 중화설은 사단이발의 확충 및 성선설과는 별개의 전혀 다른 두 설이다. 퇴계는 이를 "비슷한 곳(상사)은 있으나 미진하다"고 한다. 그렇다면 무엇이 상사이며 미진인가? 상대의 말을 인용하기 위해서는 그 본의부터 먼저 파악해야 한다. 퇴계의 "배합"은 서로 섞는다는 뜻으로, 이는 고봉의 "一說로 섞어서는 안 된다"(하153)는 뜻과는 정 반대이다. 더구나 "미진하다"면 이는 고봉이 미진한가, 주희가 미진한가? 이미 주희와 고봉의 말에 대한 논평이므로 둘 중의 어디가 되어야 한다.

퇴계는 "배합할 수 있고 상사도 있지만 미진하다"고 한다. 그렇다면 주희와 고봉은 '배합할 수 있다'고 했는가? 고봉은 오히려 "칠·사 2설을 나란히 배열해서는 안 된다"(하152)고 했을 뿐이다. 퇴계의 "그 분과 배합은 인의예지와 같지 않다"고 함은 '희·노·애·락 자신의 배합'이다. 즉 희·노·애·락의 분과 배합은 인·의·예·지와 같지 않다는 것이다. 이 말은 주희 및 고봉의 말과도 다르고 뜻도 다르다. 대화가 전혀 다른 곳으로 변질된 것이다.

또 "천명도에서 시험 삼아 分書했을 뿐이다"고 하면 그렇다면 그동안의 '칠정 사단의 리·기 분속(분주)'은 시험 삼아 했는가? 더구나 "칠정과 사단의 배합"은 '대설' 문제이고, 「천명도」의 "리·기 분속"은 사칠 '해석' 문제이다. 추만 「천명도」는 『중용』 "천명"을 나타낸 도형인데도, 퇴계는 이 천명을 '기발'이라 하고 오히려 사단만 리발이라 했다. 때문에 고봉은 「후설」에서 "맹자에게 중용의 천명을 빼앗겼다"(하131)고 비판한 것이다. 퇴계의 "희·노·애·락의 분속"은 그간의 내용과 전혀 다르다.

고봉은 후설과 총론에서 "구견의 착오"를 말하거나 고친 적이 없고, 퇴계의 이른바 "신의"도 누구의 신의인지가 불명하다. 퇴계의 논평은 문자는 물론이거니와 토론 주제까지도 어긋나며, 자신의 종전 논변과도 모순된다.

99

明善, 誠身의 중용설을 부정함

물 속(水中)의 달은 진짜인가, 가짜인가? 하지만 이 질문은 비유일 뿐이다. 달은 본래 '하나'인데 다만 여러 '장소'로 비유해서 '설'한 것이다. 따라서 천상과 수중의 달을 진짜와 가짜로 이해해서는 안 된다. 고봉이 "천지지성은 천·지 모두에서 리만 '총설'함이고, 기질지성은 인·물의 품수에서 '설'한 것"(하44)의 '설'이라고 한 이유이다. 고봉은 말한다.

> 천지지성을 비유하면 천상의 '달'이고, 기질지성을 비유하면 수중의 '달'이다. 달이 비록 하늘에 있고 물에 있음이 다른 것 같지만, 그러나 그것이 '달'인 점에 있어서는 하나일 뿐이다.(하44)

하나의 달을 두 장소에 비유했으니 이는 진짜와 가짜 문제가 아니다. 비유는 비유로 이해해야 하며, 비유를 진짜와 가짜로 이해해서는 안 된다. 비유가 곧 '설'이다. 때문에 고봉은 "천상의 달과 수중의 달은 결국 하나의 달을 그 '소재에 따라 분별로 설명'한 것일 뿐 별도의 하나의 달이 있다 함은 아니다"(하46. 상89)고 한다. 주희는 말한다.

> 수중에 달이 있으니, 이 물이 있어야만 그 천상의 달도 비춘다. 만약 이 물이 없으면 끝내 이 달도 없다.[929]

실체의 달은 하나인데, 이를 비유해서 설로 나타낸 것이 천상의 달과 수중의 달이다. 실체의 달(혹은 해)은 공리이므로 나 혼자 소유할 수는 없다. 실체의 달을 비유한 것이 천지지성과 기질지성의 두 성설이다. 그렇다면 둘 중 무엇이 더 정밀하고, 또 어떻게 실체의 달 인식이 가능한가. 주희는 맹자 '성선장' 주석에서 다음과 같이 말한다.

> 맹자는 사람의 재질을 무불선으로 여겼고, 정자는 기품을 겸해서 설명했는데 장자(장재) 기질지성이 이것이다. 사리로 고찰하면 정자가 정밀하다.[930]

수중의 달을 가짜인 '물'이라 해서는 안 된다. 기질지성은 '성의 설'일 뿐 '기의 설'이 아니다. 성은 기질 속에 있다고 해서 변질이 되는 것은 아니며 오히려 기질에 있어야만 더 정밀하다는 것이 정장의 기질지성 논변이다. 여기에 공부가 있기 때문이다. 주희가 "성이 비록 본선이나 성찰의 공부가 없어서는 안 된다"(위와 같은 곳)고 한 이유이다.

그런데 퇴계는 오히려 다음과 같이 말한다.

> 천상이든 수중이든 비록 동일한 하나의 달이지만, 그러나 천상은 진짜 형상(眞形)이고 수중은 단지 빛의 그림자(光影)일 뿐이다. 때문에 천상의 달을 가리키면 실체를 얻지만, 수중에서 달을 건지려 하면 얻을 수 없다. 진실로 성을 기 중에 있게 한다면 그것은 마치 수중에서 달그림자를 건지는 것과 같아서 얻을 수 없다. 여기에서 어떻게 "明善"과 "誠身"을 하여 성의 본초를 회복할 수 있겠는가.(하168)

퇴계도 "하나의 달"이라 한다. 단, 하나는 진짜, 하나는 가짜라는 것이다. 만약 그

---

929) 如水中月, 須是有此水, 方映得那天上月, 若無此水, 終無此月也(「어류」권60, 偆45, 1942쪽)

930) 孟子, …以爲才無不善, 程子, 兼指其稟於氣者言之, …張子所謂氣質之性, 是也, …然以事理考之, 程子爲密(「맹자, 고자상」6)

렇다면 먼저 "하나(一月)"라고 해서는 안 된다. 왜냐하면 그 하나가 '진짜이며 가짜'일수는 없기 때문이다. 퇴계는 실제로 "實而虛, 虛而理"(상301)라고 한다. 그러나 비유는비유일 뿐이다. 정장의 기질지성이라는 설이 나온 이유는 하늘의 달이 기질에 있어야만 '공부'로서 그 달의 취득(묵식)이 가능하기 때문이다. 공부설이 바로 수중의 기질지성의 설이다.

반면 퇴계는 수중의 달은 가짜인 '물'이므로 여기서는 "선을 밝히고(明善)" "몸을 성실히(誠身)" 할 수 없다고 한다. 하지만 『중용』 해당 본문을 보면 오히려 그 반대이다. "몸을 성실히 함에는 방법이 있으니, 선을 밝게 하지 못하면 몸도 성실히 할 수 없다(誠身有道, 不明乎善, 不誠乎身矣)."(「20장」) 즉 성신을 위해서는 선을 밝혀야 한다고 한 것이다. 주희 장구주석을 보자.

> 자신의 몸을 돌이켜서 그 보존된 바와 발하는 바(所發)를 진실무망하게 해야 한다. "선에 밝지못하다"고 함은 인심의 천명의 본연과 眞知와 至善의 소재를 살피지 못함을 이른다.[931]

"자신의 몸을 성실히 하라(誠身)"고 함은 이미 자신의 몸에 보존된 그리고 그 발하는 곳(所發)에서 찾아야 한다 함이다. "지선의 소재"가 바로 나의 몸(마음)이기 때문이다. "성실히 한다는 것은 선을 택해서 굳게 잡는 것"으로, 즉 "밝힌다(明) 함은 선을택하는 공부"로서 "기질을 변화시켜 덕이 기질을 이기게 하는" 공부이다.(『중용, 20장』)이것이 바로 기질지성이 성선지성보다 더 정밀한 이유이다. '소발'은 『대학』 "명덕"주석인 "학자는 마땅히 발하는 곳(所發)에서 밝혀 그 처음을 회복해야 한다(學者當因其所發而遂明之, 而復其初也)"와 "심의 所發을 성실히 해야 한다" 및 「정심장」 "하나라도 두거나 살피지 못하면"(상123)의 곧 '성의·정심 공부'와 같다. 모두 이미 자신의 몸과 마음에서 논한 것으로, 성선지성을 논함이 아니다.

퇴계는 기질지성으로는 "明善과 誠身의 성의 본초를 회복(復其初)할 수 없다"고 하지만, 해당 『중용』 본문은 '학자는 마땅히 기질의 곳에서 공부로 복기초해야 한다'고하며, 그 밝히(明之)는 장소도 반드시 나의 몸으로 말한다. 결국 "명선과 성신" 공부논의는 천지지성이 아닌 기질지성의 장소이다. 퇴계는 중용 설을 스스로 인용하고 스스로 부정한 것이다.

---

931) 謂反求諸身, 而所存所發, 未能眞實而無妄也. 不明乎善, 謂不能察於人心天命之本然, 而眞知至善之所在也.(『중용』제20장)

100

난데없이 왔다가 쓸데없이 사라진 천명의 칠정

"희노애락(칠정)"은 자사와 정자(「호학론」·「정성서」)의 중용 '제설'이다. 느낌이라는 실제가 아닌 칠정이라는 '설'이며 여기에는 반드시 그 종지 및 소지가 있다. 그 가리킴이 없이 설만 있는 경우는 없다. 자사는 희노애락으로 "천명의 중화"를 논했고, 이천은 "칠정은 성인의 도에 이르는 길", 명도는 "성인의 희노는 외물에 그대로 순응한다"고 한다. 실제의 느낌 현상이 먼저고, 여기서 칠정이라는 중용 제설이 있는 것이다.

퇴계는 칠정을 철두철미 "기에서 발(發於氣)"한 "기의 발(氣之發)"로 여긴다. 이에 고봉의 '리도 있다'는 반박을 받고, 오히려 리·기는 선후로 "호발"하지만 단 "그 발은 각기 혈맥이 다르다"(상254)고 주장한다.

> 칠정은, 기발인데 리가 탄다(七則, 氣發而理乘之).(상255)

퇴계는 『중용』 종지인 천명의 중화가 아닌 먼저 그 발처에 나아가 스스로 기 혈맥으로 추측한 것이다. 하지만 외물 감촉은 "사단도 우물에 빠지려는 아이에 대한 일"이므로 따라서 칠정만 기의 혈맥이라 할 수는 없다. 고봉은 칠사를 리기가 아닌 기왕의 정으로 논변한다.

> 이른바 사단 칠정은 리가 기질에 떨어진 이후의 일이며, 이는 흡사 수중의 달빛(月光)과 같다. 그 빛에 있어 칠정은 밝음과 어둠이 있는데, 사단은 단지 그 밝은 것일 뿐이다. 칠정의 밝음과 어둠은 물의 청탁으로 인한 것이다.(하167)

'설'이 직접 월광으로 빛나는 것은 아니다. 월광은 사람의 실제 느낌이고, 칠사는 그 설이다. "기질에 떨어진 이후"라 함은 느낌은 마음이 외물을 만나면서 비로소 발출하기 때문이다. 칠정에 명·암이 있는 이유는 물(氣) 때문이 아닌 '물의 청탁'으로 인한다. 월광은 물을 통해 드러나며, 그 명암 이유는 '공부'인 물의 청탁 때문이다. 공부(존양·성찰)로 달의 밝음을 드러내지만 공부가 부족하면 여기서 비로소 어둠이 생기는 것이다.

퇴계는 다음과 같이 답변한다.

수중의 달(月光임)에 명·암이 있음은 모두 달이 하고 물의 관여는 없겠는가. 황은 말하겠다. 달의 광경에 있어, 편하고 맑은 흐름에서 드러난 경우 이때 비록 달을 가리켜 그 달의 動을 말해도 물의 動도 그 가운데 있다. 만약 물의 바람과 돌멩이의 격발로 인해 달이 매몰되어 無月이 된 경우, 이때 단지 물만 가리켜 그 물의 動을 말할 수 있는데, 따라서 그 '달의 유무와 명암'은 곧 水動의 대소여하에 달려있을 뿐이라 하겠다.(하170)

고봉은 느낌을 "월광의 명암"에 비유했는데 퇴계는 곧바로 "월의 명암"이라 한다. 그러나 월은 '성'이므로 암이 없다. 퇴계는 월이 드러남을 月動과 水動, 즉 '水·月의 호발'로 여긴 것이다. 月의 動으로 월광이 된다 함은 고봉과 같다. 문제는 칠정인 '水의 動'이다. 물이 동해서 월과 월광이 되는가? "氣發而理乘之"가 문제인 이유이다. 월광은 달의 빛남이지 물의 빛남이 아니다. 더구나 퇴계는 물속의 달을 '가짜'라고 한다.

천상의 달은 진짜이고 수중은 단지 그림자일 뿐이다. 때문에 천상의 달을 가리키면 실체를 얻지만 수중에서 달을 건지려 하면 얻을 수 없다.(하168)

수중의 달은 그림자인 가짜다. 그렇다면 퇴계 본설인 "겸리기(수중)"인 수월의 호발도 본래는 가짜 아닌가? 퇴계는 칠정의 중화를 기발이라 했으니, 그 천명·중화의 발도 가짜다. 사단도 호발이니 가짜가 섞인 발이다. 하지만 水는 반드시 月이 아니나, 수중의 월은 진짜 달의 비유로서의 '설'인 것이다. 반면 퇴계는 수중의 월(기질, 사·칠의 설)을 그림자라 했으니 결국 水月은 가짜고 그 월광도 가짜이다. 이러한 논변은 월은 실체의 달이고, 월광도 실제의 감정인데, 다만 수중의 월은 달의 비유이고, 그 월광의 두 설은 사·칠이며, 수는 월이 아닌 물임을 서로 구분하지 않음으로써 발생한 문제이다.

퇴계는 "기발에 리가 탄다"고 하지만, 그렇다면 그 리는 어디서 와서 기를 타는가? 때문에 고봉은 "원래 리가 있어서 감동하는 것이지, 원래 없다가 감동할 때 갑자기 리가 나오는가?"(상108)라고 반문한다. 맹자는 누구나 월광(측은지심)이 있다고 한다. 자사의 "천명의 희노애락"도 사람 본연의 마음 현상을 설했을 뿐이다. 이러한 희노와 측은의 감정은 마음(수월)의 느낌이고, 이 마음에는 성이 자존하며 그 성(월)이 월광으로 발한다. 따라서 월광은 수중인 기질에서 천하 공유의 성즉리인 월이 발한 것이다. 월광 현상을 둘로 설한 것이 곧 칠·사 2설이다.

만약 칠정이 "기발"이라면 그 천명의 중화는 '기에서 나온 것'이 되고 만다. 또 중화가 "水動의 대소 여하에 달려 있다"면 결국 水動(기발)의 중화는 물에서 나왔다가 또 물에 의해 그 존재 근거를 잃게 되고 만다. 기에서 나온 중화가 그 기에 의해서 소멸되니, 이로써 난데없이 왔다가 쓸데없이 사라지는 "무용"(상122. 하183)의 천명·중화가 되고 말았다. 추만 「천명도」는 『중용』 "천명"인 "칠정" 전후의 '미발·이발 공부'를 그린 도형인데, 퇴계는 여기에 사단의 '기왕 발현'한 단서를 새로이 끌어와 그 천명·중화 종지인 '미발' 공부 및 '인류의 교류·소통 논의'를 지워 없애고 만 것이다.

101

철두철미 리발·기발(동인·서인)로 가르셨습니다

칠정과 사단은 자사와 맹자 본설이며, 이 설을 리기로 해석하는 것은 학자의 자유이다. 단 '리·기 호발'이 사·칠이라 할 수는 없다. 왜냐하면 사맹은 사람 본유의 느낌을 칠·사 둘로 설했고, 또 학자가 칠사를 거론했다면 그것은 선유 본설에 의거한 그 해석에 한정되어야 하기 때문이다.

반면 퇴계는 직접 '리·기에 나아가서' 여기서 사·칠을 논한다.

사단은, 리발인데 기가 따르고(四則, 理發而氣隨之)
칠정은, 기발인데 리가 탄다(七則, 氣發而理乘之).(상255)

퇴계는 『어류』 "사단은 是理之發, 칠정은 是氣之發"을 주희의 사칠 본설로 철저히 빋는다. 더욱 문제는 퇴계는 오히려 '리발은 사단, 기발은 칠정'이라 한다는 점이다. 이 두 인식은 심한 오독이다. 왜냐하면 "是理之發"의 '是(~은~이다)'자는 사·맹 본설에 대한 '해석'에 불과하기 때문이다.

고봉으로서는 '리기에 나아간' 이러한 주장을 상상하지 못하며 다만 '사단은 리발, 칠정은 기발'에 대해 다음과 같은 비유를 들어 비판한다.

두 사람이 물건(사·칠)을 싣고 한 마리의 말(사람 본연의 감정)을 몰고 있다. 그런데 그 실은 물건에 편중(리·기)이 없지 않아서 말의 행로가 휘청거려 결국 좌는 내려가고 우는 올라갔다. 東人은 그것이 떨어질까 우려해 일으키면 서쪽이 뒤집힌다. 西人도 그 뒤집힌 것을 성내어 극력 일으키면 또 반대편 동쪽이 넘어진다. 이 같은 다툼을 그치지 않는다면 끝내 평형의 형세(사·칠 본설 소지)를 이룰 수 없다.(하13)

사단이 리발임은 자명하다. 그렇다고 이 리발 때문에 "미발"의 "천명"이 갑자기 기발로 바뀔 수는 없다. 칠정도 기발로 해석할 수 있지만 이 때문에 사단이 리발일 수는 없는 일이다. 이렇게 다투면 이 토론은 끝내 결말이 올 수 없다. 우리의 토론은 사맹 본설 고찰 이후 자신의 의견을 내야 할 뿐이다.

퇴계의 답변은 여전히 리발·기발이다. 심지어 공자의 희·노까지도 반드시 기발이다.

> 맹자, 순, 공자의 희노애락도 氣가 리를 순응해서 발하니 리 본체도 渾全(순수가 아니라는 뜻)하다. 일상인의 희노애락도 氣가 리를 순응한 발이니 리 본체 역시 純全일 수 없다.(상282)

칠정은 공자라도 리발이 아닌 기발이다. 기발이기 때문에 순리로 변환될 수는 없다는 것이다. "어찌 기발이 그 발현에 이르러 리가 되겠는가?"(상279) 칠정이 기발인 이유는 "사단은 리발 한 쪽이니, 따라서 칠정의 소종래가 기가 아니면 무엇인가"(상274)이다.

고봉은 이러한 의도를 도저히 이해하지 못하겠다고 말한다. "선생은 사칠을 대설로 여겨 양 편 두 진영으로 나누셨고, 그래서 그것이 마치 음양, 강유의 대대가 있고 상하, 사방의 고정된 위치가 있는 듯 여겨서 도무지 서로 관철시키려는 의도가 없다. 이러한 의도를 저로서는 과연 무엇을 말씀하려 하시는지 도무지 모르겠다."(하110~111)

고봉은 리기 해석의 불가가 아닌 칠사를 리·기, 음·양, 강·유의 "대설"로 여겨서는 안 된다 함이다. 천하의 리는 하나이고 선도 하나이다. 이로써 천지 인물은 교류와 소통이 가능하다. 그 천하의 소통을 논한 대표적 설이 바로 사맹의 칠정과 사단이다. 때문에 고봉은 묻는다.

> 감히 묻겠다. 희노애락의 발하여 '중절한 것'(교통이 완수된 정)은 리에서 발했는가, 기에서 발했는가? 그리고 중절한 '무왕불선의 선'과 '사단의 선'은 같은가, 다른가?(하171)

과연 사맹은 사람 감정이 천지와 더불어 소통할 수 없다고 여겼는가? 퇴계도 정은 하나라고 한다. 그렇다면 그 중절한 리·성·선 등도 하나여야 한다. 만약 기발이라면 『중용』 "중은 천하의 대본이고 화는 천하의 달도이다", "대본은 천명의 성이고 천하의 리가 모두 이 대본으로 나온다"(상93~94)고 함도 쓸데없는 말이 되고 만다. 주희는 "중절자는 맹자의 이른바 '선으로 삼을 수 있음'(성선설)이며, 그 선은 성정에 혈맥이 관통해서 부동이 없다"(상160) 하고, 「주자성도」에서도 "중절자는 무왕불선"(상169)이라 한다. 즉 주희는 맹자 '성선의 선'과 중용 '천명·중화의 선'을 혈맥관통의 一善이라 한다. 천하의 성선이 둘일 수는 없다. 성선설 집주에서도 "성리는 요순이나 길가의 사람이나 동일하다" 하고, 『중용, 수장』 집주에서도 "성즉리"니 "천하의 리는 모두 이로 말미암아 나온다"고 한다.

퇴계의 답변은 다음과 같다.

> 비록 기에서 발한다 해도 "理乘之"(리가 탄 상태)가 '主'가 된다. 때문에 그 선도 같다.(하172)

칠정은 본래 '기에서 발'하지만, 단 기발이라도 "리가 탄 것"은 '주리'이다. 결국 칠정은 주기·주리 둘이다. 주리의 선이라도 그것은 "순수한" 리가 아닌 "혼전"(상282)이다. 그렇다면 사단의 "리발이기수지"에서 '氣隨之'도 '주기'이다. 퇴계의 주장은 사단도 주리·주기가 있고 칠정도 주기·주리가 있지만, 소종래인 기발은 칠정, 소종래인 리발은 사단이다. 근원의 소종래를 철두철미 '리발'과 '기발' 둘로 가른 것이다. 기발의 혈맥은 반드시 리발이 될 수 없다. 칠정도 '주리·주기의 선'(사단도 주리·주기의 선)이 있는데, 그 근원의 혈맥(피)은 기이다. 이로써 추만 「천명도설」 "리 一者"인 '독리의 발'을 스스로 고쳐서 부정하고 만 것이다. 퇴계의 최종 주장은 "리기 선후 호발설"이기 때문이다. 이는 사맹 칠사 본설을 해석한 것이 아닌, 먼저 리기의 근원에 나아가 각각 리·기의 피로 분리한 것이다. 이로써 결국 정 본연의 교류·소통의 기능, 사맹의 본설, 그리고 추만의 「천명도」까지도 철저히 왜곡 부정하고 만 것이다.

102

리도설로 인용한 『대학장구』, 『혹문』, 『어류』, 「보망장」 등을 모두 오독함

고봉이 '리도설'로 고찰한 주희의 설은 두 조항이다.

> 주자는 「무신봉사」에서 "理到의 말씀"이라 하고, 또 『통서』 "發微不可見" 해설에서 "그 거주

에 따라 리는 도달하지 않음이 없음(理無不到)"이라 한다.(하192)

　　이곳 "리도", "리무불도"로 보면 주희는 분명 '리도'를 말했다는 것이다. 이 둘은 아래 "격물치지" 조항에서 한 말이 아니다. 이어 고봉은 격물치지의 설인 『대학혹문』과 『장구』의 "털끝만큼이라도 도달하지 않음이 없음(無一毫不到處)", "극처는 도달하지 않음이 없음(極處無不到)", "그 극에 다다름(詣其極)" 등이 직접 리도라는 말은 없지만 이 역시 '리도'의 의미라고 한다. "이러한 뜻으로 해석해도 진실로 불가함은 없다"(하192)는 것이다. 이른바 "리도"는 '완전함, 틀림없음'의 뜻이다.

　　그런데 퇴계가 답변한 "리도"는 고봉의 본의와 전혀 다르다. 퇴계는 리도에 대해 논변하면서 「무신봉사」와 『통서』를 인용하지 않고, 오히려 『장구』, 『혹문』, 『어류』 및 「격물치지 보망장」을 인용한다. 더 큰 문제는 리가 외부에서 스스로 나에게 오는 "自到", "自用", "自至"라 한다는 점이다.

　　　황은 지난날, 내가 "物理의 極處"에 '窮到'할 수 있는 것이지 리가 어떻게 능히 "極處"에서 '自至'할 수 있겠는가, 라고 여겼다.(하200)

　　종전은 "내가 리에 窮到함"이고, 지금은 "극처"에서 리가 "나에게 스스로 다가옴(自到)"이다. 즉 종전에는 '내가 물리에 도달한다' 함이고, 지금은 그 '리가 스스로 나에게 다가옴'이다. 이 주장은 주희의 『장구』를 인용한 것임에도 불구하고 그 글자조차 다르다. 『장구』를 보자.

　　　격물; 사물의 리를 궁구(窮至)해서 그 극처는 달성되지 않음이 없게 하고자 함(窮至事物之理, 欲其極處無不到也).
　　　물격; 물리의 극처는 달성되지 않음이 없음(物理之極處, 無不到也).

　　격물은 사물의 리를 그 "극처"까지 내가 "궁구(窮至) 하고자함(欲)"이다. 물격은 나의 궁구로 인해서 결국 "달성되지 않음이 없게(無不到)" 된 것이다. 반면 퇴계는 격물을 "窮到"라 하여 궁구인 "窮"과 물격인 "到"를 합쳐서, 선후를 혼합했다. 또 "극처의 自至" 역시 물격이라는 '결과(止)'가 아니다. 그러나 극처는 '앎의 그침'이며 이로써 지식은 "定"을 이룬다 함이다.

　　또 퇴계는 말한다.

주 선생이 설한 「보망장」과 『혹문』을 보면 이 뜻을 천명하고 밝혀낸 것이 日星처럼 밝다.(하202)

그러나 고봉의 리도 고찰은 「보망장」과 『혹문』이 아니다. 「보망장」은 '리도'라는 말이 없고, 『혹문』 "理詣其極(리는 그 극에 다다름)"도 '到'자가 없다. 더구나 퇴계는 주희가 직접 저술한 『혹문』을 의혹하고, 오히려 그 강의록인 『어류』를 더 신뢰하고 또 글자까지 왜곡한다.

그 소주에서 혹자가 "용의 미묘는 심의 용인가?"라고 묻자 주자는 말하기를 "리는 반드시 용이 있거늘 하필 또다시 심의 용으로 설해야 할까?"라고 했다.(하204)

이곳은 『어류』일 뿐 "소주"가 아니며, 또 "혹자의 질문"이 아닌 "『혹문』"이라는 책 이름이다. 퇴계는 주희의 "리용의 미묘"와 질문자의 "심의 용"을 구분하지 않는다. 『어류』 본문은 "『혹문』에서 선생께서는 '그 [理]用의 微妙는 一人의 심을 不外한다'고 운운하셨는데, 이 用은 심의 용이 아닌가?"932)이다. 주희의 뜻은 『혹문』에서 이미 "리의 미묘"라 했는데 또다시 심용이라 하면 리가 심에 치우쳐서 "일종의 황홀 및 근세의 불학이 되고 만다"(『혹문』) 함이다. 그럼에도 퇴계는 오히려 『혹문』 "리의 묘용"이라는 말을 의혹하고, 또 인용문도 고쳐서 제시한다.

『혹문』의 "리는 만물에 산재하며 그 용의 미묘도 실로 한 사람의 심을 벗어나지 않는다"고 함은 의혹이 있다.(하205)

이 인용문은 『혹문』 "리용의 미묘"와 『어류』 "그 용은 실로 한 사람의 마음을 不外한다"를 혼합한 것이다. 주희의 "리용의 미묘"는 '사람의 마음'이 아니다. 심용이 아닌 이유는 '리묘는 심리를 포괄'하기 때문이다. 본문과 다르게 인용하고 이를 의혹해서는 안 된다. 또 퇴계는 "그 용의 묘가 될 수 있는 所以는 실로 리의 發見者"(하206)라고 하지만, 그러나 그 용이 반대로 미묘의 소이가 될 수는 없다. 결국 퇴계는 리도를 아래와 같이 논한다.

인심이 이르는(至) 바에 따라 "도달하지 않음이 없고" 또 "다하지 않음이 없는" 것이다. 다만 나의 격물이 이르지(至) 못함을 걱정할 뿐, 리가 능히 自到하지 못할까를 근심할 필요는 없다.(하206)

---

932) 問, 或問云, …而其用之微妙, 實不外乎一人之心, 不知用是心之用否? 曰, 理必有用, 何必又說是心之用.(『어류』권18, 燾97, 628쪽)

리가 스스로 나에게 도달한다(自到)고 하기 위해 物格인 "無不到"와 知至인 "無不盡"을 인용한 것이다. 과연 물격과 지지의 뜻이 리가 스스로 살아서 나에게 도달해 다가온다는 의미인가? 물격은 앎이 이미 그쳐서 "안정(定)"이 된 것이다. 주희는 "知至라 함은 吾心의 所知는 無不盡의 일이다"(「경1장」 주석)고 하는데 이것이 곧 「경1장」 "知止"인 앎의 완성이다. 인용한 "無不盡"은 物格이 아닌 知至의 일이며, 또 "恐·患(걱정, 두려움의 공부)"의 일이라 할 수도 없다. 만약 리가 스스로 나에게 다가온다고 한다면 이는 마음 밖의 리가 되어 결국 노자가 되고 만다. 주희의 "리의 묘용"은 나의 리와 만리의 "혼연일치"(『혹문』)일 뿐이다. 퇴계는 이어 말한다.

> "리의 무정의·조작의 것"은 리 本然의 체이고, 그 "거주함에 따라 발현하여 도달하지 않음이 없음"은 리 至神의 용이다. 지난번에는 단지 본체의 無爲만 보고 묘용이 顯行함을 알지 못했으니 이는 리를 死物로 여김과 같다.(하208)

즉 주희의 "정의·조작이 없음"은 리의 체인 無爲의 死物이고, 주희의 "도달하지 않음이 없음"은 리의 용이라 함이다. 하지만 언급한 "본연"의 '然(그러함)'자로 보아도 리체를 사물로 여길 수는 없다. "情·意"라는 언급도 이미 작용일 뿐 체가 아니다. 고봉은 "무위"를

"변함이 없는 큰 변함(無爲而爲)"(하193)으로 풀이한다. 체가 死物인데 그 용은 현행한다고 하면 체용이 들어맞지 않으며, 결국 노자의 "유는 무에서 나옴(有生於無)"의 유·무 논의가 되고 만다.

또 '리 자도설'로 인용한 "무불도" 역시 고봉 및 주희의 용법과 다르다. 고봉은 "그 거주한 바에서 리는 달성되지 않음이 없음(隨其所寓而理無不到)"(하192)이라 한다. 이를 퇴계는 "隨寓發見而無不到"로 고쳐서 인용한 것인데 그러나 여기에는 '理'자가 없으므로 리도라 할 수 없다. 퇴계는 리가 스스로 발현해서 나에게 다가옴의 뜻으로 인용한 것이지만, 그러나 고봉의 리도는 "리 자신의 微妙" 및 '吾心의 리와 衆理가 합한 곳'일 뿐, 체용의 용을 논한 것은 아니다. 퇴계는 '스스로 다가오는 리'를 논하기 위해 『장구』, 『혹문』, 『어류』, 「보망장」 등을 인용하지만, 모두 주희의 뜻, 용어, 용법, 글자 및 그 인용문조차 선후를 바꾸었다. 퇴계의 '다가오는 리'는 주희의 리도, 격물·물격, 지식, 리용, 심의 체용의 의미라고 할 수 없다.

103

주희의 心用을 부정하고 리 自用을 주장함

퇴계가 『혹문』과 『어류』를 인용해서 논하고자 한 것은 리의 "自用, 自到"이다. 과연 주희는 '리의 자용·자도'를 논했는가? 그렇지 않다. 고봉이 논한 "理到"는 주희의 「무신봉사」와 『통서주』 두 조항이다. 『혹문』과 『어류』는 참고 사항일 뿐이며 이곳은 직접 '리도'라는 말도 없다.

만약 리의 '자용·자도'를 위해 『대학혹문』 등을 인용한다면 그 내용 속에서 근거를 찾아야 한다. 또 이곳으로 자용을 논하기 위해서는 먼저 주희를 부정해서도 안 된다. 부정함으로써 자신의 논변을 긍정하기 위해서는 먼저의 것이 잘못이어야 하기 때문이다.

퇴계는 '리 자도'를 논하기 위해 『대학혹문』을 의혹하고 부정한다.

> 『혹문』의 "리는 만물에 산재하고 그 용의 미묘도 실로 한사람의 심을 벗어나지 않는다"고 함은 의혹이 있다. 만약 리가 능히 自用할 수 없고 반드시 인심의 기다림이 있어야 한다고 한다면 그렇다면 리를 自到라고 말해서는 안 된다.(하205)

『혹문』은 『대학』「경1장」과 「보망장」 "앎의 지식"에 관한 해설이며, 사람 마음에 관한 일이다. 따라서 『혹문』의 "리"와 그 "미묘의 용"은 마음을 떠날 수 없다. 리용의 미묘도 '심리의 리와 동일하다'는 것이다. 주희는 왜 리의 묘용을 논했는가? 그것은 지식은 완전함을 추구해야 하고, 그 완전함의 지식은 리인 것이어야 하기 때문이다. 지식 자체를 불완으로 여길 수는 없다. 주희는 사람 마음은 "앎이 있고, 천하의 사물도 리가 있다"고 하면서, 단 "이러한 리를 궁구하지 못했기 때문에 그 지식도 미진함이 있는 것"이라 한다.(「보망장」)933) 『혹문』에서 학문의 대상을 "심"과 "리"라 한 이유이다. 퇴계는 위 내용을 의혹하지만, 퇴계 스스로 이 말을 이미 긍정했다. 퇴계가 인용한 주희의 앞뒤 문맥을 보자.

> 사람의 학문 대상은 심과 리일 뿐이다. 심이 비록 一身을 주재하지만 한편 그 체의 허령(리)이야말로 족히 천하의 리에 관통된다. "리가 비록 만물에 산재하나 그 리용의 미묘는 실로

---

933) "인심의 영험은 앎이 있지 않음이 없고, 천하의 사물도 리가 있지 않음이 없다. 단 그 리를 궁구하지 못함이 있기 때문에 그 앎도 미진함이 있는 것이다(蓋人心之靈, 莫不有知, 而天下之物, 莫不有理, 惟於理, 有未窮, 故其知有未盡也)."(「격물치지 보망장」)

한사람의 심에서 벋어나지 않으니"(이곳이 위 인용문임) 따라서 심 혹은 리는 처음부터 내·외 정·조로 논해서는 안 된다.(하203)

내외, 정조로 논해서는 안 되는 이유는 심만 논하면 외물의 리가 객이 되고, 리만 논하면 마음의 지식론이 될 수 없기 때문이다. 퇴계는 리 자용을 논하기 이전 먼저 이 말을 인용해서 긍정했다.

주희가 심과 리를 내외 정조로 논해서는 안 된다고 한 이유는 불교의 선학과 노자를 염두에 두고 한 말이다. 이어진 『혹문』을 보자. "내외, 정조로 논할 수 없다. 그런데 혹 이러한 심의 허령(리)을 알지 못하고 보존함이 없으면 스스로 어둡고 잡박해져서 衆理의 묘함을 궁구할 수 없게 되어, …치우치고 편협되고 막혀서 이 마음의 온전을 다할(盡) 수 없게 되는 것이다. 때문에 사람들에게 '중리의 묘함'을 알게 해서 학문사변의 즈음을 궁구하고 마음을 다하는 공부에 매진해야 한다. 급기야 쌓음이 오래되면 활연관통할 것이니 이로써 그 혼연일치는 과연 내외·정조가 없음을 알 수 있다. 그럼에도 形과 景을 숨기고 감춰 별도의 일종의 유심·황홀로 저 산속 깊은 절벽의 경지를 논하고, 또 학자들에게 황급히 그 심으로 문자·언론의 밖을 힘쓰게 해서 道는 반드시 이와 같은 연후에야 터득할 수 있다고 하니 이것이 근세 불학이다."934) 이렇게 노자의 "무"와 선학의 "심"을 비판한다. 모두 한쪽에 치우쳤다는 것이다. 내외·정조로 논하면 결국 "활연관통"과 "혼연일치"의 지식은 성립될 수 없다.

퇴계는 위 문장을 오독한다. 퇴계는 리 홀로 논하고 스스로 자용이 있다고 하면서 『혹문』 해설인 『어류』를 예로 든다.

> 그런데 또 『어류』에서 말하기를 "리는 반드시 용이 있는데 하필 또다시 설해서 심의 용이라 해야 할까?"라고 하는데, 그렇다면 그 [리]용은 비록 인심을 벋어나지는 않는다 해도 그 '용의 묘'가 될 수 있는 소이는 실로 '리의 發見者'이다. …다만 나의 格物이 이르지 못함이 있을까를 걱정할 뿐, 理가 능히 自到하지 못할까를 근심할 필요는 없다.(하206)

퇴계의 리 자용·자도설 근거는 『어류』이며, 오히려 『혹문』은 의혹한다. 하지만 『혹문』에 대한 강의록이 『어류』이다. 『혹문』을 부정하면 그 『어류』도 근거를 잃는

---

934) 初不可以內外精粗而論也. 然或不知此心之靈, 而無以存之, 則昏昧雜擾, 而無以窮衆理之妙. …則偏狹固滯, 而無以盡此心之全. …使人知有衆理之妙, 而窮之於學問思辯之際, 以致盡心之功. …及其眞積力久, 而豁然貫通焉, 則亦有以知其渾然一致, 而果無內外精粗之可言矣. …而欲藏形匿景, 別爲一種幽深怳惚. 艱難阻絶之論, 務使學者茫然措其心於文字言論之外, 而曰道必如此然後可以得之, 則是近世佛學.(『대학혹문』하, 528쪽)

다. 퇴계가 주희의 "리용은 한사람의 마음을 벗어나지 않음"을 부정한 이유는 심을 벗어나도 '리는 스스로 자용이 있음'으로 여기기 때문이다. 그 근거가 『어류』 "리는 반드시 용이 있다"고 함이다.

과연 주희는 『어류』에서 심의 용을 배제했는가? 결코 그렇지 않다. 주희가 『혹문』의 '심'을 부정했을 리 없다. 왜냐하면 해당 조항은 "지식"의 일이기 때문이다. 지식은 "마음"의 일이고, 마음의 지식은 외물의 리를 "알아감(致知)"으로써 이룩된다. 결국 나의 지식은 외물의 리와 함께 활연관통으로 이룩된다는 것이다. 활연관통은 리를 추구할 수밖에 없다. 앎 자체가 불완해서는 안 되기 때문이다. 단 심용만으로 지식을 논하면 심에 치우친 불교의 '선학'이 되고 만다는 것이다.

퇴계의 리 "자도설"은 주희의 말도 아니거니와, 그 용법 또한 다르다. 고봉은 '완벽한 리, 거짓없는 리'를 "리도"로 논했을 뿐, 리가 '스스로 용(自用)'이 있어서 '나에게 다가오는 리(自到)'라 함이 아니다. 또 지식을 논한 『혹문』 및 『어류』는 '스스로 살아서 나의 마음으로 다가오는(自至)' 리라 함도 아니다. 『대학』의 지식설은 "앎의 지극함(知至)" "앎의 그침(知止)"일 뿐이다.

104

퇴계는 리 본체를 死物로 여김

퇴계는 주희의 "리의 무정의·무계탁"을 '본체의 死物', 퇴계 자신의 "리 자도"를 '작용의 묘용'으로 여긴다. 하지만 주희의 무정의는 '작용'이고, 리도는 리 자신의 '완전함'이며, 또 "묘용"은 체·용 중의 작용이 아닌 리 자신의 체용 전체이다. 死物과 묘용을 체용으로 삼을 수는 없다.

고봉이 주희를 인용해서 "기는 능히 응결·조작하지만, 리는 오히려 기의 情意에도 변함없고, 기의 조작에도 변함없다"(하121)고 한 것은 리는 "實의 존재(실체)"(상175)로서 "自若"(상120)이기 때문이다. 리는 정의, 조작이 '없다'고 해서는 안 된다. "희노애락의 달도"와 "사단"은 천명의 성이 발현한 것이며, 만물을 "육성시킴(育, 化之)"도 조작의 일이다. 이러한 창조적 조작의 일은 리는 스스로 발현의 작용이 있기 때문이다. 공자의 태극을 주돈이가 무극이라 한 것도 "무극이라 함은 무방소, 무형상의 뜻으로 사물의 전·후 혹은 음양의 外나 中에도 있음"935)의 '있음'일 뿐 '없음'이 아니다.

고봉이 "주자는 '理到之言'이라 했다"(하192)고 한 것은 주희가 말한 "리도의 말씀이라면 복종하지 않을 수 없겠다"와 같은 '틀림없음, 거짓없음'의 뜻이다. 고봉의 "리도"는 '자신 스스로 설 수 있는 완전의 리'의 의미이다. 리 자신이 서지 못해서는 안 되기 때문이다.

그런데 퇴계는 "무정의·조작"과 "리도"를 리의 '체·용'으로 답변한다.

"정의·조작이 없음"의 것은 '리 本然의 體'이고, 그 "달성되지 않음이 없음"(고봉의 리도설)의 것은 '리의 至神의 用'이다. 지난번에는 단지 본체의 無爲만 보고 묘용이 능히 顯行함을 알지 못했다. 이는 리를 인식하기를 死物로 여김과 같으니, 도를 떠남이 또한 심히 멀다 하지 않겠는가.(하208)

이곳 본연, 지신, 묘용 등은 주희의 용법과 다르다. 모두 체 혹은 용이 아닌 리 자신의 일인 것이다. 리 '존재자'가 먼저고 여기에 체용이라는 '설'이 있다. 고봉이 리를 "실체"라 한 이유도 실체의 존재자 이후 그 덕, 설, 찬탄, 형용, 체·용, 공부 등의 논의도 가능하기 때문이다.

"본연의 체는 死物"이라 함은 문제가 있다. 만약 사물이라면 리 실체에 대한 설인 그 본체는 죽은 것 혹은 없음이 되고 만다. 퇴계 스스로 논한 바와 같이 "리 본연의 체"라고 할 때의 '然(그러함)'자는 사물이 아니다. 실체가 있으므로 '그러함'이 있는 것이다. 퇴계의 논리는 "조작이 없음"의 '무'자를 "無爲"로 풀면 리는 작위가 없는 '사물'이라 함이다. 과연 주희는 본체를 무위라 했는가? 고봉은 '무위'를 아래와 같이 논했다.

주자는 "無極而太極은, 마치 '함이 없으면서도 함' '변함이 없는 변함'과 같으니, 이는 어세의 당연함이다"고 하여 그 '極'(태극·무극의 극자)자를 '無爲'와 같은 뜻이라 한다.(하193)

주돈이의 "무극이태극"은 "태극"에 대한 해석의 설이다. 이러한 해석은 태극이 실체이기 때문이다. 주돈이는 『통서』에서 『중용』 "誠"을 "無爲이다"고 하는데 이는 성이 '없음'이라 함이 아니다. 주희는 "무위"에 대해 "實理의 自然이니, 어찌 작위가 있으리오 즉 태극이다"936)고 한다. 이러한 무위의 뜻을 죽은 사물이라 할 수는 없는 일이다.

---

935) 周子所以謂之無極, 正以其無方所·無形狀, 以爲在無物之前, 而未嘗不立於有物之後, 以爲在陰陽之外, 而未嘗不行乎陰陽之中.(『문집』권36, 「答陸子靜」4, 1568쪽)

936) 誠, 無爲. 주희주; 實理自然, 何爲之有. 卽太極也.(『通書注』, 「誠幾德」제3. 100쪽)

주희는 리인 태극의 체용을 다음과 같이 논한다.

> 태극은 동정을 머금는다 함이 가하다[자주; 본체로 말했다]. 태극은 동정이 있다 함이 가하다
> [자주; 유행으로 말했다].937)

만약 實理의 본체가 '사물'이며 '무'인 것이라면 리는 그 작용인 '유행'도 불가하고 '체용'도 어긋나고 만다. 장재는 "만약 '虛가 능히 氣를 생한다'고 하면 虛는 무궁이 되고 氣는 유한이 되어 체용이 끊기게 된다"938)고 하고, 주희도 "『노자』의 이른바 '有는 無에서 생한다'고 함은 조화를 시종이 있음으로 여긴 것으로, 大易의 뜻과는 정 남북이다"939)고 한다. 유무를 체용으로 삼을 수 없다는 것이다.

퇴계의 잘못은 무위·현행을 "체·용"이라 함과, 사물·묘용을 "도"로 삼은 점이다. 『대학, 경1장』은 "본말과 선후를 잃지 않음이 도이다"고 하며 따라서 도는 천지 인류 속의 리의 活物이어야 한다.

105
격물과 물격의 선후를 마구 뒤섞음

『대학』의 "격물치지"는 나의 "지식(앎)"에 관한 일이다. 나의 지식은 어떻게 해서 이루어지고 또 그 지식은 완전할 수 있는가? 이러한 일은 반드시 선후가 있으며, 또 성정의 일도 아니다. 정자가 "함양은 敬의 일이고, 학문의 진보는 致知에 달려있다"고 일갈한 것은 '성정설'과 '치지설'은 별개의 다른 일임을 천명한 것이다.

「경1장」은 "致知는 格物함에 달려있다" 하고 또 "物格이 된 이후 知至가 된다"고 한다. 나의 앎(知)을 이루기 위해서는 나를 통해 외계 사물에 붙여서(卽) 그 리를 궁구해야 하고, 이로써 나의 지식(識)도 완전을 이루게 된다는 것이다. 격물치지의 목적은 "앎의 그침(知止)"(「경1장」)이다. 주희는 격물, 물격, 知至에 대해 다음과 같이 주석한다.

---

937) 太極含動靜則可.[자주; 以本體而言也] 謂太極有動靜則可.[자주; 以流行而言也](『문집』권45, 「答楊子直」1, 2072쪽)

938) 若謂虛能生氣, 則虛無窮, 氣有限, 體用殊絕, 入老氏有生於無, 自然之論.(『정몽, 태화1』5)

939) 此一圖之綱領, 大易之遺意, 與老子所謂物生於有, 有生於無, 而以造化爲眞有始終者, 正南北矣.(『문집』권45, 「答楊子直」1, 2072쪽)

격물; 사물의 리를 궁구해서 그 극처는 달성되지 않음이 없게 하고자 함(窮至事物之理, 欲其極處無不到也).

물격; 물리의 극처는 달성되지 않음이 없음(物理之極處, 無不到也).

지지; 내 마음의 앎이 다하지 않음이 없게 됨(吾心之所知, 無不盡也).

고봉이 당초 「문목」에서 논한 "리도"는 격물치지의 일이 아니다. 그런데 퇴계는 격물치지와 고봉의 리도설을 인용해서 오히려 격물치지 및 리도도 아닌 "리의 自至, 自到"로 회답한다.

나의 지난날 잘못은, 내가 "물리의 극처"에 '窮到'하는 것이지 리가 어떻게 능히 "극처"에서 나에게 '自至'하겠는가라고 생각했다. 그러므로 "물격"의 '格'자와 "무불도"의 '到'자만 억지로 틀어쥐고서 모두 '내가 格하고' '내가 到한다'는 뜻으로 이해했던 것이다.(하200)

지난날 잘못은 "내가 궁구하고(窮) 내가 도달함(到)"이다. 그런데 이곳 "窮到, 格到"는 '궁구 하고자 함(欲)'과 또 '달성된(到)' 일에 구분이 없다. 선후의 일이 혼동된 것이다.

퇴계는 "리가 나에게 '스스로 도달(自到)'할 수 있는 이유의 것이 무엇일까에 대해 찾아보았다"(하201)고 하면서, 결국 "리는 스스로 自用이 있고 또 自到할 수 있다"(하205)고 한다.

리의 용이 비록 인심을 벗어나지는 않는다 해도 그 '용의 묘'가 될 수 있는 바는 실로 '리의 發見者'이다. 인심이 이르는 바에 따라 [리는 나에게] "도달하지 아니함이 없고" 또 "다하지(다가오지) 않음이 없다." 다만 나의 格物이 이르지(至) 못함이 있을까를 걱정할(恐) 뿐, 理가 능히 自到하지 못할까를 근심(患)할 필요는 없다.(하206)

리는 스스로 용(自用)이 있어서 스스로 나에게 도달한다(自到) 함이다. 그러나 주희의 "묘용"은 리 자신일 뿐 체용의 용이 아니다. 만약 "리용이 될 바가 리의 발현자"라고 하면 그 발현자가 리용의 소이가 되고 만다. 발현자는 이미 용이다. 또 "도달(到)하지 않음이 없고, 다하지(盡) 않음이 없다"고 함은 "지식"의 '완전'을 의미할 뿐, 나에게 도달해 오는 리라 할 수 없다.

또 "격물이 [나에게] 이름(至)"의 '格'과 '至'는 동의어이다. 格으로서의 窮과 至는 "窮至(궁구함)"의 의미이기 때문이다. 퇴계는 "至"를 到의 뜻인 '나에게 도달해 옴'으로 인용하지만, 至는 到의 뜻이 아니다. 걱정(恐)과 근심(患)은 '情'의 일일 뿐, 객관적 '지식'의 일이 아니다. "리의 자도"라 하면 심 밖의 리가 되어, 혼연일치의 지식설이 될 수 없다.

결국 퇴계는 리는 그 극처에서 스스로 나에게 도달해 온다고 한다.

> "물격"을 말한다면 곧 어찌 "물리의 극처가" 내가 궁구한 바에 따라 [스스로 나에게] "無不到함"을 이름이 아니라 하겠는가.(하207)

주희에 의하면 "극처"는 나의 리와 사물의 리가 서로 '만난 곳'이다. 때문에 「보망장」에서 "이는 활연관통이며, 衆物(리)의 표리정조가 無不到한 것이고, 吾心의 전체대용도 無不明이다"고 한 것이다. 퇴계는 그 '극처가 나에게 도달해 온다'고 하지만, 이는 더 이상 물격의 일이 아니다.

인용문 또한 주희와 다르다. 퇴계는『장구』"물리의 극처는 무불도이다"의 사이에 "나의 궁구함을 따라서"를 삽입해서 나의 궁구함에 의해 '리가 나에게 스스로 도달해 온다'로 해독한 것이다. 무불도의 "그침(止)"(「경1장」)이 다시 움직이면 이는 그침이라 할 수 없다. 그침은 "강령"이다.

퇴계는 나에게 다가오는 리는 自用이라 한다.

> 그 거주함을 따라 發見해서 [나에게] "도달하지 않음이 없음(무불도)"은 리의 至神의 용이다.(하208)

고봉의『통서주』"거주를 따라 리는 달성되지 않음이 없음(隨其所寓而理無不到)"(하192)을 퇴계는 "거주를 따라 발현해서 [나에게] 도달하지 않음이 없음(隨寓發見而無不到)"으로 인용하고 이를 "至神의 용"이라 한다. 하지만 '지신'은 리 자신이며, 작용이 아니다. 發과 見, 도달해 온다고 함도 주희 문자와 다르다. 발은 리의 발동이고, 현은 이미 발동된 것이다. 이러한 발현이 또 나에게 '도달(到)'해 온다고 할 수는 없다. 퇴계는 끝으로 말한다.

> 지금 고명의 가르침에 의뢰하여 나의 망견을 버리게 되었고, 그래서 新意를 얻고 新格도 장진하게 되었으니 매우 다행이라 하겠다.(하209)

구견은 내가 격물(格)함과 내가 도달(到)함이고, 신의는 리 스스로의 自至와 自到이다. 하지만 주희에 의하면 나의 마음만 논함은 '불학'이고, 또 리 자신만 논하면 '노자’이다. 퇴계의 신의·신격의 ‘新’자는 고봉이 주희를 새롭게 해석했음을 긍정한 것인지, 아니면 퇴계가 주희를 새롭게 해석함의 자득의 뜻인지가 불명하다. 새롭게 해석한 것이라면 주희의 설에서 그 근거를 찾아야 하지만 위 인용문, 용어의 용법, 해석 등은 주희 본문과 전혀 다르다.

106
황간, 오징, 진헌장을 인용한 변론의 자상모순

주희와 육구연은 주돈이의 “무극”에 대해 논쟁했다. 육구연은 무극은 노자의 말이며 태극의 극자는 ‘中으로 훈고’할 수 있다고 하나, 주희는 “태극이 사물 속에 동화됨을 우려하고 또 만화의 근본을 도출하기 위해 무극이라는 말을 쓴 것”(상304)이라 하면서 태극의 극자는 태극의 ‘義’(의리학)를 드러내야 한다고 하여 그 훈고적 해석을 반대한다.

퇴계와 고봉은 1568년 3월부터 1569년 3월 초까지 1년간 서울에 함께 머물면서 “무극”에 관해 토론했지만 결론을 내지 못한다. 고봉은 “무극의 선생님 해석은 심히 안정되지 않습니다. 임천오씨(오징)의 문자를 등사해 올립니다”(1569년 윤6월 8일) 하고, 아래와 같이 논한다.

> 주자는 「답육자정」에서 “무극이태극은, 그것은 ‘함이 없으면서도 함’과 ‘궁구함이 없으면서도 다다름’과 같고 또 ‘변함이 없는 함’과 같으니, 이 모두는 어세의 당연으로 태극이 별도의 一物로 있음을 이른 것은 아니다”고 한다. 즉 주자는 ‘極’(태극·무극의 극자)자를 ‘無爲(변함없음)’와 같은 뜻이라 했는데 그렇다면 그 해석의 의미 역시 알 수 있겠다.(하193)

주돈이의 “무극이태극”은 공자 “태극”에 대한 해설이다. 주희는 태극·무극의 ‘극’자를 “無爲(변함없음)”로 풀면 ‘無無爲而太無爲(변함이 없을 수 없으면서도 큰 변함없음)’의 뜻이 된다고 한 것이다. 이로써 태극의 ‘義’는 “변함이 없는 변함(無爲之爲)”의 의미가 된다.

주희는 “주자(주돈이)의 ‘무극’이라 함은, [태극은] 사물 이전에도 있지만 사물 이후에도 서지 않음이 없고, 음양 밖에도 있고 음양 가운데도 행하지 않음이 없다. 이렇게 전체에 관통해서 부재함이 없고 소리·냄새·그림자도 없음으로 말한 것이다”940)

고 한다. 즉 태극은 리의 실체인데, 다만 이 실체를 사실(有)로만 말하면 형상에 치우치므로 따라서 주돈이는 사물의 전후 모두에서 그대로 변함없음을 말하기 위해 '무극'으로 설했다는 것이다.

퇴계의 답변은 다음과 같다.

> 나는 단지 나의 견해만을 좇아 그 "極"(무극의 극)자를 곧바로 '理'자로 여겼다. 그리고는 또 망령되이 그 "무극"을 설할 때 단지 '형이 없음(無形)'을 이를 뿐 어찌 '리가 없음(無理)'을 이르는 것이겠는가라고 여겼던 것이다.(하210)

당초 무극의 '극'자를 理로 여겼는데,('無理'라는 것) 이후 "형이 없음(無形)일 뿐 리가 없음(無理)이 아님"으로 고쳤다는 것이다. 퇴계는 '무극'의 의미를 논할 뿐, 주돈이가 태극을 해설한 "무극이태극"을 고찰한 것이 아니다. 무극만 논하면 노자가 되고 만다. 무극 논의는 반드시 태극의 '義'에 종속되어야 한다. 주돈이의 무극은 태극을 해설하기 위함이기 때문이다.

이어 퇴계는 "제유의 설을 두루 검토했다"고 하면서 아래와 같이 말한다.

> 그중 황면재(황간)의 설이 가장 상세함을 다했다고 하겠다. 면재는 말하기를 "훗날 독자들은 '極'자가 단지 '비유'만 취했다는 것을 알지 못하고 급거 '리'로 말한다. 때문에 리를 無라 해도 불가하지는 않겠지만, 다만 [극자를 理라 하면] 周子의 '무극'에 대해서도 통하기 어려운 바가 있다"라고 했다. 이 말이 마치 황의 금일의 의혹이 있을 것을 미리 알고 '귀를 당겨서 가르쳐준 것'(오징)만 같다.(하211)

퇴계는 결국 자신의 "무극은 무형"을 잘못으로 여기고 황간(1152~1221)의 "극자는 비유이다"를 받아들인 것이다. 하지만 황간의 설은 퇴계의 해석과 다르다. 황간의 "극"자는 무극이 아닌 태극의 극자이다. 황간의 "주돈이의 무극도 통하기 어렵다"고 함은 곧 "태극"의 극자가 理라면 '太理'가 되지만, 무극의 극자는 '無理'(리가 없음)가 된다 함이다. 황간의 문장 앞줄은 다음과 같다. "훗날 독자들은 字意에 밝지 못하니, 中으로 극을 훈고하면 이미 그 본의를 잃는다. 그런데 극자가 단지 비유를 취했다는 것을 알지 못하고 급거 리로 말한다."941) 문제는 황간의 "태극의 극자의 비유"도 마

---

940) 周子所以謂之無極, …以爲在無物之前, 而未嘗不立於有物之後, 以爲在陰陽之外, 而未嘗不行乎陰陽之中, 以爲通貫全體, 無乎不在 則又初無聲臭影響之可言也(『문집』권36, 「答陸子靜」4, 1568쪽)

941) 後之讀者, 字義不明, 而以中訓極, 已爲失之. 然又不知極字但爲取喻, 而遽以理言. 故不惟理不可無, 於周子無極之語, 有所難通.(『성

찬가지로 태극 본의(義)의 고찰이 아닌 육구연과 같은 '자의의 훈고'라는 점이다. 극자가 비유라면 태극은 전후·상하에 관통하는 실리의 체용이 되지 못한다.

또 퇴계의 문제는 "귀를 당겨 가르쳐 준 것"이라 함을 스스로 이미 '선가의 말'이라 했다는 점이다. 퇴계가 지은 「백사시교변」을 보자.

> 오초려(오징)는 말하기를 "귀에 대고 가르치면 일자무식의 범부에게도 신묘에 들게 할 수 있다"고 했다. 황은 말하겠다. 초려의 이 말 역시 선가 돈오의 기틀이니, 성문에는 이러한 법이 없다.942)

백사는 진헌장(1428~1500)이다. 퇴계는 진헌장에 대해서도 "진백사의 학은 상산(육구연)에서 나왔으며, 모두 선학이다"(『퇴계전서』2책, 335쪽)고 비판한다. 만약 오징의 "귀에 대고 가르치면"이라는 말이 선가의 돈오이고 성문에는 이러한 법이 없다고 했다면, "황의 금일 의혹을 알고 귀를 당겨준 것"도 스스로 "선가의 돈오"가 되어야 한다. 그래서 "황간은 극자를 비유로 취했다"고 함도 "귀에 대고"의 돈오가 되어야 한다. 더욱이 황간의 "태극의 극자는 비유"와 퇴계의 "무극의 극자의 비유"는 그 가리킴이 다르며, 또 모두 주희가 육구연의 "中자의 훈고"를 반대한 그 '훈고'이다. 고봉은 「문목」에서 "오징의 태극설"(하195·198)을 비판했으므로 퇴계의 답변도 오징에 대한 가부의 논평을 한 이후 황간의 설을 인용해야 한다.

한편 퇴계의 『성학십도』「심통성정도」역시 장재·주희의 이른바 "심통성정" 본설에 근간하지 않고 정복심의 "리발사단, 기발칠정"의 분열설에 의거한다. 인용된 본문도 장재·주희 본설과 정복심의 설을 구분하지 않으며, 또 뒤섞어 인용하여 논변하고,(예로 정복심이 논한 "正其心, 約其情"은 대학 정심의 '심'과 이천 호학론의 '情'으로, 이 2설은 서로 모순됨) 내용도 선유 본의와 다르다. 심통성정은 심의 공부에 인해서 인류의 성정의 소통을 논함이다. 따라서 「심통성정도」에 리발·기발의 근원이 다른 사단·칠정이라면 오히려 심통의 '統'(심의 통섭, 성정의 교류·소통)의 '불가함'이 되고 만다. 퇴계는 "리·기의 혈맥"(상254)의 피가 반드시 각자 다르다 하기 때문이다.

리대전」권1, 「태극도」, 84쪽)

942) 吳草廬亦云, 鍵耳而誨之, 可使不識一字之凡夫, 立造神妙. 況按, 草廬此言, 亦禪家頓悟之機, 聖門無此法.(『퇴계전서』2책, 「白沙詩教辨」, 332쪽)

김동원

김동원은 1962년 전남 광주에서 출생했다. 조선시대부터 내려오던 마지막 전통서당인 고부실서당에서 서암 김희진 선생께 한학을, 이후 대학에서 중어중문학을 수학했다. 성균관대 유학대학원에서 '퇴계 사단칠정론의 미학적 해석'(1998)이라는 석사논문을 썼다. 우리나라 성-정에 관한 이론사는 과연 지금의 철학 혹은 미학에 어떻게 접목되는가에 관심을 두고 있다. 1991~93년 제1회 현대한국화협회공모전(대상), 대한민국미술대전, 중앙미술대전 등에서 입상했다.

칠정사단 어떻게 왜곡됐나
이황과 기대승의 대토론 〈해설서〉

초판인쇄 2019년 11월 18일
초판발행 2019년 11월 18일

지은이 김동원
펴낸이 채종준
펴낸곳 한국학술정보㈜
주소 경기도 파주시 회동길 230(문발동)
전화 031) 908-3181(대표)
팩스 031) 908-3189
홈페이지 http://ebook.kstudy.com
전자우편 출판사업부 publish@kstudy.com
등록 제일산-115호(2000. 6. 19)

ISBN 978-89-268-9720-1 93150